Beck-Wirtschaftsberater

Das Job-Lexikon

D1677414

dtv

Beck-Wirtschaftsberater

Das Job-Lexikon

Erste Hilfe für den Berufsstart

Von
Susanne Reinker

Deutscher Taschenbuch Verlag

Im Internet:

dtv.de

beck.de

Originalausgabe
Deutscher Taschenbuch Verlag GmbH & Co. KG,
Friedrichstraße 1a, 80801 München
© 2004. Redaktionelle Verantwortung: Verlag C.H. Beck oHG
Druck und Bindung: Druckerei C.H. Beck, Nördlingen
(Adresse der Druckerei: Wilhelmstraße 9, 80801 München)
Satz: Hoffmann's Text Office, München
Umschlaggestaltung: Agentur 42 (Fuhr & Partner), Mainz
ISBN 3 423 50878 7 (dtv)
ISBN 3 406 52061·8 (C.H. Beck)

Für Ari

Vorwort

Über dieses Buch

Zum Thema „Bewerbung" kann man Hunderte von Büchern kaufen. Und wer ein Werk zum Thema „Karriere" sucht, hat sogar weit über tausend Titel zur Auswahl. Doch zwischen einer erfolgreichen Bewerbung und der erhofften Karriere liegen gewöhnlich ein paar Jahre. Und in denen lässt der deutsche Sachbuchmarkt seine Leser weitgehend alleine: Fachbücher zu den Bereichen „Berufsleben" und „Berufsanfänger" haben Seltenheitswert.

Gleichzeitig werden in Schule und Ausbildung überwiegend Fachkenntnisse vermittelt; organisatorisches und psychologisches Basiswissen kommen meistens zu kurz. Mit dem Ergebnis, dass viele Berufsanfänger zwar fachlich hoch qualifiziert sind, aber trotzdem erst mühsam und Zeit raubend lernen müssen, wie das Arbeitsleben eigentlich funktioniert.

Das „Job-Lexikon" macht diese Lernaufgabe eine ganze Ecke leichter. In über 400 Begriffen erklärt es alles, was für den erfolgreichen Start in den Beruf wissenswert ist.

Die Stichwortauswahl erhebt keinen Anspruch auf Vollständigkeit. Sie ist jedoch so zusammengestellt, dass das Buch **fünf Fachbücher in einem** ist: praktischer Ratgeber für die Organisation am Arbeitsplatz; Benimmratgeber; psychologischer Ratgeber; Kommunikationsratgeber und Karriereratgeber.

Anders als die meisten Fachbücher zu diesen Themen ist das „Job-Lexikon" nicht nur für **Universitätsabsolventen**, sondern auch **für Schüler, Studenten, Auszubildende und Praktikanten** gedacht. Die Einzelbeiträge sind in einer **klaren, leicht verständlichen Sprache** geschrieben, fast ohne Fremdwörter und tief greifende psychologische Erörterungen.

Die Texte funktionieren nach dem **„Erste-Hilfe-Prinzip"**: Kurze, praktische und vor allem aus Erfahrung bewährte Tipps, Denkanstöße und Informationen, die auf Anhieb eine Wissensbasis und ein gewisses Selbstvertrauen schaffen, Ideen für die Lösung von Problemen bieten und außerdem erklären, wie man diese am leichtesten von vornherein vermeiden kann.

Auch **Fortgeschrittene**, die schon ein paar Jahre im Berufsleben stehen, **und sogar Chefs** finden in diesem Buch viele Denkanstöße. Nicht wenige Einzelbeiträge sind ganz oder teilweise an sie gerichtet und entsprechend gekennzeichnet.

Gebote, Verbote und abstrakte Ratschläge („Seien Sie Teil der Lösung und nicht Teil des Problems") findet man im „Job-Lexikon" nicht – dafür **viel Humor und zahlreiche Fallbeispiele**. Viele stammen aus der Berufspraxis; andere wiederum beziehen sich bewusst auf das Privatleben und beschreiben Situationen, die jeder kennt.

So wird sichtbar, dass Berufs- und Privatleben durchaus zusammenhängen – und dass die Kenntnisse, die das Buch vermittelt, für beide Bereiche nützlich sind.

Anmerkungen in eigener Sache

Ein Buch wie das „Job-Lexikon" hätte ich nach meiner Ausbildung gerne gehabt. Da es ein solches Werk damals aber noch nicht gab, habe ich mir das, was auf den folgenden Seiten hübsch übersichtlich und einfach erklärt ist, erst mühsam selbst beibringen müssen – und mir dabei öfter als einmal eine blaue Nase geholt.

Mit anderen Worten: Jeder Fehler, jeder Patzer, jeder Fettnapf, der in den Einzelbeiträgen erwähnt wird, ist selbst erprobt und selbst durchlitten. Auch alle Lösungen und Rettungsmanöver kenne ich aus eigener Erfahrung – was mich aber dennoch nicht davor bewahrt hat, einige Fehler immer wieder zu machen.

Das ist unterm Strich nur normal. Und für Menschen, die sich trotz intensiver Ratgeber-Lektüre manche Schwächen nie richtig abgewöhnen können, ist es sogar ausgesprochen tröstlich. Denn Patentrezepte für die sofortige Beseitigung aller Unzulänglichkeiten gibt es nicht – sonst müsste es ja angesichts der beachtlichen Verkaufserfolge von Ratgebern aller Art von perfekten Chefs, Kollegen, Freunden, Kindern und Beziehungspartnern nur so wimmeln.

Tut es aber nicht. Ratgeber können Sie nämlich nicht Hokuspokus in einen Menschen verwandeln, der in Zukunft in jeder Situation mit schlafwandlerischer Sicherheit immer richtig reagiert.

Das ist schon allein deshalb so schwer, weil man statistisch gesehen viele Fehler mehrfach machen muss, bevor man es schaffen kann, sie sich „abzugewöhnen". Und weil persönliche Schwierigkeiten oft auf grundlegende Charaktereigenschaften zurückzuführen sind, die sich nicht so leicht abschütteln oder ändern lassen.

Andererseits können Ratgeber Sie auf eine Menge Dinge aufmerksam machen, die Ihnen auf praktische Weise das Leben leichter machen. Genau das tut das „Job-Lexikon": Es verrät Ihnen zahlreiche Tricks und Tabus rund um den Arbeitsplatz. Es schärft Ihren Blick für die eigenen Stärken und Schwächen. Und es hilft Ihnen, ein Gespür dafür zu entwickeln, wo für Sie persönlich die Gefahren und die Chancen im täglichen Berufsleben liegen. Mit diesem Wissen können Sie es ganz schön weit bringen.

Danksagung

Der beste Ratgeber kann gute Freunde nicht ersetzen. Diesen hier gäbe es gar nicht ohne ihren Rat und ihre Hilfe. Deshalb danke ich an dieser Stelle von Herzen

Dr. Irmgard Schmid, Tonicale Musik & Event GmbH/Geschäftsführung Konzertveranstaltungen; *Dr. Birgit Schumacher*, PR- und Marketingmanagerin Neue Medien; *Stephanie Weiß*, Projektmanagerin im Film- und Eventbereich; *Carolin Otto*, Drehbuchautorin und Regisseurin, *Mario Pascalino*, B.A.P.-Institut, Betriebsräteschulung und -beratung; für ihre energiegeladene inhaltliche Beratung und für die geduldige Prüfung von Konzeption und Manuskript;

Martin Scheuring, Dr. Birgit Schumacher und *Stephanie Weiß* für die Schlusskorrektur;

Renata Pantalacci, Werner Schauer (Triptychon-Verlag, München), *Hermann Schenk, Ursula Wieschmann, Dr. Christian Melcher, Angela Hawkins, Christian Gauer, Rudolf Petzenhauser,*

Thomas Tafertshofer, Ellen und *Gerd Reinker* für ihre Anregungen, Aufmunterungen und erfolgreichen Erste-Hilfe-Maßnahmen gegen Krisen und Durchhänger aller Art.

Die Icons

 Nützliches Werkzeug für jeden Job

 Zaubertrick, kluger Schachzug

 Das kann gefährlich werden

 Grober Fehler, Tabu

 Tipps und Hinweise für Frauen

 Tipps für Fortgeschrittene und Chefs

... Und hier noch eine Frage an die Leser:

Haben Sie Anregungen, Anmerkungen, Vorschläge, Ergänzungswünsche, persönliche Erfahrungen, die gut zu einzelnen Stichwörtern passen würden? Schreiben Sie mir einfach, was Ihnen zu diesem Buch einfällt – an susannereinker@hotmail.com oder an Susanne Reinker c/o Verlag C. H. Beck, Wirtschaftswissenschaftliches Lektorat, Wilhelmstr. 9, D-80801 München. Vielen Dank!

München, im März 2004   *Susanne Reinker*

Stichwortübersicht

A

▶ **Abkürzungen**

Abkürzungen sind einerseits praktische Sparmaßnahmen, die komplizierte (StVO) und weniger komplizierte (kg) Dinge auf ein paar Buchstaben verkürzen und so Redezeit, → *Arbeitszeit* und → *Tippfehler*-Risiko verkleinern. Andererseits geht die Verwendung von zu vielen und zu exotischen Abkürzungen auf Kosten von Verständlichkeit, Stil und → *Höflichkeit*.

Abkürzungen lassen sich grob in vier Gruppen unterteilen:
• **Offizielle Abkürzungen** – z. B., km/h, VHS, Dr., i. A., DGB – verstehen die meisten Leute, auch wenn der eine oder andere erst im Lexikon nachschlagen muss, um herauszufinden, was eher seltene Abkürzungen wie n. f. D. (nur für den Dienstgebrauch) und m. d. W. d. G. b. (mit der Wahrnehmung der Geschäfte beauftragt) bedeuten.
• **Bürokraten-Abkürzungen.** Für die Geschäfts- und Ämterkorrespondenz gibt es jede Menge offizieller Abkürzungen, die zwar die Schreibarbeit verringern, aber andererseits ziemlich bürokratisch wirken. Es lohnt sich also, ein paar Minuten länger an einem Text zu tippen, wenn man den → *Eindruck* vermeiden will, direkt in die örtliche Stadtverwaltung hineingeboren und dort zwischen zwei Aktendeckeln aufgewachsen zu sein. Typische Bürokraten-Abkürzungen sind m. E. (meines Erachtens), u. zw. (und zwar), bzgl. (bezüglich), betr. (betrifft), u. dgl. (und dergleichen).
Besonders schlimm: Höflichkeitsfloskeln wie „MfG" und „mit frdl. Grüßen", weil die → *Freundlichkeit* dann offensichtlich doch nicht so weit geht, dem Leser das gesamte Wort zu gönnen (→ *Amtsdeutsch*).
• **Firmeneigene Abkürzungen** sind meistens eine Sprache für sich. Man sollte sie lernen wie in der Schule Vokabeln, wenn man irgendwo neu anfängt. Sonst kann man das Firmengerede

nämlich weder verstehen noch mitreden. Der Haken an dieser Sprache ist allerdings, dass sie außerhalb des Firmengeländes kaum einer kennt. Deshalb ist es immer freundlich, → *Kunden*, Geschäftspartnern und anderen Kontaktpersonen „von draußen" solche betriebsinternen Kürzel zu ersparen und ihnen „auf → *Deutsch*" zu erklären, worum es geht – auch wenn das etwas länger dauert.

• → *E-Mail*-**Abkürzungen** sind voll im Trend. Kaum eine E-Mail kommt aus ohne eine kurze Schilderung der aktuellen Laune des Verfassers, von ;-(oder :-)))))), über ROFL („rolling on the floor with laughter") bis CU (see you). Gut zu wissen, was das alles bedeutet – noch wichtiger zu wissen, wo Mailabkürzungen angesagt sind und wo nicht. Wenn nicht eindeutig feststeht, dass der Mailempfänger sie versteht und lustig findet (was bei durchschnittlich vierzig Mails täglich mit vierzig Smileys nicht mehr unbedingt garantiert ist), sollte man's lieber lassen.

Grundsätzlich gilt: Im Zweifel lieber eine Abkürzung zu wenig, als eine zu viel. Bürokratenkürzel sollten Sie sich möglichst ganz verkneifen und mit lustigen E-Mail-Abkürzungen am besten nur gute Freunde beglücken. Wenn Sie auf besonders lieb gewonnene Firmenabkürzungen nicht verzichten wollen, sind Sie gut beraten, sie Ihren unwissenden → *Zuhörern* oder Lesern grundsätzlich zu erklären, sobald sie in → *Gesprächen*, → *Briefen*, E-Mails und → *Berichten* das erste Mal auftauchen.

▶ Ablage

Ablage nennt man es, wenn → *Briefe*, → *E-Mails*, → *Aktennotizen*, → *Kopien*, → *Notizen*, → *Berichte*, → *Protokolle*, Angebote, Bestellungen, Rechnungen, Verträge, → *Zusagen*, → *Absagen* und was sonst so an Schriftstücken jeden Tag reinkommt und rausgeht, einer bestimmten Logik entsprechend in Ordnern untergebracht werden.

Die **Ablage von Papier in Aktenordnern** ist am weitesten verbreitet. Zusätzlich (aber selten stattdessen) gibt es auch die **elektronische Ablage im Computer**. Sie wird immer wichtiger, weil immer mehr Schriftverkehr über den → *PC* erledigt wird. Dafür ist es allerdings notwendig, dass man sich im Anlegen und Verwalten von Computer-Ordnern auskennt oder bereit ist, es zu lernen. Falls beides nicht zutrifft, hilft nur Ausdrucken und Abheften. Das ist bei wichtigen Angelegenheiten sowieso immer noch das Gebot der Stunde, denn Aktenordner können nicht abstürzen.

Sinn der Ablage ist es, alle Unterlagen zu einem bestimmten Vorgang oder Projekt schnell griffbereit zu haben und bei Bedarf auch noch Jahre später ein bestimmtes Schriftstück problemlos wiederzufinden. (Wem das nicht gelingt, dem bleibt, zumindest bei selbst geschriebenen Briefen, immer noch die Hoffnung, in den **Tageskopien** fündig zu werden, → *Kopien*).

In Sachen **Ablagesystem** gibt es in vielen Unternehmen Vorschriften oder Traditionen. Selbst wenn die nicht immer sinnvoll sind oder scheinen – sie haben den großen Vorteil, dass jeder mit der eingesetzten Systematik vertraut ist und daher → *Mitarbeiter*, Krankheitsvertretungen und Nachfolger kein Studium der Aktenarchäologie hinter sich bringen müssen, um sich in Archiven und Ordnerregalen zurecht zu finden. Das ist aber garantiert nicht der Fall, wenn die Ablageprinzipien ganz oder teilweise auf Privatlogik oder künstlerischem Empfinden basieren.

 Die eigene Ablage organisieren. Wenn Sie das dürfen oder müssen, verlassen Sie sich am besten auf so bewährte Systeme wie Projekt, Vorgang/Kategorie, → *Alphabet* und Datum. In einer guten Ablage sind die Aktenordner, Mappen oder Hefter außen lesbar und möglichst präzise beschriftet und innen bei Bedarf klar unterteilt, durch Register oder nach unterschiedlichen Teilbereichen, die inhaltlich leicht voneinander zu trennen sind, zum Beispiel Kalkulation/Angebote/Terminplanung/Werbematerial/Berichte. Geradezu vorbildlich wird es, wenn Sie bei wichtigen und verwickelten Vorgängen direkt auf der ersten Seite das Ablageschema erklären (also, wo was zu finden ist) und eine Liste der wichtigsten Ansprechpartner und Telefonnummern anhängen.

Ablagesysteme im PC. Auch hier kann man nach Herzenslust Ordner anlegen, ausführlich beschriften und verwalten. Wer allerdings meint, es reiche aus, alle E-Mails einzig und allein in den Ordnern „gesendete Objekte" und „Posteingang" abzulegen, bekommt spätestens dann ein Problem, wenn er unter 829 gesendeten Objekten die eine Mail sucht, die der → *Chef* in fünf Minuten auf dem Schreibtisch haben will (→ *E-Mails*).

Die Ablage zu → *delegieren*, also diese Arbeit an andere weiterzugeben, ist ein (wenn auch nur kleines) Machtsymbol. Es gehört zum Mitarbeiter-Schicksal, die Ablage vom Chef zu machen – eine Aufgabe, die aus unverständlichen Gründen unbeliebt ist.

Denn was da so zur Ablage auf den Schreibtisch kommt, enthält oft außerordentlich interessante → *Informationen*, die für Durchblick und Aufstieg wichtig werden könnten. Es lohnt sich also immer, einen genaueren Blick auf die Schriftstücke zu werfen, bevor man sie zwischen die Aktendeckel klemmt.

Selbst wenn Sie keine → *Zeit* oder keine Lust dazu haben, sich alles anzuschauen, was Sie ablegen sollen, ist trotzdem sorgfältigste Arbeit angesagt. Wenn der Chef etwas braucht, sind Sie nämlich derjenige, der suchen muss – und derjenige, der schuld ist, wenn ein Schriftstück unauffindbar bleibt.

Darüber hinaus erweist sich die Beachtung von zwei ganz allgemeinen **Faustregeln** immer wieder als sehr lohnend:

• **Ablagestapel nicht in schwindelnde Höhen wachsen lassen**, denn das macht die Erledigung nicht leichter. Außerdem hinterlässt es keinen besonders guten → *Eindruck*, wenn jemand in Ihrer Abwesenheit → *dringend* etwas sucht, es in der Akte nicht findet, weil die Schriftstücke der letzten Monate alle noch im Ablagestapel stecken, und dort auf unerledigte Vorgänge von vor zwei Jahren stößt.

• **Vorsicht bei Papieren, die durch Büroklammern zusammengehalten werden:** Bei hektischem Suchen und unentschlossenem Hin- und Hersortieren fressen sich unter dem hinteren Teil der Büroklammer gerne auch andere Schriftstücke fest, die bei unaufmerksamer Ablage für immer in den Tiefen der Aktenregale verschwinden.

▸ Abmahnung

Wer eine bekommt, hat ganz klar ein Problem, denn Abmahnungen bedeuten: Wenn Sie so weitermachen, fliegen Sie raus! „Mit einer Abmahnung warnt ein Arbeitgeber einen Arbeitnehmer hinsichtlich eines bestimmten Verhaltens und droht ihm für die Zukunft arbeitsrechtliche Schritte, insbesondere eine → *Kündigung* an."[1]

Gründe für Abmahnungen gibt es dummerweise eine ganze Menge, zum Beispiel „das Fälschen eines ärztlichen Attests, Arbeitsverweigerung, schlechte → *Leistungen*, Beleidigungen, wiederholte Unpünktlichkeit, Selbstbeurlaubung, unentschuldigtes Fehlen (…), Verstöße gegen betriebliche Vorschriften wie beispielsweise gegen Rauchverbote, Alkoholverbote, Kleidervorschriften und Sicherheitsbestimmungen"[2] und nicht zuletzt die unerlaubte Privatnutzung von → *Telefon* und → *Internet*.

Vorschriften für die Abmahnung. Damit der → *Chef* nicht gleich bei jeder Kleinigkeit die gelbe Karte zieht, wird er vom Gesetz dazu aufgefordert, das nur bei besonders schwerwiegendem Fehlverhalten zu tun. Letztlich ist es aber seine → *Entscheidung*, was er für „schwerwiegend" hält. Er ist nur dazu verpflichtet, in seiner Abmahnung (richtig bedrohlich wird's übrigens immer, wenn sie nicht mündlich, sondern schriftlich daherkommt) drei Dinge klar zum Ausdruck zu bringen: Erstens die genaue Beschreibung und die Umstände des missbilligten Verhaltens, zweitens die Aufforderung, dieses Verhalten zu ändern, und drittens die Androhung rechtlicher Folgen.[3]

Wenn der Chef aus Versehen eine dieser Vorschriften missachtet, können Sie erleichtert aufatmen und hoffen, dass er den Formfehler nicht bemerkt. Denn der führt dazu, dass eine Kündigung aufgrund dieser Abmahnung rechtlich nicht möglich ist. Dass eine Abmahnungsaffäre für den Abgemahnten so glücklich endet, ist allerdings fast so selten wie ein Sechser im Lotto.

Die Folgen einer Abmahnung. Wer glaubt, dass er sich zwei leisten kann, ehe es richtig ernst wird, hat gleich doppelt Pech gehabt. Nicht nur, weil es keine festgelegte → *Regel* darüber gibt, wie viele Abmahnungen erteilt werden müssen, ehe eine Kündigung in Frage kommt. Sondern vor allem, weil man für besonders krasse Fehltritte ganz ohne vorherige Abmahnung durch eine fristlose Kündigung von jetzt auf gleich vor die Tür gesetzt werden kann. Zum Beispiel bei sexueller → *Belästigung*, → *Bestechlichkeit* und Vortäuschen einer → *Krankheit*.[4]

Damit eine Abmahnung nicht gleich wieder in Vergessenheit gerät, wird sie fein säuberlich in der → *Personalakte* abgelegt. Daraus können Sie sie zwar unter bestimmten Umständen wieder entfernen lassen, aber dafür müssen Sie erst mal nachweisen, dass die Abmahnung ungerechtfertigt war. Oder Sie müssen ein paar Jahre warten und sich bis dahin von Ihrer besten Seite zeigen – nach einer gewissen → *Zeit* können Abmahnungen nämlich verjähren.[5]

Faustregel. Wenn Sie eine Abmahnung bekommen, ist Ihr Chef offensichtlich der Meinung, dass Sie → *Fehler* gemacht. Machen Sie besser nicht noch mehr – und → *fragen* Sie lieber gleich den → *Betriebsrat* oder gleich einen Anwalt, worauf Sie in Zukunft besonders achten müssen, um Ihren Job nicht zu verlieren.

▶ Abneigung

Abneigung ist der vornehme Ausdruck für das → *Gefühl*, jemanden einfach nicht leiden zu können. Jeder Mensch kennt sie; sie kommt sowohl im → *Privatleben* als auch im Beruf reichlich vor, und sie basiert manchmal auf schlechten → *Erfahrungen*, aber häufiger auf spontanen Bauchgefühlen. Deshalb ist sie auch so schlecht in den Griff zu bekommen. Genau das ist aber immer wieder erforderlich, denn unglücklicherweise kann man sich seine → *Kollegen*, → *Kunden*, Schwiegereltern, Nachbarn und Hausmeister nur selten danach aussuchen, ob sie sympathisch wirken oder nicht. Stattdessen muss man sich irgendwie arrangieren.

Gründe für Abneigung sind im besten Fall begründbare schlechte Erfahrungen: Der Kollege → *lästert* in Ihrer Abwesenheit über Sie, der → *Chef* hat seine → *Versprechen* schon wieder nicht gehalten, die Schwiegermutter mischt sich ständig ein, und der Nachbar macht jeden Samstag lautstark Party. Meistens aber ist „die Chemie" schuld. Der Bauch sagt an, wenn sie nicht stimmt, und das oft gleich nach dem ersten → *Eindruck*. Auf den verlassen sich Frauen offenbar viel mehr als Männer – mit fatalen Folgen: „Weil → *Beziehungen* für sie so wichtig sind, können Frauen oft weniger gut mit Menschen kooperieren, die sie nicht leiden können. (…) Beziehungen sind für Männer eher Mittel zum Zweck (nach dem Motto ‚eine Hand wäscht die andere'), und daher können sie auch meist gut mit Menschen zusammenarbeiten, die sie nicht mögen. Jungen lernen schon im Sportunterricht, dass eine gute Mannschaft nicht nur aus Freunden besteht und trotzdem gewinnt."[6]

Abneigung in den Griff bekommen. Achtung Selbstverwirklicher: Im Berufsleben ist Abneigung ein Luxus, den sich die wenigsten leisten können. Schon allein deshalb, weil man ja nie wissen kann, in welcher Position der Mensch, den Sie da gerade aus reiner Antipathie am ausgestreckten Arm verhungern lassen, irgendwann wieder auftaucht. Möglicherweise eine Etage über Ihnen – als Ihr Vorgesetzter.

Man sollte also für den Fall spontaner Abneigung ein paar Übungen parat haben:
• Am bequemsten ist einfache Heuchelei – deshalb ist sie auch so weit verbreitet.
• Schwieriger, aber pädagogisch wertvoller ist die Suche nach Antworten auf die → *Frage*, warum wohl der Bauch so reagiert, wie er es tut. Wer → *ehrlich* mit sich selbst ist, stößt manchmal auf ganz überraschende Ergebnisse: Zum Beispiel auf Neid auf das, was der andere kann, auf mangelndes Selbstbewusstsein, oder schlicht und einfach auf eine Reaktion auf Äußerlichkeiten, für die der andere verantwortlich ist (schmutzige Fingernägel) oder auch nicht (Quiekstimme).
• Eine weitere Übung besteht darin, ganz aktiv gute Seiten an dem Mitmenschen zu suchen, den man nicht leiden kann. Über die meisten Leute kann man irgendetwas Nettes sagen, und sei es nur, dass sie Hunde streicheln oder bei „Titanic" geweint haben. Solche Erkenntnisse können die Abneigung deutlich verkleinern.

Die Abneigung anderer zu spüren, ohne sie sich erklären zu können, ist für weniger selbstbewusste Naturen eine schwierige und schmerzliche Angelegenheit. Und die wird nicht leichter dadurch, dass der einzige Ausweg nur in der Flucht nach vorn besteht: Je abweisender der andere, desto zuvorkommender und → *freundlicher* sollten Sie sein, auch wenn's noch so schwer fällt. Denn wenn die Abneigung, die Ihnen entgegenschlägt, nur auf Bauchgefühlen beruht, dann sind das oft nur **Vorurteile**. Und die verschwinden am ehesten dann, wenn deutlich wird, dass Sie diese Abneigung eigentlich gar nicht verdienen, schon allein deshalb nicht, weil Sie immer gleichbleibend freundlich sind.

▸ Absage

Eine Absage ist die förmliche Mitteilung, dass man ein Angebot, einen Auftrag oder eine → *Einladung* nicht in Anspruch nimmt. Für Auftragnehmer, Veranstalter und Gastgeber sind Absagen genauso wie → *Zusagen* unverzichtbare → *Informationen*, ohne die eine realistische → *Planung* kaum möglich ist: Wer bis zur letzten Minute nicht weiß, welche Experten nun tatsächlich an einer → *Sitzung* teilnehmen, wie viele → *Gäste* tatsächlich kommen werden und mit welchen Aufträgen er tatsächlich rechnen kann, hat ein → *Problem*. Dieses Problem ist allein darauf zurückzuführen, dass Absagen heute oft als irgendwie nicht so → *wichtig* angesehen werden. Man geht davon aus, dass der andere schon von alleine merken wird, dass kein Interesse an der Einladung/dem Auftrag/dem Angebot besteht, wenn nur lange genug Funkstille herrscht. Also gibt es immer häufiger kurzfristige oder gar keine Absagen. Die Veranstalter oder Auftragnehmer müssen damit klarkommen – aber wer ihnen so etwas öfter antut, landet garantiert auf einer schwarzen Liste, und das hat Folgen. Wenn nicht gleich, dann später.

Kleines Absage-Quartett. Das Thema „Absagen" lässt sich grob in vier Teile untergliedern:

• **Absage von Arbeitsterminen.** Vor allem in kleineren Arbeitsrunden (→ *Vorträge*, Pressekonferenzen, → *Sitzungen*, Geschäftsessen) kann das unangekündigte Nichterscheinen erwarteter

Teilnehmer für die Veranstalter zur Katastrophe werden: Wenn von fünf angekündigten Persönlichkeiten zwei oder drei fehlen, macht das erstens einen schlechten → *Eindruck* (auf die anderen Teilnehmer, anwesende → *Zuhörer*, Journalisten). Und zweitens kann die dünne Rest-Besetzung in den seltensten Fällen die → *Ziele* erreichen, die mit der Veranstaltung eigentlich verbunden waren. Aber wer nicht kommt, muss ja auch die frustrierten Gesichter zwischen den vielen leeren Stühlen nicht ertragen.

• **Absage von Einladungen.** Wenn Sie keine Lust oder → *Zeit* haben, einer Einladung zu folgen, auf der ausdrücklich um Zu- oder Absage gebeten wird, ist eine möglichst frühzeitige Absage das Gebot der Stunde, damit der Gastgeber entsprechend planen kann. **Merke:** Ein Gast, der nicht absagt, ist zu verkraften. Viele Gäste, die nicht absagen, sind ein Alptraum.

• **Absage von Angeboten.** Es ist üblich, gleich mehrere Angebote einzuholen, wenn ein Auftrag zu vergeben ist, und für ein bestimmtes Projekt nicht nur einen, sondern mehrere mögliche Auftragnehmer anzusprechen. Weniger üblich ist es, nach der erfolgten → *Entscheidung* den erfolglosen Konkurrenten eine Absage zu erteilen. Und so warten dann oft nette, schüchterne Freiberufler vom Übersetzer bis zum Grafiker aus → *Angst* davor, zu viel Druck auszuüben, und warten und warten. Vielleicht sagen sie sogar andere Aufträge ab. Das ist natürlich ihr Problem – aber sie haben es Ihrem Problem mit den Absageregeln zu verdanken.

• **Absagen erhalten.** Das lässt sich kaum vermeiden. Aber nicht jedes → „*Nein*" ist wirklich ein „Nein". Es ist daher ausgesprochen clever, beim Absager noch mal → *nachzuhaken*. Auf diese → *Idee* würden → *Energiesparer* zwar nie kommen, weil die Umsetzung so anstrengend ist – aber die Mühe lohnt sich überraschend oft. Das werden Sie spätestens dann merken, wenn es Ihnen zum ersten Mal gelingt, mit → *Geduld* und guten → *Argumenten* aus einem „Nein" doch noch ein „Ja" zu machen.

▶ **Abwimmeln**

Abwimmelnkönnen ist im Berufsleben eine gefragte Eigenschaft – besonders vonseiten der → *Chefs*, die das gerne ihren →

Mitarbeitern überlassen („Wenn der Müller anruft, sagen Sie ihm, ich bin nicht da"). Abgewimmelt wird gerne alles, was lästig ist oder scheint, von Büromöbelvertretern über Anmahner unbezahlter Rechnungen bis hin zu Wohltätigkeitsorganisationen, die auf der Suche nach → *Sponsoren* sind.

Das Abwimmeln von Anrufern ist nicht schwer, weil niemand den Wahrheitsgehalt telefonischer Aussagen auf Anhieb überprüfen kann. Es bietet sich daher eine ganze Palette von → *Notlügen* an. Sehr beliebt sind u. a. „Der Chef ist den ganzen Tag auf einem Termin außer Haus", „Ich bin gerade in einer Besprechung – kann ich Sie morgen zurückrufen?" oder, für Besitzer von → *Mobiltelefonen*: „Mein Akku ist fast leer, kann sein, dass wir gleich unterbrochen werden". Das ist vertretbar und fällt fast unter Notwehr, wenn man im → *Stress* ist und keine einzige Sekunde zu verschenken hat.

Das Abwimmeln von Besuchern ist bedeutend schwerer und gelingt fast nur unter Verweis auf → *dringend* anstehende Verpflichtungen: „Tut mir Leid, aber ich muss in zehn Minuten in eine Sitzung" oder „Ich muss unbedingt den Bericht für meinen Chef fertig schreiben, er wartet drauf". Lässig für Fortgeschrittene: „Mein Flieger geht in einer Stunde, ich muss dringend zum Flughafen!"

Ganz egal, wen man warum abwimmelt – zwei goldene → *Regeln* sollte man nie aus den Augen verlieren:

Wenn Abwimmeln, dann im richtigen Ton. Denn es ist nicht vertretbar, mit dem Anrufer, der in den meisten Fällen nichts anderes will und muss, als seinen Job zu tun, auch noch in einem → *Tonfall* zu reden, der ihn an sofortige Auswanderung denken lässt.

Hier ist ein Mindestmaß an → *Freundlichkeit* angebracht, und das aus zwei Gründen: Erstens zählt am → *Telefon* nur zu zehn Prozent, was Sie sagen, und bis zu neunzig Prozent, wie Sie es sagen, weil sich alle Sinne aufs Hören reduzieren.[7] Das nur für den Fall, dass Sie aus Versehen mal pampig einen → *VIP* abwimmeln, der sich hinterher über Ihren Ton beschwert. Zweitens kennen Sie selbst bestimmt das fiese → *Gefühl* zu spüren, dass Sie nur lästig sind und abgewimmelt werden sollen. Oder Sie können sich wenigstens daran erinnern.

Abwimmeln mit Beschäftigungstherapie ist immer eine gute → *Idee*, weil es den Anrufern das Gefühl gibt, die Wartezeit bis zum nächsten Anruf oder Besuch sinnvoll zu füllen. Klassiker sind „Schicken Sie uns doch erst mal Ihre Unterlagen" und „Können Sie mir dazu bitte kurz einen Dreizeiler schicken?".

Besonders clever ist „Ich schicke Ihnen erst mal unsere Informationsschriften, und wenn Sie dann noch Fragen haben, können Sie sich jederzeit an mich wenden". Denn wenn es keine weitere → *Fragen* mehr gibt, hat sich die Angelegenheit ganz ohne weiteren Anruf oder Besuch erledigt.

▶ **Accessoires**

Accessoires sind Teile des → *Erscheinungsbilds*, die eine Menge Rückschlüsse zulassen auf die Persönlichkeit dessen, der sich damit dekoriert. Aktenkoffer, Rucksack, Handtasche, → *Terminkalender*, Taschencomputer, → *Mobiltelefon*, Sonnenbrille, Kugelschreiber, Schmuck, Armbanduhr: Farbe, Größe, Material und Marke sagen anderen Leuten mehr über Sie, als Sie wahrscheinlich wollen, ganz egal ob der → *Eindruck* stimmt oder nicht. Taschencomputer anstatt Filofax: Technikfreak. Filofax anstatt Taschencomputer: altmodisch. Rucksack anstatt Aktenkoffer: Will kein Bürokrat sein. Nobel-Etiketten anstatt No-Name: Markengeil. Piercing: Macht auf unangepasst. Rotes Plastik anstatt schwarzes Leder: geschmacklos. Sonnenbrille in Innenräumen: → *arrogant* (oder blaues Auge).

Das sind natürlich alles Vorurteile. Solche klar einzuordnenden Typen gibt es in Wirklichkeit nicht, und außerdem kann sich jeder so ausstatten, wie er will, das ist eine → *Frage* des → *persönlichen* Geschmacks. Aber bei der → *Entscheidung* für oder gegen ein bestimmtes Accessoire ist es nützlich darüber nachzudenken, in welcher Schublade man damit wohl landet: Es gibt bestimmt ein paar Klischees, die um jeden Preis vermeiden möchte, wer von der großen → *Karriere* träumt.

Deshalb hier zwei **Accessoire-Tipps:**
- Wenn man es lieber nicht riskieren will, den falschen Eindruck zu erwecken, kann man sich vor allem als → *Anfänger* an der Ausstattung von → *Kollegen* im Arbeitsumfeld orientieren.
- Es wirkt ziemlich angeberisch, bei offiziellen Treffen zu allererst seine komplette Edel-Accessoire-Sammlung vor sich auf dem Tisch auszubreiten, vom → *Mobiltelefon* über die Sonnenbrille bis zum Autoschlüssel mit BMW-Anhänger. Das macht zwar Eindruck, aber meistens den falschen.

▶ Adressen

Adressen von → *Kunden*, Ansprechpartnern, Ratgebern, Lieferanten, → *Sponsoren* und Journalisten sind in fast jedem Job für die tägliche Arbeit extrem wichtig. Deshalb werden sie in der → *Regel* systematisch gesammelt – je mehr, desto besser. Wer keinen → *PC* hat oder als echter → *Energiesparer* zu faul ist, sich mit dem Adressverwaltungsprogramm vertraut zu machen, notiert sie auf Karteikarten oder in Adressbüchern; alle anderen legen **Adressdateien** inklusive Handy-Nummern und Mailadressen an. → *Perfektionisten* notieren hier auch → *Geburtstage* und → *persönliche* Hobbys.

Firmen-Adressdateien erbt man vom Vorgänger oder baut sie sich direkt bei Jobantritt selbst auf, um nicht ständig nach irgendwelchen Telefonnummern zu suchen, die die Auskunft nicht finden kann. Der Wert der Adressdateien hängt einzig und allein davon ab, wann sie das letzte Mal aktualisiert wurden. Wer seine Adressdateien nicht regelmäßig alle paar Monate auf den neuesten Stand bringt, riskiert überflüssige Portozahlungen („Empfänger unbekannt verzogen"), große Ratlosigkeit („kein Anschluss unter dieser Nummer"), → *Ärger* („Sie sollten eigentlich wissen, dass ich vor einem halben Jahr die Nachfolge von Frau Dr. Schmitz angetreten habe") und abgrundtiefe → *Fettnäpfe* („Mein Mann ist vor drei Monaten gestorben").

Adressdateien aktualisieren ist eine typische → *Routinearbeit* für → *Praktikanten* und → *Mitarbeiter*. Genau wie die → *Ablage* ist auch sie zu Unrecht unbeliebt, denn wenn man diesen Job ernst nimmt, lernt man gerade als → *Anfänger* sehr viel über das Umfeld des Unternehmens, für das man arbeitet.

Es gibt zwei verschiedene Wege, Daten zu aktualisieren:

• **Schriftliche Aktualisierungsversuche** („Schicken Sie uns bitte das beiliegende Formular ausgefüllt zurück") sind erfahrungsgemäß nicht sehr erfolgreich. Wer inzwischen umgezogen ist, bekommt die Anfrage gar nicht mehr, und alle anderen haben wenig Lust, damit ihre → *Zeit* zu verschwenden. Eine Rücklauf-Quote von 15 bis 25 Prozent gilt als sehr gut.

• **Telefonische Aktualisierungen** sind wesentlich sinnvoller: Sie erfahren gleich, ob unter der Durchwahl-Nummer in der Datei immer noch dieselbe Person zu erreichen ist, und können mit ihr (oder ihrer → *Sekretärin*) direkt alle Angaben auf Richtigkeit und Vollständigkeit prüfen. Und wenn Sie ein Kommunikationstalent sind, versuchen Sie gleich ein nettes kleines → *Gespräch* („Ich bin übrigens der Nachfolger von Herrn Berger", „Den Artikel neulich in der Zeitung über Sie fand ich wirklich spannend"). Das hinterlässt öfter einen sympathischen ersten → *Eindruck*, als Sie sich vorstellen können. Jedenfalls, wenn Sie mit Ihrem Anruf nicht gerade stören – aber das lässt sich ja gleich am Anfang klären: „Störe ich Sie gerade?"

▸ Akten

Akten, ob im Regal oder im → *PC*, sind zentrale Elemente des Berufslebens, sichtbarer Nachweis für geleistete Arbeit und – im Streitfall – die einzige Möglichkeit, → *Recht* oder Unrecht zu beweisen. Was nicht in der Akte steht, ist nicht **aktenkundig**, das gibt es nicht und hat es nie gegeben. Deshalb ist es so → *wichtig*, alles, was von irgendeiner Bedeutung ist oder mal werden könnte, **zu den Akten zu nehmen**, selbst wenn man es in Form einer → *Aktennotiz* (→ *denglisch*: Memo) erst aufschreiben muss.

Akteninhalt und Aktenablage. Eine Akte besteht aus allen ankommenden Schriftstücken und aus → *Kopien* aller verschickten → *Briefe*, → *Telefaxe*, → *E-Mails*, Rechnungen und sonstiger Schriftstücke, die zu einem bestimmten Vorgang gehören. Sie werden mit Hilfe einer möglichst sinnvoll strukturierten → *Ab-*

lage in Aktenordnern oder im PC nach klaren (manchmal auch weniger klaren) Kriterien geordnet und zusammengeführt. Später werden sie jahrelang im Keller gelagert in der Hoffnung, bei Bedarf ein bestimmtes Schriftstück mit einem Griff wiederzufinden. Wer schlampig ablegt, hofft allerdings meistens vergebens.

Aufmerksames Aktenstudium ist vor allem für → *Anfänger* eine der wichtigsten Informationsquellen über den gesamten Arbeitsbereich, vor allem, wenn der Vorgänger unfähig, unwillig oder nicht mehr greifbar ist, um ausführliche Erklärungen zu liefern. Auch wer nicht die geringste Ahnung hat, wie ein bestimmter → *Arbeitsauftrag* zu erledigen oder ein Projekt in → *Angriff* zu nehmen ist, kann sich anhand der Akten immer eine → *Checkliste* basteln, an der er sich entlanghangeln kann.

Akten ergänzen. Bei komplizierten Vorgängen, die ein Außenstehender (Ihre Urlaubsvertretung oder Ihr → *Chef*, wenn er in Ihrer Abwesenheit etwas in Ihren Akten sucht) nicht ohne weiteres versteht, und vor allem für Ihr eigenes Gedächtnis ist es eine gute → *Idee*, die Akten durch handschriftliche Vermerke und auch offizielle Aktennotizen zu ergänzen. So können Sie zum Beispiel Hintergründe und Entwicklungen erklären („Meyer angefragt, weil Müller absagt und ihn empfohlen hat"). Auch kurze → *Notizen* auf den Schriftstücken selbst sind nicht schlecht („Am 20.3. Nachricht auf Anrufbeantworter hinterlassen"; „mündliche → *Absage* am 17.5."). Allerdings ist es weniger empfehlenswert, viel auf wichtigen Originalen herumzukritzeln. In dem Fall gönnen Sie sich lieber ein zusätzliches Blatt Papier.

▶ Aktennotizen

So nennt man → *Notizen*, die ganz offiziell „für die → *Akte*" geschrieben werden, damit das, wovon in ihnen die Rede ist, **aktenkundig** wird. Deshalb hat eine korrekte Aktennotiz immer einen → *Betreff*, ein Datum, den → *Namen* des Verfassers und, sofern es angebracht ist, sogar eine → *Unterschrift*. Wenn es sich um eine Aktennotiz für eine oder mehrere Personen handelt, müssen die im → *Verteiler* genannt werden und die Notiz zugesandt bekommen.

Verwendung von Aktennotizen. In ihnen kann man all das aufschreiben, was → *wichtig* ist oder scheint, aber aus dem offiziellen Schriftverkehr nicht eindeutig hervorgeht. Man schreibt sie nur für sich oder auch für andere. Sie **ermöglichen Erklärungen** („Die Firma hat das Angebot trotz rechtzeitigen Versands nicht termingerecht erhalten, weil die Kurierfirma nicht ausgeliefert hat"), sie **halten unangenehme Entwicklungen fest** („Herr Meyer hat am 8.2.02 zum dritten Mal in dieser Woche den ganzen Tag lang kein Wort mit mir geredet"). Sie dienen als **vorsorgliche Verteidigung** („Dr. Müller hat mich dazu veranlasst, das offizielle Protokoll nachträglich zu ändern") oder als **Basis für einen** → *Angriff* („Frau Schmitt trotz wiederholtem mündlichen Verweis erneut beim unerlaubten Surfen erwischt").

Faustregel. Eine Aktennotiz ist immer dann angebracht, wenn Sie das → *Gefühl* haben, dass Sie sich selbst schützen oder verteidigen sollten (→ *denglisch*: „cover your ass"). Wenn es → *Ärger* gibt, oder wenn sich abzeichnet, dass es Ärger gibt, können Sie Ihrem → *Chef* gegenüber per Aktennotiz Stellung nehmen und Ihre Sicht der Dinge erklären, damit Vorwürfe nicht in der Luft hängen bleiben. Und bei Angelegenheiten, die in irgendeiner Form unsauber abgewickelt werden sollen, können Sie wenigstens für sich selbst festhalten, wer Sie zu welchen Handlungen veranlasst hat.

▶ **Alkohol**

Alkohol hat im Berufsleben nichts zu suchen, und das mit gutem Grund: Wer (zu viel) trinkt, der redet zu viel und arbeitet zu schlecht. Gleichzeitig gibt es unendlich viele → *Ausnahmen* von dieser → *Regel*, vom gepflegten Glas Wein zum Geschäftsessen über die Bierchen auf dem Betriebsausflug bis zu den Drinks an der Bar nach einer → *Sitzung*. Wer grundsätzlich nie trinkt, wird da schnell schief angesehen, die Urteile gehen von „Langweiler" bis „Aha, Ex-Alki". Wer hingegen regelmäßig seine Trinkfestigkeit zur Schau stellt, bekommt irgendwann ein → *Problem* mit seinem → *Image*, denn es gibt immer Anwesende, die jedes Glas mitzählen und sich ihre → *Meinung* darüber bilden.

Oder schlimmer: ihre Beobachtungen in der Abteilung → *Klatsch & Tratsch* ganz gezielt auch anderen anvertrauen.

Also ist zurückhaltendes Mittelmaß angesagt. Um das zu schaffen, sollten Sie sich ein bisschen auskennen. Was die Arten von Alkohol betrifft. Denn die sind oft Gesprächsgegenstand. Und was die Wirkung von Alkohol auf Sie betrifft – damit Sie nicht selbst zum Gesprächsgegenstand werden.

Regeln. Je nach Anlass und Ort gibt es für den Umgang mit Alkohol ganz verschiedene Regeln:

Alkohol am Arbeitsplatz ist normalerweise → *tabu*, wenn nicht offiziell verboten. Bei einigen Anlässen (→ *Geburtstag*, → *Einstand*, Jubiläum) wird aber dann doch eine Ausnahme gemacht, und ein Stündchen lang darf getrunken werden, bei → *Betriebsfeiern* sogar ganze Abende lang. Und das kann heikel werden. Nicht nur, weil gerne Kopfschmerz-Qualität serviert wird („Château Migraine"), sondern auch, weil es spätestens nach dem vierten Glas erfahrungsgemäß zu weinseligen Verbrüderungen und Flirtversuchen kommt, die man am nächsten Tag bitter bereut, aber auch beim besten Willen nicht mehr rückgängig machen kann.

Alkohol bei Veranstaltungen wie → *Empfängen* und Partys gehört dazu, also dürfen Sie auch einen Schluck trinken. Das machen andere auch, und es gibt sogar garantiert immer mindestens einen, der am Ende im Vollrausch ist. Sich genau anzuschauen, wie solche Leute dann wirken – und wie andere darauf reagieren – das hat abschreckende Wirkung und bewahrt zuverlässig vor dem entscheidenden Glas zu viel.

Alkohol bei Geschäftsessen wird vom Gastgeber häufig angeboten. Wenn allerdings niemand außer Ihnen Wein bestellen möchte, sollten Sie sich das auch noch mal überlegen, wegen der Wirkung (wer nicht trinkt, spürt beim anderen im → *Gespräch* selbst die Wirkung eines einzigen Glases Wein) und vor allem wegen der möglichen Folgen für Ihr Image. Wenn Sie Wein trinken, bestellen Sie am besten immer eine große Flasche Wasser dazu (und trinken Sie sie auch).

Trinkrituale sind im Wesentlichen unter Männern verbreitet. Beliebt sind Treffen an der Bar nach Sitzungen oder Tagungen, bei denen gerne reichlich getrunken wird. Das dient dem Austausch von → *Informationen*, der Pflege von → *Netzwerken* und → *Kontakten*, dem gemütlichen Besuch in der Abteilung → *Klatsch & Tratsch* – alles Dinge, die mit alkoholgelöster Zunge leichter fallen. Wer an solchen Trinkritualen teilnehmen will oder muss, handelt sehr klug, wenn er unauffällig auf die eine oder andere Runde verzichtet. Und sich auch ein paar Gedanken darüber macht, wer denn eigentlich hinterher die Rechnung zahlt.

Angetrunken und betrunken sein fällt grundsätzlich unangenehm auf. Bei einem Mann gilt das mit ganz viel Glück noch als „männlich" – aber eine betrunkene Frau ist meistens sofort unten durch. Wenn Sie also merken, dass Sie zu viel getrunken haben, versuchen Sie es nicht lange mit Kaffee und Wasser, sondern verlassen Sie die Veranstaltung, bevor die anderen Sie nach Hause schicken.

Ein **Kater** existiert im Berufsleben offiziell nicht. Egal ob Sie privat oder beruflich zu viel geschluckt haben – die Folgen müssen Sie ohne einen Ton der Klage ertragen, und das bei voller Arbeitsleistung. → *Mitarbeiter* und → *Chefs*, die stattdessen gegen elf ins Büro kommen, ausführlich von Saufgelagen und durchgemachten Nächten erzählen und dann wegen Kopfschmerzen den Rest des Tages krankfeiern, verlieren schneller an Ansehen, als sie trinken können.

▶ Allgemeinbildung

Das heißt nicht mehr und nicht weniger, als dass man über sein Ausbildungs- oder Studienfach hinaus von allem wenigstens ein bisschen was wissen sollte: Geschichte und Gesellschaft, Kultur und Sport, Wirtschaft und → *Politik*. Dieses Wissen ist → *wichtig*, weil es im Arbeitsleben immer wieder gefragt ist, und sei es beim → *Smalltalk* am Rande einer → *Sitzung*.

Es geht oft nur um Kleinigkeiten, aber gerade die können entscheidend sein für den → *Eindruck*, den ein → *Chef*, ein → *Kunde* oder ein Partner von Ihnen gewinnt. Und wenn Sie dann Bukarest für die Hauptstadt von Ungarn halten oder die Marseillaise für ein französisches Fischgericht, ist der Eindruck nicht so berauschend.

Pflicht und Kür. Sie müssen nicht die Verfassung von Indien kennen und nicht die Entwicklungsgeschichte der klassischen Musik herunterbeten können. Auch → *Vorträge* über die Zusammenhänge zwischen Handelsbilanzen und Inflationsraten erwartet niemand von Ihnen (es sei denn, Sie studieren Volkswirtschaft). Aber Schulwissen allein genügt auch nicht. Sich zumindest in einzelnen Bereichen gut auszukennen, erleichtert das Mitreden, gibt Selbstbewusstsein und ist gut fürs → *Image*, weil es auf Interesse und Begeisterung schließen lässt. Sie haben keine Ahnung vom Hochmittelalter? Macht nichts, solange Sie über das 20. Jahrhundert halbwegs Bescheid wissen. Europapolitik interessiert Sie nicht? Nicht weiter tragisch, solange Ihnen deutsche Ministernamen etwas sagen. Sie waren seit fünf Jahren nicht mehr im Theater? Und wenn schon, wenn Sie andererseits begeistert in jede Kunstausstellung gehen.

Die Allgemeinbildung pflegen. Der regelmäßige Kauf von Zeitungen und Zeitschriften ist in dieser Hinsicht eine gute Investition, jedenfalls sofern man mehr als die Leute-heute-Seite und das Horoskop liest. Denn in den Nachrichtenmagazinen und überregionalen Tageszeitungen wird früher oder später über alles berichtet, was achtzig Prozent aller → *Gespräche* ausmacht – und was allein schon deshalb wissenswert ist. Das gilt nicht nur für das Tagesgeschehen, sondern vor allem für die Hintergrund-Berichterstattung, vom zehnjährigen Dienstjubiläum des großen Politikers bis zum zweihundertsten Todestag des berühmten Malers.

In diesen Artikeln sind oft → *Informationen* leicht verdaulich zusammengefasst, die sonst ganze Bücher füllen.

Lesen ist allerdings anstrengend. Wesentlich leichter ist es, den Fernseher einzuschalten. Das hat wiederum den Haken, dass beim Schauen weniger Wissen hängen bleibt als beim Lesen, vor allem, wenn Sie sich bei Ihren Bemühungen um Allgemeinbildung auf die Acht-Uhr-Nachrichten beschränken. Wer nicht an Bücher und Zeitungen glaubt, sollte sich daher regelmäßig einen Dokumentarfilm oder vielleicht sogar einen Themenabend auf *Arte* gönnen, um etwas für seine Allgemeinbildung zu tun.

▶ Alphabet

Das Alphabet gehört nicht nur in die Grundschule, sondern ist auch für die tägliche Arbeit nützlicher, als man denkt. Das gilt vor allem für alle Arten von → *Listen* (Register, Inhaltsverzeichnisse) und Ablage-Aufgaben. Für beides ist das Alphabet ein wunderbares Ordnungsprinzip.

Wer sich mit → *PCs* auskennt, muss sich keine Gedanken über Logik-Fragen machen, wenn er seine Listen in Programmen wie Excel anlegt, die automatisch alphabetisch ordnen können. Wer sich nicht auskennt oder nicht das passende Programm hat, der hat viel Arbeit. Denn bei größeren Listen, → *Ablagen* und Registern sind Kindergarten-Sortiermethoden wie „alles mit S am Anfang" eindeutig zu wenig: Es muss auch innerhalb eines Buchstabens streng alphabetisch zugehen.

Darüber hinaus gibt es ein paar Feinheiten, die besser lernen sollte, wer gute Arbeit leisten will, weil auch der Computer sie nicht alle beherrscht.

Die wichtigsten Regeln:

• ä, ö, ü werden behandelt wie ae, oe, ue, also nach ad, od, ud einsortiert oder sie werden als Sonderform von a, o, u angesehen und innerhalb des Alphabets immer nach allen Buchstabenkombinationen mit der Normalform aufgeführt: Lus**t**ig, Lustig**k**eit, Lüs**t**ling, lus**t**los.

• ß wird behandelt wie ss;

• Zahlen kommen (geordnet) vor Buchstaben;

• Sonderzeichen (zum Beispiel #) kommen einheitlich vor oder nach Buchstaben oder werden bei der Sortierung ignoriert;

• Bei Vorname und Nachname entscheidet der Nachname über die alphabetische Reihenfolge;

• Titel und Adelsbezeichnungen werden hinten angestellt (Müller, Paul, Dr.; Finsterwald, Fredericus von);

- Bestimmte Artikel werden nicht berücksichtigt und hinten angestellt (Apfel, der);
- Unbestimmte Artikel werden berücksichtigt (ein Apfel).

▶ Amtsdeutsch

Amtsdeutsch hat sich im Wesentlichen Ende des 19. Jahrhunderts in den Amtsstuben entwickelt. Und sich von dort aus schnell im allgemeinen Schriftverkehr verbreitet, schließlich hat jeder Bürger früher oder später mit Ämtern zu tun. Amtsdeutsch ist offensichtlich in dem Bestreben entstanden, → *Zeit* zu sparen. Denn in Ämtern muss immer alles schnell gehen – auch wenn man das nicht immer merkt.

Amtsdeutsche → *Abkürzungen*. Amtsdeutsch ist zunächst gekennzeichnet durch viele Zeit sparende Abkürzungen wie ggf., betr. und z. Ktn. Ebenfalls Zeit sparend sind Worte, die zwar etwas steif, aber trotzdem praktisch das ausdrücken, wofür man sonst einen ganzen Halbsatz braucht. So stehen zum Beispiel „bezüglich", „diesbezüglich", hinsichtlich", und „bezugnehmend auf" alle mehr oder weniger für „Ich beziehe mich auf". Auch die angehängten Enden „-weise" und „-halber" machen zwar ein Wort länger, dafür aber viele andere Worte überflüssig: „Bedauerlicherweise" steht für „Wir bedauern sehr, dass". Und „umständehalber" erspart langatmige Erklärungen wie „Aufgrund schwieriger privater Umstände muss ich …".

Amtsdeutsche Formulierungen. Ein klares → *„Ich"*, das auf persönliche → *Verantwortung* hindeuten könnte, verwendet der Amtsdeutsche nur selten. Denn erstens darf er in der → *Regel* gar nicht als Einzelmensch auftreten. So hat in Ministerien nur der Minister das Vorrecht, „Ich-Sätze" zu verwenden; alle anderen müssen ihre Persönlichkeit hinter einem bescheidenen „wir" verstecken. (Ähnliches gilt auch in so manchem Großunternehmen.) Und zweitens will der Amtsdeutsche häufig gar nicht als Einzelmensch auftreten, denn mit einem klaren „Ich" lehnt er sich viel weiter aus dem Fenster als mit einem ausweichenden „Wir", das immer gleich nach demokratischem Mehrheitsbeschluss aussieht: „Leider sehen wir uns gezwungen ..." (Wobei das „leider" übrigens in den seltensten Fällen mit echtem Bedauern verbunden ist.)

Amtsdeutsches Wortgetöse. Gerne schiebt der Amtsdeutsche auch den „man" vor: „Im hiesigen Unternehmen zieht man das o. a. Verfahren vor." Oder er greift lieber gleich zu passiv formulierten Sätzen: „Die Angelegenheit wird geklärt werden." Ganz allgemein drückt sich der Amtsdeutsche gern etwas pompös aus, wahrscheinlich um Ehrfurcht zu erwecken: Der „Sachstand" ist die aktuelle Situation einer bestimmten Angelegenheit. Und „zeitnah" bedeutet nichts anderes als bald, das aber als Wort nie Verwendung findet. Wenn schon, dann muss es „in Bälde" sein. Umgekehrt bedeutet „zu gegebener Zeit" im → *Klartext*: „Irgendwann, aber wahrscheinlich nie." Und „Es entzieht sich unserer Kenntnis" heißt nichts anderes als „Ich weiß es nicht".

Immerhin: Auf diese Art und Weise macht sogar völlige Ahnungslosigkeit noch einen gewissen → *Eindruck*. Auf Dauer können Sie Menschen jedoch erfahrungsgemäß eher beeindrucken, wenn Sie so weit wie möglich auf Amtsdeutsch verzichten und sich auch eventuell vorhandene Lieblingswörter in dieser Sprache so schnell wie möglich abgewöhnen.

▶ Andeutungen

Sie sind das Gegenteil von → *Klartext*. Wer eine Andeutung macht, verzichtet bewusst oder unbewusst darauf, klar zu sagen, was er will oder denkt. Das tut er in der Hoffnung, dass der andere schon versteht, was gemeint ist. Aber da der andere in den seltensten Fällen Gedanken lesen kann, ahnt er im besten Fall dunkel die Botschaft, die der andere hinter seinem Wortgeklingel versteckt. So kommt es zu lästigen → *Missverständnissen*, die Arbeit und → *Beziehungen* erschweren. Trotzdem sprechen viele Leute aus → *Diplomatie* – und manchmal auch aus Bosheit – lieber in Andeutungen als im Klartext. Deshalb gibt es auch so viele Missverständnisse.

Hier ein Überblick über die **häufigsten Formen von Andeutungen**:

Angedeutete → *Bitten* kommen sehr oft vor: bei schüchternen → *Kollegen* und besonders bei Vorgesetzten, die sich nicht als → *Chef* aufspielen wollen. Also bei Frauen. „Wir müssen unbedingt den Bericht fertig machen", „Man sollte darauf achten, dass immer genug Tonerreserve für den Drucker da ist", „Es ist höchste Zeit für einen Kaffee." In den Karriereratgebern für Frauen wird eine solche → *Sprache* als ziemlich schlechte Angewohnheit beschrieben: „Männer geben Anweisungen. Frauen machen Andeutungen."[8] Das → *Problem* dabei: Es ist zwar sehr nett, so zu reden – aber es kommt einfach zu wenig dabei heraus. Für die Erfüllung wolkig formulierter Wünsche fühlt sich nämlich niemand zuständig.

Angedeutete → *Kritik* ist fast genauso häufig, und das aus den denkbar besten Gründen: Jede Kritik tut weh, egal wie → *freundlich* sie formuliert ist, weil sich der Kritisierte automatisch angegriffen fühlt. Ein → *Gespräch* kann dann ganz schnell unangenehm werden. Also vermeiden viele Leute klare Kritik und sprechen lieber in Andeutungen: „An dem Brief ist noch ein bisschen was zu tun" anstatt „Bitte machen Sie sich mit den Regeln der Rechtschreibreform vertraut", „Was gibt's Neues in der Vorbereitung für das Projekt?" anstatt „Bitte informieren Sie mich doch auch unaufgefordert regelmäßig über Ihre Schritte", „Bekomme ich den Bericht dann morgen?" anstatt „Bitte halten Sie sich an vereinbarte Termine".

Der Haken an dieser Form von Kritik: Sie tut zwar nicht weh – aber sie hat auch keine Konsequenzen. Außer vielleicht ein Magengeschwür bei dem, der nicht sagt, was er meint, und deshalb auch nicht mit einer Veränderung der Situation rechnen kann.

Boshafte Andeutungen und → *Anzüglichkeiten* gehören in die Abteilungen → *Mobbing* und → *Klatsch & Tratsch*. Man äußert sich nicht direkt bösartig, aber kleine Anspielungen werden die Fantasie der → *Zuhörer* schon in die richtige Richtung führen: „Der Meyer hat manchmal Probleme mit der Wahrheit" soll heißen, dass der Meyer ein Angeber und Lügner ist. „Der Müller riecht nach dem Mittagessen immer so nach Pfefferminz" soll heißen, dass sich hinter dem Pfefferminz bestimmt regelmäßig eine kräftige Fahne verbirgt. „Die Schmidt hat doch einen besonders guten Draht zum Abteilungsleiter" soll heißen, dass sie mit dem Herrn wohl schon in der Kiste war. Nichts Genaues weiß man natürlich nicht, aber schon der Verdacht reicht aus, um Misstrauen und Zwietracht zu säen. Und genau das ist der Zweck der Übung.

Umgang mit Andeutungen. Machen Sie keine. Wer genau sagt, was er meint, muss deswegen noch lange nicht grob, unfreundlich oder → *arrogant* auftreten. Klartext ist oft besser und vielen Menschen letztlich lieber – aber freundliche → *Wortwahl* und freundlicher → *Tonfall* gehören dazu.

Wenn andere Leute Andeutungen machen. Wenn Sie wissen wollen, was an Unausgesprochenem in der Luft hängt, fragen Sie einfach nach: „Wie meinen Sie das?", „Können Sie mir genauer erklären, was Sie damit sagen wollen?", „Was erwarten Sie genau von mir?"

Falls Sie jedoch mit Andeutungen prima leben können, weil sie weniger Arbeit machen als klare Ansagen, können Sie das → *Fragen* natürlich auch bleiben lassen: „Soll der Chef doch klar sagen, was er will, wenn er was von mir will." → *Ausnahme*: Bei boshaften Andeutungen sind Rückfragen ein Muss, allein aus → *Kollegialität*. Denn bei Rückfragen machen selbst die bösesten Intriganten meistens einen Rückzieher.

▶ **Anerkennung** → *Lob*

▶ **Anfänger**

Anfänger waren selbst die größten Bosse mal. Deshalb weiß jeder aus eigener → *Erfahrung* – oder müsste sich zumindest daran erinnern – , dass aller Anfang schwer ist.

Anfänger sein bedeutet vor allem: Möglichst schnell möglichst viel → *lernen*, denn was man sich in der Schule, in der Lehre oder an der Universität angeeignet hat, reicht im Job nie aus, egal wie gut die → *Zeugnisse* waren. An erster Stelle steht die Notwendigkeit, sich mit der Arbeit vertraut zu machen, die zu erledigen ist.

Aber genauso → *wichtig* ist es, all die großen und kleinen → *Informationen* einzuordnen, die jeden Tag quasi nebenbei vorbeirauschen:

• **Gesichter,** → *Namen* **und Funktionen von den** → *Kollegen* **in Ihrer Umgebung.** Es lohnt die Mühe, sich diese Dinge zu merken, damit Sie den richtigen → *Mitarbeitern* die richtigen → *Fragen* stellen können. Außerdem machen Sie garantiert immer einen guten → *Eindruck,* wenn Sie sie gleich bei der zweiten Begegnung wiedererkennen und mit Namen → *begrüßen* können.

• Die **„Firmensprache"** (→ *Abkürzungen,* Redewendungen). Erst wenn Sie die beherrschen, können Sie verstehen, worum es in → *Gesprächen* geht, und sinnvoll mitreden.

• **Die wichtigsten Merkmale Ihrer Abteilung oder Arbeitseinheit** (wo wird was erledigt) und Ihres **Unternehmens** (was sind seine Aufgaben, wer sind die Chefs, wer sind die → *Kunden,* welche Partner gibt es). Die sollten Sie kennen, damit Sie Ihren eigenen Job in einen Gesamtzusammenhang einordnen können.

Je nach Größe und Tätigkeit des Unternehmens kann es lange dauern, bis man sich halbwegs auskennt. Und anstrengend ist es auch, denn es kostet schon viel Energie, den eigentlichen Job zu lernen, für den man angestellt wurde. Wer keine Lust hat, über den Rand des eigenen Arbeitsplatzes zu gucken, weil das mit der einen oder anderen → *Überstunde* verbunden wäre, der kann es natürlich auch bleiben lassen. Jedenfalls, wenn es ihm egal ist, ob und wie schnell er beruflich weiterkommt.

Nachteile des Anfängerdaseins. Die richtig aufregenden Aufgaben sind noch nicht in Reichweite, stattdessen sind in der Einarbeitungsphase oft → *Routinearbeiten* angesagt. Die sind nicht wirklich spannend. Trotzdem sollten Sie sie ernst nehmen. Denn Vorgesetzte und Kollegen haben eine angeborene → *Abneigung* gegen Neulinge, die sich für so was zu gut sind. Außerdem: Wenn ein Anfänger Routinearbeiten schlampig erledigt, ist das ein guter Grund, ihm schwierigere Aufgaben gar nicht erst anzuvertrauen.

Vorteile des Anfängerdaseins. Anfänger dürfen Kollegen und Chefs Löcher in den Bauch fragen, und das müssen sie auch, denn jetzt ist der Moment: Neulingen wird jede noch so naive → *Frage* verziehen, langjährigen Mitarbeitern hingegen nicht mehr. Deshalb gilt: Fragen Sie, was das Zeug hält, wann immer Sie → *Arbeitsaufträge* nicht genau verstehen oder Informationen nicht einordnen können.

Es gibt zwar dumme Fragen, aber noch dümmer ist, sie nicht zu stellen. Denn je mehr Sie fragen, desto mehr verstehen Sie, und desto weniger → *Fehler* machen Sie. Wobei auch Fehler Anfängern in der → *Regel* verziehen werden, denn aus Fehlern wird man bekanntlich klug. Wenn Sie also einen Fehler machen, ist das kein Grund zur → *Angst*. Es reicht, wenn Sie den anderen zeigen, dass Sie daraus lernen.

Das Anfängerdasein ist also genau genommen kein Grund zur Scham, sondern ein segensreicher Zustand, vor allem im Umgang mit Leuten, die Sie noch nicht kennen (→ *Kunden*, Partner, Lieferanten): Sie brauchen sich nur charmant als Anfänger zu outen („Verzeihen Sie bitte, ich bin ganz neu hier und arbeite mich gerade erst ein"), und schon schaltet auch der ungeduldigste Nörgler einen Gang runter und bemüht sich um → *Verständnis*.

▶ **Angriffe**

Auf Angriff folgt Verteidigung, dann Gegenangriff – und schon ist der schönste Krieg im Gange. Leider nicht nur zwischen Soldaten, sondern sehr gerne auch zwischen Beziehungspartnern und Nachbarn, → *Kollegen* und Geschäftskonkurrenten. Zwar tragen die (meistens) ihre Schlachten nicht mit Waffen, sondern mit Worten aus. Aber auch damit sind schnell Wunden geschlagen, die nur schlecht verheilen.

Schriftliche Angriffe. In → *Briefen* und → *Telefaxen* kann man schriftlich hervorragend angreifen. Anwälte und Miethaie tun das pausenlos – allerdings in gepflegten Worten und völlig ohne die Haudrauf-Sprache, die bei mündlichen Angriffen quasi automatisch dazugehört. Bei ihnen heißt es zum Beispiel „Ihr Verhalten scheint uns befremdlich" anstatt „Sie gehen uns mit Ihren Mätzchen wahnsinnig auf den Senkel". Diese diplomatischen Verschnörkelungen werden verwendet, weil in → *Briefen* nun mal alles schwarz auf weiß aufgeschrieben ist und immer wieder nachgelesen werden kann. Und zwar nicht nur vom Empfänger, sondern bei Bedarf auch von seinem Anwalt. Vorausschauende Leute verzichten deshalb im Schriftverkehr auf offene Beschimpfungen und Drohungen und greifen lieber zu den Sprachschnörkeln. Die versteht auch jeder.

Bei → *E-Mails* ist diese Vorsicht dummerweise noch nicht verbreitet, weil sie bisher überwiegend als locker und informell gelten. Der offizielle Charakter eines Briefs fehlt ihnen noch. Da ist ohne größere Überlegungen zur → *Wortwahl* schnell mal eine Wut-Mail geschrieben und per Knopfdruck abgeschickt. Der Empfänger hat den Angriff dann so schnell auf dem Bildschirm, dass man ihn noch nicht einmal vorwarnen kann vor einer Botschaft, die am Ende vielleicht längst nicht so böse gemeint war, wie sie jetzt dem Text nach aussieht.

Mündliche Angriffe. Es gibt ein schier unfassbar großes Spektrum mündlicher Angriffe, von der kleinen spitzen → *Andeutung* („Na, haben Sie mal wieder die anderen für sich arbeiten lassen?"), unter der viele → *Mobbing*-Opfer zu leiden haben, bis zur klassischen Beleidigung („Du blöde Kuh!"). Letztere kommt allerdings nicht so oft vor, weil die meisten Leute in diesem Fall einen indirekten Angriff über die Abteilung → *Klatsch & Tratsch* bevorzugen („So eine blöde Kuh!").

Angreifen. In Privatleben und Beruf gibt es so gut wie niemanden, der noch nie einen anderen angegriffen hat. Viele friedliebende Menschen wollen eigentlich niemals zu Angreifern werden, aus moralischen Gründen oder aus → *Angst* vor Konflikten. Sie tun es manchmal ungewollt trotzdem. Und zwar in dem Moment, in dem sie → *Kritik* äußern. Die wird fast immer erst mal als → *persönlicher* Angriff gewertet, egal wie → *freundlich* sie formuliert ist.

Weniger konfliktscheue Leute haben mit Angriffen nicht das geringste → *Problem*. Sie greifen aus strategischen Gründen an („Angriff ist die beste Verteidigung"), weil sie sich im → *Recht* fühlen oder weil sie sich mit Angriffen auf jemanden, der sich nicht wehren kann, prima abreagieren können.

Aus welchen Gründen auch immer man angreift oder meint angreifen zu dürfen – es lohnt sich, vor der ersten Attacke kurz über zwei Dinge nachzudenken. Erstens: Wenn man auf → *Tonfall* und Wortwahl nicht genug aufpasst, kann ein anderer sich angegriffen fühlen, auch wenn das gar nicht die Absicht war. Zweitens: Auf einen Angriff folgt öfter als geplant nicht etwa eine bedingungslose Kapitulation, sondern ein Gegenangriff. Und der könnte, um im Bild zu bleiben, verheerende Folgen haben.

Angegriffen werden. Gegenangriffe sind eine möglicherweise vielversprechende → *Lösung*, siehe oben. Sie kommen allerdings nicht immer in Frage, vor allem, wenn es sich bei dem Angreifer um den → *Chef* handelt oder um einen wichtigen → *Kunden*. Dann hilft nur eins: Ruhe bewahren. Es ist zwar verlockend und scheint manchmal auch nur gerecht, zurückzubrüllen, wenn man angeschrien wird, oder auf Beleidigungen mit Beleidigungen zu reagieren – aber das bringt am Ende rein gar nichts außer einem Haufen zerschlagenen Porzellans.

Wesentlich cleverer ist es, aus dem → *Gespräch* diplomatisch auszusteigen, wenn der Angreifer keine Anstalten macht, sich von alleine zu beruhigen. Natürlich erst nach einer gewissen → *höflichen* Zuhör-Phase, und auf keinen Fall abrupt und mit ordentlich Türenknallen. Aber gegen eine Feststellung wie „Ich glaube, dass wir heute nicht weiter kommen. Lassen Sie uns morgen noch mal über alles sprechen" kann der andere nichts einzuwenden haben. Und gegen eine kleine → *Notlüge* („Es tut mir wirklich Leid, aber ich muss jetzt dringend weg/ein Gespräch in der anderen Leitung annehmen") auch nicht.

▶ **Angst**

Angst ist ein → *Gefühl*, das am Arbeitsplatz genauso vorkommt wie im → *Privatleben*. Angst erzeugt → *Stress*, und Stress schaltet das Gehirn ab bis auf ein kleines Notstromaggregat, das nur noch zwei Gedanken zulässt: → *Angriff* oder Flucht.[9] Beides ist zwar aus entwicklungsgeschichtlicher Sicht logisch, aber heutzutage nicht mehr sehr hilfreich, weder für die Erledigung dringender → *Arbeitsaufträge* noch für den Umgang mit Zahnärzten und Finanzbeamten.

Es gibt die täglichen kleinen Ängste, die man mit einer Menge Tricks und Hilfen in den Griff zu bekommen kann. Aber es gibt auch die große Angst als lähmende Last: Wer ständig unter quälenden Panikschüben leidet, der sollte nicht zögern, professionelle Hilfe in Anspruch zu nehmen, zum Beispiel von Psychologen und Therapeuten.

Angstauslöser im Beruf. Ganz oben steht die Angst vor → *Fehlern*, dabei ist sie eigentlich unbegründet, nicht nur bei → *Anfängern*, sondern auch bei alten Hasen. Denn jeder macht mal Fehler, und die wenigsten sind nie wieder gutzumachen. Die Angst vor Fehlern kann viele Formen haben: → *Sprechangst*, Entscheidungsangst, Angst vor → *Verantwortung*, Angst zu versagen. Der zweite große Angstauslöser können Vorgesetzte und → *Kollegen* sein: → *Mobbing* ist ein sehr ernstes Problem, das man meistens nur mit Hilfe von Experten in den Griff bekommt.

Der Angst auf den Grund gehen. Angst stresst. Unter Angst leidet immer die Qualität der Arbeit. Wer Angst hat, tut daher gut daran, sich die → *Zeit* zu nehmen, seine Angst einmal genau unter die Lupe zu nehmen. Denn wer klar sagen kann, wovor er eigentlich Angst hat, der hat sie schon halb im Griff. Dafür braucht man nicht in jedem Fall einen Psychologen. Manchmal reicht es schon, sich ein paar → *Fragen* zu stellen und ehrlich darauf zu antworten.

Für die **Angst vor Fehlern** heißen sie:
• Wovor haben Sie eigentlich genau Angst? Was könnte denn schlimmstenfalls passieren, wenn das eintritt, wovor Sie Angst haben? Was wären die schlimmstmöglichen Folgen für Sie? Ist das, was schlimmstenfalls passiert, wirklich so schlimm, dass Sie für immer erledigt sein werden?
• Was sind die schlimmsten Fehler, die Ihre → *Kollegen* und → *Chefs* so in letzter Zeit gemacht haben? Was waren für sie die Folgen? Was sind die schlimmsten Fehler von Politikern, Wirt-

schaftsbossen und Fußballtrainern, die in der letzten Zeit in der Zeitung standen? Was waren für sie die Folgen?

Wenn Sie alle diese Fragen beantwortet haben, werden Sie am Ende feststellen, dass nicht alle Fehler so schlimme Folgen haben, dass man Angst vor ihnen haben muss. Und dass man eine Menge falsch machen darf, bevor es wirklich ernst wird.

Bei der **Angst vor Chefs und Kollegen** kommt man mit Fragen an sich selbst nicht immer weiter. Hier ist es besser, mit einem guten (!) Freund unter den Kollegen zu sprechen, der alle Beteiligten kennt. Der kann vielleicht Hintergründe erklären – zum Beispiel die → *Fremdeinschätzung*, die in Ihrer Umgebung über Sie verbreitet ist, oder → *Fettnäpfe*, in die Sie getreten sind, ohne es zu wissen.

Tricks gegen die Angst. Die große Panik lässt sich mit ihnen nicht bewältigen. Aber bei Dingen, von denen Sie selbst irgendwo im Hinterkopf spüren, dass die Angst, die sie auslösen, eigentlich nicht ganz nachvollziehbar ist (Angst vor dem ersten Vortrag, Angst vor dem ersten großen Geschäftsabschluss), können diese Tricks Wunder wirken:

• **Angstauslöser in Teile zerlegen.** Dinge, die Angst machen, scheinen oft überwältigend groß und schon deshalb so Furcht erregend („Das schaff' ich nie!"). In dieser Situation ist es immer eine gute → *Idee*, sich den Angstauslöser in Ruhe anzuschauen, anstatt sich gleich widerstandslos der Panik auszuliefern. Denn Sie werden wahrscheinlich entdecken, dass er sich in einzelne Bereiche zerlegen lässt. Diese Einzelbereiche machen erstens jeder für sich weniger Angst, und zweitens können Sie sie, einmal aufgedröselt, wahrscheinlich bequem nacheinander bewältigen, anstatt alles auf einmal in → *Angriff* zu nehmen. Bestes Beispiel: Ein Koch, der ein hochkompliziertes Sechs-Gänge-Menü kochen muss, macht auch nicht alles auf einmal, sondern plant genau, was er wann vorbereiten muss, damit am Ende alles gleichzeitig und gut gelungen auf den Tisch kommt.

• **Üben.** Vieles, was sich nicht zerlegen lässt, kann man wenigstens üben. Wer genau weiß, dass er panische Angst davor hat, in der Öffentlichkeit zu sprechen, kann sich lange vor dem ersten →

Vortrag an dieses Gefühl gewöhnen. Zum Beispiel, indem er auf → *Sitzungen* und → *Besprechungen* ganz geplant den Mund aufmacht, möglichst für mehr als nur ein Sätzchen. Mit Freunden, in der Familie, unter Kollegen oder für sich alleine kann man unglaublich viele Dinge üben. Das scheint zwar manchmal albern – aber es ist garantiert besser, als nicht zu üben und dann der eigenen → *Nervosität* zum Opfer zu fallen.

• **Hinschauen anstatt Weglaufen.** Goldene Regel für den Umgang mit Angst, die noch nicht ganz zur Panik geworden ist: Es ist zwar verlockend, den Angstmachern einfach aus dem Weg zu gehen. Wer Platzangst hat, fährt eben nicht mit dem Aufzug, wer Angst vor Spinnen hat, mietet sich im Hochhaus ein und verzichtet auf Spaziergänge im Grünen. Das → *Problem* dabei: So werden die Ängste auf Dauer nicht kleiner, sondern eher noch größer. Mutiger und vor allem klüger ist es, die eigene Angst in Angriff zu nehmen. Genau herauszufinden, was die Angst auslöst und warum – und sich dann in kleinen Schritten an Angst auslösende Situationen heranzutrauen, im Zweifelsfalle mit professioneller Hilfe. **Merke:** Es ist immer ein großartiges Gefühl, die eigene Angst wenigstens ein Stück weit in den Griff zu bekommen.

▸ Anlagen

So nennt man alles, was einem Haupttext (→ *Briefe*, → *Telefaxe*, → *E-Mails*, → *Berichte*) beigelegt wird, von → *Kopien* über CD-ROMs bis zu Warenproben. Welche Anlagen beigelegt sind, steht im Haupttext, entweder als einfacher Hinweis („Anlagen") oder mit einer genauen Liste.

Inhalt und → *Struktur* **von Text-Anlagen.** Ein normaler Geschäftsbrief sollte nicht länger sein als eine Seite (gilt auch für E-Mails), weil ihn sonst niemand richtig liest. Deshalb gehört alles als Anlage beigefügt, was so ausführlich ist, dass es im Hauptanschreiben zu viel Platz wegnehmen würde: Angebote, → *Protokolle*, Berichte, → *Listen*, Kopien von Artikeln, längere Stellungnahmen. Manchmal besteht das Anschreiben dann nur noch aus der Ankündigung der Anlagen, aber das ist nicht wei-

ter tragisch. Zumindest, wenn Ihre wenigen Zeilen nicht einen →
Dummdeutsch-Klassiker enthalten. Es heißt nämlich **nicht** „in der
Anlage erhalten Sie …"; **richtig ist** „als Anlage erhalten Sie …".

Sobald mehrere Anlagen beigefügt sind, kann man dem Empfänger das Leben ungemein erleichtern, indem man sie genau
auflistet, die Seiten durchnummeriert und sie in irgendeiner Logik anordnet, am besten nach Datum oder alphabetisch. Bei angehängten Dateien ist es hilfreich, ihnen klare Namen zu geben,
damit der Empfänger nicht jede erst aufmachen muss, um zu wissen, was drinsteht. Das hilft ihm, sich zu orientieren. Und Ihnen
hilft es, sicherzugehen, dass keine Anlage fehlt.

Fehlende Anlagen. Es ist ein typischer Stressfehler zu vergessen, angekündigte Anlagen auch tatsächlich beizufü-
gen. Besonders bei E-Mails, weil alles so schnell geht: Einen Brief,
bei dem die Anlage fehlt, kann man zur Not wieder aus der →
Hauspost holen, aber eine einmal abgeschickte E-Mail ist weg.
Das ist eigentlich nicht weiter dramatisch. Jeder hat Verständnis
dafür, weil es jedem schon passiert ist. Trotzdem ist es auf die
Dauer praktischer, sich anzugewöhnen, die Anlagen grundsätzlich vor dem Schreiben des Mail-Textes anzuhängen.

Bei größeren → *Versandaktionen* von Drucksachen kann es
teuer werden, 3.000 Anlagen separat zu verschicken, nur weil
man sie vergessen hat. Und bei wichtigen Angelegenheiten, zum
Beispiel Post an Großkunden oder → *Sponsoren*, kann es auch
peinlich werden, wenn die Anlage fehlt. Deshalb ist es die Mühe
wert, sich anzutrainieren, die innere Warnblinkanlage einzuschalten, sobald man das Wort „Anlage" tippt – und vor dem
Versand routinemäßig zu prüfen, ob auch wirklich alles drin ist,
was draufsteht.

▶ **Anpacken**

Das bedeutet laut Lexikon „tüchtig mithelfen",[10] meistens bei
einer anstrengenden Arbeit, die schnell erledigt werden muss.
Das ist eine Eigenschaft, die bei jedem → *Anfänger* wie selbstverständlich vorausgesetzt wird. Wer als Neuling nicht bereit ist,
Kisten zu schleppen, Broschüren zu verteilen, Regale umzuräu-

men und Kaffee zu kochen, hat schlechte Karten, wenn aus der → *Probezeit* eine Festanstellung werden soll.

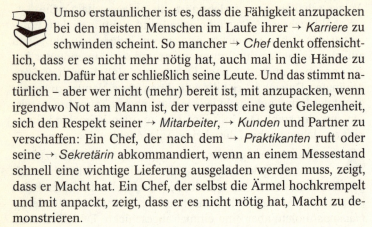 Umso erstaunlicher ist es, dass die Fähigkeit anzupacken bei den meisten Menschen im Laufe ihrer → *Karriere* zu schwinden scheint. So mancher → *Chef* denkt offensichtlich, dass er es nicht mehr nötig hat, auch mal in die Hände zu spucken. Dafür hat er schließlich seine Leute. Und das stimmt natürlich – aber wer nicht (mehr) bereit ist, mit anzupacken, wenn irgendwo Not am Mann ist, der verpasst eine gute Gelegenheit, sich den Respekt seiner → *Mitarbeiter*, → *Kunden* und Partner zu verschaffen: Ein Chef, der nach dem → *Praktikanten* ruft oder seine → *Sekretärin* abkommandiert, wenn an einem Messestand schnell eine wichtige Lieferung ausgeladen werden muss, zeigt, dass er Macht hat. Ein Chef, der selbst die Ärmel hochkrempelt und mit anpackt, zeigt, dass er es nicht nötig hat, Macht zu demonstrieren.

▶ **Anrede**

Die Anrede ist die Art und Weise, wie man jemanden anspricht. Dabei geht es vor allem um die Frage → *„Duzen oder Siezen"*. Zu ihr gibt es so viel zu sagen, dass sie unter dem Stichwort „Duzen" gesondert behandelt wird.

Ein fast genauso wichtiger Teilbereich der Anrede ist das → *Begrüßen*, sowohl mündlich als auch schriftlich. Bei beidem hängt die Sprachebene vom Anlass ab und auch davon, wie gut man die angesprochene Person kennt.

Mündliche Anrede. Bei guten Freunden und nichtoffiziellen Treffen ist alles okay, was man auch zu Hause zur Begrüßung verwendet: „Hallo", „Tachchen", „Mahlzeit", „Na alter Penner". Fremdsprachenexperten verwenden auch gerne „Hello", „Hi" oder „Ciao". Wer zeigen will, wie locker er ist, kann das natürlich auch ganz ungezwungen im Umgang mit → *Chefs*, wichtigen Geschäftspartnern und → *Kunden* tun. Die halten es aber erfahrungsgemäß für angemessener, mit einem gutbürgerlichen „Guten Morgen", „Guten Tag" oder „Guten Abend" angesprochen zu werden.

Schriftliche Anrede. Zwischen guten Freunden ist genau wie bei der mündlichen Anrede alles möglich, was Spaß macht. In offiziellen → *E-Mails*, → *Telefaxen* und → *Briefen* aber eher weniger. Wenn Dr. Meier von einer Person, die er gar nicht kennt, einen Brief bekommt, der mit „Hallo!" beginnt, wird er diese saloppe Anrede höchstwahrscheinlich als eigenartig bis unpassend empfinden. Nicht viel besser ist es, in Schriftstücken den Adressaten mit „Guten Tag, Herr Dr. Meier" anzusprechen. Dagegen ist zwar theoretisch nicht viel einzuwenden. Weil aber die meisten Leute diese pseudo-originelle Anrede mit aufdringlicher Werbepost in Verbindung bringen, reagieren sie spontan mit → *Abneigung*, und die ist nicht gut fürs Geschäft.

Deshalb ist es im Zweifelsfalle das Beste, auf Nummer sicher zu gehen und die altbewährten Floskeln zu verwenden: „Sehr geehrter (und Name)" bei → *wichtigen* Personen und solchen, die man nicht kennt. Und „Lieber (und Name)" für Leute, mit denen man sich einen etwas weniger förmlichen → *Tonfall* erlauben kann.

Achtung: Es kann passieren, dass man Briefe und E-Mails an Unternehmen oder Abteilungen schreiben muss, ohne zu wissen, wer eigentlich der richtige Ansprechpartner ist. → *Energiesparer* machen es sich in dem Fall einfach und schreiben an die „sehr geehrten Damen und Herren". Aber für diese Post fühlt sich da, wo sie ankommt, fast nie jemand zuständig. Sie liegt also meistens tagelang irgendwo herum, ehe sich jemand erbarmt und sie bearbeitet. Oder in den → *Papierkorb* wirft. Denn auch unter den Empfängern gibt es Energiesparer – warum sollten die sich mehr Mühe geben als die Absender?

Anrede bei Titeln, Amtsbezeichnungen, Adeligen. Im normalen Berufsalltag kommen meistens nur Doktoren und Professoren vor. Die haben ein Recht darauf, mit ihrem **Titel** angeredet zu werden „Liebe Frau Doktor (plus Name)", „Sehr geehrter Herr Professor (plus Name)". Wer das nicht macht, weil er Titel für spießig hält oder nicht weiß, dass sein Gegenüber einen akademischen Grad hat, kann schnell im → *Fettnapf* landen. Wer einen Titel hat, ist nämlich in der Regel stolz darauf und fühlt sich herabgewürdigt, wenn er nicht gebührend erwähnt wird.

Kompliziertere Anrederegeln gibt es für **Adelige**. Sie werden immer mit ihrem Prädikat angeredet – also „Graf Ehrenfeld", „Baronin zu Buttenbach", „Fürstin von Greifenstein". Ein „Herr" oder „Frau" vornweg sollte man im Kontakt mit Blaublütigen unbedingt weglassen. Also „Guten Tag, Fürstin von Greifenbach" und nicht etwa „Guten Tag, Frau Fürstin" – denn diese Ausdrucksweise bringt man mit Butlern und sonstigen Hausangestellten in Verbindung. Und zu denen gehören Sie wahrscheinlich nicht.

Kardinäle werden mit „Eminenz" angeredet, Bischöfe und Botschafter mit „Exzellenz" und Könige mit „Majestät". Bei Ministern hingegen darf man schlicht „Guten Abend, Herr Minister" sagen.

Ganz einfach ist es nicht, hier alles richtig zu machen, und die meisten Menschen haben auch nicht allzu viel Umgang mit echten Fürsten und Majestäten – dafür sind die potenziellen → *Fettnäpfe* umso größer. Wer häufiger mit solchen → *VIPs* zu tun hat, sollte daher ein paar Euro in einen Benimmführer[11] investieren und die → *Regeln* bei Bedarf rechtzeitig nachschlagen.

Anrede mit → *Namen* **oder ohne?** Es heißt oft, dass man sein Gegenüber möglichst häufig mit seinem Namen anreden soll, weil das → *höflich* und zuvorkommend ist. Stimmt – aber inzwischen flechten so viele Telefonverkäufer, Call-Center-Mitarbeiter und Staubsaugervertreter in jeden Satz dreimal eine namentliche Anrede ein, dass das meistens nur noch aufdringlich wirkt.

▸ Anrufbeantworter

Anrufbeantworter sind kleine, aber wichtige → *Dienstleister*: Sie nehmen Nachrichten für alle an, die nicht → *erreichbar* sind oder nicht erreichbar sein wollen. Umgekehrt kann jeder auf ihnen Nachrichten hinterlassen, die entweder so → *dringend* sind, dass sie nicht bis zum nächsten persönlichen → *Gespräch* warten können – oder so wenig → *wichtig*, dass man sie auch auf Band hinterlassen kann.

Anrufbeantworter am Arbeitsplatz. Hier gibt es zwei Arten: bei kleineren Unternehmen den Firmenanrufbeantworter, der meistens an die Nummer der Zentrale angehängt ist und außerhalb der → *Arbeitszeiten* eingeschaltet wird. Und, bei großen und modernen Telefonanlagen, den persönlichen Anrufbeantworter für jede einzelne Nebenstelle.

Für beide gibt es zwei goldene → *Regeln*:

• **Die Ansage muss aktuell sein**, denn es wirkt leicht irritierend, wenn Anrufern im Frühling immer noch erläutert wird, wie das Büro zwischen Weihnachten und Neujahr besetzt ist.

• **Die Nachrichten müssen regelmäßig abgehört werden.** Jeder geht davon aus, dass Sie die Technik, die Sie anbieten, auch benutzen (können). „Ich hab' meinen Anrufbeantworter noch nicht abgehört" ist deshalb keine gute → *Entschuldigung*, wenn Sie erklären wollen, warum Sie noch nicht zurückgerufen haben.

 Private Anrufbeantworter zeichnen sich gelegentlich durch Ansagen aus, auf denen statt → *Namen* und Nummern nur Musik zu hören ist. Oder die Geräusche, die Haustiere und Kleinkinder so von sich geben. Das ist ein Ausdruck von → *persönlichem* Stil. Gute Freunde wissen das auch zu schätzen – → *Kunden* und Geschäftspartner, für die Sie auch privat erreichbar sein wollen, allerdings nicht unbedingt. Denn sie fragen sich zwangsläufig, ob sie die richtige Nummer gewählt haben, wählen noch mal, sind verwirrt und irgendwann genervt. Wer diesen Effekt vermeiden will, sollte darüber nachdenken, seine Ansage vielleicht doch ein wenig bürgerlicher zu gestalten, auch wenn das weniger originell ist.

Anrufbeantworter (→ *denglisch:* **Mailbox**) **in** → *Mobiltelefonen.* Fast jeder besitzt inzwischen ein Mobiltelefon oder bekommt sogar von seiner Firma eines zur Verfügung gestellt. Und wer eins hat, hat es auch immer dabei, das ist heute der Normalfall. Er kann also regelmäßig seine Mailbox abhören – wenn ihn sein → *Telefon* nicht gleich selbständig benachrichtigt, sobald dort ein Anruf registriert wurde. „Ich habe meine Mailbox noch nicht abgehört" als Erklärung für noch nicht erledigte Rückrufe gilt deshalb als ziemlich schlechte→ *Notlüge.*

Auf noch weniger Verständnis stößt, wer aus finanziellen oder sonstigen Erwägungen seine Mailbox ganz ausschaltet. Denn nichts ist für gestresste Anrufer lästiger als die Mitteilung „Der gewünschte Gesprächspartner ist im Augenblick nicht zu erreichen". Es kostet zwar → *Geld* und → *Zeit*, seine Mailbox abzuhören – aber es kostet noch mehr Mühe, einen verärgerten Geschäftspartner zu besänftigen, der fünfmal vergeblich versucht hat, Ihnen eine Nachricht zu hinterlassen.

Nachrichten auf Anrufbeantwortern hinterlassen. Reden Sie, was Sie wollen, solange Sie wollen. Ein paar Gedanken darüber, ob es passend ist, diese oder jene Nachricht auf Band zu hinterlassen, und darüber, ob die Nachricht wohl wirklich nur von dem gehört wird, für den sie bestimmt ist, sind zwar gelegentlich nicht verkehrt, aber auch nicht zwingend erforderlich.

Aber seien Sie auf jeden Fall immer nett zu dem, der Ihre Nachricht abhört, und hinterlassen Sie Ihren Namen und Ihre Telefonnummer, und die nicht im Formel-1-Tempo genuschelt, sondern vielleicht zur Sicherheit noch einmal wiederholt. Wenn Sie es besonders gut machen wollen, erwähnen Sie auch Datum und Uhrzeit Ihres Anrufes.

Es kann zwar sein, dass derjenige, für den die Nachricht bestimmt ist, Ihre Stimme kennt, Ihre Nummer gleich griffbereit hat und den Zeitpunkt Ihres Anrufes sowieso von seinem Anrufbeantworter mitgeteilt bekommt. Das kann aber auch alles nicht sein, und für den Fall gilt: Wer Ihre Telefonnummer schwarz auf weiß vor Augen hat, weil er sie soeben mitschreiben konnte, wird Sie eher zurückrufen als jemand, der sich erst lange überlegen muss, wie Sie denn noch gleich heißen und wie Ihr Name geschrieben wird, damit er Ihre Nummer überhaupt in seiner Adressdatei findet.

▶ **Anzüglichkeiten**

Laut Lexikon sind das „leicht boshafte, spitze Bemerkungen".[12] Es geht überwiegend um → *Andeutungen* im sexuellen Bereich. Frauen können das zwar inzwischen auch ganz gut und tun es auch ganz gerne – allerdings am liebsten „im kleinen Kreis" unter Freundinnen. So → *diskret* geht es unter Männern nicht immer zu: Anzüglichkeiten über abwesende und selbst über anwesende Geschlechtsgenossen und Frauen sind nicht unbedingt eine Seltenheit. Besonders von Frauen werden sie oft als → *Belästigung* empfunden. Permanente Anzüglichkeiten immer derselben Person gegenüber können auch eine Form von → *Mobbing* sein und entsprechend hart bestraft werden.[13]

Anzüglichkeiten über Abwesende. Wer mitbekommt, dass über Abwesende offensichtlich dummdreist geredet wird, der könnte bei allzu platten Storys („Der Müller legt alles flach, was nicht bei drei auf'm Baum ist", „Die Titten von der Meier sind doch aus Plastik") durchaus ein bisschen → *Zivilcourage* an den Tag legen. Und → *freundlich* lächelnd nachfragen, wen denn der Müller in letzter Zeit konkret flachgelegt hat. Und woher der Erzähler denn so genau weiß, dass die Meier eine Brustvergrößerung hat vornehmen lassen.

So viel Mut und Schlagfertigkeit haben Sie nicht? Auch kein Problem. Vorausgesetzt, Sie lachen bei solchen Anzüglichkeiten nicht einfach mit – das bestärkt den Schwätzer nämlich nur darin, weiterhin dummes Zeug zu erzählen. Und vorausgesetzt, Sie kommen niemals auf den Gedanken, genau dieses dumme Zeug in der Abteilung → *Klatsch & Tratsch* auch noch weiterzuverbreiten.

Anzüglichkeiten über Anwesende. „Na, haben Sie gestern Abend noch Spaß gehabt mit dem Kollegen aus der Buchhaltung?" und „Also für mich dürften Sie ruhig noch einen Knopf mehr an Ihrer Bluse aufmachen" sind nicht in jedem Fall bösartige Angriffe mit eindeutigen Absichten. Sie sind aber – vor allem in der Öffentlichkeit – immer so peinlich, dass den so Angesprochenen erst mal die Spucke wegbleibt. Worüber sich die Herren dann meistens königlich amüsieren.

Sie sollten in dieser Situation grundsätzlich erst mal prüfen: War das bösartig oder eher ein einmaliger Dumme-Jungen-Spruch? (Kommt selbst bei Topmanagern mit Silberhaar vor.) Fiese Absichten sind oft dadurch erkennbar, dass es nicht bei einer Anzüglichkeit bleibt. In dem Fall gilt: Möglichst cool bleiben, damit der andere nicht Gefallen daran findet, Ihnen regelmäßig die Fassung zu rauben (→ *Provozieren*). Wenn Sie sich ernsthaft belästigt fühlen, haben Sie immer noch die Möglichkeit, das → *Problem* ganz offiziell in → *Angriff* zu nehmen (→ *Mobbing*).

▶ **Arbeitsaufträge**

Arbeitsaufträge sind Dinge, die getan werden müssen. Entweder müssen Sie sie selbst erledigen. Dann sind Sie allein für die Qualität der Arbeit → *verantwortlich*. Oder Sie können sie an → *Mitarbeiter* und → *Praktikanten* delegieren, also andere mit der Erledigung beauftragen. Dann sind Sie zwar die Arbeit selbst los, aber immer noch verantwortlich dafür, dass sie auftragsgemäß erledigt wird.

Arbeitsaufträge annehmen. Wer was wann tun muss, sollte in der → *Arbeitsplatzbeschreibung* festgelegt sein, die es normalerweise für jede Stelle gibt. Im Idealfall macht jeder Arbeitnehmer unaufgefordert das, was dort drinsteht, ohne dass jemals zusätzliche Arbeitsaufträge auf ihn zukommen. Aber diesen Idealfall gibt es nicht, denn die Arbeitsplatzbeschreibungen sind in der → *Regel* eher allgemein formuliert, und außerdem bringt die Arbeitswirklichkeit jeden Tag neue Herausforderungen mit sich, die angenommen werden müssen. Und zwar von Ihnen.

Wenn Ihr Vorgesetzter meint, dass Sie nicht voll ausgelastet sind (und das meinen fast alle Vorgesetzten von fast allen Mitarbeitern), wird er nicht zögern, Sie mit neuen Aufgaben zu betrauen. Sie können dann entrüstet darauf hinweisen, dass Sie sowieso schon viel zu viele → *Überstunden* machen und diese neue Arbeit keinesfalls zusätzlich übernehmen können. Oder aber Sie können tun, was die Karriereratgeber empfehlen, und aus strategischen Gründen immer erst mal Ja sagen: „(...) grundsätzlich besteht die Erwartungshaltung, dass der Mitarbeiter eine → *Lösung* findet und nicht ausführlich erklärt, warum etwas nicht funktioniert oder nicht erledigt werden kann."[14]

Das heißt im → *Klartext*: Geht nicht gibt's nicht. Wenn Sie einen Arbeitsauftrag ablehnen, sind Sie immer der Böse, egal wie gut Ihre → *Argumente* sind. Wenn Sie ihn aber annehmen, sind Sie der Gute, allein weil Sie Ja sagen. Die Erledigung der Arbeit selbst steht auf einem anderen Blatt: Wer am Ende was machen muss, ob Sie nicht Teile der Arbeit → *delegieren* oder mehr → *Zeit* bekommen können, kann dann erfahrungsgemäß doch noch verhandelt werden.

Zu viele Arbeitsaufträge. Es kommt vor, dass man am Ende vor lauter Jasagen einfach zu viel Arbeit auf dem Tisch liegen hat. Wer absehen kann, dass er niemals alles innerhalb der festgelegten → *Terminvorgaben* schafft, kann natürlich Nachtschichten einlegen. → *Perfektionisten* und → *Workaholics* werden sich für diese → *Lösung* entscheiden. → *Energiesparer* hingegen werden in aller Ruhe die am wenigsten anstrengende Arbeit erledigen und den Rest einfach liegen lassen in der Hoffnung, dass der eine oder andere Auftrag ohnehin in Vergessenheit gerät. Das ist allerdings ein risikoreicher Ansatz wegen des → *Ärgers*, den es gibt, wenn eine wirklich → *wichtige* Arbeit liegen bleibt.

Wer genau weiß, dass er in diesem Fall den Kommentar „Ich hab's eben nicht geschafft" nicht mit derselben Lockerheit aussprechen kann wie die Energiesparer, aber auch nicht zweihundert Überstunden machen will, der kann es mit der → *Prioritäten*-Methode versuchen: → *Chef* frühzeitig darüber informieren, dass nicht alles termingerecht erledigt werden kann. Und dann einfach fragen, welche Aufgaben denn am dringendsten gemacht werden müssen, und welche liegen bleiben können. Damit haben Sie ganz elegant Verantwortungsgefühl gezeigt und sich gleichzeitig etwas mehr Luft verschafft.

▶ **Arbeitsaufträge vergeben** → *Delegieren*

▶ **Arbeitsplatz**

Der Arbeitsplatz ist der Ort, an dem man normalerweise den größten Teil des Tages verbringt. Häufig liegt er irgendwo zwischen dem eigenem Schreibtisch und dem eigenem → *Büro*. Dort richten sich die meisten Leute mehr oder weniger häuslich ein: Sie bauen ihr gewohntes Zuhause bewusst oder unbewusst ein Stück weit in ihren Arbeitsplatz ein. Die Unternehmen haben dagegen in der Regel nichts einzuwenden, sofern sich die Dekoration in → *Grenzen* hält. Sie gibt dem Arbeitsplatz eine → *persönliche* Note. Was dazu führt, dass Sie sich wohler fühlen – und dazu, dass andere auf den ersten Blick eine ganze Menge über Sie erfahren. Ob Sie es wollen oder nicht: Der Zustand Ihres Arbeitsplatzes sagt genauso viel über Sie aus wie Ihr → *Auftreten* und Ihre → *Kleidung:*

• **Dekoration am Arbeitsplatz.** Dazu gehören Kinderzeichnungen und Fotos von → *Haustieren* und Lebenspartnern, Blumenvasen und Pflanzschalen, Plüschtiere und selbst getöpferte Keramikaschenbecher, Pinnwände und Ansichtskartensammlungen. Den meisten reicht die eine oder andere symbolische Kleinigkeit, aber einige Leute fühlen sich erst so richtig wohl, wenn auf dem Schreibtisch kaum noch Platz für → *Telefon* und Tastatur ist. Neugierige Betrachter ziehen aus allem ihre Schlussfolgerungen, sowohl aus der Art als auch aus der Menge der Deko, die den Arbeitsplatz schmückt. Je mehr rumsteht und aufgehängt ist, desto wilder sind die Spekulationen über → *Privatleben* („Wer ist der junge Typ auf dem Foto, das kann doch nicht ihr Mann sein") und persönliche Charakterzüge („Diddel-Sammlung – mein Gott wie kindisch!"). Das ist nicht weiter dramatisch, kann aber manchmal mühsam werden, weil es so schwer ist, einen falschen → *Eindruck* zu korrigieren.

• Zu → *Ordnung* **am Arbeitsplatz** und → *Gerüchen* **am Arbeitsplatz** gibt es so viel zu sagen, dass beide in diesem Buch mit eigenen Stichwörtern vertreten sind.

▸ **Arbeitsplatz, Abwesenheit vom**

Für die Abwesenheit vom Arbeitsplatz gibt es hundert Gründe, vom Gang zur Toilette über die Teilnahme an einer → *Sitzung* bis hin zu → *Urlaub* und → *Arztbesuch.* Wer nicht an seinem Platz ist, kann seine Arbeit nicht machen, seine Anrufe nicht entgegennehmen und sich nicht um Besucher kümmern. Das reicht, um ahnungslose → *Kollegen,* Anrufer und → *Kunden* schnell zu verärgern, ganz egal, wie gut die Gründe für Ihre Abwesenheit sind. Wenn Sie also längere Zeit Ihren Arbeitsplatz verlassen wollen oder müssen, kalkulieren Sie vorher ein paar Minuten → *Infor-*

mation für Ihre Arbeitsumgebung ein, falls Sie sich nachher ein paar Stunden Vorwürfe ersparen wollen.

Abwesenheit innerhalb/außerhalb des Unternehmens. Wer das Haus verlässt, muss seinen → *Chef* informieren. Das ist Pflicht, nicht nur bei privaten, sondern auch bei beruflichen Anlässen. Bei Unternehmen mit Stechuhr gelten oft hausinterne Regelungen, die beachten muss, wer → *Ärger* vermeiden will. Aber auch innerhalb des Hauses können Besorgungen, → *Besprechungen* und Besuche in anderen Firmenbereichen schnell zu längeren Abwesenheiten führen. Das ist dann zwar alles dienstlich. Die lieben Kollegen werden sich aber trotzdem aufregen, und das auch nicht ganz unberechtigt, sofern Ihre unangekündigte Abwesenheit ihnen zusätzliche Arbeit macht.

Besonders unbeliebt sind übrigens Zigarettenpausen: Jeder Nichtraucher mit Kollegen, die pro Stunde zehn Minuten zum → *Rauchen* nach draußen gehen, hat sich schon mal wutentbrannt ausgerechnet, dass er vielleicht länger lebt als die Raucher, aber auf jeden Fall für dasselbe → *Geld* wesentlich mehr arbeitet.

Private Abwesenheit. Wenn berufliche Abwesenheiten angekündigt und abgesprochen werden müssen, dann private erst recht. In manchen Firmen geht es großzügig zu, wenn jemand ausnahmsweise später kommt, weil er auf den Installateur warten muss, aber in der → *Regel* ist Urlaubnehmen oder Nacharbeiten angesagt. Es gibt Sonderfälle wie → *Arztbesuche*, → *Krankheit* des Kindes, Umzug, Beerdigung. Sie sind teilweise gesetzlich, teilweise über firmeninterne Betriebsvereinbarungen geregelt – fragen Sie im Zweifelsfalle beim → *Betriebsrat*, bei älteren Kollegen oder in der Personalabteilung nach, ehe Sie unentschuldigt fehlen.

Abwesenheit vorbereiten. Am besten gewöhnt man sich routinemäßig drei Dinge an:
• **Telefon umstellen.** Klingelnde → *Telefone* gehören zu den lästigsten Folgen moderner Kommunikation. Das gilt für diejenigen, die immer wieder nur ein Freizeichen ins Ohr getutet bekommen bei dem Versuch, Sie zu erreichen. Und es gilt für Ihre Kollegen,

die das Klingeln bei der Arbeit stört. Es ist also das Klügste, von vornherein sein Telefon entweder auf die Zentrale oder (falls vorhanden) auf Anrufbeantworter umzustellen. Oder aber einen → *Mitarbeiter* darum zu → *bitten*, für eine bestimmte Dauer Ihre Anrufe entgegenzunehmen.

• → *Erreichbar* **bleiben**. Wenn's irgendwie geht, ist es bei längeren Abwesenheiten außer Haus immer eine gute → *Idee*, für Notfälle eine Telefonnummer zu hinterlassen, unter der Sie erreicht werden können.

• **Dauer der Abwesenheit ankündigen.** Und zwar möglichst nicht erst fünf Minuten, bevor Sie gehen. Das könnte nämlich all denen auf den Wecker gehen, die genau an diesem Tag fest mit Ihnen gerechnet haben und ohne Sie nicht weiterkommen.

Das gilt übrigens besonders für Chefs. Die haben nämlich die Angewohnheit, von jetzt auf gleich stundenlang zu verschwinden und vorher noch nicht einmal ihre → *Sekretärin* zu informieren. Wozu denn, sie sind schließlich die Chefs. Das stimmt auch, aber es ist trotzdem zu kurz gedacht. Denn gerade über Chefs und ihre schlechten Angewohnheiten tratschen die Mitarbeiter besonders gerne. Und wenn der Chef mal wieder unauffindbar ist, haben sie dazu nicht nur einen guten Anlass, sondern auch viel → *Zeit*.

Offizielle Sprachregelungen für die Abwesenheit vom Arbeitsplatz. Wer zwar nicht weiß, wo der abwesende Kollege steckt, ihn aber nicht → *bloßstellen* will, hat die Wahl zwischen vielen schönen diplomatischen Formeln irgendwo zwischen → *Notlüge* und vermuteter Wahrheit: „Frau Meier ist gerade nicht am Platz", „Er ist im Haus unterwegs", „Sie ist auf einem Termin außer Haus", „Sie ist in einer Besprechung". So etwas klingt garantiert besser als „Frau Meier ist gerade auf'm Klo!", auch wenn das die reine Wahrheit ist. Aber so genau wollen das dann doch die wenigsten wissen.

▶ **Arbeitsplatzbeschreibung**

In ihr sind schriftlich mehr oder weniger genau die Aufgaben- und Kompetenzbereiche festgehalten, die zu einer bestimmten

Stelle gehören. Im Idealfall fragt man schon im Bewerbungsgespräch nach ihr, damit man auch weiß, worauf man sich da eigentlich bewirbt. Und wenn nicht, dann sollte sie auf jeden Fall Bestandteil des → *Arbeitsvertrages* sein.

Die Vorteile einer Arbeitsplatzbeschreibung liegen für beide Seiten auf der Hand: Der Arbeitgeber kann sie als Druckmittel für den Fall verwenden, dass der → *Mitarbeiter* seine vertragsgemäße Arbeit nicht oder nur teilweise erledigt. Außerdem sorgt er mit aufeinander abgestimmten Arbeitsplatzbeschreibungen dafür, dass sich seine Mitarbeiter nicht gegenseitig in die Quere kommen, was Aufgabengebiete und Verantwortungsbereiche betrifft.

Und für den Arbeitnehmer ist sie eine → *wichtige* Verhandlungsgrundlage: Wer ständig Aufgaben erledigen muss, deren Niveau unter demjenigen der Arbeitsplatzbeschreibung liegt, der kann sich dagegen wehren (vor allem, wenn das auch noch als Begründung für eine beabsichtigte Lohnminderung angeführt wird[15]). Und wer ständig → *Arbeitsaufträge* auf den Tisch bekommt, deren Niveau über demjenigen der Arbeitsplatzbeschreibung liegt, kann sich um eine → *Beförderung* oder → *Gehaltserhöhung* bemühen. Im öffentlichen Dienst kann er sie in diesem Fall sogar einklagen.

Allgemein formulierte Arbeitsplatzbeschreibungen. Das kommt vor, zum Beispiel wenn eine Stelle neu geschaffen wurde und nur theoretisch feststeht, wie die Arbeit aussehen wird. Häufig aber formuliert der Arbeitgeber ganz bewusst eher allgemein. Denn er weiß aus → *Erfahrung*, dass eine genaue Arbeitsplatzbeschreibung im Zweifelsfall nur → *Ärger* macht: → *Energiesparer* unter den Mitarbeitern drücken sich vor lästigen Anstrengungen nur zu gerne ganz offiziell mit dem süffisanten Hinweis „Das steht schließlich nicht in meiner Arbeitsplatzbeschreibung".

Karrierebewusstere → *Kollegen* sind da eher → *flexibel*. Sie denken praktischer und erledigen, was von ihnen verlangt wird. Schließlich haben sie so später irgendwann gute Karten, wenn es um Verhandlungen für eine Gehaltserhöhung geht: „Ich mache immerhin laufend Arbeiten, die nicht in meiner Arbeitsplatzbeschreibung stehen."

Keine oder veraltete Arbeitsplatzbeschreibungen. Wenn es für Ihre Stelle keine oder nur eine veraltete gibt, dann ist es eine gute → *Idee*, eine neue zu entwickeln mit dem → *Ziel*, dass Ihr Vorgesetzter sie irgendwann ganz oder teilweise offiziell akzeptiert und übernimmt. Vorhandene Beschreibungen für die Stellen Ihrer Kollegen sind hilfreich als Muster für Formulierungen und erforderliche Genauigkeit. Aber lassen Sie sich mit dieser Arbeit viel → *Zeit*. Wer dem Chef drei Monate nach Firmeneintritt eine vorlegt, der wird wahrscheinlich als größenwahnsinnig abgebügelt. Denn man kann eine Stelle nicht genau beschreiben, ohne alle firmeninternen und -externen Zusammenhänge zu durchschauen. Und das dauert in der Regel mindestens ein Jahr.

Tipp: Für Beförderungen und Gehaltserhöhungen ist nicht entscheidend, dass man das (vielleicht sogar gut) macht, was in der Arbeitsplatzbeschreibung steht. Das gilt als selbstverständlich: „Dafür werden Sie schließlich bezahlt." Was zählt, ist einzig und allein das, was man über die Arbeitsplatzbeschreibung hinaus macht, mit welchem Engagement, wie ausdauernd man es macht und welche Qualität die Ergebnisse haben.

▶ **Arbeitsvertrag**

Manche Leute träumen von nichts anderem. Das ist aber noch lange kein Grund, bedingungslos und sofort alles zu unterschreiben, was einem so unter diesem Namen unter die Nase gehalten wird. Es muss ja nicht unbedingt eine Woche Bedenkzeit sein. Arbeitgeber sind schließlich oft genug wie Vermieter: Wer nicht sofort zugreift, kann sich gleich was anderes suchen. Dieses Risiko können Sie allerdings geschickt vermeiden. Indem Sie sich zwar nicht länger mit der → *Unterschrift* Zeit lassen, als man Ihnen freiwillig einräumt, aber auf jeden Fall gut vorbereitet in Ihre Begegnung mit dem ersehnten Vertrag gehen. Und das heißt:

Als → *Anfänger* sind Sie gut beraten, sich schon vorher darüber zu informieren, was eigentlich alles in welcher Form in einem Arbeitsvertrag stehen muss. Immerhin geht es unter anderem um so → *wichtige* Dinge wie Ihr → *Gehalt*, Ihren → *Urlaub* und Ihr Aufgabengebiet (→ *Arbeitsplatzbeschreibung*). In Fach-

büchern zum Thema Arbeitsrecht[16] finden Sie alle entscheidenden → *Informationen* auf einen Blick.

In größeren Unternehmen wird im Arbeitsvertrag längst nicht alles im → *Detail* geregelt. Stattdessen finden sich allgemein formulierte Verweise auf **Tarifverträge** und **Betriebsvereinbarungen**. Es
ist daher ausgesprochen clever, sich diese Unterlagen entweder
schon vorher zu besorgen (über den → *Betriebsrat* zum Beispiel,
falls Sie in der Firma schon ein paar → *Kontakte* haben). Ansonsten können Sie auch bei der Terminvereinbarung für die Unter-
zeichnung des Vertrags darum → *bitten*, zusammen mit dem Arbeitsvertrag schriftliche Informationen zu tarifvertraglichen Bestimmungen und Betriebsvereinbarungen zu bekommen.

Wenn Ihnen das alles zu mühsam oder zu dreist erscheint (was
es nicht ist, aber egal), dann sollten Sie sich immerhin die → *Zeit*
nehmen, den Vertrag in Ruhe und → *aufmerksam* durchzulesen.
Nicht unbedingt, um zu feilschen oder nachzuverhandeln – das
bringt auf den letzten Drücker sowieso nichts. Sondern viel eher,
um wenigstens ein paar → *Fragen* zu den Dingen stellen zu können, die Ihnen auf Anhieb nicht ganz klar sind. Auf diese Weise
bekommen Sie vielleicht noch ein paar nützliche Erklärungen geliefert – und Sie machen garantiert einen besseren → *Eindruck* als
jemand, der blind unterschreibt, was man ihm vorlegt. Das kann
nämlich im Berufsleben durchaus ins Auge gehen.

▶ **Arbeitszeit**

Sie ist im → *Arbeitsvertrag* oder, falls vorhanden, im Tarifvertrag
festgelegt. Wer eine Vollzeitstelle hat, muss im Schnitt mit wöchentlichen Arbeitszeiten zwischen 35 und 40 Stunden rechnen.
Darüber hinaus gibt es verschiedenste Regelungen und Modelle
für Teilzeit-Arbeitsplätze.[17] Häufig geben Gleitzeit-Regelungen
vor, in welchem Rahmen die Arbeitszeit → *flexibel* gestaltet werden darf oder muss. Und die Kernarbeitszeit legt fest, von wann
bis wann jeder → *Mitarbeiter* jenseits von Gleitzeitregelungen täglich anwesend sein muss.

In großen Betrieben ist die Arbeitszeit bis ins kleinste → *Detail*
geregelt. Das gilt auch für verwandte Bereiche wie → *Überstun-*

den, → *Urlaub*, Frühstücks- und → *Mittagspausen*. Dort gibt es in der → *Regel* automatische Arbeitszeit-Messgeräte („Stechuhren"), mit denen die Einhaltung der Arbeitszeit kontrolliert wird. Sie haben den Nachteil, dass Sie nicht tricksen können. Und den Vorteil, dass Ihre → *Kollegen* es auch nicht können.

Pflichten, die nicht im Vertrag stehen. Kleinere Unternehmen können sich den Luxus einer technischen Arbeitszeitkontrolle nicht leisten, und genaue schriftliche Regelungen gibt es auch nicht immer und für jeden Fall. Dafür können Traditionen und betriebliche Notwendigkeiten die Kraft ungeschriebener Gesetze bekommen: Wenn der → *Chef* Frühaufsteher ist und morgens um acht Uhr schon am Schreibtisch sitzt, dann ist das oft auch für seine Mitarbeiter Pflicht, selbst wenn alle anderen Abteilungen erst um neun Uhr anfangen. Und wenn die wichtigsten Kunden in den USA sitzen, dann ist es selbstverständlich, morgens ein wenig später anzufangen, aber dafür abends wesentlich länger zu bleiben.

💣 Wer gegen diese ungeschriebenen Regeln verstößt, macht sich auf Dauer unbeliebt, auch wenn er noch so gute Gründe hat: Leistungssport, pflegebedürftige Verwandte, → *Kinder*, die vom Hort abgeholt werden müssen. Oder aber, auch sehr oft anzutreffen, jeden Tag etwas anderes, von → *Fortbildung* bis Elternabend. Die → *Kollegen* sind in solchen Fällen früher oder später sauer, obwohl diese Reaktion oft ungerecht ist. Aber unterm Strich arbeiten sie – vor allem in Unternehmen, in denen → *Überstunden* „dazugehören", nun mal mehr und länger, oder sie haben zumindest das → *Gefühl*.

Wenn Sie robust sind und dicke Luft am → *Arbeitsplatz* gut wegstecken können (oder noch besser: gar nicht erst bemerken), dann kann Ihnen egal sein, was die anderen über Sie denken. Sie wurden ja nicht angestellt, um einen Beliebtheitswettbewerb zu gewinnen. Aber wenn Sie es für möglich halten, dass es irgendwann ganz nützlich sein könnte, den einen oder anderen Kollegen auf Ihrer Seite zu haben, dann sind → *Kollegialität* und → *Hilfsbereitschaft* die besten Mittel, um die anderen mit Ihren Extrawürsten in Sachen Arbeitszeit zu versöhnen.

▶ **Ärger**

Ärger gehört wie → *Angst* und → *Wut* zu den unangenehmen → *Gefühlen* im Leben. Je nach Temperament und Veranlagung steckt man viel Energie in den täglichen Ärger über Menschen und Angelegenheiten, ohne dass sich irgendetwas zum Guten ändert. Im Gegenteil: „Ärger macht alles nur ärger."[18]

Sich ärgern über andere ist ein weit verbreitetes Gefühl. Es ist vielleicht oft berechtigt – aber immer völlig überflüssig, und das gilt sowohl für das → *Privatleben* als auch für den Beruf. Selbst wenn Sie vor Ärger kochen über den unfähigen → *Chef*, die patzige → *Praktikantin*, die dämliche Kassiererin und den lahmen Schalterbeamten – all diese Leute juckt das nicht im Geringsten. Manchmal haben sie Spaß daran, dass Sie so leicht zu → *provozieren* sind, aber meistens merken sie es gar nicht. Während Sie vor Ärger Magenkrämpfe kriegen, passiert den anderen rein gar nichts: kein Unwohlsein, kein schlechtes Gewissen, kein göttlicher Zornesblitz. Noch nicht einmal die Zimmertemperatur steigt. Es sei denn, Sie haben einen Kurs in Voodoo belegt, aber das soll schwer zu → *lernen* sein.

Letztlich ist Ärger also nichts anderes als eine gigantische Energieverschwendung. Er kostet viel Kraft, die Sie besser für die Arbeit oder für Ihre Lieben daheim verwenden sollten. Und diese Wahl haben Sie, ob Sie es glauben oder nicht: Ärger ist keine unausweichliche biologische Reaktion wie Durst, wenn man nichts getrunken hat. Stattdessen hat man in jeder Situation die freie Wahl, sich zu ärgern – oder nicht. Das gilt übrigens genauso für → *Stress*. Den hat man auch nie, den macht man sich.

Gegenmittel gegen Ärger. Anhänger der Theorie, dass man seine Gefühle immer ehrlich zeigen muss, entladen ihren Ärger gern spontan und heftig in → *Beschwerden*, → *Schreiereien* und → *Wutanfällen*. Das reinigt die Luft, und danach fühlt man sich gleich besser. Unglücklicherweise steht dieses Gegenmittel aber nur Vorgesetzten zur Verfügung. Wenn → *Mitarbeiter* es öfter verwenden, werden sie gefeuert.

Ihnen bleiben aber immerhin ein paar andere Wege der Ärgerbewältigung:

• Es hilft, sich ganz praktisch **die** → *Frage* zu stellen, **ob es die Energie wert ist**, sich über die neueste freche Antwort der patzigen → *Praktikantin* und über die letzte → *Dummheit* des unfähigen Chefs zu ärgern. Meistens braucht man nicht lange, bis man diese Frage mit einem klaren → *„Nein"* beantworten kann, denn Ärger bringt nichts, siehe oben.

• Genauso nützlich ist die **Frage, wer sich eigentlich außer Ihnen noch über bestimmte Dinge ärgert.** Wenn Sie die Einzige sind, die sich darüber aufregt, dass die → *Hauspost* immer erst mittags in Ihre Abteilung geliefert wird: Vergessen Sie's. Sie werden an diesem Ärgernis nie etwas ändern können, weil Sie allein auf weiter Flur sind. Wenn aber außer Ihnen noch vier andere → *Kollegen* regelmäßig darüber in Wallung geraten, dass die Toiletten nie ordentlich geputzt sind, besteht berechtigte Hoffnung darauf, dass dieses Ärgernis irgendwann beseitigt wird.

• **Bei chronischen Ärgerauslösern** unter den Mitmenschen hat es sich bewährt, versuchsweise einen Blick auf die ganze Person zu werfen, anstatt nur auf die Sache, die den Ärger auslöst. Der Chef ist in Sachen → *Rechtschreibung* und Zeichensetzung absolut unfähig – aber er drückt gelegentlich ein Auge zu, was die Einhaltung der → *Arbeitszeit* betrifft. Und die Praktikantin ist zwar patzig, aber sie kann als einzige in der Abteilung super mit dem Serienbrief-Programm umgehen und gibt ihr Wissen mit Engelsgeduld an alle weiter, die auch nach der dritten → *Fortbildung* noch nichts davon verstehen. So eine „ganzheitliche Betrachtung", die auch Platz für die guten Seiten lässt, stimmt gleich viel milder.

• **Und wenn das alles nicht hilft – dann ist** → *Klartext* angesagt. Viele Menschen schlucken zwar ihren chronischen Ärger aus Angst vor → *Streit* immer wieder runter. Aber das macht auf die Dauer weder gesund noch glücklich. Warum also nicht dem belasteten Verhältnis eine Chance geben und ansprechen, was auf der Seele liegt? Das erfordert zwar manchmal Mut – besonders, wenn es um eine → *Aussprache* mit dem Chef geht – aber wer den richtigen Zeitpunkt und den richtigen → *Tonfall* wählt, erzielt manchmal ganz erstaunliche Erfolge. Denn es kommt öfter vor, als Sie denken, dass dem Ärgerauslöser gar nicht klar ist, wie sehr er Sie mit diesem oder jenem Verhalten auf die Palme bringt. Das wollte er möglicherweise nicht, er hat vielleicht sogar unter der spürbar dicken Luft gelitten, ohne sich einer Schuld bewusst zu sein. Jetzt hat er endlich eine Chance zu verstehen, was eigentlich los ist. Solche Erkenntnisse helfen manchmal selbst dem schlechtesten Verhältnis wieder auf die Sprünge.

▶ Argumente

Argumente sind Aussagen, die zum Beweis einer Behauptung dienen.[19] Die Behauptung trifft in der → *Regel* auf eine Gegenbehauptung: Das nennt man dann → *Diskussion*, Auseinandersetzung, Konflikt, → *Streit*. Unser Leben ist voll davon, zu Hause wie im Beruf. Wenn zwei Leute unterschiedlicher → *Meinung* sind, werden sie im besten Fall eine sachliche Diskussion führen, bei der die besseren Argumente siegen, also einer den anderen mit guten Gründen überzeugt. Im schlechtesten Fall werden sie sich weder die Mühe machen, ihre Meinung mit Argumenten zu begründen, noch die Mühe, den Argumenten des anderen überhaupt zuzuhören. Wozu auch? Ein entschiedenes „Was Sie sagen, ist doch alles dummes Zeug!", in der richtigen Lautstärke gebrüllt, reicht manchmal auch, um sich durchzusetzen.

Schlechte Argumente. Am schlechtesten sind → *Killersätze* wie: „Sie sind doch noch viel zu jung, um das beurteilen zu können" oder „Der gesunde Menschenverstand sagt, dass Sie da unmöglich Recht haben können". Die Überzeugungskraft von solchen Argumenten beschränkt sich darauf, den anderen davon zu überzeugen, dass es sowieso keinen Sinn hat, weiterzudiskutieren.

Fast genauso schlecht sind → *persönlich* begründete Argumente wie „Ich kann an dem Team-Projekt auf keinen Fall teilnehmen, weil die → *Sitzungen* immer so spät stattfinden, dass ich meinen Sohn nicht mehr vom Hort abholen könnte". Es kann durchaus sein, dass das für Sie ein → *wichtiges* Argument ist – aber für die anderen zählen erfahrungsgemäß genau solche Gründe nicht im Geringsten („Das ist dann Ihr → *Problem*"). Deshalb ist es immer klüger, einzig und allein sachliche Argumente vorzubringen:

„Ich kann an dem Team-Projekt auf keinen Fall teilnehmen, weil ich dann keine → *Zeit* hätte, den Jahresbericht pünktlich fertig zu stellen" (→ *„Nein"*).

Clever argumentieren. Am erfolgreichsten ist, wer seine Argumente so geschickt auswählt, dass der andere am Ende das → *Gefühl* hat, dass es nur zu seinem eigenen Besten ist, wenn er nachgibt. Das ist eine große Kunst, die sich aber privat und beruflich prima trainieren lässt. Voraussetzung für das gute Gelingen ist ein Experiment: Versetzen Sie sich ausnahmsweise in die Lage des anderen, anstatt ihn mit Ihrer Sicht der Dinge zu bombardieren. Dass Ihre Meinung für Sie selbst von Nutzen ist, ist klar, sonst würden Sie sie schließlich nicht in einer Diskussion verteidigen. Aber die entscheidende → *Frage* ist: Wo wäre der Nutzen für den anderen, wenn er nachgäbe?

Je überzeugender die Antworten sind, die Sie für den anderen finden, desto klüger können Sie argumentieren. „Selbstverständlich kann ich Sie bei der Sitzung vertreten – aber wollten Sie sich dort nicht Dr. Müller schnappen, um die dringend notwendige Budgeterhöhung durchzuboxen?", erspart Ihnen die Teilnahme an der langweiligen Sitzung garantiert eher als ein plattes „Ich kann da nicht hin, weil ich keine → *Zeit* habe".

Wer mehrere gute Argumente findet, kann deren Wirksamkeit übrigens noch erhöhen, indem er nicht gleich mit dem schlagkräftigsten beginnt, sondern es an den Schluss seiner Ausführungen stellt. Man erinnert sich nämlich in solchen Situationen immer am besten an das, was zuletzt gesagt wurde.

Argumente der anderen. Im Idealfall dürfen Sie in Ruhe vorbringen, was Sie zu sagen haben, und hören danach brav den Argumenten des anderen zu, auch wenn Sie sie für noch so schwach halten. Falls Sie hingegen dazu neigen, die Argumente des anderen pauschal vom Tisch zu wischen, nur weil Sie Ihre sowieso für die besseren halten, denken Sie daran, dass der andere trotzdem manchmal (natürlich nur ganz selten) am Ende → *Recht* haben könnte. Wer sich in diesem Fall überzeugen lässt, wird nicht mit Gefängnis bestraft. Wer aber wider besseres Wissen Recht behalten will, straft sich manchmal selbst.

▶ **Arroganz**

Arroganz ist eine menschliche Eigenschaft, die nur schwer zu ertragen ist. Wer sich anderen gegenüber hochnäsig und anmaßend benimmt, macht sich nicht beliebt, das ist sicher. Dabei ist gar nicht jeder, der überheblich wirkt, auch wirklich ein eingebildeter Affe. Viel öfter ist er ein armes Schwein, das seine Unsicherheit hinter einer Maske verbirgt und manchmal gar nicht ahnt, dass diese Maske von den anderen als Arroganz gedeutet wird. Das ergibt dann einen Teufelskreis: Mangelndes Selbstbewusstsein wird durch Arroganz überdeckt, die führt zu → *Abneigung*, und die macht die Unsicherheit nur noch größer.

Diese ganzen psychologischen Überlegungen können Sie sich natürlich sparen, wenn es nur um einen arroganten Postbeamten oder eine arrogante Kundin geht, die sowieso nicht wiederkommt. Es kann aber vorkommen, dass Ihr neuer → *Chef*, Ihr wichtigster → *Kunde* oder Ihre Schwiegermutter diese unangenehme Eigenschaft hat. In dem Fall können Sie mit ein bisschen Mühe schnell herausbekommen, ob Ihr Gegenüber tatsächlich eine unangenehme Sorte Mensch ist oder aber im Grunde seines Herzens nicht wirklich schlecht, sondern nur unsicher.

Kleiner Psychotest. Dafür gibt es einen einfachen Test: Die Umarmungsstrategie. Seien Sie nett zu ihm – je arroganter er ist, desto → *freundlicher* werden Sie (auch wenn's schwer fällt). Wer nur unsicher ist, der wird Ihnen gegenüber für immer auftauen, nur weil Sie nicht die Abneigung an den Tag legen, die er sonst so gewöhnt ist. Und wer nicht auftaut, tja, der ist wohl echt arrogant. Und auf die Dauer echt schwer zu ertragen. Aber je nachdem, wo Sie in der → *Rangordnung* stehen und wo er in der Rangordnung steht, haben Sie zumindest im Berufsleben wahrscheinlich kaum eine andere Wahl. Unter → *Kollegen* kann man es, wenn man keine → *Angst* vor → *Klartext* hat, mit einem diplomatischen → *Feedback-Gespräch* versuchen. Aber Chefs sind erfahrungsgemäß selten dazu bereit, sich auch nur die leiseste → *Kritik* an ihrem arroganten → *Image* gefallen zu lassen (vor allem dann nicht, wenn es zutrifft). Da hilft nur Zähnezusammenbeißen – oder sich irgendwann einen neuen Chef suchen.

▸ **Arztbesuche**

Sie werden von den Vorgesetzten in der → *Regel* kommentarlos akzeptiert, ganz egal, ob es sich um Routineuntersuchungen oder um einen → *Termin* wegen → *Krankheit* handelt. Es ist Ihr gutes → *Recht* und Bestandteil der Fürsorgepflicht des Arbeitgebers, Sie zum Arzt gehen zu lassen, auch wenn damit eine Abwesenheit vom→ *Arbeitsplatz* verbunden ist. Die dauert erfahrungsgemäß mit An- und Abfahrt mindestens zwei Stunden, es sei denn, Sie sind Privatpatient.

Theoretisch können Sie zum Arzt gehen, wann es Ihnen passt. Jeder weiß schließlich, wie schwierig es heutzutage ist, überhaupt einen Termin zu bekommen. Trotzdem ist es besonders bei häufig erforderlichen Arztbesuchen eine Geste der → *Kollegialität*, auch mal in der → *Mittagspause* zu gehen, anstatt grundsätzlich ganze Vormittage oder Nachmittage zu verschwinden. Auch sollten Sie Ihre Termine vorher ankündigen, und zwar möglichst nicht erst in dem Moment, in dem Sie sich auf den Weg zum Arzt machen.

Und hinterher dem → *Chef* die Bescheinigung über den Arztbesuch vorzulegen, ist ein Muss, auch wenn er vielleicht nicht danach fragt. Wenn Sie sich nämlich des Öfteren mit einem gemurmelten „Ich muss zum Arzt" stundenlang von Ihrem Arbeitsplatz verabschieden, ohne Ihrem Vorgesetzten diese Bescheinigungen vorzulegen, wird er irgendwann auf den Gedanken kommen, sich mit Ihrem gesundheitlichen Wohlergehen intensiver auseinander zu setzen, als Ihnen möglicherweise lieb ist.

▸ **asap** → *Pünktlichkeit*

▸ **Aufmerksamkeit**

Für Aufmerksamkeit bietet das Lexikon zwei Definitionen an: „geistige Spannung, Gerichtetsein aller Gedanken auf etwas" (also Konzentration) und „liebenswürdige → *Höflichkeit*, Zuvorkommenheit, Rücksichtnahme".[20] Das Bindeglied zwischen diesen beiden auf den ersten Blick ziemlich verschiedenen Definitionen ist das Interesse. Ohne Interesse an der Arbeit keine

Konzentration, und ohne Interesse an den Mitmenschen weder Höflichkeit noch Rücksichtnahme. Und wer an beidem kein Interesse hat, der wird keinen Job lange behalten (wenn er überhaupt einen findet). Aufmerksamkeit ist also eine Eigenschaft von nicht zu unterschätzender Bedeutung.

Aufmerksamkeit im Sinne von Konzentration auf etwas ist im Beruf unabdingbar. Wer seine Arbeit nicht aufmerksam und konzentriert macht, der macht sie auch nicht gut und wird damit irgendwann ein → *Problem* bekommen. Das ist so klar, dass es hier gar nicht ausführlicher erklärt werden muss.

Die Bedeutung von **Aufmerksamkeit im Sinne von Interesse am anderen** ist vielleicht nicht ganz so einleuchtend, aber dafür umso größer. Für den beruflichen → *Erfolg* ist nämlich nicht entscheidend, wie gut man seine Arbeit macht. Die Fachkompetenz, also die berufliche → *Leistung*, allein genügt nicht. Genauso wichtig ist letztlich das Ausmaß an menschlichen Qualitäten, die so genannte soziale → *Kompetenz*. Dazu zählt neben → *Kollegialität*, → *Hilfsbereitschaft* und → *Zuverlässigkeit* auch die Aufmerksamkeit.

 Zeichen für Aufmerksamkeit. Zwei Signale gehören immer dazu:

• → *Fragen*. „Wie geht es Ihnen?" gehört zu den meistverwendeten Begrüßungsfloskeln überhaupt. Eigentlich wissen beide, Frager und Gefragter, dass diese Frage nicht wirklich ernst gemeint ist – kaum jemand, der sie stellt, ist bereit, sich zwei Stunden Gejammer über launische → *Chefs* und lästige Nachbarn anzuhören. Trotzdem antworten die meisten Gefragten erstaunlicherweise nicht mit einer Floskel („Danke, gut"), sondern mit einer zwar vielleicht kurzen, aber zutiefst aufrichtigen Schilderung ihres aktuellen Lebensgefühls. Das Spektrum reicht von einem strahlenden „Es geht mir einfach hervorragend!" über ein gedämpftes „Na ja, geht so" bis zum düsteren „Fragen Sie lieber nicht".

→ *Energiesparer* und weniger aufmerksame Mitmenschen gehen auf solche → *Einladungen* zum Nachfragen gar nicht erst ein und kommen gleich zum eigentlichen Thema. Ihr mangelndes Interesse ist unübersehbar. Wer hingegen ein Mindestmaß an Aufmerksamkeit zeigen will, der fragt nach, was los ist, lässt sich auf zehn Minuten → *Smalltalk* ein – und merkt sich sogar wenigstens in etwa, was der andere gesagt hat. Damit er ihn bei der nächsten Begegnung wieder kurz darauf ansprechen kann: „Na, immer noch im siebten Liebeshimmel?", „Geht es Ihrem Mann wieder besser?" Profis fangen → *Gespräche* grundsätzlich mit einer solchen „Aufwärmphase" an. Der andere genießt dieses Interesse und ist automatisch besserer → *Laune*. Was zum Beispiel bei wichtigen Verhandlungen manchmal ganz entscheidend sein kann.[21]

● → *Namen* **merken.** Es galt und gilt als Zeichen für einen echt anständigen Firmenchef, wenn er jeden seiner → *Mitarbeiter* von seinem Stellvertreter bis zum Hausmeister → *persönlich* kennt und mit Namen anreden kann. Meistens ist es aber eher umgekehrt: Der Hausmeister ist der Einzige, der alle kennt. Alle anderen machen sich nicht die Mühe, neben den Namen von Chefs und Kollegen auch noch die der Mitarbeiter am unteren Ende der → *Rangordnung* zu → *lernen*. Dabei könnte das durchaus von Vorteil sein, selbst wenn es nicht aus echtem Interesse, sondern aus reiner Höflichkeit der Fall wäre. Der Hausmeister zum Beispiel ist viel eher bereit dazu, auch noch nach Dienstschluss Ihre defekte Lampe zu reparieren, wenn Sie seinen Namen nicht erst nach dem Kurzschluss das erste Mal aussprechen. Aber das werden Sie vielleicht erst begreifen, wenn Sie das erste Mal im Dunkeln sitzen.

▶ **Auftreten**

Gemeint ist die Art und Weise, in der eine Person sich anderen Menschen gegenüber verhält. Das Auftreten ist gemeinsam mit dem → *Erscheinungsbild* (→ *Kleidung*, → *Körpersprache*) und der Sprache (→ *Tonfall*, → *Wortwahl*) die Basis für den → *Eindruck*, den diese Person bei anderen hinterlässt.

Wirkung von Auftreten und Erscheinungsbild. Traurig aber wahr: Was Sie sagen, spielt kaum eine Rolle, weil Ihre → *Zuhörer* alles andere an Ihnen regelmäßig viel interessanter finden, vor allem Ihre Körpersprache, Ihr Aussehen und Ihre Kleidung.[22] Das heißt im Umkehrschluss: Egal wie klug oder schön oder gerechtfertigt die Dinge sind, die Sie sagen – was Sie damit erreichen, hängt alleine davon ab, wie Sie auftreten. Wenn andere Ihr Verhalten als → *eitel*, → *arrogant*, unsicher, ungeschickt, machohaft oder weibchenmäßig ansehen, dann werden Sie auch so eingestuft (→ *Fremdeinschätzung*). Da hilft es nichts, dass Sie selbst an sich keine einzelne dieser hässlichen Eigenschaften auch nur ansatzweise erkennen können und entsprechend erstaunt wären, wenn jemand Sie auf Ihr → *Image* ansprüche.

Ihr Auftreten ist ein wesentlicher Teil Ihrer sozialen → *Kompetenz*, denn es hat bestimmenden Einfluss auf alle Ihre → *Beziehungen*: Wirkt es auf die anderen gut, dann sind sie automatisch freundlicher, arbeitswilliger, hilfsbereiter, engagierter. Wirkt es auf die anderen schlecht, dann ist das Gegenteil der Fall. Wer also hartnäckig das → *Gefühl* hat, von faulen, unfreundlichen, unfähigen → *Mitarbeitern* und → *Kollegen* umgeben zu sein, der ist nicht unbedingt in einer Deppentruppe gelandet. Aber er sollte vielleicht mal über sein Auftreten nachdenken.

▸ **Auseinandersetzungen** → *Streit*

▸ **Ausland**

Geschäftskontakte über → *Grenzen* hinweg sind heute so normal wie Urlaubsreisen nach Übersee. Verständigung in → *Fremdsprachen*, ausländische → *Kollegen*, → *Dienstreisen* – das gehört oft zum Job dazu, wenn auch für Deutschlehrer weniger als für Lufthansa-Manager.

Andere Länder, andere Sitten: Wer oft geschäftlich mit anderen Kulturkreisen zu tun hat, der hat viel zu tun. Denn Fachwissen allein reicht in dem Fall nicht aus. Für die erfolgreiche Verständigung ist auch Vokabellernen angesagt. Die gemeinsame Sprache allein schützt allerdings nicht vor → *Missverständnissen*. Und das, was bei uns als gutes → *Benehmen* zählt, ist es anderswo noch lange nicht. Deshalb ist es, zumindest bei regelmäßigen Kontakten mit anderen Ländern, keine überflüssige Mühe, über die Sprachführer hinaus auch mal in das eine oder andere Buch über Kultur und Religion zu schauen. Damit Sie nicht aus Versehen einen Moslem zur Bayerischen Schlachtplatte einladen.

Wissen oder Vermutung? Wenn Ihnen ein Fachbuch zu teuer oder zu anstrengend zu lesen ist, können Sie sich natürlich auch auf Ihre eigenen → *Eindrücke* verlassen und auf Weisheiten aus dem Familien- und Freundeskreis. Schließlich sieht man ja im Kino immer wieder, dass alle Amerikaner cool und locker sind. Und jeder weiß (zwar nicht mehr, woher, aber dafür ganz sicher), dass sich die Japaner zur Begrüßung immer so komisch bücken. Wenn Sie wollen, können Sie ja ausprobieren, wie weit Sie damit kommen. Am Ende der Erprobungsphase könnten allerdings diverse → *Fettnäpfe* und letztlich doch noch die Anschaffung eines Fachbuchs stehen.

Wobei niemand von einem Jobanfänger erwartet, dass er bei seiner ersten Ostasienreise japanische Visitenkartenregeln, koreanische Teerituale und das Begrüßungszeremoniell in den südchinesischen Provinzen beherrscht. Patzer werden in der Regel verziehen, besonders wenn die anderen sehen, dass Sie sich Mühe geben. Im Inland hingegen genügt Mühe allein leider nicht: Die mangelhafte Beherrschung ordentlicher deutscher → *Tischmanieren* ist und bleibt ein Fettnapf, wie er im Buche steht.

▶ Ausnahmen

Sie haben uns schon in der Schule das Leben schwer gemacht: Zu jeder → *Regel* gab es mindestens eine, und die musste extra gelernt werden. Im Berufsleben ist das nicht anders. Englische unregelmäßige Verben haben allerdings den Vorteil, dass sie allgemein gültig sind, dass sie in Büchern offiziell abgedruckt sind und dass sie sich nur selten urplötzlich ändern.

All das trifft im Arbeitsleben nicht unbedingt zu: Die Regeln fallen selbst innerhalb eines Unternehmens von → *Chef* zu Chef oft völlig unterschiedlich aus und die Ausnahmen sowieso. Selten ist irgendetwas schriftlich festgehalten, und sobald man glaubt, das System endlich durchschaut zu haben, wird es häufig als völlig veraltet bezeichnet und durch neue Regeln und Ausnahmen ersetzt.

Regeln lernen, Ausnahmen erforschen. Besonders für → *Anfänger* ist erhöhte Konzentration das Gebot der Stunde, sobald typische Regel-Worte wie „immer", „niemand" und „nie" auftauchen. Es ist ziemlich wahrscheinlich, dass es hier irgendwelche Ausnahmen gibt, die beachtet werden müssen. Bei „Ich bin in den nächsten zwei Stunden für niemanden zu sprechen" zum Beispiel. Wer sich bei diesem Satz größere Denkanstrengungen spart und strikt nach der Regel handelt, kann so gut wie sicher sein, durch den einen oder anderen → *Fettnapf* waten zu müssen. Zum Beispiel, wenn er Ehefrau und/oder Geliebte → *abwimmelt* und einen → *VIP* mit einer → *Notlüge* abspeist, anstatt sich beim Chef vorher in weiser Voraussicht nach den Ausnahmen zu erkundigen: „Gilt das auch für Ihre Frau?", „Soll ich wirklich niemanden durchstellen, oder gibt es auch Ausnahmen?"

Ausnahmen machen können meistens nur die Vorgesetzten. Das ist Teil ihrer Entscheidungsbefugnis. Und dagegen ist auch nichts einzuwenden – solange sie ihren → *Mitarbeitern* damit nicht in den Rücken fallen. Wenn ein Chef für einen → *Kunden*, einen Geschäftspartner oder – am verständlichsten, aber auch am schlimmsten – für einen guten privaten Freund die Regeln aufhebt und ihm „ausnahmsweise" einen Sonderpreis einräumt, eigentlich → *vertrauliche* Informationen weitergibt oder die Erledigung einer Angelegenheit außerhalb der üblichen Bearbeitungsdauer verspricht, dann zeigt er damit seine Macht. Der Machtbeweis fällt umso beeindruckender aus, je pflichtbewusster sich seine Mitarbeiter zuvor darum bemüht haben, dem Kunden, Geschäftspartner oder Freund zu erklären, dass es nun mal keine Ausnahmen von den Regeln gibt, die der Chef verkündet hat.

Der macht die Ausnahme dann doch – zur Freude des Kunden, zum → *Ärger* seiner Mitarbeiter. Dabei haben eigentlich auch sie Grund zur Freude, denn sie können in Zukunft den Chef für sich arbeiten lassen: Je mehr sich herumspricht, dass er Ausnahmen macht, desto mehr Leute werden sich direkt an ihn wenden. Weil er natürlich nicht für alle eine Ausnahme machen kann, aber inzwischen alle Anfragen am Bein hat, wird am Ende er es sein, der weniger interessanten Kunden, weniger → *wichtigen* Geschäftspartnern und weniger guten Freunden die Regeln erklären muss.

▶ Ausreden lassen

Ausredenlassen ist genau wie Zuhörenkönnen ein Gebot der → *Höflichkeit*, sowohl beruflich als auch privat. Theoretisch weiß das jeder – aber praktisch vergessen die meisten diese Weisheit spätestens dann, wenn aus dem gepflegten Austausch von → *Argumenten* ein offener → *Streit* wird. Dann brüllt der eine „Hör' mir doch endlich mal zu!", und der andere brüllt zurück: „Lass mich doch endlich mal ausreden!", ganz egal, ob es am Stammtisch um die Erörterung politischer Überzeugungen geht oder im Sitzungssaal um eine Entscheidung über die Unternehmensziele für die nächsten fünf Jahre.

Den anderen ausreden lassen bedeutet, ihm die → *Zeit* zu geben, die er braucht, um seine Gedanken zu einem Thema zusammenhängend zu formulieren. Manche Leute brauchen dazu etwas länger als andere: Sie müssen sich vielleicht in einer → *Fremdsprache* ausdrücken, sie prüfen aus → *Angst* vor → *Missverständnissen* lieber jedes Wort dreimal auf Tauglichkeit, bevor sie es aussprechen – oder sie sind einfach keine großen Redetalente.

Ganz egal aus welchen Gründen sie länger zum Formulieren brauchen als Sie: In keinem Fall werden sie es Ihnen verzeihen, wenn Sie regelmäßig ihre Sätze für sie beenden. Vielleicht wollen Sie ja auch „nur helfen" angesichts so viel sprachlicher Unfähigkeit. Tun Sie aber nicht. Wer nun mal etwas länger an seinen Sätzen kaut, wird es höchstwahrscheinlich als Antreiberei empfinden, wenn Sie ihm ständig die Worte aus dem Mund nehmen. Damit helfen Sie ihm auf Dauer nicht, sondern Sie bringen ihn aus dem Konzept. Aber das war ja vielleicht auch die Absicht.

Ausredenlassen allein reicht nicht aus, ein bisschen Bereitschaft zum → *Zuhören* muss schon auch dabei sein. Wer zwar den anderen ausreden lässt, aber keinen → *Blickkontakt* sucht und lieber Strichmännchen malt, seine Fingernägel säubert oder Einkaufszettel schreibt, der bringt diese Bereitschaft ganz offensichtlich nicht auf. Die großzügige → *Geste* des Ausredenlassens kann er sich dann aber auch gleich sparen, denn an einem echten Meinungsaustausch ist er wohl nicht wirklich interessiert.

Ausreden dürfen kann man einfordern. Wenn Sie von Ihren → *Chefs* oder → *Kollegen* immer wieder unterbrochen werden, können Sie sich natürlich in Ihr Schicksal fügen und erst beim Abendessen Ihrer Familie erklären, was Sie eigentlich sagen wollten. Das ist dann zwar zu spät, kann dafür aber umso ausführlicher ausfallen. Erfolgreicher werden Sie jedoch sein, wenn Sie den Unterbrecher sofort → *freundlich* lächelnd zu etwas mehr → *Benehmen* auffordern: „Ich habe Sie doch vorhin auch ausreden lassen. Da wäre es doch echt nett, wenn Sie jetzt auch mal mich zum Zuge kommen ließen."

▸ Aussprachen

Aussprachen sind eine Form der → *Lösung* von Konflikten. Im Gegensatz zu vielen Männern schätzen Frauen Aussprachen sehr. Wenn sie das unbestimmte → *Gefühl* haben, dass irgendwie dicke Luft ist, drängen sie gerne auf eine Aussprache: „Was ist los? Ich spür' doch, dass Du was hast!" Die darauf folgende Aussprache reinigt dann die Atmosphäre, und alles ist wieder gut. So weit die Theorie. Gelegentlich münden solche Ausspracheversuche allerdings auch in einen handfesten → *Streit*.

Selbst wenn Aussprachen nicht immer so erfolgreich sind, wie sich das die Frauen erhoffen – sie sind im Privat- und im Berufsleben letztlich ein bewährtes Heilmittel gegen alles, was die Atmosphäre belastet, weil es zwar spürbar ist, aber nicht ausgesprochen wird.

Aussprache – oder lieber nicht? → *Schweigen* als Ausdruck von → *Ärger* und Missbilligung ist genauso weit verbreitet wie die → *Angst* vor → *Streit*. Die meisten Menschen machen also nicht den Mund auf, um zu sagen, wenn ihnen irgendetwas nicht passt: Der Nachbar, der die Haufen vom Hund von nebenan auf sei-

59

nem Rasen erduldet. Die → *Praktikantin*, die seit drei Monaten nichts Anspruchsvolleres als → *Kopierarbeiten* anvertraut bekommt. Der → *Mitarbeiter*, dem ein → *Kollege* eine → *Idee* geklaut und beim → *Chef* als eigene präsentiert hat. Sie alle sprechen nicht aus, worüber sie sich ärgern, sondern ziehen es vor, den anderen nur spüren zu lassen, dass etwas nicht stimmt. Typisch „eingeschnappt".

 Aussprachen herbeiführen. Wer ein dickes Fell hat und den Eingeschnappten ohnehin nicht zu seinen engsten Freunden zählt, den stört die dicke Luft nicht weiter. Er wartet einfach, bis sie sich verflüchtigt („Der wird sich schon wieder beruhigen"). Empfindsamere Seelen haben es wesentlich schwerer.

Wenn Sie ratlos erleben müssen, dass der nette Kollege seit ein paar Tagen ganz eindeutig den Kopf wegdreht, wenn er Sie sieht – dann sollten Sie ihn möglichst bald darauf ansprechen. Allerdings besser nicht kurz vor einer → *Besprechung*, wenn schon fünf andere Kollegen im Zimmer sind. Auch Vorwürfe wie „Warum benehmen Sie sich eigentlich mir gegenüber in letzter Zeit so grob unhöflich?", sind zwar vielleicht gerechtfertigt, aber in dieser Situation nicht wirklich sinnvoll.

Besser ist es, eine dieser viel gelobten → *Ich-Botschaften* zu verwenden: „Ich habe das Gefühl, dass zwischen uns irgendetwas nicht stimmt. Habe ich Sie irgendwie verärgert?" So etwas kommt immer sehr gut an, weil Sie gleich pauschal die → *Verantwortung* für das übernehmen, was den anderen ärgert. Der wird in den allermeisten Fällen nicht abweisend, sondern eher verlegen reagieren: Das erste → *Lächeln* nach langer → *Zeit* ist Ihnen sicher, und mit ein bisschen Glück erfahren Sie auch endlich, was eigentlich los ist.

Und selbst wenn nicht: Sie haben gezeigt, dass Sie sehr wohl merken, dass etwas nicht stimmt. Das reicht meistens aus, um den anderen wieder auf den Teppich zu bringen und zu mehr → *Freundlichkeit* zu bewegen.

Länge von Aussprachen. Wenn der andere tatsächlich den Mut hat oder die Bereitschaft entwickelt, Ihnen zu sagen, was los ist: Belohnen Sie seine Aufrichtigkeit, und machen Sie keine Gerichtsverhandlung draus. Wenn Sie eine andere → *Meinung* über die Sache haben, die den anderen verärgert hat, können Sie die natürlich zum Ausdruck bringen. Aber längere Verteidigungsreden (auch wenn Sie hundertmal im → *Recht* sind) und Überzeugungsversuche sollten Sie nur starten, wenn Ihnen daran gelegen ist, dass aus der dicken Luft ein handfester Streit wird. Und dass der andere in Zukunft auf Ihre Ausspracheversuche verzichtet und lieber gleich die Straßenseite wechselt, wenn er Sie sieht.

▶ Autoresponder

So nennt man die „automatische-Antwort"-Funktion von E-Mail-Programmen. Sie alle bieten ihren Benutzern die Möglichkeit, ihren Posteingang so zu programmieren, dass bei Bedarf auf jede ankommende → *E-Mail* automatisch eine Antwort geschickt wird.

Das ist besonders praktisch, wenn Sie für längere → *Zeit* in → *Urlaub* oder auf → *Dienstreise* sind: Eine automatische Antwort kann zwar keine Arbeit für Sie erledigen, aber sie kann Ihren → *Kunden* und Partnern wenigstens erklären, wie lange Sie weg sind und wie man Sie eventuell erreichen kann.

Es reicht völlig, den Text für den Autoresponder kurz und knapp zu formulieren. Etwas mühsamer ist es möglicherweise, die Funktion in Ihrem E-Mail-Programm überhaupt zu finden, aber dabei kann bestimmt ein → *Kollege* oder der Systemverwalter behilflich sein. Den → *Energiesparern* wird das wahrscheinlich zu viel Aufwand sein („Die Kunden werden schon von alleine merken, dass ich in Urlaub bin"). Was aber nichts daran ändert, dass ein Autoresponder erstens immer einen guten → *Eindruck* macht und Ihnen zweitens nach Ihrer Rückkehr die → *Beschwerden* darüber erspart, dass Sie ja wohl nie auf E-Mails antworten.

Tipp: Man kann Autoresponder auch für alles mögliche andere einsetzen, zum Beispiel zur → *Information* über eine neue Firmenadresse, neue Öffnungszeiten oder Personalveränderungen.

Anmerkungen

[1] 32/S. 400
[2] 35/S. 127
[3] 33/S. 2
[4] 35/S. 171
[5] 32/S. 404 ff
[6] 22/S. 55
[7] 4/S. 200 f
[8] 21/S. 111
[9] 20/S. 95
[10] Wahrig Deutsches Wörterbuch
[11] Zum Beispiel Literaturliste Nr. 2, 3
[12] Wahrig Deutsches Wörterbuch
[13] 32/S. 605 ff
[14] 12/S. 120
[15] 32/S. 303
[16] Zum Beispiel Literaturliste Nr. 32, 35
[17] Siehe dazu 32/S. 237 ff
[18] 5/S. 166
[19] Reclams Kleines Fremdwörterbuch
[20] Wahrig Deutsches Wörterbuch
[21] 23/S. 122
[22] 19/S. 88

B

▶ **bc** → *Kopien*

▶ **Beförderung**

Beförderung, das bedeutet: Aufrücken in eine bessere Stellung innerhalb eines Unternehmens. Ein interessanterer Job, mehr Arbeit, aber auch mehr → *Verantwortung* und mehr → *Gehalt*. Eine Beförderung winkt jedem, der nur lange genug und hart genug dafür arbeitet – so weit die Theorie.

Die Praxis sieht jedoch wesentlich komplizierter aus, denn die Arbeitgeber haben nicht immer die Möglichkeit, herausragende → *Leistungen* grundsätzlich mit einer Beförderung zu belohnen. Zum Beispiel, weil keine passende Stelle vorhanden ist oder frei wird.

Und selbst wenn sie diese Möglichkeit haben, werden sie sie in den seltensten Fällen freiwillig nutzen, sondern den Arbeitnehmer ordentlich lange strampeln und sich anstrengen lassen. Schließlich steigert allein die Aussicht auf Beförderung die → *Motivation* eines → *Mitarbeiters* ganz ungemein. Sie ist ein Lockmittel, das zu permanenten Höchstleistungen führt. Für den Arbeitgeber ist das wesentlich praktischer als die Beförderung selbst, denn die kostet → *Geld*. Also wird er sie möglichst lange nur in Aussicht stellen, ohne dass ihn das in irgendeiner Form verpflichtet: „Einen Rechtsanspruch auf eine Beförderung gibt es grundsätzlich nicht."[1]

Damit der Mitarbeiter nicht irgendwann die Lust verliert, kann der Arbeitgeber ihn mit Fördermaßnahmen bei → *Laune* halten, die nicht so endgültig sind wie eine Beförderung: → *Gratifikationen* und → *Job Enrichment* zum Beispiel.

Wie man befördert wird. Wer von einer Beförderung träumt, sollte nicht darauf zählen, dass sein → *Chef* seine herausragenden Leistungen sieht, anerkennt und irgendwann von sich aus belohnt. Denn das ist fast nur im Märchen der Fall. Wenn Sie nicht mehr an die gute Fee glauben, sollten Sie sich lieber aktiv um das bemühen, was Sie wollen. Mangelnder Einsatz für die eigene → *Karriere* kann Ihnen nämlich als → *Schwäche* ausgelegt werden: „Wer seinen Wunsch nach Beförderung nicht äußert, läuft Gefahr, als jemand ohne Ehrgeiz eingestuft zu werden."[2]

Das heißt nicht unbedingt, dass Sie permanent mit dem Holzhammer auf Ihre Heldentaten hinweisen sollten. Mit → *Kündigung* drohen ist erst recht keine gute Idee. Das könnte sich als Eigentor erweisen, denn wenn Sie trotzdem nicht befördert werden, bleibt Ihnen gar nichts anderes übrig, als zu gehen. Aber die Kunst des eleganten → *Eigenlobs*, die sollten Sie schon → *lernen*, auch wenn Ihnen das ein Graus ist. Denn es hilft nichts – ohne entschiedenes Handeln nach dem Motto „Tue Gutes und sprich drüber" dürfen Sie zwar Ihr Leben lang so viel Gutes tun, wie Sie wollen. Befördert werden Sie dafür aber höchstwahrscheinlich nicht.

Die Folgen einer Beförderung. Das ist schön: Sie werden befördert, Ihr bisheriger → *Kollege* wird zu Ihrem Mitarbeiter. Das ist bitter: Ihr Kollege wird befördert, und Sie werden zu seinem Mitarbeiter. So oder so – es ist immer komisch, wenn aus zwei Kollegen auf einmal zwei durch eine → *Rangordnung* getrennte Personen werden. Das ist menschlich gesehen eine heikle Situation: „Wo gerade noch zwei Kollegen am Kantinentisch zusammensaßen, sitzen nun – Hokuspokus! – ein Chef und ein Mitarbeiter. Das → *Gespräch* nimmt einen anderen Verlauf (...); plötzlich gibt es Themen, über die man nicht mehr spricht. Im Gehirn des gerade ‚erzeugten' Mitarbeiters läuft neben dem Film ‚Was will ich ihm sagen' der Zusatzstreifen ‚Wie beurteilt er mich jetzt?'. Beim Chef läuft neben dem Videoband des eigentlichen Gesprächsthemas die Gefühlsspur ‚Will er mich beeindrucken?' oder ‚Ist das ein guter Mitarbeiter?'"[3]

Derjenige, der unten bleibt, ist mit Sicherheit erst mal neidisch, muss diese → *Gefühle* aber irgendwann in den Griff bekommen. Und derjenige, der aufsteigt, tut gut daran, bei aller Freude behutsam mit seiner neuen Rolle umzugehen. Wer den alten Freunden gegenüber den Chef rauskehrt, wird damit baden gehen. Aber diejenigen, die dauerhaft davor zurückschrecken, den Ex-Kollegen im Zweifelsfalle auch mal einen klaren → *Arbeitsauftrag* zu geben, werden letztlich auch nicht erfolgreicher sein.

▶ Begrüßen

Nichts einfacher als das, sollte man meinen. Wenn man einander begegnet, sagt man sich guten Tag, und das war's. Aber die klassischen Benimmregeln für diese Situation sind, genau wie die für das → *Grüßen*, etwas komplizierter. Wer es ganz genau wissen will, sollte einen Blick in ein Fachbuch werfen.[4]

Für alle anderen hier das **Wichtigste** auf einen Blick.

Die Begrüßung per Handschlag ist in Deutschland Standard, und zwar möglichst mit kräftigem Händedruck, nicht über Kreuz, und erst recht nicht mit der anderen Hand in der Hosentasche, auch wenn das noch so lässig aussieht. Darüber, wer wem zuerst die Hand geben darf, gibt es klare → *Regeln*, → *Handschlag*.

Ladies First. Frauen werden zuerst begrüßt. Das gilt auch für Ehefrauen. Auch wenn es für Ungeübte vielleicht noch so widersinnig scheint: Wenn Sie zum Beispiel auf einem → *Empfang* Ihrem → *Chef* und seiner Frau begegnen, begrüßen Sie sie immer zuerst, obwohl sie doch eigentlich „völlig unwichtig" ist. Aber so ist es → *höflich* – und so ist es auch ausgesprochen klug. Denn unwichtig sind Ehefrauen nur auf den ersten Blick. Auf den zweiten haben sie daheim am Frühstückstisch schon den Grundstein für so manche → *Karriere* gelegt. Es reicht, wenn sie das gute → *Benehmen* des einen oder anderen Mitarbeiters wohlwollend zur Kenntnis genommen haben und ihren Männern darüber beiläufig berichten.

Sitzen bleiben oder aufstehen. Egal ob beruflich oder privat: Selbst wenn sie schon saßen, müssen Männer zumindest bei offiziellen Anlässen zur Begrüßung immer wieder aufstehen. Wohlerzogene Männer erheben sich zumindest andeutungsweise sogar jedes Mal, wenn eine Frau sich hinsetzt oder aufsteht. Ein längeres → *Essen* kann unter diesen Umständen ganz schön viel Bewegung mit sich bringen. Frauen haben es da besser: Sie müssen sich lediglich bei beruflichen Begegnungen erheben – aber auch nur dann, wenn eine höherrangige Person zur Begrüßung auf sie zukommt. Bei privaten Anlässen dürfen sie ganz entspannt sitzen bleiben.

Handkuss. Ziemlich aus der Mode, deshalb hier für Fans nur der Hinweis darauf, dass die Hand der Dame nie wirklich abgeknutscht werden darf. Der korrekte Handkuss ist nur eine Andeutung, die Millimeter über dem Handrücken der Dame endet.

▶ Belästigung, sexuelle

Das ist im Wesentlichen ein Frauenthema – schließlich gibt es immer noch verhältnismäßig wenige Männer, die mit lässigen Anspielungen auf ihre Ausstattung unter den Boxershorts leben und ihr Gesäß vor Grapschversuchen beschützen müssen.

Formen sexueller Belästigung. Das ist ein weites Feld, nicht zuletzt deshalb, weil jeder sie anders definiert – und weil der Trend zum → *Körperkontakt*, der heute in vielen Branchen herrscht, eine gewisse Grauzone geschaffen hat, in der inzwischen vieles als normal gilt, was früher schon den Tatbestand der Tätschelei erfüllt hätte. Aus der Sicht waschechter Machos ist das Thema sowieso relativ schnell erledigt, denn was es nicht gibt, kann man auch nicht definieren. Wer wird denn bei ein paar kleinen → *Andeutungen* und der traulichen Suche nach ein bisschen wärmendem Körperkontakt gleich von Belästigung reden.

Die Frauen sehen das naturgemäß anders. Doch die → *Grenzen* sind auch bei ihnen je nach Temperament unterschiedlich weit gesteckt. Berührungen und Bemerkungen, die die eine als lästiges „Berufsrisiko" noch wegsteckt, sind für die andere schon eine unerträgliche Belästigung. Tatsache ist: Aus der Sicht von Rechtsexperten gehören „Hinterherpfeifen, Anstarren, Bemerkungen über das Äußere, scheinbar zufälliges Berühren, unerwünschtes Küssen und Umarmen, Zeigen pornografischer Darstellungen am Arbeitsplatz"[5] ganz eindeutig dazu. Und wenn das einhergeht mit Machtmissbrauch oder Verletzung der Fürsorgepflicht – wenn also ein Vorgesetzter sich an einer → *Mitarbeiterin* zu schaffen macht in der Annahme, dass sie sich nicht wehren wird, um ihren Job nicht zu verlieren – dann kann das für den Grapscher äußerst unangenehme rechtliche Konsequenzen haben. Aber natürlich nur, wenn sein Opfer sich zur Wehr setzt.

Schutz durch Gesetze. Belästigungen offen anzusprechen, fällt manchen Frauen schon schwer genug. Wenn sie damit rechnen müssen, als Zicke abgestempelt oder sogar die Schuld in die Schuhe geschoben zu bekommen („Sie sind wohl prüde", „Warum ist die auch immer so aufreizend gekleidet?"), entscheiden sie sich nicht selten aus → *Angst* vor einer Verschlimmerung ihrer Situation dazu, lieber zu → *schweigen*.

Dabei stehen heute die Chancen darauf, einen Grapscher in die Schranken zu weisen, so gut wie noch nie, und das nicht nur, wenn es vor Gericht hart auf hart kommt, sondern auch innerhalb des Unternehmens. Denn sexuelle Belästigung gilt als Form von → *Mobbing*, und die Arbeitgeber sind gesetzlich verpflichtet, ihre Mitarbeiter vor sexueller Belästigung zu schützen. Also können sie Belästiger → *abmahnen* oder sogar → *kündigen* – und machen auch immer häufiger von diesen Strafmaßnahmen Gebrauch.[6] Darüber hinaus können sich die Opfer mit anwaltlicher Hilfe durchaus erfolgreich um Schadensersatz und Schmerzensgeld bemühen.

Allerdings ist es immer noch wesentlich Nerven schonender, es nicht bis zur offenen Auseinandersetzung kommen zu lassen – und dem Belästiger lieber sofort eins auf die Finger zu hauen. **Merke:** Nur wer erfolgreich zweideutig redet und eindeutig grapscht, wird beim nächsten Mal noch ein bisschen mehr versuchen. Da ist es doch wesentlich besser, gleich beim ersten Mal → *Grenzen* zu ziehen.

Hilfe zur Selbsthilfe. Nicht dass frau auf jeden Blondinenwitz gleich mit der Androhung eines Gerichtsverfahrens drohen sollte – das führt garantiert zum Zicken-Ruf und lädt abenteuerlustige Männer nur zu weiteren → *Provokationen* ein. Wesentlich besser funktionieren mitleidige Blicke, spöttisches → *Lächeln* und der eine oder andere Männerwitz als Antwort auf platte Andeutungen (es reicht, wenn Sie sich zum Erzählen einen einzigen merken). Der zarte Hinweis auf einen vorhandenen Mann oder Freund in einem Nebensatz der Unterhaltung ist ein Klassiker, der bei ersten Annäherungsversuchen Wunder wirken kann. Und wenn Sie selbstsicher genug sind (oder zumindest erfolgreich so tun), werden Sie auch in der Regel nicht auf nennenswerten Widerstand stoßen, wenn Sie eine Nähe suchende Männerhand ganz nebenbei von Ihrem Oberschenkel oder Ihrer Hüfte entfernen. Freundlich-demonstrative Entschlossenheit wirkt nämlich abschreckend. Sie signalisiert Grapschern, dass ihnen hier – wenn auch wahrscheinlich nur im übertragenen Sinne – ein blaues Auge blühen könnte.

Mit solchen Tricks können sich Frauen (und natürlich auch Männer in dieser Situation) eine Menge kleinerer Zudringlichkeiten ersparen. Wenn aus der Belästigung aber eine seelische oder sogar körperliche Last wird, dann hilft nur noch der Gang zum Vorgesetzten (oder, falls der das Problem ist, zu dessen Vorgesetzten), zum → *Betriebsrat* oder zum Anwalt.

▸ **Benehmen**

Benehmen ist der Oberbegriff für eine ganze Reihe von Formen des Verhaltens im Umgang mit anderen Menschen. Es gibt → *Regeln* dafür, wie diese Umgangsformen auszusehen haben, und zwar so viele, dass man ganze Bücher damit füllen kann. In Benimmführern (die heute in Anlehnung an den Autor des ersten derartigen Buchs „Knigge" heißen) ist genau festgelegt, was „gutes Benehmen" ausmacht, säuberlich geordnet nach einzelnen Bereichen. → *Tischmanieren*, Gruß- und Begrüßungsrituale, → *Kleidung*, → *Protokoll* und → *Etikette*, Umgangsformen für den Mann und für die Frau, für gesellschaftliche und berufliche Anlässe, Gesetze der → *Höflichkeit*, der → *Diplomatie* und der → *Diskretion* – es gibt fast nichts, das nicht in irgendeiner Form geregelt wäre.

Die Rolle von Benimmregeln. Benimm ist in: „Gutes Benehmen ist heute gefragter denn je. (…) Kein Wunder, denn mit Manieren kommt man weiter – privat und beruflich."[7] Wer die nicht hat, hat Pech: „Durch schlechtes Benehmen manövrieren Sie sich selbst ins Aus."[8]

Sich gut benehmen können. Theoretisch müssen Erwachsene Benimmregeln nicht mehr → *lernen*, denn sie haben sie schon als → *Kinder* von ihren Eltern gelernt. Und für gewisse Basisregeln stimmt das auch. Die Finessen der ganz hohen Benimmschule kennt hingegen kaum jemand. „Man spricht nicht mit vollem Mund" ist allgemein bekannt – aber dass es in gewissen besseren Kreisen als unhöflich gilt, „Guten Appetit" zu sagen, das wissen fast nur die gewissen besseren Kreise selbst.

Die Regeln, die Eltern ihren Kindern beibringen, richten sich also in Wirklichkeit nicht unwesentlich danach, was sie selbst erstens wissen und zweitens für → *wichtig* halten. Je nach Umfeld lernen manche Kinder den Knigge von vorne bis hinten (wenn auch nicht unbedingt freiwillig). Andere hören spät oder nie davon, dass es streng genommen das Gegenteil von gutem Benehmen ist, wenn man einem, der niest, „Gesundheit" wünscht.

Wer schon als Kind „gutes Benehmen" in allen möglichen Spielarten eingetrichtert bekommen hat, der hatte zwar wahrscheinlich etwas weniger → *Zeit* zum Spielen, ist aber als Erwachsener eindeutig besser dran. Er kann in Berufs- und → *Privatleben* souverän auftreten, ohne bei offiziellen → *Essen* groß darüber nachzudenken, welche von den vielen Gabeln auf dem Tisch wohl für den dritten Gang benutzt werden muss.

Alle anderen merken meistens zu spät, nämlich erst mitten in einer heiklen Situation, dass sie womöglich die eine oder andere Benimmregel nicht kennen. Wer in Positionen oder mit Menschen arbeitet, für die gutes Benehmen ganz offensichtlich eine große Rolle spielt, der sollte in einen modernen Knigge[9] investieren. Das sieht zwar vielleicht spießig aus – aber nur so lassen sich Wissenslücken feststellen und schließen.

Benimmregeln anwenden. Wo welche Form von gutem Benehmen angebracht ist, hängt von der Umgebung ab, also von den

Menschen, mit denen Sie verkehren, und von der Branche, in der Sie arbeiten. Wenn Sie auf der Baustelle mit den Handwerkern Brotzeit machen, sind ganz andere Dinge wichtig als im Umgang mit → *VIPs*. Es ist Teil guten Benehmens, sich den anderen im Zweifel anzupassen, anstatt sich wie Freiherr von Knigge persönlich aufzuführen.

Manche Benimmprofis setzen sich übrigens gelegentlich mit Freude über Regeln hinweg – ein Luxus, den sich nur erlauben kann, wer sie wirklich kennt. Das bedeutet für Sie, dass Sie, zumindest wenn Sie in diesem Bereich kein Profi sind, auf den ersten Blick selten erkennen, wie benimmsicher Ihr Gegenüber ist – und wie viel Wert er bei aller erkennbaren Zwanglosigkeit auf klassische Umgangsformen legt. Umgekehrt wird er, je mehr er von der Kunst des guten Benehmens versteht, umso klarer erkennen, wie vertraut Sie mit ihr sind.

Benimm-Faustregeln. Keine Panik: Erstens gibt es heutzutage wesentlich weniger Benimmprofis als Benimm-Amateure. Zweitens legt nicht jeder Benimmprofi Wert darauf, dass alle anderen so sind wie er. Und drittens ist kniggemäßiges Benehmen nicht in jeder Branche absolut karriereentscheidend. So viel zum Trost.

Andererseits lebt und arbeitet es sich je nach Umfeld eine ganze Ecke leichter, wenn man ein paar Grundregeln kennt und auch beherrscht. (Was nicht dasselbe ist, wie man an den Heerscharen von Leuten erkennen kann, die trotz aller Regelkenntnis unverdrossen mit vollem Mund sprechen.) Denn wer die Regeln beherrscht, der fühlt sich sicher. Er kann unschwer erkennen, was wo als „gutes Benehmen" gefragt ist, und sich entsprechend verhalten.

Für alle, die keine Lust oder keine → *Zeit* haben, sich mit irgendwelchen unspannenden Benimmregeln zu befassen: Ein gutes Gespür für das, was andere Leute als freundlich, höflich und taktvoll ansehen, ist nicht selten völlig ausreichend. Zusammen mit einer genauen Beobachtungsgabe für das, was alle anderen in einer bestimmten Situation tun und lassen, kommt man in vielen Bereichen schon ziemlich weit.

Wer allerdings in Sachen Benimm völlig ohne Interesse, Gespür und Nachahmungstalent durchs Leben schlurft, der sucht sich am besten einen Job, bei dem Benimmregeln keine große Rolle spielen. Einsiedler zum Beispiel: Wo kein anderer ist außer Ihnen, kann sich auch niemand über Ihr schlechtes Benehmen aufregen.

▸ Berichte

Berichte sind möglichst sachliche, möglichst präzise und dabei gleichzeitig oft möglichst kurze Darstellungen genau umrissener Themen und Angelegenheiten. Wo auch immer gearbeitet wird, sind früher oder später unweigerlich Berichte fällig – und das, obwohl sie weder gerne geschrieben noch gerne gelesen werden.

Berichte schreiben ist für viele Leute eine Quälerei, fast so wie der Besinnungsaufsatz früher in der Schule. Man hockt vor dem Bildschirm und weiß zwar irgendwie, was gemacht werden muss – aber nicht, wie.

Dabei fängt bei Berichten genau wie bei → *Briefen*, → *Vorträgen* und → *Protokollen* die bei weitem wichtigste Arbeit vor dem eigentlichen Schreiben an.

Eine klare → *Struktur* und ausführliche Gliederung sind die halbe Miete:

• Wer soll den Bericht lesen?
• Wie lang muss er maximal sein?
• Um welches Hauptthema geht es?
• Welche Unterthemen gibt es, die vorkommen müssen?

Wenn Ihnen die Antworten nicht glasklar sind, → *fragen* Sie Ihren Vorgesetzten oder → *Kollegen*. Das ist garantiert besser, als in Eigeninitiative draufloszuschreiben und am Ende vielleicht alles neu machen zu müssen.

Danach basteln Sie die **Gliederung**. Das ist nicht weiter schwer, weil sie eigentlich immer aus drei Teilen besteht:

• **Einleitung:** kurze Beschreibung des Themas und, falls vorhanden, der → *Ziele* des Berichts.
• **Hauptteil:** der größte Batzen, deshalb wird er in möglichst viele Teile zerlegt, zum Beispiel alle Aspekte, die für das Hauptthe-

ma wichtig sind, danach alle Unterthemen, die vorkommen müssen.

- **Schluss:** kurze Schlussfolgerung aus dem Hauptteil, die Ergebnisse, die sich daraus ableiten lassen, das Fazit.

Das klingt nach viel, muss es aber nicht sein, im Gegenteil. Nichts ist so verhasst wie lange Berichte. Wer nicht ausdrücklich dazu aufgefordert wird, kann sich also problemlos kurz fassen, ohne dafür gleich als schreibfaul abgestempelt zu werden. Auf die Beachtung von → *Rechtschreibung*, Grammatik und Zeichensetzung sollte man aber bei aller Kürze nicht verzichten. Zumal Berichte oft offizielle Dokumente sind, die häufig in → *Kopie* über einen → *Verteiler* an eine ganze Reihe von Personen geschickt werden.

Mündlich berichten. Die Rechtschreibreform ist in dem Fall egal, aber auch hier gilt: möglichst kurz, möglichst genau und möglichst sachlich, ganz egal, ob man nur dem → *Chef* oder einer großen Runde berichtet. Letzteres kann für Leute mit → *Sprechangst* ein → *Problem* sein, das aber auch nicht unüberwindbar ist (→ *Vorträge*).

Berichte lesen. Werke von mehr als ein paar Seiten werden höchstens überflogen; → *Energiesparer* und Gestresste lesen grundsätzlich nur Einleitung und Schluss, weil da (im Idealfall) sowieso alles Wissenswerte drinsteht, warum er geschrieben wurde und wozu er gut sein soll. Wenn Sie sich allerdings mit einem bestimmten Thema wirklich vertraut machen oder schlicht beim Berichtschreiber punkten wollen, dann lesen Sie ihn ganz. Das gilt auch für Berichte, die Ihr → *Chef* Ihnen zur → *Ablage* gibt. Schauen Sie wenigstens rein, bevor Sie zu Locher und Aktenordner greifen – die → *Informationen*, die Sie darin finden, könnten auch für Sie interessant sein oder interessant werden.

▶ Beschwerden

Sie sind das Ergebnis einer explosiven Mischung aus → *Ärger* und → *Kritik*. → *Tonfall* und → *Wortwahl* lassen normalerweise an

Klarheit nichts zu wünschen übrig: Hier ist jemand kräftig sauer, fühlt sich obendrein im → *Recht* und geht deshalb zum → *Angriff* über.

Aus der Sicht derjenigen, die den Ärger abbekommen, sind Beschwerden ein Graus. Gleichzeitig sind sie aber, ganz sachlich betrachtet, für viele Branchen → *wichtige* Hinweise auf Geschmack und → *Meinungen* von → *Kunden.* Wenn sich zum Beispiel bei einem Winzer die Beschwerden darüber häufen, dass sein Wein korkt, dann wird er das → *Problem* möglichst schnell lösen. Zumindest, wenn er weiß, dass auf eine offizielle → *Reklamation* bis zu zehn Kunden kommen, die genauso unzufrieden sind, aber demnächst lieber gleich eine andere Marke kaufen, anstatt sich die Mühe zu machen, dem Unternehmen ihre Unzufriedenheit mitzuteilen.

Angedeutete Beschwerden. Eher schüchterne Menschen drücken ihre Beschwerden lieber nur in → *Andeutungen* aus, auch wenn sie so eindeutig Recht haben, dass selbst ein Wutanfall gerechtfertigt wäre. Ihre → *Angst* vor → *Streit* lässt sie hoffen, dass der andere ihre → *Freundlichkeit* belohnt und das → *Problem* auch ohne klare Worte beseitigt. Wenn → *Mitarbeiter* mit ihren → *Chefs* unzufrieden sind, entscheiden sie sich sicherheitshalber oft für solche versteckten Beschwerden. „Es wäre schön, wenn Sie mich das nächste Mal früher über Ihre → *Entscheidungen* informieren würden" ist eine typische Andeutung, hinter der sich eine Beschwerde versteckt. Sie lautet übersetzt: „Hören Sie endlich auf mit Ihren chaotischen Schnellschüssen, die ich dann hinterher wieder ausbaden muss!" Das Problem dabei: Chefs und auch → *Energiesparer* machen sich nur ganz selten die Mühe, nach der Botschaft hinter der Andeutung zu suchen.

Schriftliche Beschwerden sind im Vergleich zu mündlichen Beschwerden meistens relativ harmlos. Denn wer sich die Zeit nimmt, sie aufzuschreiben, hat seine → *Wut* einigermaßen unter → *Kontrolle* und vermeidet erfahrungsgemäß Formulierungen, die er später bereuen würde (Ausnahmen → *E-Mails*).

 Schriftliche Beschwerden sollten nicht in den Tiefen der → *Ablage* oder im → *Papierkorb* landen, auch wenn das der einfachste Weg ist, mit ihnen umzugehen. Nicht ganz so einfach, aber eindeutig sinnvoller ist es, möglichst schnell auf sie zu reagieren. Allerdings lieber nicht durch einen spontanen Griff zum → *Telefon* oder eine schnelle Mail-Antwort. Denn bei Beschwerden, die ungerechtfertigt scheinen, kann man sich aus einem Verteidigungsreflex heraus schnell im Ton vergreifen: „Gerade flattert mir Ihre Beschwerde auf den Tisch. Also bei allem Verständnis – ich finde das völlig unangebracht!" Wer sicher gehen will, dass sein Temperament nicht mit ihm durchbrennt, schreibt zwar gleich eine Antwort, schläft aber vor dem Versand noch mal drüber.

Mündliche Beschwerden. Sie entgegenzunehmen, ist in der → *Regel* einer der unangenehmsten und undankbarsten Jobs überhaupt. In großen Unternehmen mit vielen Kunden werden einzelne Mitarbeiter extra dafür ausgebildet. Sie → *lernen*, selbst dann noch hübsch → *freundlich* zu bleiben, wenn sie wüst beschimpft werden. Und sie lernen, nicht → *abzuwimmeln*, nicht zu rechtfertigen, sondern Lösungen anzubieten.

Damit ist das Wichtigste auch schon gesagt. Hier zusätzlich ein paar **Faustregeln**. Sie sind zwar leicht auswendig zu lernen, aber leider nicht ganz so leicht zu befolgen, wenn die innere → *Distanz* fehlt.

Ruhe bewahren. Soll der andere sich erst mal so richtig austoben, das befreit und tut gut. Nicht Ihnen, aber ihm. Ist der Beschwerdeführer ein wichtiger Partner oder ein Kunde, dann ist er König, auch wenn er vielleicht nicht Recht hat. Von Reaktionen wie „Bitte nicht in diesem Ton", die sonst ein gutes Mittel gegen → *Angriffe* sind, ist hier abzuraten, wenn man den Beschwerdeführer nicht noch weiter auf die Palme treiben will.

Abwimmeln, verteidigen, verharmlosen sind → *tabu*. So ziemlich die dreisteste Reaktion auf Beschwerden ist die Standardlüge „Sie sind der Erste, der sich darüber beschwert". Ein Satz, der immer wieder gerne Verwendung findet, selbst wenn sich im → *Büro* die Aktenordner mit den Beschwerdebriefen nur so häufen. Genauso schlimm sind auch „Was Sie da sagen, kann gar nicht sein!" und „Da kann ich leider gar nichts machen". Auf den ersten Blick sind das – besonders für → *Ener-*

giesparer – geradezu ideale Entgegnungen: Entweder ist der →
Kunde selber schuld, oder irgendjemand anders irgendwo, keine
Ahnung wer. Es kann sein, dass ein Beschwerdeführer dadurch
irgendwann genervt aufgibt. Es kann aber auch sein, dass er sich
eine Etage höher beschwert und dann auch gleich Ihr Verhalten
zum Thema macht.

→ *Lösungen* **anbieten.** Es gibt immer eine Möglichkeit, aufge-
brachte Beschwerdeführer zu besänftigen. Meistens reicht eine
kleine → *Geste*: ein Werbegeschenk, ein Gutschein, eine Son-
derfahrt vom Kundendienst, ein Ersatzgerät. In fast jedem Unternehmen gibt es irgendetwas, das sich als Geste der Wiedergutmachung eignet. Manche Leute beschweren sich zwar nur,
um auf diese Weise abzustauben. Aber damit muss man leben,
es gibt Schlimmeres.

Publikum vermeiden. Es ist besonders fies, wenn jemand meint,
Sie in der Öffentlichkeit zur Schnecke machen zu müssen. Deshalb sollten Sie um jeden Preis versuchen, ihn in eine stille Ecke
oder in Ihr → *Büro* zu lotsen: „Lassen Sie uns nach drüben gehen,
dort können wir ungestört über alles reden." Das ist nicht immer
leicht, besonders wenn der andere gerade so richtig in Fahrt ist,
aber immer noch besser als ein Haufen gaffender Kunden und fei-
xender → *Kollegen*, die sich alle an Ihrem roten Kopf erfreuen.

Beschwerden über dritte Personen entgegenzunehmen,
ist immer heikel. Wenn ein Anrufer sich über den Kollegen beschwert, über den auch Sie sich seit Monaten ärgern, dann
ist es verführerisch, dem Drang zum → *Lästern* nachzugeben: „Ja,
das ist hier allgemein bekannt, dass der Meier seine Aufträge nie
pünktlich erledigt".

Noch verführerischer ist es, auf diesem Weg → *Rache* zu üben,
zum Beispiel an einem verhassten → *Chef*: „Es tut mir wirklich Leid, dass er Ihnen noch kein Angebot geschickt hat. Aber
er schaut sich halt seine → *Wiedervorlage* nie richtig an." Solche Reaktionen sind letztlich kurzsichtig, denn selbst der Beschwerdeführer wird sie – bei aller Freude darüber, dass Sie ihm
Recht geben – am Ende als Ausdruck von Unkollegialität und
Falschheit ansehen. Beides ziemlich unangenehme Eigenschaf-

ten; nicht gerade gut für → *Image* und → *Karriere*, wenn man so eingeschätzt wird.

Eigene Beschwerden haben dann die meiste Aussicht auf Erfolg, wenn sie genau in der Mitte zwischen schüchternen Andeutungen und tobender Brüllerei liegen: → *Klartext*, nur mit Fakten, dafür ohne Vorwürfe. Wenn derjenige, der Ihre Beschwerde entgegennimmt, Ihre Selbstbeherrschung allerdings nicht durch das Angebot von Lösungen belohnt, sondern versucht, Sie mit Standardsprüchen abzuspeisen (siehe oben), dann haben Sie durchaus das Recht, sich mit weniger freundlichen Worten Luft zu machen.

Sie können sich übrigens über vieles beschweren, nur nicht über Ihre → *Kollegen* beim Chef oder über Ihren Chef bei dessen Chef. Das sieht immer aus wie Petzen und Anschwärzen – und für so was gab's schon in der Schule keinen Beifall, sondern Haue (→ *Loyalität*).

▶ Besprechungen

Besprechung (→ *denglisch*: Meeting) nennt man es, wenn mehrere → *Mitarbeiter* sich zusammensetzen, um über bestimmte aktuell anstehende Themen zu reden. Im Gegensatz zu → *Sitzungen* und Konferenzen geht es bei Besprechungen eher formlos zu. Trotzdem ist auch bei ihnen meistens in Form einer Tagesordnung vorgegeben, worüber gesprochen werden soll, und die Ergebnisse werden in einem → *Protokoll* festgehalten.

Typisch sind **Mitarbeiterbesprechungen**, die in regelmäßigen Abständen stattfinden. Sie bieten allen Mitarbeitern eines Arbeitsbereichs die Möglichkeit, über aktuelle Vorgänge zu → *informieren*, sich informieren zu lassen und bei Bedarf mit Hilfe kurzer → *Diskussionen* Meinungsverschiedenheiten in den Griff zu bekommen. Voraussetzung ist natürlich, dass man auch → *zuhört*, anstatt die Veranstaltung als eine Art Freistunde zu betrachten, in der es sich prima dösen oder Urlaubspläne machen lässt.

 Die Bedeutung von Besprechungen. „Es ist unfassbar, wie wenige Menschen Treffen in Unternehmen für ihre Selbst-PR nutzen. Denn dort werden Pläne entwickelt und Aufgaben verteilt, dort besteht die Chance, → *Ideen* vorzutragen und durchzusetzen, konstruktive → *Kritik* zu üben und zu zeigen, was für ein ‚helles Köpfchen‘ man ist. Im Prinzip ist jedes Meeting eine Art Bewerbungsgespräch.“[10]

Clever an Besprechungen teilnehmen. Da auch im Berufs- leben die wenigsten Leute Pünktlichkeitsfanatiker sind, fangen viele Besprechungen mit Verspätung an: Es gibt immer jemanden, der noch schnell einen Anruf entgegennehmen oder einen → *Brief* ausdrucken muss. Wer clever ist, kommt vor allem bei größeren Anlässen mit neuen oder wichtigen Teilnehmern trotzdem pünktlich. In der Wartephase bis zum Besprechungsbe- ginn lassen sich hervorragend → *Kontakte* knüpfen, → *Beziehun- gen* pflegen und Hintergrundgespräche führen. Selbst eine Gele- genheit zu drei Minuten → *Smalltalk* mit dem → *Chef* vom Chef kann sich als einmalige Gelegenheit erweisen.

Besonders gut ist es natürlich, wenn Sie sich auf die Themen der Besprechung vorher gut vorbereitet haben. Dann müssen Sie nämlich gar nicht mehr erst nach Gesprächsstoff für den Small- talk suchen, der bietet sich von ganz allein. Außerdem ist eine gute Vorbereitung die beste Voraussetzung dafür, dass Sie sich auch in der Besprechung selbst mal zu Wort melden können. Das fällt bei aller vielleicht vorhandenen → *Sprechangst* leich- ter, wenn man genau weiß, worüber man spricht.

Weisheiten fürs Protokoll. Mit etwas Glück landen Ihre Bemer- kungen dann sogar im Protokoll, so dass jeder Teilnehmer noch mal schwarz auf weiß nachlesen kann, was Sie so an klugen Din- gen von sich gegeben haben. Das wird allerdings nur bei Themen der Fall sein, die alle interessieren. Für stundenlange Erörterun- gen von → *Problemen*, die nur Sie betreffen, ist in größeren Be- sprechungen kein Platz; nach spätestens zehn Minuten wird Ih- nen gähnendes Desinteresse entgegenschlagen. Aber wenn Sie ausreichend → *Blickkontakt* zu den anderen halten, werden Sie das mit Sicherheit bemerken und rechtzeitig einen → *Themen- wechsel* vornehmen.

Nachteile von Besprechungen. Wenn sehr viele selbstverlieb- te Leute teilnehmen, die alle reichlich Selbstbewusstsein haben und sich alle gerne reden hören, wenn es noch dazu kein zeitlich festgelegtes Besprechungsende gibt, dann kann so eine Besprechung ziemlich nervtötend sein (vor allem für den Protokollführer – aber das ist ein anderes Thema).

Wer in einer solchen Quatschbude festhängt, ist seinem Schicksal trotzdem nicht hilflos ausgeliefert. Er kann, ein bisschen Mut vorausgesetzt, die Selbstdarsteller mit kleinen charmanten Bemerkungen wieder auf den Teppich bringen. Unschlagbare Klassiker sind „Ich fasse Ihre Ausführungen jetzt mal kurz zusammen ..." und „Darf ich Sie an das eigentliche Thema unserer Besprechung erinnern?". Auch der Hinweis „Ich sehe, dass einige Teilnehmer auf ihre Uhr schauen" wirkt oft Wunder. Wenn Sie sich das nicht trauen, dann können Sie immer noch so tun, als ob Sie eifrig → *Notizen* machten, und in Wirklichkeit Liebesbriefe schreiben. Oder die Einkaufsliste fürs Wochenende vorbereiten.

▶ Bestechung

Sie fängt nicht etwa erst da an, wo Millionen gezahlt und dankend in Empfang genommen werden, wenn es um die Vergabe von ganz großen Aufträgen geht. Vielmehr handelt es sich um eine Form von Wirtschaftskriminalität, die im Kleinen anfängt, und zwar immer dann, wenn nach dem Prinzip „eine Hand wäscht die andere" verfahren wird. Das kann „nur" der Austausch von Gefälligkeiten sein. Aber der Übergang zu Bestechung und Bestechlichkeit ist fließend; deshalb ist es immer angebracht, sich beim gegenseitigen Händewaschen nicht allzu naiv anzustellen.

Bestechung liegt vor, wenn jemand versucht, mit „Schmiergeldern" (so der Oberbegriff, der im Arbeitsrecht verwendet wird[11]) → *Geschenken* und Gefälligkeiten das Handeln eines anderen in seinem Sinne zu beeinflussen. Gleichzeitig gilt es als völlig normal, wichtigen → *Kunden* und Geschäftspartnern gelegentlich mal ein kleines → *Geschenk* zu machen, denn „kleine Geschenke erhalten die Freundschaft". Die Betonung liegt allerdings auf „klein": Zu wertvolle Geschenke sind grundsätzlich verdächtig.

Deshalb ist in großen Unternehmen oft klar geregelt, was ein →
Mitarbeiter annehmen darf und was nicht. Zwischen einem Werbekugelschreiber (darf angenommen werden) und einer Karibik-
kreuzfahrt (darf nicht angenommen werden) gibt es allerdings
eine riesige Grauzone, nicht nur, was die Größe, sondern auch
was die Häufigkeit von Geschenken betrifft. Anlässe finden sich
schließlich genug: → *Geburtstag*, Weihnachten, Umzug, Kinds-
taufe. Die → *Grenze* zwischen Großzügigkeit und Bestechung
wird immer da überschritten, wo der Schenker seine Geschenke mit → *Bitten* und Forderungen verknüpft. Die werden anfangs
nur andeutungsweise geäußert, aber nach einer gewissen → *Zeit*
ziemlich unverblümt.

Bestechlich sind Menschen, deren Handeln und Entscheidungen durch Geschenke und Gefälligkeiten maßgeblich beeinfluss-
bar sind. Wer Aufträge eines bestimmten Kunden vorzieht, weil
er von ihm öfter mal eine Flasche Sekt geschickt bekommt, ist
letztlich genauso bestechlich wie derjenige, der einen Großauf-
trag nicht an die Firma mit dem besten Angebot vergibt, sondern an die Firma, die ihm die dickste Summe für sein Schweizer Konto verspricht.

Warnung. Die meisten Menschen sind nur zu gerne bereit,
sich für „kleine Geschenke" mit „kleinen Gefälligkeiten"
zu bedanken. Deshalb ist umgekehrt fast überall die Bereitschaft
anzutreffen, kleine Geschenke zu verteilen. In manchen Kulturen ist das völlig normal. Und auch in Deutschland ist die Bakschisch-Kultur des gepflegten Gebens und Nehmens weiter verbreitet, als man meint. Akzeptabler wird sie dadurch aber keineswegs, und auch das Gesetz stellt Bestechlichkeit ab einem
gewissen Punkt unter Strafe.

Dieses Bestehen auf so altmodische Werte wie Moral und Gerechtigkeit ist für einige Leute wahrscheinlich völlig absurd:
Schließlich ist es doch nett, Geschenke zu bekommen. Und genauso nett ist es, wenn als → *Dank* für ein paar Geschenke „alles läuft wie geschmiert". Weniger nett ist aber, wenn so etwas
selbstverständlich wird – bis es irgendwann jemandem auffällt,
der das Ganze für Bestechung hält.

Es ist also nicht falsch, sich über die Bakschisch-Kultur ein paar Gedanken zu machen, bevor man das Spiel mitspielt oder auf Anweisung von oben mitspielen muss. Denn weder für „Ich wusste doch nicht …" noch für „Ich musste …" gibt es im Falle eines Falles besonders mildernde Umstände.

▶ Betreff

Der Betreff ist in → *Briefen* und → *Telefaxen* die Zeile oberhalb der → *Anrede*, in der steht, worum es in dem Schreiben geht. E-Mail-Formulare haben eine eigene Betreff-Zeile; viele Programme bringen eine Fehlermeldung, wenn sie nicht ausgefüllt wurde. Das alleine zeigt schon, wie → *wichtig* der Betreff ist. Wer → *Abkürzungen* liebt oder den Empfänger für besonders begriffsstutzig hält, der stellt seine Betreffzeile ordnungsgemäß mit „Betr.:" vor. Alle anderen können sich das sparen – was sollte die Zeile über der Anrede sonst sein?

Und wer zeigen will, dass er → *Amtsdeutsch* für Fortgeschrittene beherrscht, kann seinen Betr. übrigens durch ein darunter gestelltes Bez. (**Bezug**) noch bedeutend verschönern. In diesem Fall sagt der Betreff, worum es ganz allgemein geht, und der Bezug sagt, worum es in diesem Schreiben im Besonderen geht: „Betr.: Warensortiment 2003/04, Bez.: Ihr Angebot vom 27.03.2002".

Die Bedeutung des Betreffs. Auch wenn die erklärende Abkürzung davor noch so überflüssig ist – der Betreff als solcher spielt eine große Rolle, zumindest für den Empfänger. Der wird dankbar sein, wenn er auf den ersten Blick sieht, worum es geht, anstatt sich erst mühsam durch einen möglicherweise seitenlangen Text quälen zu müssen. Was er ohnehin nicht tun würde: Je mehr Post jemand auf den Tisch bekommt, desto eher wird er unklar und unpräzise verfasste Botschaften als Zeit raubend betrachten und erst mal liegen lassen. Oder sie – ideale → *Lösung* bei → *E-Mails* ohne vernünftigen Betreff – einfach ungelesen in den → *Papierkorb* verschieben.

Typische → *Energiesparer*-Lösungen wie die Verwendung des immer gleichen Betreffs für einen monatelangen Mail-Austausch sind daher vielleicht praktisch, aber nicht immer sinnvoll. Ein bisschen mehr Mühe darf es schon sein, wenn man will, dass der Empfänger auf die neue E-Mail auch so neugierig wird, dass er sie gleich aufmacht, anstatt sie – genau wie die hundert anderen Mails ohne klaren Betreff, die in den letzten Tagen reingekommen sind – erst mal ungelesen im Eingangsordner liegen zu lassen und schließlich zu vergessen.

▶ **Betriebsfeiern**

Betriebsfeiern sind Formen des Zusammenseins innerhalb eines Unternehmens, bei denen ausnahmsweise einmal nicht die Arbeit, sondern das gesellige Beisammensein im Vordergrund steht. Typische Anlässe: Weihnachten, Dienstjubiläen und Direktorengeburtstag.

Betriebsfeiern finden meistens kurz vor oder unmittelbar nach dem offiziellen Dienstschluss statt, damit an dem Tag wenigstens ein bisschen was getan wird. Wer an Betriebsfeiern teilnehmen will, muss also unter Umständen länger in der Firma bleiben, als er das sonst tut. Dafür wird ihm eine Belohnung in Form freien Alkohol-Ausschanks geboten.

Großzügige Arbeitgeber gönnen ihren → *Mitarbeitern* in Form von **Betriebsausflügen** auch eine Ganztagsvariante von Betriebsfeiern. Wer teilnimmt, muss an diesem Tag nicht arbeiten und bekommt ein gewisses Programm geboten (Wanderung, Ausstellungsbesuch, Ausflugsfahrt, meistens mit Verpflegung), das ganz oder zumindest teilweise vom Arbeitgeber bezahlt wird. Wer nicht teilnimmt, ist selbst schuld: Er muss ganz normal arbeiten und bekommt auch den Kostenanteil für sein → *Essen* nicht ausbezahlt. Für Betriebsausflüge gilt ansonsten dieselbe Vorteil-Nachteil-Berechnung wie für Betriebsfeiern.

Vorteile von Betriebsfeiern. So viele → *Kollegen* aller Stufen der → *Rangordnung* bekommen Sie sonst nie auf einem Haufen zu sehen. Das Spektrum reicht vom Hausmeister bis zum Direktor persönlich, und alle sind einmalig leicht ansprechbar. Das ist eine ideale Gelegenheit, → *Kontakte* zu knüpfen und → *Beziehungen* zu pflegen – Dinge, die für das berufliche Weiterkommen genauso → *wichtig* sind wie Ihre fachlichen

→ *Leistungen*. Wenn Sie diese Art von Veranstaltung als spießig oder öde oder beides ansehen (womit Sie nicht immer ganz falsch liegen), können Sie natürlich auch wegbleiben. Die anderen werden Ihr Fehlen garantiert bemerken. Das heißt nicht etwa, dass sie Sie vermissen werden, im Gegenteil: Es wird kein Wert gelegt auf Leute, die sich für was Besseres halten. Das tun Sie zwar vielleicht nicht, aber so sehen es irgendwann die anderen.

Gefahren bei Betriebsfeiern. Nach ein paar Gläschen Wein ist es so weit: In einem Anfall von warmem Zugehörigkeitsgefühl und Vertrauen → *duzt* man sich, erzählt einander lustige und weniger lustige Details aus dem → *Privatleben* und versucht den einen oder anderen → *Flirt* (der am Ende vielleicht sogar zu einem netten One-Night-Stand führt).

Doch auf diese schönen Stunden folgt unweigerlich die große Ernüchterung – spätestens dann, wenn man feststellt, dass man dem Abteilungsleiter das Du angeboten, mit seiner heimlichen Geliebten geflirtet und seinem wichtigsten Mitarbeiter die eigenen Beziehungsprobleme geschildert hat.

Deshalb lautet **Faustregel eins:** Hingehen ja, zu viel Trinken nein. Weil das aber viele andere tun, lautet **Faustregel zwei:** Bevor Sie am Tag nach der Betriebsfeier voller Begeisterung an Flirts und Duz-Freundschaften anknüpfen, die am Vorabend spontan entstanden sind, prüfen Sie lieber erst mal → *diskret*, wer sich noch an was erinnern kann. Oder will.

▶ Betriebsklima

Gemeint ist die allgemeine Stimmung in einem Unternehmen. Sie wird einerseits geprägt von konkreten Umständen wie der Auftrags- und Ertragslage: Ist die schlecht, dann ist auch die Stimmung schlecht, denn es drohen Entlassungen oder Kurzarbeit. Andererseits ist das Betriebsklima mindestens genauso von wesentlich weniger greifbaren Umständen abhängig. Der Führungsstil der Vorgesetzten gehört dazu genauso wie der Umgang der → *Kollegen* miteinander.

Was das Betriebsklima zeigt. Je besser das Betriebsklima, desto wohler fühlen sich die → *Mitarbeiter* und desto eher sind sie auch bereit, sich für ihr Unternehmen einzusetzen, indem sie gute Arbeit leisten. Wo hingegen Machtspielchen und → *Intrigen* an der Tagesordnung sind, wo die Mitarbeiter überfordert und unterbezahlt sind, ist eher das Gegenteil der Fall. Dann denken die meisten Mitarbeiter eher über die innere → *Kündigung* nach als über die Erledigung anstehender → *Arbeitsaufträge*.

Auch wenn es auf den ersten Blick nicht ganz einleuchtet: Das Betriebsklima ist fast genauso wichtig wie das → *Gehalt*. Das merkt man vielleicht nicht sofort, aber spätestens dann, wenn die Freude über den neuen Job und das → *Geld* auf dem Konto allmählich vom Frust abgelöst wird. Und der stellt sich zwangsläufig ein, wenn die allgemeine Stimmung eher schlecht ist – schließlich verbringen die meisten Menschen den größten Teil des Tages an ihrem → *Arbeitsplatz*. Da grenzt es an ein Wunder, wenn man sich von autoritär herrschenden → *Chefs* und von Kollegen, die nur an ihrem eigenen Vorteil interessiert sind, nicht irgendwann den Spaß an der Arbeit kaputtmachen lässt.

Informationen beschaffen. So → *wichtig*, wie das Betriebsklima eines Unternehmens ist, so schwierig ist es, etwas darüber zu erfahren, bevor der → *Arbeitsvertrag* unterzeichnet ist. Trotzdem ist der Versuch, an die eine oder andere → *Information* heranzukommen, immer lohnend. Was da so an → *Meinungen* zusammenkommt, ist bestimmt nicht objektiv, sondern im Zweifel eher aus der Abteilung → *Klatsch & Tratsch*. Trotzdem ergeben mehrere ähnliche Meinungen ein Stimmungsbild, das eine gewisse Aussagekraft hat. Es wird Sie vielleicht darin bestärken, für einen neuen Job einen 600-Kilometer-Umzug in Kauf zu nehmen. Oder aber davon abhalten.

▶ **Betriebsrat**

So nennt man die gewählte Arbeitnehmervertretung eines Betriebs und auch die Person, die von den Arbeitnehmern als Vertreter gewählt wurde. Unter welchen Bedingungen wie viele Betriebsräte von wem gewählt werden dürfen und welche Rechte und Pflichten ein Betriebsrat hat, das ist im **Betriebsverfassungsgesetz** klar geregelt.

In der → *Regel* darf in Betrieben ab einer Größe von fünf →
Mitarbeitern ein erster Betriebsrat gewählt werden. Je mehr Mitarbeiter ein Betrieb hat, desto mehr Personen können in den Betriebsrat gewählt werden. In Betrieben, in denen viele Mitarbeiter auch Gewerkschaftsmitglieder sind, ist es nur logisch, dass
auch der Betriebsrat der → *Gewerkschaft* nahe steht. Grundsätzlich ist der Betriebsrat aber nicht zwangsläufig mit einer Gewerkschaft verbunden.

In großen Betrieben haben die Betriebsräte viel zu tun. Ab einer Größe von 200 Mitarbeitern kann deshalb ein Betriebsrats-
mitglied von seinem eigentlichen Posten freigestellt werden, um
sich hauptberuflich seiner Rolle widmen zu können, erhält aber
weiterhin sein volles → *Gehalt*. Je größer der Betrieb ist, desto
mehr Mitglieder können freigestellt werden. Außerdem genießen Betriebsräte einen besonderen Kündigungsschutz, und das
ist auch gut so: Schließlich ist ihre wichtigste Aufgabe, sich den
Arbeitgebern gegenüber für die Interessen der Arbeitnehmer einzusetzen. Mit Klassenkampf hat das zwar heute nur noch wenig
zu tun. Trotzdem betrachten manche Arbeitgeber den Betriebsrat insgeheim als Laus im Pelz, die sie am liebsten irgendwie loswerden würden.

Tätigkeitsbereiche des Betriebsrats. Er kümmert sich um
eine ganze Menge wirklich wichtiger Dinge: Regelungen
für → *Urlaub* und → *Überstunden,* Vermittlung bei Konflikten
zwischen Vorgesetzten und Untergebenen, Kantinen und Be-
triebskindergärten, → *Kündigung* und Sozialpläne, → *Mobbing*,
sexuelle → *Belästigung* und vieles mehr. Laut Gesetz hat er übrigens längst nicht immer nur Anhörungs- und Beratungsrecht (bei
dem der Arbeitgeber zwar → *zuhören*, aber ansonsten nicht viel
machen muss), sondern auch echte Mitbestimmungs- und Veto-
rechte.[12] Kurzum: In allen Bereichen, in denen es um die Belange der Arbeitnehmer geht, meldet er sich zu Wort und versucht,
das Bestmögliche zu erreichen. Oder das Schlimmstmögliche zu
vermeiden, zum Beispiel bei anstehenden Entlassungen.

Arbeitgeber und Arbeitnehmer haben grundsätzlich unterschiedliche Interessen. Einfach gesagt, will der Arbeitgeber mög-

lichst wenig geben, um möglichst viel zu bekommen; die Arbeitnehmer hätten es lieber umgekehrt. Es liegt in der Natur der Sache, dass der Betriebsrat sich nicht immer und überall gegen den Arbeitgeber durchsetzen kann. Seine Hauptarbeit ist zähes Verhandeln. Die Ergebnisse werden häufig in so genannten **Betriebsvereinbarungen** festgelegt (die dann übrigens in → *Arbeitsverträgen* eine große Rolle spielen können). Sie sind oft genug → *Kompromisse*, mit denen beide Seiten irgendwie leben können oder müssen. Aber ohne Betriebsrat gäbe es nur eine Seite – die des Arbeitgebers, der sich immer durchsetzt.

„Mir doch egal!" Es gibt Arbeitnehmer, die sich für diesen ganzen Gewerkschafts- und Betriebsratskram nicht die Bohne interessieren, Betriebsratsmitteilungen grundsätzlich ungelesen in den Müll werfen und nicht im Traum daran denken, jemals selbst Betriebsrat zu werden. Wenn Sie zu denen gehören, die denken, dass Ihr Arbeitsvertrag als Schutz vor launischen Arbeitgebern völlig ausreicht und ein Betriebsrat folglich überflüssig ist – fragen Sie doch einfach mal nach, wie oft er jährlich → *Kollegen* berät, die → *Angst* davor haben, ihren Job zu verlieren. Und wenn Sie schon einmal dabei sind: Die letzten Betriebsvereinbarungen zu Überstundenvergütung und Fahrtkostenerstattung, die der Betriebsrat durchgesetzt hat, werden Sie möglicherweise auch interessieren.

Falls nicht: Die Namen der Kollegen vom Betriebsrat würden Sie sich spätestens dann merken, wenn Ihr → *Chef* versuchen sollte, Sie durch → *Mobbing* zur Kündigung zu bewegen.

▶ **Betriebsvereinbarungen** → *Betriebsrat*

▶ **Betrug**

So bezeichnet man eine „Täuschung in der Absicht, sich einen Vorteil zu verschaffen".[13] Betrug ist ein hartes Wort. Wenn man es hört, denkt man an Wirtschaftskriminalität, an Millionenunterschlagungen.

Betrug fängt im Kleinen an. Das lässt sich nirgends leichter beweisen als im Berufsleben: unerlaubte → *Privatgespräche* auf Firmenkosten, ein bisschen → *Büromaterial* für zu Hause mitnehmen, ein bisschen an der Spesenabrechnung rumtürken – das ist für die meisten Leute irgendwie normal. „Das macht doch jeder." Aber nicht nur irgendwie, sondern ganz klar ist das auch Betrug gegenüber dem Arbeit- oder Auftraggeber. Ein Betrug, der eine → *Abmahnung* oder sogar → *Kündigung* zur Folge haben kann, zum Beispiel bei unerlaubter privater Internet-Nutzung. Wer das nicht glaubt, kann sich ja beim → *Betriebsrat* erkundigen. Oder gelegentlich mal Zeitung lesen, die ist nämlich voll von solchen Geschichten.

Man kann Briefmarkenklauen und unerlaubtes Privatsurfen zwar ganz niedlich „Trickserei" oder „Schummelei" nennen – aber wenn man erwischt wird, hilft dieser kindliche Mangel an Unrechtsbewusstsein auch nicht weiter. → *Diebstahl* und Betrug haben nun mal Konsequenzen, basta.

Wer starke Nerven hat, lässt sich natürlich durch das vage Risiko, irgendwann aufzufliegen, nicht weiter abschrecken. So mancher geht sogar unter den Augen seines Arbeitgebers ganz ruhig einem → *Nebenjob* nach oder baut sich gemütlich einen kleinen Versandhandel für griechischen Wein oder marokkanische Keramik auf: → *Internet* macht's möglich.

Betrug und Mitwisser. Wenn Sie auch zu denen gehören, die sich nur zurückholen wollen, was ihr Arbeitgeber ihnen zu wenig zahlt, und sich darauf verlassen, dass er weder Ihre angewählten Telefonnummern noch Ihre angewählten Webseiten genau unter die Lupe nimmt, ist es natürlich überflüssig, Ihnen irgendetwas zum Thema „Du sollst nicht betrügen" zu erzählen. Sie haben sich ja schon entschieden, also gibt für Sie nur noch ein Gebot: Lassen Sie sich bloß nicht erwischen. Auch wenn „jeder seinen Arbeitgeber irgendwie betrügt" – ein Mitwisser ist schon einer zu viel. Sie sollten immer darauf achten, dass niemand einen Grund hat, sich zu diesem Thema in der Abteilung → *Klatsch & Tratsch* über Sie auszulassen. Dafür aber kann es unter Umständen schon ausreichen, wenn jemand nur ein einziges Mal mitbekommt, dass Sie Ihrer Firma eine private Benzinquittung unterjubeln.

Vergessen Sie nicht, dass manche Leute noch nicht einmal einen solchen handfesten Grund brauchen, um andere durch gezielt geäußerte → *Indiskretionen* fertig zu machen. Das nennt man dann → *Mobbing*. Wenn Sie jemandem die Möglichkeit geben, sich über Ihre Betrügereien zu verbreiten, dann nennt man das → *Dummheit*.

▶ Bewerbungen

Zum Thema „Wie bewerbe ich mich richtig" sind auf dem deutschen Buchmarkt derzeit über 600 Titel im Angebot. → *Anfänger*, die sich noch nicht richtig auskennen, und Bewerber, die wirklich jeden → *Fehler* von vornherein vermeiden wollen, sollten sich eines dieser Fachbücher gönnen. Für ein paar Euro bekommen sie detaillierte und vor allem brandaktuelle → *Informationen* über alles, was man wissen muss, von den heutigen Vorstellungen darüber, wie Fotos, Mappen und Lebensläufe auszusehen haben, bis hin zu Tipps und Tricks für Online-Bewerbungen.

Angesichts der Fülle verfügbaren Fachwissens verzichtet dieses Buch darauf, ausführlich auf das Stichwort „Bewerbungen" einzugehen. Stattdessen ist es bewusst so angelegt, dass es genau da anfängt, wo die Bewerbungsratgeber meistens enden: bei einer erfolgreichen Bewerbung und allem, was danach tagtäglich am → *Arbeitsplatz* auf Sie zukommt.

Bewerbungswissen in diesem Buch. Viele der Informationen in diesem Buch sind jedoch auch für Bewerbungen von großer Bedeutung. Wer sich also in dem Bereich schon ein bisschen auskennt und kein Fachbuch braucht, sondern nur paar Anregungen, wird vor allem unter folgenden Stichwörtern garantiert fündig: → *Abwimmeln*; → *Accessoires*; → *Arbeitsplatzbeschreibung*; → *Auftreten*; *Begrüßen*; → *Betriebsklima*; → *Briefe*; → *Denglisch*; → *Deutsch*; → *Dummdeutsch*; → *Eindruck, erster*; → *E-Mails*; → *Fehler*; → *Fettnäpfchen*; → *Fragen*; → *Gehalt*; → *Geld*; → *Gespräch*; → *Handschlag*; → *Handschrift*; → *Informationen*; → *Jammern*; → *Kleidung*; → *Make-up*; → *Missverständnisse*; → *Nachhaken*; → *Parfum*; → *Privatleben*; → *Probleme*; → *Rauchen*; → *Schweigen*; → *Smalltalk*; → *Themenwechsel*; → *Vertrösten*; →

Visitenkarten; → *Vorstellen*; → *Zeugnisse*; → *Zuhören*; → *Zuständigkeit*; → *Zwischenbescheid.*

▶ Beziehungen aufkündigen

Mit einer Person brechen, nichts mehr mit ihr zu tun haben wollen, ihr einmal so richtig kräftig die → *Meinung* sagen, auch wenn danach nur noch verbrannte Erde übrig ist – im Berufsleben kommt es häufiger vor, dass man diesen Drang verspürt. Zum Beispiel, wenn der → *Chef* einen mal wieder vor allen anderen → *bloßgestellt* hat, oder wenn ein wichtiger → *Kunde* nichts anderes zu tun hat, als sich zum dritten Mal in diesem Monat über irgendetwas zu → *beschweren.*

Zugegebenermaßen ist es manchmal eine ziemlich verlockende Vorstellung, einem verhassten → *Kollegen* oder ungerechten Vorgesetzten ein herzliches „Du kannst mich mal!" an den Kopf zu werfen, besonders, wenn man sich ständig schikaniert fühlt. Dem anderen im → *Streit* endlich mal ein paar Wahrheiten zu sagen, die man ihm im Traum schon hundertmal um die Ohren gehauen hat, kann dann wie ein Akt der Befreiung sein, das lang ersehnte Ende der Heuchelei.

Nur – wie geht's dann weiter? Die akute Genugtuung über den Befreiungsschlag legt sich erfahrungsgemäß nach 15 bis 20 Minuten, und dann setzt unweigerlich die Suche nach Antworten auf diese → *Frage* ein.

💣 **Die Folgen von verbrannter Erde.** „Auf den Typen kann ich eh' verzichten" ist schnell gesagt, aber erfahrungsgemäß zu kurz gegriffen. Das macht sich schon beim privaten Krach mit einem Freund bemerkbar. Er ist zwar, wie er seit Kurzem aus Ihrem Munde weiß, ein geradezu unerträglicher Kleingeist und Geizhals – aber immerhin hat der unerträgliche Kleingeist und Geizhals Ihnen jedes Mal Ihren → *PC* gerettet, wenn Sie sich mal wieder aus Versehen einen Virus runtergeladen hatten. Im Berufsleben ist das ähnlich: Sie können nie wissen, ob Sie nicht irgendwann → *dringend* genau auf die Person angewiesen sind, der Sie ein für alle Mal die → *Freundschaft* gekündigt haben. Und wem Sie wann und unter welchen Umständen wieder begegnen. Relativ sicher ist hingegen, dass die wenigsten Menschen auf der Stelle für immer nach Patagonien auswandern, nur weil Sie mit ihnen gebrochen haben. Ein Wiedersehen können Sie selbst durch eine → *Kündigung* kaum vermeiden. (Es sei denn, Sie wandern selbst nach Patagonien aus.)

Die meisten Branchen sind nämlich für Insider überschaubar: Man kennt sich, man redet miteinander und übereinander – und man verliert einander trotz diverser Stellenwechsel nie völlig aus den Augen. Wenn Sie großes Pech haben, wird der Jemand, dem Sie in klaren Worten die Meinung gesagt haben, Jahre später in einer anderen Firma Ihr Vorgesetzter. Und wenn Sie noch größeres Pech haben, wird dieser Jemand dafür sorgen, dass Sie in der Branche kein Bein mehr auf die Erde bekommen.

▶ **Beziehungen, erotische**

Die meisten Menschen verbringen den größten Teil des Tages an ihrem → *Arbeitsplatz*. Und wo Menschen über längere Zeit regelmäßig zusammenkommen, da menschelt's eben. Dazu gehören auch → *Flirts*, One-Night-Stands und Affären. „Immerhin haben fast dreißig Prozent aller Ehen im → *Büro* ihren Anfang genommen."[14]

Aber längst nicht alle erotischen Abenteuer im beruflichen Umfeld werden zu festen → *Beziehungen* oder enden vor dem Traualtar. Stattdessen riskiert man unter Umständen seinen Ruf oder sogar seinen Job. Deshalb gilt grundsätzlich: „Office fuck never luck." Auf Deutsch ausgedrückt: Sex im Büro macht niemals froh.

Mögliche Folgen. Wer gerade eine heiße Affäre genießt oder rasend verliebt ist, der hat meistens überhaupt keine Lust, über den nächsten romantischen Abend hinauszudenken. Verliebte machen es sich besonders leicht. Vorsichtige Hinweise auf eventuelle → *Probleme* schmettern sie meist selig lächelnd ab: „Ich weiß, was du jetzt sagen willst. Aber bei uns ist das was anderes. Wir lieben uns doch."

Aber bekanntlich halten die wenigsten Beziehungen am Ende, „bis dass der Tod sie scheide". Deshalb ist es kein Zeichen für mangelnde Romantik, sondern eher für eine gewisse Klugheit, wenn Sie sich frühzeitig über einige Dinge wenigstens ein paar ganz kleine Gedanken machen:

• Sie bieten → *Kollegen* und Vorgesetzten eine **zusätzliche Angriffsfläche** und viel Gesprächsstoff für die Abteilung → *Klatsch & Tratsch*: „Habt Ihr gesehen, wie der Meyer in der Kantine wieder die Müller abgeknutscht hat?"

• **Ihre Arbeit** oder zumindest das → *Image* Ihrer Arbeit **leidet**, denn man wird Ihnen (ob zu → *Recht* oder zu Unrecht) unterstellen, dass Sie Geschäftliches und Privates nicht mehr richtig auseinander halten können.

• Auch die größte Liebe kann irgendwann vergehen, siehe oben. Und dann? „Denken Sie dabei auch an die **Folgen, wenn es zu privatem** → *Streit* **oder gar zu einer Trennung kommt**. Fühlen Sie sich stark genug, um Arbeit und Privates auseinander zu halten? In vielen Fällen gelingt dies leider nicht, und dann bleibt meistens nur der Ausweg, entweder den Bereich oder das Unternehmen zu wechseln."[15]

Das alles ist natürlich gleich dreimal richtig für Beziehungen von unten nach oben, wenn die Mitarbeiterin und der → *Chef* eine erotische Beziehung eingehen. (Dass eine → *Chefin* sich in einen Mitarbeiter verliebt, kommt schon deswegen so selten vor, weil es so wenige Chefinnen gibt.)

„Bei uns ist das was anderes!" Sie können die Möglichkeit einer erotischen Beziehung innerhalb eines Unternehmens also aus Prinzip verwerfen. Sie können aber genauso gut auf allgemeine Erfahrungswerte pfeifen und gehen, wohin Ihr Herz Sie führt. Schließlich kommt es immer auf einen selbst an und nicht auf das, was irgendwelche anderen Leute irgendwann aus einer Situation gemacht oder nicht gemacht haben.

Trotzdem gibt es ein paar eindeutige → *Tabus*, die Sie besser nicht brechen sollten, wenn Ihnen Ihr Job lieb ist: kein Ehebruch. Und keine → *Indiskretionen*, nicht währenddessen – vor allem aber nicht danach. Auch wenn die Abteilung → *Klatsch & Tratsch* noch so sehr nach → *Details* über die → *Leistung* auf dem Laken lechzt.

▸ **Beziehungen, zwischenmenschliche**

Im Berufsleben geht es haargenauso zu wie im → *Privatleben*: „Je näher man sich kommt, umso mehr Berührungs- und Reibungspunkte gibt es."[16] Die Menschen verhalten sich an ihrem → *Arbeitsplatz* keinen Deut weiser als zu Hause, nur weil sie dort für eine bestimmte fachliche → *Leistung* mit → *Geld* bezahlt werden. Denn sie müssen nun mal den größten Teil ihres Tages arbeiten, und das noch dazu mit Leuten, die sie sich in den seltensten Fällen selbst ausgesucht haben.

Das Berufsleben ist deshalb ein geradezu ideales Treibhaus für die wunderbare Vielfalt menschlicher → *Gefühle* und Verhaltensweisen: Neid, → *Geiz*, Eifersucht, Minderwertigkeitskomplexe, → *Intrigen*, aber auch → *Hilfsbereitschaft*, Großzügigkeit und → *Freundlichkeit*.

Im Job ein anderer Mensch? An den Arbeitsplatz bringt jeder die Stärken und → *Schwächen* mit, die er im → *Privatleben* sowieso schon hat. Wer privat schüchtern ist, wird im Beruf erst recht nicht richtig den Mund aufbekommen, und wer zu Hause gerne mal einen Tobsuchtsanfall bekommt, wird mit Sicherheit auch irgendwann im → *Büro* rumschreien.

Im Job ist zwar, zumindest auf den ersten Blick, die innere → *Distanz* größer, weil der ganze private Beziehungsstress außen vor bleibt (→ *Ausnahmen* → *Beziehungen, erotische*). Dafür gibt es aber → *Zeitdruck* und Arbeitsstress satt. Und „in der Berufswelt kommt als erschwerender Faktor noch der Konkurrenzdruck hinzu".[17]

Wenn dann obendrein ein → *Streit* mit einem → *Kollegen* oder dem → *Chef* ausbricht, dann kann man sich nicht mehr anders verhalten, als man ist: Wer nah am Wasser gebaut ist, wird → *Tränen* vergießen, auch wenn er sich schon x-mal vorgenommen hat, das niemals vor anderen zu tun; wer daheim in seiner → *Wut* Türen knallt, wird sich auch von seinem Chef im Zweifel nicht davon abhalten lassen, die Beherrschung zu verlieren.

Man ist überall derselbe. Berufsleben und Privatleben sind zwangsläufig untrennbar miteinander verbunden. Ganz einfach, weil man nun mal nicht automatisch zu einem anderen (sachlicheren, „geschäftsmäßigeren") Menschen wird, sobald man von der privaten in die berufliche Umgebung wechselt.

Und das heißt für Sie:

• Alles, was Sie in jedem x-beliebigen Zeitungsartikel, Fernsehbericht oder Psycho-Ratgeber über menschliche Verhaltensweisen finden, können Sie problemlos 1 : 1 auf den Job übertragen, ganz egal, ob es darum geht, eine Beziehung zu reparieren, am eigenen Selbstbewusstsein zu arbeiten oder mit Cholerikern fertig zu werden.

• Alle menschlichen Schwächen, die Sie beruflich an sich entdecken (sofern Sie sich die Mühe machen, sich mit solchen Themen zu befassen), können Sie prima in den Griff bekommen, indem Sie im Privatleben dafür trainieren. Das fällt nämlich im entspannten Umgang mit Freunden und Verwandten eine ganze Ecke leichter als mit Chefs und Kollegen, wo → *Angst* und → *Stress* nie weit sind. Privat hingegen können Sie neue Verhaltensweisen sozusagen häppchenweise einüben und dann im Job erst anwenden, wenn Sie sich einigermaßen sicher fühlen. Entsprechende Übungsvorschläge bietet dieses Buch unter vielen Stichwörtern in Hülle und Fülle.

▸ **Bezug** → *Betreff*

▸ **„Bitte"**

„Bitte" ist wie → *„danke"* ein Begriff, den jeder Mensch als Kleinkind beigebracht bekommt. Die korrekte Verwendung wird mit den Eltern endlos trainiert: „Wie heißt das Zauberwort?"

Umso erstaunlicher ist es, dass dieses viel geübte Wort im Laufe des Erwachsenwerdens fast völlig aus dem Sprachzentrum des Gehirns zu verschwinden scheint. Anders jedenfalls ist nicht erklärbar, dass es kaum noch Verwendung findet. Ein kurzer Besuch in der nächstgelegenen Bäckerei wird diese Feststellung sofort bestätigen: Die meisten → *Kunden* schaffen es gerade noch, ihre Wünsche hervorzustoßen („ein Vierkornbrot", „drei Mohnbrötchen", „ein Croissant"), aber dann scheint die Zunge nicht mehr die Kraft zu haben, im Mund auch noch das kleine B-Wort zu formen. Wahrscheinlich, weil es überflüssig ist. Denn es hat ja niemand etwas davon – außer der Verkäuferin natürlich, sie würde sich vielleicht über die → *Aufmerksamkeit* freuen. Aber die Brötchen macht sie deshalb auch nicht billiger. Zu → *Freundlichkeiten* jeder Art besteht also streng genommen kein Anlass.

 Befehl oder Bitte? Manche Vorgesetzte haben da eine ganz klare Ansicht: Ihre → *Mitarbeiter* werden für ihre Arbeit schließlich bezahlt, warum also → *Arbeitsaufträge* mit Floskeln wie „bitte" und „danke" garnieren. Rein betriebswirtschaftlich gesehen ist diese Haltung natürlich berechtigt. Allerdings vernachlässigt sie die Tatsache, dass das B-Wort die Kraft hat, aus Befehlen Bitten zu machen. Und die meisten Menschen machen sich sehr viel schneller, engagierter und bereitwilliger daran, Bitten zu erfüllen, als Befehle zu befolgen. Banal aber wahr: Auch kleine → *Gesten* zahlen sich aus. Und wer denkt, dass „Machen Sie den Bericht bis morgen fertig" doch wohl klar und deutlich genug ist, der muss damit rechnen, dass er trotz aller Klarheit unter Umständen bis übermorgen warten muss.

▶ Blickkontakt

Dem anderen in die Augen schauen, wenn man mit ihm spricht, das gehört einfach dazu. In anderen Kulturkreisen ist manchmal das Gegenteil der Fall – aber bei uns ist Blickkontakt ein Muss, ob beim → *Begrüßen* und → *Grüßen*, bei → *Sitzungen* und → *Vorträgen*, kurz: bei jeder Art von persönlichen → *Gesprächen*.

 Blickkontakt herstellen und halten ist das denkbar einfachste Mittel, für einen guten → *Eindruck* zu sorgen und andere gleich im ersten Moment von sich einzunehmen. Wer Blickkontakt herstellt und hält, gilt automatisch als selbstsicher, offen und interessiert. Den anderen in die Augen schauen, bringt aber noch viel mehr: Sie können die Reaktionen der Mehrzahl Ihrer Gesprächspartner auf das, was Sie sagen, an ihrer → *Körpersprache* ablesen wie aus einem offenen Buch. Und das, was Sie sagen und wie Sie es sagen, sofort der herrschenden Stimmung anpassen.

Zum „Blickkontakt" gehört, wenn er gut ankommen soll, ein

offener und interessierter Gesichtsausdruck, der dem anderen zeigt, dass Sie → *zuhören*, wenn er spricht. Der Blick darf durchaus auch gelegentlich abschweifen, alles andere wäre „Anstarren". Augen, die über längere Zeit bewegungslos auf einen Punkt gerichtet sind, und ein Gesichtsausdruck, in dem obendrein nicht die Spur von Interesse oder → *Freundlichkeit* zu finden ist, wirken so unangenehm abweisend, dass jeder Gesprächspartner verunsichert wird.

Blickkontakt vermeiden wird als Zeichen von → *Angst*, Unsicherheit oder Unehrlichkeit gedeutet. Das weiß jeder, es ist fast ein Klischee. Umso erstaunlicher ist es, wie viele Leute trotzdem genau in diesen Situationen den Blick von ihrem Gesprächspartner abwenden. Als ob sie gar nicht anders könnten – obwohl sie es alle besser wissen. Das ist insofern beruhigend, als man daraus die Hoffnung ableiten kann, vielleicht doch die eine oder andere → *Lüge* in dem Moment zu erkennen, in dem sie ausgesprochen wird. Es ist aber auch beunruhigend für alle, die nicht unbedingt vor Selbstbewusstsein aus allen Nähten platzen. Wenn Sie sich nicht als unsicher outen wollen, noch bevor Sie das erste Mal den Mund aufmachen, müssen Sie Blickkontakt üben, wo Sie gerade stehen und gehen, da hilft nichts.

Blickkontakt verweigern ist eine zwar nicht sehr höfliche, aber sehr wirkungsvolle Methode, um einem anderen (der Blickkontakt sucht) klar zu machen, dass man überhaupt keine → *Zeit* oder kein Interesse daran hat, mit ihm ein Gespräch zu beginnen. Das ist typisch in Situationen, in der → *wichtige* mit weniger wichtigen Personen zusammentreffen: im Eingangsbereich größerer Unternehmen, vor dem Beginn von → *Sitzungen*, auf → *Empfängen*, → *Messen*, Kongressen.

In der → *Regel* ist es der weniger Wichtige, der den Blickkontakt sucht als ersten Schritt zur Aufnahme eines Gesprächs – und oft der Wichtigere, der ihn verweigert. Manchmal, weil er im → *Stress* ist, manchmal, weil er → *arrogant* ist, und manchmal auch, weil er seine Brille vergessen hat. Wenn man Ihnen den Blickkontakt verweigert, können Sie sich als → *höflich* erweisen und das Zeichen akzeptieren. Oder aber Sie sprechen die Person trotzdem an. Das wird möglicherweise erst mal → *Ärger* hervorrufen – aber vielleicht ist das, was Sie zu sagen haben, ja so interessant, dass der Ärger sich wieder legt.

Blickkontakt entziehen funktioniert auch sehr gut, und zwar immer dann, wenn Sie einen Vielredner spüren lassen wollen, dass er jetzt langsam genug geredet hat. Sie zeigen damit unmissverständlich an, dass Sie sich nicht länger konzentrieren können oder wollen. Das ist höflicher, als seinen Redeschwall einfach zu unterbrechen und das Thema zu wechseln – aber gleichzeitig auch so wenig höflich, dass Sie diese Technik Ihren → *Chefs* und wichtigen Partnern gegenüber besser nicht anwenden sollten.

Bei solchen Gesprächen ist **Pseudoblickkontakt** die bessere → *Lösung*: Gesprächsprofis können ohne weiteres lange Zeit mit äußerst interessiertem Gesichtsausdruck Blickkontakt halten, wenn sie einer Gesprächssituation nicht entfliehen können. Zusammen mit einer hier und da eingestreuten Bemerkung wie „Ach wirklich?" und „Das ist aber interessant, was Sie da erzählen" erwecken sie den Eindruck, mit größter Konzentration den Ausführungen ihres Gegenüber zu folgen – und machen in Wirklichkeit im Geiste gerade einen Einkaufszettel oder denken darüber nach, wann das Auto wieder zum TÜV muss.

Pseudoblickkontakt ist allerdings eine Übung für Fortgeschrittene: Wer die Technik nicht richtig beherrscht, bietet dem anderen keinen interessierten, sondern einen leeren Blick. Und auf offensichtliche → *Geistesabwesenheit* reagieren die meisten Leute beleidigt.

Wenn der andere nicht Blickkontakt hält, dann kann das viele Gründe haben. Er ist unsicher, ängstlich oder unehrlich (siehe oben). Dann nehmen Sie das am besten kommentarlos hin und denken sich Ihr Teil. Denn Sie werden Ihr Gegenüber im Zweifelsfalle nur noch mehr verunsichern, wenn Sie ihn direkt auf sein Verhalten ansprechen („Schau mich an, wenn ich mit Dir rede!").

Oder aber er langweilt sich, er ist unter → *Zeitdruck* oder schlicht unfähig, sich länger zu konzentrieren. Letzteres kann in

Gesprächen mit wichtigen Menschen (Vorgesetzte, → *Kunden*, Partner, → *VIPs*) häufiger passieren. Wenn die dann obendrein noch Männchen malen, mehrfach auf die Uhr schauen und abrupt das Thema wechseln, dann ist Ihre Zeit eindeutig abgelaufen. Wer selbstsicher ist, kann diesen Eindruck ansprechen: „Ich habe das Gefühl, Sie sind gerade unter Zeitdruck. Passt es Ihnen vielleicht morgen besser?"

Das ist eine elegante Methode, dem anderen klarzumachen, dass Sie sein Desinteresse durchaus bemerkt haben. Darin steckt natürlich auch ein Hauch von → *Kritik*. Wenn Sie so weit nicht gehen wollen, dann tun Sie dem anderen einfach den → *Gefallen* und beenden Sie ein Gespräch, das sowieso nichts mehr bringt, auch wenn es noch länger dauert.

▸ Bloßstellen

Bloßstellen tut man jemanden, wenn man ihn vor anderen ganz bewusst blamiert, meistens durch → *Angriffe* oder durch Spöttereien, gegen die der Bloßgestellte sich zumindest in dem Moment nicht wehren kann.

Bloßstellen von oben nach unten ist eine Spezialität von autoritären Vorgesetzten, die für → *Fehler* grundsätzlich ihre → *Mitarbeiter* verantwortlich machen. Das gilt besonders für größere → *Besprechungen* und → *Sitzungen*, in denen → *Probleme* zur Sprache kommen, die erst mal dem → *Chef* zur Last gelegt werden könnten, wenn er die → *Verantwortung* dafür nicht sofort → *delegiert*. Typisch sind Manöver wie „Frau Meier, warum haben Sie mich nicht sofort über den Vorfall informiert!", auch wenn die arme Frau Meier schon vor Tagen eine ausführliche → *Aktennotiz* über den Vorfall geschrieben hat, die ihr Chef aber bisher noch nicht gelesen hat.

Frau Meier ist es auch, die dran glauben muss, wenn ein Sitzungsteilnehmer in ihrem → *Bericht* Fehler entdeckt und sie zum Thema macht. „Ich weiß auch nicht, warum Frau Meier da diesen Wurm reingebracht hat", sagt dann der Chef. Und verschweigt, dass zwar sie den Bericht geschrieben hat, dass aber er es war, der ihn → *Korrektur gelesen* und freigegeben hat.

Bloßstellen von unten nach oben. Das gibt es auch, nur dass es fast nie in Anwesenheit des Opfers passiert, sondern nur indirekt, über Dritte. Manche Mitarbeiter haben daraus ein perfektes Instrument der → *Rache* gegenüber missliebigen Vorgesetzten und → *Kollegen* gemacht. Sie warten nur darauf, dass irgendjemand über solche Personen eine → *Beschwerde* äußert, um dann ganz mitfühlend antworten zu können: „Sie sind nicht der Erste, der sich über Dr. Müller beschwert" oder „Das wundert mich nicht, dass er noch nicht auf Ihren Brief geantwortet hat, bei dem Chaos auf seinem Schreibtisch" oder „Dr. Müller – den hat hier seit Stunden keiner gesehen".

Folgen von Bloßstellungen. Auch wenn Bloßstellen noch so prima dazu taugt, Fehler anderer in die Schuhe zu schieben oder → *Wut* abzulassen: Es ist immer ein Zeichen für einen fiesen Charakter – übrigens auch dann, wenn der Bloßgestellte tatsächlich einen Fehler begangen hat. Denn das tut man einfach nicht: Andere in der Öffentlichkeit zu blamieren, ist ein klassischer Fall von schlechtem → *Benehmen*. Für kluge Leute ist es ein Alarmsignal, wenn sie mitbekommen, dass da jemand einen anderen bloßstellt. Wer das tut, pfeift ganz offensichtlich nicht nur auf → *Kollegialität*, sondern auch auf sein eigenes → *Image*, und verdient weder → *Sympathie* noch → *Vertrauen*. Eine solche Einschätzung hat Folgen. Vielleicht nicht gleich, aber im Laufe der → *Zeit* bestimmt.

Bloßgestellt werden. Wer schlagfertig ist, der kann sich wehren: „Aber Dr. Müller, ich habe Ihnen doch vor Tagen schon eine Aktennotiz zu dem Vorfall geschrieben, erinnern Sie sich nicht?" Dabei freundlich → *lächeln* und auch gleich die → *Kopie* der Aktennotiz zur Hand haben – das wäre perfekt.

In Wirklichkeit bekommt der Bloßgestellte meistens nur einen roten Kopf und traut sich nicht, sich zu verteidigen und damit wiederum den Angreifer bloßzustellen. Das ist zwar unangenehm, aber ausgesprochen vernünftig, wenn man nicht einen offenen → *Streit* riskieren will. Bei der nächsten Gelegenheit ist dann allerdings unbedingt eine → *Aussprache* unter vier Augen angesagt: Nur indem Sie den Bloßsteller klar auf sein Verhalten ansprechen, können Sie ihm → *Grenzen* setzen oder das wenigstens versuchen. Vielleicht wird er sich entschuldigen. Vielleicht wird er beim nächsten Mal einem anderen die Schuld in die Schuhe schieben. Vielleicht ändert sich auch erst mal gar nichts. Kaum jemand zeigt sich auf der Stelle einsichtig, nur weil er einmal auf Grenzen hingewiesen wird. Also ist → *Geduld* das Gebot der Stunde: Irgendwann wird der andere schon → *lernen*, sich besser zu → *benehmen*. Und wenn nicht, dann wird er möglicherweise lernen müssen, in Zukunft ohne Sie auszukommen. Weil Sie nämlich vermutlich irgendwann endgültig die Nase voll haben.

▶ **Bossing** → *Mobbing*

▶ **Briefe**

Briefe waren früher die einzige Form der Korrespondenz. Dann kamen irgendwann Telegramm, Telex (heute schon wieder ausgestorben) und → *Telefax* hinzu, und heute wird fast der gesamte Schriftverkehr per → *E-Mail* erledigt.

Briefe als Mittel der Kontaktaufnahme. Heute sind Briefe, auf richtigem Briefpapier und mit gefütterten Umschlägen, etwas fast rührend Altmodisches und auf alle Fälle etwas Besonderes. In der Geschäftspost, in der ansonsten fast nur noch Rechnungen und Werbeprospekte liegen, fallen sie gleich auf. Den Umschlag zu öffnen ist – im Vergleich zu dem banalen Tastendruck für die Mails – geradezu ein feierlicher Akt. Und wenn der Umschlag dann einen Brief auf Papier von guter Qualität enthält, bedruckt mit einem gut gestalteten Briefkopf, dann macht das inmitten von Haufen immer gleicher Mailausdrucke unweigerlich → *Eindruck*: „Gerade in Zeiten, in denen Schriftverkehr immer mehr rationalisiert wird, kommt dem klassischen Brief vermehrt die ‚Visitenkarten-Funktion‘ zu."[18] Wer also sichergehen will, dass wichtige Personen oder Unternehmen ihm auf Anhieb ein gewisses Interesse entgegenbringen, der wendet sich per Brief an sie. Portosparer und Technikfreaks können es natürlich erst mal mit einer E-Mail an info@ oder webmaster@ versuchen und schauen, wie weit sie damit kommen.

Briefinhalt. Wenn die Papierqualität schon eine Rolle spielt, dann ist der Inhalt eines Briefes umso wichtiger. Wer gar keine Vorstellung davon hat, wie ein Geschäftsbrief auszusehen hat, der sollte sich ein Fachbuch gönnen; für ein paar Euro kann er unter Dutzenden von Titeln wählen.

Für alle anderen hier ein paar **Faustregeln:**

• → *Adresse* **und** → *Anrede.* Beides muss einwandfrei sein, sonst verteilt der Empfänger die ersten Minuspunkte, noch bevor er weiß, worum es geht. Neben der richtigen Schreibweise des → *Namens* ist auch die Berücksichtigung des Titels ein Muss.

• **Briefaussehen.** Blocksatz wirkt steif und spießig, also entscheiden Sie sich lieber für Flattersatz. Was die Schrift betrifft, so ist es ausgesprochen sinnvoll, pro Brief nur eine zu benutzen und auch nicht so viele verschiedene Größen zu verwenden – sonst denkt der Empfänger, dass Sie zu viel → *Zeit* zum Spielen haben. Alles, was unter 10-Punkt geschrieben ist, macht den meisten Leuten Augenschmerzen; alles, was über 13-Punkt geschrieben ist, sieht nach Werbung aus.

Fett-, Kaffee- und sonstige Flecken sind → *tabu.* Kommen Sie gar nicht erst in Versuchung, so etwas trotzdem abzuschicken: Heute glaubt niemand mehr, dass das bestimmt der Briefträger war.

• **Brieflänge.** Möglichst nicht mehr als eine Seite, längere Briefe liest kaum jemand richtig. Und wenn es schon zwei Seiten sein müssen, dann sollten die so → *strukturiert* sein, dass auf der zweiten Seite nicht nur noch „Mit freundlichen Grüßen" steht. Schauen Sie sich doch mal an, was Sie alles in einen Mammut-Brief packen wollen – bestimmt können Sie zumindest ein Teilthema ausgliedern und als → *Anlage* beifügen.

Apropos: Auf die Anlagen müssen Sie hinweisen, genau wie auf den → *Verteiler,* falls der Brief an mehrere Leute in → *Kopie* geht.

• **Briefaufbau.** Ein Brief besteht genau wie die meisten → *Berichte* grob gesagt aus Einleitung, Hauptteil und Schluss. Der Hauptteil ist das, worum es Ihnen eigentlich geht. Er wird begleitet von ein paar → *freundlichen* Sätzen am Anfang: „Haben Sie herzlichen Dank für Ihr Interesse an …" oder „Bitte verzeihen Sie, dass ich

erst jetzt dazu komme, auf Ihre Anfrage vom … zu antworten".
Hinzu kommen ein paar freundliche Sätze am Schluss: „Wenn
Sie noch Fragen haben, können Sie sich jederzeit an mich wenden" oder „Ich freue mich sehr darauf, von Ihnen zu hören, und
verbleibe mit freundlichen Grüßen …".

• **Briefsprache.** Möglichst wenige → *Abkürzungen*, möglichst wenig → *Amtsdeutsch* und möglichst keine Schachtelsätze: Fünf-
Zeilen-Sätze sind selbst für Deutschlehrer eine Qual. Wenn Sie
dafür trotzdem eine → *Schwäche* haben, schreiben Sie die Sätze ruhig so auf. Aber zählen Sie dann Zeilen und basteln Sie ein
paar Punkte dazwischen, mit dem Computer ist das schließlich
kein Problem. **Faustregel:** Alles, was länger ist als drei Zeilen, ist
eine Zumutung. Und die ist zu vermeiden. Schließlich wollen
Sie beim Empfänger ja nicht → *Ärger*, sondern Interesse auslösen. Das gelingt Ihnen noch besser, wenn Sie Ihren Text zusätzlich durch ein paar Absätze noch leichter verdaulich machen. Es
geht nichts über einen klar gegliederten Text, dem man schon am
→ *Betreff* ansehen kann, worin es im Hauptteil geht.

• **„Ich" oder „wir"?** Bei Geschäftsbriefen ist nie unwichtig, in
welcher Person sie geschrieben sind. Der Briefschreiber signalisiert dem Empfänger mit seiner → *Entscheidung* für „ich" oder
„wir" eine ganze Menge Dinge, vom Ausmaß an Macht, das er
hat bis zum Grad an → *Verantwortung*, den er übernehmen will,
→ *„Ich"*.

• **Null Fehler!** Möglichst keine Fehler in → *Rechtschreibung*,
Grammatik und Zeichensetzung. Wer sich auf sein Korrekturprogramm allein verlässt, ist von allen guten Geistern verlassen,
denn das erkennt längst nicht jeden Dreckfehler.

Wer nicht fit ist, der sollte sich den Luxus gönnen, ein Wörterbuch auf CD-ROM zu kaufen und an seinem → *Arbeitsplatz* zu
installieren. Das ist zwar nicht ganz billig, aber Geldsparer sollten bedenken, dass sie mit ihrem entschuldigenden Gemurmel im
Stil von „Tut mir Leid, aber ich hab' die Rechtschreibreform immer noch nicht ganz drauf" spätestens in ein paar Jahren ziemlich alt aussehen. So oder so: Vor dem Versand eines Briefes ist
immer → *Korrekturlesen* angesagt, selbst wenn die Sache noch so
→ *dringend* ist.

- **Außerdem wichtig:** Vor dem Versand die → *Kopie* für die eigene → *Akte* nicht vergessen. Und das (richtige) Porto auch nicht.

Serienbriefe sind eine besondere Form des Briefeschreibens, die heute gerne dem Computer anvertraut wird. Der bekommt die Aufgabe, bestimmte Adressdateien mit einem bestimmten Anschreiben zu lauter → *persönlichen* Briefen zusammenzubasteln. Moderne Textverarbeitungsprogramme können das durchaus leisten. Aber sie sind nur so gut wie die Daten, mit denen man sie vorher gefüttert hat.

So werden Namen und Adressen, die schon in der Adressdatei falsch geschrieben sind, vom Computer gnadenlos falsch in die Serienbriefe übernommen. Noch problematischer ist der Einbau von Titeln und die → *Anrede*. Nur wer sich sehr gut auskennt, schafft es, die Adressdateien und den Serienbrief so anzulegen, dass sowohl der „Dr." immer an der richtigen Stelle steht als auch „Sehr geehrte" und „Sehr geehrter" immer passend zum Geschlecht des Empfängers verwendet werden.

Serienbrief-Fettnäpfe. Weitaus mehr Fehlerquellen sprudeln munter vor sich hin, wenn man das Serienbriefprogramm nicht beherrscht und es stattdessen mit der plumpen Kopier-und-Überschreib-Methode versucht: Brieftext schreiben, dann von Hand jede einzelne Adresse einbauen/jede Anrede ändern/variable Stellen im Brieftext ändern. Wer behauptet, dass er diese Methode fehlerfrei beherrscht, der lügt. Glaubwürdiger sind → *Berichte* über → *Fettnäpfe* aller Art. Sie beginnen bei Frau Dr. Müller, die mit „Sehr geehrter Herr Dr. Müller" oder mit „Sehr geehrte Frau Müller Dr." angesprochen wird. Und sie enden bei richtig heftigen Peinlichkeiten, die entstehen, wenn ein → *Energiesparer* einen Serienbrief über Jahre hinweg verwendet, ohne an eventuell fällige Aktualisierungen zu denken. Zum Beispiel an das Datum. Eines vom letzten Jahr macht einen besonders guten Eindruck, wenn der Serienbrief unter dem Motto „Aktuelle Angebote" steht.

Wer typische Serienbrief-Fehler vermeiden will, sollte sich die halbe Stunde gönnen, jeden einzelnen Brief kurz auf die kritischen Punkte Adresse/Anrede/Datum/variable Textstellen/Aktualisierung anzuschauen. Das kostet zwar etwas mehr → *Zeit*, als die Briefe gleich zu verschicken. Aber es ist im Zweifelsfall noch viel Zeit raubender und obendrein ärgerlich, Fehler nachträglich korrigieren und sich für Peinlichkeiten → *entschuldigen* zu müssen.

▶ Burn-out

Englischer Fachbegriff, der in der wörtlichen Übersetzung „ausbrennen" bedeutet. In deutschen Fachbüchern ist genau beschrieben, was damit gemeint ist: der „schleichende Prozess des inneren Ausbrennens (…), der sich in sinkender Belastbarkeit und Produktivität, in Depressionen und gesteigerter Anfälligkeit für → *Krankheiten* äußert".[19] Wer wirklich ausgebrannt ist, wird am Ende noch nicht einmal mehr mit den einfachsten → *Routinearbeiten* fertig, ist chronisch erschöpft, übermüdet, schwach, mit anderen Worten: Er ist am Ende.

Ursachen. Wer ausgebrannt ist, hat vorher all seine Energie verfeuert. Höchstwahrscheinlich hat er seinen Job lange Jahre immer im fünften Gang erledigt – viel Arbeit und viel → *Stress*, weil man so → *Karriere* machen und anständig → *Geld* verdienen kann: „Die engagiertesten → *Mitarbeiter* werden für ihren Einsatz reich belohnt, aber wenn sie auf diesem übersteigerten Leistungsniveau gehalten werden, dann nimmt ihr → *Privatleben*, ihre Arbeitsmoral oder ihre Gesundheit – oder alle drei – Schaden."[20]

Burn-out gilt als typische Manager-Krankheit. Aber man kann sie auch als kleiner Angestellter bekommen. Wer jahrelang überlastet ist, ständig ein nicht zu bewältigendes Arbeitspensum auf den Tisch bekommt, aber damit nur wenig Geld verdient, wer für die Erledigung seiner → *Arbeitsaufträge* nicht genug Entscheidungsfreiraum hat und sich mit einem schlechten → *Betriebsklima* abfinden muss – den kann es genauso erwischen wie den Vorstandsvorsitzenden. Nur dass der als Trost für seine krankmachenden Mühen wenigstens sein Bankkonto ordentlich füllen konnte.

Heilungsmöglichkeiten. Das Problem am Burn-out ist, dass man ihn meistens erst bemerkt, wenn es zu spät ist. Wer einmal ausgebrannt ist, der hat kaum noch die Möglichkeit, seine Energietanks so aufzufüllen, dass er seine Arbeit wieder gerne und gut erledigt. Daran ändern weder Anti-Stress-Programme noch Urlaubstage in der Karibik oder → *Gehaltserhöhungen* etwas. Deshalb hilft in der → *Regel* nur: aufhören, zumindest eine gewisse Zeit lang. Wer es sich leisten kann, nimmt sich eine Auszeit und macht erst mal ein Weilchen gar nichts. Allen anderen (also den meisten) bleibt nur ein radikaler Kurswechsel: Wenn sie sich nicht von ihrer Stellung trennen können oder wollen, bleibt ihnen nichts anderes übrig, als sich gründlich mit allem zu beschäftigen, was Ratgeber und Therapeuten zum Thema Burn-out zu bieten haben, von Stressbewältigung bis → *Zeitmanagement*. Oder sie müssen sich einen neuen Job suchen. Beides ist harte Arbeit – ziemlich schwer, wenn man erst mal ausgebrannt ist. Also sollte man es lieber gar nicht erst so weit kommen lassen.

▶ Büro

Das Büro ist für viele Berufe der Hauptarbeitsplatz. Je nach Stellung sitzt man mit mehr oder weniger vielen → *Kollegen* in einem gemeinsamen Raum oder hat das Glück, ein Büro nur für sich selbst zu haben. Einzelbüro wiederum ist nicht gleich Einzelbüro: seine Größe, die Qualität des Mobiliars, die Etage, in der es liegt, und manchmal auch die Anzahl firmeneigener Topfpflanzen sind Statussymbole, die viel über die Stellung des Bürobewohners innerhalb der → *Rangordnung* des Unternehmens aussagen.

Auch wenn Mobiliar und Teppichfarbe vom Arbeitgeber festgelegt werden, geben die meisten Bürobewohner ihrem → *Arbeitsplatz* eine klare → *persönliche* Note. Dekoration, Gestaltung, → *Geruch* und das Maß an → *Ordnung* und → *Sauberkeit* sagen eine Menge über den aus, der da am Schreibtisch sitzt. Manchmal mehr, als ihm lieb ist.

Fast so wie zu Hause? Bei aller Sehnsucht nach heimeliger Gemütlichkeit ist es nicht unbedingt ratsam, sein Büro in eine Art zweites Wohnzimmer zu verwandeln. Büros sind streng genommen Repräsentationsräume. Das heißt, sie sollen etwas über die Firma aussagen und nicht unbedingt etwas über die privaten Hobbys ihrer Mitarbeiter.

Außerdem kann man schließlich nie wissen, wer mal unangemeldet auf einen Sprung vorbeikommt. Es kann durchaus sein,
dass der stellvertretende Direktor sich in Ihr Büro verirrt und die
entscheidende Minute lang → *Zeit* hat, Ihre meterhohen Ablagestapel oder Ihre Fanartikelsammlung des örtlichen Fußballclubs
auf sich wirken zu lassen. So etwas kann schnell zu lästigen →
Spitznamen führen – oder auch leise Zweifel an Ihrer → *Zuverlässigkeit* wecken.

▸ Büromaterial

Büromaterial ist in den meisten Berufen fast ein bisschen wie
die Luft zum Atmen: Unscheinbar, immer selbstverständlich, theoretisch immer ausreichend vorhanden – aber wehe, es geht mal
aus. Ohne Papier keine fünfzig → *Kopien* für die → *Sitzung* am
nächsten Tag, ohne Druckerpatrone kein Vertrag für den wartenden Klienten, und ohne Briefumschläge kann auch die fest
geplante → *Versandaktion* erst mal nicht stattfinden. Ganz zu
schweigen von den kleinen Dramen, die nur dadurch entstehen,
dass auf einmal, wenn gerade alles ganz besonders schnell gehen muss, kein Tesafilm/Tipp-Ex/Kugelschreiber/Radiergummi
mehr da ist.

Büromaterial-Planung. Umso erstaunlicher ist die allgemeine → *Abneigung* gegen eine halbwegs vorausschauende
Bestandsplanung von Büromaterial. Anders ist jedenfalls
nicht zu erklären, dass immer wieder mal urplötzlich irgendwas
alle ist, weg, aufgebraucht, keins mehr da, und Nachschub erst in
frühestens zwei Tagen in Sicht. Dabei können sich gerade Assistenten und → *Praktikanten* mit minimalem Aufwand bei → *Kollegen* und Vorgesetzten maximale → *Sympathie* und → *Dankbarkeit*
verschaffen. Alles, was sie dafür brauchen, ist eine kleine Portion
→ *Initiative:* Sobald sie merken, dass sich irgendwelche Bestände
dem Ende zuneigen, ganz egal ob es sich um Kopierpapier, Kaf-
feefilter oder Toilettenpapier handelt, sagen sie dem Zuständigen
einfach kurz Bescheid. Nur für den Fall, dass er den drohenden
Mangel noch nicht bemerkt hat oder – als echter → *Energiesparer* – noch nicht bemerken wollte.

Wer offiziell für die Verwaltung von Büromaterial → *verantwortlich* ist, wartet schlauerweise mit der Nachbestellung nicht einfach, bis alles komplett aufgebraucht ist. Sondern er kontrolliert regelmäßig seine Bestände und bestellt so frühzeitig Nachschub, dass erst gar keine Versorgungslücke entsteht. Gute → *Planung* eben. Besonders gute Planung ist es übrigens, wenn Sie sich für → *Workaholics* und andere Vielverbraucher unter Ihren Kollegen einen kleinen Extravorrat anlegen, den Sie beruhigend aus der Schublade ziehen können, wenn die anderen mal wieder ganz → *dringend* etwas brauchen, das gerade aus ist.

Anmerkungen

[1] 34/S. 50
[2] 7/S. 177
[3] 10/S. 99
[4] Zum Beispiel Literaturliste Nr. 3/S. 84 ff
[5] 33/S. 207
[6] 32/S. 605 ff
[7] 2/S. 6
[8] 2/S. 9
[9] Zum Beispiel Literaturliste Nr. 2, 3
[10] 19/S. 47
[11] 32/S. 333 f
[12] 32/S. 100 ff
[13] Wahrig Deutsches Wörterbuch
[14] 2/S. 202
[15] 12/S. 138
[16] 12/S. 136
[17] 12/S. 136
[18] 4/S. 168
[19] 10/S. 60
[20] 20/S. 349

C

▶ **cc** → *Kopien*

▶ **Checklisten**

„To check" heißt „kontrollieren". Checklisten sind Aufstellungen über Arbeitsschritte, deren Erledigung kontrolliert werden
soll. Sie sind sehr praktisch, wenn es um die Bearbeitung von
besonders großen oder besonders komplizierten → *Arbeitsaufträgen* geht, denn sie zergliedern eine Aufgabe in mehrere Teilaufgaben, die – jede für sich – überschaubarer und leichter zu bewältigen sind. Und sie helfen, → *Fehler* zu vermeiden, die sich
schnell einschleichen können, wenn man viele Sachen gleichzeitig beachten muss.

Ohne Checkliste ist da schnell mal ein kleines, aber extrem
wichtiges → *Detail* übersehen. Die Einreisevisa zum Beispiel,
ohne die die gesamte mühselige Vorbereitung der Südostasien-
Dienstreise des Chefs nur noch gut für den Mülleimer ist.

Mit Checklisten arbeiten. Sie sind geradezu ideal für alle
komplizierten, regelmäßig wiederkehrenden Aufgaben.
Das fängt bei der Organisation des Betriebsausflugs an
und hört bei der Organisation jährlicher → *Messe-Auftritte* auf.
Eine einmal erstellte Checkliste lässt sich in solchen Fällen immer wieder verwenden – vorausgesetzt, man aktualisiert sie gelegentlich, siehe unten.

Bei einmaligen Großprojekten fällt dieser Recycling-Vorteil
natürlich weg. Andererseits sind gerade bei der → *Planung* und
Durchführung von Ereignissen wie einem 50-jährigen Firmenjubiläum so viele wichtige Kleinigkeiten zu beachten, dass man
ohne Checkliste verloren ist, auch wenn man jede Nacht wach-
liegt und darüber nachdenkt, was noch alles zu tun ist.

Darüber hinaus sind Checklisten immer eine gute → *Idee:*
• bei → *Routinearbeiten* als Absicherung gegen → *Fehler* aus

Langeweile und Unterforderung (kommt häufiger vor, als man denkt);

• wenn → *Kollegen* oder → *Mitarbeiter* Arbeit für Sie erledigen – zum Beispiel, weil Sie in → *Urlaub* sind oder weil Sie einen → *Praktikanten* haben, dem Sie Teile Ihrer Arbeit überlassen. Mit Hilfe von Checklisten können Sie dann genau festhalten, was wann von wem zu tun ist.

Checklisten erstellen. Am leichtesten ist das, wenn das Projekt schon einmal stattgefunden hat oder der Arbeitsauftrag schon einmal erledigt wurde. Dann genügt nämlich die aufmerksame Lektüre der entsprechenden → *Akten*. Aus denen können Sie genau ersehen, was alles zu beachten ist. Jedenfalls, wenn derjenige, der die Akten angelegt hat, ein halbwegs durchschaubares → *Ablage-System* hatte.

Eine Checkliste für eine ganz neue Aufgabe zu erstellen, erfordert etwas mehr Nachdenken. Am besten tasten Sie sich heran, indem Sie auflisten, was Sie schon wissen: Wie lautet die Aufgabe? Was gehört alles zu ihrer Erledigung? Bis wann muss sie erledigt sein? Was sind die → *Ziele*, die damit erreicht werden sollen? Wie hoch ist das Budget? Wer kann mir helfen? Sobald Sie sich länger mit diesen → *Informationen* befassen, wird Ihnen ganz automatisch eine ganze Reihe von Teilaufgaben einfallen. Und was Ihnen nicht einfällt, darauf werden gute Kollegen Sie aufmerksam machen, vorausgesetzt natürlich, Sie machen sich die Mühe, sie zu → *fragen*.

Inhalte von Checklisten. In eine Checkliste gehören alle Teilaufgaben eines Arbeitsauftrags, möglichst nach sinnvollen Rubriken geordnet (zum Beispiel bei → *Dienstreisen*: Reiseplanung, Hotelbuchung, Kulturprogramm, Visa/Impfungen/Pässe, Unterlagen für Geschäftstermine, Terminplanung, Notfallnummern).

Die Checkliste zeigt auf den ersten Blick, was wann erledigt werden muss und was schon erledigt ist – das können Sie nämlich abhaken. Je mehr Häkchen, desto besser fühlt man sich. Wenn mehrere Personen an der Erledigung des Arbeitsauftrages beteiligt sind, sagt die Checkliste (von der schlauerweise jeder ein eigenes Exemplar hat), wer was wann erledigen muss. So kann sich für den Fall, dass irgendetwas schief gehen sollte, niemand mit „Das habe ich nicht gewusst" rausreden.

Ganz wichtig: „[Die Checkliste] sollte so einfach wie möglich strukturiert sein: Wer erst sehr viel Zeit investieren muss, um die Checkliste zu verstehen und zu durchschauen, der wird keinen Vorteil daraus ziehen."[1]

Checklisten aktualisieren. Checklisten für regelmäßig wiederkehrende Aufgaben können sehr wertvoll sein, denn sie bewahren einen davor, jedes Mal wieder das Rad neu zu erfinden: „Was war da noch mal alles zu beachten?" Aber ihr Wert hängt ganz entscheidend davon ab, wann sie das letzte Mal aktualisiert wurden. Im Laufe der Erledigung einer Aufgabe stellt sich nämlich mit schöner Regelmäßigkeit heraus, dass selbst in den bewährtesten Checklisten irgendwelche Punkte fehlen, mittlerweile veraltet oder missverständlich formuliert sind.

So etwas fällt dort auf, wo nach der Erledigung einer Aufgabe routinemäßig eine → *Manöverkritik* angesagt ist. Und die führt im Idealfall nicht nur zu einem kleinen → *Protokoll*, in dem steht, dass die Checkliste überarbeitet werden muss. Sondern sie führt dazu, dass die Checkliste auch tatsächlich überarbeitet wird. Ansonsten heißt es „Gehen Sie zurück an den Start". Denn wenn die Aufgabe das nächste Mal ansteht, ist das Protokoll schon lange in den Tiefen der Ablage verschwunden. Und an die Fehler in der Checkliste kann sich keiner mehr so richtig erinnern.

▶ **Chefinnen**

Eigentlich müsste alles, was für → *Chefs* gilt, auch für Chefinnen gelten. Tut es auch. Und trotzdem bietet das Thema „weibliche Vorgesetzte" so viel Diskussionsstoff, dass sich damit ganze Bücher füllen lassen. Das liegt vor allem daran, dass in Deutschland Chefinnen immer noch Mangelware sind: „Eurostat, das Amt für Statistik der EU, stellte im Jahr 2000 fest, dass von 15 erfassten Ländern Deutschland mit einem Anteil von Frauen in Führungspositionen von peinlichen 3,7 Prozent abgeschlagen auf dem zwölften (von 15!) Platz liegt. Großbritannien führt mit 11,2 Prozent vor Spanien (7,7 Prozent) und Belgien

(7,6 Prozent). [Der Prozentsatz in den USA] liegt bei unglaublichen 46 Prozent."[2]

Diese Zahlen sind zwar nicht mehr ganz taufrisch, doch wenn es seitdem zu einer revolutionären Trendwende gekommen wäre, hätte sich diese Nachricht bestimmt wie ein Lauffeuer in den Medien verbreitet. Von dem ist aber bisher nichts zu sehen. Stattdessen beschäftigen sich Hunderte von Artikeln und immer mehr Fachbücher mit der → *Frage*, warum es in Deutschland so wenige Frauen in Führungspositionen gibt.

Erklärungsmodelle. Die Frauen selbst sind sich uneinig darüber, wie die richtige Antwort auf diese Frage lautet. Die meisten führen den Mangel an Chefinnen darauf zurück, dass es schlicht zu wenige Aufstiegschancen gibt, weil die (überwiegend männlichen) Firmenbosse ab einem gewissen Niveau nun mal einfach lieber ihre Geschlechtsgenossen einstellen. Man nennt das „die gläserne Decke": Von unten sieht man sie nicht; also klettern viele Frauen frohen Mutes die Karriereleiter hinauf – nur um dann auf halbem Wege irgendwann feststellen zu müssen, dass sie nicht mehr weiter kommen, weil sie mit dem Kopf an diese Decke stoßen.

Doch diese Sicht von Frauen als Opfer ist nicht unumstritten: Ein ganzes Buch widmet sich ausschließlich der Theorie, dass die Frauen selbst dafür verantwortlich sind, wenn sie beruflich auf der Stelle treten: „Frauen sind nicht unterprivilegiert in diesem Land und unterdrückt, sondern Frauen verhalten sich häufig einfach saublöd."[3]

Nach → *Meinung* jener Autorin liegt das Problem nicht etwa darin, dass Frauen keine → *Karriere* machen können, sondern darin, dass sie vor ihr zurückschrecken: „Anstatt die Ärmel hochzukrempeln und genauso hart zu arbeiten wie die Männer, flüchten sie sich in die Mär von der Glasdecke. (...) So wahren sie ihr Gesicht als moderne Karrierefrau, obwohl sie sich ins → *Privatleben* verdrücken."[4]

Die → *Diskussion* darüber, woran es nun liegt, dass bei uns so wenige Frauen Karriere machen, hat bisher noch zu keinem amtlichen Endergebnis geführt. Relativ einig hingegen sind sich die

Expertinnen über die Stärken und → *Schwächen* von Frauen in Führungspositionen.

Stärken von Chefinnen. Sie sind, sagen die Karriereratgeber für Frauen, eigentlich unübersehbar, und so manche Autorin ist der Überzeugung, dass dem „typisch weiblichen Führungsstil" die Zukunft gehört: „Frauen sind teambewusster, zeigen ein hohes Engagement und sind eindeutig die besseren Vorgesetzten. (...) Sie gehen ehrlicher und offener mit → *Kollegen* und → *Mitarbeitern* um und erzielen damit eine weitaus höhere → *Motivation*. (...) Sie verdienen sich durch Offenheit und → *Ehrlichkeit* ihr → *Vertrauen* und ihren Respekt."[5] Sie sind einfühlsam, bemühen sich um eine angenehme Arbeitsatmosphäre, bewahren sich eine gewisse kritische → *Distanz* zur Macht, spielen sich nicht als Chef auf und schrecken auch vor Selbstkritik nicht zurück. Kurz gesagt: Sie nutzen ihre sozialen → *Kompetenzen* (die sie aus entwicklungsgeschichtlichen Gründen in viel stärkerem Maße haben als Männer) und führen über den Aufbau persönlicher → *Beziehungen*.[6]

→ *Schwächen* **von Chefinnen.** Sie liegen offenbar im Wesentlichen darin, dass Einfühlungsvermögen und Teamgeist alleine nun mal nicht ausreichen, um darauf eine Karriere aufzubauen. Und das sagen nicht etwa Männer, sondern die Frauen selbst. Selbstkritisch, wie es ihre Stärke ist (siehe oben), listen sie gleich kapitelweise Gründe dafür auf, warum sich weibliche Chefs so schwer tun: Sie sind Nieten im Bereich → *Eigenlob*, haben zu wenig Selbstbewusstsein und so gut wie kein Durchsetzungsvermögen. Sie lassen sich in ihrem Verhältnis zu → *Chefs* und → *Kollegen* zu sehr von → *Gefühlen* leiten, nehmen → *Kritik* zu → *persönlich* und haben → *Angst* vor Konflikten. Sie kümmern sich zu wenig um den Aufbau von → *Netzwerken* und haben einen fast krankhaften Widerwillen gegen Machtpositionen. Sie → *delegieren* erfolglos mit → *Andeutungen* anstatt mit Anweisungen, → *kontrollieren* zu wenig, lassen sich aber andererseits viel zu viel Arbeit aufs Auge drücken, die sie dann auch noch mit Zeit raubendem → *Perfektionismus* erledigen.

Das ist eine ziemlich lange → *Liste* – aber trotzdem kein Grund, sich durch diese Kritik persönlich angegriffen und völlig am Boden zerstört zu fühlen (was wiederum eine typisch weibliche Schwäche wäre). Denn immerhin zählen die Karriereratgeber für Frauen diese ganzen Schwächen nicht nur auf. Sie geben auch viele hochinteressante → *Ratschläge*, wie frau sie in den Griff bekommen kann.[7]

▶ **Chefs**

Chef ist das umgangssprachliche Wort für einen Vorgesetzten oder den Leiter eines Unternehmens. Weil die meisten Arbeitnehmer viel mehr mit direkten (oder auch indirekten) Chefs zu tun haben als mit Direktoren und Geschäftsführern, befasst sich dieser Beitrag nur mit Chefs im Sinne von Vorgesetzten.

Chefrechte und Chefpflichten. Chefs unterscheiden sich von ihren → *Mitarbeitern* dadurch, dass sie → *Arbeitsaufträge* vergeben können, die die Mitarbeiter erledigen müssen. Andererseits sind die Chefs nicht nur für ihre eigene Arbeit verantwortlich, sondern auch für die ihrer Mitarbeiter: Sie müssen dafür sorgen, dass die Mitarbeiter auch tun, was von ihnen erwartet wird, und sich im Zweifelsfalle gegen ihre Untergebenen durchsetzen. Wenn ein Chef das nicht tut, riskiert er, dass nicht seine Truppe, sondern er selbst für mangelnde → *Leistungen* verantwortlich gemacht wird, denn auch das gehört zum Chef-Dasein: Den Kopf für die → *Fehler* anderer hinhalten müssen.

Chefs haben Vorbild-Funktion. Sie sollten fachlich und menschlich herausragend qualifiziert sein; „sie sollen nicht anordnen, sondern überzeugen".[8] Chefs haben die Macht, also bestimmen sie die → *Regeln* – und selbstverständlich auch die → *Ausnahmen* dazu. Auch wenn sie damit nicht allzu verschwenderisch umgehen dürfen, weil sie riskieren, damit ihre Mitarbeiter auf Dauer auf die Palme zu bringen. Und auf jeden Fall haben Chefs Macht über Ihre → *Karriere*. Denn sie äußern sich „nach oben" positiv über Ihre Arbeit und bereiten damit den Boden für eine → *Beförderung* – oder sie tun es nicht. Wer weiterkommen will, ist also gut beraten, zu seinem Chef eine gute → *Beziehung* aufzubauen, siehe unten.

Chefs haben im Allgemeinen mehr → *Verantwortung* und mehr → *Stress* als ihre Mitarbeiter. Dafür bekommen sie mehr → *Gehalt* und als Zugabe viele → *Einladungen* zu feudalen Geschäftsessen und ein paar hübsche kleine Statussymbole vom Firmenhandy bis zum Dienstwagen.

Cheftypen. Karriereratgeber beschreiben gleich kapitelweise „die häufigsten Cheftypen und wie man mit ihnen umgeht".[9] Kompetente, souveräne, → *freundliche* Chefs tauchen in diesen Texten allerdings nicht auf – wahrscheinlich, weil im Umgang mit ihnen keine → *Ratschläge* erforderlich sind. Oder weil es so wenige von ihnen gibt. Stattdessen beschreiben die Fachbücher[10] den „Alleinherrscher", den „liebenswerten Chaot", den „tobenden Choleriker", den „Zyniker", den „Überforderten", den „Machtlosen", den „Delegationsunfähigen", den „Tyrann" und den „der sich mit fremden Federn schmückt".

Eine ziemlich interessante Truppe ist das, so richtig liebenswert. Die einzelnen Charakterisierungen sind nicht etwa übertrieben, sondern ganz offensichtlich mitten aus dem Leben gegriffen – wer sie liest, wird wesentliche Eigenschaften früherer und gegenwärtiger Vorgesetzter wiederfinden, mit Grinsen oder Grausen im Gesicht. Auch die jeweiligen Ratschläge für den Umgang mit ihnen sind durchaus hilfreich. Im Laufe der Beschäftigung mit den Typen und den dazugehörigen Gegenmaßnahmen drängen sich jedoch **zwei** → *Fragen* auf: Wieso müssen die Mitarbeiter sich eigentlich mühsam irgendwelche Strategien angewöhnen, anstatt friedlich ihrer Arbeit nachgehen zu dürfen, wenn ein Chef keine Ahnung von → *Benehmen* und sozialer → *Kompetenz* hat? Und wieso können solche unangenehmen Zeitgenossen überhaupt Chefs werden?

Wie Chefs werden, was sie sind. Die **Antwort** auf die erste Frage lautet: Weil er nun mal der Chef ist. (Ihnen zum Trost – auch er wird wiederum Chefs haben, denen er sich mühsam anpassen muss.) Die **Antwort** auf Frage zwei ist genauso eindeutig. Sie ruft nämlich in Erinnerung, was man im täglichen Umgang mit schwierigen Chefs schnell vergisst: Die wenigsten Vorgesetzten haben nur mit Vitamin B Karriere gemacht, sondern aufgrund gewisser fachlicher und menschlicher Qualitäten. Auch wenn die für Sie vielleicht nicht (mehr) erkennbar sind. Grundsätzlich gilt: Ganz egal, welche persönlichen Eigenschaften Ihr Chef hat – auch sie haben ihn dahin gebracht, wo er jetzt ist. Oder ihn jedenfalls nicht daran gehindert, dorthin zu kommen.

Umgang mit Chefs. Ganz gleich, welcher Typ Ihr Chef ist – wenn Sie sich nicht einen neuen Job suchen wollen, müssen Sie sich mit ihm irgendwie arrangieren. Das geht am besten im ersten Jahr in einer neuen Stellung, wenn sich beide, Chef und Mitarbeiter, noch einigermaßen Mühe geben, gut miteinander auszukommen.

Für diese Startphase gibt es ein paar allgemeingültige Regeln, die Jürgen Lürssen in „Die heimlichen Spielregeln der Karriere"[11] unter dem Motto „Wie Sie ein gutes Verhältnis zu Ihrem Chef aufbauen" aufgestellt hat.

Sie lauten zusammengefasst:
• **Den Chef verstehen.** Was sind seine beruflichen → *Ziele* und Erwartungen? Was versteht er unter einer guten Leistung? Wie drückt er aus, was er will und was er nicht will? Welche Art von Mensch ist er, was hat er für Interessen und Macken, was sind seine Lieblingsthemen, was seine Stärken und → *Schwächen*?
• **Möglichst harmonisch zusammenarbeiten.** Passen Sie sich seinem Arbeitsstil an (außer, wenn er ein Chaot ist). Seien Sie → *zuverlässig*. Zeigen Sie Eigeninitiative. Halten Sie Ihren Chef immer auf dem Laufenden – auch und vor allem über anstehende → *Probleme*. Übernehmen Sie Aufgaben, die Ihrem Chef unangenehm sind.
• **Persönliche Beziehung aufbauen.** Durch Fragen, persönliche → *Besprechungen*, bei gemeinsamen → *Essen*, Veranstaltungsbesuchen und → *Dienstreisen*. Aber ohne aufdringlich zu werden oder zu viel über Ihr → *Privatleben* zu erzählen: Die große Kunst im Umgang mit Chefs besteht darin, Nähe aufzubauen, ohne zu nahe zu treten.
• → *Loyalität!* Selbst wenn Ihnen Ihr Chef noch so unfähig vorkommt: Verkneifen Sie es sich, hinter seinem Rücken die Abteilung → *Klatsch & Tratsch* mit den neuesten Geschichten über sei-

ne → *Inkompetenz* zu bedienen. Das kann nämlich für Sie unangenehme Folgen haben, auch wenn Sie in der Sache noch so sehr im Recht sind.

Cheffing nennt man die Theorie, dass Führen auch von unten möglich ist, dass also nicht nur der Chef das Sagen hat, sondern auch seinem Mitarbeiter Mittel und Wege zur Verfügung stehen, die gemeinsame Arbeit und den Umgang miteinander zu gestalten. Dieser Gedankenansatz ist durchaus richtig: Der Chef bestimmt zwar, was getan werden soll – aber was letztlich tatsächlich getan wird, das entscheidet sein Mitarbeiter. Wenn der auf Dienst nach Vorschrift, stillen Boykott oder heimliche Sabotage umschaltet, dann sieht sein Chef alt aus. Denn für die mangelnde Leistung seiner Mitarbeiter muss er als Chef den Kopf hinhalten (siehe oben).

Die Cheffing-Theoretiker haben allerdings nicht unbedingt strategische Winkelzüge im Stellungskrieg zwischen Vorgesetzten und Untergebenen im Sinn. In ihren Büchern[12] geht es eher um das Erkennen von Spielregeln, die Verbesserung von Kommunikationsstrukturen (zum Beispiel durch → *Feedback*-Techniken) und darum, wie man durch die bessere Kenntnis der eigenen Stärken und → *Schwächen* besser mit denen des Chefs umgehen kann.

Das Ganze ist nicht uninteressant, wenn auch sehr theoretisch. Vieles dreht sich um psychologische Erkenntnisse und Strategien. Aber weil man bekanntlich niemanden ändern kann außer sich selbst, geht es auch beim Cheffing letztlich nicht um Rezepte, wie man aus seinem Chef einen idealen Vorgesetzten, sondern einzig und allein darum, wie man aus sich selbst einen klügeren Mitarbeiter macht.

Chefs und → *Freundschaft*. Es ist schmeichelhaft, mit dem Chef per → *Du* zu sein oder sogar eine enge private Beziehung mit ihm zu pflegen – aber empfehlenswert ist es nicht unbedingt. Denn erstens läuft man als Mitarbeiter in dieser Situation Gefahr, irgendwann doch ein bisschen zu viel aus dem Privatleben zu erzählen. Und zweitens ist es nun mal so, dass Chefs bei aller Freundschaft Arbeitsaufträge erteilen – und Mitarbeiter sie erledigen müssen, ob sie wollen oder nicht. Wenn sie nicht wollen oder nicht können, sind Konflikte die Folge, und die sind für einen Mitarbeiter viel schwerer zu ertragen, wenn die gute persönliche Beziehung auf einmal wieder hinter der → *Rangordnung* verschwindet.

Chef werden ist immer schön und immer schwer – wenn Sie der Glückliche sind, im Umgang mit Ihren früheren Kollegen, und wenn Ihr Kollege der Glückliche ist, dann für ihn im Umgang mit Ihnen (→ *Beförderung*). Darüber hinaus gilt: „Es ist zunächst einfach, kritische Worte für das Führungsverhalten anderer zu finden. Es später selbst besser zu machen, ist die Aufgabe, die Sie sich stellen sollten.“[13]

Wer Chef wird, ist es sich selbst und den anderen schuldig, niemals die eigenen kleinen Anfänge zu vergessen. Wenn Sie sich im Laufe Ihrer Karriere → *„bitte“* und → *„danke“* abgewöhnen, untergeordnete Mitarbeiter grundsätzlich übersehen, anstatt sie zu → *grüßen*, für → *Fehler* regelmäßig Ihre → *Sekretärin* verantwortlich machen, aber gerne → *Lob* für Arbeit einstecken, die sie gemacht hat – dann sind Sie wohl einer von den „Chef-Typen“ (siehe oben) geworden, mit denen man es nur aushält, weil sonst kein anderer Job in Sicht ist. Und dann wird man eines Tages vielleicht auch über Sie Bestseller schreiben mit Titeln wie „Mein Chef ist ein Arschloch – Ihrer auch?“.[14]

Chefs als Ausrede. Selbst der unfähigste und unsympathischste Chef bietet seinen Mitarbeitern automatisch einen Riesenvorteil: Sie können hinter ihm in Deckung gehen, ob ihm das Recht ist oder nicht. Das ist besonders praktisch bei allem, was für → *Kunden*, Partner und → *Kollegen* unangenehm oder unbequem ist: Ablehnungen, unliebsame → *Entscheidungen*, arbeitsintensive → *Veränderungen*. Die Mitarbeiter müssen sie vielleicht verkünden, aber sie können sich selbst immer sofort aus der Schusslinie bringen. „Das hat Dr. Müller so entschieden“, „Wir handeln so auf strikte Anordnung von Dr. Meier“, „Befehl von oben“, „Wir haben Anweisung, nur noch so zu verfahren“ – dabei spielt es keine Rolle, ob das stimmt oder nur eine griffige → *Notlüge* ist.

Moralisch gesehen ist es zwar nicht sehr fein (und kann sogar ausgesprochen feige und verwerflich sein), sich hinter seinem Vorgesetzten zu verstecken und in Sachen Verantwortung immer auf den Nächsthöheren in der Hierarchie zu verweisen. Aber im täglichen Arbeitsleben ist es manchmal nichts anderes als reine Notwehr.

Chefs unter sich. Eine Krähe hackt der anderen kein Auge aus. Chefs halten immer mit Chefs zusammen, schon aus Prinzip. Und das gilt erst recht, wenn es um Mitarbeiter geht, die sich bei dem einen Chef über den anderen beschweren. Deshalb bringt es extrem wenig, sich bei → *Problemen* mit dem Vorgesetzten an dessen Chef zu wenden: Es wäre ja geradezu Nestbeschmutzung, wenn der dann Ihre Partei ergreifen und mit Ihrem Chef mal ein Wörtchen reden würde. Stattdessen wird er höchstwahrscheinlich Ihre Klagen sehr freundlich zur Kenntnis nehmen und den geschätzten Kollegen anschließend darum bitten, sich um die Angelegenheit zu kümmern, da sie schließlich ihn betrifft. Womit Sie ein klassisches Eigentor geschossen hätten.

Ähnlich verhält es sich mit Ihren guten → *Ideen* und Vorschlägen. Wenn Ihr direkter Chef kein Interesse daran hat, nützt es nichts, sie dessen Vorgesetzten zu unterbreiten, auch wenn sie noch so bahnbrechend gut sind. Denn der wird sich hüten, in den Verantwortungsbereich seiner nachgeordneten Kollegen einzugreifen. Also wird er Ihre Konzepte schlicht und ergreifend wieder an den zuständigen Bereichsleiter zurückreichen – Ihren Chef. Und der wird daraufhin noch ein bisschen weniger Lust haben, sich mit Ihren Geistesblitzen näher zu befassen. Denn die meisten Chefs können es überhaupt nicht leiden, wenn ihre Mitarbeiter es wagen, sich hinter ihrem Rücken an ihre Chefs zu wenden. Es ist deshalb zwar langsamer und mühsamer, aber auch schlauer, den vorgeschriebenen → *Dienstweg* einzuhalten.

▶ **c/o** → „*Vertraulich*"

▶ **Coaching**

„Coach" ist das englische Wort für Trainer. Der Begriff kommt aus der Welt des Sports, aber inzwischen gibt es auch im Berufsleben „Coaches" wie Sand am Meer. Es handelt sich, ganz allgemein gesprochen, um Karriereberater. Sie bieten gegen Bezahlung → *Rat* und → *Hilfe* an, wenn es um das Erreichen von → *Zielen* und die Bewältigung von → *Problemen* geht. Nur dass ihre → *Kunden* nicht den Aufstieg in die Bundesliga erreichen wollen, sondern eine → *Beförderung* oder einen besseren Job.

Im Gegensatz zu → *Mentoren* und → *Paten*, die in demselben Unternehmen arbeiten wie der Ratsuchende, sind Coaches meistens externe Berater, die ihr Wissen in Einzelgesprächen und Seminaren vermitteln. Das kann sehr nützlich sein, aber es ist auch nicht ganz billig. Deshalb werden Coaches im Wesentlichen von Führungskräften angeheuert – und natürlich von solchen, die es werden wollen.

▸ **Corporate Design** → *Corporate Identity*

▸ **Corporate Identity (CI)**

Englischer Fachbegriff, der sich in etwa mit „Unternehmensphilosophie" oder „Unternehmenskultur" übersetzen lässt. Corporate Identity nennt man es, wenn ein Unternehmen seinen Auftritt nach innen (also innerhalb des Betriebs) und nach außen (also gegenüber → *Kunden*, Partnern und ganz allgemein gegenüber der Öffentlichkeit) bewusst gestaltet. Anders ausgedrückt: Eine Corporate Identity zu entwickeln und zu pflegen, ist nichts anderes als die Arbeit am eigenen → *Image*. Und weil das Image immer wichtiger wird, ist die „CI", wie sie gerne lässig abkürzt wird, schon seit einiger → *Zeit* in aller Munde.

Diese Image-Arbeit fällt im Wesentlichen in den Bereich Werbung und Öffentlichkeitsarbeit (→ *denglisch*: Public Relations, PR) und umfasst ein sehr weites Feld. Zur CI gehören abstrakte Wertmaßstäbe wie zum Beispiel die Unterstützung des Umweltschutzes oder die Ablehnung von Produkten aus Kinderarbeit. Moralische und ethische Ansprüche an das Personal können ebenso durch die CI festgelegt werden wie Standards für den Umgang mit Kunden und Öffentlichkeit. Die CI greift ein in Entscheidungen darüber, für welche Projekte ein Unternehmen sich als → *Sponsor* engagiert und für welche nicht, und hat manchmal sogar in Sachen → *Kleidung* ein Wort mitzureden, zum Beispiel in Unternehmen, in denen Uniform getragen wird.

Corporate Design. Wesentlicher Teil der CI ist das Corporate Design (CD), also der „Look", den ein Unternehmen sich gibt. Viele Leute, die von „CI" reden, meinen eigentlich nur das Corporate Design. Es fängt bei der genauen Festlegung von Logogröße und -farbe an und hört bei → *Regeln* für Schrifttypen und -größen auf, die für alle → *Mitarbeiter* verbindlich sind. Und dazwischen liegt die ganze große bunte Welt von Werbung und PR: CD legt auch das Grundkonzept fest, dem die Gestaltung sämtlicher Anzeigen, Broschüren, Werbespots und Werbegeschenke zu folgen hat.

Ziele von CI und CD: die Festlegung einer unverwechselbaren Identität und eines möglichst → *sympathischen* Image. Die Öffentlichkeit soll ein bestimmtes Unternehmen bereits am optischen Erscheinungsbild erkennen – das ist wichtig in diesen Zeiten, in denen Briefkästen und Mail-Eingangsordner nur so überquellen von Werbung aller Art, vom deutschlandweit verschickten Katalog eines Versandhauses bis zur Speisekarte des örtlichen Pizza-Service.

Und die Öffentlichkeit soll einen möglichst überzeugenden → *Eindruck* von einem bestimmten Unternehmen haben, wenn schon die Produkte verschiedener Firmen heutzutage oft nicht mehr richtig unterscheidbar sind. Aber wenn ein Kunde sich zwischen zwei gleich teuren, gleich guten Waschmitteln entscheiden muss, wird er im Zweifelsfall das Waschmittel wählen, dessen Hersteller sich tatkräftig für den Umweltschutz engagiert – und das über CI und CD genauso tatkräftig verkündet.

Umgang mit CI und CD. Corporate Identity ist, besonders in großen Unternehmen, ein komplexes Regelwerk, das ganze Handbücher füllen kann. Und weil es irgendwie „in" ist, eine eigene CI zu haben, wird man auch in kleineren Unternehmen wahrscheinlich fündig, wenn man sich nach den Leitlinien für CI und CD erkundigt.

Es ist auf alle Fälle lohnend, sich alles zu beschaffen und durchzulesen, was es über CI und CD so im Unternehmen gibt, ganz besonders für → *Anfänger*. Wer will, kann aus den Leitlinien, die sich sein Arbeitgeber in Sachen Unternehmensphilosophie gegeben hat, eine Menge wertvoller Anregungen für die eigene Arbeit und das eigene → *Auftreten* ableiten. Und selbst die → *Energiesparer* haben einen guten Grund, sich mit CI und CD vertraut zu machen: Wenn sie sich auskennen, können sie nämlich → *Fettnäpfe* und Doppelarbeit vermeiden – beides eigentlich kaum zu vermeiden für alle, die sich einen Hauch zu wenig dafür interessieren, was ihr Arbeitgeber eigentlich von ihnen und ihrer Arbeit erwartet.

▶ **c. t.** → *Pünktlichkeit*

Anmerkungen

[1] 4/S. 59
[2] 21/S. 11
[3] 27/S. XI
[4] 31/S. 9
[5] 24/S. 16 f
[6] 21/S. 133 ff
[7] Siehe Literaturliste Nr. 21–30
[8] 12/S. 145
[9] 4/S. 114
[10] 4/S. 114 ff und 7/S. 86 ff
[11] 7/S. 60 ff
[12] Zum Beispiel Literaturliste Nr. 5
[13] 12/S. 142
[14] Margit Schönberger, Mosaik/Goldmann 2001

D

▶ „Danke"

„Danke" ist wie → *„bitte"* ein Begriff, den jeder Mensch als Kleinkind beigebracht bekommt. Aber genau wie „bitte" scheint auch „danke" im Laufe des Erwachsenwerdens aus dem Sprachzentrum zu verschwinden – anders ist nicht erklärbar, dass diese Worte so selten Verwendung finden. Das gilt sowohl für das Privat- als auch für das Berufsleben.

Das große „Danke"-Sterben setzt grundsätzlich immer da ein, wo aus netten → *Gesten* und → *Hilfsbereitschaft* eine hingenommene Selbstverständlichkeit wird:

Nach zehn Beziehungsjahren gibt es oft weder fürs Müllruntertragen noch für den selbst gebackenen Sonntagskuchen ein Dankeschön. Und die meisten → *Chefs* gewöhnen sich das Danke für schnelle Arbeit und heißen Kaffee spätestens irgendwann nach dem Ende der → *Probezeit* ab: Alles überflüssige Höflichkeit, denn schließlich werden die → *Mitarbeiter* ja dafür bezahlt, dass sie ihre Arbeit tun.

Dabei ist „danke" genau wie „bitte" ein richtiges Zauberwort: Wo „bitte" aus einem Befehl eine Bitte macht, wird durch „danke" aus Gleichgültigkeit Anerkennung. „Danke" sagt: „Ich sehe, was Du für mich tust, und weiß das auch zu schätzen."

Wer öfter mal ein ehrlich gemeintes „danke" hört, fühlt sich in dem, was er tut, ernst genommen, sieht mehr Sinn darin und hat mehr Spaß daran.

„Danke"-Spielarten. Sie lassen sich in vier Kategorien einteilen:

• Mit den weitaus geringsten Anstrengungen verbunden ist es, **das Wort einfach auszusprechen** – für zwei so kurze Silben bleibt selbst im größten → *Stress* noch ausreichend → *Zeit*. „Danke" sollte allerdings mit der Mühe verbunden sein, wenigstens kurz

→ *Blickkontakt* aufzunehmen – wer „danke" nur geistesabwesend als Standardfloskel einsetzt, kann sich den sprachlichen Aufwand gleich sparen.

• Ein **telefonisches „danke"** lässt sich sehr unaufwändig erledigen: Wenn Sie nicht riskieren wollen, darüber hinaus noch eine halbe Stunde → *Smalltalk* machen zu müssen, können Sie ja zu einer Zeit anrufen, in der garantiert nur der → *Anrufbeantworter* ans → *Telefon* geht. Oder eine SMS schicken.

• Etwas aufwändiger ist ein **Dankeschön in schriftlicher Form**, als → *E-Mail* oder → *Brief*. Richtige Danke-Briefe, in der klassisch-altmodischen Form von Hand geschrieben, kommen eher selten vor, trotz der Freude, die sie beim Empfänger auslösen.

• Noch ein bisschen seltener ist ein **„danke", das mit einem** → *Geschenk* **verbunden ist**. Klassisch ist „nur eine Kleinigkeit", aber die → *Geste* zählt und bleibt unvergesslich: Wer als Dankeschön einmal von Ihnen einen Blumenstrauß oder eine Flasche Prosecco ins Büro geschickt bekommt, wird immer wieder sein Bestes für Sie geben.

„Danke"-Anlässe. Man liegt damit nie falsch, denn das D-Wort zu verwenden, ist ein Zeichen von gutem → *Benehmen*. Der Fantasie und Kreativität sind also keine → *Grenzen* gesetzt. „Danke" ist ein Wort, das ausgesprochen häufig passend ist, ob an der Kasse im Supermarkt oder am → *Arbeitsplatz*, wenn ein Kollege Sie am → *Telefon* vertritt. Grundsätzlich gilt: Je mehr Freude Ihnen jemand macht, desto größer ist vermutlich Ihre Dankbarkeit – und desto größer sollte die Freude sein, die Sie ihm mit Ihrem Dankeschön machen.

Wenn Ihr Kollege Sie am → *Kopierer* vorlässt, dann müssen Sie ihm dafür nicht um den Hals fallen – aber wenn er sich erfolgreich dafür einsetzt, dass Sie den → *Chef* zum ersten Mal auf einer → *Dienstreise* begleiten dürfen, dann ist durchaus eine kleine → *Aufmerksamkeit* angesagt.

Über Ihre persönliche Lust oder Unlust in Sachen Dankbarkeit hinaus gibt es übrigens auch ein paar Situationen, in denen ein Dankeschön Pflicht ist. Zum Beispiel am Tag nach einer → *Einladung* zu einem offiziellen → *Essen*. Und auch Ihre privaten

Freunde freuen sich bestimmt, wenn Sie sich am Tag nach der Party für ihre Einladung bedanken.

„Danke"-Regeln. „Vielen Dank – aber …" gehört wie → „*Entschuldigung* – aber …" und „Tut mir Leid – aber …" auf den Sprachmüll. Eine Pseudo-Höflichkeit, die im nächsten Atemzug schon wieder zurückgenommen wird. Das ist nichts anderes als Heuchelei, und genauso kommt es auch an. „Vielen Dank für die Mühe, die Sie sich mit dem Bericht gemacht haben – aber es sind leider immer noch ein paar Fehler drin." Auf ein „danke", das nur als nette Verpackung für → *Kritik* dient, können die meisten Menschen dankend verzichten.

Dankbarkeit ist eine spontane Angelegenheit. Je länger Sie sich damit Zeit lassen, desto mehr verblasst die Erinnerung an das Ausmaß Ihrer Freude, bis sie am Ende wieder der Normalität weicht. Auf diese Weise hat sich nach ein paar Tagen die Frage, ob und welcher Form Sie sich wohl bedanken sollten, von selbst erledigt. Danken Sie also lieber sofort, von Herzen und spontan – oder lassen Sie es gleich ganz bleiben.

Und wenn wir nun schon mal dabei sind: Ein echtes Dankeschön schaut auch nicht aufs Geld (Ausnahme: → *Bestechung*). Wenn Sie sich dafür, dass Ihnen jemand einen wirklich dicken Auftrag an Land gezogen hat, mit einem Werbekugelschreiber bedanken, dann ist das eher beschämend. Und zwar nicht für den Beschenkten, sondern für Sie.

▶ Datenschutz

Datenschutz ist ein Wort, das man aus den Medien kennt. Es geht immer darum, wer welche → *Informationen* über einen Menschen in welcher Form sammeln und für wen zugänglich machen darf. Schließlich hat jeder ein Recht auf Privatsphäre, auch wenn der Staat vielleicht noch so gerne → *Telefone* abhört und die Krankenkassen mit Hilfe ihrer Chipkarten noch so gerne mehr über besonders teure → *Krankheiten* ihrer Mitglieder erfahren möchten. Und auch im Berufsleben spielt der Datenschutz eine große Rolle – manchmal in Bereichen, in denen man gar nicht daran denkt.

Recht der Arbeitnehmer auf Datenschutz. Auch der Arbeitgeber hat nicht das Recht, alles über seine Angestellten zu erfahren; den „gläsernen Arbeitnehmer" gibt es noch nicht. Dafür sorgen Gesetze,[1] der → *Betriebsrat* (dort, wo es einen gibt) und manchmal sogar ein eigener Datenschutz-Beauftragter. Der Sinn dabei: Eigentlich haben die wenigsten Leute (sofern sie nicht der Mafia oder irgendwelchen Drogenringen angehören) ernsthaft etwas zu verbergen. Trotzdem könnte es ziemlich unangenehme Folgen haben, wenn der Arbeitgeber die eine oder andere Einzelheit über Kontostände, → *Krankheiten* oder Beziehungskrisen erfahren und daraus Rückschlüsse auf die Arbeitsleistung ziehen würde. Deshalb braucht zum Beispiel in Arbeitsunfähigkeitsbescheinigungen (Attesten) die Art der Erkrankung nicht erwähnt zu werden.

Datenschutz und Technik. Datenschutz ist heute oft eine technische Angelegenheit: Welche Daten aus der Menge der theoretisch verfügbaren Informationen dürfen gespeichert werden, welche dürfen ausgewertet werden und welche nicht. Der Arbeitgeber hat zum Beispiel die Möglichkeit, Datum, Uhrzeit, Dauer und angewählte Nummern der Telefonate seiner Mitarbeiter aufzuzeichnen. Allerdings muss der Betriebsrat damit einverstanden sein und mit dem Arbeitgeber eine entsprechende Betriebsvereinbarung abschließen. Und die Telefondaten selbst dürfen keinesfalls nach Lust und Laune ausgewertet und mit anderen Daten verknüpft werden.[2] So sollen Anrufer und Angerufene geschützt werden. Allerdings müssen Privatvieltelefonierer trotzdem damit rechnen, dass der Arbeitgeber aus bestimmten immer wiederkehrenden Nummern, die nicht nach geschäftlichen Telefonaten aussehen, seine Rückschlüsse zieht.

Recht von Kunden und Partnern auf Datenschutz. Im Laufe langjähriger Geschäftskontakte kommt eine Menge der verschiedensten Daten zusammen: → *Adressen*, Bankverbindungen, Zahlungsmoral, Warenprofile, sogar → *Geburtstage*. Und immer wieder gibt es Anfragen nach genau diesen Informationen. Am weitaus häufigsten ist dabei die ganz banale Frage nach Telefonnummern und Durchwahlen. Ziemlich einfach zu erledigende Anfragen – aber wer die Nummern umstandslos rausgibt, riskiert → *Ärger*.

Derjenige, der die Herausgabe mit der Begründung „Datenschutz" stur verweigert, anstatt dem Nachfrager wenigstens eine Notlösung wie „Schreiben Sie mir dazu doch kurz einen Dreizeiler, den kann ich meinen Vorgesetzten dann vorlegen" zu bieten, bekommt möglicherweise auch Ärger. Wegen mangelnder → *Hilfsbereitschaft* und → *Freundlichkeit* zum Beispiel.

Schon bei so einfachen Dingen wie Telefonnummern handelt es sich also um schwieriges Terrain. Die Herausgabe weiterer persönlicher Daten ist noch wesentlich heikler. **Faustregel:** Sobald Sie nach Informationen gefragt werden, die nicht offiziell zugänglich sind, sollten bei Ihnen die Alarmglocken klingeln und verhindern, dass Sie durch unüberlegtes Handeln einen → *Fehler* machen. Das Beste ist es, grundsätzlich den Chef zu → *fragen*, bevor man persönliche Informationen anderer Menschen an Dritte herausgibt.

Gerade weil der Datenschutz ein so weites und kompliziertes Feld ist, gibt es in manchen Unternehmen genaue Vorschriften dafür, welche Daten herausgegeben werden dürfen und welche nicht. Erkundigen Sie sich danach: Selbst wenn in Ihrem Betrieb keine schriftlichen Leitlinien vorliegen, wird Ihr → *Chef* sicherlich ziemlich klare → *Regeln* formulieren können. Und wenn er sie Ihnen nennt – fragen Sie ihn am besten gleich nach den → *Ausnahmen*. Es gibt bestimmt welche.

▶ **Deadlines** → *Terminvorgaben*

▶ **Delegieren**

Das bedeutet „an andere übertragen". Im Berufsleben werden meistens Arbeiten delegiert. Und zwar von einem, der sie nicht machen will, an einen, der sie an seiner Stelle erledigen muss. Delegieren kann also nur, wer mindestens einen → *Mitarbeiter* hat, der in der → *Rangordnung* unter ihm steht und → *Arbeitsaufträge* erledigen muss. Anders ausgedrückt: Delegieren ist zwar ein ungemein praktisches Arbeitsinstrument – aber es ist nur in einer Richtung anwendbar, nämlich von oben nach unten. Für → *Anfänger* kommt es daher nur selten in Frage.

Das ist schade, weil kaum einer weiß, was beim Delegieren eigentlich so alles beachtet werden muss, wenn er beruflich aufsteigt und zum ersten Mal Aufgaben an Mitarbeiter übertragen darf. Das → *Recht* zu delegieren bedeutet nämlich noch lange nicht das Recht auf gute Arbeit derer, die sie tun müssen.

Die bekommt nur geliefert, wer ein paar goldene → *Regeln* beachtet.

• **Unmissverständlich delegieren.** Wenn Sie nur in → *Andeutungen* sprechen, anstatt klar zu sagen, wer was bis wann erledigen soll, passiert meistens gar nichts. Mit Aufträgen wie „Wir sollten unbedingt diese Woche noch die Quartalsabrechnung machen" könnten Sie sich schließlich auch selber meinen.

• **Aufgaben erklären.** Wer Arbeitsaufträge wie knappe Dienstanweisungen formuliert und sich jede tiefer gehende Erklärung spart, muss damit rechnen, dass Arbeiten nicht wie gewünscht erledigt werden. Das liegt oft daran, dass man umso besser arbeiten kann, je mehr man die tieferen Zusammenhänge versteht. Aber wer von seinem Vorgesetzten nichts richtig erklärt bekommt, kann auch die Bedeutung der Dinge, die er erledigen soll, nur dunkel erahnen. Entsprechend lustlos wird er sich an die Arbeit machen. Und entsprechend mickrig werden seine Ergebnisse ausfallen. Das hat dann aber weniger mit seinen mangelnden Fähigkeiten zu tun als viel mehr mit der mangelnden Fähigkeit des Vorgesetzten, einen Arbeitsauftrag nicht nur zu erteilen, sondern auch ausreichend zu erklären.

• **Höflich delegieren.** Jenseits inhaltlicher Aspekte können Delegierer schon rein sprachlich viel falsch machen. Zum Beispiel, indem sie auf die Zauberworte → *„danke"* und → *„bitte"* weitgehend verzichten und dafür ersatzweise einen → *Tonfall* verwenden, den sie bei amerikanischen Militärausbildern gelernt haben könnten.

• **Persönlich delegieren.** Sie sollten grundsätzlich nur persönlich Aufträge erteilen, wenn Sie sich darauf verlassen wollen, dass eine Arbeit auch wirklich gemacht wird. Das heißt, dass Sie darauf verzichten sollten, → *dringende* Aufträge in einem Satz vom

→ *Mobiltelefon* aus auf → *Anrufbeantworter* sprechen oder den → *Praktikanten* telefonisch zu bitten, der → *Sekretärin* auszurichten, dass sie ganz schnell diese Unterlagen mailen soll, „sie weiß schon, was gemeint ist". Weiß sie aber meistens nicht – und wie auch: Die Telefonnotiz des Praktikanten ergibt nicht wirklich einen Sinn, und von der Botschaft auf dem Anrufbeantworter war auch nur jedes dritte Wort verständlich.

• → *Verantwortung* **delegieren.** Wenn Sie komplexere Aufgaben delegieren, kommen Sie nicht drum herum, Ihrem Mitarbeiter auch die entsprechende Verantwortung und Entscheidungskompetenz zuzugestehen. Denn weder Sie noch er werden viel davon haben, wenn er zwar ein ganzes Projekt übertragen bekommt, sich dann aber jede Kleinigkeit von Ihnen absegnen lassen muss, vom Standard-Serienbrief bis zur Farbe der Aktenordner.

• **Kontrollieren.** Dass Delegieren mit irgendeiner Form von → *Kontrolle* verbunden sein muss, ist zwar lästig, aber nicht zu vermeiden. Schließlich ist es das gute Recht vom Chef herauszufinden, ob sein Mitarbeiter die an ihn delegierte Aufgabe auch erledigt (und zwar gut erledigt) hat, oder ob er eine entsprechende → *Aktennotiz* nur seelenruhig ganz unten in seiner Ablage verstaut und ansonsten noch nicht allzu viel Aktivität entfaltet hat. Es gibt allerdings geschickte und weniger geschickte Formen von → *Kontrolle*.

▶ **Denglisch**

Aus „deutsch" und „englisch" zusammengesetztes Wort, mit dem man den englisch-deutschen Sprachbrei bezeichnet, der heute fast überall anzutreffen ist. Im Bereich der neuen Technologien ist das verständlich, weil es auf Deutsch einfach (noch) keine treffenden Übersetzungen für englische Fachbegriffe gibt. Im Bereich der Alltagssprache hingegen sind die ganzen „Anglizismen" (so das vornehme Wort für Denglisch) nicht richtig nachvollziehbar, weil es für die meisten denglischen „in-Worte" richtig gute, solide deutsche Bezeichnungen gibt.

Denglisch ist in. Es klingt wahrscheinlich einfach cooler (eben), wenn man vom „office" redet anstatt vom →

Büro, von der „message" anstatt von der Nachricht, und von der „deadline" anstatt von der → *Terminvorgabe*. Dagegen ist auch so weit nichts einzuwenden – sofern in einem → *Gespräch* nicht nur Sie, sondern auch Ihr(e) Gesprächspartner so reden. Das ist aber nicht immer der Fall: Eine Menge älterer Leute (so ab Mitte dreißig) verstehen Denglisch zwar, halten es aber für eine Form von → *Dummdeutsch* und Denglisch-Liebhaber für oberflächlich und muttersprachlich wenig kompetent.

Eine solche Einschätzung kann ungünstige Folgen haben, zum Beispiel, wenn man sich um einen Job bewirbt, in dem die sprachlichen Fähigkeiten oder aber eine gewisse Seriosität und Gediegenheit eine große Rolle spielen.

Sprechen Sie Denglisch? Wer gerne Denglisch-Vokabeln benutzt, muss sie deshalb nicht gleich aus seinem Wortschatz löschen. Er sollte aber sicherheitshalber die deutschen Entsprechungen nicht ganz vergessen und auch deren Anwendung regelmäßig üben. Nur so zum Spaß im Gespräch mit Freunden, das fällt sowieso keinem auf. So kann man verhindern, dass einem bei einer Unterredung mit einem → *wichtigen* – und offensichtlich eher konservativen – → *Kunden* oder Vorgesetzten plötzlich die Worte fehlen: „Wie sagt man ‚business-lunch' noch mal auf Deutsch?"

Wenn Sie sich noch etwas intensiver mit dem Thema auseinander setzen wollen, können Sie einfach jede x-beliebige Zeitschrift aufschlagen, Talkshow anschauen oder Konversation anderer verfolgen: Es wimmelt nur so von Denglisch, von „date" bis „downloaden", und es ist für den Kopf eine anregende Übung, nach den deutschen Begriffen zu suchen, die man stattdessen genauso gut anwenden könnte. Das Risiko dabei: Je öfter man das macht, desto hohler scheppert Denglisch in den Ohren, und desto mehr verlieren Sie möglicherweise den Geschmack daran. Sie könnten rein sprachlich auf einmal völlig „out" sein. Oder natürlich „in". Kommt eben drauf an, mit wem Sie gerade reden.

▶ **Details**

Details, also Einzelheiten, sind Horror und Leidenschaft des → *Perfektionisten*. „Die Tücke liegt im Detail" sagt man und meint damit, dass selbst die größten und schönsten Projekte scheitern können, wenn eine kleine aber → *wichtige* Einzelheit übersehen wird.

Dafür gibt es Hunderte von Beispielen: Der Jahresbericht, in dem durch einen Kopierfehler mittendrin eine Seite fehlt. Der Plan für die → *Dienstreise* des Direktors, in dem alles berücksichtigt ist, nur die eine Stunde Zeitverschiebung nicht. Der Serienbrief an die → *Kunden*, in dem noch das Datum vom letzten Jahr steht. Der Warenkatalog, in dem ausgerechnet in der Servicenummer für telefonische Bestellungen ein Zahlendreher drin ist. Der → *VIP*, für den am Flughafen ein Chauffeur bereitsteht – nur leider am falschen Terminal.

Es gibt gerade bei großen und wichtigen → *Arbeitsaufträgen* so viel zu bedenken und zu beachten, dass einem → *Angst* und Bange werden kann. Aber das ist trotzdem noch lange kein Grund, aus Furcht vor zu viel → *Verantwortung* lieber doch bei McDonald's Burger zu braten.

Details in den Griff zu bekommen, kann man nämlich lernen. → *Checklisten* und → *Terminkalender* sind sehr gute Kontrolltechniken. Regelmäßiger Informationsaustausch mit → *Kollegen*, → *Chefs* und → *Mitarbeitern* ist ein Muss. → *Stress* und → *Zeitdruck* auf ein erträgliches Maß abzubauen, ist zwar nicht ganz einfach, aber sehr wichtig. Denn beides führt dazu, dass man vor lauter → *Hektik* die berühmten alles entscheidenden Einzelheiten entweder übersieht oder zwar zunächst im Kopf hat, aber irgendwann vergisst.

Aus → *Angst* vor der Tücke des Details zum Perfektionisten zu werden, der auch dann noch vor Aufregung nicht schlafen kann, wenn er schon alles dreimal kontrolliert hat, ist hingegen keine gute → *Idee*.

Denn selbst wenn Sie sich noch so sehr darum bemühen, auch die kleinsten Einzelheiten unter → *Kontrolle* zu haben: Irgendetwas geht immer schief. Das ist ein Naturgesetz, gegen das selbst die größten Detail-Kontrolleure nicht ankommen. Und dann hilft nur noch die große Kunst der → *Improvisation* (→ *Murphys Gesetz*).

▶ Deutsch

Die deutsche Sprache ist für die meisten in Deutschland lebenden Menschen die Muttersprache. Wer die Landessprache nicht richtig sprechen kann, hat es schwer. Und wer sie nicht richtig schreiben kann, hat es noch schwerer – → *Probleme*, die nicht nur Analphabeten und einige in Deutschland lebende Ausländer haben. Auch für Deutsche können sich plötzlich schwierige Situationen ergeben. Denn sie sprechen (wenn auch manchmal → *Dialekt*) und lesen ihre Muttersprache fast alle sehr gut – aber mit dem Schreiben, da tun sich viele relativ schwer, und das nicht erst seit der Rechtschreibreform.

Schriftdeutsch im Privatleben. Da man als Erwachsener nur noch selten Diktate und Aufsätze schreiben muss, merkt man das immer erst dann, wenn auf einmal ein offizieller → *Brief* zu schreiben ist – an das Finanzamt, die Versicherung, die Bank, einen zukünftigen Arbeitgeber. Es ist schon schwierig genug, sich zu überlegen, wie der Inhalt solcher Briefe eigentlich aussehen soll. Wenn man sich obendrein noch jede Menge Gedanken über Schreibweisen und Kommaregeln machen muss, dann kann der Schriftverkehr mit Behörden und Vertragspartnern schnell zur Qual werden. Natürlich nicht für diejenigen, die einfach drauflosschreiben, wie sie es gerade für richtig halten. Aber es gibt ja auch Leute, die genau wissen, wie wichtig gutes Deutsch dafür ist, dass sie und ihre Anliegen auch ernst genommen werden.

Schriftdeutsch im Beruf. Es gibt zwar eine Menge Berufe, für die es nicht so wichtig ist, ob man die deutsche Sprache in all ihren Feinheiten beherrscht oder nicht. Aber selbst Metzgermeister, Blumenbinder, Bildhauer und Computerspezialisten kommen im Zweifel mit gutem Deutsch einfach weiter als ohne, siehe oben. Und in all den Berufen, für die gutes Deutsch eines der wichtigsten Handwerkszeuge ist, muss man einfach fit sein. Fit in Grammatik und Zeichensetzung, fit in → *Rechtschreibung* (auch wenn hier einzelne Rückfälle in Schreibweisen aus der Zeit vor der Rechtschreibreform noch verziehen oder gar nicht erkannt werden) und auf alle Fälle fitter als das Korrekturprogramm. Wer nicht fit ist, der muss entweder so schnell wie möglich → *lernen*, was er nicht weiß. Oder aber er muss auf einen Beruf ausweichen, in dem Schriftdeutsch nicht so wichtig ist. Animateur im Ferienclub zum Beispiel.

▶ Dialekt

Dialekt ist eine regional gebräuchliche Form der Landessprache. Zum Dialekt gehören eine besondere Aussprache, spezielle Worte und Wortbedeutungen und sogar eine eigene Grammatik.

Dialekt sprechen ist in Deutschland in den meisten Regionen selbstverständlich und gehört als Zeichen aktiver Heimatpflege quasi zum guten Ton. Um die gemeinschaftsstiftende Funktion von Dialekt zu erkennen, reicht es schon aus, sich einen Moment lang eine Festrede eines bayerischen Lokalpolitikers anzuhören, ganz egal, welcher Partei er angehört.

Dialekt zu sprechen und zu verstehen, ist also durchaus von einiger Bedeutung, und das nicht nur für Lokalpolitiker, sondern grundsätzlich im Umgang mit allen, die sich nur in dieser Sprache ausdrücken wollen oder können. Manchmal entsteht sogar zwischen Fremden auf Anhieb eine herzliche Atmosphäre – einzig und allein durch den Dialekt, der sie miteinander verbindet.

Problematisch wird's, wenn der eine den Dialekt des anderen nicht versteht. Deshalb ist es im Berufsleben in vielen Bereichen erforderlich, sich bei Bedarf auch in gutem Hochdeutsch ausdrücken zu können. Dazu gehören vor allem eine Aussprache, die jenseits der → *Grenzen* der Region nicht für eine Aneinanderreihung von Urlauten gehalten wird, und die Verwendung von Worten, die man bei Bedarf im Duden findet und nicht nur im Dialektlexikon.

Wer im Job zuverlässig immer innerhalb der eigenen Region zu tun hat und auch auf eventuelle Verständnisprobleme von Ausländern keine Rücksicht nehmen muss oder will, der kann auf Hochdeutsch natürlich prima verzichten. Jedenfalls so lange, bis er auf einen Beamten oder Kreditsachbearbeiter stößt, der nicht aus der Gegend ist und deshalb bei Dialekt sofort auf stur schaltet.

▸ **Diebstahl**

Wer wird denn gleich so ein hässliches Wort verwenden, wenn es nur um einen Kugelschreiber geht, der vom beruflichen Schreibtisch in die private Handtasche wandert. Oder um die paar Briefmarken, wo doch die Post schon zu hat, weil man mal wieder → *Überstunden* machen musste.

Egal wie klein und unbedeutend das ist, was im Job ohne Erlaubnis oder Rückfrage den Besitzer wechselt: Formal gesehen ist das immer Diebstahl, auf den der Arbeitgeber je nach Schwere und Häufigkeit genau wie bei nachgewiesenem → *Betrug* mit einer → *Abmahnung* oder sogar mit der → *Kündigung* reagieren kann.

Folgen von Diebstahl. Selbstverständlich wird das nicht zwangsläufig die Folge sein, wenn jemand mal einen Stift einsteckt. Aber wenn das häufiger passiert und dem Unternehmen auch wertvollere Dinge abhanden kommen, ist damit zu rechnen, dass Diebstahl auffliegt und → *Ärger* zur Folge hat. Dazu müssen nicht erst Firmen-Laptops und palettenweise Firmenprodukte verschwinden. Es reicht, wenn einem → *Kollegen* die eine oder andere Unregelmäßigkeit auffällt.

Wer erwischt wird, dem hilft die Ausrede „Das machen doch alle" nicht weiter. Vielleicht stimmt es sogar, dass auch andere ihre Privatpost durch die Frankiermaschine laufen lassen und → *Büromaterial* kistenweise mit nach Hause schleppen. Aber erstens hat man nun mal Sie und nicht einen anderen erwischt (oder verpfiffen – das kommt auch vor). Und zweitens können Sie, selbst wenn Sie es genau wissen, unmöglich zu Ihrer Rechtfertigung Kollegen verpfeifen, sonst sind Sie erledigt, selbst wenn Ihr Boss Sie nicht kündigt.

▸ **Dienstleistungen**

Das Wort kommt von „Dienst leisten", und Leisten kommt von → *„Leistung"*. Gemeint sind Dienste, die ein Unternehmen oder ein → *Mitarbeiter* leistet und verkauft. Ein Dienstleister verkauft seine Arbeit, also letztlich sich selbst. In „Dienst" steckt „dienen". Das klingt nach „Diener" und erinnert irgendwie an Leibeigenschaft und Sklavendienste. Weshalb sich manche Leute offensichtlich schwer damit tun, Dienste zu leisten, obwohl das ihr Job ist und sie doch im Gegensatz zu Sklaven und Leibeigenen für ihre Arbeit bezahlt werden.

Der Dienstleistungsbereich nimmt innerhalb des Wirtschaftslebens immer mehr Raum ein. Genannt wird das Ganze allerdings nicht mehr Dienstleistung, sondern → *denglisch* „Service": Computerservice, Reparaturservice, Bügelservice, Windelservice, Gassiservice. Obendrein gibt es ganze Heerscharen von Beratern (denglisch: Consultants) für alle möglichen Bereiche, von der Öffentlichkeitsarbeit bis zur industriellen Fließbandfertigung. Ganz allgemein gesprochen, bieten Dienstleister Dienste an, die andere Menschen nicht selbst leisten können oder wollen. In der Regel, weil es ihnen am notwendigen Wissen oder an der notwendigen → *Zeit* fehlt.

Die Qualität von Dienstleistungen kann man nicht nach denselben → *Maßstäben* messen wie die Qualität von Waren. Natürlich spielt so oder so der Preis eine große Rolle. Aber bei Waren geht es ansonsten um Kriterien wie: Schmecken sie? Wie lange halten sie? Wie lange darf man sie umtauschen? Waschen sie wirklich nicht nur sauber, sondern rein? Bei Dienstleistungen hingegen geht es im Wesentlichen um menschliche Eigenschaften, nämlich die Eigenschaften derer, die sie leisten: Wie schnell arbeitet der Dienstleister? Wie gut arbeitet er? Wie → *ehrlich* ist er? Wie → *freundlich* ist er? Wie → *zuverlässig* ist er?

Wer im Dienstleistungsbereich arbeitet, macht sich keine überflüssige Arbeit, wenn er über diese Dinge bei Gelegenheit mal nachdenkt. Eine Ware wird, wenn sie gut ist (oder billig), auch dann gekauft, wenn ihre Hersteller Schnösel oder Dumpfbacken sind. Ein Dienstleister hingegen kann letztlich einpacken, wenn er zwar fachlich gute Dienste leistet, aber seinen → *Kunden* auf der menschlichen Ebene nicht das bietet, was die von ihm erwarten.

 Keine Lust auf Kunden? Mitarbeiter von Dienstleistungsunternehmen, die die Einstellung „Der Job ist eigentlich ganz nett, wenn nur die Kunden nicht wären" pflegen, erleichtern sich selbst die tägliche Arbeit ungemein. Besonders → *Energiesparer* laufen hier zu Hochform auf und tun ihr Bestes, um sich lästige Kundschaft so lange wie möglich vom Leibe zu halten. Dafür haben sie sich eine ganze Reihe von Techniken antrainiert: in der Leitung hängen lassen, → *abwimmeln*, → *Terminvereinbarungen* vergessen, das Ganze garniert mit eisigem → *Tonfall* und am Ende gekrönt von der entrüsteten Zurückweisung gerechtfertigter → *Beschwerden*.

So erreichen sie schnell ihr → *Ziel*. Aber wenig Arbeit könnte schnell zu null Arbeit werden, denn wer „Kundenzufriedenheit" für Psychologengewäsch hält, trägt damit nicht gerade zur Sicherung seines Arbeitsplatzes bei. Die meisten Kunden suchen sich nämlich beim nächsten Mal lieber gleich einen anderen Dienstleister; in den meisten Branchen gibt es schließlich Auswahl genug.

▶ Dienstreisen

Auf Firmenkosten unterwegs zu sein, ist anstrengend, nicht nur wegen der Arbeit, sondern weil Dienstreisende ihr Unternehmen in jeder Hinsicht nach außen repräsentieren. Da ist nicht nur gute Arbeit von Bedeutung, sondern auch → *Kleidung*, → *Auftreten*, → *Tischmanieren* und → *Alkoholkonsum*. Dienstreisen sind also eine große → *Verantwortung* – aber immer auch eine angenehme Abwechslung zum Berufsalltag.

Dienstreisen zu machen, ist grundsätzlich wunderbar, erfordert vom Reisenden aber ein bisschen mehr als nur ein Ticket für Zug oder Flieger. Wer auf diesem Gebiet wenig oder keine Routine hat, ist gut beraten, mal bei seinen Vorgesetzten nachzufragen, welche Erwartungen und Aufgaben eigentlich mit seiner Dienstreise verknüpft werden.

Zumindest der Hauptanlass ist meistens klar definiert: eine → *Messe*, ein Kongress, eine → *Sitzung*. Das Pflichtprogramm ist jedoch selten bis auf die letzte Minute geplant (außer vielleicht bei Dienstreisen des Bundeskanzlers). Es bleibt durchaus Platz für Eigeninitiative. → *Energiesparer* füllen ihn gerne durch Shopping-Touren, Museumsbesuche und ausgedehnte Erholungspausen in der Hotelsauna. Wer lieber den → *Eindruck* perfekter → *Job Identification* wecken will, kommt hingegen durchaus auf die → *Idee*, einen Besuch bei einem → *Kunden* zu vereinbaren oder einen wichtigen Geschäftspartner zum Abendessen einzuladen, anstatt einen alten Freund aus Studienzeiten.

Dienstreisen vorbereiten. Hier sind nicht Reiseführerkaufen, Aktenlesen und Kofferpacken gemeint, sondern Dinge, die zwar genauso selbstverständlich sind, aber wesentlich weniger verbreitet. Eine Vertretung für die Dauer der Abwesenheit zum Beispiel. Oder wenigstens ein aktueller Text für → *Autoresponder* und → *Anrufbeantworter*. Eine → *E-Mail* oder → *Aktennotiz* für → *Kollegen* und → *Mitarbeiter*, aus der hervorgeht, wie lange Sie eigentlich weg sind und wie man Sie erreichen kann, ist immer eine sehr gute → *Idee*. Besonders wenn Sie → *Chef* sind und mit Ihren Mitarbeitern nicht Versteck spielen, sondern möglichst sinnvoll zusammenarbeiten wollen.

Dienstreisen nachbereiten. Auch wenn's nicht verlangt wird: Ein kurzer → *Bericht* wird jedem Chef zeigen, dass er Sie nicht umsonst losgeschickt hat. Und eine kurze → *Manöverkritik* in Sachen Vorbereitung und Durchführung wird Sie daran erinnern, was Sie beim nächsten Mal alles anders oder besser machen können.

Dienstreisen für andere zu organisieren, ist eine verantwortungsvolle Aufgabe, weil so unglaublich viele → *Details* zu beachten sind. Wer sich den → *Stress* ersparen will, seinem Chef zwei Stunden vor Abflug noch einen Impftermin zu verschaffen, sollte sich eine möglichst ausführliche → *Checkliste* anlegen. Sekretariatsprofis denken nicht nur an Visa und Stadtpläne, sondern auch an Adapter, an ausreichend → *Visitenkarten* und die Gültigkeitsdauer von Kreditkarten.[3]

▶ **Dienstweg**

Der Dienstweg ist der offiziell vorgeschriebene Gang der Dinge in einem Unternehmen. Er dient dazu, die → *Mitarbeiter* zur

Beachtung von → *Kompetenzen* und → *Rangordnungen* anzuhalten, insbesondere, was → *Entscheidungen* und Genehmigungen betrifft. Je größer das Unternehmen, desto genauer ist der Dienstweg vorgeschrieben und desto genauer wird auf seine Einhaltung geachtet.

Der Dienstweg kann selbst die banalsten Dinge regeln, zum Beispiel die Beschaffung eines neuen Aktenlochers. Während man in kleinen Unternehmen relativ formlos einfach einen bestellen oder dem Schrank für → *Büromaterial* entnehmen kann, muss in großen Unternehmen häufig erst ein Formular ausgefüllt werden, das der Vorgesetzte dann abzeichnet und an den Verantwortlichen für die Materialausgabe weiterleitet, der dann das Formular seinerseits gegenzeichnet und Sie unterschreiben lässt, bevor er Ihnen Ihren neuen Locher aushändigt.

Bei komplexeren Angelegenheiten wie Informationsweitergabe im → *Umlaufverfahren*, Antragsgenehmigungen und Urlaubsanträgen kann der Dienstweg noch wesentlich komplizierter sein. Seine Richtung verläuft, einfach ausgedrückt, bei allem, was genehmigt werden muss, von unten nach oben, und bei allem, was an wichtiger → *Information* bekannt gegeben wird, von oben nach unten.

Die Nichteinhaltung des Dienstwegs kann ordentlich → *Ärger* machen, vor allem, wenn es um den Dienstweg von unten nach oben geht. Deshalb sollten Sie nicht unbedingt versuchen, eine bahnbrechend geniale Idee an Ihrem → *Chef* vorbei direkt dessen Chef zu präsentieren. Grundsätzlich ist es ratsam, sich ausführlich nach existierenden Dienstwegen zu erkundigen. Es sei denn, man hat sowieso eine Position am oberen Ende des Dienstwegs. Alle anderen (also die meisten) sollten sich zumindest am Anfang an den Dienstweg halten. Im Laufe der Zeit wird sich schon die eine oder andere Möglichkeit ergeben, ihn durch die Pflege persönlicher Kontakte ganz oder teilweise zu umgehen.

 Der „kleine Dienstweg". Dienstwege sind oft kompliziert. Ihre Einhaltung ist von mehr oder weniger vielen Menschen abhängig. Die Bearbeitung von Vorgängen, die sich auf dem Dienstweg befinden, ist wiederum davon abhängig, ob diese Menschen auch am → *Arbeitsplatz* sind (anstatt → *krank* oder in → *Urlaub* zu sein) und ob sie auch Lust haben, diese Vorgänge zu bearbeiten, anstatt sie wochenlang in ihrer → *Ablage* schmoren zu lassen. Deshalb kann so ein Dienstweg unter Umständen ziemlich lange dauern.

Wer das weiß oder befürchtet, und wer obendrein in einer guten Position sitzt oder die richtigen Leute kennt, der kann es sich manchmal leisten, den offiziellen Dienstweg allen Vorschriften zum Trotz zu umgehen und einen Vorgang direkt der wichtigsten am Dienstweg beteiligten Person vorzulegen oder von ihr zu beschaffen. Diesen Dienstweg nennt man den „kleinen Dienstweg". Eine niedliche Bezeichnung für etwas, das sehr viel mit → *diplomatischem* Geschick und noch mehr mit Macht zu tun hat. Deshalb sollte diese Variante des Dienstwegs nur versuchen, wer sich sicher ist, dass er von beidem genug hat. Alle anderen sind mit ihren Anliegen zwar langsamer aber höchstwahrscheinlich erfolgreicher dran, wenn sie sich an die Vorschriften halten.

▶ Diplomatie

Gemeint ist geschicktes und besonnenes Verhalten und Verhandeln. Damit ist die Diplomatie eine enge Verwandte der → *Diskretion*. Ihr ist ein eigener Berufszweig gewidmet – aber das heißt noch lange nicht, dass nur Diplomaten wissen müssen, wie man sich diplomatisch verhält.

Ausgangspunkt aller diplomatischen Verhaltensweisen ist die Erkenntnis, dass man im Umgang mit seinen Mitmenschen erfolgreicher ist, wenn man in → *höfliche* Umschreibungen verpackt (oder manchmal am besten lieber ganz verschweigt), was man wirklich denkt und will. Und dass man seine → *Ziele* oft leichter und schneller durchsetzen kann, wenn man geduldig verhandelt, anstatt lauthals zu fordern.

Im → *Privatleben* wie im Beruf tut sich leichter, wer diplomatisch ist. Wenn der → *Chef* seinem → *Mitarbeiter* sagt, dass sein → *Protokoll* wirklich grottenschlecht geschrieben ist, dann entspricht das vielleicht der Wahrheit, wird aber weder sein Verhältnis zum Mitarbeiter noch dessen Protokoll nachhaltig verbessern. Und wenn der Mitarbeiter dem Chef vorwirft, für einen Hungerlohn den Laden schmeißen zu müssen, dann entspricht das vielleicht auch der Wahrheit, aber auf diese Weise bekommt der Mitarbeiter garantiert keine → *Gehaltserhöhung*, auch wenn er noch so gut ist.

Grundlagen der Diplomatie. In ihrer einfachsten Form ist Diplomatie nichts anderes als Einfühlungsvermögen und Verhandlungsgeschick. Anstatt ohne Rücksicht auf Verluste das zu fordern oder auszusprechen, was einem durch den Kopf geht, versetzt man sich vorher ganz kurz in sein Gegenüber: Wie wird der andere reagieren, wenn er unangenehme Dinge mit dem Holzhammer präsentiert bekommt? Und wie würde er reagieren, wenn man das, was zu sagen ist, etwas freundlicher verpackte? Eigentlich ist das keine große Kunst. In diesem Buch gibt es dazu eine ganze Reihe von **Tipps**, zum Beispiel unter → *Lächeln*, → *Freundlichkeit*, → *Grenzen*, → *Kritik*, → *Killersätze*, → *Tonfall*, → *Verständnis*, → *Ziele*. **Merke:** Diplomatie bedeutet nicht zwangsläufig, dass man sich verkneifen muss, was man eigentlich sagen will (auch wenn das manchmal die klügste → *Lösung* ist). Aber sie erfordert immer, dass man darüber nachdenkt, wie man es so sagt, dass der andere sich weder gekränkt noch über den Tisch gezogen fühlt.

Zu wenig Diplomatie. Es gibt Leute, für die ist Diplomatie gleichbedeutend mit Heuchelei. Für sie ist es eine Frage der → *Ehrlichkeit*, grundsätzlich → *Klartext* zu reden: „Ich sage immer, was ich denke“, „Ich habe schließlich ein Recht darauf, meine Meinung zu sagen“, „Soll er ruhig wissen, was ich von ihm halte“ und „Ich rede nie lange drumrum“.

So viel Ehrlichkeit ist ehrenwert – aber nicht alle können damit auch umgehen. Wer lieber Klartext redet, muss deshalb damit rechnen anzuecken. Und damit, dass es ganz ohne Einhaltung diplomatischer Spielregeln ein bisschen länger dauern könnte, bis er seine Ziele erreicht.

Gleichzeitig ist **zu viel Diplomatie** auch nicht viel besser. Wer nie seine eigene → *Meinung* zu erkennen gibt, Kritik und Wünsche hinter winzigen → *Andeutungen* so perfekt verbirgt, dass nur noch Berufsdiplomaten sie ansatzweise erkennen können; wer immer nur verständnisvoll lächelt, auch wenn er nicht das geringste Verständnis hat, und jeden noch so gerechtfertigten → *Wutanfall* schon im Entstehen zu einem gemurmelten „Darüber bin ich nicht ganz glücklich" zusammenpresst – der tut zwar niemandem weh und eckt nirgendwo an. Vielleicht kommt er sogar ganz im Verborgenen ganz großen Zielen näher. Aber so viel Selbstbeherrschung kann auf Dauer sehr anstrengend sein: Wo Diplomatie hauptsächlich ein Mittel ist, um Konflikte zu vermeiden, ist der → *Burn-out* nicht weit.

▶ Diskretion

Diskretion bedeutet zweierlei, „Verschwiegenheit" und „taktvolle Zurückhaltung". Sie ist im Berufsleben eine wichtige Eigenschaft, obwohl und gerade weil am → *Arbeitsplatz* eigentlich eher → *Klatsch & Tratsch* an der Tagesordnung sind. Beides macht Spaß. Aber erstens gibt es dafür nur selten Karriere-Pluspunkte, und zweitens kann man schnell im → *Fettnapf* landen, wenn man nicht aufpasst, wem man was über wen erzählt. Das Gegenteil von Diskretion ist die → *Indiskretion*, zu der es ebenfalls eine Menge zu sagen gibt.

Formen der Diskretion. „Verschwiegenheit" bedeutet im Wesentlichen, dass Sie **nicht gleich brühwarm weitererzählen**,
- was Ihnen jemand gesagt hat. Vor allem dann nicht, wenn Sie darum gebeten wurden, das Gehörte für sich zu behalten;
- was Sie irgendwo gehört, aber noch nicht auf seinen Wahrheitsgehalt geprüft haben;
- was Sie so an tratschwürdigen Dingen über andere (→ *Chefs*, → *Kollegen*, → *Partner*, → *Kunden*, Ihren Nachbarn und die Wurstverkäuferin im Supermarkt nebenan) wissen oder glauben zu wissen.

Übrigens: Es kann durchaus sein, dass Ihr → *Arbeitsvertrag* Sie ausdrücklich zu → *Loyalität* und Verschwiegenheit verpflichtet, was bestimmte Themen angeht, zum Beispiel Ihr → *Gehalt* und Geschäftsgeheimnisse.

„Taktvolle Zurückhaltung" bedeutet, auf eine einfache Formel gebracht, dass Sie sich möglichst nicht als kleiner Bruder (oder kleine Schwester) vom Elefanten im Porzellanladen outen sollten. **Dazu gehört, dass Sie es sich in der Öffentlichkeit verkneifen,**

• Menschen auf Themen anzusprechen, die ihnen höchstwahrscheinlich unangenehm oder peinlich sein werden („Sie sind aber dick geworden!", „Betrügt Dein Mann Dich eigentlich immer noch?", „Sie sehen gar nicht gut aus, sind Sie krank?");

• nett gemeinte Hinweise dem Betroffenen so lautstark zu geben, dass alle anderen dadurch erst merken, was los ist („Ihr Hosenstall ist offen!" „In Ihrer Tischvorlage fehlen alle Zahlen!");

• ausufernde Kritikgespräche vom Zaun zu brechen. Die sind so schon schwer genug zu ertragen – wenn Zeugen dabei sind, werden sie für den Kritisierten völlig unerträglich.

▶ Diskussionen

So nennt man den (mehr oder weniger friedlichen) Austausch von → *Argumenten* und → *Meinungen* zu einem bestimmten Thema. → *Ziel* ist es, nach Abwägung aller Diskussionsbeiträge zu einem gemeinsamen Ergebnis zu kommen: Entweder kann eine Partei sich durchsetzen, oder es gibt einen → *Kompromiss*.

An Diskussionen teilnehmen. Nicht alle Diskussionen enden mit einem gemeinsamen Ergebnis. Oft genug führen solche → *Gespräche* lediglich dazu, dass jeder die Meinung der anderen erfährt, sich aber nicht von seiner eigenen Überzeugung abbringen lässt, selbst wenn die anderen noch so gute Argumente bringen.

Das liegt daran, dass das oberste Diskussionsgebot allzu gerne missachtet wird. Es lautet „Du sollst nicht nur reden, sondern auch → *zuhören* und andere → *ausreden lassen*". Auch wenn sich dadurch eindeutig das Risiko ergibt, dass die Argumente des oder der anderen sich am Ende als die besseren erweisen.

Sie können sich natürlich aus → *Image*- oder Egogründen darum bemühen, bei Diskussionen grundsätzlich immer das letzte

Wort zu haben, Ihren Standpunkt durchzusetzen und jede Meinungsverschiedenheit für sich zu entscheiden. Damit beweisen Sie Ihre Durchsetzungskraft – aber beliebt machen Sie sich damit kaum: Rechthaberei gehört nicht zu den zehn liebenswertesten menschlichen Eigenschaften.

Clever diskutieren. Es ist zwar anstrengender, aber eine ganze Ecke geschickter, sich mit den Argumenten der Gegenseite ernsthaft auseinander zu setzen, aufrichtig nach einem Kompromiss zu fahnden und auch mal einen Punkt an die anderen gehen zu lassen.

Entweder, weil sie nun mal eindeutig → *Recht* haben (auch wenn es immer schwer ist, das einzusehen und zuzugeben). Oder aus strategischen Gründen: Wenn Sie in einem Bereich nachgeben, können Sie die anderen besser dazu drängeln, in einem anderen Bereich nachzugeben, der Ihnen → *persönlich* besonders wichtig ist.

Oder aber Sie geben den anderen ganz einfach Recht, um ihnen eine Freude zu machen und sich selbst Ruhe zu verschaffen: Die wenigsten Diskussionsthemen sind so absolut lebenswichtig oder karriereentscheidend, dass es sich lohnt, darüber einen ernsten → *Streit* vom Zaun zu brechen.

Offizielle Diskussionen zu leiten, zum Beispiel in einer → *Sitzung*, ist manchmal schwieriger, als eine Horde Löwen durch die Manege zu treiben. Deshalb schlagen Fachbücher[4] eine ganze Reihe von → *Regeln* vor, mit denen sich diese Aufgabe in den Griff bekommen lässt:
• **Über das Thema informieren.** Worum geht es? Wo liegt das → *Problem*? Was soll erreicht werden? Das sollte zwar jeder wissen, aber es gibt immer ein paar Leute, die liebend gerne andere Dinge zur Sprache bringen würden.
• **Zeitrahmen festlegen** – sonst hängen Sie noch nach Feierabend mit Ihren Diskutanten fest. Und das Einzige, was noch frustrierender ist als ergebnislose Diskussionen, sind Zeit raubende ergebnislose Diskussionen.
• **Moderieren.** Was das heißt, können Sie bequem vor dem Fernseher von Sabine Christiansen und anderen Talk-Größen → *ler-*

nen: Wortkarge Teilnehmer müssen gezielt um ihre Meinung gebeten und Vielredner bei Bedarf → *diplomatisch* unterbrochen
werden; → *Killersätze* müssen sanft getadelt und abschweifende
Redner zum Thema zurückgeführt werden. Zwischendurch gilt
es, Teilergebnisse zusammenzufassen. Und am Ende ist es das
Gebot der Stunde, das Diskussionsergebnis so zu formulieren,
dass sich auch alle Teilnehmer damit anfreunden können.

• **Besonders wichtig: Vergessen Sie für die Dauer der Diskussion Ihre eigene Meinung zum Thema.** Die ist nämlich nicht gefragt. Wer eine Diskussion leitet, muss neutral sein. Auch wenn's
schwer fällt.

▶ Distanz, innere

Gemeint ist die nötige Gelassenheit, die man braucht, um
überhaupt mit halbwegs guter → *Laune* durchs Leben zu
kommen. Im Berufsleben ist sie eine der entscheidenden Voraussetzungen dafür, bei aller → *Job Identification* von der eigenen Arbeit nicht aufgefressen zu werden. Arbeitgeber und → *Chefs* erwarten von ihren → *Mitarbeitern* nämlich, dass sie „sich voll einbringen" und ihre Arbeit nicht nur mit → *Disziplin*, sondern auch
mit Begeisterung erledigen.

Sich mit seiner Arbeit hundertzwanzigprozentig zu identifizieren, ist heutzutage eine ganz wesentliche Voraussetzung für alle,
die beruflich weiterkommen wollen. Es ist aber auch die beste
Voraussetzung dafür, sich mit Anfang vierzig das erste Magengeschwür heranzuzüchten und spätestens mit Anfang fünfzig endgültig zu begreifen, was eigentlich genau mit → *„Burn-out"* gemeint ist.

So kann es jedenfalls denen ergehen, die es nicht schaffen, einen gewissen inneren Abstand zu ihrer Arbeit zu halten. Das
klingt paradox. Wie soll das gehen, sich mit voller Kraft mitten
in den Job stürzen – und gleichzeitig Abstand halten?

Die Antwort lautet: Das ist paradox. Aber es ist trotzdem richtig, → *wichtig* und noch dazu ausgesprochen schwer zu lernen.
Außer für die → *Energiesparer*, aber die sind hier nicht betroffen, weil sie von Natur aus einen gesunden Abstand zu jeder Art

von Anstrengung halten. Alle anderen, besonders diejenigen, die bereit sind, richtig zu ackern, um weiterzukommen, haben nicht die Wahl. Sie müssen darauf achten, den inneren Abstand nicht zu verlieren.

Den inneren Abstand verlieren. Jeder weiß aus eigener → *Erfahrung*, was passiert, wenn unter irgendeinem Druck (egal ob Beziehungsstress oder Arbeitsüberlastung) die letzten Gelassenheits-Reserven verschwinden: Die Gedanken kreisen nur noch um das eine Thema, vor allem nachts, wenn man eigentlich friedlich schlafen sollte. Man nimmt alles → *persönlich*, jede → *Kritik* wird als → *Angriff* aufgefasst. Erst kommt der Frust, und dann irgendwann ein heißes → *Gefühl* von → *Wut* und → *Ärger*. Türen knallen, → *Tränen* fließen. So ein → *Stress*.

Abstand-Übungen. Es gibt zwei Tricks, die ganz nützlich sein können, wenn man merkt, dass man dabei ist, den Abstand zu verlieren. Sie funktionieren allerdings nur, wenn sie regelmäßig geübt werden. Aber dafür gibt es schließlich zu Hause und am → *Arbeitsplatz* jede Menge Gelegenheiten.

• Ausgesprochen hilfreich sind in schwierigen Situationen ein paar **schnelle** → *Fragen* **an das eigene** → *Ich*: „Ist das jetzt wirklich so wichtig, dass ich anfangen muss, mich aufzuregen?", „Lohnt es sich wirklich, dafür meine Gelassenheit aufzugeben und mir → *Stress* zu machen?", „Wie wird die Sache weitergehen, wenn ich mich im Griff behalte und mir ein bisschen Abstand bewahre – und wie, wenn ich das nicht schaffe?"

• Wenn Ihnen das zu philosophisch ist, dann können Sie sich mit ganz geringem Aufwand innerhalb von drei Minuten **drei Menschen vorstellen, die heilfroh wären, wenn sie ihre** → *Probleme* **mit den Ihren tauschen dürften.** Die drei müssen Sie noch nicht mal in den Kriegs- und Krisengebieten dieser Welt suchen – auch der Obdachlose, der immer an der Ecke steht und Zeitungen verkauft, kann über die meisten Ihrer Sorgen wahrscheinlich nur müde grinsen. Ziemlich platt, aber trotzdem wahr: Der Blick auf das Schicksal anderer hilft, auf dem Teppich zu bleiben. Und sich nicht von Dingen auffressen zu lassen, die das, bei Licht betrachtet, überhaupt nicht wert sind.

▶ Distanz, körperliche

„Bitte Abstand halten" – das gilt nicht nur für LKW, sondern auch für Menschen. Kaum jemand kann es leiden, wenn ihm ein anderer zu sehr „auf die Pelle rückt". Wenn es sich nicht gerade um die eigenen Beziehungspartner und → *Kinder* handelt, ist zu große Nähe, womöglich → *Körperkontakt*, eher unerwünscht (besonders dann, wenn er mit etwaigem → *Körpergeruch* einhergeht).

Distanzzonen. Wissenschaftler messen alles, also wissen sie auch über die verschiedenen menschlichen Distanzzonen Bescheid. Sie sind wie konzentrische Kreise angeordnet:
• Die **Intimdistanz** ist der innerste Kreis. Hier lassen wir „normalerweise nur Menschen ein, die uns nahe stehen und die wir lieben, doch wir müssen auch andere darin dulden, zum Beispiel im Theater, im Bus, bei einem Seminar oder in einem Aufzug".[5]
• Der zweite Kreis ist die **persönliche Distanz**, meistens etwas mehr als eine Armlänge. Sie ist die Zone für Freunde und Bekannte, „die bei einer Begegnung oder einem → *Gespräch* eingehalten wird; doch kann die Entfernung je nach Kulturkreis differieren [unterschiedlich ausfallen]. Araber stehen näher zueinander, Engländer weiter auseinander. Das Überschreiten dieser → *Grenze* wird als Eindringen in die Intimzone betrachtet, ein größerer Abstand als Distanzierung".[6]
• Der dritte Kreis schließlich ist die **„soziale Distanz"**. Sie beträgt ca. 120–200 Zentimeter. „Fremde oder flüchtige Bekannte (...) werden sich bemühen, in etwa diesen Abstand einzuhalten."[7]

Distanzzonen missachten ist für den, der das erleben muss, eine unangenehme Revierverletzung, ganz egal, ob sie im → *Privatleben* oder im Beruf stattfindet. Die meisten Menschen wissen das aus eigener → *Erfahrung*. Umso erstaunlicher ist es, wie viele Leute es trotzdem tun. Die typischsten Fälle im Berufsleben: Lehrerhaft hinter → *Mitarbeitern* und → *Kollegen* stehen, die an ihrem → *Arbeitsplatz* sitzen; sich auf ihren Schreibtisch setzen, während man mit ihnen spricht; im stehenden Gespräch zu nahe an den anderen herantreten.

Sie haben noch nie von Distanzzonen gehört? Das ist kein einleuchtender Grund, nicht darüber Bescheid zu wissen. Denn mit ein bisschen Beobachtungsgabe kann man sofort spüren, wann der andere die Nähe als zu groß empfindet. Er wird das wahrscheinlich aus → *Höflichkeit* nicht direkt ansprechen, aber körperlich trotzdem klar signalisieren. Wer sitzt, wenn der andere ihm zu nahe kommt, steht demonstrativ auf. Wer steht, weicht automatisch ein bis zwei Schritte zurück.

Ein Beispiel: Um auf einen Schlag alles über Distanzzonen zu → *lernen*, reicht es, einmal die typischen Stehgespräche zu beobachten, die sich auf Partys und → *Empfängen* ergeben: Ein Aufdringlicher rückt vertraulich an einen Empfindlichen heran. Er redet so nah in sein Gesicht, dass er ihm fast zwischendurch die Nase ablecken könnte. Dem Empfindlichen ist das unangenehm – er tritt einen Schritt zurück. Der Aufdringliche will die Nähe nicht verlieren (weil er auf Aufreißertour ist, ein heißes Geschäft anbahnen möchte oder nicht will, dass andere → *zuhören*), also zieht er nach. Der Empfindliche macht einen zweiten Schritt zurück. Undsoweiterundsoweiter.

Dieser kleine Tanz endet erst, wenn der Empfindliche unter einem Vorwand flüchtet. Oder vom seinem „Tanzpartner" allmählich in eine Ecke manövriert wird, aus der er kaum noch fliehen kann. Das gibt es auch. Aber dieses Manöver wird nicht zur Nachahmung empfohlen. Denn auf diese Weise kann der Aufdringliche zwar kurzfristig Nähe erzwingen, aber garantiert keine → *Sympathie*, im Gegenteil: In Zukunft wird der Empfindliche sich lieber gleich verdrücken, sobald er den Aufdringlichen auch nur von weitem erkennt.

▶ **Disziplin**

Das Wort bedeutet laut Lexikon „Zucht, → *Ordnung*, Einordnung, Unterordnung".[8] Da denkt man an Lehrer aus dem 19. Jahrhundert und Militärausbilder aus Amerika, und eines ist sowieso ganz klar: Mit Spaß hat dieses Wort relativ wenig zu tun.

Auch wenn der Begriff ungute → *Gefühle* weckt: Im Berufsleben ist häufig von Disziplin die Rede. Die wenigsten → *Chefs* erzwingen sie mit Stockhieben oder Bürostrafputzen mit der Zahnbürste – aber alle hoffen, dass ihre Mitarbeiter unaufgefordert eine gewisse Disziplin an den Tag legen. Damit ist nicht so sehr Zucht und Ordnung gemeint, sondern vielmehr die Bereitschaft, → *Regeln* zu befolgen und → *Ziele* zu verfolgen, selbst wenn der Spaßanteil zwischendurch eher gering ist.

Disziplin im Beruf. Die wenigsten Jobs sind durchgehend lustig. Wer nur bereit ist zu arbeiten, wenn die Arbeit permanent Spaß macht, sollte sich lieber gleich arbeitslos melden. Der Normalfall ist nämlich, dass man eine Arbeit erledigt, weil sie erledigt werden muss. Klar gibt es immer Aufgaben, die angenehm sind oder spannend oder schön. Aber im Wesentlichen geht es im Berufsleben darum, dass man seinen inneren Schweinehund unter Kontrolle hält und auch unangenehme, langweilige oder unschöne Aufgaben mit derselben → *Zuverlässigkeit* und → *Job Identification* erledigt. Als Belohnung dafür gibt es schließlich ein → *Gehalt*.

In diesem Zusammenhang spielt die Fähigkeit zur **Selbstdisziplin** die größte Rolle: „Ein Mensch auf einem Berggipfel ist nicht dorthin gefallen. Ohne Selbstdisziplin ist kein → *Problem* lösbar. Sie ist notwendig für alle Arten des → *Lernens* und Wachsens."[9]

Wer gerne Gitarre spielt, aber nicht bereit ist, jeden Tag vier Stunden zu üben, wird höchstwahrscheinlich kein großer Musiker. Und wer gerne → *Karriere* machen möchte, aber nicht bereit ist, sich dafür freiwillig anzustrengen und → *Initiative* zu entwickeln, auch ohne dass → *Chefs* und → *Kollegen* ständig so typische Disziplin-Faktoren wie → *Ordnung* und → *Pünktlichkeit* einfordern müssen, der kann sich den Traum vom beruflichen → *Erfolg* von der Backe kratzen. Das ist zwar schade – aber andererseits natürlich wesentlich bequemer.

▶ **Dress Code** → *Kleidungsvermerk*

▶ **„Dringend"**

In diesen Zeiten ist immer alles dringend. Und was dringend ist, muss möglichst sofort erledigt werden. Nun kann man aber

unmöglich alles gleichzeitig machen – das Ergebnis wäre nur →
Stress und stressbedingt eine hohe Fehlerquote. Andererseits
darf man selbst als → *Energiesparer* nicht riskieren, grundsätzlich alles erst mal liegen zu lassen. Es lohnt sich daher, ein paar
Gedanken daran zu verschwenden, was wirklich „dringend" ist
und was nicht.

Was ist wirklich dringend? Dafür gibt es eine sehr praktische Methode: Sie können einfach alles, was Ihnen als
„dringend" auf den Tisch flattert, je nach Sachlage auf vier
Stapel verteilen: „Wirklich dringend", „eilt", → *„wichtig,* aber
nicht dringend" und „weder wichtig, noch dringend". Die wirklich dringenden Dinge schauen Sie sich dann noch mal genau an
und ordnen Sie zu einer → *Prioritätenliste,* auf der Sie festlegen,
was nun wirklich als Allererstes erledigt werden muss.

Fehleinschätzungen. Die Sortier-Methode ist unschlagbar,
um vor lauter dringenden Angelegenheiten nicht das Al-
lerdringendste aus den Augen zu verlieren. Sie hat allerdings einen Haken: Wer sich in seinem Arbeitsbereich nicht wirklich gut
auskennt (oder keine Lust hat, über jeden Einzelfall länger als
unbedingt nötig nachzudenken), kann sich verschätzen. Manchmal ist da ein Irrtum schon einer zu viel.

Zum Beispiel, wenn Sie Dokumente, die zu einem bestimmten
→ *Termin* ankommen müssen, nicht mit einem Kurierdienst verschicken, sondern dem gemütlichen Gang der → *Hauspost* anvertrauen: Ein Tag für den → *Dienstweg* bis zur Poststelle, noch ein
Tag bis zur Frankierung (natürlich ohne Eilzuschlag) und Lieferung ans Postamt, dann noch zwei Tage, bis der Briefträger am
Zielort wieder gesund ist – und dann ist es zu spät: Die Frist ist
schon abgelaufen, die → *Information* veraltet, der Auftrag anderweitig vergeben.

So etwas kann richtig → *Ärger* zur Folge haben. Dabei ist es so
einfach, Fehleinschätzungen zu vermeiden: → *Anfänger,* die noch
unsicher sind, und → *Energiesparer,* die sich aus rein praktischen
Erwägungen unsicher geben, → *fragen* einfach ihren → *Chef.* Der
hat zwar im Prinzip anderes zu tun, als sich mit den Rückfragen
seiner → *Mitarbeiter* zu befassen.

Aber Rückfragen werden ihm im Zweifel immer noch lieber sein als das Risiko, die Entstehung von → *Fehlern* zu begünstigen, für die er hinterher geradestehen muss.

▶ Drogen

Drogen sind im Berufsleben absolut → *tabu*. Das gilt nicht nur für alles vom Joint an aufwärts, sondern in zunehmendem Maße auch für die „Gesellschaftsdrogen" Zigaretten (→ *Rauchen*) und → *Alkohol*. Wer trotzdem meint, zumindest gelegentlich mal einen durchziehen oder eine Pille einwerfen zu müssen, der kann das natürlich ruhig tun. Es schadet allerdings in dem Fall nicht, sich darüber klar zu werden, dass man damit unter Umständen seinen Job riskiert.

Noch ist das Risiko, erwischt zu werden, zwar nicht so groß wie in den USA, wo unangekündigte Drogentests immer verbreiteter sind. Und überhaupt: Drogen sind doch für die meisten ein Abend- und Wochenendvergnügen, gearbeitet wird in der Woche tagsüber – da kann man doch gar nicht erwischt werden. Sollte man zumindest meinen.

Aber genau wie es nach dem Suff auch am nächsten Morgen noch den Restalkohol gibt (der manchmal ausreicht, um den Führerschein zu verlieren), kann es auch bei Drogen ein paar „Spätfolgen" geben. Rote Augen oder erweiterte Pupillen zum Beispiel. Die sind zwar an sich harmlos, reichen aber völlig aus, um genaue Beobachter auf falsche (also die richtigen) Gedanken zu bringen. Oder übergroße Müdigkeit. Die ist hundertmal kein Problem, und niemand merkt's. Aber wer unter diesen Umständen einmal einen entscheidenden → *Fehler* macht, darf nicht mit mildernden Umständen rechnen.

▶ Dummdeutsch

Dummdeutsch ist eine Variante der deutschen Sprache, die zwar deutsch aussieht, aber zumindest nach den offiziell gültigen → *Regeln* entweder völlig falsch ist oder haarscharf daneben. Gerne wird Dummdeutsch auch mit → *Denglisch* kombiniert – eine

Mischung, die vor allem für Leute ab vierzig oft weder erträglich noch verständlich ist.

Trotzdem gibt es ausgerechnet in der Alltagssprache viele Dummdeutsch-Ausdrücke. Selbst Zeitungen, Bücher und Nachrichtensendungen sind nicht frei davon, was die Sache an sich jedoch auch nicht akzeptabler macht.

Hier eine kleine Dummdeutsch-Hitliste:
• In 1999, aus 2000. → *Denglisch*; im Deutschen werden die Jahreszahlen ohne „in" und „aus" verwendet, oder man erklärt: „Aus dem Jahr 1999".
• Umso mehr, weil. Richtig ist: „umso mehr, als".
• Insofern, wie. Richtig ist: „insofern, als".
• In der Anlage. Richtig ist: „als Anlage" oder „beiliegend".
• In keinster Weise. Keiner als kein gibt es nicht. Richtig ist: „In keiner Weise". Dasselbe gilt für „das Einzigste", „das Idealste" und „das Optimalste".
• Ich habe das reflektiert. Reflektieren können streng genommen nur Objekte irgendwelche Strahlen, meistens Licht. Gemeint ist „Ich habe darüber nachgedacht". Richtig ist, wenn überhaupt, „Ich habe darauf reflektiert".
• Ich erinnere das. Das lässt der Duden inzwischen als norddeutschen Sprachgebrauch gelten. Es klingt aber eher nach Denglisch („I remember that"). Auf Deutsch kann man eigentlich nur jemand anderen oder sich an etwas erinnern.
• Das macht Sinn. Denglisch („That makes sense"). Richtig ist: „Das ergibt Sinn" oder „das ist sinnvoll".

In Jobs, in denen man reden kann, wie einem die Worte gerade aus dem Mund fallen, ist Dummdeutsch nicht unbedingt ein → *Problem*. Aber viele von diesen Jobs gibt es nicht, außer vielleicht Schäfer, Straßenkehrer oder Sargträger. Deshalb ist es unter Umständen und je nachdem, wie hoch man beruflich hinaus will, keine völlig überflüssige Anstrengung, sich selbst gelegentlich mal → *zuzuhören*. Und dann im Zweifelsfalle einem Ratschlag eines Fachbuchs[10] zu folgen: „Machen Sie es besser wie viele → *Chefs*!" Das ist zwar rein sprachlich gesehen Dummdeutsch, aber rein inhaltlich absolut nicht von der Hand zu weisen.

▶ **Dummheit**

Dummheit im Sinne von Nichtwissen und Ahnungslosigkeit ist eine menschliche Eigenschaft, die häufig anzutreffen, aber deshalb nicht leichter zu ertragen ist. Darin ist sie der → *Arroganz* und der → *Eitelkeit* vergleichbar. Während es jedoch für diese beiden Eigenschaften Strategien gibt, die den Umgang mit ihnen etwas erleichtern, ist es eher schwierig, sich mit Dummheit zu arrangieren.

Die Dummheit anderer lässt sich grundsätzlich in zwei Gruppen unterteilen. Unterscheidungsmerkmal ist die → *Frage*, ob jemand etwas nicht weiß oder nicht kann, weil er es (noch) nicht gelernt hat. Oder ob er nur so tut, als ob er etwas nicht weiß oder nicht kann, um es nicht tun zu müssen.

Echtes Nichtwissen ist immer verzeihlich. Ein echter Nichtwisser hat entweder noch nicht die Möglichkeit gehabt, eine bestimmte Sache zu → *lernen*. Oder er hat (noch) nicht die erforderlichen Fähigkeiten, sie sich anzueignen. Der typische echte Nichtwisser ist ein → *Anfänger*. Er stellt sich nicht etwa aus bösem Willen „dumm an", sondern weil er einfach noch nicht gelernt hat, wie ein ordentlicher Geschäftsbrief aussieht oder ein vernünftiges → *Protokoll*. Hier sind Erklärungen angesagt und damit viele Chancen für den Anfänger, beim nächsten Mal sein neues Wissen unter Beweis zu stellen.

Behauptetes Nichtwissen hingegen ist weder erträglich noch verzeihlich. Es handelt sich um eine weitverbreitete → *Energiesparer*-Technik, durch „sich-dummstellen" lästige Arbeit auf andere abzuwälzen. Manche Pseudo-Nichtwisser tun so, als ob sie dumm seien, andere weigern sich, zu lernen. Das Ergebnis ist in beiden Fällen dasselbe:

Wer ihnen für die Erledigung einer Aufgabe dreimal stundenlange Erklärungen und Hilfestellungen geben muss oder dreimal völlig unbrauchbare Arbeitsergebnisse erhält, wird sich beim vierten Mal einen anderen für die Erledigung suchen. Oder die Arbeit gleich selbst machen. In Fachbüchern nennt man das „Das Blöd-Spiel".[11]

Mit Dummheit umgehen. Es ist das Gegenteil von nützlich, echte oder Pseudo-Nichtwisser zu beschimpfen, obwohl es dafür so viele schöne → *Killersätze* gibt von „Mein Gott,
sind Sie begriffsstutzig!" bis „Wie kann man nur so blöd sein!".
So kann man zwar erfolgreich Dampf ablassen, erreicht damit
aber höchstwahrscheinlich keine Verbesserung der Arbeitsqualität, sondern eher eine Feindseligkeit, die der Grundstein für →
Mobbing und → *Intrigen* sein kann.

Eine geeignetere Methode ist es, sich erst mal genau anzuschauen, ob es sich um echtes oder behauptetes Nichtwissen
handelt. Gegen echtes Nichtwissen helfen → *Verständnis* und
Erklärungen, siehe oben. Behauptetes Nichtwissen lässt sich
von echtem Nichtwissen dadurch unterscheiden, dass ein echter Nichtwisser selten einen → *Fehler* aus Dummheit immer wieder macht.

Ein Pseudo-Nichtwisser hingegen macht denselben Fehler erfahrungsgemäß immer wieder. So lange, bis er sich diese Arbeit
ein für alle Mal vom Hals geschafft hat.

Tipp: Wenn Sie dem Pseudo-Nichtwisser diesen → *Erfolg* nicht
gönnen, können Sie versuchen, ihm das „Blöd-Spiel" abzugewöhnen. Dafür ist allerdings → *Geduld* erforderlich: Widerstehen Sie dem Reflex, die Arbeit lieber gleich selbst zu erledigen
(„Das geht sowieso schneller"). Und widerstehen Sie auch seinen
→ *Bitten*, ihm alles zum hundertsten Mal zu erklären, indem Sie
schlicht zurückfragen: „Wie haben Sie es denn das letzte Mal gemacht?" Oder: „Was würden Sie tun, wenn keiner da wäre, den
Sie fragen können?"[12] Solche Fragestunden fördern oft zutage,
dass beim „Blöd-Spieler" viel mehr Wissen vorhanden ist, als er
zugeben will. Und sie arten für ihn in ernsthafte Arbeit aus, weil
er sich, konkret befragt, nur schlecht herausreden kann. Echte
→ *Energiesparer* tun da letztlich lieber gleich das, was von ihnen
erwartet wird.

Eigene Dummheit. Tja, die gibt's auch. Und sie kann zu → *Fehlern*
führen und zu dicken → *Fettnäpfen*. Aber mit Selbsterkenntnis
ist in diesem Fall schon eine Menge erreicht. Wer das nicht kann
oder davor zurückschreckt, muss auf Dauer allerdings mit zwei

Dingen rechnen – mit reichlich → *Kritik* und mit dem Schicksal, immer wieder zurück auf Los geschickt zu werden.

▶ **Duzen**

Früher, in den steifen alten Zeiten, gab es eindeutige → *Regeln* dafür, wer wem unter welchem Umständen das „Du" anbieten darf: Die Dame dem Herrn, der Ältere dem Jüngeren, der Hochrangige dem Nachrangigen. Alles andere war unschicklich.

Heute gibt es diese Regeln zwar theoretisch immer noch, aber sie sind ziemlich verwaschen und zum Teil ganz außer Kraft gesetzt. Inzwischen hängt es, zumindest im Berufsleben, häufig von der Branche und dem Arbeitsumfeld ab, ob man sich eher duzt oder eher siezt: Geht es im Banken-Milieu in dieser Hinsicht noch sehr konservativ zu, so gehört es in den Medien, der Werbung und der Computerbranche häufig zum Firmenstil, dass alle miteinander per Du sind.[13]

Spontan-Duzen. Einander förmlich das „Du" anbieten, gefolgt vom rituellen Brüderschafttrinken – das gibt es zwar noch, aber dieser feierliche Akt wird im Berufsleben nicht selten ersetzt durch umstandsloses Spontan-Duzen: Irgendwann im Laufe der Zusammenarbeit fängt einer an, den anderen zu duzen. Und der andere steigt in der Regel genauso spontan darauf ein (→ *Ausnahmen* siehe unten), oft sogar mit großer Freude, denn das vertrauliche „Du" ist eine Ehre oder wird zumindest als Ehre angesehen.

Am weitesten verbreitet ist dieser formlose Übergang zum „Du" unter jüngeren, gleichaltrigen → *Mitarbeitern*. Selbst wenn sie innerhalb der → *Rangordnung* unterschiedliche Positionen haben, kommt ihnen das „Sie" für den Umgang miteinander oft zu steif und spießig vor. Ansonsten ist es in Anlehnung an die traditionellen Regeln oft der Ältere oder Höherrangige, der übergangslos zum „Du" wechselt.

Pseudo-Duzen. Es gibt das „Du", das Verbundenheit und Freundschaft signalisiert wie damals bei Winnetou und Old Shatterhand. Genauso häufig ist in der Geschäftswelt allerdings zu beobachten, dass sich auch Leute duzen, die einander in herzlicher → *Ab-*

neigung verbunden sind oder sogar bekanntermaßen nur darauf warten, den anderen in die Pfanne hauen zu können. Hier zeigt das „Du" nicht mehr an, als dass da zwei zu demselben „Club" gehören: Man duzt sich, weil man in etwa gleich alt ist und gleich mächtig, weil es irgendwie dazu gehört, am Du-Ritual teilzunehmen. Oder weil man seine eigene Wichtigkeit prima zur Schau stellen kann, wenn man in der Öffentlichkeit noch wichtigere Leute duzen darf. Wer unter solchen Umständen das „Du" angeboten bekommt, hat nicht wirklich Grund dazu, sich über einen neugewonnenen Freund und Blutsbruder zu freuen.

Das gilt übrigens auch für die netten Amerikaner, die alle immer gleich beim Vornamen anreden und sowieso nur das „you" kennen: Mit Vertrautheit hat das nichts zu tun, sondern bestenfalls mit einer gepflegten Lässigkeit. Doch hinter ihr verbergen sich Regeln über den zulässigen Grad an Nähe in festen Rangordnungen, die den Du-Sie-Gesetzen in Deutschland um nichts nachstehen.

„Du"-Nachteile. Davon gibt es reichlich. Sie haben alle damit zu tun, dass mit dem „Du" eine existierende → *Distanz* abgebaut wird. Die ist zwar vielleicht tatsächlich steif und spießig – aber im Berufsleben sorgt sie dafür, dass man sich eine ganze Reihe von vermeidbaren Konflikten und Enttäuschungen erspart:

• Immer mehr Vorgesetzte gehen ihren Mitarbeitern gegenüber mit einem großzügig angebotenen „Du" auf Schmusekurs. Das rächt sich spätestens dann, **wenn der → *Chef* den Chef raushängen lassen will** oder muss: Es ist wesentlich schwerer, lästige oder unangenehme → *Arbeitsaufträge* an Mitarbeiter zu verteilen, mit denen man per Du ist. Denn wer seinen Chef duzt, wird viel eher versuchen, eine → *Diskussion* vom Zaun zu brechen, um die Arbeit doch noch irgendwie von sich abzuwenden, als jemand, der mit ihm per Sie ist.

• „Sie Trottel" ist ein → *Angriff*, der einfach schwerer über die Lippen kommt als „Du Trottel": Wenn man sich duzt, ist bei Konflikten schon rein sprachlich die Gefahr wesentlich größer, dass man in Sachen Wortwahl in seiner → *Wut* entgleist. Das „Sie" hingegen ist wie eine eingebaute Mahnung, sich gefälligst auch im schlimmsten → *Streit* noch zusammenzureißen.

• Wer unbedarft auf ein Spontan-Duzen einsteigt und sich über diesen Freundschaftsbeweis freut, kann sich ganz schön blöd vorkommen, wenn Herr oder Frau Wichtig am nächsten Tag oder bei der nächsten Begegnung auf das trauliche „Du" wieder mit einem strengen „Sie" reagiert. Diese Form von **Machtspielchen** kommt häufiger vor, als man denkt. Sie ist peinlich für den, der es spielt – aber noch peinlicher für den, der darauf reinfällt.

• Es kann **schmerzhafte Folgen** haben, wenn man ein strategisches Ritual-Du für ein Zeichen inniger → *Freundschaft* hält und darauf mit einem → *Vertrauen* reagiert, das der andere dann enttäuscht oder missbraucht. Das muss noch nicht einmal in finstere → *Intrigen* münden. Es ist schlimm genug, wenn ein Vorgesetzter einen neuen Mitarbeiter spontan und herzlich duzt – um ihn dann am Ende der → *Probezeit* leider doch zu feuern.

„Du" anbieten. → *Anfänger* und eher unsichere Menschen sind gut beraten, mit diesem Angebot vorsichtig umzugehen. Mit ein bisschen Beobachtungsgabe kann man sich viel Frust und → *Ärger* ersparen: Wie halten es die anderen im Unternehmen mit dem „Du"? Wer duzt wen – und hat das mit Vertraulichkeit oder „nur" mit dem Firmenstil zu tun? Wie und wann bieten die anderen einander das „Du" an?

Im Zweifel ist ein Blick auf die guten alten Regeln Gold wert. Wer dazu keine Lust hat oder sich als lässiger Unangepasster präsentieren will, kann schnell eine Bauchlandung machen. Bei aller Duzerei gibt es nämlich immer noch viele Chefs und → *Kollegen*, die es überhaupt nicht schätzen, wenn ein jüngerer, nachgeordneter Mitarbeiter ihnen locker-flockig das „Du" anbietet oder genauso charmant wie ungebeten zum Spontan-Duzen übergeht.

„Du" ablehnen. Wer einem anderen das „Du" anbietet, muss damit rechnen, dass der es ablehnt. Das kommt allerdings nicht oft vor, weil es den meisten Leuten zu peinlich wäre. Besonders Jüngere oder in der Hierarchie niedriger Stehende ziehen es aus Taktgefühl oder → *Angst* vor, sich entweder in ihr Schicksal zu fügen und brav „Du" zu sagen oder in Zukunft die direkte Anrede zu vermeiden, auch wenn das sprachlich noch so umständlich ist. Beides ist keine ideale → *Lösung*. Deshalb lohnt es sich, im Zweifel lieber im entscheidenden Moment Farbe zu bekennen, als hinterher ewig an einem ungeliebten „Du" herumzukauen. Zumal es letztlich gar nicht so unendlich schwierig ist, ein „Du" abzulehnen:

• Am leichtesten ist das beim unerwünschten Spontan-Duzen. Wenn Sie darauf stur mit einem entschiedenen **„Sie"** antworten, wird irgendwann auch der begriffsstutzigste Mitmensch merken, dass sein „Du" nicht angesagt ist.

• Wer Mut hat, kann auch ein direkt angebotenes „Du" ablehnen, wenn er dafür eine **einleuchtende Begründung** liefern kann. Die muss zwar nicht unbedingt der Wahrheit entsprechen, sollte aber so gestrickt sein, dass sie den „Du"-Anbieter nicht verletzt, zum Beispiel „Mir ist es ehrlichgesagt lieber, damit abzuwarten, bis klar ist, dass ich die Probezeit überstehe" oder „Ich glaube, dass meine Kollegen darauf eher eifersüchtig reagieren würden".

• Wer diesen Mut nicht aufbringt (was auch verständlich ist), der kann das „Du" zwar pro forma annehmen, aber den anderen danach **„aus Versehen" so oft siezen**, dass er irgendwann versteht und seine Duzerei wieder aufgibt.

Privat per Du, offiziell per Sie. Warum sollten sich Duzfreunde im → *Brief* oder in der mündlichen → *Anrede* auf einmal wieder siezen? Ein Muss ist das nicht, aber manchmal lohnt es sich, darüber nachzudenken, ob nicht ein förmliches „Sie" für alle Außenstehenden besser aussieht. Das gilt für hochoffizielle Schreiben, die in → *Kopie* an einen riesigen → *Verteiler* gehen, genauso wie für festliche Reden und wichtige → *Sitzungen*: Da kann Duzen angeberisch aussehen und all die vor den Kopf stoßen, die bisher noch nicht in den Genuss des vertraulichen „Du" gekommen sind.

Anmerkungen

[1] 33/S. 343 ff
[2] 32/S. 353
[3] 4/S. 256 ff
[4] Zum Beispiel Literaturliste Nr. 12/S. 122 ff

[5] 9/S. 138
[6] 1/S. 205
[7] 9/S. 139
[8] Wahrig Deutsches Wörterbuch
[9] 10/S. 80
[10] 4/S. 85
[11] 6/S. 66 ff
[12] 6/S. 71
[13] 7/S. 115 ff

E

▸ **Ehrlichkeit**

Das Wort steht für Aufrichtigkeit und Wahrheit, für die Abwesenheit von → *Lüge*, → *Betrug*, Heuchelei und Falschheit in jeder Form. Damit ist die Ehrlichkeit eine der höchsten menschlichen Tugenden. Auch auf der Wunschliste der Eigenschaften, durch die sich gute → *Mitarbeiter* auszeichnen, steht sie ganz oben.

Trotzdem ist bedingungslose Ehrlichkeit nicht immer von Vorteil. Ehrlichkeit im Sinne von „Abwesenheit von Lügen und Betrug" ist ganz klar ein Muss. Aber Ehrlichkeit im Sinne von „grundsätzlich sagen, was man denkt" kann ins Auge gehen. Unter Umständen ist es klüger, sich das zu verkneifen, was andere vor den Kopf stoßen könnte.

Ehrlichkeit oder → *Diplomatie*? „Sie sehen aber schlecht aus", einer → *Kollegin* gegenüber geäußert, ist garantiert ehrlich und bestimmt Ausdruck aufrichtigen Mitleids. Aber es ist auch undiplomatischer → *Klartext*, durch den sich Ihre Kollegin garantiert noch ein bisschen schlechter fühlen wird.

Dabei hätten Sie auch das genaue Gegenteil erreichen können, zum Beispiel mit: „Das Kleid, das Sie heute anhaben, steht Ihnen wirklich gut!" Ein kleines → *Kompliment* hellt die Stimmung immer gleich auf. Es wäre genauso ehrlich gewesen wie die Feststellung über ihre körperliche Verfassung. Und wenn nicht – dann ist es eben ein schlagender Beweis dafür, dass Ehrlichkeit manchmal durchaus kleine → *Notlügen* zulässt.

▸ **Eigenlob**

So nennt man es, wenn jemand seine eigenen Qualitäten und Taten permanent betont und herausstellt. Damit ist Eigenlob ein enger Verwandter der → *Eitelkeit*. Im → *Privatleben* fällt Eigenlob sofort unangenehm auf. Es wird automatisch als Zeichen für Eitelkeit oder für mangelndes Selbstbewusstsein gewertet. Beides nicht unbedingt attraktive menschliche Eigenschaften. Nicht umsonst heißt es „Eigenlob stinkt".

Im Berufsleben kann die Sache allerdings anders aussehen. Ein ganzes Buch dreht sich nur um die Theorie, dass ein gewisses Maß an Eigenlob ganz entscheidend für das berufliche Weiterkommen ist: „Eigenlob stimmt. Erfolg durch Selbst-PR".[1] Autorin Sabine Asgodom bezeichnet darin Bescheidenheit als „Karrierekiller Nummer eins": „Bescheidenheit ist eine Zier? Mit dieser Einstellung werden Sie nicht → *Karriere* machen. Denn Ihre → *Beförderung* hängt kaum von der Qualität Ihrer → *Leistung* ab. Gefragt ist die Kunst der Selbstdarstellung."[2]

Eigenlob für die Selbstdarstellung. Selbstdarstellung heißt „Tue Gutes und sprich drüber". Wer vornehm darauf verzichtet und stattdessen hofft, dass gute Leistung für sich selbst spricht, der hat die Erkenntnisse der Psychologen gegen sich. Die haben nämlich festgestellt, dass eine Beförderung nur zu zehn Prozent (!) von der Qualität der Arbeit abhängt. Dreißig Prozent werden vom → *Image,* also von → *Auftreten,* Ruf und → *Erscheinungsbild,* beeinflusst. Und zu nicht weniger als sechzig Prozent ist eine Beförderung davon abhängig, wie gut der Beförderungskandidat seine Vorgesetzten auf sich und seine Leistungen aufmerksam machen kann.[3]

Das bedeutet im Umkehrschluss: Wenn Sie Ihre → *Chefs* nicht ständig auf mehr oder weniger diskrete Weise auf Ihre Leistungen aufmerksam machen, werden sie sie möglicherweise gar nicht bemerken, sie als selbstverständlich ansehen oder, auch ein Klassiker, das → *Lob* dafür selbst einstecken.

Ungeschicktes Eigenlob ist es, wenn man diese Überlegungen als Aufforderung versteht, ungefragt bei jeder sich bietenden Gelegenheit sein ganzes heldenhaftes Leben vor seinen Zuhörern auszubreiten. Abiturdurchschnitt sehr gut, Studienabschluss summa cum laude, Goldmedaillen im Skispringen und dazu noch Schützenkönig. Es kann schon sein, dass der Generalsekretär Sie durch solche → *Informationen* nun viel mehr zu schätzen weiß und sich in Zukunft für Sie verwenden wird. Es kann allerdings auch sein, dass er Sie nun für einen eitlen Schwätzer hält. Vor allem, wenn er selbst gerne von summa cum und Goldmedaillen erzählen würde.

Geschicktes Eigenlob. Am elegantesten ist es, wenn bei Ihrem Vorgesetzten von dritter Seite Lob über Sie eingeht. Das können Sie selbst einfädeln, wenn jemand sich anerkennend über Ihre Arbeit äußert: „Sagen Sie das doch einfach mal meinem Chef." Und wenn Sie endlich einmal selbst die Anerkennung für alle Ihre guten → *Ideen* und Projekte kassieren wollen, dann ist Eigenlob in Form von regelmäßigen → *Aktennotizen* und → *Protokollen* über den Stand der Dinge das Instrument der Wahl.

Alle anderen empfehlenswerten Formen des Eigenlobs haben weniger damit zu tun, sich selbst zu loben, als vielmehr damit, aktiv alle sich bietenden Bühnen der Selbstdarstellung zu nutzen: → *Telefonate*, persönliche → *Gespräche*, Konferenzen, → *Messen*, → *Vorträge* und sogar Hauszeitschriften. Immer geht es darum, wie Sie durch Ihr → *Auftreten* und Ihr Erscheinungsbild den wichtigen ersten → *Eindruck* über Sie positiv gestalten können.

Das alles setzt ein gesundes Maß an Selbstbewusstsein voraus. Und in der Tat die Erkenntnis, dass es heutzutage nicht mehr unfein, sondern notwendig ist, sich auch mal ganz gezielt in den Mittelpunkt zu stellen, anstatt ein Leben lang das Mauerblümchen zu spielen. Damit jedoch tun sich laut Asgodom gerade die Frauen ziemlich schwer. Und vielleicht ist das einer der Gründe dafür, dass es so wenige davon in Spitzenpositionen gibt.

▶ **„Eilt"** → *„Dringend"*

▶ **Eindruck, erster**

Gemeint ist der Grad an → *Sympathie* – oder → *Abneigung* – , der sich mehr oder weniger spontan einstellt, wenn man einem Menschen das erste Mal begegnet. Jeder weiß, dass „der erste Eindruck zählt". Aber kaum jemand ist sich im Klaren darüber, dass es nicht mehr als sieben Sekunden dauert, bis er sich gebildet hat.[4] Das ist eine ziemlich zügige Meinungsbildung, vor allem, wenn man daran denkt, welche Folgen sie haben kann. Schließlich kann sich kräftig täuschen, wer so schnell zu einem Urteil kommt. Und trotzdem reagieren die meisten Menschen so. Grund genug, sich ein paar Gedanken darüber zu machen, wie sich der erste Eindruck positiv beeinflussen lässt.

Wovon der erste Eindruck abhängt. Ein amerikanischer Psychologe hat nachgewiesen, „dass die Wirkung einer Person nur zu sieben (!) Prozent davon abhängt, was diese tatsächlich sagt; 38 Prozent werden durch den → *Tonfall* vermittelt und 55 Prozent durch nonverbale [nichtsprachliche] Signale wie → *Körpersprache*, Aussehen und → *Kleidung*".[5]

Bildet sich der erste Eindruck durch ein Telefonat, liegen die Verhältnisse ähnlich eindeutig: „Bis zu neunzig Prozent wird dieser Eindruck von der Art und Weise, wie Sie etwas sagen, beeinflusst. Nur zehn Prozent der Wirkung gehen davon aus, was Sie sagen!"[6]

Das heißt im → *Klartext*: Wenn Sie sich allein auf Ihre natürliche Intelligenz verlassen und deshalb zu Ihrer ersten Begegnung mit wichtigen Menschen ganz unverkrampft mit gemütlichen Kuschelklamotten, Knoblauchfahne und abgekauten Fingernägeln erscheinen, sind Sie möglicherweise nicht intelligent genug.

Wer an dieser Stelle über die Oberflächlichkeit der Menschen → *jammert*, der hat zwar → *Recht*, ändert mit dieser Feststellung aber rein gar nichts. Erfolg versprechender ist es, wenn man sich in Maßen mit dieser Oberflächlichkeit abfindet und sich entsprechend verhält. Allerdings erwartet kein Mensch von Ihnen, dass Sie Ihre eigene Persönlichkeit bis zur Unkenntlichkeit verbiegen, nur um einen guten ersten Eindruck zu hinterlassen. Das ist erstens gar nicht ratsam, weil es langfristig für alle Beteiligten nur Frustrationen bringt, einen falschen Eindruck zu erwecken. Und zweitens funktioniert das Vorspiegeln falscher Tatsachen auf Dauer sowieso nicht.

Trotzdem ist es nicht verkehrt, bei Gelegenheit einmal ein paar Nachforschungen darüber anzustellen, was andere Leute so unter „angemessener Kleidung" und „anständigem →

Auftreten" verstehen – nur für den Fall, dass sich zwischen Ihnen und den anderen (→ *Chefs*, → *Kollegen*, Partner) größere Meinungsverschiedenheiten ergeben könnten. Denn „ist erst einmal ein Eindruck vorhanden, kostet es sehr viel → *Zeit* und Energie, hier Korrekturen vorzunehmen und die Umwelt zu veranlassen, dieses erste Bild zu korrigieren".[7]

▸ Einladungen

Sie sind für eine ganze Reihe von Jobs ein mehr oder weniger fester Bestandteil der Arbeit. Pressegespräche, → *Vorträge*, → *Empfänge*, Partys, Geschäftsessen, Werbeveranstaltungen – all das setzt voraus, dass jemand dazu einlädt und dass auch jemand die Einladung wahrnimmt. Nur auf den ersten Blick ist dabei das Einladen mühsam und das Eingeladenwerden wunderbar. Wer für seine Firma zweimal pro Woche an irgendwelchen Veranstaltungen teilnehmen muss, für den ist das eher Arbeit als Vergnügen.

Einladen. Wenn es nicht gerade um ein schnelles Kaffeetrinken unter Kollegen geht, ist es immer das Klügste, schriftlich einzuladen. Wenn Sie dazu keine Lust oder → *Zeit* haben und lieber alles per → *Telefon* erledigen wollen, dann können Sie das natürlich tun. Sie riskieren allerdings, dass einige Ihrer Wunschgäste am Ende bei Ihrer Veranstaltung fehlen. Wahrscheinlich, weil sie sich Ort, Zeit oder Datum falsch oder gar nicht aufgeschrieben, ihren Notizzettel verlegt oder Ihre Nachricht auf ihrem → *Anrufbeantworter* gelöscht haben.

Wer lieber auf Nummer sicher gehen will, der verfasst eine schriftliche Einladung. Je festlicher der Anlass, desto edler sieht sie normalerweise aus. Noch sind deshalb Einladungen per → *Brief* der Standard. Oft verschickt man sie vorab als → *Telefax* oder → *E-Mail*, um durch frühzeitige Information sicherzustellen, dass die erwarteten → *Gäste* sich den → *Termin* freihalten. Je nach Branche und Anlass bleibt es heutzutage auch bei einer (allerdings aufwändig gestalteten) E-Mail.

Ganz egal wie sie aussieht – ein paar wichtige → *Informationen* müssen auf den ersten Blick erkennbar sein. Das **„wann"** und das „wo" zum Beispiel. Wer jetzt gähnend abwinkt, hat Unrecht: Selbst Veranstaltungsprofis bringen es gelegentlich fertig, beim → *Korrekturlesen* zu übersehen, dass zwar das Datum stimmt, aber nicht der Wochentag. Oder unerwähnt zu lassen, dass der Veranstaltungsort zwar außerordentlich originell, aber leider 45 Autominuten vom Stadtzentrum entfernt ist. Hätten sie in ihrer Einladung darauf hingewiesen, wäre es ihnen erspart geblieben, eine Dreiviertelstunde nervös auf die Mehrzahl der Gäste zu warten.

Was sonst noch in eine Einladung gehört. Hier die wichtigsten Punkte im Überblick:

• Der **Anlass**. Wer oder was soll gefeiert, besprochen oder vorgestellt werden? Der wichtigste Grund für diese Information ist, dass Geburtstagskinder und sonstige Jubilare nichts geschenkt bekommen, wenn niemand weiß, dass sie gefeiert werden sollen; ein anderer, dass der Anlass für die Gäste eine Hilfestellung bei der Suche nach → *Smalltalk*-Themen ist.

• **Um welche Veranstaltung handelt es sich?** Besonders wichtig im Hinblick auf die Erwartungen, die Ihre Gäste in Sachen → *Essen & Trinken* entwickeln. Die Information „Brunch" oder „Abendessen" ist eindeutig. Wenn Sie hingegen zum „Cocktail" oder „Stehempfang" einladen, signalisieren Sie von vornherein, dass hier Sattessen nicht angesagt ist.

• Je nach Veranstaltungsart ist ein → *Kleidungsvermerk* (**Dress Code**) sinnvoll, zum Beispiel, wenn es um einen wirklich festlichen Anlass geht und Sie vermeiden wollen oder müssen, dass einige Gäste in Jeans und Karohemd aufkreuzen.

• Der **Umfang der Einladung.** Das ist → *wichtig* bei größeren Veranstaltungen, zu denen die Gäste aufwändig anreisen und möglicherweise auch übernachten müssen. Hier ersparen Sie sich und den Gästen die eine oder andere heikle Situation, indem Sie gleich zu Anfang festlegen, was zur Einladung gehört und was nicht. Hotel ja, Anreise nein zum Beispiel. Oder: Anreise zweiter Klasse ja, Übernachtung im Vertragshotel ja, Extras nein. Für solche Abgrenzungen gibt es ein paar elegante sprachliche → *Lösungen.* So bedeutet „Wir reservieren Ihnen auf Wunsch gerne einen

Flug und ein Zimmer in einem Hotel Ihrer Wahl", dass Sie zwar die Organisation übernehmen können, nicht jedoch die Kosten.

• **Eine Information darüber, für wen die Einladung gilt.** Mit handschriftlich eingetragenem → *Namen*: Dann gilt die Einladung nur für diesen Menschen persönlich. Mit dem Vermerk „und Begleitung": Dann darf er noch eine zweite Person mitbringen. „Diese Einladung gilt für zwei Personen" ist schon weniger förmlich, und wenn Sie gar nichts weiter reinschreiben, können Sie davon ausgehen, dass Ihre Einladung munter weitergegeben, von fünf Leuten auf einmal wahrgenommen oder nicht ganz ernst genommen wird.

• **Eine** → *Bitte* **um** → *Zusage* **oder** → *Absage*. Damit signalisieren Sie, dass es für Sie wichtig ist zu wissen, wer kommt und wer nicht. Schlauerweise geben Sie an dieser Stelle bei wirklich wichtigen Veranstaltungen auch Ihre Mobil-Nummer an. So kann man Sie auch über Verspätungen und Last-Minute-Absagen informieren. Bei Vorträgen und kleinen, aber feinen Veranstaltungen wie zum Beispiel gesetzten Essen kann das plötzlich ziemlich wichtig werden.

Rechtzeitig einladen. Die schönsten Einladungen sind vergebens, wenn sie zu spät ankommen: Die meisten Menschen sind viel beschäftigt und werden sich kaum die halbe Woche freihalten, um kurzfristig eintrudelnde Einladungen wahrzunehmen. Deshalb ist ein **Zeitplan** das Gebot der Stunde, zumindest für diejenigen, die nicht riskieren wollen, dass am Tag X gerade mal eine Handvoll Gäste auftaucht.

Den Zeitplan erstellt man, indem man vom Tag der Einladung aus zurückrechnet: Je nach Anlass benötigen Sie die Zu- und Absagen ein bis zwei Wochen vorher, damit Sie bei Bedarf noch → *nachhaken* und Ihre → *Planung* in Sachen Raumgröße, Sitzplätze, Materialmengen, Getränke- und Speisenbestellung aktualisieren können. Also müssen die Einladungen drei bis fünf Wochen vorher verschickt werden. Also müssen sie sechs bis sieben Wochen vorher gestaltet und gedruckt werden.

Bei besonders festlichen Anlässen kann der Vorlauf noch erheblich länger sein. Und auch wenn Sie viele → *VIPs* auf der →

Gästeliste haben, ist ein großzügiger Zeitplan ein Muss, denn wichtige Leute sind schon lange im Voraus verplant.

Eingeladen werden ist zumindest theoretisch immer ein Vergnügen. Aber bei beruflichen Anlässen ist auch die Pflicht nie weit. Wer solche Einladungen wahrnimmt (oder wahrnehmen muss), der repräsentiert immer ein Stück weit sein Unternehmen und seinen Arbeitgeber. Das fängt damit an, wie Sie auf eine Einladung reagieren. Wenn Sie sich mit der Entscheidung über Zu- oder Absage bis zum letzten Moment Zeit lassen, ist das zwar für Ihre persönliche Planung hervorragend, aber nicht unbedingt für die des Gastgebers. Wenn Sie eine Einladung, die ausdrücklich für Sie persönlich vorgesehen ist, an Ihre → *Praktikantin* weitergeben, macht das nicht unbedingt einen guten → *Eindruck*. Und wenn Sie zu einem gesetzten Essen zwar selbst kommen, aber noch drei „gute Freunde" mitbringen, ist das auch nicht viel besser.

Bei der Veranstaltung selbst ist ein Mindestmaß an → *Benehmen* nicht verkehrt. Anständiges → *Auftreten*, ein paar → *Tischmanieren*, → *Alkohol* nicht bis zum Vollrausch und ein → *Erscheinungsbild*, das weder zum Grinsen noch zum Tuscheln übermäßigen Anlass gibt, sprechen nicht nur für Ihre Firma, sondern vor allem für Sie selbst. Und nach der Veranstaltung ist es übrigens je nach Anlass immer noch nicht veraltet, sich in angemessener Form zu bedanken.

Einladungen weitergeben ist ein schwieriges Thema. Manchmal ist das goldrichtig und manchmal voll daneben – es kommt auf den Anlass an. Grundsätzlich gilt: Es ist → *tabu*, Einladungen zu wichtigen Anlässen, die ausdrücklich an Sie gerichtet sind, an → *Kollegen*, → *Mitarbeiter* oder Freunde weiterzugeben. Wenn Sie jedoch zu den → *Chefs* gehören, die jede Woche drei Einladungen zu den verschiedensten Anlässen auf den Tisch bekommen – dann ist es genauso verkehrt, grundsätzlich immer nur selbst hinzugehen oder abzusagen. Für Ihre Mitarbeiter ist es nämlich erfahrungsgemäß eine Ehre und für die Kollegen eine Riesenfreude, wenn sie Sie bei geeigneten Anlässen auch mal vertreten dürfen. Das kann Ihre Leute sehr → *motivie-*

163

ren. Genauso wie es sie phänomenal verärgern kann, wenn Sie aus Prinzip grundsätzlich keine Einladungen weitergeben.

▸ Einstand

So nennt man es, wenn ein Jobanfänger seine neue Stelle mit seinen neuen → *Kollegen* feiert. Das hat Tradition: Wer neu dabei ist, lädt zu einem kleinen Umtrunk ein. Wenn es um eine höherrangige Position geht, darf es auch schon mal ein kleines Fest sein.

Wer sich unsicher darüber ist, wie so ein Einstand am besten über die Bühne gehen sollte, kann sich bei seinen Kollegen erkundigen: In den meisten Unternehmen gibt es mehr oder weniger klare Regeln, was → *Feiern* während der → *Arbeitszeit* und den Umgang mit → *Alkohol* betrifft. Nicht unwichtig ist es auch, sich rechtzeitig zu überlegen, wer überhaupt eingeladen werden sollte – jemanden zu vergessen, der für den Job → *wichtig* ist, ist eine unschlagbare Methode, sich auf Anhieb unbeliebt zu machen.

Je nach Position und Unternehmen ist es auch üblich, ein paar Worte zu sagen. Zum Beispiel könnte Ihr neuer → *Chef* eine kleine Begrüßungsrede halten, auf die Sie dann Ihrerseits die passenden Worte finden müssten. Wenn Sie sich mit solchen Aktionen eher schwer tun, können Sie Ihren Einstand wahrscheinlich unbeschwerter genießen, wenn Sie sich vorsichtshalber schon vorher ein paar Sätze zurechtgelegt haben.

Aus nahe liegenden Gründen ist es ratsam, möglichst erst nach Ablauf der → *Probezeit* Einstand zu feiern. Sonst besteht zumindest theoretisch das Risiko, dass kurz nach dem Einstand schon wieder der **Ausstand** angesagt ist. Aber der ist eigentlich nur bei Leuten fällig, die auf eigenen Wunsch eine Abteilung oder ein Unternehmen verlassen. Wenn der Arbeitgeber kündigt, erwartet niemand einen Ausstand, denn es gibt in dieser Situation nicht wirklich einen Anlass zum Feiern.

▸ Eitelkeit

Eitelkeit ist eine menschliche Eigenschaft, die auch im Berufsleben nicht selten anzutreffen ist. Sie ist leicht erkennbar und noch leichter zu bedienen, auch wenn sie dadurch nicht unbedingt erträglicher wird.

Ihr → *Kollege* hält sich für unwiderstehlich? Ihre → *Mitarbeiterin* legt lachhaft viel Wert auf ihr Äußeres? Ihr → *Chef* ergeht sich in → *Eigenlob*, dass es nur so stinkt? Lassen Sie sie doch. Es gibt Schlimmeres. → *Dummheit* zum Beispiel, oder → *Arroganz*. Beides wendet sich oft gegen andere. Die Eitelkeit hingegen hat naturgemäß nur das eigene → *Ich* im Sinn. Deshalb ist es auch so einfach, mit ihr umzugehen: Befriedigen Sie sie, und Sie haben im Handumdrehen die → *Sympathien* auf Ihrer Seite.

Eitelkeit bedienen. Das ideale Werkzeug dafür sind hier und da ein paar nette → *Komplimente*. Dem unwiderstehlichen Kollegen geben Sie ab und zu verstehen, dass Sie sich seinem Charme kaum entziehen können. Der Mitarbeiterin mit dem Modetick sagen Sie gelegentlich, wie gut sie mal wieder angezogen ist. Und Ihren Chef loben Sie ganz von alleine, damit er es nicht ständig tun muss. Oder Sie fragen ihn des Öfteren bewundernd um → *Rat*. Er wird Sie garantiert in sein Herz schließen und im Übrigen bei der nächsten Diskussion um eine → *Gehaltserhöhung* wesentlich zugänglicher sein.

Es liegt auf der Hand, dass solche Komplimente nicht immer ganz ernst gemeint sein können. Die große Kunst liegt darin, sie trotzdem herzlich rüberzubringen. Wenn Sie Ihrem → *Tonfall* und Ihrem Blick allerdings nur mit Mühe einen Anstrich von Aufrichtigkeit geben können, dann verzichten Sie lieber gleich auf unehrliche Komplimente. Die können nämlich zum Bumerang werden: Wer eitel ist, ist zwar im Wesentlichen mit sich selbst beschäftigt, kann aber trotzdem durchaus spüren, dass Sie sich über ihn lustig machen. Und das werden gerade eitle Menschen gar nicht lustig finden.

▸ **E-Mails**

E-Mail ist die abgekürzte Fassung von „electronic mail", auf deutsch: elektronische Post. So nennt man den Schriftverkehr über → *PC* und → *Internet*. E-Mails sind inzwischen in der Berufswelt das Verständigungsmittel Nummer eins. Sie sind unübertroffen schnell, billig und noch dazu unkompliziert – kein Wunder, dass der klassische → *Brief* vom Aussterben bedroht ist.

E-Mail oder Brief? Meistens ist es einfach praktischer, schnell eine Mail zu schreiben als einen Brief, der nicht nur geschrieben, sondern Zeit raubend ausgedruckt, kuvertiert und zur Post gebracht werden muss. Es gibt allerdings eine → *Ausnahme* von dieser → *Regel*:

Wenn Sie ein ganz besonders wichtiges Anliegen haben oder zum ersten Mal mit einer Firma oder einer Person → *Kontakt* aufnehmen wollen, die Ihnen besonders am Herzen liegt, dann ist dafür ein Brief die bessere → *Idee*. Er fällt nämlich viel mehr auf als eine Mail, die auf dem Bildschirm nur eine von Dutzenden Meldungen im Posteingang ist. Und er hinterlässt einen viel besseren → *Eindruck*, jedenfalls wenn er anständig formuliert und gestaltet ist und vielleicht auch ein paar interessante → *Anlagen* bietet.

Der → *Betreff* ist bei E-Mails viel wichtiger als in Briefen und → *Telefaxen*. Briefe erwecken schon durch ihren Umschlag oder die Briefmarke Neugier, Faxe kann man immerhin schnell überfliegen. Aber bei E-Mails ist der Betreff oft das Einzige, was von einer Nachricht auf dem Bildschirm zu sehen ist. Ist er nichtssagend, langweilig oder seit Monaten derselbe (was oft vorkommt, wenn zwei → *Energiesparer* in Mailkontakt sind), dann gibt es wenig Grund, die Mail überhaupt aufzumachen. Auch wenn sich hinter dem öden Betreff noch so sensationelle Inhalte verbergen könnten – insbesondere dem gestressten Mailempfänger, der sich jeden Tag durch ewig lange Listen neuer Nachrichten klicken muss, ist das meistens herzlich egal. Er wird sich in der Regel dafür entscheiden, solche Mails „erst später aufzumachen". Und wenn sie dann erst mal durch neuere Nachrichten vom Bildschirm verdrängt werden, wird er sie vergessen.

E-Mail-Adressen sind zwar kurz, aber gerade deshalb zählt jedes Zeichen. Noch immer ist nicht hundertprozentig garantiert, dass eine falsch adressierte Mail, die nicht zugestellt werden kann, bei Ihnen auch eine Fehlermeldung erzeugt. Das kann ausgesprochen lästig werden, besonders, wenn Sie → *dringend* auf eine Antwort warten. Da lohnt es sich selbst für Energiesparer, lieber von vornherein auf die richtige Schreibweise zu achten.

Aus Versehen eine falsche Adresse zu tippen, das kann natürlich passieren. Eine Mail an webmaster@, info@ oder mail@ zu schicken, bloß weil man keine Lust hat, die persönliche Adresse eines Ansprechpartners rauszukriegen, das ist kein → *Fehler* aus Versehen, sondern ein Fehler aus Faulheit. Wer das tut, hofft meistens, dass er sich die Mühe sparen kann, zum → *Telefon* zu greifen und eine genauere Mail-Adresse zu erfragen, weil bestimmt irgendein gnädiger Systemverwalter die große Güte besitzen wird, die Mail gewissenhaft durchzulesen, scharf nachzudenken, wer wohl der richtige Ansprechpartner sein könnte, um sie sodann unverzüglich weiterzuleiten. Eine süße Hoffnung – aber ungefähr so realistisch wie der Glaube daran, dass der Weihnachtsmann persönlich die Geschenke an der Tür abgibt.

E-Mail-Absender. Auch hier liegen Briefe eigentlich weit vorne, denn aus dem gedruckten Briefkopf geht im Normalfall klar hervor, wer der Absender ist, inklusive → *Telefon*, Fax und Durchwahl. Danach sucht manchmal vergeblich, wer auf eine E-Mail mit einem spontanen Anruf reagieren will. Er findet den → *Namen* des Mailschreibers, vielleicht noch die Firma, und zwangsläufig die Mailadresse – und das war's. Zumindest wenn der Mailsender darauf vertraut, dass der Mailempfänger eine aktuelle Adressdatei hat, in der schließlich alle Daten drinstehen. Und das stimmt natürlich (oft). Aber es kann durchaus sein, dass der Mailempfänger keine Lust oder → *Zeit* hat, erst umständlich nach der Telefonnummer zu suchen, sich ein bisschen darüber ärgert, dass sie in der Mail nicht drinsteht – und zur Tagesordnung übergeht. Pech für Sie, besonders wenn Sie dringend auf Antwort warten.

Dabei bieten moderne PCs eine supersimple Methode an, die Frage nach den Absenderdaten ein für alle Mal zu vergessen – die Möglichkeit, sich eine **Signatur** zu programmieren, in der alles Wichtige drinsteht. Die wird dann entweder automatisch in jedes Mailformular eingebaut, oder Sie fügen sie per Hand ein, wenn Sie Ihnen erforderlich scheint. Das ist überhaupt nicht schwer – irgendjemand in Ihrer Firma oder in Ihrem Bekanntenkreis wird sich sicherlich damit auskennen.

E-Mail-Texte schreiben. Weil Mails ein so schnelles Verständigungsmittel sind, herrscht der Glaube, dass sie auch schnell und spontan geschrieben werden dürfen, sprich: dass Telegrammstil, Flüchtigkeitsfehler oder sogar weitgehender Verzicht auf bürgerliche Dudenregeln völlig in Ordnung sind. Voll im Trend liegen auch Smileys (:-) und typische Mail-Abkürzungen wie CU (See you).

Wer in der Computer- und Kommunikationstechnologiebranche arbeitet, liegt mit diesem E-Mail-Stil bestimmt nicht falsch. Auch im Freundeskreis ist das okay. Ansonsten aber gilt: Allen anders lautenden Behauptungen zum Trotz gibt es immer noch eine Menge Leute (→ *Chefs*, Geschäftspartner, → *Kunden*, Journalisten), die auch in E-Mails Wert auf korrekte → *Rechtschreibung*, Grammatik und Zeichensetzung legen. Wenn Sie auf dem Weg zu einer Programmierer- oder Hackerkarriere sind, kann Ihnen das egal sein. Wenn nicht – dann nicht.

Und noch was: Wenn Sie in Großbuchstaben schreiben, bedeutet das immer, dass Sie SCHREIEN! Auch wenn Sie vielleicht nur etwas besonders hervorheben wollen. Oder zu faul sind, zwischen Groß- und Kleinschreibung zu unterscheiden. Also lassen Sie es lieber. Niemand wird gerne angeschrien. Auch wenn das in E-Mails gar nicht zu hören ist.

E-Mail-Texte gestalten. Neuere PCs bieten Ihnen die Möglichkeit, ein eigenes Briefpapier anzulegen, mit Bildmotiven, Hintergrundfarben und persönlicher Schriftart und -größe. Das macht aber kaum jemand; die Regel sind immer noch Mails im immer gleichen 08/15-Look. Das heißt: meistens 10-Punkt, meistens Arial-Schrift, meistens ganz geringer Zeilenabstand, meistens schwarzweiß.

Am Bildschirm zu lesen ist sowieso anstrengend, und das typische E-Mail-Layout (also die Gestaltung) macht die Aufgabe nicht leichter. Kein Wunder, dass viele Leute kompakte Drei-Seiten-Mails ohne jede Gliederung als Zumutung ansehen, die man zwar durch Ausdrucken irgendwie lesetechnisch in den Griff bekäme, die man aber am besten erst mal ungelesen gleich wieder zumacht.

Wenn Sie Ihren Mail-Empfängern solche Wallungen ersparen wollen, servieren Sie Ihre Mails am besten in leicht verdaulichen Häppchen. Das heißt: jede Menge Absätze, am besten nach jedem längeren Satz einen. Und keine Mail länger als eine Seite, auch wenn Sie noch so viele wahnsinnig wichtige Dinge zu sagen haben. Denn für Mails gilt in diesen stressreichen Zeiten dasselbe wie für Briefe: Alles, was länger ist als eine Seite, wird nicht gelesen, basta.

E-Mail-Anlagen sind einerseits unglaublich praktisch: Per Knopfdruck kann man dem Empfänger eine ganze Bewerbungsmappe schicken. Oder einen 100-seitigen Jahresbericht. Andererseits haben E-Mail-Anlagen einen riesigen Haken: Weil jeder → *Angst* vor Viren hat, traut sich kaum jemand, sie auch aufzumachen. Und selbst wenn er mutig genug ist, fehlt ihm nicht selten das passende Programm, um sie öffnen zu können.

Wenn Sie diese Hindernisse umgehen wollen, ist es das Beste, wichtige → *Anlagen* zwar per Mail zu verschicken (für den Fall, dass der Empfänger ein richtiger Profi ist), aber noch zusätzlich in Ihrem Mail-Anschreiben anzukündigen, dass Sie die Anlagen bei Bedarf auch per Post verschicken können. Nur so, für alle Fälle.

E-Mails beantworten. Sich damit → *Zeit* zu lassen, ist eine ziemlich sichere Methode, beim Absender Depressionen hervorzurufen. Denn Mails sind, wie gesagt, ein schneller Verständigungsweg. Noch dazu weiß jeder, dass Mails – sofern sie korrekt adressiert sind, siehe oben – direkt auf dem Bildschirm des Empfängers landen, garantiert und unübersehbar. Also müsste er sie doch gleich lesen, also müsste er doch sofort antworten, spätestens ein bis zwei Tage später … Das erwartet jedenfalls der Absender.

Weil in vielen Berufen heute der mit Abstand größte Teil der Arbeit per Mail erledigt wird, sind die Erwartungen an die Schnelligkeit einer Antwort realistischer geworden. Trotzdem ist es immer noch bei weitem → *höflicher* und eindrucksvoller, sich mit einer Antwort nicht allzu lange Zeit zu lassen. Zumal im

E-Mail-Verkehr noch nicht einmal die klassische Ausrede „Ich war in → *Urlaub*" zieht. Für solche Fälle bietet der Computer nämlich eine → *Autoresponder*-Funktion.

Lästig: In Mail-Antworten den gesamten Ausgangstext wieder mitschicken. Den stellt der PC zwar automatisch in das Antwort-Formular, um es dem Antwortenden zu erleichtern, auf die Ausgangs-Mail zu antworten und ihm überflüssiges Zitateabschreiben zu ersparen. (Es sei denn, Sie schalten diese Automatik aus.) Das ist aber noch lange kein Grund, grundsätzlich alle Ausgangstexte mit der Antwort wieder komplett zurückzuschicken.

Denn erstens verliert man bei einem längeren Schriftverkehr, in dem alle Beteiligten immer alles wieder zurückschicken, schnell die Übersicht über das, was nun alt ist und was vielleicht doch irgendwo plötzlich zwischendrin neu eingefügt wurde. Zweitens kostet es → *Geld*, überflüssige Bytes hin- und herzuschicken. Und drittens kostet es nun wirklich nicht viel → *Zeit,* einen nicht benötigten Ausgangstext gleich am Anfang zu löschen. Wer das trotzdem nicht tut, landet zumindest bei einigen Empfängern auf die Dauer in der „Energiesparer"-Schublade. Was weiter nicht schlimm ist, aber auch keinen Pluspunkt im Fach „praktisches Denken" ergibt.

Private Mails während der Arbeitszeit abzurufen, ist ein heikles Thema, das unter dem Stichwort → *Internet* ausführlich behandelt wird.

▶ **Empfänge**

Empfänge sind Veranstaltungen, bei denen der Gastgeber aus einem mehr oder weniger feierlichen Anlass mehr oder weniger wichtige → *Gäste* empfängt. In der Regel handelt es sich um so genannte Stehempfänge, das heißt, es gibt kaum Sitzgelegenheiten. Auf Empfängen kommen meistens viele → *wichtige* Leute zusammen – deshalb sind sie die ideale Gelegenheit dafür, → *Kontakte* aufzubauen und zu pflegen.

Empfänge organisieren ist viel Arbeit und verantwortungsvoll noch dazu. Schließlich werden viele Leute live erleben, wie gut oder schlecht Sie Ihre Arbeit gemacht haben. Also ist eine ausführliche → *Checkliste* das Gebot der Stunde. Am besten ist sie noch einmal in sich unterteilt in Teil-Checklisten, zum Beispiel zu Themen wie „Speisen/Getränke/Bedienung" (→ *denglisch*: Catering); → *Einladungen*; Gästebetreuung und Ehrengäste; Programmablauf; Technik; Presse und Fotografen; und schließlich, besonders wichtig: Notfallnummern.

In Ihrer Checkliste können Sie genau festhalten, was wann von wem getan werden muss; bei so großen Aufgaben erwartet niemand von Ihnen, dass Sie alles ganz allein erledigen. Stattdessen werden → *Kollegen* und → *Mitarbeiter* Ihnen helfen (müssen). Und wenn Sie gut → *motivieren* und → *delegieren* können, dann wird mit etwas Glück auch alles so laufen, wie Sie sich das vorstellen.

Allerdings ist es manchmal vernünftig, sich auf „etwas Glück" nicht zu verlassen, und sich lieber gelegentlich davon zu überzeugen, dass jeder Ihrer Helfer seinen → *Arbeitsauftrag* auch im Griff hat, zum Beispiel durch regelmäßige → *Besprechungen* der Checklisten mit allen, die an der Organisation beteiligt sind.

Faustregeln für die Empfangsorganisation. Hier die wichtigsten Punkte auf einen Blick:
• **Verhältnis Einladungen – Gäste.** Je hochkarätiger der Empfang in der Einladung erscheint, desto mehr → *Zusagen* werden Sie bekommen, desto weniger Einladungen dürfen Sie verschicken, wenn Ihr Budget nur für eine bestimmte Gästezahl reicht. Dafür gibt es innerhalb der Unternehmen oft Erfahrungswerte: Ihre Kollegen werden wissen, dass beim Tag der offenen Tür auf zehn Einladungen drei Gäste kommen, beim Jahresempfang des Aufsichtsrates im besten Hotel am Platze hingegen auf zehn Einladungen zwölf Gäste (weil das Essen so gut ist).

Wenn Sie sich nicht sicher sind und niemand Ihnen weiterhelfen kann, gibt es nur eins: Rechnen Sie lieber mit zu wenigen Gästen als mit zu vielen. Denn ein brechend voller Empfang gilt eher als Erfolg als ein dünn besiedelter, selbst wenn letzterer den Vorzug hat, dass garantiert jeder etwas zu essen bekommt.
• **Catering.** Für einen ist der Empfang garantiert immer ein vol-

ler → *Erfolg*: für den Lieferanten der Speisen und Getränke. Denn der kassiert erfahrungsgemäß den größten Teil Ihres Budgets. Machen Sie ihm das nicht ganz so leicht, und kalkulieren Sie vorher ein paar Zahlen.

Für die **Speisen** heißt das: Bestellen Sie grundsätzlich weniger Portionen als Gäste anwesend sein werden, denn sie (die Portionen) fallen meistens üppig aus, die Gäste hingegen essen statistisch gesehen immer weniger. Bei 100 Gästen reichen 80 bis 85 Portionen, was einer Verkleinerung der Bestellung um ca. 15 bis 20 Prozent entspricht. Und das macht sich auf der Rechnung gleich angenehm bemerkbar.

Auch für den **Wein**, erfahrungsgemäß der teuerste Getränkeposten, gibt es eine Faustregel: Vormittags und nachmittags reicht eine Flasche für drei Gäste. Handelt es sich um einen Mittag- oder Abendempfang, kommt auf zwei Gäste eine Flasche. Erst einmal jedenfalls. Wenn der Wein dann aus ist, können Sie immer noch locker nachbestellen. Wichtig ist nur, dass Sie vorher in aller Ruhe mit der Catering-Firma vereinbaren, dass mit Ihnen genau abzusprechen ist, wie viele Flaschen zu welchem Preis zusätzlich ausgeschenkt werden dürfen. Wenn Sie das nicht tun, freut sich der Caterer über die günstige Gelegenheit, seine Gewinne durch munteren Ausschank munter zu vergrößern. Und das kann teuer werden.

• Der **offizielle Teil des Empfangs** muss sein, keine Frage. Ohne jede Rede und Begrüßungsansprache wüssten die Gäste gar nicht, warum sie überhaupt eingeladen sind. Dann jedoch wäre, zumindest unter dem Gesichtspunkt der Öffentlichkeitsarbeit (denglisch: Public-Relations, PR), die Geldausgabe völlig überflüssig.

Trotzdem ist es nun mal so, dass der offizielle Teil für die meisten Gäste nur ein überflüssiges Hindernis auf dem Weg zu den Häppchen ist (die erfahrungsgemäß erst nach dem Ende aller Reden serviert werden). Und wer seine Gäste verärgert, indem er sie dazu verdammt, mit knurrendem Magen eine halbe Stunde lang langweilige Ansprachen über sich ergehen zu lassen, der handelt unklug, das werden sogar die PR-Experten bestätigen. Eindeutig sinnvoller ist es, die Reden kurz und schmerzlos zu halten und stattdessen den Gästen weiterführende → *Informationen* am Ende des Empfangs zu überreichen oder ihnen per Post zuzuschicken. Das erspart den Rednern auch die frustrierende Erkenntnis, dass ihnen sowieso keiner zuhört.

An einem Empfang teilzunehmen, ist nicht mehr als eine willkommene Gelegenheit, sich gratis satt zu essen. So sehen das zumindest die → *Energiesparer.* Alle anderen tun allerdings genau das nicht oder nur in Maßen: Wer Empfänge als Kontaktbörse nutzen will, isst grundsätzlich vor Beginn der Veranstaltung. Denn für → *Smalltalk* aller Art kann es sich als wenig förderlich erweisen, wenn man penetrant nach dem Räucherlachs riecht, den man soeben verdrückt hat, minutenlang an einem zähen Stück Fleisch kaut oder beim → *Lächeln* zwischen den Zähnen eine Sammlung aller im Büffet gebotenen Salatsorten zur Schau stellt. Das gilt besonders für Sie als Veranstalter, denn von Ihnen wird erwartet, dass Sie pausenlos mit den Gästen im → *Gespräch* sind.

Wenn Sie nur Gast sind, und hungrig noch dazu: Essen Sie ruhig. Aber fangen Sie möglichst nicht damit an, bevor das Büffet eröffnet ist, das wird nämlich gar nicht gerne gesehen. Und gönnen Sie sich nach Ihrem Mahl fünf Minuten auf der Toilette, um vor dem Spiegel Ihre Zähne zu kontrollieren. Es lohnt sich.

Gespräche führen auf Empfängen. Gelegenheit gibt es theoretisch immer genug, es sind ja viele Leute da. Aber auch in diesem Bereich existieren ein paar → *Regeln* für das, was als gutes → *Benehmen* angesehen wird:

• Es gilt als unhöflich, ungebeten in ein Gespräch zwischen anderen hineinzuplatzen, auch wenn Sie dem einen oder anderen oder allen ganz → *dringend* ganz wichtige Dinge zu erzählen haben. Wenn Sie vermeiden wollen, als dreiste Nervensäge angesehen zu werden, empfiehlt es sich, ein Weilchen in der Nähe erkennbar abwartend stehen zu bleiben und nach einer Gelegenheit zum → *Blickkontakt* zu suchen.

Falls Ihnen der verweigert wird, müssen Sie den Tatsachen ins Auge blicken: Man hat keine Lust, mit Ihnen zu reden. Über dieses Zeichen können Sie sich natürlich schlicht hinwegsetzen und sich trotzdem in das Gespräch mischen nach dem Motto: Lieber unter ungünstigen Umständen als gar nicht. In diesem Falle sind allerdings formvollendetes → *Vorstellen* und eine → *Entschuldigung* angesagt.

• Auf Empfängen können Sie viele interessante Leute treffen. Das ist aber noch lange kein Grund, während eines Gesprächs ständig die Blicke schweifen zu lassen auf der Suche nach einem Gast, der noch wichtiger für Sie sein könnte. Der, mit dem Sie gerade sprechen, merkt das nämlich. Und reagiert verunsichert bis verärgert – keine gute Voraussetzung für den Aufbau einer guten → *Beziehung*.

Wenn Sie sich unbedingt aus einem Gespräch befreien müssen, gibt es auch dafür ein paar kleine Tricks. „Ich gehe mir nur eben etwas zu trinken holen und bin gleich wieder da", ist zwar oft genug eine → *Notlüge*, zumindest, was den zweiten Teil des Satzes betrifft. Aber er wird so oft verwendet, dass er quasi zu einem offiziellen Code dafür geworden ist, dass das Gespräch jetzt zu Ende ist. „Ich drehe jetzt noch mal eine Runde" ist aufrichtiger – und entspricht oft genug auch dem Bedürfnis Ihres Gesprächspartners. Es ist schließlich nicht völlig auszuschließen, dass er sich mit Ihnen langweilt.

Mit Abstand am geschicktesten ist es, eine weitere Person in das Gespräch hineinzuziehen, beide miteinander bekannt zu machen, für einen gemeinsamen Gesprächsstoff zu sorgen – und sie dann sich selbst zu überlassen. Aber das schafft nur, wer in der Kunst des Smalltalk einen Fortgeschrittenenkurs absolviert hat. Alle anderen sollten sich doch lieber etwas zu trinken holen gehen oder noch eine Runde drehen.

▶ **Energiesparer**

Gemeint sind → *Mitarbeiter*, die ihre Arbeit mit dem absoluten Minimum an → *Zeit* und Aufwand erledigen. Keiner hat sie je auch nur eine einzige → *Überstunde* machen sehen. Ihre Lieblingssätze sind: „Tut mir Leid, dafür bin ich nicht zuständig", „Da kann ich Ihnen leider nicht weiterhelfen" und „Das mache ich nicht, denn das steht nicht in meiner Arbeitsplatzbeschreibung."

Die Faustregel „50 Prozent aller Dinge erledigen sich durch Liegenlassen von alleine" ist für sie das erste Gebot.

In seltenen Fällen gleicht der Energiesparer seine mangelnde Arbeitsbereitschaft durch erhöhte → *Kollegialität* aus, schließlich hat er im Vergleich zu den anderen mehr Zeit zum Kaffeekochen und Schwätzchenhalten. Häufig jedoch ist ihm selbst diese Mühe zu viel. Außerdem gehört zur Kollegialität dazu, dass man einander auch gelegentlich vertritt – ein Unding für Energiesparer, denn jede Vertretung bedeutet ein nicht hinnehmbares Mehr an Arbeit. Zu seiner großen Befriedigung wird er um solche Dienste auch gar nicht mehr gebeten, denn seine demonstrative Lustlosigkeit wird nur noch übertroffen von der demonstrativen Unfähigkeit, die er an den Tag legt, wenn er ausnahmsweise doch etwas für andere erledigen muss. Das ist bei Urlaubs- und Krankheitsvertretungen zwangsläufig so. Wer sich also von einem berüchtigten Energiesparer vertreten lassen muss, sollte sich lieber gleich darauf einstellen, dass während seiner Abwesenheit rein gar nichts passiert.

Typisch Energiesparer. Energiesparer sind selten jung, denn junge Leute mit dieser Haltung bringen es nicht weit. Meistens nur bis zur → *Kündigung.* Sie sind also überwiegend älter und schon sehr lange im Unternehmen beschäftigt. Ihre → *Motivation* haben sie irgendwann auf dem langen Marsch durchs Berufsleben verloren, dafür sind sie unkündbar geworden. Das eine wie das andere sprechen gegen alle Versuche, sie zu mehr → *Initiative* anzuregen oder sie loszuwerden.

Energiesparer sind selten beliebt. Dabei ist ihre Art, durch das Berufsleben zu gehen, keineswegs völlig falsch: Sie haben sich gegen eine → *Karriere* entschieden – gegen → *Geld* und Ruhm, aber auch gegen → *Burn-out*, Stresskrankheiten und ein zerrüttetes → *Privatleben*. Sie werden bestimmt nicht zu den Menschen gehören, die nach zwanzig Jahren 60-Stunden-Woche im Krankenhaus ihr Magengeschwür auskurieren und dabei ihre eigene Scheidungsakte studieren. Schön für sie. Ein bisschen weniger schön für diejenigen, die für die Energiesparer mit arbeiten müssen.

▸ **Entgleisungen**

☠ Sie sind das Ergebnis mangelnder Beherrschung und mangelnder Selbstdisziplin. Von Tritten ins → *Fettnäpfchen* unterscheiden sie sich dadurch, dass diese völlig überraschend, unbewusst und ungewollt erfolgen. Eine Entgleisung hingegen steht meistens am Ende einer Entwicklung, die außer → *Kontrolle* gerät. Typische Beispiele sind → *Wutanfälle*, Beschimpfungen, manchmal sogar körperliche Tätlichkeiten als Krönung „sachlicher" → *Diskussionen* bei ein paar Glas Wein zu viel.

Auch im großen Bereich „sexuelle → *Belästigung*" geht es häufig um Entgleisungen. Hier handelt es sich jedoch oft um ganz bewusste Entgleisungen. Denn man kann nicht wirklich von „Kontrollverlust" reden, wenn ein Vorgesetzter eine Mitarbeiterin in den Hintern kneift. In diesen Situationen ist für Zeugen ganz klar Einmischung angesagt. Das gute → *Benehmen* besteht in solchen Fällen nicht etwa im Wegschauen, sondern im Mut zur → *Zivilcourage*.

Ansonsten gilt für Entgleisungen dasselbe wie für Fettnäpfe: Wer entgleist, muss sich → *entschuldigen*, und zwar sofort. Und wer Zeuge wird, wenn andere entgleisen, der muss selbst → *entscheiden*, was die richtige Reaktion ist: Eingreifen oder – in harmlosen Fällen – so tun, als ob man nichts mitbekommen habe, um dem anderen dadurch Schamgefühle zu ersparen.

▸ **Entscheidungen**

Ja oder → *nein*, so oder anders, jetzt oder später, später oder nie – im → *Privatleben* wie im Beruf vergeht kein Tag, an dem wir uns nicht x-mal entscheiden können oder müssen. Dabei ist es theoretisch ein Luxus, zwischen mehreren Möglichkeiten entscheiden zu können. In der Praxis leidet jedoch so mancher unter der „Qual der Wahl". Die → *Probleme*, die man mit den eigenen Entscheidungen hat, werden dann nur noch übertroffen von denjenigen, die man mit den Entscheidungen anderer hat.

Entscheidungen anderer sind im Berufsleben der Normalfall. Schließlich liegt die Entscheidungsbefugnis in der → *Regel* bei den Vorgesetzten, und davon gibt es in den klassischen → *Rang-ordnungen* weniger als von den Untergebenen (→ *Mitarbeitern*, Assistenten, → *Praktikanten*).

Das heißt jedoch nicht, dass man auf Gedeih und Verderb den Entscheidungen ausgesetzt ist, die „die da oben" in → *Sitzungen* oder himmlischer Eigenherrlichkeit so fällen. Wenn Sie sich geschickt genug anstellen, sind Sie durchaus nicht ohne Einfluss auf die Entscheidungen Ihrer → *Chefs*: Ihr Job ist es schließlich, ihm zuzuarbeiten. Also liegt es auch an Ihnen, wie Sie die Grundlagen für seine Entscheidung gestalten.

Entscheidungen beeinflussen. In allen Geschmacksfragen ist es ein cleverer Klassiker, den Chef nicht einfach zwischen „Ja" und „Nein", sondern zwischen „entweder" und „oder" entscheiden zu lassen. Auch wenn sie sich sonst mit Entscheidungen schwer tun – diese Wahl treffen sie liebend gerne, ganz egal, ob es um die Gestaltung der nächsten Werbeanzeige geht oder nur um Speisenvorschläge für die nächste → *Betriebsfeier*.

Man kann sich zwar manchmal nur darüber wundern, mit welcher Leidenschaft dann die Frage „Buletten oder Hackbraten" diskutiert wird. Aber davon abgesehen, bedeutet eine Entscheidung gegen die eine Wahlmöglichkeit meistens eine Entscheidung für die andere. Das kann sich zunutze machen, wer weiß, in welchem Sinne er die → *Meinung* seines Chefs beeinflussen will. Er überlässt ihm die Entscheidung – zwischen seinem geheimen Favoriten und einer anderen Wahlmöglichkeit, für die nichts spricht – außer der Tatsache, dass sie garantiert abgelehnt wird.

Das ist nur ein kleines Beispiel dafür, wie viel Macht und Einfluss Sie auch als Zuarbeiter haben: „Letztendlich liegt es an Ihnen, wie Sie durch die Darstellung und Bewertung der → *Argumente* eine Entscheidung quasi im Vorfeld schon beeinflussen können.

Führungskräfte haben weder die → *Zeit* noch das Interesse, sich durch das Erarbeiten von Detailwissen mit allen Aspekten eines Themas vertraut zu machen. Sie müssen sich ganz einfach auf ihre Experten verlassen und deren Wissen und Einschätzung der Situation als Grundlage für ihre Entscheidung nehmen."[8]

Für Sie bedeutet das allerdings, dass Sie den Mut und die → *Initiative* aufbringen müssen, sich selbst eine → *Meinung* zu bilden und die auch klug und geschickt zu vertreten. Wenn Ihnen das zu viel Arbeit macht, haben Sie natürlich auch die wesentlich angenehmere Möglichkeit, den Chef in Ruhe seine Entscheidungen fällen zu lassen und sich hinterher darüber zu → *beschweren*.

Eigene Entscheidungen sind eine Notwendigkeit, die schon nach dem Aufstehen beginnt: Zum Frühstück Müsli oder Schwarzbrot? Im Job geht es dann gleich weiter. Was ist dringender: Die → *Akte* Meyer oder das Projekt Müller? Erst die anstehenden Telefonate erledigen oder erst die → *E-Mails* lesen? Viele Situationen erfordern nicht wirklich, dass man stundenlang nachdenkt, ehe man zu einer Entscheidung kommt. In anderen hingegen kann es überlebenswichtig sein, eine Entscheidung selbst unter dem größten → *Zeitdruck* nicht übers Knie zu brechen, sondern um jeden Preis ein paar Tage oder wenigstens Stunden Bedenkzeit auszuhandeln.

Fragen als Entscheidungshilfe. Wer sich unsicher darüber ist, wo schnelle Entschlüsse richtig sind und wo falsch, dem können die Antworten auf ein paar kurze → *Fragen* weiterhelfen. Die kann er entweder sich selbst stellen oder auch seinen Chefs oder → *Kollegen*, frei nach dem Motto, dass es besser ist, dumme Fragen zu stellen, als dumme Entscheidungen zu treffen. Die wichtigsten dieser Fragen sind: „Welche Folgen hätte meine Entscheidung in finanzieller Hinsicht?", „Welche Folgen hätte sie für mein Umfeld?" und „Welche Folgen wären noch nächste Woche/in sechs Monaten/in einem Jahr spürbar?"

Auf diese Weise kann man sich prima abgewöhnen, sich mit Entscheidungen über Kleinigkeiten zu quälen, nicht nur im Job, sondern auch privat. Und wenn es um Entscheidungen von größerer Tragweite geht, hilft der Gedanke daran, dass ein Restrisiko immer unvermeidbar ist: „Sie können nie genau wissen, wie sich die Sache weiterentwickelt; meistens gibt es nicht die perfekte Lösung; Sie können es nicht immer allen recht machen."[9]

▶ **Entschuldigung**

Eine Entschuldigung ist eine → *Bitte* um Verzeihung für eine Handlung, die einen anderen verstört, verletzt oder verärgert hat.

Anlässe. Es spielt nicht unbedingt eine Rolle, ob Sie tatsächlich einen → *Fehler* oder eine Verfehlung begangen haben, oder ob der andere das nur so empfindet: Manchmal entschuldigt man sich aus freien Stücken (aus Selbsterkenntnis oder schlechtem Gewissen). Und manchmal entschuldigt man sich einzig und allein, weil der andere es so erwartet. Entweder, weil man sich zwar nicht im Unrecht fühlt, aber zumindest in Gedanken nachvollziehen kann, warum der andere das anders sieht. Oder aber, weil eine Verweigerung der Entschuldigung unangenehme Folgen haben könnte.

„Warum sollte ich mich entschuldigen?" Viele Leute erwarten im Falle eines Falles eine förmliche Entschuldigung oder bestehen sogar darauf. Das ist ärgerlich, wenn Sie sich eigentlich keiner Schuld bewusst sind. Noch ärgerlicher ist es, wenn Sie sich für Dinge entschuldigen müssen, die gar nicht auf Ihr Konto gehen. Aber auch das kommt vor, nicht nur in → *Beziehungen*, sondern auch im Berufsleben. Wer sich in diesen Situationen weigert, die erlösende Bitte um Entschuldigung auszusprechen, gehorcht bestimmt seinem inneren Gerechtigkeitsgefühl. Aber selten seinem gesunden Menschverstand. Der würde ihm nämlich sagen, dass es manchmal besser ist, sich → *diplomatisch* zu verhalten, als die krisenhafte Zuspitzung letztlich unbedeutender Kleinigkeiten zu riskieren. Zumal es ein paar Formulierungen gibt, mit denen man den anderen besänftigen kann, ohne eine → *Verantwortung* zu übernehmen, die man gar nicht hat.

So ist „Es tut mir Leid, dass wir in dieser Lage sind" keine Entschuldigung, sondern drückt nur Bedauern über die Situation als solche aus. Und mit „Es tut mir Leid, dass ich das gesagt habe", nimmt man nicht etwa mit ehrlichem Bedauern zurück, was man gesagt hat. Man bedauert lediglich, dass man es ausgesprochen hat (anstatt es für sich zu behalten).

Um Entschuldigung bitten ist sprachlich gesehen nicht schwer und eigentlich eine Selbstverständlichkeit, wenn man einen Fehler gemacht hat (und sich dabei hat erwischen lassen). „Entschuldigung" ist in der Regel ein Zauberwort, mit dem man das Verhältnis oder die Stimmung gleich wieder aufbessern kann. Wichtig ist allein, dass man sich damit nicht allzu lange → *Zeit* lässt.

Formen von Entschuldigung. Sie lassen sich grob in vier Gruppen unterteilen:

• Man kann sich **mündlich**, schriftlich oder durch → *Gesten* entschuldigen. Meistens reicht ein aufrichtig ausgesprochenes „Tut mir wirklich Leid", versehen mit „Das wollte ich nicht", „Das habe ich doch gar nicht so gemeint" oder anderen kleinen besänftigenden Erklärungen. Entscheidend ist, dass die Entschuldigung → *ehrlich* gemeint ist oder wenigstens so wirkt. Wer grundsätzlich nur in Form von „Entschuldigung – aber …" um Verzeihung bittet und an das „aber" übergangslos wortreiche Rechtfertigungen und Gegenvorwürfe knüpft, der kann auf Entschuldigungen lieber gleich verzichten. Denn sie wirken wie Lippenbekenntnisse – und sie sind es meistens auch.

Dasselbe gilt für das kleine Wörtchen **„leider"**. Hier handelt es sich nicht etwa um eine Entschuldigung, sondern lediglich um eine tröstende Dekoration für schlechte → *Nachrichten* aller Art. „Leider sehen wir uns gezwungen …", „Leider konnten wir Ihrem Antrag nicht stattgeben", „Ich bin leider anderer Meinung" – leider weit und breit kein wirkliches Bedauern.

• In besonders schwerwiegenden Fällen ist eine **schriftliche Entschuldigung** das Gebot der Stunde. Die bietet sich allerdings auch immer dann an, wenn man sich eigentlich gar nicht im Unrecht fühlt und nur gezwungenermaßen um Verzeihung bittet. Geschriebenen Worten merkt man einen gewissen Mangel an Aufrichtigkeit nämlich weniger an als gesprochenen.

• Man kann sich auch ganz **ohne Worte** entschuldigen oder es zumindest versuchen. Wer ein Problem damit hat, um Verzeihung zu bitten, macht oft mit Gesten Schönwetter, am liebsten mit ebenso plötzlichen wie großzügigen → *Geschenken* und → *Einladungen*. Diese Bemühungen, das E-Wort zu vermeiden und trotzdem Schuldbewusstsein zu demonstrieren, haben etwas Rührendes. Man sollte sie daher durchaus akzeptieren. Jedenfalls innerhalb gewisser → *Grenzen*. Die sind da erreicht, wo jemand den anderen immer wieder verletzt oder verärgert, und dann mit schöner Regelmäßigkeit erwartet, dass sich die Angelegenheit mit Fleurop und einem Glas Champagner aus der Welt schaffen lässt.

Auf eine Entschuldigung reagieren. Wenn jemand Sie um Entschuldigung bittet, dann halten Sie das vielleicht für selbstverständlich. Der andere musste aber vielleicht lange mit sich ringen. Denn abgesehen davon, dass es manchen Menschen prinzipiell schwer fällt, sich zu entschuldigen, ist der andere sich möglicherweise keiner Schuld bewusst und entschuldigt sich nur „um des lieben Friedens willen". Selbstverständlich sind Entschuldigungen also nicht. Deshalb sollte man sie im Normalfall einfach annehmen. „Schwamm drüber" anstatt weitere Diskussionen und Vorwürfe. Wer das nicht einsieht, der kann die → *Beziehung* allerdings auch gezielt ganz in den Sand setzen. Das gelingt garantiert mit → *Killersätzen* wie „Ist das alles, was Sie mir zu sagen haben?" oder „Das wurde aber auch Zeit!".

▶ Erfahrung

Erfahrung ist das Wissen, das man im Laufe der Zeit durch das eigene Handeln erwirbt. Sie ist die Quersumme aus allen persönlichen → *Erfolgen* und Misserfolgen. Mit anderen Worten: Erfahrung ist ganz zwangsläufig mit dem Alter verbunden.

In Stellenanzeigen werden meistens „Mitarbeiter mit langjähriger Erfahrung" gesucht. Gleichzeitig sollen sie aber möglichst unter dreißig sein. Daran wird deutlich, dass es im Berufsleben einen merkwürdigen Widerspruch gibt. Er besteht darin, dass Erfahrung gewünscht wird, Alter aber nicht.

Erfahrung als Gewinn. Wer erfahren ist, der kennt sich aus. Er gerät weniger schnell in → *Stress*, er kann auch schwierige, plötzlich sich ergebende Situationen besser meistern, weil er auf seinen Erfahrungsschatz zurückgreifen kann, um die Lage richtig einzuschätzen. Er hat es sich schon lange abgewöhnt, das Rad neu zu erfinden, und er durchschaut Manöver und Tricks, mit denen weniger erfahrene → *Kollegen* sich prompt übers Ohr hauen lassen. Für → *Anfänger* ist er ein wertvoller Lehrer und Ratgeber, vor allem, wenn man ihm die richtigen → *Fragen* stellt.

Erfahrung als Gefahr. Alter wird gerne mit „Unbelehrbarkeit", „Besserwisserei" und „Altersstarrsinn" gleichgesetzt. Deshalb wird die Erfahrung älterer Kollegen zwar als Gewinn, aber gleichzeitig auch als Gefahr angesehen: Wer sehr viel Erfahrung hat, kann versucht sein, alles abzuschmettern, was er nicht selbst kennt oder erprobt hat. Mit → *Killersätzen* wie „Überlassen Sie diese Beurteilung bitte einem erfahrenen Kollegen wie mir!" oder „Diese Vorgehensweise hat sich seit Jahren bewährt!" oder „Sie werden sehen, das funktioniert niemals so wie Sie das wollen!" wird oft jede Neuerung im Keim erstickt, auch wenn sie vielleicht noch so sinnvoll wäre.

Außerdem bedeutet sehr viel Erfahrung auch sehr viel → *Routine*. Und die erleichtert zwar die Arbeit gewaltig. Aber sie kann auch tödlich sein. Ein Übermaß an Routine kann nämlich irgendwann zu Nachlässigkeit führen. Da jedoch die Tücke bekanntlich im → *Detail* liegt, ist eine vergessene Kleinigkeit manchmal schon eine zu viel.

Keine Erfahrung zu haben, ist eines der Hauptprobleme von → *Anfängern*, denn wer noch keine Erfahrung hat, macht viele → *Fehler*. Aber die sind verzeihlich oder sollten es zumindest sein: Erstens wird man aus Fehlern klug. Und zweitens hat der weitaus größte Teil der Menschheit ohne jede Erfahrung angefangen und erst im Laufe der Zeit welche gemacht. Kaum jemand wurde direkt in den Chefsessel hineingeboren. Auch wenn sich der eine oder andere Vorgesetzte an die → *Zeit* davor ganz offensichtlich nicht mehr erinnern kann.

▶ Erfolg

Das Streben nach Erfolg ist das, was die meisten Menschen in ihrem Leben antreibt. Das Thema hat eine so magische Anziehungskraft, dass dazu allein in Deutschland weit über tausend Bücher erhältlich sind. → *Ratschläge* gibt es also mehr als genug.

Dieses Buch ist eine von unendlich vielen Möglichkeiten, sich dem Thema zu nähern.

Im Berufsleben bedeutet Erfolg für die meisten Leute → *Geld*, Macht, Einfluss – und → *persönliche* Erfüllung. Nicht immer bringt das eine auch alles andere mit sich. Es gibt Jobs, die ihre Inhaber glücklich machen, aber nicht reich. Andere Positionen sind mit viel Geld, aber auf die Dauer mit wenig wirklicher Zufriedenheit verknüpft. Wieder andere bringen viel Macht mit sich, aber am Ende auch einen → *Burn-out*.

Das klingt schwer nach Klischee. Inwiefern es auch der Wirklichkeit entspricht, darüber macht sich irgendwann jeder selbst sein Bild: Das hängt von den → *Erfahrungen* ab, die man im Laufe seines persönlichen Strebens nach dem Erfolg so macht. Aber die Suche danach lässt sich manchmal sinnvoller gestalten, wenn man sich hier und da ein paar Gedanken über die Gestalt macht, die der Erfolg haben kann. Denn Erfolg lässt sich eben nicht nur an der Höhe des → *Gehalts* und der Größe des Dienstwagens bemessen. Das vergisst manchmal, wer in seinem Job „nur" zufrieden ist.

▶ **Erreichbarkeit**

Die Erreichbarkeit von → *Chefs*, → *Mitarbeitern* und → *Kollegen* ist manchmal ausschlaggebend dafür, ob ein Unternehmen auf überraschende Entwicklungen (technische → *Probleme*, → *Absagen*, Pannen, Preisgewinne) rechtzeitig reagieren kann oder nicht. Erreichbarkeit bedeutet für die, die erreichbar sein müssen: Bereitwillig Handy- und private Telefonnummern herausgeben, jederzeit ans → *Telefon* gehen oder wenigstens ständig ihren → *Anrufbeantworter* abhören und → *E-Mails* bearbeiten, auch nach Feierabend, auch im → *Urlaub*.

Für → *Energiesparer* ist das undenkbar – schließlich sind die froh, wenn sie die Tür von außen hinter sich zu machen können und für den Rest des Tages (oder für den ganzen Urlaub) mit dem Laden nichts mehr zu tun haben müssen. Aber für alle, die beruflich viel vorhaben, gehört es nun mal dazu, möglichst immer erreichbar zu sein.

Vorteile der Erreichbarkeit. Wenn Sie erreichbar sind, dann kann man Sie auch → *fragen* und → *informieren*. Folglich sinkt das Risiko, dass Kollegen und Mitarbeiter in Ihrer Abwesenheit → *Entscheidungen* treffen, die Sie für falsch halten, oder untätig bleiben, wo Sie schon längst aktiv geworden wären. Für → *Perfektionisten* und → *Workaholics* ist das Grund genug, selbst nach Mitternacht und beim Wanderurlaub auf der Alm noch ans Telefon zu gehen.

Darüber hinaus macht es einfach immer einen guten → *Eindruck*, im Zweifelsfalle erreichbar zu sein. Das zeugt von → *Job Identification* und beweist, wie sehr Sie sich für Ihre Arbeit engagieren. Besonders Ihre Vorgesetzten, wichtige → *Kunden* und Partner werden das zu schätzen wissen.

Nachteile der Erreichbarkeit. Die Kehrseite der Medaille besteht darin, dass die meisten Leute Sie tatsächlich anrufen, wenn Sie ihnen Ihre Handy-Nummer, Privatnummer oder Ferienhausnummer geben. Und zwar oft ohne jede Hemmung zu jeder Tages- oder Nachtzeit. Dauernde Erreichbarkeit macht es den Energiesparern in Ihrer Arbeitsumgebung besonders leicht: Sie können ja einfach anrufen und nachfragen, anstatt selbst zu überlegen. Auch wenn es nur darum geht, ob für die nächste Büromateriallieferung gelbe oder grüne Leuchtstifte bestellt werden sollen.

Ganz egal, ob es sich um Notfälle oder Belanglosigkeiten handelt: Dauernde Erreichbarkeit schadet auf Dauer dem → *Privatleben*. Beziehungspartner, → *Kinder* und Freunde finden es nämlich erfahrungsgemäß nicht so toll, wenn Sie selbst in Ihrer kostbaren Freizeit andauernd am Telefon hängen. Und es schadet der Gesundheit, weil Sie nicht mehr richtig dazu kommen, abzuschalten und sich zu erholen.

Regeln für die Erreichbarkeit sind der clevere Mittelweg zwischen Telefonterror und toten Leitungen. Bevor Sie alle Ihre Nummern großzügig unters Volk streuen, lohnt sich die Überlegung, für wen es eigentlich wirklich wichtig ist oder sein könnte, Sie privat zu erreichen. (Wenn es im Wesentlichen für Sie selbst wichtig ist, dann ist das natürlich etwas anderes.)

Oft wirkt der Hinweis „Aber bitte nur im Notfall!" Wunder (auch wenn manchmal erstaunlich ist, was die Anrufer so alles als Notfall betrachten). Ständige Störungen bei → *Sitzungen*, → *Terminen* außer Haus und vor allem im Urlaub können Sie vermeiden, wenn Sie von vornherein festlegen, dass Sie nur zu bestimmten Zeiten erreichbar sind. „Täglich zwischen 17:00 Uhr und 19:00 Uhr" ist schon ein ziemliches Zugeständnis. Weniger ist meistens auch genug. Und eigentlich müsste es den anderen reichen zu wissen, dass Sie regelmäßig Ihre Anrufbeantworter abhören, Ihre Mails lesen und sich dann schon melden werden, wenn Sie etwas zu sagen haben.

Es bleibt allerdings die Frage, ob Ihnen das reicht. Wenn Sie zu denen gehören, für die die ständige Erreichbarkeit ein Mittel der → *Kontrolle* und der Selbstbestätigung ist, dann werden Sie wahrscheinlich lieber gleich zwei Handys in der Tasche haben, um auch garantiert immer erreichbar zu sein.

▶ Erscheinungsbild

Es besteht aus allem, was an einem Menschen sichtbar ist: → *Kleidung*, → *Frisur*, → *Accessoires*, → *Make-up*, → *Körpersprache*. Im weiteren Sinne gehören auch Geruchsfaktoren wie → *Körpergeruch* und → *Parfum* dazu.

Ihr Erscheinungsbild hat einen sehr großen Anteil an dem ersten → *Eindruck*, den Sie bei anderen erwecken. In einigen Fachbüchern ist von 55 Prozent[10] die Rede; andere schreiben dem Erscheinungsbild sogar zu, dass es bis zu 70 Prozent den ersten Eindruck prägt.[11]

Im Gegensatz dazu liegt die Bedeutung all der schlauen Dinge, die Sie vielleicht sagen, nur bei sieben bis maximal zehn Prozent. Wenn das kein Grund ist, sich über das eigene Erscheinungsbild ein paar Gedanken zu machen.

Stilfragen. Über den eigenen Stil wird bewusst entschieden. Und im → *Privatleben* ist in dieser Hinsicht erlaubt, was gefällt. Im Berufsleben hingegen ist längst nicht überall völlige Modefreiheit angesagt. Vor allem in größeren Unternehmen kann es sein, dass es zur → *Corporate Identity* (Firmenphilosophie) gehört, dass die

Mitarbeiter sich besonders in Sachen Kleidung an ein paar Regeln halten.

Für → *Anfänger* ist es deshalb nicht unbedingt eine gute Idee, den neuen → *Kollegen* durch sorgfältiges Styling zu demonstrieren, was in „in-Kreisen" klamottenmäßig der letzte Schrei ist. Wer clever ist, entscheidet sich (wenn auch vielleicht schweren Herzens) erst mal für eher normale, unauffällige Kleidung und schaut, wie die anderen Kollegen so rumlaufen.

Körperfragen. Selbst wer in Sachen Stil nichts dem Zufall überlässt, hat oft nur wenig Ahnung davon, wie seine → *Körpersprache* auf andere wirkt. Sollte er aber. Gesichtsausdruck und Körperhaltung verraten dem aufmerksamen Beobachter nämlich viel mehr über Charakter und aktuelle Gefühlslage, als für die meisten Leute gut ist.

▸ **Essen & Trinken**

Essen & Trinken im Beruf, das ist ein weites Feld. Zu den wichtigsten Themen in diesem Zusammenhang gehören → *Tischmanieren* und der Umgang mit → *Alkohol.*

Essen während der Arbeitszeit. Frühstücken am Arbeitsplatz ist ein Kapitel für sich. Mittagessen am Arbeitsplatz ist manchmal die blanke Notwendigkeit, weil für eine Pause einfach keine → *Zeit* bleibt. Bei → *Energiesparern* hingegen ist es geradezu beliebt, weil sich dadurch häufig die → *Arbeitszeit* verkürzen lässt (→ *Frühstücken*).

Essen als Belästigung. Egal, ob Sie aus → *Stress* oder aus Energiespargründen am → *Arbeitsplatz* essen – was für Sie praktisch ist, kann für Ihre Kollegen manchmal schwer erträglich sein. Erstens ist es nicht immer die reine Freude, anderen beim Kauen (Schlürfen, Schmatzen, Krümeln, Kleckern) zuzusehen. Zweitens ist es auch für die Nase nicht immer die reine Freude: Teetrinker werden schon von leichter Übelkeit erfasst, wenn Sie morgens mit dem → *Geruch* aus der Kaffeemaschine fertig werden müssen. Und wo mittags der Döner nicht nur vor, sondern auch noch nach dem Verzehr nach Knoblauch riecht, da ist es bis zum Brechreiz manchmal nicht weit.

Und drittens ist da eine nicht von der Hand zu weisende Fleck- und Krümelgefahr. Gläserkränze auf Schreibtischen sind zwar ein → *Problem*, das sich prima auf den Reinigungsservice abwälzen lässt. Aber Fettflecke, Kaffeetropfen und Kekskrümel in → *Akten*, die durch Ihre Hände gegangen sind, werden höchstwahrscheinlich auf Sie und Ihre Ernährungsgewohnheiten zurückgeführt.

Geschäftsessen dienen dazu, Partner, → *Kunden* und Geschäftsfreunde durch einen angenehmen Gesprächsrahmen günstig zu stimmen oder ein klares → *Ziel* zu erreichen, zum Beispiel einen Geschäftsabschluss oder eine Partnerschaft. Das sind eindeutige Absichten.

Man kann sie am besten durch die Beachtung einiger **Tipps** erreichen:

• **Mittagessen oder Abendessen?** Eine → *Einladung* zum Mittagessen (→ *denglisch*: business lunch) ist zeitlich begrenzt und atmosphärisch oft steifer, allein deshalb, weil mittags kaum jemand → *Alkohol* trinkt. Ein geschäftliches Abendessen (denglisch: business dinner) hingegen dauert wesentlich länger und lässt auch das eine oder andere Fläschchen Wein zu: → *Zeit* und Gelegenheit genug, um den → *Gesprächen* auch die eine oder andere weniger offizielle Wendung zu geben.

• **Die Auswahl eines passenden Restaurants** ist das A und O eines erfolgreichen Geschäftsessens: in Sachen Preis und → *Leistung* dem Anlass angemessen, nicht zu laut (sonst kann man sich nicht vernünftig unterhalten) und nicht zu langsam in der Küche (sonst macht sich unter den Gästen irgendwann → *Zeitdruck* breit).

• Es ist immer eine gute Idee, **zehn Minuten vor den Gästen einzutreffen:** Wer erst feststellt, dass seine Reservierung nirgends notiert wurde, wenn seine Gäste vollzählig versammelt sind, der hat ein → *Problem*.

• Es ist sowieso jedem Gast klar, dass Sie früher oder später geschäftliche Dinge zur Sprache bringen werden. Aber das ist noch lange kein Grund, schon beim Aperitif klarzustellen, **was Sie von Ihren Gästen als** → *Dank* **für die Einladung** erwarten. Wesentlich

gescheiter ist es, wenn Sie den eigentlichen Anlass des Essens erst zum oder nach dem Hauptgang ansprechen. Sonst könnte Ihren Gästen unter Umständen vorzeitig der Appetit vergehen.
• Natürlich wird es die Gäste mit Ehrfurcht erfüllen, wenn sie mitbekommen, wie hoch die **Rechnung** ausfällt. Weil sie das aber sowieso wissen oder ahnen, ist es das Beste, die Rechnung nach einem kurzen Blick mit Kreditkarte zu bezahlen oder sich mit dem Kellner für die Abrechnung in ein ruhiges Eckchen zurückziehen.

▶ Essen, gesetzte

Eigentlich spricht man nur dann von einem gesetzten Essen, wenn die Teilnehmer vom Gastgeber „hingesetzt", also einer vorher festgelegten → *Tischordnung* entsprechend platziert werden. Heutzutage wird der Begriff aber oft ganz allgemein für große, offizielle Essen verwendet, bei denen für jeden Gast ein Sitzplatz eingeplant ist (im Gegensatz zu → *Empfängen* und Cocktails, bei denen das nicht der Fall ist).

Zu einem gesetzten Essen einladen ist eine mühselige Arbeit. Denn die → *Disziplin* der meisten Leute, was → *Zusagen* und → *Absagen* betrifft, lässt immer mehr zu wünschen übrig: Man antwortet gerne spät, falsch oder gar nicht. Da hilft nur eines: In der → *Einladung* um Antwort bitten und frühzeitig → *nachhaken*, auch wenn das noch so lästig ist.

Am Ende werden Sie eine ungefähre Vorstellung davon haben, wer kommt – aber sicher sein können Sie sich erfahrungsgemäß nicht. In dieser Situation ist es manchmal klüger, nur für ein bis zwei → *VIP*-Tische eine Tischordnung zu machen oder sie für bestimmte Personengruppen zu reservieren (die → *Sponsoren*, den Aufsichtsrat, den Direktor und seine Lieben). Das macht einen besseren → *Eindruck*, als wenn es zwar eine perfekte Tischordnung gibt, aber nur vor der Hälfte der Namensschildchen auch Gäste sitzen.

Wenn Sie sich nicht sicher sind, wie viele Leute tatsächlich kommen, planen Sie lieber zu wenige Plätze ein als zu viele: Wenn es voll wird, wird das automatisch als → *Erfolg* angesehen (auch wenn alle eng zusammenrücken müssen). Im Zweifelsfalle lässt sich für überzählige Gäste schnell ein Reservetisch organisieren.

Zu einem gesetzten Essen eingeladen werden hat relativ große Verpflichtungen zur Folge. Es gibt ein paar klare → *Tabus*, die beachten sollte, wer sich beim Gastgeber nicht auf Anhieb unbeliebt machen will:

• Bringen Sie nur dann jemanden mit, wenn aus der Einladung hervorgeht, dass das auch okay ist. „… und Begleitung" heißt allerdings nicht, dass Sie Ihre fünf besten Freunde oder Ihre halbe Turngruppe mitschleppen dürfen.

• Wer zusagt, muss nicht nur tatsächlich kommen, sondern auch → *pünktlich* sein.

• Tischordnungen müssen respektiert werden, auch wenn Sie gleich am Anfang feststellen, dass man Sie neben einem branchenberüchtigten Langweiler platziert hat.

• Ein angemessenes → *„Danke* für die Einladung" in den Tagen danach gehört bei gesetzten Essen zum guten Ton.

▸ Etikette

So lautet der Ausdruck für „die Gesamtheit der Anstandsregeln".[12] Dazu gehört alles, was man ganz allgemein als „gutes → *Benehmen*" bezeichnet: rücksichtsvolles → *Auftreten*, → *Tischmanieren*, korrekte Formulierungen für → *Anrede*, → *Grüßen* und → *Begrüßen*, tadelloses Verhalten als → *Gast* und als Gastgeber bei jeder Form von offizieller Veranstaltung.

Im → *Privatleben* muss die Etikette nicht unbedingt eine große Rolle spielen. Ob und inwiefern Sie in Ihre vier Wände lassen, was draußen als Anstandsregel existiert, ist einzig und allein Ihre → *Entscheidung*. Sobald Sie das Haus verlassen, sieht die Sache allerdings anders aus.

Wie viel Etikette muss sein? Im Freundeskreis ist Benimm vielleicht kein Muss, aber auch nicht verkehrt. Im Geschäftsalltag hingegen kommen Sie als Totalverweigerer in Sachen Etikette über einen Praktikantenjob in der → *Regel* nicht hinaus. Wenn

Sie für Ihr Unternehmen obendrein als Gast oder Gastgeber auftreten, wird wesentlich mehr von Ihnen erwartet als nur der talentierte Umgang mit Messer und Gabel. Und bei „hochoffiziellen Gelegenheiten" wird es ernst: Bei großen Bällen, Galaveranstaltungen oder wenn Könige und Kanzler auf Besuch vorbeikommen, ist die „hohe Etikette" angesagt, „von der Berücksichtigung von → Rangordnungen schon bei der Vorstellung über die Befolgung von Etiketteregeln beim großen Diner bis zur Einhaltung des offiziellen → Protokolls bei → Tischordnung und Tischreden".[13]

In den meisten Berufen kommt es zwar nicht allzu häufig vor, dass Könige und Kanzler zu Besuch kommen. Aber wenn sie kommen, ist ein Etikette-Crashkurs das Gebot der Stunde, und zwar am besten bei Deutschlands Experten (→ Protokoll). Das ist zwar ein ziemlicher Aufwand, aber immer noch besser als der Sprung in den → Fettnapf. Und von denen stehen bei hochoffiziellen Etikette-Angelegenheiten jede Menge herum.

Anmerkungen

[1] Literaturliste Nr. 19
[2] 19/S. 2
[3] 19/S. 9
[4] 3/S. 28
[5] 19/S. 88
[6] 4/S. 200
[7] 12/S. 69
[8] 12/S. 125
[9] 22/S. 54
[10] 19/S. 88
[11] 4/S. 133
[12] Reclams Kleines Fremdwörterbuch
[13] 3/S. 25 ff

F

▶ **Faden verlieren**

Wichtigen Leuten erklärt man selbstsicher und in klaren Worten die kompliziertesten Dinge, weiß genau, was wann zur Sprache zu bringen ist, folgt zielstrebig dem geistigen roten Faden – und plötzlich ist er weg. Licht aus, Stromausfall, Blackout. Was bleibt, ist nicht die geringste Ahnung von dem, was man gerade sagen wollte. Und ein Stresspegel auf Hochwasserstand, gepaart mit einer Gesichtsfarbe, von der man auch ohne Spiegel weiß, dass sie aussieht wie ein heftiger Sonnenbrand.

Solche Momente der Geistesabwesenheit entstehen durch → *Nervosität*, Ablenkung durch Zwischenrufer oder plötzliches Telefonklingeln. Oder schlicht dadurch, dass man nicht völlig bei der Sache ist, sondern einen Teil seines Hirns mit ganz anderen Aufgaben beschäftigt („Wie kriege ich bloß meine → *Beziehung* wieder in den Griff?", „Warum guckt der Abteilungsleiter andauernd auf die Uhr?").

Jeder ist schon mindestens einmal in eine solche Situation geraten. Das macht sie nicht erträglicher, aber auf alle Fälle menschlicher. Den Faden zu verlieren ist so normal wie jeder andere → *Fehler*: unangenehm, aber auf die Dauer unvermeidbar. Und deshalb auch nicht dramatisch. Mit Ausnahme vielleicht von Fadenverlusten bei Live-→ *Interviews*. Aber die Gelegenheit dazu ergibt sich glücklicherweise für die meisten Menschen eher selten.

Grundsätzlich gilt: Keine Panik. Da die Fähigkeit, konzentriert → *zuzuhören*, ohnehin begrenzt ist, bemerkt oft nur der Redner selbst, dass ihm der Faden gerissen ist. Zudem gibt es ein paar **Tricks**, mit denen sich das Risiko, den Faden zu verlieren, zumindest etwas verkleinern lässt:

• Verkneifen Sie es sich, **Aufzählungen im Voraus** anzukündigen: „Ich werde Ihnen genau fünf Gründe dafür nennen, warum Ihre → *Idee* unrealistisch ist." Selbst wenn Ihnen die fünf Gründe glasklar vor Augen stehen und Sie sie auch schon x-mal vorgebetet haben – es ist nicht ausgeschlossen, dass Sie diesmal beim Grund Nummer vier ins Stocken geraten.

• Wenn Sie zu denen gehören, die es lieben, **halbstündige Schachtelsätze** zu konstruieren, dürfen Sie sich nicht darüber wundern, wenn Sie manchmal mittendrin nicht mehr wissen, womit Sie Ihren Satz eigentlich begonnen haben.

• Wer → *Sprechangst* hat oder wenig → *Erfahrung* darin, vor Publikum länger zu reden, verschwendet garantiert keine → *Zeit*, wenn er sich vor seinem Auftritt seine **wichtigsten Punkte in einer stichwortartigen Gliederung** aufschreibt (→ *Vorträge*).

• Wenn Sie wenigstens noch wissen, was Sie bis zu dem Moment gesagt haben, in dem Sie den Faden verloren haben, dann können Sie das Ganze zuvorkommend und → *freundlich* **in anderen Worten noch mal wiederholen**: „Ich fasse kurz zusammen, was ich bisher gesagt habe …" Ihre → *Zuhörer* werden Ihnen dankbar sein – und Sie finden mit etwas Glück während dieser Wiederholung Ihren Faden wieder.

• Ziemlich dreist, aber überraschend erfolgreich sind → *Themenwechsel* aller Art: „In diesem Zusammenhang fällt mir ein …", „Übrigens …", „Worauf ich noch gar nicht hingewiesen habe …"

• Ganz genial: **den Ball ins gegnerische Feld spielen**. „Was meinen Sie eigentlich dazu?", „Mich würde Ihre → *Meinung* interessieren!", „Jetzt möchte ich Ihnen erst mal Gelegenheit geben, mir Ihre → *Fragen* zu stellen." Mitten in die darauf wahrscheinlich eintretende Sprach- und Ratlosigkeit hinein können Sie dann elegant den anderen und sich selbst Luft verschaffen: „Ich schlage vor, wir machen an dieser Stelle eine kurze Pause."[1] Punkt an Sie.

▸ **Fauxpas** → *Fettnäpfchen*

▸ **Fax** → *Telefax*

▸ **Feedback**

Aus dem Englischen übernommener Fachbegriff, der auf technischer Ebene „akustische Rückkopplung" bedeutet.

Viel häufiger ist heute allerdings die Verwendung auf der psychologischen Ebene. Hier bezeichnet das Wort eine „Rückmeldung an eine Person über Wirkungen, die ihr Verhalten – wahrnehmbare verbale [sprachliche] und nonverbale [nichtsprachliche] Äußerungen – bei dem jeweils anderen bewirkt hat".[2] Einfacher ausgedrückt: Wenn Ihnen jemand ein Feedback gibt, erklärt er Ihnen möglichst sachlich, wie das, was Sie gesagt oder getan haben, bei ihm angekommen ist.

„Feedback" ist zum Zauberwort der modernen Ratgeber-Literatur geworden. Überall wird erklärt, wozu es gut ist und wie es funktioniert, ganz egal, ob es um Kindererziehung, Beziehungsstress oder Hundedressur geht. Und auch fürs Berufsleben schadet es tatsächlich nicht, darüber in etwa Bescheid zu wissen. Deshalb hier eine Zusammenfassung der wichtigsten → *Informationen* zum Thema.

Formen von Feedback. Es gibt **positives Feedback**, was letztlich nichts anderes ist als → *Lob*, und **negatives Feedback**. Das entspricht mehr oder weniger einer schonenden Form von → *Kritik*. Feedback wird **in der Regel in Worten** formuliert, also gefragt oder ungefragt ausgesprochen. Gelegentlich äußert es sich aber auch nur über die → *Körpersprache*. Das ist immer dann der Fall, wenn der andere eigentlich ein klares Feedback vermeiden will, aber seine körperlichen Reaktionen nicht ganz unter → *Kontrolle* hat, sodass sie preisgeben, was er in Worten nicht als Rückmeldung verraten möchte.

Feedback erbitten ist immer dann angebracht, wenn sich der eine wenig oder nie über Dinge äußert, die der andere sagt oder tut. Wer nicht genau weiß, was sein → *Chef* von seiner Arbeit hält, der kann natürlich davon ausgehen, „dass der schon den Mund aufmacht, wenn ihm was nicht passt". Das ist zwar nicht falsch, kann aber auch schief gehen. 85 Prozent der Menschheit sind konfliktscheu,[3] und wenn Ihr Chef dazu gehört, wird er vielleicht erst den Mund aufmachen, wenn er Sie schon abgeschrieben hat.

Es kann also durchaus vernünftig sein, immer mal wieder → *Fragen* zu stellen, um Rückmeldung zu bitten. „Was halten Sie von meiner Idee?", „Wie schätzen Sie mein Verhältnis zu den Kunden ein?", „Bei der Besprechung neulich hatte ich den Eindruck, dass Sie mit mir nicht einverstanden sind. Erklären Sie mir das doch bitte.", „Wie sollte ich Ihrer Meinung nach bei diesem Problem weiter vorgehen?"

Nicht nur → *Anfänger* handeln klug, wenn sie durch regelmäßige Feedback-Gespräche frühzeitig herauszubekommen versuchen, wie → *Kollegen* und → *Chefs* sie und ihre Arbeit einschätzen. (Noch klüger ist, wer nicht mit dem Ende der → *Probezeit* abrupt das Ende aller Feedback-Gespräche einläutet).

Chefs und Feedback. Für Vorgesetzte ist es fast noch wichtiger, Feedback zu erbitten, denn von alleine wird es ihnen kaum ein → *Mitarbeiter* geben, schließlich könnte er sich durch unbedachte Bemerkungen selbst ins Abseits schießen. Chefs von altem Schrot und Korn ist das ganz Recht, schließlich bestimmen sie sowieso, wo es langgeht, ganz egal, was ihre Mitarbeiter von ihnen denken.

Kann schon sein. Aber vielleicht wird das, was sie bestimmen, erfolgreicher und schneller in die Tat umgesetzt, wenn die Mitarbeiter um Rückmeldung gebeten werden. Das zeigt ihnen nämlich, dass ihre → *Meinung* und → *Erfahrung* ernst genommen wird. Und dass sie einen guten Chef haben: Nur gute Chefs gehen das Risiko ein, um Feedback zu bitten. Denn es könnte ja auch negativ ausfallen.

Feedback geben ist ganz einfach, wenn es um Lob geht. Das kann immer und überall verteilt werden, je mehr, desto besser. Leider kommt positives Feedback eher selten vor. Negatives Feedback erfordert etwas Übung, weil man sich so viele Dinge verkneifen muss, die aus „offenen → *Gesprächen*" und → *Aussprachen* häufig handfeste Streitereien werden lassen: Unterstellungen, Bewertungen, Verurteilungen, Küchenpsychologie („Du bist beziehungsunfähig, weil Deine Eltern Dich emotional völlig vernachlässigt haben!").

„Feedback funktioniert wie eine versteckte Kamera. Es beschreibt Fakten; Ihre Vermutungen über die Ursachen und die Absichten der Person sind irrelevant [unerheblich]."[4] Stattdessen sind nur möglichst sachliche Beschreibungen gefragt: Wie ist das bei Ihnen angekommen, was der andere gesagt oder getan hat? Welche Gedanken hat das bei Ihnen zur Folge, und welche → *Gefühle*? Wie könnte man Ihrer Meinung nach die Situation verbessern?[5]

Beispiel: „In Besprechungen unterbrechen Sie mich oft. Ich fange an mich zu fragen, was Sie von meinen Meinungen halten. Inzwischen traue ich mich kaum noch, mich überhaupt zu Wort zu melden. Mir wäre es deshalb lieber, wenn Sie mich erst mal ausreden ließen und mir dann ein bisschen genauer erklären würden, was Sie über meine Stellungnahmen denken. Wenn dafür in der Besprechung keine Zeit ist, können wir das ja später unter vier Augen nachholen."

Faustregeln für Feedback. Erfreulicherweise gibt es ein paar, an die man sich halten kann:
- **Sachlich bleiben**, siehe oben.
- **Keine „Du-Sätze" und „Sie-Sätze"**, denn die wirken immer wie → *Angriffe*: „Du verweigerst Dich jedem Gespräch!", „Sie können einfach keine Kritik vertragen", „Nie tust du ...", „Immer machen Sie ..." Besser sind → *Ich-Botschaften*. Mit denen kann man im Prinzip fast genau dasselbe sagen, aber ohne dass es gleich wie ein Schlag ins Gesicht wirkt: „Ich habe das Gefühl, dass Du Dich diesem Gespräch verweigerst" und „Ich habe den Eindruck, dass Sie Kritik nicht so gut vertragen".
- **Nur ein Thema.** Feedback soll es dem, der es bekommt, so leicht wie möglich machen, Kritik zu akzeptieren und etwas daraus zu lernen. Das ist schwer genug. Ein Ding der Unmöglichkeit wird es, wenn Sie ein Feedback-Gespräch zum Anlass für einen Rundumschlag nehmen, in dem alle erkennbaren → *Schwächen* wenigstens kurz angesprochen werden, vom Hang zur Unpünktlichkeit bis zum Bleistiftkauen. Wer so ein Feedback erhält, wird Sie erstens nie mehr um eines bitten. Und zweitens garantiert die Lust verlieren, sein Verhalten in irgendeiner Form zu ändern.
- **Möglichst ungestört, möglichst unter vier Augen, möglichst ohne** → *Wut* **in den Backen.** Alles andere führt nur dazu, dass die Stimmung nachher noch schlechter ist als vorher.

195

Feedback bekommen. Niemand hört gerne Kritik, und um die handelt es sich meistens, wenn man ein Feedback bekommt. Aber wenn der Feedback-Geber sich an die → *Regeln* hält, dann macht er es Ihnen trotzdem so leicht wie möglich, Kritik zu akzeptieren und daraus zu lernen. Oder er versucht es zumindest. Falls Sie jedoch auf seine Äußerungen mit Rechtfertigungen und Erklärungen reagieren, ihn unterbrechen oder gleich ganz zum Gegenangriff übergehen, dann haben Sie einen wesentlichen Teil der Feedback-Technik noch nicht gelernt: Verteidigungsreflexe sind hier nicht angesagt. „Bedenken Sie, dass ein Feedback die Wirkungen beschreibt, die Ihr Verhalten bei einem anderen hervorgerufen hat – und dass diese Wirkungen nicht mehr wegdiskutiert werden können."[6]

So sehen es die Experten. Und so sollten Sie auch zumindest versuchsweise darauf reagieren, wenn Ihnen jemand eine Rückmeldung gibt. Es sei denn, Sie wollen aus einem kurzen sachlichen Feedback-Gespräch eine ganz normale stundenlange quälende ergebnislose Streiterei machen.

▸ Fehler

So nennt man alles, was anders ist als das, was richtig ist oder als richtig angesehen wird. Es ist eine weit verbreitete Methode, Menschen überwiegend danach zu beurteilen, welche und vor allem wie viele Fehler sie begehen. Deshalb → *lernen* sie (mehr oder weniger freiwillig) von frühester Kindheit an und ihr ganzes Leben lang von Eltern, Lehrern, Professoren und Beziehungsratgebern → *Regeln*, die ihnen helfen sollen, Fehler zu vermeiden.

Regeln und Ausnahmen. Die Sache hat allerdings ein paar Haken: Erstens gibt es unendlich viele Regeln. Zweitens gibt es fast genauso viele → *Ausnahmen*. Und drittens sind nur wenige Regeln so klar und unwiderlegbar wie die für die Grundrechenarten. Schon die Rechtschreibregeln sind wesentlich weniger einleuchtend, und wenn es um so komplizierte Dinge wie Verhaltensregeln geht, dann ist oft reine Ansichtsache, was richtig ist und was falsch. „Was Du heute kannst besorgen, das verschiebe nicht auf Morgen" oder vielleicht doch lieber „Gut Ding will Weile haben"? Beides könnte richtig sein – oder aber falsch. Ein typisches Beispiel dafür, dass es häufig keine Patentregel gibt. Entscheidend ist dann allein, mit welcher Methode man das bessere Ergebnis erzielt. Dummerweise weiß man das aber meistens nicht im Voraus.

„Fehler passieren. Ihnen, mir, allen. Mehr oder weniger häufig."[7] Auf → *Denglisch* ausgedrückt: „Shit happens." In der Schule, in der Liebe, in der Kindererziehung, beim Tennisspielen. Und natürlich im Berufsleben. Auch wenn man sich noch so viel Mühe gibt, auch wenn man noch so viel → *Angst* davor hat, welche zu begehen. Manche Menschen werden deshalb zu → *Perfektionisten*, aber auch das hilft ihnen im Zweifelsfalle nicht weiter. Eher im Gegenteil. Denn so streng Fehler verurteilt werden, so nützlich sind sie genau genommen. Das sagen nicht nur so hausbackene Sprichwörter wie „Aus Fehlern wird man klug", sondern auch die Erkenntnisse der modernen Unternehmenspsychologie: „Viele Manager müssen begreifen, dass sie den Fehlern der Leute gegenüber toleranter sein müssen und sie nicht dafür bestrafen, sondern ihnen helfen sollten, daraus zu lernen."[8]

Fehler zu machen ist im → *Privatleben* wie im Beruf normal, und auch eigentlich nicht der Rede wert, denn die wenigsten Fehler werden mit Absicht gemacht. Fehler und ihre Folgen können zwar unangenehm, peinlich, ärgerlich, teuer oder sonst wie unerfreulich sein. Aber **jeden Fehler vermeiden zu wollen**, ist eine gewaltige Anstrengung, die unterm Strich garantiert erfolglos und obendrein noch nicht einmal wirklich sinnvoll ist, sieht man von Diktaten, Mathematikhausaufgaben und Kochrezepten einmal ab. Die → *Energiesparer* folgern daraus gerne, dass die ideale → *Lösung* im Nichtstun liegt: „Wer etwas macht, macht Fehler. Wer nichts macht, macht keine Fehler und wird befördert."[9] Diese Sicht der Dinge hat etwas Einleuchtendes. Ein Erfolgsrezept für eine steile → *Karriere* ist sie jedoch in Wirklichkeit eher selten.

Fehler erkennen. Dass völlige Fehlerfreiheit ein kaum erreichbares → *Ziel* ist, macht Fehler an sich noch lange nicht zu lächerlichen Lappalien im großen Strom des Lebens. Wer einen Fehler macht, ärgert andere oder manchmal nur sich selbst (was auch schon schlimm genug sein kann). Deshalb bemüht er sich in der Regel darum, möglichst wenige Fehler zu machen. Und dafür gibt es ein paar gute Methoden:

• Sie können **schon im Vorfeld nach möglichen Fehlerquellen** suchen und versuchen, sie so gut wie möglich unter → *Kontrolle* zu bekommen. Ein paar → *Fragen* an erfahrenere → *Kollegen* fördern vielleicht nervtötende Banalitäten, aber garantiert auch ein paar wertvolle → *Ratschläge* zutage. Was könnte alles schief gehen? Wo sind die Schwachpunkte? Wo könnte es haken? Welche wichtigen → *Details* könnten übersehen werden? Wer könnte sich als unzuverlässig erweisen? Wenn Sie die Antworten darauf auswerten, ist das eine ideale Grundlage für eine → *Checkliste*. Und die ist Fehlervermeider Nummer eins.

• Fehlervermeider Nummer zwei: Es lohnt sich, **nicht nur das auf Fehler zu kontrollieren, was Sie sehen**, zum Beispiel in → *Berichten*, Kalkulationen, Angeboten, Ablaufplänen, Checklisten – sondern auch systematisch nach Dingen suchen, die dort nicht zu sehen sind. Zum Beispiel, dass der Auftritt auf der → *Messe* zwar bis ins kleinste Detail geplant und kalkuliert ist, aber nie jemand daran gedacht hat, auch eine Versicherung dafür abzuschließen. So etwas könnte ins Auge gehen.

• Die meisten Fehler werden erst in dem Moment problematisch, in dem sie von anderen erkannt werden. Also ist es garantiert keine Zeitverschwendung, **frühzeitig nach Fehlern** zu suchen, die Sie vielleicht schon gemacht haben, aber noch ausbessern könnten, bevor sie an die Öffentlichkeit (Ihren → *Chef*, Ihre → *Kunden*, Ihre Partner) gelangen. Zum Beispiel durch → *Korrekturlesen*, Technik-Proben oder doppelte → *Kontrolle* (→ *denglisch*: double-check) durch einen Vertrauten.

• **Je mehr Fehler Sie finden, desto größer ist die Wahrscheinlichkeit, dass sich irgendwo noch weitere verstecken.** Das sollte im Kopf behalten, wer schon über die ersten entdeckten Fehler in → *Hektik* gerät. Klar ist es wichtig, sich um Korrektur zu bemühen, aber genauso wichtig ist es, den Blick für das große Ganze nicht aus den Augen zu verlieren. Sonst sind am Ende fünf Fehler gründlich beseitigt – und drei andere bleiben unentdeckt, bis es zu spät ist.

Fehler verbessern oder wieder gutmachen. Manche Fehler kann man unauffällig beseitigen, bevor irgendjemand irgendetwas merkt. Das ist der Idealfall. Aber oft ist es dazu schon zu spät; kleinere oder größere → *Probleme* sind zu befürchten, und das womöglich innerhalb der nächsten 24 Stunden.

In dieser Situation kann man mit Chefs, Kollegen und → *Mitarbeitern* endlos darüber → *diskutieren*, wer oder was warum an allem schuld ist. Das Problem jedoch wird dadurch garantiert nicht einen Zentimeter kleiner. **Fehleranalysen** (siehe unten) sind bestimmt erforderlich; Schuldzuweisungen sind herzlich überflüssig und trotzdem genauso innig erwünscht – aber für beides ist auch nach dem Ernstfall noch genug → *Zeit*.

Deshalb handelt clever, wer nach Lösungen anstatt nach Schuldigen sucht. Richtig → *wichtig* sind bei → *Stress* durch Fehler nur zwei Dinge: Rettungsversuche und Schadensbegrenzung (→ *Improvisieren*).

Manchmal reichen schon kleinere → *Initiativen* aus, vorausgesetzt, man handelt schnell und erfindungsreich: Um fünf Ecken eine private Telefonnummer herausbekommen, um einen Vertragspartner noch am Wochenende zu erreichen. Oder sich selbst nach Feierabend ins Auto setzen, um eine dringende Lieferung abzuholen. Gelegentlich ist die Fehlerkorrektur aber auch teuer, zum Beispiel, wenn ein Kunde Schadensersatz fordert. Trotzdem hat der Gedanke etwas Tröstliches: Es gibt eine Menge Fehler, die sich durch mehr oder weniger viel → *Geld* aus der Welt schaffen lassen (→ *Lösungen*).

Die Folgen von Fehlern einschätzen. Wer Angst davor hat, Fehler zu machen, muss lernen, mit ihnen umzugehen – schließlich verstärkt Angst die Tendenz, Fehler zu machen. Mit etwas Übung lassen sich die Folgen von Fehlern tatsächlich in etwa einschätzen. Irgendwann weiß man, ob es sich lohnt, sich aufzuregen, oder nicht. Eine Telefonnummer, in die ein Mitarbeiter eine Null zu viel eingebaut hat, ist allenfalls lästig. Ein Überweisungsbetrag, in den der Buchhalter eine Null zu viel einbaut, ist schon eine heiklere Angelegenheit. Entscheidend ist immer die Antwort auf die Frage, welche Folgen ein Fehler wohl haben könnte: für den, der ihn gemacht hat, für seine Abteilung und sein Unternehmen.

Fehler zugeben. Wer einen Fehler gemacht hat und befürchtet oder weiß, dass er nicht folgenlos bleiben wird, der hat keine Wahl: Er muss seinen Fehler zugeben, ohne lange Rechtfertigungsreden die → *Verantwortung* dafür übernehmen und seine Arbeitsumgebung genau informieren. (Chefs trifft es hier besonders hart, denn sie müssen im Zweifel die Verantwortung für Fehler ihrer Mitarbeiter übernehmen.)

Das Ganze ist möglichst frühzeitig fällig, denn dann bleibt wenigstens noch Zeit für Rettungsversuche; außerdem macht es einfach einen besseren → *Eindruck*, wenn man zu seinen Fehlern steht, anstatt zitternd darauf zu warten, dass die anderen irgendwann dahinter kommen. Und das eindeutig Beste ist es, zusammen mit der Beichte gleich den einen oder anderen Lösungsvorschlag zu präsentieren.

So weit jedenfalls das, was der Anstand für den Umgang mit Fehlern vorsieht. Niemand behauptet, dass es immer einfach ist, so zu handeln. Wesentlich simpler ist es natürlich, Fehler zu vertuschen in der Hoffnung, dass keiner was merkt (und wenn doch: dass keiner herausfindet, wer dafür verantwortlich ist) oder Fehler auf andere zu schieben („Was der Meyer mir als Arbeitsgrundlage geliefert hat, war unter aller Kanone!").

Lieber keine Ablenkungsmanöver. Aber abgesehen davon, dass man sich mit solchen Ablenkungsmanövern alles andere als beliebt macht, sind sie unterm Strich auch wenig Karriere fördernd: „Wer eigene Fehler nicht zugeben mag und in solchen Situationen Ausflüchte sucht, wird als schwache → *Persönlichkeit* eingestuft und mindert dadurch seine Chancen auf eine → *Beförderung*."[10]

Es gibt übrigens Leute, die halten es für den goldenen Mittelweg, sich mit einem gemurmelten „Tut mir Leid" aus der Affäre zu ziehen. Das ist ja schließlich fast so etwas wie eine → *Entschuldigung*. Doch mit der ist es nun mal nicht getan: Fehler ausbessern und es beim nächsten Mal besser machen, ist genauso angesagt. Wer diesen Teil der Fehlerbewältigung regelmäßig überspringt, gemütlich immer wieder dasselbe falsch macht und hinterher anderen das Aufräumen überlässt, hat wenig Chancen darauf, zum Mitarbeiter des Monats gewählt zu werden.

Fehleranalyse. Fehler haben Ursachen: → *Stress*, mangelnde Gründlichkeit, unzuverlässige Partner, zu wenig Kontrolle, unübersichtliche Teamstrukturen, die eigene Bequemlichkeit – meistens von allem etwas. Mit ein bisschen Nachdenken und → *Ehrlichkeit* vor sich selbst kann man die Ursachen feststellen. Und sich dazu passend gleich in einem Aufwasch überlegen, wie es beim nächsten Mal besser laufen könnte (→ *Manöverkritik*). Falls Sie dazu keine Lust haben, wird der Chef irgendwann die Fehleranalyse für Sie übernehmen. Und die Erkenntnisse, zu denen er kommt, werden zwar nicht unbedingt klüger sein als Ihre eigenen, aber eindeutig unangenehmer.

Aus Fehlern lernen ist die große Chance für Sie. Und die große Hoffnung derer, die mit Ihren Fehlern fertig werden müssen. Ohne Fehler keine → *Erfahrung* – deshalb ist es für Jobanfänger erst mal kein Beinbruch, wenn sie das eine oder andere falsch machen. Allerdings gibt es ziemlich unterschiedliche Auffassungen darüber, wie oft man denselben Fehler machen darf. Chefs, die versuchen, zwischen Strenge und Güte zu balancieren, sind der Ansicht, dass „einen Fehler jeder einmal machen [kann], nur nicht denselben Fehler zweimal."[11]

Das ist ein Klassiker, aber leider klingt er weiser, als er ist. Richtig zutreffend ist er nämlich nur für simple Fehler wie den, Briefe ohne Marke zu verschicken. Wer solche Fehler öfters macht, wird unter Umständen einkalkulieren müssen, dass man ihn nicht für den Hellsten hält. Ganz anders sieht die Sache allerdings bei komplizierten Verhaltensfehlern aus.

Verhaltensfehler. Im täglichen Arbeitsablauf gibt es jede Menge Gelegenheiten für Verhaltensfehler, die man sich nur mühsam abtrainieren kann, auch wenn man sich noch so viel Mühe gibt. Typische Kleinigkeiten: Vergessen, sich den → *Namen* der Person aufzuschreiben, von der man telefonisch eine entscheidende Information bekommen hat. Wichtige → *Termine* nicht gleich im → *Terminkalender*, sondern erst mal auf einem Zettel zu notieren, der dann irgendwo verschwindet. In DM-Preisen statt in Euro rechnen.

Je größer der Stress, desto schwieriger ist es, sich solche Verhaltensfehler abzugewöhnen. Und auch ohne Stress kann das ordentlich lange dauern: So haben verhaltenspsychologische Versuche ergeben, dass im Schnitt nicht weniger als 29 Anläufe nötig sind, bis man sich das alte Verhalten ab- und das neue angewöhnt hat.[12] Wer das nicht glaubt, kann ja einfach mal den → *Papierkorb* von links nach rechts stellen und mitzählen, wie oft er sich gedankenlos in die falsche Ecke beugt.

Fehler anderer. Jeder Mensch macht Fehler und ist deshalb zumindest gelegentlich dazu gezwungen, sie zu erkennen, zuzugeben, auszubessern und aus ihnen zu lernen. Er hat also nicht den geringsten Grund, sich über Gebühr aufzuregen, die Nase zu rümpfen oder sich für etwas Besseres zu halten, wenn ein anderer einen Fehler macht. Erst mal jedenfalls: „Falls zu viele Fehler passieren oder aus Fehlern nicht gelernt wird, hat das natürlich Konsequenzen: Dieser Mitarbeiter gehört nicht an diese Stelle. Mehr ist aber dazu nicht zu sagen."[13]

Regeln für den Umgang mit Fehlern anderer. Die folgenden Regeln haben sich nicht nur im Beruf, sondern auch im Privatleben extrem bewährt. Es kann also nicht schaden, sie etwas genauer zu lesen.

• **Keine vorschnellen Beschuldigungen.** Sind Sie sicher, dass der andere den Fehler auch wirklich begangen hat, den Sie ihm zur Last legen? Wer im Tatort-Tempo aus Verdächtigen Schuldige macht, riskiert unter Umständen, dass er sich am Ende wortreich für seine Vorverurteilung entschuldigen muss. Ziemlich peinlich, so was.

• **Keine Wutausbrüche und** → *Killersätze* wie „Was haben Sie sich eigentlich dabei gedacht?", „Wo haben Sie eigentlich Ihren Verstand gelassen?", „Wie kann man nur so begriffsstutzig sein!" oder „Das wird Konsequenzen haben!". Mitarbeiter, die Reaktionen in dieser Tonart zu hören bekommen, lernen so ganz schnell, dass es der größte Fehler ist, einen zuzugeben oder sich dabei erwischen zu lassen.

- **Kritik ja, aber nur in angemessener Form** (→ *Kritik*).
- → *Entschuldigungen* **annehmen, zweite Chance gewähren**. Es gibt wenige Dinge, die so unerträglich sind wie Leute, die noch Jahrzehnte später auf irgendwann mal gemachten Fehlern herumreiten und sie mit schöner Regelmäßigkeit zum Anlass nehmen, anspruchsvollere Aufgaben „sicherheitshalber" an andere zu vergeben.

▶ Feiern am Arbeitsplatz

Dafür gibt es allem → *Stress* zum Trotz im Laufe eines Jahres eine Menge Anlässe: → *Einstand*, Ausstand, → *Geburtstag*, → *Beförderung*, Nachwuchs, Lottogewinn. Und natürlich die offiziellen → *Betriebsfeiern* an Weihnachten und bei Dienstjubiläen.

Auch wenn es nur ein kleiner Umtrunk ist: Feiern ist im Arbeitsalltag immer eine angenehme Abwechslung. Angenehm vor allem deshalb, weil es häufig mit einem gepflegten Gläschen → *Alkohol* und grundsätzlich immer mit einer zeitweiligen Niederlegung jeder Arbeit verbunden ist. → *Telefone* werden auf → *Anrufbeantworter* umgestellt, → *Termine* auf später verschoben, Computer in den Ruhezustand versetzt – wie soll man schließlich feiern, wenn aus allen Richtungen die Pflicht ruft? Da bleibt manchmal einiges liegen. Kein Wunder, dass Vorgesetzte Feiern im Büro nicht grundsätzlich prima finden. Es sei denn, sie feiern selber gerne, was auch vorkommt.

Eigene Feiern. Ein vernünftiger Einstand und wenigstens ein Glas Sekt an Ihrem Geburtstag sind das Minimum. Öfter ist netter, aber auf alle Fälle ist es immer das Gebot der Stunde, den Chef vorab über Ihre Feier-Pläne zu informieren und ihn nach einer Uhrzeit zu fragen, die ihm passend scheint. Kleiner **Tipp**: Nachmittags oder abends ist besser als vormittags oder mittags. Nach Feiern sinkt die → *Leistung* nämlich gegen Null, weil die Feierer leicht angetrunken nur noch dem Ende der → *Arbeitszeit* entgegendösen.

An Feiern teilnehmen macht nicht nur Spaß, sondern ist fast eine Pflichtübung: Wer sich häufiger drückt unter Verweis auf → *drin-*

gend zu erledigende Arbeiten, der gilt schnell als Spielverderber und macht sich entsprechend unbeliebt. Unter diesen Umständen feste mitzufeiern, auch wenn sich auf dem Schreibtisch die brandeiligen Notfälle stapeln, ist allerdings im Zweifelsfalle keine überzeugende → *Entschuldigung.* „Ich konnte das nicht mehr rechtzeitig erledigen, weil ich zum Umtrunk von Herrn Müller musste" – auf die meisten Chefs macht da jede erste beste → *Notlüge* mehr → *Eindruck.*

Wenn Sie also genau wissen, dass Sie eigentlich nicht das kleinste bisschen → *Zeit* (oder: nicht das geringste bisschen Lust) haben, um mit Herrn Müller und den lieben Kollegen ein Stündchen → *Smalltalk* zu machen, bleibt Ihnen immer noch eine sehr elegante Kombination aus Auftritt und Abgang: Gratulieren, anstoßen, feststellen, dass der Sekt sowieso zu süß ist, und wieder verschwinden. Bei größeren Runden unauffällig und kommentarlos. Und ansonsten mit der → *Bitte* um → *Verständnis:* „Der Chef hat mich verdonnert – ich muss dringend wieder an die Arbeit!" Das Mitleid der anderen wird Ihnen sicher sein.

Tipp: Nach dem Feiern geht's ans Aufräumen, und wer mitgefeiert hat, der sollte sich nicht kurz vor Schluss verabschieden, nur um sich vor dem unvermeidlichen Gläsersammeln, Tischerücken, Spülmaschineeinräumen zu drücken. Und das gilt besonders für → *Chefs.* Die nehmen ihre Position nämlich gerne zum Anlass, ihren → *Mitarbeitern* wie selbstverständlich solche „niederen Arbeiten" zu überlassen, weil auf ihren Schreibtischen schließlich so unendlich viele wichtigere Angelegenheiten warten. Da aber auch die zwischenmenschlichen → *Beziehungen* am → *Arbeitsplatz* nicht ganz unwichtig sind, kann viel für die allgemeine Stimmung tun, wer beim Aufräumen auch mal mit → *anpackt,* anstatt sich gleich wieder in seinen Chefsessel zurückzuziehen.

▶ Feindschaften

Feindschaften sind wie → *Freundschaften* eine Form zwischenmenschlicher → *Beziehungen,* allerdings eine wesentlich weniger angenehme. Wenn zwei Menschen miteinander verfeindet sind

oder (kommt auch oft vor) von Freunden zu Feinden geworden sind, dann ist ihr Verhältnis von herzlicher → *Abneigung* bestimmt, die sich bei jeder ersten besten Gelegenheit in mehr oder
weniger fiesen → *Angriffen* entlädt.

Ursprünge von Feindschaften. Die wenigsten Feindschaften sind
auf die großen Dramen des Lebens zurückzuführen: Frau an besten Freund verloren, von betrügerischen Partnern in den Kon-
kurs getrieben, Lottozettel der Bürogemeinschaft verschlampt.
Stattdessen stand am Anfang oft eine Kleinigkeit: eine politische Meinungsverschiedenheit, ein unvergesslicher → *Fettnapf*,
eine → *Indiskretion*, eine verweigerte → *Entschuldigung*. Der Anlass ist nicht selten letztlich so unbedeutend, dass sich die Feinde nach ein paar Jahren kaum noch daran erinnern können. Was
sie aber trotzdem nicht daran hindert, sich fröhlich weiter zu be-
kämpfen.

Feinde haben. Wer Feinde hat, hat ein → *Problem* zu viel. Das Leben bringt sowieso reichlich unangenehme Überraschungen mit
sich; es ist also völlig überflüssig, dass es irgendwo obendrein jemanden gibt, der sich nach Kräften darum bemüht, Ihnen noch
ein paar mehr davon zu servieren. Selbst wenn Sie noch so sehr
der Meinung sind, eine Beziehung zu → *Recht* aufgekündigt, den
anderen als Feind entlarvt zu haben.

Feinde und die Folgen. Im → *Privatleben* kann man sich
den wenig erfreulichen Folgen von Feindschaft vielleicht
noch entziehen. Aber im Berufsleben sind Feindschaften, genau
wie → *Abneigung*, ein Luxus, den sich die wenigsten leisten können. Schließlich weiß man nie, wohin es „der Feind" beruflich
noch bringen wird. Vielleicht in eine Klitsche auf der anderen
Seite der Weltkugel (was Sie ihm sicherlich wünschen würden).
Vielleicht aber auch direkt in den Chefsessel vor Ihrer Nase. Und
selbst wenn das nicht der Fall ist: Ist eine Beziehung erst mal aufgekündigt und in offene Feindschaft umgewandelt, dann kann
das für Sie selbst dann noch unangenehme Folgen haben, wenn
Sie längst in einer anderen Firma arbeiten.

Die meisten Branchen sind überschaubar, man kennt sich, die
Abteilung → *Klatsch & Tratsch* ist immer gut besucht, und wer Ih-

nen im → *Namen* der Feindschaft wirklich schaden will, dem wird
das erfahrungsgemäß auch gelingen.

Viele Leute können sich übrigens nicht vorstellen, dass auch
Feindschaften mit → *Sekretärinnen*, → *Mitarbeitern* und Hausmeistern äußerst unangenehme Folgen haben können. Sie begreifen
es aber in der → *Regel* spätestens dann, wenn aus unerklärlichen
Gründen gerade ihre Post nie ankommt, ihre defekte Klimaanlage erst nach drei Wochen repariert wird und wichtige Anrufe
nicht an sie weitergeleitet werden.

„Feinde ausschalten". Wer Feindschaften eher sportlich sieht,
wird an dieser Stelle vielleicht anmerken, dass man schließlich auch als Gewinner aus einer solchen Situation hervorge-
hen kann. In Hollywood-Filmen wird ja ständig bewiesen, dass
man mit Gegnern erfolgreich und ein für alle Mal abrechnen
kann. Stimmt. Zumindest für Bruce Willis, Clint Eastwood, Kea-
nu Reeves.

Aber im Haifischbecken des real existierenden Berufslebens
könnte die Sache für Sie am Ende trotzdem nicht mit „fressen",
sondern mit „gefressen werden" ausgehen. Das Risiko ist, rein
sachlich betrachtet, so groß, dass man sich, wenn auch zähneknirschend, dafür entscheiden sollte, Feindschaften lieber abzubauen als auszuleben.

Feindbilder. Wenn einer den anderen als Feind ansieht
oder von ihm als Feind betrachtet wird, dann steckt fast
immer irgendeine persönliche → *Erfahrung* dahinter. Bei Feindbildern ist genau das die Ausnahme, da geht es eher um „das, was
alle sagen". „Die Deppen vom Verkauf", „Die Erbsenzähler aus
der Buchhaltung", „Die Typen von der Lagerverwaltung stellen
sich doch mit Absicht so blöd an", „Die Abteilung von Dr. Müller klaut uns immer unsere Ideen."

Auch außerhalb der eigenen Firma gibt es reichlich Feindbilder in Gestalt bedrohlicher oder einfach nur lästiger **„Geschäfts-
feinde".** Das sind normalerweise die Führungskräfte der wichtigsten Konkurrenzunternehmen („Die arbeiten mit unsauberen
Methoden"). Und in Institutionen, die von Zuschüssen und Be-
willigungen abhängig sind, bleibt es nicht aus, dass auch der eine

oder andere Bedenkenträger in den zuständigen Ämtern und Behörden irgendwann in den Rang eines Geschäftsfeindes aufsteigt, was allerdings in diesem Fall nicht lauthals, sondern nur hinter vorgehaltener Hand geäußert wird.

Auch hier geht es um Feindschaften – allerdings beruhen die oft eher auf ganz banalen **Vorurteilen** als auf → *persönlicher* leidvoller Erfahrung. Was nicht bedeutet, dass sie weniger ernst zu nehmen wären. Wenn sich nämlich aus solchen Feindbildern regelrechte Gruppenfeindschaften entwickeln, dann kann es ein solches Hauen und Stechen geben, dass dadurch langfristig sogar ganze Firmenbereiche lahmgelegt werden.

Tipp für → *Anfänger:* Wer neu im Job ist, bekommt von den lieben Kollegen ganz nebenbei in der Anlernphase beigebracht, wo in der Firma „die Guten" sitzen und wo „die Bösen". Und wer solche Urteile gedankenlos übernimmt, der macht sich bestimmt bei „den Guten" beliebt. Er gewinnt so ganz schnell ganz viele „Freunde" – aber gleichzeitig auch jede Menge Feinde, und zwar ohne jeden Grund. So etwas kann sich für die weitere Zusammenarbeit als ziemlich unpraktisch erweisen: Erstens bringt der Arbeitsalltag unvermeidlich auch Kontakte mit „den Bösen" mit sich. Zweitens sind die vielleicht gar nicht überall so unbeliebt, wie Sie es von „den Guten" gehört haben. Und drittens werden sie es kaum nachvollziehen können, wenn Sie ihnen von Anfang an mit unverhohlener Abneigung entgegentreten. Und so werden dann irgendwann aus Feindbildern tatsächlich Feindschaften.

Feindbilder und Gruppenfeindschaften in den Griff bekommen. Wer clever und mutig genug ist, verzichtet darauf, gleich am Anfang in Cliquen einzusteigen. Stattdessen bleibt er neutral (was gar nicht so schwer ist, wenn man den Versuchungen der Abteilung → *Klatsch & Tratsch* widerstehen kann) und bildet sich seine eigene → *Meinung*. Meistens fördern persönliche Erfahrungen dann ganz andere Erkenntnisse zutage. Zum Beispiel die, dass „die Deppen vom Verkauf", wenn man sie nicht als Haufen ansieht, sondern einzelne Kollegen kennen lernt, gar nicht alle so blöd sind. Und fast alle nur deshalb zickig, weil sie sich von „den Guten" in Ihrer Abteilung so schlecht behandelt fühlen.

Persönliche Feindschaften abbauen ist eine ganze Ecke schwieriger. Besonders für den, der sich im Recht fühlt. Doch wer kein ausgesprochener Sturkopf und Rechthaber ist, wird hoffentlich irgendwann die Klugheit aufbringen einzusehen, dass Feindschaften nichts anderes sind als Energieverschwendung: Es fließt auf Dauer einfach zu viel Kraft in Gefechte und Kriegsmanöver, Kraft, die man eigentlich für das berufliche Fortkommen braucht.

Mögliche Lösungen. Oft wirkt eine → *Aussprache* Wunder, vorausgesetzt natürlich, dass beide Seiten im tiefsten Inneren ein Ende der kriegerischen Auseinandersetzungen herbeisehnen und sich entsprechend einsichtig zeigen. Eine → *Entschuldigung* kommt zwar eigentlich nicht in Frage, wenn man sich im Recht fühlt, ist aber gerade deshalb ein genialer Schachzug. Sich entschuldigen, → *Verantwortung* übernehmen, auch wenn man sie gar nicht hat – das hat wahre Größe und kann so sehr beeindrucken, dass so manche Feindschaft auf der Stelle zu Staub zerfällt.

Ähnlich funktioniert die „**Umarmungsstrategie**": Je mehr der andere Sie anfeindet, desto freundlicher werden Sie. Anstatt es ihm, was der Normalfall wäre, bei nächster Gelegenheit ordentlich heimzuzahlen. Diesen Mechanismus durch reine → *Freundlichkeit* und unerschütterliche Gelassenheit zu durchbrechen, erfordert zwar starke Nerven. Aber es funktioniert: Wenn Sie auf sein Spielchen nicht einsteigen, hat „der Feind" auf Dauer auch keine Lust mehr darauf und wird es aller Wahrscheinlichkeit nach irgendwann sang- und klanglos beenden.

▸ Fettnäpfchen

„Ins Fettnäpfchen treten" nennt man es, wenn sich jemand in irgendeiner Form daneben benimmt. Der vornehme französische Ausdruck dafür lautet „Fauxpas", was übersetzt so viel wie „falscher Schritt" bedeutet. Und um falsche Schritte handelt es sich – nämlich um diejenigen mitten hinein in die Fettnäpfe.

Im Gegensatz zu → *Entgleisungen*, die häufig am Ende einer Entwicklung stehen, die außer → *Kontrolle* gerät, passieren Tritte ins Fettnäpfchen grundsätzlich völlig ungewollt, manchmal sogar entgegen den besten Vorsätzen. Und Gelegenheiten dafür lauern auf Schritt und Tritt, im Beruf wie im → *Privatleben*, in Worten und in Taten.

Es gibt keinen Menschen, der nicht schon mindestens einmal mittendrin gestanden hätte. Noch in der Erinnerung an längst durchwatete Fettnäpfe steigt so manchem immer wieder die Schamesröte ins Gesicht, ob es um das Glas Rotwein geht, das man quer über die Festtafel gekegelt hat, oder um das barsche „Sehen Sie nicht, dass Sie stören!", als sich einmal ein Unbekannter in Ihr Büro verirrt hat, der sich dann als der Generalsekretär entpuppte.

Weil es so unendlich viele Fettnäpfe gibt, ist es ein Ding der Unmöglichkeit, sie in Kategorien und Unterkategorien zu ordnen und für jede einzelne präzise Ratschläge dafür zu entwickeln, wie man sie a) vermeidet oder b) halbwegs würdevoll wieder rausklettert.

Nützlicher und bei weitem schneller zu erlernen sind ein paar **Faustregeln** für den Umgang mit ihnen:

• **Je unsicherer Sie sich fühlen, desto mehr Fettnäpfe lauern** – traurig aber wahr. Wenn Sie vermeiden wollen, dass Sie in schwierigen Situationen zielsicher von einem in den anderen waten, wird es sich möglicherweise als gute → *Idee* erweisen, ein bisschen → *Zeit* und → *Geld* in eine gute Vorbereitung zu investieren. → *Angst* vor dem ersten Geschäftsessen oder dem ersten → *Vortrag*? Fachbücher zu → *Tischmanieren*[14] und Rhetorik und die eine oder andere Probe unter Freunden lassen die Welt gleich anders aussehen.

• **Wenn Sie im Fettnapf stecken**, dann tröstet der Gedanke daran, dass so etwas auch anderen passiert – aber dieses Wissen allein hilft Ihnen noch nicht wieder heraus. Noch weniger wird es Ihnen jedoch helfen, wenn Sie den Zeugen oder Betroffenen

Ihres Fauxpas stundenlang hektisch alles zu erklären versuchen oder sich wortreich immer wieder entschuldigen. Das ist ein geradezu klassischer → *Fehler*: Die meisten Menschen sind bereit, Fettnäpfe anderer ganz schnell zu vergessen. Indem Sie pausenlos immer weiter darüber reden, hindern Sie sie daran, zur Tagesordnung überzugehen, und reiten sich stattdessen immer tiefer rein. Sinnvoller (wenn auch im Schock tiefster Peinlichkeit nicht immer ganz einfach) ist es, nach einer angemessenen → *Entschuldigung* einfach das Thema zu wechseln.

• **Wenn andere im Fettnapf stecken**, ist es zwar verlockend, darüber in der Abteilung → *Klatsch & Tratsch* noch Stunden später abzulästern. Schadenfrohe Bemerkungen sind allerdings nicht unbedingt ein Merkmal guten → *Benehmens*. Das erfordert vielmehr, dass man entweder so tut, als ob man gar nichts mitbekommen habe. Oder aber dass man, wenn sich der Fettnapf beim besten Willen nicht überhören oder übersehen ließ, dem unglücklich Watenden seine Hilfe anbietet. Und entweder die allgemeine → *Aufmerksamkeit* von ihm ablenkt oder ihm dabei hilft, das Thema zu wechseln. Er wird Ihnen dafür garantiert auf ewig → *dankbar* sein.

▶ Flexibilität

Flexibilität ist ein → *Fremdwort*, das auf Deutsch „Biegsamkeit, Anpassungsfähigkeit" bedeutet. Im Berufsleben sind diese Eigenschaften immer gefragter – inzwischen werden fast in jeder Stellenanzeige → *Mitarbeiter* gesucht, die unter anderem auch möglichst flexibel sein sollten.

Im → *Klartext* heißt das: Es wird von den Mitarbeitern erwartet, dass sie bereit sind → *anzupacken*, dazuzulernen und bei Bedarf auch → *Arbeitsaufträge* zu erledigen, die nicht unbedingt zu ihrer → *Arbeitsplatzbeschreibung* passen. In Zeiten, in denen es an der Tagesordnung ist, dass Firmen sich durch → *Kündigungen* gesundschrumpfen, ist der Betrieb anders gar nicht aufrecht zu erhalten. Weniger Mitarbeiter bei gleicher Arbeitsmenge – da liegt es auf der Hand, dass → *Zuständigkeiten* und Verantwortungsbereiche ständig neu verteilt werden müssen. Und dass die verbleibenden

Mitarbeiter am Ende mehr und unterschiedlichere Aufgaben zu bewältigen haben als bei der Einstellung vereinbart.

Flexibilität und mögliche Folgen. Wenn Sie der → *Meinung* sind, dass Ihr Arbeitgeber den Begriff „Flexibilität" auf Ihre Kosten allzu sehr strapaziert und Ihnen ständig Jobs aufs Auge drückt, die weder mit Ihrer Arbeitsplatzbeschreibung noch mit Ihrem Bedarf an → *Überstunden* vereinbar sind, haben Sie **drei Möglichkeiten**:

• Sie können es – vor allem als → *Anfänger* – als **Chance** betrachten, möglichst viele → *Erfahrungen* zu machen und Ihren Arbeitsbereich und Ihre Firma von möglichst vielen Seiten kennen zu lernen. Das kann sich für Ihre fachliche → *Kompetenz* und damit für ein späteres Zeugnis als sehr nützlich erweisen. Sie könnten also zumindest eine gewisse → *Zeit* darüber hinwegsehen, dass Sie für das, was Sie leisten, eigentlich ziemlich unterbezahlt sind. (Falls sich die von Ihnen erwartete Flexibilität jedoch im Wesentlichen darauf bezieht, Sie in langweiligen → *Routinearbeiten* zu ertränken, scheidet diese Möglichkeit natürlich aus.)

• Wenn Ihr → *Gehalt* schon seit längerem nicht mehr zu dem passt, was Sie täglich leisten müssen, lohnt sich der Versuch, mit dem Arbeitgeber in **Verhandlungen** zu treten. (Schon allein deshalb, weil er sonst auf den Gedanken kommen könnte, Ihre Unterbezahlung für den Normalfall zu halten.) Sie haben zwar in der Regel kein Recht auf → *Beförderung* oder → *Gehaltserhöhung*. Aber vorausgesetzt, Sie liefern gute → *Argumente* (Anzahl der im letzten Jahr geleisteten → *Überstunden*, Ist-Soll-Vergleich der Arbeitsplatzbeschreibung), können Sie bestimmt wenigstens kleinere Erfolge aushandeln: eine → *Gratifikation*, eine → *Fortbildung*, einen Sonderurlaub, eine Aussicht auf Beförderung.

• Als echter → *Energiesparer* haben Sie natürlich auch die Möglichkeit, jede Herausforderung an Ihre Flexibilität mit einem entschiedenen **„kann ich nicht, will ich nicht, muss ich nicht"** abzuschmettern. Wenn Sie das Glück haben, dass Ihre Pflichten in Arbeitsplatzbeschreibung und → *Arbeitsvertrag* präzise formuliert sind, können Sie sich damit tatsächlich einige Arbeit vom Leib halten. Zumindest so lange, bis Ihre Vorgesetzten und Kollegen die Nase voll haben und einen Weg finden, Sie durch einen Mitarbeiter zu ersetzen, der etwas flexibler ist als Sie.

▶ Flirts

Flirts sind laut Wörterbuch „kurze Liebesabenteuer"[15] – eine etwas altmodische Erklärung, denn heute haben die meisten Flirts weder mit Liebe noch mit Abenteuer überragend viel zu tun. Sie können dazu werden, sie können auch in eine erotische → *Beziehung* münden. Aber wahrscheinlicher ist, dass es bei eindeutigen Blickwechseln, zweideutigen Gesprächen und ein paar gemeinsamen Drinks bleibt.

Ein Flirt macht Spaß, sonst würde man nicht flirten. Er ist immer eine angenehme Abwechslung und sehr gut fürs Selbstbewusstsein: Man fühlt sich gleich eine Ecke begehrenswerter, sobald sich einer abzeichnet. Und glücklicherweise gibt es dafür viele Gelegenheiten. Zumindest im Berufsleben, das mit schöner Regelmäßigkeit immer wieder neue → *Kollegen*, Partner und → *Kunden* mit sich bringt, die für einen kleinen Flirt geeignet scheinen.

Wer gerne flirtet, der kann sich also über die zahlreichen Gelegenheiten freuen, die ihm das Berufsleben dazu bietet. Er könnte sich aber auch ein paar Gedanken darüber machen, dass nicht jeder Flirt immer und unbedingt mit Freude verbunden ist:

• Wenn Flirts im Beruf sich zu Affären auswachsen, kann es heikel werden. Nicht umsonst heißt es **„office fuck never luck"**. (→ *Beziehungen, erotische*).

• Männer flirten zwar im Schnitt genauso gerne wie Frauen – aber unglücklicherweise kommen die Frauen damit im Urteil ihrer Arbeitsumgebung längst nicht so gut weg. Sie müssen damit rechnen, dass sich ein Hang zu Flirts auf Dauer negativ auf ihr → *Image* auswirkt (**„Die gräbt ja wirklich jeden an!"**). Bei Männern hingegen wird nicht selten dasselbe Verhalten unter „Kavaliersdelikt" verbucht.

• Für manche Menschen sind Flirts im Berufsleben nicht nur ein Spaß, sondern **in erster Linie ein Arbeitsinstrument**: Man schenkt dem anderen seine (besondere) → *Aufmerksamkeit* und stimmt ihn dadurch wohlgesonnen: um einen Preisnachlass zu erreichen, Konkurrenten auszustechen, an vertrauliche → *Informationen* heranzukommen, an seiner → *Beförderung* zu arbeiten. Das machen viele so. Es ist also nicht weiter schlimm. Außer für diejenigen, die geglaubt haben, dass sie als Mensch der Grund des Flirts waren und nicht etwa ihre Position, ihre Macht, ihr → *Geld*. Für sie kann diese Erkenntnis durchaus schmerzhaft sein.

▶ Fluchen

Man muss sich nicht erst stundenlang in Benimmratgeber vertiefen, um zu wissen, dass Fluchen eigentlich ein → *Tabu* ist. Trotzdem gibt es kaum jemanden, dem nicht wenigstens ab und zu ein kleiner Fluch über die Lippen rutscht.

Fluchen am Arbeitsplatz. Wer bei Bedarf ganz ungeniert „Scheiße" schreit, weil er das zu Hause genauso tut, der reagiert bestimmt nur spontan auf eine wirklich ärgerliche Geschichte, die sofortiges Druckablassen erfordert. Das ist sicherlich gut gegen Magengeschwüre – aber möglicherweise weniger gut für das eigene → *Image*. Denn dafür gibt es in der Regel Minuspunkte für schlechtes → *Benehmen*. Es sei denn, ungehemmtes Rumschreien ist in der ganzen Abteilung an der Tagesordnung. Da das aber eher selten der Fall ist, empfiehlt es sich vor allem für → *Anfänger*, mal genauer hinzuhören, ob und wie die anderen fluchen, bevor sie selber loslegen. Möglicherweise sind weder „Ich krieg's Kotzen!" noch „Verfluchte Kacke!" die richtige → *Wortwahl*, um spontanem → *Ärger* Ausdruck zu verleihen.

Notlösungen für leidenschaftliche Flucher: Flüche in einer → *Fremdsprache*, am besten so exotisch, dass kein Mensch sie versteht. Aber auch „Shit" oder „Merde" sind zur Not möglich. (Allerdings nur in Deutschland – für Engländer und Franzosen sind beide Ausdrücke genauso tabu wie für die Deutschen die deutsche Übersetzung.) Oder Flüche in einem → *Dialekt*: „Kruzifünferl" ist zwar in etwa das gleiche wie „Verdammt noch mal", klingt aber eindeutig niedlicher.

Fluchen über andere ist noch gefährlicher als Fluchen an sich. Es handelt sich nämlich, genau wie beim → *Lästern*, um → *Angriffe*, wenn auch in Abwesenheit der Person, die gemeint ist. „Ist das eine blöde Kuh!", „So ein Idiot!" „Der gehört abgelegt unter A wie Arschgesicht!" – Sprüche, die vielleicht nicht ungerechtfertigt und garantiert immer → *ehrlich* gemeint, aber nicht unbedingt ein Zeichen von gutem Benehmen sind.

Wie andere Ihre Flüche wahrnehmen. Grundsätzlich gilt die Faustregel „Wer flucht, fällt auf". Je höher Ihre Position, desto mehr fallen Sie auf, und zwar garantiert nicht durch angenehme Umgangsformen. Mit ungehemmtem Fluchen riskieren Sie, Menschen vor den Kopf zu stoßen – vor allem mit Flüchen über andere. Denn die meisten → *Zuhörer* werden sich mehr oder weniger automatisch fragen, wie Sie wohl über sie reden, wenn sie gerade nicht im Raum sind. Oder aber sie freuen sich insgeheim über alles, was Sie so von sich geben, weil das prima Stoff ist, um in der Abteilung → *Klatsch & Tratsch* mal so richtig über Sie abzulästern.

Wenn alle anderen in Ihrer Arbeitsumgebung gerne fluchen, müssen Sie sich natürlich nicht unbedingt zusammenreißen. Dann könnte es allerdings passieren, dass Ihre Sprachgewohnheiten auf Leute außerhalb Ihrer vertrauten Umgebung ziemlich irritierend wirken.

▶ Fortbildung

So nennt man die Möglichkeit – und die Notwendigkeit –, seine fachliche → *Kompetenz* mit Hilfe von Schulungen, Seminaren und Lehrgängen zu erhalten und zu erweitern, damit man beruflich Schritt halten und sich weiterentwickeln kann.

Gesetzliche Grundlagen. Fortbildungsaktionen sind theoretisch sowohl für den Arbeitgeber als auch für den Arbeitnehmer nur von Vorteil. Der Arbeitnehmer erwirbt zusätzliche Kenntnisse, und der Arbeitgeber profitiert davon, wenn sein → *Mitarbeiter* moderne Arbeitsmethoden anwendet und von seinem Arbeitsgebiet fachlich mehr versteht.

Deshalb sieht der Gesetzgeber im Berufsbildungsgesetz die

Möglichkeit einer beruflichen Fortbildung vor und regelt genau Form und Inhalt von Berufsfortbildungsverträgen, die in diesem Fall zwischen Arbeitgeber und Arbeitnehmer geschlossen werden. Beide haben darin eine Menge Rechte und auch Pflichten: Der Arbeitgeber verpflichtet sich zum Beispiel, die Fortbildungsmaßnahme zu zahlen – und der Arbeitnehmer verpflichtet sich im Gegenzug, die Fortbildungsmaßnahme auch erfolgreich abzuschließen und nicht gleich danach zu kündigen.

Falls Ihr → *Chef* Ihnen eine teure Fortbildung bezahlt hat, wird er sich von Ihnen schriftlich geben lassen, dass Sie nach Ende der Fortbildung noch mindestens ein Jahr oder sogar länger in der Firma bleiben. Wenn Sie trotzdem kündigen wollen, weil sich Ihnen nach der Fortbildung so viele besser bezahlte Jobs bieten, dann müssen Sie zahlen, und zwar je nach vereinbarter Rückzahlungsstaffelung und → *Zeit*, die zwischen Fortbildung und → *Kündigung* liegt, einen happigen Anteil aller Kosten, die im Zusammenhang mit der Fortbildung entstanden sind.[16]

Möglichkeiten der Fortbildung. Man unterscheidet zwischen innerbetrieblicher Fortbildung, bei der Mitarbeiter firmenintern Wissen vermitteln, und außerbetrieblicher Fortbildung. Die kann alles sein, vom Volkshochschulkurs bis zum Schweizer Management-Seminar.

In vielen großen Unternehmen ist genau geregelt, wer unter welchen Umständen an Fortbildungsmaßnahmen teilnehmen darf (oder muss). In mittleren und kleinen Unternehmen hingegen passiert oft gar nichts, wenn die → *Mitarbeiter* nicht die → *Initiative* ergreifen und ihren Chef um eine Fortbildung bitten. Der wird diese → *Bitte* bei allen theoretischen Vorzügen einer Fortbildung nicht unbedingt mit Freuden erfüllen. Fortbildungen kosten nämlich → *Geld* und sind lästig, weil der Mitarbeiter für die Dauer der Fortbildung als Arbeitskraft ganz oder teilweise ausfällt.

Fortbildungen aushandeln. Selbst zähe Verhandlungen sind am Ende oft erfolgreich, wenn Sie ein paar gute → *Argumente* bringen: Für Ihre Kalkulationen wird es ein nicht zu leugnender Vorteil sein, wenn Sie sie mit einem modernen Tabellenkalkulationsprogramm anstatt mit der Rechenmaschine erledigen. Und wenn sowohl die lange überfällige → *Beförderung* als auch die noch länger überfällige → *Gehaltserhöhung* ausbleiben, dann wäre eine bezahlte Fortbildung wenigstens eine → *Geste*, die Sie als engagierten Mitarbeiter von der Kündigung abhalten könnte.

Keine Fortbildung ist natürlich auch kein Drama, zumindest nicht für → *Energiesparer*. Die sind der Überzeugung, dass das, was sie vom ersten Jahr im Kindergarten bis zum letzten Jahr in der Lehre oder an der Uni gelernt haben, für das gesamte Berufsleben reichen muss. Schließlich war es mühsam genug, sich das ganze Zeug zu merken. Wozu also weiterlernen, wenn weit und breit keine Prüfung mehr auf dem Pflichtprogramm steht, außer vielleicht der für den erträumten Segelschein?

Das → *Problem* dabei ist allerdings, dass Fachwissen heute in vielen Bereichen fast so schnell veraltet ist wie die Zeitung von gestern. Wer beruflich weiterkommen oder nicht irgendwann seinen Job verlieren will, kommt um gelegentliche Fortbildungsmühen nicht herum. Allen anderen bleibt immer noch die Möglichkeit, einen der Berufe zu wählen, die sich im Laufe der Jahrhunderte kaum verändert haben. Schäfer zum Beispiel. Oder Bienenzüchter.

▶ Fragen

Sie sind im Berufsleben scheinbar möglichst zu vermeiden: Wer fragt, der beweist, dass er keine Ahnung hat. Und „wer viel fragt, bekommt viel Antwort", weckt schlafende Hunde und erschwert sich damit das Leben. Zugegebenermaßen kann beides passieren. Aber gleichzeitig haben Fragen im Berufsleben so unglaublich viele Vorteile, dass sie eines der genialsten Arbeitsinstrumente überhaupt sind.

Verständnisfragen sind besonders für → *Anfänger* das A und O in ihrer neuen Stelle. Gerade in der → *Probezeit* haben → *Chefs* und → *Kollegen* das vollste → *Verständnis* für jede Art von Verständnisfrage, sogar wenn sie unter → *Stress* und → *Zeitdruck* stehen. Es gilt die Devise: Lieber einmal zu viel Dinge erklären als einmal zu wenig. Mangelnde Kenntnis der Arbeitsabläufe und größeren Zusammenhänge ist nämlich nicht die beste Voraussetzung dafür, dass aus Anfängern möglichst schnell leistungsfähige → *Mitarbeiter* werden.

Wer in dieser Situation selten oder nie Fragen stellt, der hat möglicherweise nicht etwa → *Angst* davor, „dumme Fragen" zu stellen, sondern ist vielleicht tatsächlich ein Schnellversteher und Überflieger. Vorgesetzte und Kollegen werden das jedoch erst mal (und oft mit Recht) nicht mit Bewunderung und → *Vertrauen* zur Kenntnis nehmen. Wahrscheinlicher ist, dass sie ein gewisses Unbehagen entwickeln – und sich ihrerseits Fragen stellen. Etwa darüber, wann Sie als Nichtfrager zum ersten Mal einen fetten → *Fehler* machen, nur weil Sie eine Sache nicht wirklich verstanden haben.

Verständnisfragen an Einzelpersonen sind also nicht nur erlaubt, sondern mehr oder weniger ausdrücklich erwünscht. Das heißt aber nicht unbedingt, dass Sie alle fünf Minuten mit Ihrer neuesten Frage heraus- oder hineinplatzen sollten: „Viele Vorgesetzte sind dem Wahnsinn nahe, nur weil sie ständig unterbrochen werden."[17]

Wenn Sie sie nicht endgültig in den Wahnsinn treiben, aber trotzdem mit Verständnisfragen Interesse und → *Aufmerksamkeit* beweisen wollen, dann vereinbaren Sie einfach regelmäßige Fragestunden. Wobei es sich als sehr nützlich erweisen könnte, die Fragen schon vorher zu notieren. Und dann die Antworten gleich dazuzuschreiben.

Fragen in → *Sitzungen* **und** → *Besprechungen* tauchen zwar häufig auf, werden aber selten gestellt: Fast jeder hat Angst davor, sich als einsamer Trottel zu outen, wenn er als einziger in der Runde nachfragt, was genau der Chef mit seinen Ausführungen gemeint hat. Deshalb fragen die meisten lieber erst nach der Sitzung unter vier Augen oder noch lieber gar nicht. Das Ende vom Lied: Alle haben zugehört, und der Chef ist zufrieden, dabei hat kaum einer was verstanden.

In der Tat gibt es strategisch bessere Möglichkeiten als die öffentlich gestellte Frage „Könnten Sie das bitte etwas genauer erklären?".. Damit sprechen Sie vielleicht aus, was die anderen denken, und holen für sie die Kastanien aus dem Feuer, aber beim Chef gibt es dafür keine Punkte. Viel geschickter ist es, sich in solchen Momenten spürbarer allgemeiner Ratlosigkeit zum Sprecher für alle zu machen: „Ich habe den Eindruck, nicht alle an diesem Tisch haben das ganz verstanden. Bitte erklären Sie doch noch einmal genauer, was Sie meinen." Oder: „Ich glaube ich spreche aus, was alle denken, wenn ich Sie darum bitte, Ihre Theorie noch einmal zu präzisieren." Die → *Dankbarkeit* der anderen wird Ihnen sicher sein.[18]

Fragen als Gesprächstechnik. Weit über reine Sachfragen hinaus sind Fragen in jeder Art von → *Gespräch* das Instrument der Wahl, um dem → *Zuhörer* Aufmerksamkeit zu signalisieren und etwas über ihn zu erfahren – ohne allzu viel über sich selbst zu verraten. „Wer fragt führt", sagt man: Der Fragende bestimmt nicht nur die Richtung des Gesprächs, sondern er ist auch derjenige, der → *Informationen* erhält (im Gegensatz zum Antwortenden, der sie herausgibt).

Extrem hilfreich sind Fragen bei → *Smalltalk* aller Art. Die meisten Menschen erzählen gerne über sich selbst. Liefern Sie ihnen einfach einen Anlass. Hervorragend geeignet sind Fragen zum beruflichen Werdegang, zu Hobbys, bevorzugten Urlaubszielen und Lieblingsessen. Ist der andere erst einmal in Erzählstimmung, dann können Sie das Gespräch mit minimalem Aufwand in Gang halten: „Ach wirklich?", „Das ist aber interessant", „Das müssen Sie mir genauer erklären." Viel mehr müssen Sie gar nicht sagen. Jedenfalls wenn Sie durch ständigen → *Blickkontakt* ehrliches Interesse beweisen (oder wenigstens glaubwürdig so tun als ob).

Andererseits drohen unter Umständen gewaltige → *Fettnäpfe*, wenn man die falschen Fragen stellt: zur politischen Einstellung (kann in einen riesigen → *Streit* münden), zum Einkommen (über → *Geld* redet man nicht), über die Gesundheit (Ihr Gesprächspartner hat gerade erfahren, dass er todkrank ist) oder über Kinder (ein Herzenswunsch, den das Schicksal nie erfüllt hat). Alles Tabuthemen – aber sie haben immerhin den Vorteil, dass die Liste sich sehr leicht auswendig lernen lässt.

Rückfragen sind eine → *Feedback*-Technik. Im Bereich Sachfragen sind sie immer dann angebracht, wenn Sie nicht hundertprozentig sicher sind, eine Angelegenheit oder einen → *Arbeitsauftrag* auch wirklich genau verstanden zu haben: „Ich soll also die Liste sowohl nach Bestellungseingang als auch nach Alphabet anlegen?", „Aus der Adressdatei sollen alle Datensätze außerhalb unseres Postleitzahlbereichs gelöscht werden – verstehe ich Sie da richtig?" Solche Rückfragen vermeiden überflüssige → *Missverständnisse* und noch überflüssigere → *Fehler*.

Darüber hinaus sind Rückfragen auch ganz allgemein gut dazu geeignet, bestimmte Gesprächssituationen zu meistern: Um Smalltalk in Gang zu halten („Das haben Sie wirklich erlebt?"); um einen ungerechten → *Angriff* ins Lächerliche zu ziehen („Sie meinen also, dass ich begriffsstutzig bin?") oder einfach, um in schwierigen Situationen → *Zeit* zum Nachdenken zu bekommen oder die Fassung wieder zu gewinnen („Was meinen Sie jetzt genau damit, wenn Sie von einer Änderung meiner Arbeitsplatzbeschreibung sprechen?").

Fragen als Form der → *Kritik* sind besonders für → *diplomatische* Menschen eine Lieblingstechnik. Denn ein zurückhaltendes „Meinen Sie nicht, dass dieses Konzept noch weiter verbessert werden könnte?" ist wesentlich leichter zu verdauen als ein deutliches „Also dieses Konzept hat ganz klar seine Schwächen". Fast jede Form von Kritik lässt sich durch leichtes Umformulieren zu einer Frage abschwächen – man muss nur ein „Wäre es nicht auch denkbar, …" oder ein „Glauben Sie nicht, dass man hier auch …" hinzufügen. Es ist allerdings nicht gesagt, dass Anregungen und Kritik in dieser Form auch wirklich ankommen.

„Dumme Fragen" gibt es nicht, „nur dumme Antworten". So sagt man jedenfalls, und das ist auch weitgehend richtig. Allerdings gibt es auch zu dieser → *Regel* zwei → *Ausnahmen*:

• **Wenn Sie innerhalb von zwei Wochen fünfmal exakt dieselbe Frage stellen**, müssen Sie damit rechnen, dass Ihre Umgebung sich ein paar Gedanken über Ihre Lernfähigkeit und Ihr Gedächtnis macht. Oder Sie als typischen → *Energiesparer* entlarvt, der sich durch „behauptetes Nichtwissen" (→ *Dummheit*) möglichst viel Arbeit vom Hals halten will.

• Und **wenn Sie beim Smalltalk über das Thema Ihrer Fragen nicht selbst wenigstens in etwa Bescheid wissen**, kann es für Sie schnell peinlich werden: Es ist zwar ein Zeichen von → *Höflichkeit*, bei dem wichtigen Geschäftsessen den netten älteren Herrn zu fragen, warum er hier heute Abend zu Gast ist. Aber falls der nette ältere Herr der Ehrenvorsitzende Ihres Aufsichtsrats ist, wird er sich über diese Frage sehr wundern.

Antworten auf Fragen scheinen zwar selbstverständlich notwendig – sie sind es aber längst nicht immer. Nicht auf jede Frage muss man gut und ehrlich antworten wie bei Prüfungen in der Schule. Das beweist jedes längere → *Interview* mit Persönlichkeiten aus → *Politik* und Showgeschäft. Sobald sie eine Frage als unpassend, unangemessen oder unangenehm betrachten, verweigern sie die Antwort. Das tun sie allerdings nur selten mit einem klaren „Kein Kommentar" (→ *denglisch:* „no comment"). Stattdessen bringen sie eine ganze Reihe cleverer **Antwortvermeidungsstrategien** zur Anwendung. Und die sind nicht nur im VIP-Bereich, sondern auch im täglichen Berufs- und → *Privatleben* überaus praktisch:

• → *Themenwechsel.* Es gibt zwar eine Antwort, aber die hat, bei Licht betrachtet, wenig oder gar nichts mit der gestellten Frage zu tun. Je länger diese Antwort, desto größer die Wahrscheinlichkeit, dass der Frager vergisst, was er eigentlich wissen wollte, oder zumindest bereitwillig in den Themenwechsel einsteigt.

• **Gegenfragen.** Wer auf eine Frage mit einer Frage antwortet, spielt den Ball wieder ins andere Feld, ohne sonst viel getan zu haben. Das ist übrigens besonders → *wichtig*, wenn Sie merken, dass Sie Ihrerseits auf jemanden stoßen, der Fragen als Smalltalk-Technik verwendet: Immer brav zu antworten, wirkt am Ende nicht selten wie → *Eigenlob.* Davon unabhängig ist es immer besser, viel über andere zu erfahren, als viel über sich selbst zu erzählen, siehe oben.

• → *Schweigen.* Die ganz harte Art, eine Antwort zu verweigern. Die Stille, die seine Frage auslöst, ist dem Frager meistens so peinlich, dass er freiwillig das Thema wechselt. Warum nicht gleich so. Andererseits stoßen Sie damit Ihren Gesprächspartner vor den Kopf. Diese Technik ist also unterm Strich nicht wirklich empfehlenswert für Gespräche, in denen es Ihnen persönlich um sehr viel geht.

▶ **Fremdeinschätzung**

⚒ Das ist ein Fachwort aus der Psychologie. Gemeint ist, vereinfacht ausgedrückt, wie Ihnen bekannte Menschen Sie einschätzen, welches Bild (→ *Image*) sie von Ihnen haben, vor allem von Ihren Stärken und → *Schwächen*. Das Gegenstück zur Fremdeinschätzung ist die „**Selbsteinschätzung**": Das Bild, das Sie selbst von sich und von Ihren Stärken und Schwächen haben.

Unglaublich, aber wahr: Die Selbsteinschätzung weicht in vielen Bereichen stärker von der Fremdeinschätzung ab, als Sie denken. Die meisten Menschen sehen sich selbst ganz anders, als ihre Freunde, → *Kollegen*, Verwandten sie sehen. Typische Beispiele: Jemand hält sich für einen charmanten, kompetenten, gerechten → *Chef*, wird aber von seinen → *Mitarbeitern* für einen launischen Dünnbrettbohrer gehalten. Ein anderer leidet innerlich furchtbar unter seinen Komplexen und → *Ängsten*, weiß sie aber so gut zu verbergen, dass seine Umwelt ihn als selbstbewusst und in sich ruhend wahrnimmt.

Der Gegensatz zwischen Selbsteinschätzung und Fremdeinschätzung wäre nicht weiter der Rede wert (außer bei → *Terminen* mit Psychologen und Analytikern), wenn er nicht manchmal ein wichtiger Schlüssel dafür wäre, sein eigenes Leben besser zu verstehen. Zum Beispiel, warum jede → *Beziehung* nach maximal einem Jahr in die Hose geht. Oder warum die ersehnte → *Beförderung* immer noch auf sich warten lässt, obwohl doch weniger leistungsfähige Kollegen längst auf dem Weg nach oben sind. Es lohnt sich also, sich mit dem Thema wenigstens einmal intensiv zu beschäftigen.

Wie sich der Gegensatz feststellen lässt. Der simpelste Weg ist es, vertrauten Menschen bei Gelegenheit über sich selbst zu erzählen – und einfach → *zuzuhören,* wie sie darauf reagieren. Wenn Sie gestehen, wie unsicher Sie sich fühlen, und daraufhin zu hören bekommen (allerdings möglicherweise nur in → *Andeutungen),* dass Sie aber oft ziemlich → *arrogant* wirken, dann ist das aus psychologischer Sicht leicht erklärbar. Aber für Sie wird es vielleicht eine unangenehme Überraschung sein, die dazu führt, dass Sie mehr auf Ihr Verhalten achten. Aus solchen kleinen Widersprüchen können Sie, wenn Sie sie nur lange genug sammeln, ein vollständiges Bild Ihrer Persönlichkeit zusammenstellen, so wie sie auf andere wirkt.

Systematische Tests. Sie können das Ganze auch professioneller angehen, indem Sie eine systematisch aufgebaute Selbstanalyse machen. Die wird von Bewerbungs- und Karriereexperten sowieso als so → *wichtig* eingestuft, dass ihr in manchen Fachbüchern ein ganzes Kapitel gewidmet ist.[19] Dort ist praktischerweise oft gleich ein riesiger Fragebogen abgedruckt, in dem Sie sich selbst bewerten können.

Es wird fast alles abgefragt, was in irgendeiner Form mit sozialen → *Kompetenzen* zu tun hat. Wie schätzen Sie, auf einer Skala von eher schwach bis eher stark ausgeprägt, Ihre eigene → *Zuverlässigkeit* ein, Ihr Maß an → *Geduld* und Optimismus, Ihre Teamfähigkeit und Kompromissfähigkeit? Für wie aggressiv, unsicher, → *hilfsbereit,* sensibel halten Sie sich? Es ist spannend, solche Tests zu machen. Und noch spannender wird es, wenn danach eine Person Ihres → *Vertrauens* für Sie dieselben Fragen aus seiner Sicht beantwortet.

Risiken. Manche Erkenntnisse, die solche Tests mit sich bringen, werden schmeichelhaft sein. Andere weniger. Es kann sogar ausgesprochen schmerzhaft sein zu sehen, wie man auf andere wirkt, ohne es zu wissen oder zu wollen. Es ist also auf keinen Fall angebracht, diese Form von Analyse mit Menschen aus dem beruflichen Umfeld zu betreiben. Selbst wenn es „gute Freunde" im Job sind: Man weiß nie, wie sich solche → *Freundschaften* weiterentwickeln. Deshalb ist es ein unkalkulierbares Risiko, Kollegen einen Einblick in ganz persönliche Schwächen zu geben. Und die Stärken kennen sie (hoffentlich) sowieso.

Wenn Analyse, dann also mit Vertrauten aus dem → *Privatle-ben*. Und selbst das kann unter Umständen unangenehm werden: Manchmal ist es besonders schwer zu ertragen, wenn Freunde auf Ihre → *Bitte* hin richtig → *ehrlich* sind. Und dann dabei herauskommt, dass sie Sie für viel weniger humorvoll und mutig halten, als Sie selbst sich sehen.

Chancen. Auch wenn das Ergebnis einer systematischen Fremdeinschätzung für Sie noch so unerfreulich ist – es ist das, was zählt, ganz egal, wie Sie selbst sich sehen. Wenn Ihre Umgebung Sie nicht als → *freundlich*, → *kollegial*, kritikfähig, belastbar und zuverlässig einschätzt, dann nützt es Ihnen rein gar nichts, wenn Sie selbst der Überzeugung sind, dass genau das Ihre größten Stärken sind. Aber der offensichtliche Widerspruch lässt Sie vielleicht zum ersten Mal ahnen, warum Sie meistens Single sind und in Ihrer Firma mehr → *Feinde* als Freunde haben. Und Selbsterkenntnis ist bekanntlich der erste Schritt zur Besserung.

▶ Fremdsprachen

„Sprachen sind der Schlüssel zur Welt", heißt es. Stimmt: Wer nur → *Deutsch* spricht, wird sich im → *Ausland* wahrscheinlich nie richtig wohlfühlen – außer vielleicht auf der Alm in Österreich und in der Schweiz. Und auch im Berufsleben kommt man mit Fremdsprachen ganz klar weiter als ohne. Das gilt sogar für Berufe, bei denen es auf den ersten Blick nicht im Geringsten auf irgendwelche Sprachkenntnisse ankommt, Mathematiklehrer oder Metzgermeister zum Beispiel. Selbst wenn Sie für diese und eine Menge anderer Jobs weder Englisch noch Französisch brauchen, ist es eigentlich immer ganz schön zu wissen, dass Sie – wenn Sie wollen oder müssen – dank Ihrer Sprachkenntnisse auch im Ausland arbeiten könnten.

Sprachniveau. „Ich kann Englisch" kann vieles bedeuten: ein paar Brocken für den Feriengebrauch; guter Wortschatz, aber kaum Grammatik; Sprechen okay aber Schreiben eher schwach; fließend in Wort und Schrift. Es kommt ganz darauf an, wo, wie und wann man seine Kenntnisse erworben hat und wie oft man die Fremdsprache tatsächlich spricht. Von den normalen **Schulkenntnissen** ist nach ein paar Jahren oft kaum noch etwas übrig. Wer **längere Zeit im Ausland** verbracht hat (als Au-pair, Backpacker, Jobber), spricht häufig sehr gut, hat aber trotzdem oft → *Probleme* mit der Schriftsprache, wenn er dort nicht auch studiert oder in Schreib-Jobs gearbeitet hat.

Am besten sind die dran, die eine Sprache irgendwann gründlich gelernt haben (Leistungskurs, Uni, Lehrberufe mit Fremdsprachenanteil) und dann auch länger im Land gelebt und gearbeitet haben.

Wer einen Beruf anpeilt, in dem Sprachkenntnisse von Bedeutung sein könnten oder Auslandsaufenthalte denkbar sind, der hat gute Karten, wenn er seinem Arbeitgeber ein gewisses Sprachniveau bieten kann. Was in der eigenen Muttersprache oft über Job oder Nicht-Job entscheidet – die Beherrschung von → *Rechtschreibung*, Grammatik und Zeichensetzung, dazu ein guter Wortschatz – das ist je nach Beruf auch im Bereich der Fremdsprachen nicht unwichtig.

Fremdsprachen im Beruf. Falls Sie sich nicht ganz sicher sind, wie hoch Ihr Sprachniveau ist, haben Sie fast überall die Möglichkeit, an einem Sprachinstitut einen Test abzulegen. Das kostet zwar ein bisschen was, ist aber gut angelegtes Geld.

Darüber hinaus gibt es ein paar **Faustregeln**, die weiterhelfen:
• Wenn in **Stellenanzeigen** Fremdsprachen ausdrücklich verlangt werden, können Sie natürlich lässig „fließende Englischkenntnisse" in Ihre Bewerbungsunterlagen schreiben, weil Sie schließlich sechs Monate durch Australien getrampt sind. Ob das allerdings wirklich klug ist, wird sich spätestens dann entscheiden, wenn Sie Ihrem → *Chef* Ihren ersten selbstverfassten englischen Geschäftsbrief vorlegen. Hier kann sich peinliche Situationen ersparen, wer in Sachen Fremdsprachenkenntnisse grundsätzlich etwas zu tief als etwas zu hoch stapelt.
• In Jobs, in denen die Anwendung von Fremdsprachen dazugehört, ist es immer eine gute Idee, ein **Wörterbuch** griffbereit am Arbeitsplatz (vielleicht sogar als CD-ROM im Computer) zu haben. Und gelegentlich auch mal reinzuschauen. Wenn die Firma

das nicht bezahlt, dann kaufen Sie es sich eben selbst. Es wird garantiert billiger sein als ein paar neue Schuhe und auch nicht so schnell aus der Mode geraten.

• **Guter Rat für Au-pairs und Backpacker.** Bei solchen Auslandsaufenthalten lernt man die gesprochene Sprache sehr gut – allerdings manchmal nur die Stilebene und den Wortschatz, der unter Gleichaltrigen angesagt ist. Also zum Beispiel die fremdsprachlichen Entsprechungen von „voll öde", „keine Ahnung" oder „endgeil". In der Muttersprache sagt einem das Sprachgefühl (hoffentlich), dass diese Ausdrucksweise zumindest bei offiziellen → *Besprechungen* nicht unbedingt die richtige ist. In der Fremdsprache ist das Sprachgefühl aber bei vielen bei weitem nicht so stark entwickelt. Wenn Sie munter drauflosreden, ohne sich darüber Gedanken zu machen, merken Sie manchmal erst an den erstaunt-irritierten Blicken der → *Zuhörer*, dass Sie wohl nicht die richtige Sprachebene getroffen haben.

• **Guter Rat für Fremdsprachenprofis.** Gegenüber allen, die Fremdsprachen nur nebenbei gelernt haben, ist es ein Riesenvorteil, eine Sprache von Grund auf zu beherrschen. Gleichzeitig kann es jedoch auch plötzliche Probleme mit sich bringen – bei Verhandlungen, → *Diskussionen*, Streitereien, also in allen Situationen, in denen mehrere → *Meinungen* aufeinander prallen. Wer sich in der Fremdsprache sehr gut ausdrücken kann, bei dem nehmen die Muttersprachler oft an, dass er jedes Wort hundertprozentig gezielt verwendet und versteht. Das ist aber längst nicht immer so, vor allem unter → *Stress*, der im Hirn gerne das Sprachzentrum blockiert. Die Folge: Auf einmal streitet man sich um Dinge, die gar nicht so gemeint waren. Wer hier auf Nummer sicher gehen will, der wiederholt und umschreibt in der Fremdsprache lieber einmal zu viel als einmal zu wenig, was er nun genau meint.

▸ **Fremdwörter**

Fremdwörter sind Worte, die aus einer anderen Sprache in die eigene übernommen wurden und werden. Manchmal reicht nur der Ursprung des Wortes in die Fremdsprache zurück – das ist so bei fast allen Fremdwörtern aus alten Sprachen wie Griechisch, Lateinisch und Arabisch. Heute werden viele Worte einfach 1:1 aus einer anderen Sprache übernommen, fast immer aus dem Englischen. Wenn es um Dinge geht, für die es auf → *Deutsch* kein richtiges Wort gibt: Videorecorder, Software, In-Line-Skating, Mousepad. Oder wenn es um Dinge geht, die auf Englisch lässiger klingen: download, meeting, muscle-shirt. Das nennt man dann → *Denglisch*.

Fremdwörter in der deutschen Sprache. Dafür gibt es drei Gründe. Der sinnvollste kommt am seltensten vor: Man verwendet ein Fremdwort, weil es im Deutschen einfach keinen Ausdruck gibt, der genau dasselbe bedeutet. „Amok laufen" zum Beispiel. Jeder weiß, was gemeint ist, obwohl das Wort extrem exotisch ist; es stammt aus dem Malaysischen. Und als deutsche Entsprechung hat das Fremdwörterbuch nur ziemlich umständlich „Zustand heftiger panischer Erregung mit aggressiver Angriffslust" zu bieten.

Einige Fremdwörter haben durchaus deutsche Entsprechungen, werden jedoch so häufig verwendet, dass die deutschen Worte darüber fast in Vergessenheit geraten. Man sagt heute eher „ideal" als „vorbildlich", eher → *„Telefax"* als „Fernkopierer".

Wenig sinnvoll, aber dafür häufiger der Fall: Die Verwendung von Fremdwörtern, um einen bestimmten → *Eindruck* zu erwecken. Entweder denjenigen, außerordentlich gelehrt und ein Ass in Sachen → *Allgemeinbildung* und Wortschatz zu sein. Oder den, voll modern, cool und im Trend zu sein. Deshalb finden zum Beispiel Werbung und Marketing in Deutschland heute fast nur noch auf Englisch statt.

Fremdwörter verwenden. Ob das passend ist oder unpassend, hängt sehr von den Umständen und der Umgebung ab, in der ein → *Gespräch* stattfindet. Bei Fachkongressen auf Hochschulniveau ist es die Regel, dass man fast ausschließlich in Fremdwörtern redet („A priori favorisiere ich die irreversible Elimination obsoleter Paradigmen"). Auch wenn das unter Medizinern und Physikern mehr einleuchtet als unter Germanisten und Erziehungswissenschaftlern.

Mögliche → *Probleme* **bei der Verwendung von Fremdwörtern.** Davon gibt es eine ganze Reihe:

- **Sie wirken hochnäsig und werden nicht verstanden.** Sprechen Sie mit Menschen, von denen Sie wissen oder vermuten, dass sie nicht Ihr Bildungs- und Sprachniveau haben, dann legen Sie schlechtes → *Benehmen* und → *Arroganz* an den Tag, wenn Sie trotzdem mit Fremdwörtern um sich werfen. Außerdem riskieren Sie, dass Sie schlicht nicht verstanden werden. Und das könnte sich als unpraktisch erweisen. Zum Beispiel, wenn es um Ihre Wünsche zu häuslichen Aus- und Umbauten geht, die die Bauarbeiter schon deshalb nicht richtig erfüllen können, weil ihnen schleierhaft ist, was Sie eigentlich wollen.
- **Sie blamieren sich.** Sie erreichen mit Spitzengeschwindigkeit das Gegenteil eines guten Eindrucks, wenn Sie Fremdwörter falsch schreiben oder aussprechen. (Typische Beispiele dieser Form von → *Dummdeutsch*: „Authenzität", „Triologie", „konserativ", „Pupertät".) Oder wenn Sie sie falsch verwenden und „Philanthrop" sagen, wenn Sie „Philatelist" meinen. Oder von „zwei Alternativen" sprechen, wenn Sie „zwei Möglichkeiten zur Auswahl" meinen (denn „Alternative" bedeutet genau das; „zwei Alternativen" ist also eine zu viel).

Daraus folgt: Bei Fremdwörtern ist weniger mehr. Sie vermeiden das Risiko, in → *Fettnäpfe* zu stolpern, die sich bei unsachgemäßer Verwendung mit Sicherheit auftun. Und einen herausragenden Eindruck können Sie schlicht dadurch erwecken, dass Sie ganz einfach gutes → *Deutsch* sprechen und schreiben.

Wenn man ein Fremdwort nicht versteht, das ein anderer verwendet, hat man grundsätzlich zwei Möglichkeiten: Entweder man fragt nach – oder man fragt nicht. Beides ist nicht ohne Risiko. Wer nachfragt, riskiert, als unwissend oder ungebildet dazustehen. Wer nicht nachfragt, hat dieses → *Problem* nicht. Aber dafür ein anderes, nämlich spätestens dann, wenn er nach seiner → *Meinung* zu einer Sache gefragt wird, die er schon rein sprachlich nicht verstanden hat.

Deshalb ist es im Zweifel das Klügste, nachzufragen, und zwar möglichst frühzeitig. Wenn Sie nämlich erst nach zwei Stunden oder zwei Wochen zu erkennen geben, dass Ihnen nicht ganz klar ist, worüber die anderen gesprochen haben, werden die nicht ganz nachvollziehen können, wieso Sie sich erst so spät melden. → *Anfänger* und junge Leute haben hier die besten Karten. Die meisten → *Chefs* und → *Kollegen* haben für ihre Rückfragen → *Verständnis*. Und manche fühlen sich sogar ertappt dabei, wie sehr sie sich im Laufe ihrer → *Karriere* angewöhnt haben, mit Fremdwörtern Schaum zu schlagen.

▶ Freundlichkeit

Freundlichkeit ist eine Selbstverständlichkeit. Sollte man jedenfalls meinen. Wie auch → *Höflichkeit* und → *Aufmerksamkeit* ist sie eine der wichtigsten Eigenschaften, die man unter dem Begriff „gutes → *Benehmen*" zusammenfasst. Die meisten Menschen halten sich selbst für freundlich, sind es jedoch nicht immer: zum Beispiel zwar im Umgang mit ihren → *Kollegen*, nicht aber im Umgang mit ihren → *Mitarbeitern*. Oder sie sind freundlich zu den Mitarbeitern, nicht jedoch zur Kassiererin im Supermarkt – oft ohne sich darüber überhaupt im Klaren zu sein. Ein typischer Fall von Widerspruch zwischen Selbsteinschätzung und → *Fremdeinschätzung*.

Ausdrucksformen von Freundlichkeit. → *Blickkontakt*, → *Lächeln*, → *Tonfall* – diese Signale können Freundlichkeit ausstrahlen oder aber den, der sie empfängt, innerhalb von Sekunden die Flucht ergreifen lassen. Es kommt ganz darauf an, wie freundlich man es wirklich meint. Oder wie gut man seine Sprache und → *Körpersprache* im Griff hat. Niemand erwartet, dass Sie in jeder Lebenslage jedem Menschen so herzlich entgegentreten wie Ihren engsten Freunden – aber es schadet nicht, auch den Rest der Welt in den Genuss einer gewissen Mindest-Freundlichkeit kommen zu lassen.

Routinemäßige Freundlichkeit – also ein antrainiertes Mindestmaß an Signalen, die andere als freundlich empfinden – steht in manchen Berufen quasi auf dem Lehrplan. Wer sie als Hotelkaufmann, Kundenberater, Versicherungsvertreter oder Angehöriger jedes x-beliebigen Dienstleistungsberufs nicht beherrscht, der kann früher oder später einpacken. Meistens früher, denn der Grad an Freundlichkeit gehört zu den Dingen, die den ersten → *Eindruck* prägen und damit für die Entwicklung oder Nicht-Entwicklung aller weiteren → *Beziehungen* verantwortlich sind.

Das gilt nicht nur für Bereiche, in denen man → *persönlich* mit Menschen in Berührung kommt, sondern sogar für reine Telefonjobs. Ob jemand freundlich ist oder nicht, merkt der andere nämlich sogar durch die Leitung.

Falsche Freundlichkeit. Ob ein Lächeln echt ist oder nicht, können Profis auf Anhieb erkennen, weil die Augen dann nicht mitlächeln. Aber auch Nichtprofis wissen genau, woran sie sind, wenn sie zufällig mitbekommen, wie das strahlende Lächeln, das ihnen eben noch geschenkt wurde, von einer Sekunde auf die andere ausgeknipst wird, sobald der Lächler sich unbeobachtet fühlt. Wer ein so großes Problem damit hat, seine Routine-Freundlichkeit halbwegs glaubwürdig zu vermitteln, der lässt es besser ganz bleiben; dann weiß der andere wenigstens, woran er ist.

Unbeabsichtigte Unfreundlichkeit. Auch das gibt's. Eigentlich von Natur aus freundliche Menschen wirken abweisend und stoßen andere vor den Kopf, sobald sie unter → *Stress* und → *Zeitdruck* stehen. Das ist insofern erklärbar, als Freundlichkeit ohne entspannte Atmosphäre all denen schwer fällt, die sie nicht als Routine beherrschen. Für die anderen sind solche Situationen nicht immer nachvollziehbar. Sie ahnen (meistens) nichts von Druck und Stress, sondern sehen nur das Resultat: Eine Körpersprache, die „Sehen Sie nicht, dass Sie stören!" ausstrahlt, auch wenn sie in Worten vielleicht etwas ganz anderes gesagt bekommen.

Nicht selten reagieren sie darauf erstaunt bis beleidigt, was weder für persönliche noch für berufliche Beziehungen auf Dauer von Vorteil ist. Wenn Sie wissen, dass Sie unter Stress → *Probleme* damit haben, ein Mindestmaß an Routinefreundlichkeit aufrecht zu erhalten, haben Sie also zwei Möglichkeiten: Den Stress in den Griff bekommen – oder die Körpersprache.

► **Freundschaften**

Sie gehören zu den schönsten Dingen im Leben. Und da die meisten Menschen den größten Teil des Tages an ihrem → *Arbeitsplatz* verbringen, ist es logisch, dass dort eine Menge Freundschaften entstehen. Gemeint sind an dieser Stelle allerdings nicht die „**Geschäftsfreunde**", die man im Laufe seines Berufslebens um sich sammelt. Also angenehme bis freundschaftliche, oft nutzbringende, aber nur selten ins Privatleben übernommene → *Kontakte* zu Menschen, mit denen man im Job gut klarkommt oder manchmal aus strategischen Gründen gut klarkommen muss. Die Rede ist hier vielmehr von persönlichen Freundschaften am Arbeitsplatz, und von denen, die man zumindest dafür halten könnte.

Vorteile von Freundschaften am Arbeitsplatz. Freundschaftliche → *Beziehungen* im Beruf machen das Arbeitsleben ganz allgemein angenehmer: Man kann → *Meinungen,* → *Erfahrungen* und → *Ratschläge* austauschen, bei Bedarf ein Stündchen in der Abteilung → *Klatsch & Tratsch* verbringen und über den Chef → *lästern*, einander bei → *Problemen* helfen und das → *Lob* spendieren, das von oben nie kommt, und in jeder freien Minute ausführlich über Privates reden, von Kontostand bis Liebesleben.

Und außerdem ist natürlich, ganz nüchtern betrachtet, jeder Freund ein wichtiger → *Kontakt*, Teil eines → *Netzwerks*, das für den beruflichen Aufstieg eine große Rolle spielt: Selbst wenn die Freundschaft im Laufe der → *Zeit* sanft einschläft, weil sich Wege trennen, bleibt oft noch jahrelang eine gewisse Hilfsbereitschaft bestehen, frei nach dem Motto „Eine Hand wäscht die andere".

Nachteile von Freundschaften am Arbeitsplatz. Der größte Nachteil liegt darin, dass auch Freundschaften im Berufsleben irgendwann zu Ende gehen können. Und zwar leider nicht immer dadurch, dass sie sanft einschlafen, weil Wege sich trennen. Mindestens genauso wahrscheinlich ist es, dass die Beziehung wegen irgendwelcher Streitereien ein plötzliches Ende findet oder sogar in → *Feindschaft* mündet, wie das auch im → *Privatleben* oft der Fall sein kann. Im Berufsleben kommen ein paar weitere → *wichtige* Umstände erschwerend hinzu:

- Manche Freundschaften enden alleine dadurch, dass eine → *Beförderung* aus zwei → *Kollegen* plötzlich einen → *Chef* und einen → *Mitarbeiter* macht. Längst nicht jeder kommt mit dieser Entwicklung klar, am wenigsten die frisch gebackenen Mitarbeiter.
- Wenn eine Freundschaft (oder, noch schlimmer: eine erotische → *Beziehung*) **zerbricht**, kann man sich im Berufsleben anders als im Privatleben nicht einfach aus dem Weg gehen, sondern muss möglicherweise trotzdem weiter zusammenarbeiten.
- Schwer zu glauben aber wahr: Freundschaften im Berufsleben können irgendwann **Futter für** → *Intrigen* und → *Indiskretionen* werden. Nicht gleich, sondern vielleicht später, wenn die Freundschaft lange begraben ist – aber Ihr Ex-Freund sich noch peinlich genau an ein paar peinliche Details aus Ihrem Leben erinnert und sie verwendet (oder verwenden könnte), um Sie anzuschwärzen.
- Im Zweifelsfalle merkt man zu spät, ob eine Freundschaft wirklich eine war – oder **„nur" ein Berufsverhältnis**, ein nützlicher → *Kontakt*. Das stellt sich oft erst heraus, wenn der eine aufsteigt oder sich beruflich verändert und der andere da bleibt, wo er war.

▶ **Frisur**

Sie ist wie → *Kleidung*, → *Accessoires*, → *Make-up* und → *Körpersprache* Teil des → *Erscheinungsbilds*. In Unternehmen, die auf Seriosität bedacht sein müssen (Banken, Versicherungen) und in solchen mit ständigem Publikumsverkehr (Einzelhandel, → *Dienstleister*, Restaurants) kann es daher passieren, dass über Haar- (und auch Bart-)längen debattiert wird. Auch extreme Punk-Kreationen und eher ungewöhnliche Haarfarben wie grün und rosa sind nicht überall wirklich gerne gesehen.

Ansonsten gilt: In Sachen Frisur ist heute nicht nur für die Kreativität der Friseure, sondern auch im Beruf vieles möglich, solange es nur gepflegt aussieht. Wichtig ist, dass ein Haarschnitt als solcher erkennbar ist, dass Strähnen, Farben und Dauerwellen nicht allzu offensichtlich herauswachsen und dass die Haare in der letzten Zeit mit Shampoo in Berührung gekommen sind.

Das einzig wirkliche Problem, das bleibt, sind die **Schuppen**. Wer zu denen gehört, die darunter leiden, dass sich ihre Kopfhaut ohne Unterbrechung leise rieselnd erneuert, kann das Problem dadurch lösen, dass er ständig eine Kleiderbürste mit sich führt, nur noch weiß-graue Oberbekleidung trägt oder einen Beruf in der freien Natur ergreift. Oder vielleicht doch besser durch einen Gang zum Hautarzt.

▸ Frühstücken am Arbeitsplatz

Morgenmuffel und Spätaufsteher nehmen diese Mahlzeit gerne erst am Arbeitsplatz ein, meistens um zu Hause etwas länger schlafen zu können. In einigen Unternehmen gibt es extra dafür vorgesehene Frühstückspausen. Aber auch da, wo es sie offiziell nicht gibt, holen die Büro-Frühstücker fröhlich ihre Schinkenbrote, Schokoladencroissants und Joghurt-Müslis aus der Tasche, sobald der erste Kaffee fertig ist. Wo der → *Chef* nicht so genau hinguckt oder selbst mit Frühstücken beschäftigt ist, wird auch gerne ein Blick in die Tageszeitung geworfen. Das soll ja gut für die → *Allgemeinbildung* sein.

Doch selbst wenn der Chef höchstpersönlich nicht zu sprechen ist, solange er an seiner Semmel kaut, wird er möglicherweise trotzdem etwas dagegen haben, dass seine → *Mitarbeiter* die tägliche → *Arbeitszeit* durch eine Frühstückspause von eigenen Gnaden um ein halbes Stündchen verkürzen. Das kostet schließlich → *Geld*, zwar meistens nicht seines, aber welche Firma bezahlt schon gerne ihr Personal fürs Nichtstun.

Frühstückspause und Arbeitszeit. „Wieso Nichtstun, wenn das → *Telefon* klingelt, gehe ich doch ran“, wird da so mancher antworten. Und das stimmt ja auch. Aber letztlich haben wir es hier mit demselben Phänomen zu tun wie bei der → *Mittagspause* am Arbeitsplatz: Wenn einer reinkommt oder anruft, ist der Mitarbeiter ja anwesend, um eventuell anfallende Arbeiten erledigen zu können. Deshalb sind diese Pausen, sofern sie nicht offiziell geregelt sind, eindeutig als Arbeitszeit anzusehen. Aber wenn keiner reinkommt oder anruft, dann kann sich der Mitarbeiter trotzdem entspannt der aktuellen Berichterstattung seiner Zeitung oder einem ausgiebigen Surfausflug widmen. Arbeitsintensivere Tätigkeiten wie Berichteschreiben oder Ablagesortieren sind während dieser Zeit unglücklicherweise nicht möglich, schon allein wegen möglicher Krümel in der Tastatur und Kaffeekränze auf wichtigen → *Akten.* So schlägt man ein bisschen Freizeit heraus und hat obendrein, wenn man offizielle Frühstücks- und Mittagspausen so verbringt, am Ende des Tages allen Grund, ein halbes Stündchen früher zu gehen. Schließlich hat man „durchgearbeitet".

Frühstückspause unter Kollegen. Nicht nur Chefs haben manchmal ein → *Problem* damit, wenn ihre Mitarbeiter sich eine Frühstückspause gönnen – auch die → *Kollegen* könnten auf Dauer eher verärgert reagieren: Abgesehen davon, dass der Geruch von Käsebroten am Morgen nicht jedermanns Sache und es auch nicht wirklich ein ästhetischer Anblick ist, wenn der Kollege versucht, mit vollem Mund ein → *Telefonat* zu führen, leisten diejenigen, die brav zu Hause gefrühstückt haben, für dasselbe → *Gehalt* einfach mehr Arbeit.

Deshalb sollten Sie sich genauer anschauen, welche Bräuche in Ihrem Arbeitsumfeld herrschen, bevor Sie es sich zur lieben Gewohnheit machen, Ihr Frühstück an Ihren Arbeitsplatz zu verlegen. Was der Chef tut, zählt dabei nur bedingt; entscheidend ist vielmehr, wie Ihre Kollegen die Sache handhaben. Wenn die sich Tag für Tag eine Frühstückspause gönnen, auch wenn es die offiziell nicht gibt, dann spricht nichts dagegen, dass auch Sie Ihre Semmel auspacken. Ansonsten ist es ratsam, sie schon auf dem Weg zur Arbeit zu essen oder aber sie bis zur Mittagspause aufzubewahren, auch wenn der Magen noch so knurrt.

Anmerkungen

[1] 23/S. 243
[2] 5/S. 58
[3] 28/S. 31
[4] 9/S. 118
[5] Siehe dazu 5/S. 69 ff
[6] 5/S. 75
[7] 10/S. 191
[8] 20/S. 158
[9] 10/S. 192

10 7/S. 78
11 7/S. 78
12 28/S. 152
13 10/S. 191
14 Zum Beispiel Literaturliste Nr. 2
15 Reclams Kleines Fremdwörterbuch
16 35/S. 49
17 9/S. 240
18 30/S. 68
19 Zum Beispiel Literaturliste Nr. 37

G

▶ **Gäste**

Sie zu betreuen, gehört vielfach zum Arbeitsalltag, vom Besucher, der Sie an Ihrem → *Arbeitsplatz* aufsucht, bis hin zu den Teilnehmern von Veranstaltungen, die Sie organisieren. Die meisten Gäste kommen nicht überraschend, sondern folgen einer → *Einladung*: zu einer → *Sitzung*, zu einer persönlichen → *Besprechung*, zu einem → *Empfang*, zu einem Geschäftsessen. Man weiß also im Voraus, dass sie kommen und warum sie kommen und kann alle erforderlichen **Vorbereitungen** treffen. Und das sind nicht wenige:

Falls **Gäste in die Firma** kommen, ist es weise, sich vorher kurz prüfend im Konferenzraum und am eigenen Arbeitsplatz umzuschauen. Beides sollte nicht unbedingt so aussehen, als ob das Reinigungsteam zum letzten Mal vor zwei Jahren vorbeigekommen sei. Eine gewisse → *Ordnung*, zumindest in offen einsehbaren Bereichen wie Regalen und Tischen, macht immer einen guten → *Eindruck*. Saubere Tassen, Gläser, Aschenbecher sind ein Muss, vorbereitete Getränke ein guter Service und ein paar Häppchen ideal.

Sie könnten Ihr → *Erscheinungsbild* dem Anlass anpassen. Das betrifft besonders die → *Kleidung*. Selbst in Firmen, in denen normalerweise Freizeitkleidung (→ *denglisch:* casual wear) völlig okay ist, können Anzug und Kostüm erforderlich oder zumindest von Vorteil sein, wenn hoher Besuch ins Haus steht.

Schriftliche Unterlagen für die Gäste sind immer ein cleverer Schachzug: ganz allgemein über Ihre Firma, zu den Themen der anstehenden Sitzung, über die Produkte der neuen Saison. Das erspart den Gästen die Mühe, immer genauestens → *zuzuhören* und sich über jedes Detail → *Notizen* zu machen. Und Ihnen erspart es später die Sorge darüber, ob die Gäste wirklich alles richtig verstanden und im Gedächtnis behalten haben, was Ihnen am

Herzen liegt. Bei Gästen aus dem → *Ausland* setzt das allerdings voraus, dass Sie Ihnen die Unterlagen in einer → *Sprache* zusammenstellen, mit der sie auch etwas anfangen können.

Wenn große Gästegruppen zu betreuen sind, ist eine → *Checkliste* nie verkehrt. Mit ihrer Hilfe kann man größere → *Fettnäpfe* und → *Probleme* weitgehend vermeiden.

Umgang mit Gästen. Gästebetreuung ist, besonders wenn es um → *VIPs* geht, manchmal spannend, aber immer anstrengend. Denn erstens ist das ein Job, der häufig nicht mit der offiziellen Arbeitszeit beginnt und endet: Es kann durchaus sein, dass Sie einen Gast schon um sechs Uhr in der Frühe am Bahnhof abholen und noch um zwei Uhr nachts durch das örtliche Nachtleben begleiten müssen. Und das, ohne in Ihrer → *Aufmerksamkeit* nachzulassen. Gefordert sind gutes → *Benehmen* und souveränes → *Auftreten*. Schließlich vertreten Sie dem Gast gegenüber Ihr Unternehmen. Das verpflichtet – zur hohen Kunst des → *Smalltalk*, zu möglichst mäßigem → *Alkoholkonsum*, zur völligen Vermeidung von → *Klatsch & Tratsch*.

Unerwartete und ungebetene Gäste sind im Berufsleben selten eine Freude. Dafür hat man in der Regel zu viel zu tun; die außerplanmäßige Betreuung von Besuchern ist da nur ein zusätzlicher Stressfaktor. Was man ihnen aber möglichst nicht klipp und klar sagen sollte, denn damit wird man sie zwar ganz schnell wieder los, stößt sie aber ziemlich nachhaltig vor den Kopf. Wesentlich klüger und auch menschenfreundlicher ist es, sich wohl oder übel zehn Minuten mit ihnen abzugeben. Die reichen völlig aus, um einem ungebetenen Gast die Aufmerksamkeit zu schenken, die er verdient (immerhin hat er sich auf den Weg zu Ihnen gemacht). Und um ihm mit größter → *Freundlichkeit* klarzumachen, dass Sie zu einem späteren Termin bestimmt viel mehr → *Zeit* für ihn haben werden – aber gerade im Augenblick leider nicht, weil … (glaubhafte Begründung einfügen).

▶ **Gästelisten**

Gemeint sind genaue Aufstellungen darüber, wer zu einer großen Veranstaltung eine → *Einladung* bekommen soll oder zu bekommen hat. Die schnellste Methode, eine zu erstellen, besteht darin, einfach die entsprechenden Adressdateien aller einzuladenden Gäste in ein neues Dokument hineinzukopieren.

Im weiteren Sinn umfasst eine gute Gästeliste auch all diejenigen Personen, die keine schriftliche, sondern nur eine mündliche Einladung bekommen haben: „Kommen Sie doch einfach vorbei; der Türsteher weiß dann schon Bescheid." Weiß er aber meistens nicht. Und da es sein Job ist, nur die zur Veranstaltung zuzulassen, die eine Einladung dabeihaben, wird er alle anderen gnadenlos abweisen. Es sei denn, er hat eine Gästeliste, auf der auch die → *Namen* der nur mündlich Eingeladenen verzeichnet sind.

Für den Veranstalter sind Gästelisten ein unentbehrlicher Teil der gesamten Einladungsplanung. Denn sie ermöglichen eine gewisse → *Kontrolle* darüber, dass alle wichtigen → *Kunden* und Geschäftspartner auch wirklich eine Einladung erhalten und dass nicht zu viele, aber auch nicht zu wenige Einladungen verschickt werden.

Wenn eine Gästeliste über mehrere Jahre hinweg fortgeschrieben wird, finden vor allem Jobanfänger in ihr wertvolle → *Informationen* darüber, wer „aus Gewohnheitsrecht" immer eine Einladung erhalten sollte.

Allerdings ist der Wert von Gästelisten genau wie der von Adressdateien grundsätzlich abhängig vom Datum der letzten Aktualisierung. Wenn die letzte vor ein bis zwei Jahren stattgefunden hat, drohen → *Fettnäpfe* aller Art: Einladungen gehen an längst Verstorbene, falsche Adressen und Nachfolger von Nachfolgern der Personen, deren Namen noch auf der Gästeliste stehen. Neuere Großkunden, Geschäftspartner und sonstige → *VIPs* hingegen, mit denen → *dringend* Beziehungspflege angesagt ist, haben es noch gar nicht bis auf die Liste geschafft.

Für den Gast ist die Gästeliste fast genauso wichtig. Das liegt auf der Hand: Wenn er nicht draufsteht, bekommt er auch keine Einladung. Wenn Sie also irgendwo neu dabei sind, sind Sie gut beraten, sich nicht etwa darauf zu verlassen, dass die Veranstalter, die Ihren Vorgänger immer eingeladen haben, ihre Liste auch regelmäßig aktualisieren.

Stattdessen ist es sinnvoll, durch ein freundliches Telefonat oder eine → *E-Mail* frühzeitig um Aufnahme auf die Gästeliste zu → *bitten*.

Bei der Veranstaltung selbst ist eine Gästeliste oft für all diejenigen die letzte Rettung, die ihre Einladung zu Hause vergessen haben (oder weiterverschenkt haben in der Annahme, dass man sie am Einlass erkennt und ohne Einladung hineinlässt, was auch oft vorkommt). Bei großen Veranstaltungen wird die Einlasskontrolle nämlich häufig nicht von den Veranstaltern selbst, sondern von einer neutralen Agentur übernommen. Und deren Mitarbeiter erkennen die VIPs des Gastgebers nicht, wie sollten sie auch. Wer keine Einladung vorweisen kann, bleibt draußen, basta, auch wenn es sich um den Generalsekretär persönlich handelt. Es sei denn, sein Name steht auf der Gästeliste.

▶ Geburtstage

Geburtstage sind besondere Tage. Wenn Sie ein Geburtstagsmuffel sind, dann vielleicht nicht für Sie persönlich, aber aller Wahrscheinlichkeit nach für die große Mehrheit Ihrer → *Kollegen*, → *Mitarbeiter* und Geschäftspartner. Die meisten Menschen freuen sich nämlich darüber, wenn ein anderer an ihren Geburtstag denkt – Grund genug für eine kleine → *Geste*.

Der eigene Geburtstag ist ein typischer Anlass für eine kleine → *Feier* am → *Arbeitsplatz* oder zumindest für einen Umtrunk mit den Kollegen. In vielen Firmen ist es üblich, im Arbeitsumfeld des Geburtstagskindes für ein kleines → *Geschenk* zu sammeln. Die Kollegen geben erfahrungsgemäß willig, erwarten dafür aber mehr oder weniger, auf eine Runde Sekt oder Geburtstagskuchen eingeladen zu werden; schließlich ist das eine nette Abwechslung zum Arbeitsalltag.

Wenn Sie keine Lust haben, diese Erwartungen zu erfüllen – zum Beispiel, weil Ihr Geburtstag für Sie ein ganz normaler Tag ist, weil Sie keinen Grund sehen, mit Ihren Kollegen zu feiern, oder weil Ihnen solche Aktionen zu teuer sind – dann können Sie natürlich an Ihrem Ehrentag grundsätzlich freinehmen oder aber Geschenk und Gratulationen entgegennehmen, ohne die erhoffte Runde zu spendieren.

Diese Methode hat zweifellos den Vorteil, dass Sie mit ihr → *Geld* und → *Zeit* sparen können. Sie hat allerdings auch den großen Nachteil, dass Sie sich damit recht unbeliebt machen: Man wird Sie als → *geizig* einstufen, sich in der Abteilung → *Klatsch & Tratsch* entsprechend über Sie verbreiten und Sie zu anderen Geburtstagsfeiern nicht mehr einladen.

Geburtstage anderer. Es ist schon schwierig genug, an die Geburtstage von Familienmitgliedern und Freunden zu denken. Trotzdem lohnt es sich, zusätzlich auch diejenigen von lieben Kollegen und → *wichtigen* Geschäftspartnern im Auge zu behalten. Denn auch denen können Sie mit einer Gratulation oder einem Geschenk eine Freude machen, und das ist nicht nur gut für die zwischenmenschlichen → *Beziehungen*, sondern auch gut fürs Geschäft.

In manchen Unternehmen ist es Aufgabe eines bestimmten Mitarbeiters, über wichtige Geburtstage zu wachen, rechtzeitig Geschenke zu beschaffen und Karten zu verschicken. In solchen zentralen Geburtstagslisten sind aber nicht unbedingt die Geburtstage aller Menschen registriert, die für Ihren persönlichen Arbeitsbereich von Bedeutung sind. Es ist daher immer eine gute → *Idee*, sich eine eigene Geburtstagsliste anzulegen: Mit ein bisschen → *Initiative* können Sie sich eine bereits vorhandene Liste beschaffen und für Ihre eigenen Zwecke ergänzen. Oder Sie erstellen sich gleich eine eigene. Das ist nicht weiter schwer: Sie erfragen telefonisch die Geburtstage wichtiger Partner oder beauftragen einen Mitarbeiter damit. Ideal, wenn auch mit etwas mehr Mühe verbunden, ist es, wenn Sie die Daten gleich in die Adressdatei oder in das Terminverwaltungsprogramm Ihres Computers aufnehmen.

Dieser einmaligen Anstrengung steht ein riesiger Nutzen gegenüber. Denn ein Geburtstagsglückwunsch – per → *E-Mail*, per → *Telefon* oder per → *Brief* – ist einer der besten Wege der Kontaktpflege: Mit minimalem Aufwand beweisen Sie Ihre → *Aufmerksamkeit*. Und hinterlassen so einen maximalen → *Eindruck*.

▶ **Geduld**

Geduld ist die Fähigkeit, warten zu können. Und weil man in vielen Situationen des Lebens warten muss (auf einen → *wichtigen* Anruf, an der Kasse im Supermarkt, auf das Honorar für den letzten Auftrag), ist Geduld eine geradezu unverzichtbare Eigenschaft, die das Leben sehr erleichtert.

Andererseits kostet Geduld → *Zeit*. Das war vor der Erfindung von Armbanduhr und Arbeitswut kein größeres → *Problem*. Doch seitdem hat sich vieles verändert: Zumindest in den westlichen Industrienationen hat kaum noch jemand Zeit, weil grundsätzlich immer alle im → *Stress* sind. Dort ist Geduld also nicht mehr sehr weit verbreitet. Gehandelt wird eher nach dem Motto: „Lieber Gott, gib mir Geduld, und zwar sofort!"

Geduld lernen. Entweder man hat Geduld, oder man hat sie nicht. Und ob man sie hat, ist eine Frage des angeborenen Temperaments. Im Laufe seines Lebens kann man sie zwar verlieren – aber sie zu erlernen ist fast ein Ding der Unmöglichkeit. Wer mit seiner Ungeduld immer wieder aneckt oder darunter leidet, kann sich allerdings zwei **Tricks** aneignen. Mit denen gelingt es zumindest, das → *Gefühl* der Spannung unter → *Kontrolle* zu halten, das sonst nicht selten in → *Wutanfälle* mündet.

• **Ablenkung.** Wenn alle Gedanken nur um die Unerträglichkeit des Wartens kreisen, kocht Ungeduld explosionsartig hoch. Nichts liegt also näher, als den Gedanken etwas anderes zu tun zu geben: In langen Schlangen und überfüllten Wartezimmern reicht schon eine Zeitschrift oder ein interessantes Buch. (Mit der Lektüre tun Sie gleichzeitig etwas für Ihre → *Allgemeinbildung*.) In schwierigeren Situationen ist das tatenlose Starren auf einen Text allerdings von vornherein unmöglich – dann helfen nur noch handfeste Aktionen. Die aber umso besser. Zur Wahl steht alles, was nicht allzu viel Konzentration erfordert, vom Hausputz über einen kleinen Kaufrausch und ein großes Essen mit Freunden bis hin zum Belegesortieren für die Steuererklärung.

• **Die Frage nach den Folgen.** „Was erreiche ich mit meiner Ungeduld?" Die wahrscheinlichste Antwort: nicht viel. Jedenfalls nicht viel Gutes. Denn durch Ungeduld allein lässt sich kaum etwas ändern. Die Schlange wird dadurch nicht kürzer, das → *Telefon* klingelt dadurch nicht früher, der → *Mitarbeiter* arbeitet dadurch nicht schneller. Gleichzeitig wirkt sich ein akuter Anfall von Ungeduld mit Sicherheit ziemlich schlecht auf Ihre → *Beziehungen* zu den Menschen aus, die ihn zu spüren zu bekommen: Gedrängelt, angegiftet oder überfordert zu werden, ist für kaum jemanden die reine Freude und verringert obendrein ganz erheblich die Bereitschaft, endlich Ihren Erwartungen nachzukommen. Anders ausgedrückt: Offen gezeigte Ungeduld ist ein klassisches Eigentor.

Die Geduld verlieren. Das passiert, wenn die → *Grenzen* des Erträglichen überschritten sind. Und die sind bei jedem anders gesteckt: Meister der Ungeduld regen sich naturgemäß wesentlich schneller auf als Menschen, die mit der sprichwörtlichen Engelsgeduld ausgestattet sind.

Ganz egal, wann Ihnen in Sachen Geduld die Sicherungen durchbrennen – die Folgen sind wenig erfreulich. Für diejenigen, die Ihrem Geduldverlust zum Opfer fallen, und für Sie selbst noch weniger. Denn wenn Sie wütend werden, → *schreien*, → *fluchen* oder sonst irgendwie deutlich zeigen, dass Sie die Geduld verlieren, ist das für die anderen ein klarer → *Angriff* oder mindestens ein klassischer Fall von → *Entgleisung*. Dumm gelaufen: Vielleicht war Ihr Anfall sogar nicht unberechtigt, und man (→ *Kollegen*, Handwerker, Auftraggeber, → *Chefs*) hat Sie wirklich einfach zu lange auf etwas warten lassen. Trotzdem sind nun Sie derjenige, der sich → *entschuldigen* muss.

So wollen es die Regeln für gutes → *Benehmen*. Über die können Sie sich natürlich hinwegsetzen. Jedenfalls wenn die Opfer Ihres Anfalls in der gesellschaftlichen oder beruflichen → *Rangordnung* unter Ihnen stehen, siehe unten. Das ist zwar nicht gerade Sympathie fördernd, aber dafür sehr bequem.

Geduld und Rangordnung. Geduld ist innerhalb von Rangordnungen erfahrungsgemäß ungleichmäßig verteilt. Im unteren Bereich ist sehr viel davon anzutreffen, im oberen Bereich jedoch nur wenig. Das liegt daran, dass Geduld etwas mit Selbstbeherrschung zu tun hat, und zu der fühlen sich erfolgreiche Menschen im Durchschnitt weniger verpflichtet als solche, die vom → *Erfolg* noch ein gutes Stück entfernt sind. Denn die haben noch eine Menge wichtiger Leute über sich, auf die man durch angenehmes → *Auftreten,* → *Freundlichkeit* und eben auch Geduld einen möglicherweise entscheidenden → *Eindruck* machen kann. Wer schon wichtig ist, erliegt hingegen nicht selten der Versuchung, den Aufwand für solche Bemühungen erheblich zu verringern. Zumindest, was den Umgang mit all denen betrifft, die in der Rangordnung unter ihm stehen.

Anders ausgedrückt: Es ist fast ein Naturgesetz, dass Vorgesetzte ihren Untergebenen gegenüber weniger Geduld aufbringen, als sie es umgekehrt von ihren → *Mitarbeitern* ganz automatisch erwarten. Das ist zwar nicht unbedingt ein Zeichen von gutem Benehmen. Aber ungeduldige Chefs haben eine einleuchtende → *Entschuldigung* dafür: „Zeit ist → *Geld*" – und die Zeit vom Chef ist wesentlich mehr wert als die seiner Mitarbeiter (was man am → *Gehalt* leicht erkennen kann). Außerdem hat er in seiner Position viel mehr und viel verantwortungsvollere Aufgaben zu bewältigen, der Arme. Also bleibt für Geduld einfach keine Zeit.

Ungeduldige Chefs. Wer einen Vorgesetzten hat, der so denkt und handelt, der hat damit oft ein → *Problem.* Ungeduld und → *Hektik* erzeugen nämlich automatisch → *Zeitdruck,* und wo der herrscht, sind → *Fehler* und Pannen nicht weit: → *Arbeitsaufträge* werden zwischen Tür und Angel erteilt, Gelegenheit für Rückfragen gibt es nicht, es kommt zu → *Missverständnissen,* der Mitarbeiter übersieht im → *Stress* wichtige → *Details,* weil der Chef andauernd fragt, wann die Arbeit endlich erledigt ist. Das Ende vom Lied ist dann oft kein befriedigendes Ergebnis, sondern ein verärgerter Vorgesetzter und ein frustrierter Mitarbeiter.

Diese Spirale ist zwar leicht erkennbar, aber nur schwer zu verhindern. Wenn Sie zu denjenigen gehören, die darunter wirklich leiden, sollten Sie sich ein Fachbuch zum Thema **Cheffing**[1] gönnen (→ *Chefs*). In weniger schwierigen Fällen kann es Wunder wirken, mit dem Chef ein → *Gespräch* zum Thema „Ihre Ungeduld und die Auswirkungen auf meine Arbeit" zu führen und mit ihm ein paar kleine → *Regeln* zu vereinbaren. Zum Beispiel:

„Immer wenn's hektisch wird, darf ich zumindest drei Fragen stellen."[2]

Entscheidende Voraussetzung für das Gelingen eines solchen Gesprächs ist allerdings, dass Sie den Zeitpunkt sehr sorgfältig auswählen. Wenn aus irgendeinem Grund die Ungeduld gerade wieder besonders wild wütet, werden Sie mit Ihrem Versuch nicht weit kommen, selbst wenn Sie schon mit dem → *Recht* auf eine einzige Rückfrage zufrieden wären.

▶ Gefallen

Ein Gefallen ist eine Gefälligkeit, die man einem anderen auf dessen → *Bitte* hin erweist – aus → *Freundschaft*, aus → *Hilfsbereitschaft* oder auch, um zu gefallen. Meistens handelt es sich nur um eine Kleinigkeit. In der Regel ist ein Gefallen für denjenigen, der darum bittet, sehr viel bedeutsamer als für denjenigen, der ihn gewährt.

Um einen Gefallen bitten. Auch wenn es oft um wenig aufwändige Angelegenheiten geht – einen → *Brief* zur Post bringen, den Kollegen ein halbes Stündchen am → *Telefon* vertreten, schnell ein → *Protokoll* kopieren, ein Sandwich zum Mittagessen mitbringen – bittet man automatisch „um einen **großen Gefallen**". Wahrscheinlich, um dem anderen das schöne → *Gefühl* zu geben, mit einer kleinen → *Geste* ganz viel Freude bereiten zu können. (Andererseits ist es ratsam, grundsätzlich nur von **kleinen Problemen** zu sprechen, um den anderen nicht gleich in Panik zu versetzen, auch wenn die vielleicht nahe liegt.)

Fast jeder hat schon einmal jemanden um einen Gefallen gebeten, sich gefreut, wenn der andere ihm diesen Gefallen auch getan hat, und sich bei Gelegenheit seinerseits mit einem Gefallen revanchiert. So gesehen ist der Austausch von Gefallen ein gut funktionierendes System – zumindest dann, wenn sich alle an ein paar → *Regeln* halten:

• Man bittet nur dann um einen Gefallen, wenn man ziemlich sicher weiß, dass es **für den anderen wirklich nur eine Kleinigkeit** ist, diese Bitte auch zu erfüllen. Sonst könnte er unter Umständen verlegen („Das kann ich aber wirklich nicht tun") oder verärgert („Wie kommt der dazu, mich um so was zu bitten!") reagieren.

• Ein Gefallen hat, wenn auch unausgesprochen, immer **etwas Besonderes, Einmaliges**, ausnahmsweise Getanes an sich. Es ist zwar bestimmt praktisch, trotzdem ständig mit neuen Bitten um irgendwelche Gefallen aufzukreuzen, bloß weil sie für den andern „schließlich nur ein Klacks" sind. Und das stimmt vielleicht sogar. Was aber garantiert stimmt, ist die Tatsache, dass berüchtigte Gefallen-Schnorrer selbst den gutmütigsten Gefallen-Tuern irgendwann auf den Wecker gehen.

• Wer andere um einen Gefallen bittet, muss **sich erkenntlich zeigen**, so wollen es die Regeln für gutes → *Benehmen*. Also sollte er sich in angemessener Form bedanken und seinerseits für kleine Gefallen zur Verfügung stehen. Das Ergebnis ist eine moralische Verpflichtung. Das ist kein Problem, wenn Sie jetzt mal damit dran sind, den Telefondienst für Ihren Kollegen zu übernehmen. Sollte es sich aber bei dem Gefallen, um den Sie den Kollegen gebeten haben, um vertrauliche → *Informationen* oder kleine Vorteilsnahmen hart am Rande der Legalität gehandelt haben, dann könnten Sie sich Ihrerseits durchaus zu Gefallen gezwungen sehen, die größer sind, als Ihnen lieb ist.

Um einen Gefallen gebeten werden. Wenn man um einen Gefallen gebeten wird und nicht unvertretbar viel Mühe damit hat, ihn zu erfüllen, dann sollte man ihn auch erfüllen, und zwar ohne den anderen lange warten zu lassen. Schließlich sind genau das die kleinen Gesten, mit denen man sich und anderen das Leben verschönern kann. Sogar → *Energiesparer* nehmen bereitwillig die Mühe auf sich, anderen einen Gefallen zu tun. Allerdings meistens nicht aus moralischen Erwägungen, sondern weil sie wissen, dass sie zuverlässig in dem Moment belohnt werden, in dem sie als Gegenleistung ihrerseits einen Gefallen einfordern können.

Es gibt jedoch auch → *Ausnahmen* von der Regel, dass man Gefallen tun sollte. **Ausnahme eins:** Der gute Freund, der Sie zum zehnten Mal in diesem Monat um einen Gefallen bittet, aber immer spontan eine gut begründete Ausrede auf den Lippen hat, wenn Sie mal was von ihm wollen. **Ausnahme zwei:** Der „liebe → *Kollege*", der Sie um Gefallen bittet, mit deren Erfüllung Ihr Vorgesetzter höchstwahrscheinlich überhaupt nicht einverstanden wäre.

Wer selbstbewusst genug ist, kann auf solche Bitten freundlich lächelnd mit einem sprachlich hübsch verpackten → *„Nein"* reagieren. Ein paar unwiderlegbare → *Argumente*, warum Sie diesen Gefallen leider nicht tun können, finden sich immer. Sollte Ihnen so viel → *Klartext* jedoch zu undiplomatisch vorkommen, haben Sie immer noch die Möglichkeit, die Erfüllung einer lästigen oder unangenehmen → *Bitte* so lange „zu vergessen", bis der andere aufgibt und sich auf die Suche nach einem anderen macht, der ihm diesen Gefallen tun könnte.

▶ Gefühle

Gefühle sind laut Wörterbuch „innere Regungen, seelische Empfindungen".[3] Liebe und Hass, → *Angst* und Freude, → *Wut* und Glück – Gefühle, die jeder Mensch hat und kennt, auch wenn sie bei jedem Einzelnen extrem unterschiedlich ausgeprägt sein können. Wie Gefühle entstehen und welche Folgen es hat, sie auszuleben oder aber zu unterdrücken, damit beschäftigen sich seit Jahrhunderten Wissenschaftler unterschiedlichster Fachrichtungen. Und für Schriftsteller und Regisseure sind diese → *Fragen* eine unerschöpfliche Quelle immer wieder neuer Geschichten, in denen es letztlich doch immer wieder um dieselben Gefühle geht.

Gefühle und Verhalten. Gefühle rufen Stimmungen hervor, und Stimmungen können unser Verhalten ganz maßgeblich beeinflussen. Typisches Beispiel: Wer frisch verliebt ist, hat oft geradezu unerträglich gute → *Laune*; wer hingegen mitten im größten Beziehungsclinch steckt, gibt nicht selten Verzweiflung oder → *Ärger* in Gestalt von schlechter Laune an seine Umgebung weiter. Womit auch schon ein weiterer Zusammenhang angesprochen ist: „Wir beeinflussen gegenseitig unsere Stimmungen. Emotionen [Gefühle] sind ansteckend. (...) Jeder von uns wird ständig positiv oder negativ von allen anderen beeinflusst; ständig wirken wir auf die emotionalen Zustände anderer ein, so wie die anderen auf unsere."[4]

Gefühle sind ansteckend. Das ist einerseits wunderbar, denn es gibt denen, die sich gerade gut fühlen, die Möglichkeit, denen, die sich gerade schlecht fühlen, aus ihrem Tief herauszuhelfen. Andererseits kann es aber genauso gut umgekehrt kommen, und die schlechte Stimmung siegt über die gute. Welche Stimmung sich am Ende durchsetzt, ist davon abhängig, wie stark jeder einzelne seine Gefühle zum Ausdruck bringt (das geht auch völlig ohne Worte!), und in welchem Maße er sich durch die Gefühle der anderen beeinflussen lässt. So oder so: Unterm Strich bleibt die Erkenntnis, dass Gefühle ein mächtiger Hebel sind, mit dem man nicht nur sich selbst, sondern auch seine Umwelt ganz schön aus den Angeln heben kann. Grund genug, sie immer einigermaßen im Griff zu haben.

„Mit Gefühl" – oder lieber nicht? Psychologen raten im Allgemeinen dazu, „Gefühle rauszulassen". Denn seit langem steht fest, dass unterdrückte Gefühle auf die Dauer seelisch und auch körperlich krank machen können. Doch längst nicht jeder unterdrückt seine Gefühle; die Antwort auf die Frage liegt also für die meisten Menschen irgendwo im großen Mittelfeld. Wo genau, das hängt am ehesten von der Art der Gefühle ab.

Sind sie schön, dann darf es gerne ein bisschen mehr sein – die anderen freuen sich, wenn sie Ihre Freude sehen, von Ihrem Glück etwas abbekommen, Liebe spüren oder Zufriedenheit. Bedrückende Gefühle wie Trauer und Frustration sind auf lange Sicht typische Krankmacher, wenn sie unterdrückt werden; sie dürfen deshalb fast jederzeit zur Sprache kommen, auch wenn die → *Tränen*, die dabei im Ernstfall fließen, für manche Leute ziemlich schwer zu ertragen sind. Geht es hingegen um ungute oder zerstörerische Gefühle wie Eifersucht, Ärger oder einfach nur Ungeduld, dann ist verschärfte Selbstbeherrschung das Gebot der Stunde, um drohende → *Entgleisungen* zu verhindern.

Mit den eigenen Gefühlen umgehen. Wie Sie im Privatleben mit Ihren Gefühlen umgehen, ist Ihre Sache. Aber am → *Arbeitsplatz* sieht die Sache anders aus. Die emotionale An-

steckungsgefahr ist „ein mächtiges → *Argument* gegen die unge-
hemmte Äußerung schlechter Gefühle am Arbeitsplatz: Sie ver-
giften die Atmosphäre".[5] Also sind grundsätzlich zwei Dinge angesagt:

• → *Grenzen* **ziehen zwischen** → *Privatleben* **und Beruf.** Auch
wenn's schwer fällt – privater → *Stress* hat im → *Büro* nun mal
nichts verloren. Nicht nur, weil er Sie nur von der Arbeit ablenkt. Sondern auch, weil es absolut keinen Grund dafür gibt,
Ihre Kollegen mit Ihrer schlechten Laune anzustecken. Die können schließlich nichts dafür, wenn bei Ihnen daheim der Haus-
segen schief hängt.

• **Genug innere** → *Distanz* zu allem, was am Arbeitsplatz für
schlechte Gefühle gut ist: Stress und → *Angriffe*, chaotische →
Chefs, Energie sparende → *Kollegen*, Zeit raubende → *Dienstwege*, nervtötende Vorschriften. Darüber die Gelassenheit nicht zu
verlieren, ist zwar keine leichte Übung. In Sachen Beziehungspflege macht sie sich jedoch eindeutig bezahlt: „Eine Untersu-
chung ermittelte bei 130 Unternehmensführern und Managern,
dass man umso lieber mit ihnen zu tun hatte, je besser sie ihre
eigenen Emotionen im Griff hatten."[6]

Mit den Gefühlen anderer umgehen. Es liegt in der Natur der Sache, dass Gefühle eine ziemlich persönliche Angelegenheit sind.
Ihre Art und ihr Ausmaß kann man häufig noch nicht einmal sich
selbst erklären, geschweige denn einem anderen. Das weiß jeder
aus eigener → *Erfahrung*. Genauso wie fast jeder die verwirrende
Hilflosigkeit kennt, die entsteht, wenn starke Gefühle allem guten Willen zum Trotz außer → *Kontrolle* geraten.

Aus diesem Wissen leitet sich fast automatisch ab, wie man auf
anderer Leute Gefühle am besten reagieren sollte. Weil man sich
nämlich genau das im Zweifelsfalle von den anderen wünscht:
ernst genommen werden, sich aussprechen dürfen, auf Rücksichtnahme, → *Aufmerksamkeit*, Verständnis stoßen.

Wenn diese Wünsche alle immer erfüllt würden, wäre das Leben eine große Therapiestunde. Doch selbst Therapeuten haben
irgendwann Dienstschluss. Will sagen: Die Gefühle anderer erst
mal ernst zu nehmen, ist fast so etwas wie eine moralische → *Ver-*

antwortung. Aber wie lange und wie intensiv Sie das tun, hängt von Ihrem persönlichen Ausmaß an Geduld und → *Verständnis* ab und bleibt letztlich Ihnen überlassen. Wenn Sie Grenzen ziehen wollen, tun Sie's. Aber möglichst nicht mit dem Beil. In dieser Situation kann ein Zuviel an → *Klartext* nämlich Schaden anrichten, der zumindest in diesem Leben kaum wieder gutzumachen ist.

▸ Gegenpositionen aufstellen

Das ist eine der cleversten Methoden, auf überzogene Vorwürfe und Forderungen zu reagieren. Und die sind in → *Privatleben* und Beruf nicht selten. Es ist also sinnvoll, sich mit dem Thema zu beschäftigen, auch wenn es auf den ersten Blick etwas kompliziert klingt. Dabei ist die Technik denkbar einfach und in ihrer Urform aus diversen Streitigkeiten und → *Diskussionen* mit → *Kollegen* und Ehepartnern den meisten Menschen wohl vertraut. Sie läuft ab nach dem Schema „Behauptung – Gegenbehauptung". Anders ausgedrückt: Wer auf einen Vorwurf mit Einsicht oder → *Entschuldigung* reagiert, ist selber schuld – schließlich könnte er ja auch erst mal einen Gegenvorwurf starten.

In dieser Form handelt es sich allerdings nur um ein Haudrauf-Spielchen, mit dem man am Ende wenig mehr erreicht als die Verlängerung eines → *Streits* um weitere zwei Stunden. Das Spielchen mausert sich jedoch zur ernst zu nehmenden Strategie, wenn sachliche → *Argumente* an die Stelle plump gestrickter Gegenvorwürfe treten. Und diese Strategie kann in einigen Situationen tatsächlich die letzte Rettung sein.

Zum Beispiel, wenn die → *Probezeit* möglicherweise nicht verlängert wird, weil der Chef ständig unzufrieden mit der Arbeitsleistung des neuen → *Mitarbeiters* ist. Wenn der zur → *Kritik* seines Vorgesetzten nicht viel sagt, sind seine Tage in dem Unternehmen wahrscheinlich gezählt.

Wie man Gegenpositionen aufbaut. Dabei könnte er seine Haut wahrscheinlich retten, indem er ein paar stichhaltige → *Argumente* dafür anbringt, warum seine Arbeitsleistung bisher

248

nicht besser sein konnte: Immer noch kein eigener → *PC* und kein eigenes → *Telefon*, zu wenige Frage- und Informationsmöglichkeiten, weil der Chef in den letzten Monaten im Wesentlichen → *krank* oder auf → *Dienstreise* war; eine veraltete → *Arbeitsplatzbeschreibung*, die zu Doppelarbeit und Kompetenzgerangel mit den Kollegen führt.

Gemeint sind hier wohlgemerkt keine platten Gegenvorwürfe und vor allem keine Rechtfertigungen, die immer irgendwie kleinlaut und schuldbewusst klingen, weil sie situationsbedingt „von unten nach oben" ausgesprochen werden („Ich wollte doch nur …", „Ich konnte doch nicht wissen, dass …"). Vielmehr sind sachliche Feststellungen das Gebot der Stunde. Die können nämlich grundsätzlich auf derselben sachlichen Ebene ausgetauscht werden, auch wenn die am → *Gespräch* Beteiligten unterschiedliche Positionen innerhalb einer → *Rangordnung* haben.

Die → *Erfahrung* **zeigt:** Mit ein bisschen Nachdenken lassen sich in fast jeder Situation gute Gründe für eine Gegenposition finden (oder – zur Not – erfinden). Und mit ein bisschen Mühe kann man die sprachlich so formulieren, dass sie in → *Wortwahl* und → *Tonfall* nicht wie ein plumper Gegenangriff wirken. Ist das erst mal gelungen, dann ist das wichtigste → *Ziel* einer Gegenposition erreicht. Es besteht darin, die schlimmstmöglichen Folgen der Ausgangssituation erst einmal abzuwenden und stattdessen in Verhandlungen zu treten. Denn wo die auf einmal möglich sind, wird letztlich doch nicht alles so heiß gegessen, wie es gekocht wird.

▶ Gehalt

Das Gehalt ist der monatliche Lohn für die getane Arbeit. Man unterscheidet zwischen Bruttogehalt und Nettogehalt: Das Bruttogehalt ist die offizielle Entlohnung, wie sie im → *Arbeitsvertrag* festgelegt ist. Zieht man davon Sozialversicherungsbeiträge, Lohnsteuer und Solidaritätsbeitrag je nach Steuerklasse und Gehaltsniveau und vielleicht auch Kirchensteuer ab, dann ergibt sich das Nettogehalt. Das ist die Summe, die man tatsächlich ausbezahlt bekommt. Und die schwankt, grob gesprochen, je nach Einkommen und Steuerklasse zwischen 50 und 75 Prozent des Bruttogehalts.

Grundlagen für die Höhe des Gehalts. Sie ist abhängig vom Grad der Schwierigkeit der zu leistenden Arbeit und vor allem vom Ausmaß an → *Verantwortung* und Selbständigkeit, das man an den Tag legen muss, um sie zu tun. Worin genau die Arbeit besteht, ist mehr oder weniger genau in der → *Arbeitsplatzbeschreibung* festgelegt, die zu jedem Arbeitsvertrag gehören sollte.

Formen der Gehaltsgestaltung. Der Arbeitgeber hat die Möglichkeit, seinen Mitarbeitern als zusätzlichen finanziellen Anreiz über die zwölf üblichen Monatsgehälter hinaus ein **dreizehntes oder sogar vierzehntes Gehalt** zu zahlen, zum Beispiel als „Weihnachtsgeld" oder als Vergütung für „einen bestimmten Überstundenbereich während des Jahres".[7] Von den zusätzlichen Gehältern landet zwar ein ordentlicher Teil beim Finanzamt. Trotzdem sind sie eine nicht zu verachtende zusätzliche Einnahme. Auf die haben Sie allerdings nur dann ein Recht, wenn sie in Ihrem Arbeits- oder Tarifvertrag ohne wenn und aber festgelegt ist.

Sonderzuwendungen und Prämien. Arbeitgeber, die sich vertraglich lieber nicht so weit aus dem Fenster lehnen wollen, ziehen es vor, den Mitarbeitern → *Gratifikationen* in Aussicht zu stellen. Die werden nur gezahlt, „wenn die wirtschaftliche Lage des Unternehmens dies auch zulässt" (so eine typische Formulierung im Arbeitsvertrag).

In vielen Betrieben ist das Weihnachtsgeld, das früher ein vertraglich zugesichertes dreizehntes Gehalt war, nur noch „freiwillige Sonderleistung", deren Höhe der Arbeitgeber nach Lust und Laune festlegen kann. Es lohnt sich daher, bei Einstellungsverhandlungen diesen Punkt konkret anzusprechen und zu prüfen, ob im Arbeitsvertrag auch wirklich das drinsteht, was beim Bewerbungsgespräch vereinbart wurde.

In Berufen und Branchen, in denen die → *Initiative* und der → *Erfolg* des einzelnen → *Mitarbeiters* gut messbar sind, wird häufig ein – eher geringes – Grundgehalt gezahlt, das an ein **Prämiensystem für gute** → *Leistungen* gekoppelt ist. Auf diese Weise können engagierte Mitarbeiter ihr Gehalt zum Teil beträchtlich steigern, wenn sie die entsprechende Leistung (Verkäufe, Vertrags-abschlüsse, Stückzahlen, Vermittlungen) nachweisen.

Kein Geld – aber genauso gut. Schließlich kann das Ge-halt auch noch durch eine Reihe **geldwerter Sachleistun-gen** unterm Strich aufgebessert werden. Die landen zwar nicht in Euro und Cent auf dem Konto, sind aber, wie der Name schon sagt, oft eine Menge Geld wert. In erster Linie gehören dazu Dienstwagen und → *Mobiltelefone* (die im Idealfall inner-halb bestimmter → *Grenzen* auch privat genutzt werden können), Essensmarken oder preiswertes Kantinenessen, deutliche Rabat-te auf Einkäufe im eigenen Unternehmen sowie vertraglich ver-einbarter Sonderurlaub. Wer mit seinem Gehalt unzufrieden ist, aber von solchen Sachleistungen profitiert, sollte sich mal aus-rechnen, was die eigentlich im Monat wert sind.

Gleiches Geld für gleiche Arbeit? Das wäre schön. Aber die Gehaltsstrukturen innerhalb einer Branche und sogar innerhalb eines Unternehmens sind längst nicht immer gerecht. So erhalten Männer und Frauen für dieselbe Arbeit nicht unbe-dingt dasselbe Gehalt – eine Tatsache, die nicht nur auf Entwick-lungsländer zutrifft, sondern auch auf Deutschland, wo Frauen noch 2001 im Schnitt für dieselbe Arbeit ein Viertel weniger Ge-halt bekamen als Männer.[8]

Als normal gilt es, wenn ein → *Anfänger* für dieselbe Arbeit (zu-nächst) weniger Gehalt bekommt als sein → *Kollege*, der schon wesentlich mehr → *Erfahrung* und → *Routine* hat. Das wird da-mit begründet, dass der Anfänger noch nicht so schnell und leis-tungsstark ist, denn er muss seine Arbeit schließlich erst → *lernen*. Gegen dieses Argument kann sich ein Jobanfänger kaum wehren – er hat jedoch die Möglichkeit, mit dem Arbeitgeber den Zeit-punkt auszuhandeln, zu dem das Gehalt garantiert auf das Ni-veau der Kollegen angehoben wird. Im Normalfall ist dies das Ende der → *Probezeit*.

Weniger nachvollziehbar, aber auch üblich ist es, dass ein Mit-arbeiter aus irgendwelchen Gründen schlicht ein höheres Gehalt bekommt als sein Kollege, der seit Jahren dieselbe Arbeit macht. Das kann daran liegen, dass die Firma ihn unbedingt haben wollte und er beim Gehaltsgespräch entsprechend hart verhandeln konnte. Das kann zwar grundsätzlich jeder versuchen. Aber erfolgreich sind damit nur wirklich hoch qualifizierte Menschen, die keine ähnlich interessanten Mitbewerber haben. Alle anderen landen mit überzogenen Gehaltsvorstellungen schnell im → *Fettnapf*. Es kann auch daran liegen, dass derjenige, der mehr Gehalt bekommt, sich dieses Vorrecht im Laufe der Jahre erkämpft hat: durch dauerhaft sehr gute Leistungen. Die führen nämlich in der Regel irgendwann zu einer → *Gehaltserhöhung*. Zumindest, wenn man sich lange genug darum bemüht.

Geheimnis Gehalt. Gerade weil die Gehaltsstrukturen oft logisch nicht ganz nachvollziehbar sind, halten sich innerhalb einer Firma die meisten Leute sehr bedeckt, was ihr Gehalt angeht. „Darüber redet man nicht." So will es das gute → *Benehmen* und gelegentlich sogar ausdrücklich der Arbeitsvertrag. Wenn Sie allerdings zur großen Mehrheit derer gehören, die den Verdacht haben, dass sie unterbezahlt sind, dann bleibt Ihnen nichts anderes übrig, als die vornehme Zurückhaltung Ihrer Kollegen zu untergraben und irgendwie herauszubekommen, was sie verdienen. Zum Beispiel durch ebenso diplomatisches wie hartnäckiges Befragen der betreffenden Personen oder Ihres Vorgängers auf der Stelle. Sollten Sie am Ende feststellen, dass Sie tatsächlich im Vergleich zu anderen unterbezahlt sind, ist das eine ziemlich gute Voraussetzung für das erfolgreiche Aushandeln einer Gehaltserhöhung.

▶ Gehaltserhöhung

Sie gehört zu den größten → *Zielen* im Leben eines Angestellten – genau wie eine → *Beförderung*. Während diese jedoch grundsätzlich nach dem Motto „mehr → *Geld* für mehr Arbeit" abläuft, kann man manchmal durchaus in den Genuss einer Gehaltserhöhung kommen, ohne automatisch mehr dafür tun zu müssen.

Denkbare Gründe für eine Gehaltserhöhung. Im öffentlichen Dienst und in großen Unternehmen werden Gehälter nach festgelegten, zeitlich begrenzten **Tarifverträgen** gezahlt. Nach dem Ende der Laufzeit wird ein neuer Tarifvertrag ausgehandelt, und

wenn der einmal offiziell ist, gibt es für dieselbe Arbeit in der →
Regel automatisch mehr Geld. Das ist zwar meistens nicht mehr
als ein Inflationsausgleich, aber auch eine kleine Gehaltserhöhung ist besser als keine Gehaltserhöhung. Einen ähnlich angenehmen Effekt bieten einige Tarifverträge auch ganz schlicht
fürs Älterwerden: Alle paar Lebensjahre wird das Gehalt geringfügig erhöht.

Falls Sie nicht von irgendwelchen Tarifverträgen profitieren,
bleibt Ihnen wahrscheinlich nicht viel anderes übrig, als sich ordentlich anzustrengen: Vor allem in kleineren Unternehmen ist
es nicht hoffnungslos, beim Chef unter Verweis auf **permanente Höchstleistungen** wegen einer Gehaltserhöhung anzuklopfen.
Andersherum ausgedrückt: Wenn Sie zwar nicht weniger, aber
auch nicht mehr tun als das, was in Ihrer → *Arbeitsplatzbeschreibung* festgelegt ist, haben Sie schlechte Karten, was eine Erhö-
hung der monatlichen Überweisung betrifft. Es sei denn, Sie lenken Ihr → *Privatleben* **in seriöse Bahnen:** „Bei Veränderungen im
persönlichen Bereich des Arbeitnehmers (z. B. Heirat, Geburt eines Kindes) sind Gehaltserhöhungen möglich."9

Eine Gehaltserhöhung erbitten, ist in der Regel nicht sonderlich erfolgreich: Mit schüchternen Anfragen kommt
man heutzutage nicht mehr weit. Sinnvoller ist es, sich von vornherein auf harte Verhandlungen einzustellen und entsprechend
gut vorbereitet in das → *Gespräch* mit dem Vorgesetzten zu gehen. Der wird höchstwahrscheinlich keinen Grund sehen, Ihnen
mehr Geld zu geben, bloß weil Sie mehr Geld haben wollen. Für
ihn werden allein unwiderlegbare → *Argumente* zählen.

Ob es Ihnen gelingen wird, ihm die zu bieten, können Sie mit
einer einfachen Testaktion schon frühzeitig klären: Wenn Sie ihn
ganz allgemein um ein → *Feedback* zu Ihrer Arbeitsleistung bitten und im Wesentlichen kritische Kommentare zu hören bekommen – dann legen Sie den Traum von der Gehaltserhöhung am
besten erst mal zu den → *Akten*.

Vor dem Gespräch. Wenn Sie Ihr Glück versuchen wollen,
dann ist gute Vorbereitung die halbe Miete. Anstatt vom
großen Geldsegen zu träumen, erkundigen Sie sich lieber, was

in Ihrem Betrieb in Sachen Gehaltserhöhung überhaupt realistisch ist. In vielen Unternehmen ist nicht mehr drin als fünf Prozent des Bruttogehalts.

Beginnen Sie schon ein paar Monate vor dem Tag X, über Ihre → *Leistungen* Buch zu führen (erfolgreich betreute Projekte, erfolgreiche Geschäftsabschlüsse, bahnbrechende Verbesserungsvorschläge). Nehmen Sie sich Ihre Arbeitsplatzbeschreibung vor: Es lohnt sich garantiert, genau die Unterschiede aufzulisten zwischen dem, was da drin steht, und den Mengen an → *Arbeitsaufträgen*, die Sie tatsächlich erledigen. Ein Joker ist es, wenn Sie im richtigen Moment diskret darauf hinweisen können, dass einige Ihrer → *Kollegen* für dieselbe Arbeit nachweislich mehr Geld bekommen.

Während des Gesprächs sollten Sie damit rechnen, dass Ihr Vorgesetzter versucht, Sie → *abzuwimmeln*, zum Beispiel indem er darauf hinweist, wie schlecht es der Firma/der Branche/der Wirtschaft im Augenblick geht. Das ist auch nicht von der Hand zu weisen – die Zeitungen sind schließlich jeden Tag voll davon. Aber falls Ihr Unternehmen nicht gerade akut von der Pleite bedroht ist, können Sie solche allgemein formulierten → *Argumente* seelenruhig entkräften durch den Verweis auf all die konkreten Vorteile, die Ihr Chef/Ihre Firma durch die Qualität Ihrer Arbeit hat.

 Bei besonders geizigen oder uneinsichtigen Chefs ist die Gefahr groß, dass dem Mitarbeiter irgendwann → *Geduld* und → *Diplomatie* ausgehen: „Dann muss ich mich wohl nach einer anderen Stelle umsehen." Eine solche Drohung kann zwar Wunder wirken, wenn Sie an Ihrem Platz ziemlich unersetzlich sind. Meistens aber ist sie ein klassisches Eigentor. Deshalb gilt: „Drohen Sie nur mit → *Kündigung*, wenn Sie dazu wirklich bereit sind! (…) Sonst haben Sie sich selbst aus dem Unternehmen herausgepokert, bevor Sie auch nur ‚Halt, war doch nur ein Witz' rufen können."[10]

Ein erfolgreiches Gesprächsende setzt nicht nur voraus, dass Ihr Chef ein Einsehen hat, sondern auch, dass Sie eines haben. Wie bei allen schwierigen Verhandlungen ist es nämlich sehr wahrscheinlich, dass am Ende schlicht ein → *Kompromiss* steht, der auf Zugeständnissen beider Seiten beruht. Für Sie heißt das: Es ist schön und gut, dem Chef klipp und klar Ihre (hoffentlich wohl überlegten) Forderungen mitzuteilen. Besser aber ist es, auch einen Kompromissvorschlag auf Lager zu haben, sobald absehbar ist, dass Sie sich mit Ihren eigentlichen Forderungen nicht durchsetzen können.

Entlang dieser „Rückzugslinie" lässt sich prima um geldwerte Sachleistungen und → *Gratifikationen* feilschen: Der Chef will Ihnen keine sechs Prozent Gehaltserhöhung zahlen? Dann gibt es eben nur vier Prozent; dafür soll er aber pro Jahr zwei Tage Sonderurlaub bewilligen. Oder Ihnen wenigstens als kleines Bonbon einen luxuriösen Sprach- oder Computerkurs spendieren. Von dem, was Sie da lernen, haben dann beide etwas: Sie selbst und auch Ihre Firma. Und mit etwas Glück bilden dann die neu erworbenen Kenntnisse und die damit verbundene Steigerung der Arbeitsleistung einen günstigen Ausgangspunkt für das nächste Gehaltsgespräch.

▶ Geistesabwesenheit

Man hört nicht mehr richtig zu, passt nicht mehr richtig auf, ist „mit den Gedanken woanders" – es gibt niemanden, dem das nicht passiert, und zwar jeden Tag deutlich öfter als einmal. Die Ursache: „Wir hören in Schüben. Die meisten von uns sind nicht in der Lage, länger als 60 Sekunden aufmerksam auf das zu hören, was gesagt wird. Wir konzentrieren uns eine Weile, dann setzt unsere → *Aufmerksamkeit* aus, und daraufhin konzentrieren wir uns von Neuem."[11] Die Phasen dazwischen nennt man Geistesabwesenheit.

Formen von Geistesabwesenheit. Wer **während des Sprechens** geistesabwesend ist, von dem sagt man, dass er den → *Faden verliert*. Das ist immer ein bisschen peinlich, aber andererseits kein Drama, zumal es ein paar Tricks gibt, mit denen man diese Situation in den Griff bekommt.

 Geistesabwesenheit während einer Handlung kann unter Umständen böse enden. Wer sich beim Autofahren von seinem → *Mobiltelefon* ablenken lässt, landet möglicherweise im Graben oder am Baum. Und wer eine lästige → *Routinearbeit* eine Spur zu unkonzentriert erledigt, könnte → *Fehler* machen, deren Beseitigung viel → *Zeit* und → *Geld* kostet. Wenn Sie also etwas tun, ganz egal ob es Kochen oder Möbelbestellen, Aufträgevergeben oder Aufträgeannehmen ist – dann sollten Sie mit einem Mindestmaß an Konzentration dabei sein. Oder sich mit dem Gedanken anfreunden, dass irgendwann garantiert irgendwas schief geht.

Geistesabwesenheit während andere sprechen ist mit Sicherheit kein → *Problem*, könnte man meinen. Schließlich tut man dabei wenig außer sitzen oder stehen und → *zuhören* (oder so tun als ob). In diesen Situationen ist Geistesabwesenheit manchmal sogar die einzige Rettung vor tödlicher Langeweile. Zum Beispiel, wenn der Abteilungsleiter einen seiner endlosen Kurzvorträge hält. Oder wenn die → *Kollegen* in einer → *Sitzung* stundenlang immer wieder dieselben → *Argumente* austauschen, ohne jemals einem → *Kompromiss* auch nur nahe zu kommen.

Wer unter diesen Umständen unbewusst oder ganz bewusst seine Gedanken abschweifen lässt, der handelt in gewisser Weise in Notwehr, denn die Gesetze der → *Diplomatie* und des guten → *Benehmens* verbieten es, einfach aufzustehen und zu gehen. Andererseits sollte er zwei kleine **Tricks** beherrschen:
• Geistesabwesenheit ist an den Gesichtern der Geistesabwesenden deutlich ablesbar. Um das festzustellen reicht es, sich bei einer Sitzung mal etwas genauer den Gesichtsausdruck der Anwesenden anzuschauen. Deshalb gilt es, **die eigene Geistesabwesenheit geschickt zu tarnen**, vor allem durch intensiven → *Blickkontakt*. Der allein reicht allerdings nicht aus, weil auch er irgendwann als „Pseudo-Blickkontakt" erkennbar ist. Also ist zusätzlich das gelegentliche Einstreuen interessierter → *Fragen* erforderlich, denn das zeigt, dass man in irgendeiner Form Anteil nimmt.

Sie müssen allerdings damit rechnen, dass das alles nichts nützt und Sie Ihrerseits mitten in Ihre gemütliche Geistesabwesenheit ein paar Fragen gestellt bekommen. „Was meinen Sie dazu, Frau

Meier?" oder „Herr Müller, würden Sie bitte bei dieser Gelegenheit kurz über Ihre Erfahrungen mit dem Unternehmen berichten?"

• In dieser Situation ist es → *ehrlich* zuzugeben „Ich habe gerade nicht zugehört" (zumal die anderen das sowieso an Ihrem ratlosen Gesichtsausdruck erkennen können). Klüger ist es allerdings, mit größtmöglicher Selbstverständlichkeit gleich **eine seriöse Begründung nachzuschieben:** „..., weil ich nicht genau verstanden habe, worauf Sie mit Ihren Ausführungen hinauswollen. Können Sie das noch mal kurz wiederholen?" Oder „..., weil ich in Gedanken noch bei dem bin, was Dr. Schmidt vorhin gesagt hat".

Pluspunkte für besondere Schlagfertigkeit verdient, wer an dieser Stelle Dr. Schmidt tatsächlich spontan auf etwas ansprechen kann, das er vor einer Stunde gesagt hat – an alles, was am Anfang passierte, kann man sich meistens ganz gut erinnern – und ihm auch dazu prompt eine halbwegs vernünftige Frage stellt. Auf diese Weise landet der Ball im Feld von Dr. Schmidt. Mal sehn, ob der in Gedanken bei der Sache war.

▸ Geiz

Geiz ist laut Wörterbuch „abstoßend übertriebene Sparsamkeit, (...) Gier".[12] Damit gehört Geiz zu den eher unangenehmen menschlichen Eigenschaften. Zumindest für alle großzügigen Menschen. Die anderen werden allerdings mit Stolz darauf verweisen, was sie alles erreicht haben, nur weil sie ihr → *Geld* immer zusammengehalten haben.

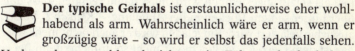 **Der typische Geizhals** ist erstaunlicherweise eher wohlhabend als arm. Wahrscheinlich wäre er arm, wenn er großzügig wäre – so wird er selbst das jedenfalls sehen. Und so sehen es wohl auch nicht wenige Führungskräfte, höhere Angestellte und Beamte, sonst wäre in ihren Reihen Geiz nicht eine so häufig auftauchende Verhaltensweise. Dabei haben sie, anders als zum Beispiel kleine selbständige → *Dienstleister* und Unternehmer, nur wenig Grund zur Existenzangst. Und trotzdem gilt der Erfahrungswert: Je höher die Position, desto geringer die Großzügigkeit.

Geiz erkennen. Im Berufsleben ist Geiz weitaus schwerer zu entdecken als im → *Privatleben*. Schließlich wird am Arbeitsplatz im Wesentlichen das Geld der Firma ausgegeben. Dennoch bekommt man irgendwann mit, wer geizig ist und wer nicht. Anlässe dafür gibt es genug. Das fängt beim → *Einstand* an, zu dem der Geizige für die zehn Kollegen seiner Abteilung ein Fläschchen Aldi-Sekt bereitstellt. An seinem → *Geburtstag* nimmt er meistens frei, um nur ja keinen ausgeben zu müssen, und wer ihn auf ein Bier oder ein Kantinenessen einlädt, wartet vergeblich auf eine Gegeneinladung.

Geizhälse outen sich dadurch, dass sie immer andere das Taxi bezahlen lassen, zur Not auch rangniedrigere → *Mitarbeiter*. Im Restaurant geben sie kein oder wenig → *Trinkgeld*. Und bei → *Essen* in einer größeren Runde bestehen sie auf genauer Einzelabrechnung pro Person, stecken sich dafür am Ende aber gerne die Gesamtrechnung ein, um sie hinterher bei ihrem Arbeitgeber einzureichen oder wenigstens von der Steuer abzusetzen. Wenn sie nicht praktischerweise schon vor dem Nachtisch dringend weg müssen.

Die Reaktionen auf Geiz. Was großzügig ist und was geizig, das ist Ansichtssache und Stoff für lange → *Diskussionen*. Was dem einen als völlig normal erscheint, hält der andere für abschreckend geizig. Oder für Großzügigkeit, die der Verschwendungssucht nahe kommt. Tatsache ist, dass erkennbare Großzügigkeit von den meisten Mitmenschen als angenehmer empfunden wird als erkennbarer Geiz. Wer von den anderen einmal als geizig abgestempelt wird, muss damit rechnen, dass darüber hinter seinem Rücken in der Abteilung → *Klatsch & Tratsch* ausgiebig gelästert wird. Eingeladen wird er auch nicht mehr, aber das ist dem Geizigen vielleicht gar nicht so unrecht, denn bei → *Einladungen* muss man schließlich ein → *Geschenk* kaufen.

Geizig oder sparsam? Vielleicht gehören Sie zu denen, die sich selbst nicht als geizig bezeichnen würden, die aber aus bestimmten Gründen ihr Geld zusammenhalten müssen. Dann steht Ihnen immer noch eine einfache Möglichkeit offen, trotzdem nicht als Geizhals abgestempelt zu werden: hier und da ein bisschen Großzügigkeit. Überraschend ein paar Pralinen zur Kaffeepause, eine Blume für die nette → *Sekretärin*, die Ihnen weitergeholfen hat, ein kleiner Umtrunk mit der Flasche Wein, die Sie als Weihnachtsgeschenk von Ihrem Lieferanten bekommen haben – der Wert von Großzügigkeit wird von den anderen selten automatisch in Euro umgerechnet. Aber es sind die → *Gesten*, die zählen. Und manche spontane Großzügigkeit ist ihr Geld locker zehnmal wert, einfach weil sie einen so guten → *Eindruck* hinterlässt. Und den kann man mit Geld garantiert nicht kaufen.

▶ **Geld**

Geld gilt im → *Privatleben* wie im Beruf als eines der wichtigsten Dinge überhaupt. Es heißt „Geld allein macht nicht glücklich" und gleichzeitig „Geld regiert die Welt". Irgendwo dazwischen wird wohl die Wahrheit liegen.

Geld ausgeben ist nicht nur eine → *Frage* der zur Verfügung stehenden Mittel, sondern darüber hinaus auch eine Frage persönlicher Überzeugungen und Charakterzüge. Welches Verhalten wie eingeschätzt wird, hängt von einer Kombination aus beidem ab: Wer offensichtlich gerne Geld ausgibt, gilt als großzügig bis verschwendungssüchtig; wer sich damit eher schwer tut, wird von anderen als sparsam bis → *geizig* eingestuft.

Ob Ihre Mitmenschen Ihre Neigungen in Geldfragen eher freundlich oder eher kritisch beurteilen, hängt in bedeutendem Maße davon ab, ob es sich um Ihr **eigenes Geld** oder um **fremdes Geld** handelt.

Privat Geld ausgeben. Vor allem im Privatleben bleibt es Ihnen selbst überlassen, ob Sie Ihre mühsam verdienten Euros mit vollen Händen ausgeben, „weil jeder Tag der letzte sein könnte", oder ob Sie eisern sparen für Rente und Reihenhäuschen. Sollten Sie allerdings zu denen gehören, die eindeutig nicht als mittellose Sozialhilfeempfänger bezeichnet werden können und trotzdem nie irgendjemanden zu Festen, Abendessen oder Kneipenrunden einladen, die jedoch andererseits unweigerlich überall da auftauchen, wo es etwas umsonst gibt, dann sollten Sie bedenken: Selbst dem großzügigsten Gutmenschen wird irgendwann auffallen, dass er von Ihnen als Dankeschön vielleicht eine Flasche Billig-Wein und einen feuchten Händedruck, aber niemals eine Gegeneinladung bekommt. Und solche Erkenntnisse steigern erfahrungsgemäß weder den Beliebtheitsgrad noch die Zahl zukünftiger → *Einladungen* (→ *Geiz*).

Im Beruf Geld ausgeben. Wenn es in der Firma um Ihr Geld geht, sei es, weil sie Ihnen gehört, sei es, weil Sie eigenverantwortlich ein Budget verwalten, ist das etwas anderes: Ihre → *Chefs* oder → *Mitarbeiter* erwarten wie selbstverständlich „sparsame Wirtschaftsführung" (so der → *amtsdeutsch*e Fachbegriff) von Ihnen, weil Sie mit einer verantwortungsvollen Ausgabenstrategie nicht unwesentlich zum Fortbestand und Wohlergehen Ihrer Firma beitragen.

Es gibt allerdings auch Bereiche, in denen es gar nicht gut ankommt, wenn sparsame Vorgesetzte Firmengelder so ausgeben, als ob es ihre eigenen seien, nämlich am liebsten gar nicht. Der typischste Fall ist das Feilschen um eine → *Gehaltserhöhung*, bei dem sich manche Chefs so aufführen, als ob ihnen jeder Euro mehr, den sie bewilligen, vom eigenen → *Gehalt* abgezogen wird.

Natürlich ist nachvollziehbar, dass Chefs gerade in Sachen Gehalt nicht immer so können, wie sie wollen. Schließlich gibt es für diese → *Fragen* ja meistens auch interne Firmenrichtlinien. Weniger nachvollziehbar ist es jedoch, wenn dieselben Chefs sich auch zieren, was die Bewilligung von → *Fortbildungen*, → *Dienstreisen* und anderen Annehmlichkeiten betrifft. Für die gibt es nämlich in den meisten Unternehmen ein Gesamtbudget. Und wenn Sie als Chef daraus nicht Mittel für Ihre Mitarbeiter abrufen oder beantragen, dann tun es eben Ihre → *Kollegen* für ihre Mitarbeiter – und betreiben damit erfolgreich etwas, das Sie durch Ihre Sparsamkeit vergeigt haben: Mitarbeitermotivation.

Geld als Tabuthema. „Über Geld spricht man nicht." So wollen es die → *Regeln* für gutes → *Benehmen*. Und wenn der Stolz noch so groß ist: Es macht nicht unbedingt einen guten → *Eindruck*, wenn Sie ungefragt jedem erzählen, wie viel Sie für Ihr neues Luxusauto mit Sonderausstattung in bar auf den Tisch gelegt haben. Das wird nämlich als Angeberei wahrgenommen und verbucht. Wenn Sie hingegen Ihren → *Chef* unverblümt nach seinem → *Gehalt* fragen oder genau wissen wollen, was Ihre Freunde denn so durchschnittlich an der Börse verloren haben, gibt es dafür Minuspunkte für mangelnde → *Diskretion*.

Wer trotzdem meint, dass sich das Thema Geld hervorragend für → *Smalltalk* aller Art eignet, kann sich unversehens in → *Fettnäpfen* ungeahnter Tiefe wiederfinden. Das passiert besonders schnell, wenn wohlhabendere Leute sich bei ganz offensichtlich weniger wohlhabenden Leuten darüber ausweinen, wie teuer das Leben doch heutzutage sei – der Chef bei seinem Assistenten, der erfolgreiche Manager bei seinem erfolglosen Studienkollegen, die reiche Ehefrau bei der allein erziehenden Mutter mit drei → *Kindern* von nebenan.

Grund zum Jammern? Natürlich haben Mitarbeiter in hohen Positionen genau dasselbe Recht, sich unterbezahlt zu fühlen wie → *Mitarbeiter* in bedeutend weniger hohen Positionen. Alles ist schließlich eine Frage des eigenen → *Maßstabs* und der persönlichen → *Leistung*. Und natürlich müssen wohlhabendere Menschen die Folgen der Umstellung auf den Euro/die Preissteigerungsraten/die ewigen Steuererhöhungen genauso bezahlen wie weniger wohlhabende Menschen. Es gibt allerdings einen ganz entscheidenden Unterschied: Wer mehr Geld zur Verfügung hat, ist von diesen Mehrkosten schlicht und ergreifend weniger betroffen.

Geld als Thema. Wenn Sie gerne über Geld reden, haben Sie trotzdem jede Menge Möglichkeiten, das auch zu tun, vor allem im Beruf. Dort ist nämlich ständiges Verhandeln angesagt – um Angebote, Preise, Budgets und nicht zuletzt um Ihr eigenes Gehalt.

Wer in diesen Bereichen das Thema Geld diskret ausspart, hat etwas falsch verstanden. Und in der Folge möglicherweise ein → *Problem*. Stillschweigende Überlegungen wie „In dem Angebot ist die Mehrwertsteuer doch sicher schon drin", „Er wird mir bestimmt von sich aus einen guten Preis machen, wenn er sieht, wie viel Stück ich bestellen will", „Die Firma wird bestimmt zahlen, sobald der Auftrag erledigt ist" oder im Bewerbungsgespräch „Das Gehalt steht doch bestimmt von vornherein fest" zeugen zwar von viel Gottvertrauen und Optimismus. Aber im Geschäftsleben, wo alles bis ins Letzte kalkuliert wird und jeder Cent zählt, sind solche gutmütigen Annahmen keinen Pfifferling wert. Im Gegenteil: Wer so denkt, hinterlässt wahrscheinlich den → *Eindruck*, ziemlich naiv zu sein, und muss für seine Naivität obendrein nicht selten auch noch im wahrsten Sinne des Wortes bezahlen.

Da ist es schon besser, Fragen und Vermutungen auch auszusprechen und im Zweifelsfall eine kleine → *Diskussion* über enthaltene Steuern, günstigere Preise, Zahlungstermine und Gehaltsvorstellungen zu beginnen. Wenn Sie gute → *Argumente* bringen und hartnäckig genug sind, wird es Ihnen wahrscheinlich gelingen, doch noch bessere Bedingungen rauszuhandeln. In diesen Geldfragen ist → *Klartext* oft Gold wert.

▶ Gerüche

Gerüche am → *Arbeitsplatz* sind kaum zu vermeiden. Wo sich Menschen in geschlossenen Räumen aufhalten, bleibt eine gewisse Geruchsentwicklung nicht aus: → *Parfums* und Rasierwasser, → *Frühstück* und Mittagessen, Kaffee und Bier, Zigaretten und → *Körpergerüche* treffen ständig aufeinander und gehen innige Verbindungen ein.

Wenn zu dieser Mischung die Ausdünstungen von → *Kopierern*, Laserdruckern und sonstigen Geräten hinzukommen, außerdem all die Gerüche, die bei der Bearbeitung unterschiedlichster Materialien (Farbe, Metall, Plastik, Kuchenteig) entstehen, können die Dünste atemberaubend sein. Besonders im Winter, weil da immer alle frieren und niemand das Fenster aufmacht, um mal ordentlich durchzulüften.

Vermeidbare Gerüche. Die Gerüche, die durch die Arbeit entstehen, sind unvermeidlich. Deshalb liegt es nahe, alle anderen Geruchsquellen nicht allzu sehr sprudeln zu lassen. Freiwillige Selbstkontrolle, größtmögliche Zurückhaltung und eine Körperpflege, die diese Bezeichnung auch verdient, sind im Beruf grundsätzlich angesagt. Es erfordert zwar einige Mühe, sich vorzustellen, wie anderer Leute Nasen wohl auf Ihre Ausdünstungen reagieren. Aber weil Sie sich selbst nicht riechen können, bleibt Ihnen kaum etwas anderes übrig, als sich vorsorglich Gedanken über ein paar **Tatsachen** zu machen:

Ihr Lieblingsparfum ist nicht immer auch das der anderen, intensive Knoblauchfahnen sind nur für diejenigen erträglich, die ebenfalls gerade welchen gegessen haben, Kaffee (vor allem mit Milch) gehört zu den übelsten Mundgeruchverursachern, auf jegliche Form von Tabakgeruch reagieren Nichtraucher ausgesprochen allergisch, und wo es ungewaschen und verschwitzt riecht, ergreifen nicht wenige Menschen kurzerhand die Flucht (→ *Körpergeruch*).

Gerüche und innere Werte. Sie können sich natürlich auf den Standpunkt stellen, dass zu viel Duschen der Haut schadet, dass Ihr Lieblingsparfum, Ihre Zigaretten und Ihre Knoblauchfahne nun mal Teil Ihrer Persönlichkeit sind und dass in den → *Beziehungen* zwischen den Menschen sowieso letztlich nur die inneren Werte zählen. Oder zumindest zählen sollten. Denn wenn Sie einem anderen stinken, wird der keine → *Zeit* für die Erkenntnis übrig haben, dass Sie im Grunde Ihres Herzens ein guter Mensch sind. Er wird lieber gleich ein paar Kubikmeter frische Luft zwischen Sie und sich bringen.

▶ Gerüchte

Sie sind der heimliche Mittelpunkt der Abteilung → *Klatsch & Tratsch*, die sowohl im → *Privatleben* als auch im Beruf eine überaus große Rolle spielt. Sie sind gekennzeichnet dadurch, dass außer den Betroffenen selbst niemand ihren Wahrheitsgehalt kennt. Und dass außer den Betroffenen selbst alle darüber reden. Stimmt es etwa, dass … oder stimmt es nicht? „Gerüchte sind nur heiße Luft", sagt der Volksmund. Er ist sich aber auch sicher: „Wo Rauch ist, da ist auch Feuer."

Die meisten Menschen betrachten Gerüchte deshalb als amüsante Unterhaltung oder beteiligen sich sogar mit größter Leidenschaft an ihrer Entstehung und Verbreitung. So lange jedenfalls, bis sie selbst mal einem zum Opfer fallen. Das passiert schneller, als man denkt, zum Beispiel bei → *Mobbing*-Versuchen oder gezielten → *Indiskretionen*.

💣 **Zuhören oder nicht** → *zuhören*? → *Diskretion*, Moral und gutes → *Benehmen* kennen auf diese → *Frage* nur eine Antwort: Sobald man weiß oder den → *Eindruck* hat, dass eine Äußerung über Dritte eher auf bloßen Vermutungen als auf dem Wissen des Redners beruht, ist eigentlich sofortiges Einschreiten angesagt.

Besonders, wenn es um abwesende Dritte geht, die obendrein in den Äußerungen nicht sonderlich gut wegkommen. Wer in dieser Situation → *Klartext* nach dem Motto „Das klingt jetzt aber sehr nach Gerüchteküche" scheut, kann seine Bedenken immerhin → *diplomatisch* äußern, zum Beispiel durch kritische Fragen nach Beweisen und Informationsquellen für das, was der andere da gerade verbreitet.

So weit jedenfalls die Theorie. In der Praxis schreitet man Gerüchten schon allein deshalb nicht so konsequent entgegen, weil man oft nicht auf Anhieb weiß, ob man es gerade mit einem Gerücht zu tun hat oder vielleicht doch mit einer, wenn auch unglaublichen, Wahrheit. Man hört im Zweifelsfalle also erst mal zu, um sich überhaupt ein Bild machen zu können.

Den meisten Menschen geht es allerdings weniger darum, zwischen Dichtung und Wahrheit abzuwägen. Sie schenken Gerüchten ihr Ohr, weil sie fast immer Spaß und Spannung mit sich bringen. „Der Meyer soll jetzt eine Geliebte haben", „Dr. Müller steht beim Aufsichtsrat auf der Abschussliste", „Schulzes haben angeblich ihr ganzes Vermögen an der Börse verspielt", „Dieses Jahr soll es kein Weihnachtsgeld geben", „Der Hausmeister hängt wieder an der Flasche" – lauter überaus interessante Themen, die volle → *Aufmerksamkeit* erfordern.

💣 **Gerüchte weiterverbreiten.** Gerüchte bieten mehr Unterhaltung und Gesprächsstoff als alle Fernsehsender zusammen. Deshalb ist es vom Zuhören bis zum Weiterverbreiten nur ein kleiner Schritt. Aber ein nicht ungefährlicher. Wenn Sie Gerüchte weitertragen, ohne sich vorher von ihrem Wahrheitsgehalt zu überzeugen, können Sie vielleicht bei → *Smalltalk* unter

Freunden oder → *Kollegen* mit Ihren Neuigkeiten Punkte sammeln. Gerüchte finden immer dankbare Zuhörer.

Andererseits machen Sie sich moralisch mitschuldig an den möglichen Folgen der Gerüchte, die für die Opfer durchaus unangenehm bis dramatisch sein können. Für den Fall, dass Ihnen solche Überlegungen zu philosophisch sind: Die Weiterverbreitung von Gerüchten ist schon allein deshalb nicht empfehlenswert, weil die Leute, die das bekanntermaßen gerne tun, zwar die Lacher auf ihrer Seite haben. Aber nicht unbedingt die → *Sympathien*. Dazu wissen die anderen viel zu genau, dass auch sie bei nächster Gelegenheit der Gerüchteleidenschaft zum Opfer fallen könnten.

Gerüchte in die Welt setzen ist ein echtes → *Tabu*. Mildernde Umstände gibt es allenfalls, wenn man auch nach reiflicher Überlegung immer noch felsenfest überzeugt ist, die Wahrheit und nichts als die Wahrheit zu berichten. Aber auch dann bleibt häufig immer noch ein → *Eindruck* von Naivität übrig, die an → *Dummheit* grenzt. Und der schale Beigeschmack mangelnder → *Diskretion*.

Wer ganz gezielt Gerüchte in die Welt setzt, um anderen zu schaden oder sich selbst dadurch Vorteile zu verschaffen, hat mit solchen → *Intrigen* vielleicht sogar → *Erfolg*. Er geht aber auch ein großes Risiko ein: Nicht selten lässt sich durch intensive Nachforschungen der Gerüchte-Schöpfer feststellen. Und um den wird es dann in Zukunft ziemlich still werden. Bei Freunden, Verwandten und Kollegen mit einem Hauch von Gerechtigkeitssinn und vor allem den Betroffenen und ihrem Umfeld ist er nämlich unten durch.

▸ **Geschäftsessen** → *Essen & Trinken*

▸ **Geschenke**

„Kleine Geschenke erhalten die Freundschaft." Dieses Sprichwort spielt auch im Berufsleben eine große Rolle. Die Bandbreite reicht von einfachen Werbegeschenken (→ *denglisch*: giveaways) wie T-Shirts und Kugelschreibern bis hin zu Geschenken, die erkennbar so groß und teuer sind, dass sie eigentlich den Tatbestand der → *Bestechung* erfüllen.

Geschenke machen gehört zu den kleinen → *Gesten*, mit denen sich große Wirkung erzielen lässt. Gelegenheiten gibt es genug: → *Geburtstage*, Weihnachten und andere Anlässe zum → *Feiern*, aber auch Geschenke als → *Dankeschön* für einen → *Gefallen* oder als Besänftigung und Wiedergutmachung, wenn es eine → *Beschwerde* gegeben hat.

Tipp für Vorgesetzte. Unglaublich aber wahr: Mit kleinen → *Aufmerksamkeiten* zu Nikolaus, Weihnachten und zu Ostern sowie mit einem persönlichen Geschenk zum Geburtstag können Sie Ihren → *Mitarbeitern* eine große Freude machen. Solche Gesten sind nämlich, ähnlich wie → *Lob*, ein Zeichen von Anerkennung.

Der Wert eines Geschenks. Diese Frage sollte Benimmführern zufolge eigentlich nur eine untergeordnete Rolle spielen, da „die Geste zählt". Das heißt jedoch nicht, dass im Zweifel ein paar Billig-Pralinen völlig ausreichend sind. Vor allem dann nicht, wenn es sich um einen → *Dank* für einen großen Gefallen, um sehr → *wichtige* Partner oder um Empfänger handelt, die jedes erhaltene Geschenk gleich auf seinen Wert in Euro taxieren und sich davon ausgehend umgehend eine → *Meinung* über Sie bilden („So ein Geizhals!" oder „Was will der von mir, dass er mir so teure Geschenke macht!").

Wer → *Angst* hat, sich nach oben oder unten zu verschätzen, kann mit einem Blick auf den Anlass in etwa einschätzen, was angemessen ist und was nicht: Ein Geschäftspartner, der einen Gewinn bringenden Auftrag vermittelt hat, „verdient" ein aufwändigeres Geschenk als ein Geschäftspartner, der routinemäßig eine Aufmerksamkeit zum Geburtstag erhalten soll.

Wer zahlt? Das ist von Fall zu Fall verschieden.

• Wenn es um innerbetriebliche Geschenke geht (Geburtstage von → *Kollegen*, Dienstjubiläum vom → *Chef*) wird **unter den Mitarbeitern gesammelt**. In großen Unternehmen kann es passieren, dass fast jede Woche ein paar Euro fällig sind. Das kann auf die Dauer ziemlich ins Geld gehen und ist obendrein manchmal gar nicht einzusehen. Zum Beispiel, wenn es um Kollegen geht, die Sie gar nicht wirklich kennen oder mit denen Sie eine innige → *Feindschaft* verbindet. Trotzdem macht es ganz klar einen besseren → *Eindruck*, immer brav einen Beitrag zu zahlen (auch wenn er noch so gering ist), als sich als Geizhals zu outen.

• Bei einer ganzen Reihe von Anlässen **zahlt die Firma ein Geschenk** in einem bestimmten Wert oder stellt aus vorhandenen Beständen eines zur Verfügung, zum Beispiel Weihnachtsgeschenke für wichtige Kunden. Je wichtiger der Kunde, desto größer das Geschenk. Wer was bekommt, darüber entscheidet der Chef. Da der aber selten alle fälligen Anlässe im Kopf hat, wird er Ihnen für Anregungen und Vorschläge in der → *Regel* dankbar sein.

Geschenke annehmen. Weil aufwändige Geschenke nach Bestechung riechen, gibt es in großen Unternehmen Vorschriften darüber, was angenommen werden darf und was abgeliefert werden muss. In kleineren Betrieben sieht man das erfahrungsgemäß weniger streng. Trotzdem gilt: Wenn es sich nicht um ein Geschenk ausdrücklich für Sie → *persönlich* handelt, sondern um typische „dienstliche Geschenke" wie eine Flasche Sekt oder eine Schachtel Pralinen – dann ist Teilen mit den Kollegen das Gebot der Stunde.

Falls Sie das nicht einsehen, können Sie „Ihre" Geschenke natürlich ungerührt mit nach Hause nehmen. Aber Pluspunkte für → *Kollegialität* und Großzügigkeit bekommen Sie dafür nicht. Die meisten Mitarbeiter reagieren recht empfindlich darauf, wenn am Ende einer (oft der Chef) das Geschenk einsteckt, das eigentlich der Arbeit aller zu verdanken ist.

▸ **Gesichtsausdruck** → *Körpersprache*

▸ **Gespräche**

Gespräche sind der Stoff, aus dem die Verständigung gemacht ist. Im Zeitalter von → *Telefon* und → *Mobiltelefon* sind sie mehr denn je das zentrale Verbindungselement zwischen den Menschen: zur Klärung von → *Fragen* und zur Weitergabe von → *In-*

formationen, als Ausdrucksmittel für große → *Gefühle*, als Ventil für → *Ärger* und → *Angst*, für die Vermittlung von → *Lob* und → *Kritik*.

✂ Gespräch – oder doch lieber eine schriftliche Nachricht?
Oft hat man durchaus die Wahl zwischen diesen beiden Kommunikationsformen. Und damit die Möglichkeit, sich für diejenige zu entscheiden, die strategisch klüger ist. Hier fürs Berufsleben ein paar praktische Entscheidungshilfen:

Gespräche sind immer dann das **Gebot der Stunde**,
• wenn es um heikle Themen geht, über die nichts in irgendwelchen → *Akten* stehen sollte;
• wenn Sie sich nicht unwiderruflich auf irgendwelche Formulierungen festlegen lassen wollen. Gesprochene Worte kann man viel leichter relativieren oder zurücknehmen als geschriebene;
• wenn Sie noch keine fundierte eigene Meinung zum Thema haben oder keine haben dürfen, weil dazu nur Ihr → *Chef* befugt ist.

Schriftliche Nachrichten sind immer dann **angesagt**,
• wenn das, was drinsteht, auch feststeht und weiteres Diskutieren völlig zwecklos ist;
• wenn Sie sich zu befürchtende → *Diskussionen* zumindest so lange ersparen wollen, bis der andere die schriftliche Nachricht bekommen und gelesen hat;
• wenn Sie eine bestimmte Vereinbarung oder Information „für die Akten" festhalten wollen.

Aufbau von Gesprächen. In der Regel sind alle Gespräche ähnlich aufgebaut.[13] Am Anfang steht die Aufwärmphase. Sie wird zwar besonders von gestressten Zeitgenossen oft als überflüssiger → *Smalltalk* empfunden. Aber ein → *freundliches* beiderseitiges „Wie geht es Ihnen?" und das Interesse an den Antworten schafft nun mal die beste Basis für den Mittelteil, in dem es dann konzentriert zur Sache geht („Ich rufe Sie ja nicht nur an, um Ihnen von meinem Urlaub zu erzählen. Eigentlich geht es mir um …").
Wenn der Mittelteil erschöpfend und möglicherweise auch – dank einer netten Aufwärmphase – zur beidseitigen Zufrieden-

heit behandelt ist, schließt die Schlussphase den Kreis zwischen der sachlichen Mitte und dem → *persönlich* gehaltenen Beginn: Sie fasst die wichtigsten Ergebnisse noch einmal zusammen („Also wir sehen uns dann nächsten Montag" oder „Übermorgen haben Sie meinen Bericht"), nur um anschließend wieder auf die Themen des Anfangs zurückzukommen: „Sagen Sie mir noch kurz: Wie geht es eigentlich Ihren Kindern?"

Das Überspringen einer dieser Phasen ist ein schlechtes Zeichen. Wer den Anfang weglässt und gleich zur Sache kommt, gilt schnell als plump und unhöflich („Der fällt mit der Tür ins Haus"). Wer im Hauptteil nicht oder nur andeutungsweise klarmacht, worum es ihm geht, zieht Erstaunen bis Verärgerung auf sich: Die Reaktionen reichen von „So ein Schwätzer" bis „Der Kerl stiehlt mir meine Zeit". Und fehlt die Abschlussphase, lässt das Schlimmes befürchten. Denn wenn es nicht gelingt, einem Gespräch, das schwierig verlaufen ist, wenigstens am Ende noch eine versöhnliche Note zu geben, dann ist wohl davor irgendwas ziemlich schief gegangen.

Gespräche – Kunst oder Selbstverständlichkeit? Für die meisten Menschen ist Gesprächeführen so selbstverständlich wie Autofahren oder Zähneputzen: Man hat es vor ewigen Zeiten gelernt und macht es jetzt ganz automatisch. Vielleicht sehr gut, vielleicht mehr schlecht als recht – aber so lange es keine größeren → *Probleme* gibt, gibt es auch nicht den geringsten Anlass, darüber nachzudenken, ob man möglicherweise irgendwas besser machen könnte.

Dabei bestehen Gespräche längst nicht nur aus einer einfachen Aneinanderreihung von Worten. Eine Fülle von Begleitumständen entscheidet letztlich darüber, ob ein Gespräch gut verläuft oder schlecht: → *Tonfall* und → *Körpersprache*, der Grad an → *Aufmerksamkeit* für das Gesagte, → *Gesprächsatmosphäre* und → *Gesprächsort*, Sprachebene und → *Wortwahl*, → *Laune* und Charakter, → *Meinungen* und Temperament der Sprechenden.

 Und ein Mindestmaß an gutem → *Benehmen* und Selbstbeherrschung. Beides bewahrt nämlich in explosiven Gesprächssituationen davor, das zu tun, wonach einem in diesen Momenten eigentlich ist: abrupter Gesprächsabbruch durch Türenknallen und Auflegen. Beides tut zwar spontan sehr gut, ist aber erstens → *tabu* und hilft zweitens unterm Strich kein bisschen weiter.

▶ **Gesprächsatmosphäre**

In den meisten → *Gesprächen* ist nicht allein entscheidend, **was** gesagt wird. Mindestens genauso wichtig ist, **wie** und unter **welchen** inneren und äußeren **Umständen** es gesagt wird: → *Tonfall* und → *Körpersprache*, → *Laune* und Stresspegel der Gesprächspartner, ein geeigneter → *Gesprächsort*, ein für das Thema geeigneter Moment.

Ist die Gesprächsatmosphäre in Ordnung, dann sind alle Beteiligten mehr oder weniger entspannt und konzentriert bei der Sache. Und wenn alle sich wohlfühlen, wird am Ende des Gesprächs auch irgendein zufrieden stellendes Ergebnis herauskommen. Das ist der Idealfall; es ist also nicht nötig, viel mehr dazu zu sagen.

💣 **Ist die Gesprächsatmosphäre hingegen nicht in Ordnung**, machen sich unangenehme → *Gefühle* wie → *Nervosität* und → *Hektik* breit, auch wenn die Gesprächspartner eigentlich mit den besten Absichten zusammengekommen sind. Auf einmal sind auch die schlagendsten → *Argumente* nichts mehr wert, sachliche → *Diskussionen* enden im → *Streit*, und statt der erhofften Ergebnisse gibt es am Ende nichts weiter als Frustration auf der ganzen Linie.

Worunter die Gesprächsatmosphäre leidet. Dafür gibt es zwei Hauptursachen:

• **Äußere Umstände.** Das Gespräch findet ganz offensichtlich **zur falschen** → *Zeit* **am falschen Ort** statt oder beides: Es ist zu laut (überfüllte Kneipen, nicht abstellbare Musikbeschallung, Handwerkerhämmern, Maschinendröhnen); es gibt zu viele ungebetene → *Zuhörer*; einer der Gesprächspartner muss eigentlich → *dringend* weg oder hatte noch keine Zeit (oder Lust), sich mit dem Thema so intensiv zu befassen wie der andere.

- **Innere Umstände.** An allererster Stelle steht hier die **Laune** der Gesprächspartner. Sobald sie ein paar Grad unter „normal" liegt, ist mit einem erfolgreichen Gesprächsende nicht zu rechnen. Fast genauso → *wichtig* ist der Grad an → *Stress*, der den Gesprächspartnern in den Knochen steckt. Wenn einer unter ihnen hektisch wird, weil er gerade etwas ganz anderes, Dringenderes erledigen müsste, geraten die anderen garantiert früher oder später aus dem Konzept. Eventuell zusätzlich vorhandener **privater** → *Ärger* oder **persönliche Sorgen** werden zwar in der → *Regel* nicht ausgesprochen, sind für die anderen aber fast immer in irgendeiner Form spürbar.

Signale für eine schlechte Gesprächsatmosphäre. Eigentlich spürt man sie sofort, auch ohne mühsam irgendwelche Zeichen deuten zu müssen. Etwas weniger sensible Menschen können allerdings nach ein paar eindeutigen Signalen forschen: Wenig oder kein → *Blickkontakt* (höchstens mit der Armbanduhr), kaum → *Lächeln*, steigende Feindseligkeit im → *Tonfall*, spürbare → *Geistesabwesenheit* und → *Nervosität*, lange → *Gesprächspausen*, erkennbare → *Angst* vor eventuellen → *Zuhörern*.

All diese Signale sind übrigens nicht nur an den anderen bemerkbar. Die anderen können sie an Ihnen wahrscheinlich genauso gut und schnell bemerken, wenn Ihnen ein Gespräch aus irgendeinem Grund gerade völlig ungelegen kommt oder nicht passt. Die wenigsten Menschen haben sich nämlich so gut im Griff, dass sie grundsätzlich immer eine angenehme Gesprächsatmosphäre schaffen können, ganz egal, was in ihnen gerade vorgeht. Sollten Sie zu diesen Ausnahmemenschen gehören: Herzlichen Glückwunsch!

Abhilfe. Zwar lässt sich ein ungeeigneter Gesprächsort manchmal relativ schnell ändern, zum Beispiel die typischen Kurzgespräche mit dem → *Chef* zwischen Tür und Angel. Alle anderen Umstände jedoch kann man unglücklicherweise weniger leicht verbessern. Das gilt für Ihre Laune genauso wie für die Ihres Gesprächspartners, für seine privaten → *Probleme* genau wie für Ihre, und für den → *Zeitdruck*, unter dem Sie beide gerade stehen, sowieso.

Wenn Sie also spüren, dass die Gesprächsatmosphäre eindeutig besser sein könnte, ist es mit Abstand das Klügste, das Gespräch → *diplomatisch* auf einen späteren Zeitpunkt und/oder an einen anderen Ort zu legen. Das ist natürlich nicht immer möglich – aber deutlich öfter, als Sie vielleicht denken. Äußerungen wie „Ich denke, wir sollten das Gespräch vielleicht besser irgendwo ungestört fortsetzen" oder „Das scheint mir so wichtig, dass ich darüber lieber ausführlicher sprechen möchte, wenn es Ihnen zeitlich besser passt" oder „Bitte entschuldigen Sie – aber ich habe im Augenblick so furchtbar viel um die Ohren, dass es mir lieber wäre, wenn wir das Gespräch verschieben könnten", in einem freundlichen → *Tonfall* vorgebracht, empfinden die meisten Gesprächspartner (selbst deutlich ranghöhere Personen und wichtige Geschäftspartner) weder als → *Kritik* noch als Anmaßung.

Stattdessen werden sie Ihre → *höfliche* Bitte um Vertagung des Gesprächs erfahrungsgemäß eher mit einer gewissen Erleichterung zur Kenntnis nehmen. Schließlich versuchen Sie nur zu reparieren, was sowieso allen klar ist – dass nämlich die Gesprächsatmosphäre wirklich besser sein könnte.

▶ **Gesprächsorte**

→ *Gespräche* können eigentlich immer und überall stattfinden. Aber je nachdem, wer mit wem über welches Thema spricht, sind einige Orte weniger geeignet als andere. Und manche Orte sind sogar völlig ungeeignet für Gespräche, ganz egal, um welches Thema es geht.

Vertrauliche Gespräche nur an vertraulichen Orten. Wenn etwas im kleinen Kreis oder unter vier Augen zu besprechen ist, sollte man das nicht gerade in der Kantine, auf dem Firmenparkplatz, auf der → *Betriebsfeier* oder an sonst irgendeinem Ort tun, an dem ungebetene → *Zuhörer* dabei sein könnten.

Denn wenn es um offensichtlich vertrauliche Themen geht, wird die Neugier mancher Mitmenschen nur noch von ihrer Bereitschaft übertroffen, sich in der Abteilung → *Klatsch & Tratsch* über das Gehörte zu verbreiten. Deutlich schlauer ist es, solche Gespräche hinter verschlossenen Türen oder im Zweifelsfalle gleich außerhalb des Unternehmens, „auf neutralem Boden" zu führen.

Gänge, Aufzüge, Treppenhäuser sind klassische Gesprächsorte „zwischen Tür und Angel". Jeder, der sich dort befindet, ist eigentlich gar nicht wirklich dort, sondern nur gerade auf dem Weg zu einem anderen Ort, nicht selten noch oder schon im Mantel, fast immer unter → *Zeitdruck*. Deshalb ist an diesen Orten freundliches → *Grüßen* oder „Minuten-Smalltalk" angebracht – aber nicht mehr.

Gerade für → *Anfänger* ist es manchmal nur schwer nachvollziehbar, wieso der → *Chef* zwar gestern noch → *dringend* um einen mündlichen → *Bericht* gebeten hat, aber heute auf dem Gang zwischen zwei → *Sitzungen* genau bei diesem Bericht einfach nicht → *zuhören* will. Oder warum der → *Kollege* erkennbar wenig Wert darauf legt, im Treppenhaus ein kritisches → *Feedback* auf seinen Projektvorschlag zu bekommen.

Andererseits machen auch erfahrene → *Mitarbeiter* den → *Fehler*, ausgerechnet in diesen Minutengesprächen zwischen Tür und Angel ihren Wunsch nach → *Gehaltserhöhung* zu erklären oder sich quasi auf Zuruf hoch komplizierte → *Arbeitsaufträge* aufs Auge drücken zu lassen. Die sie dann allein deshalb nicht erwartungsgemäß erledigen können, weil einfach keine → *Zeit* für → *Fragen* und Erklärungen war.

Deshalb gilt die Faustregel: Es ist ebenso unbefriedigend wie erfolglos, → *wichtige* Themen und schwierige Aufgaben auf Fluren und Gängen zu besprechen. Denn dort ergibt sich zwar vielleicht eine günstige Gelegenheit, eine Sache anzusprechen – aber nie genug → *Zeit* und Ruhe, um auch wirklich alles auszusprechen, was dazu zu sagen oder zu fragen wäre. Wesentlich sinnvoller ist es, solche Flurgespräche in einen richtigen → *Termin* umzuwandeln: „Können wir das nicht in Ruhe in Ihrem Büro besprechen?", „Hätten Sie heute Nachmittag kurz Zeit, mir das Projekt genauer zu erläutern?" oder „Ich würde dazu gerne ungestört noch über ein paar Details reden". Auf diese Weise dauert es zwar noch ein Weilchen länger, bis die Dinge besprochen werden, die Ihnen am Herzen liegen. Aber höchstwahrscheinlich wird sich das Warten lohnen.

Toiletten sind Orte, die – zumindest im Berufsleben – mit Abstand am wenigsten für Gespräche geeignet sind, außer vielleicht unter sehr guten Freunden. Aber auch die wollen dort gelegentlich lieber ungestört sein. Daher ist ein kleiner Gruß ausreichend: „Ein → *Handschlag* findet hier aus praktischen Erwägungen keine Anwendung."[14]

Gerade Begegnungen auf kleinen Toiletten haben schnell einen Hauch von Peinlichkeit, besonders wenn drinnen der Chef noch geräuschvoll zugange ist, während draußen am Waschbecken schon der Mitarbeiter wartet (oder umgekehrt). In solchen Situationen ist es das Beste, draußen zu warten oder später wiederzukommen.

Wenn Sie in dieser Hinsicht ein dickes Fell haben und außerdem dem Chef dringend etwas sagen wollen, können Sie natürlich auch fröhlich vor der Toilettentür lauern, bis er rauskommt, und ihm dann alles über das völlig überteuerte Angebot der Firma Müller & Co erzählen, während er sich die Hände wäscht. Das zeugt dann von Ihrem Engagement für Ihre Arbeit. Aber nicht unbedingt von Taktgefühl und → *Diskretion*.

▶ Gesprächspausen

Sie sind eine Form des Schweigens, die (für die anderen) oft ausgesprochen schwer erträglich ist. „Untersuchungen haben gezeigt, dass Menschen generell Pausen über vier Sekunden als unangenehm empfinden. Frauen leiden dabei noch mehr als Männer."[15] Das → *Problem* dabei: Es handelt sich um eine völlig alltägliche Situation. Man ist solchen unangenehmen Gefühlen also ausgesprochen häufig ausgesetzt. In → *Besprechungen*, bei Geschäftsessen, sogar am → *Telefon*, und vor allem bei → *Smalltalk* aller Art in → *Privatleben* und Beruf.

Ursachen. Die häufigste Ursache ist in Smalltalk-Gesprächen erkennbar: Ab einem gewissen Punkt fallen niemandem weitere Beiträge zum gerade behandelten Thema ein. Passiert das allen gleichzeitig, dann ergibt sich eine Gesprächspause. Es kann natürlich auch sein, dass die nicht zufällig entsteht, sondern ganz absichtlich eingesetzt wird, zum Beispiel als Form der Meinungsäußerung (→ *Schweigen*).

Abhilfe. Oberstes Gebot bei zufälligen Gesprächspausen: **Ruhe bewahren**, anstatt kopflos draufloszuschnattern. Gesprächspausen sind zwar unangenehm, aber es gibt wesentlich schlimmere Dinge als ein paar Sekunden Schweigen. Das haben einige Sekunden später alle Beteiligten wieder vergessen; die → *Fettnäpfe* hingegen, in die Sie durch ungeschickte Wiederbelebungsversuche des ersterbenden Gesprächs treten, werden allen anderen möglicherweise ewig im Gedächtnis bleiben.

Es lohnt sich also immer, kurz nachzudenken, ehe man das bewährteste Hausmittel gegen Gesprächspausen zum Einsatz bringt – den → *Themenwechsel*. Sie brauchen dazu nicht mehr als das Wissen darüber, welche Themen sich für eine harmlose Konversation eignen (Sport, Kultur, Wetter, Lieblingsspeisen, Hobbys) und welche nicht (→ *Geld*, → *Politik*, Religion, → *Krankheiten*, → *Tabus*).

Die verknüpfen Sie dann mit Themenwechselzauberworten wie „eigentlich", „übrigens", „apropos" und „da fällt mir ein" und packen Sie in eine → *Frage* („Wo gehen Sie im Sommer eigentlich am liebsten essen?"; „Haben Sie übrigens das Dossier in der ZEIT zum Thema Gartengestaltung gelesen?", „Da fällt mir ein: Gehen Sie immer noch so gerne ins Kino?").

Solche Aktionen mögen zwar am Anfang etwas holprig wirken. Zumindest auf Sie selbst, wenn Sie zu denen gehören, die sich grundsätzlich jederzeit im Geiste kritisch kommentieren („Mein Gott, was erzähle ich da schon wieder für dummes Zeug!"). Doch die anderen werden Ihnen für Ihre → *Initiative* garantiert dankbar sein; schließlich leiden sie unter Gesprächspausen häufig genauso wie Sie.

▶ **Gesten, kleine**

Eine Blume, ein paar Pralinen, ein → *Gefallen*, ein handgeschriebener → *Brief*, ein Anruf zum → *Geburtstag*, ein zugeschickter Zeitungsausschnitt, eine lobende Erwähnung, ein kleines →

Geschenk. Lauter Kleinigkeiten von häufig nur symbolischem Wert.

Für denjenigen, der die Geste macht, ist sie nicht selten eher unbedeutend, was den zeitlichen und finanziellen Aufwand betrifft. Für diejenigen hingegen, für die sie gedacht sind, haben solche kleinen Gesten eine ungleich höhere Bedeutung. Sie sind nämlich ein klarer Ausdruck von lauter eigentlich selbstverständlichen, aber in Wirklichkeit eher selten anzutreffenden → *Gefühlen*: → *Aufmerksamkeit*, Interesse, → *Dankbarkeit*. Deshalb machen Gesten immer Freude und sind ganz allgemein Lichtblicke im Leben.

Gesten machen. Gesten funktionieren nach dem Motto „kleine Ursache – große Wirkung". Egal ob im → *Privatleben* oder im Beruf: Kleine Gesten sind in Sachen Beziehungspflege Gold wert. Obwohl sie häufig noch nicht einmal → *Geld* kosten. Umso erstaunlicher ist es, dass dieses preisgünstige Wundermittel nicht öfter zum Einsatz kommt. Dabei gibt es Gelegenheiten in Hülle und Fülle, seinen Mitmenschen eine Freude zu machen oder sich erkenntlich zu zeigen. Vorausgesetzt natürlich, man ist bereit, die Augen aufzumachen, um solche Gelegenheiten überhaupt zu erkennen.

Wer sie sucht, der findet: den → *Kollegen*, der netterweise immer alle englischen Briefe → *Korrektur liest*. Die Sekretärin, die alle Hebel in Bewegung gesetzt hat, um eine Falschlieferung noch zu stoppen, obwohl das eigentlich gar nicht ihr Job ist. Den Freund, der auf dem kleinen → *Dienstweg* eine wichtige → *Information* beschafft hat. Die einsame alte Dame von gegenüber, deren Dackel erst kürzlich überfahren wurde.

Gesten machen sich bezahlt. → *Energiesparer* neigen dazu, kleine Freundschaftsdienste dankend in Empfang zu nehmen, ohne sich mit einer kleinen Geste dafür zu bedanken. Und die kleine Geste als Selbstzweck kommt ihnen ohnehin nicht in den Sinn: Allein darüber nachzudenken, wann man wem wie spontan eine kleine Freude machen könnte, kostet schließlich viel zu viel Energie.

Solche simplen Rechnungen greifen jedoch letztlich zu kurz. Gerade Energiesparer sollten nämlich wissen, dass kleine Gesten sich nicht nur irgendwann bezahlt machen, sondern manchmal sogar eigentlich angebrachte größere Erkenntlichkeiten ersparen – schließlich weiß doch jeder, dass „die Geste zählt". Das ist dann zwar ein reichlich berechnender Grund für eine kleine Geste – aber immer noch besser als keine Geste.

▶ **Gestik** → *Körpersprache*

▶ **Gewerkschaften**

Wer sich nicht auskennt oder sich nicht dafür interessiert, der legt die Gewerkschaften oft geistig in dieselbe Schublade wie den → *Betriebsrat*: „Arbeitskampf und so." In der Erinnerung tauchen Fernsehbilder von Arbeiterstreiks vor Werkstoren auf und von Funktionären im Anzug, die sich vor laufender Kamera endlos über Lohnerhöhungen und Wochenarbeitszeit streiten. Nicht gerade spannend – zumindest für diejenigen, die nicht Gewerkschaftsmitglied sind oder in Bereichen arbeiten, die nur schwach gewerkschaftlich organisiert sind. Und das ist inzwischen die Mehrheit: In Deutschland ist heute (nur noch) rund ein Drittel der Arbeitnehmer in einer Gewerkschaft.

Kleine Gewerkschaftsgeschichte. Dabei haben die Gewerkschaften als Interessenvertretungen von abhängig Beschäftigten – also Arbeitern, Angestellten und Beamten – seit der Gründung der ersten Arbeitervereine im zweiten Drittel des 19. Jahrhunderts ziemlich viel für die Arbeitnehmer erreicht. Vieles davon ist heute so selbstverständlich, dass kaum noch jemand daran denkt, wie schwer es war, sich diese Errungenschaften zu erkämpfen: Mindestlöhne, Streikrecht, Abschaffung von Kinderarbeit und 12-Stunden-Arbeitstagen, Einführung von Renten- und Krankenversicherungen, Festlegung von Standards für den Arbeitsschutz, Verbot von Sonntagsarbeit, Urlaubsbestimmungen und viele andere Dinge, die den Arbeitgeber und den Staat viel → *Geld* und auch einen Teil seiner (eigentlich ziemlich unbeschränkten) Macht kosten.

Nur mit höflichen → *Bitten* hätten die Arbeitnehmer kaum das alles erreicht, was sie über ihre Gewerkschaften in **Verhandlun-**

gen und auch **Arbeitskämpfen** letztlich für sich herausgeholt haben.

Gewerkschaften heute. Noch heute arbeiten die Gewerkschaften mehr oder weniger mit denselben Strategien. Es gibt Gewerkschaften für einzelne Berufsgruppen, zum Beispiel die Gewerkschaft Erziehung und Wissenschaft GEW und die neue Riesengewerkschaft ver.di für Dienstleistungsberufe in fast allen nur denkbaren Bereichen, vom Gesundheitswesen bis zum Journalismus. Und es gibt Industriegewerkschaften für ganze Industriezweige, zum Beispiel die IG Metall und die IG Bergbau, Chemie, Energie. Sie alle sind im Deutschen Gewerkschaftsbund DGB zusammengeschlossen. In großen Unternehmen gehören Gewerkschaftsaktivitäten zum Alltagsleben; nicht selten gibt es enge Verbindungen zwischen Gewerkschaften und → *Betriebsräten*.

Stichwort Tarifvertrag. Das ist nicht immer so, liegt aber nahe: Schließlich setzen sich beide für die Interessen der Arbeitnehmer ein. Vereinfacht ausgedrückt, arbeitet der Betriebsrat auf der Ebene seines Unternehmens und handelt mit dem **Arbeitgeber Betriebsvereinbarungen** aus. Die Arbeit der Gewerkschaft hingegen ist auf einer höheren Ebene angesiedelt: Sie handelt in der Regel mit den Arbeitgeber-Verbänden **Tarifverträge** aus, die dann für alle Industriebetriebe ihres Bereichs in einem Bundesland oder sogar deutschlandweit gelten (→ *Ausnahme:* **Haustarifverträge** zwischen einer Gewerkschaft und einem Arbeitgeber). In diesen Tarifverträgen geht es letztlich um viel mehr als „nur" um die Lohnerhöhungen und → *Arbeitszeit*-Regelungen, über die man im Fernsehen immer hört.

Jeder dieser Punkte für sich ist für die Betroffenen → *wichtig* genug, aber Tarifverträge regeln darüber hinaus viele arbeitsrechtliche Fragen und können auch Bestimmungen zum Beispiel zur Bezahlung von → *Überstunden*, zur Anzahl an → *Urlaubstagen* und zum Umweltschutz enthalten. Rechtlich gesehen ist das ein so weites Feld, dass es sogar ein eigenes Tarifvertragsgesetz[16] gibt.

 Gewerkschaftskram interessiert Sie nicht? Sollte er aber. Denn es kann durchaus sein, dass Tarifverträge auch für

Sie als Nicht-Gewerkschaftsmitglied gelten. Vielleicht wird auch in Ihrem → *Arbeitsvertrag* ausdrücklich auf bestimmte tarifvertragliche Regelungen verwiesen. Es ist also nicht verkehrt, sich in diesem Bereich gründlich kundig zu machen, entweder bei gewerkschaftlich organisierten → *Kollegen* oder beim Betriebsrat. Denn auch wenn Ihnen die ganzen → *Diskussionen* um die Paragrafen in den Tarifverträgen viel zu kompliziert und zu langweilig sind, geht es darin möglicherweise trotzdem auch um **Ihre Rechte** und **Ihr** → *Geld*.

▶ Gratifikationen

„Gratifikationen [Sonderzuwendungen] sind Vergütungen, die der Arbeitgeber aus bestimmten Anlässen, zum Beispiel Weihnachten, → *Urlaub*, Geschäfts- oder Dienstjubiläum zahlt."[17] Mit ihnen will der Arbeitgeber in der Regel nicht nur für gute → *Leistungen* in der Vergangenheit belohnen, sondern gleichzeitig einen Köder auswerfen, um auch in Zukunft gute Leistungen zu bekommen und den Arbeitnehmer bei der Stange zu halten. Denn wenn der auf den Gedanken kommt, zu kündigen, kann es sein, dass er einen Teil der erhaltenen Gratifikationen zurückzahlen muss, siehe unten.

Rechtliche Grundlagen. Gratifikationen können auf der Basis von Tarifverträgen und Betriebsvereinbarungen mit dem → *Betriebsrat* erfolgen. In diesem Fall hat der Arbeitnehmer einen gesetzlichen Anspruch darauf. In vielen mittleren und kleinen Unternehmen jedoch kann nur mit Gratifikationen rechnen, wer einen großzügigen Arbeitgeber hat. Und der ist bei aller Großzügigkeit meistens ziemlich clever: Weil einen Rechtsanspruch auf eine Gratifikation erwirbt, wer dreimal hintereinander ohne ausdrücklichen Vorbehalt eine bekommen hat, verknüpfen die Arbeitgeber ihre freiwilligen Gratifikationen gerne mit einem vertraglich formulierten „Freiwilligkeitsvorbehalt". Darin steht dann zum Beispiel, dass die Arbeitnehmer aus der Tatsache, dass sie in diesem Jahr Weihnachtsgeld bekommen haben, keinen Rechtsanspruch darauf ableiten dürfen, dass es nächstes Jahr wieder so hoch sein oder dass es überhaupt eins geben wird.[18]

Einziger Trost: Der Arbeitgeber darf Gratifikationen wie Weihnachts- oder Urlaubsgeld nicht rein nach Sympathie oder Oberweite vergeben. Er darf noch nicht einmal zwischen Voll- und Teilzeitbeschäftigten oder Arbeitern und Angestellten einen Unterschied machen. Wenn **ein Mitarbeiter** eine Gratifikation bekommt, haben automatisch **alle Angehörigen derselben Mitarbeitergruppe** ein → *Recht* darauf. Dafür sorgt der gesetzlich verankerte Gleichheitsgrundsatz. → *Ausnahme*: Sonderzuwendungen als ausdrückliche Belohnung für herausragende Leistungen oder als Teil einer → *Gehaltserhöhung*.

Rückzahlbarkeit von Gratifikationen. Dummerweise erhält man eine Gratifikation selten einzig und allein als Belohnung für geleistete Arbeit. Stattdessen ist sie fast immer auch ausdrücklich als Anreiz für zukünftige Leistungen gedacht. Und daraus folgt, dass man sie unter Umständen an den Arbeitgeber zurückzahlen muss.

Typischer Fall: Sie erhalten im Dezember als Weihnachtsgeld ein volles → *Gehalt*, verlassen aber kurz darauf Ihr Unternehmen auf eigenen Wunsch. Wenn Sie das vor dem 31. März des darauf folgenden Jahres tun, werden Sie Ihr Weihnachtsgeld höchstwahrscheinlich voll oder zumindest anteilig wieder herausrücken müssen.[19]

Andererseits ist es nicht ausgeschlossen, dass Ihr Arbeitgeber Ihnen noch einen Teil des zusätzlichen Weihnachtsgehalts rausrücken muss: „Endet Ihr Arbeitsverhältnis im Laufe eines Jahres, sollten Sie prüfen, ob Ihr Chef Ihnen für das maßgebliche Jahr nicht noch anteilige Leistungen bezahlen muss. Soweit das Gehalt beispielsweise nur für Ihre Arbeit gezahlt wird [und nicht als Anreiz für Ihre zukünftige Arbeit] steht Ihnen für die bereits geleisteten Tätigkeiten ein Teil der Vergütung zu. Beispiel: Anteiliges 13. Monatsgehalt."[20]

Fazit. Jeder freut sich über ein paar unverhoffte Euro mehr in der Tasche. Und niemand gibt gerne zurück, was er schon einmal auf dem Konto hatte. Es lohnt sich also, vor der → *Kündigung* kurz darüber nachzudenken, was wohl unter dem Gesichtspunkt fälliger (Rück-)Zahlungen der beste → *Termin* wäre. Vorausgesetzt natürlich, der Arbeitgeber hat in letzter Zeit überhaupt irgendwelche Gratifikationen spendiert.

▶ **Grenzen**

Sie haben in der Psychologie eine geradezu magische Bedeutung. Für sich selbst Grenzen ziehen und diejenigen anderer respektieren – dieses Thema zieht sich wie ein roter → *Faden* durch Fachbücher aller Art, vom Beziehungsratgeber über den Erziehungsratgeber bis hin zum Karriereratgeber. Die → *Probleme* sind zwar unterschiedlich, aber der Lösungsansatz ist in gewisser Weise immer derselbe: Die → *Beziehungen* zwischen zwei Menschen verbessern sich nachweislich dadurch, dass jeder dem anderen seine Grenzen klarmacht und gleichzeitig die des anderen zu akzeptieren bereit ist.

Grenz-Bereiche. Man kann ganz grob zwischen zwei Arten unterscheiden:
• Grenzen zwischen zwei Bereichen, die gleichwertig sind, aber nicht miteinander verwechselt oder vermischt werden sollten, weil das unweigerlich → *Ärger* mit sich bringt. → *Privatleben* und Beruf zum Beispiel, oder die Liebe zu den Eltern und die Liebe zum Partner.
• Grenzen zwischen dem Bereich innerhalb des eigenen Wertesystems und dem außerhalb des eigenen Wertesystems. Einfacher ausgedrückt: zwischen dem, was man als noch möglich, erlaubt, nachvollziehbar oder erträglich empfindet, und dem, was man ganz eindeutig als unmöglich, verboten, unverständlich und unerträglich ansieht.

Folgt man der Meinung der Experten, so entstehen viele → *Missverständnisse* und Konflikte einzig und allein dadurch, dass diese Grenzen nicht klar genug festgelegt und zum Ausdruck gebracht werden. Das wiederum liegt daran, dass viele Menschen sich mit der → *Frage*, wo und warum sie Grenzen ziehen sollten, gar nicht ernsthaft beschäftigen. Sie können Grenzen schon allein deshalb nicht klar formulieren, weil sie sich noch nie Gedanken darüber gemacht haben, dass sie welche haben könnten und wo die eigentlich liegen. Oder dass sie welche ziehen sollten, wenn ihnen irgendetwas zu viel wird und wenn sie Dinge vermischen, die nicht zusammengehören.

Andere Menschen sind sich über ihre Grenzen durchaus im Klaren, trauen sich aber aus → *Angst* vor Zurückweisung oder Liebesentzug nicht, sie den anderen auch klarzumachen.

Beispiele für fehlende Grenzen. Frau Müller hat beim → *Frühstück* mit ihrem Freund gestritten, was ihre → *Kollegen* daran erkennen, dass sie im → *Büro* geradezu unerträglich schlechte → *Laune* hat. Die Schmitts sind mit den Nerven am Ende, weil ihre kleine Tochter seit Neuestem erst dann ins Bett will, wenn auch die Erwachsenen schlafen gehen. Frau Schulze traut sich nicht, ihrem → *Chef* zu sagen, dass er nicht immer gleich rumschreien soll, wenn mal irgendwas nicht völlig perfekt ist. Herr Neumann macht schon jetzt jede Menge → *Überstunden*, um die Arbeit überhaupt zu schaffen, aber sein Vorgesetzter legt ihm immer nur noch mehr auf den Schreibtisch. Die → *Praktikantin* würde sich am liebsten darüber beschweren, dass sie statt interessanter Projekte immer nur → *Routinearbeiten* aufs Auge gedrückt bekommt, hat aber → *Angst* davor, dass es dann → *Ärger* gibt.

Grenzen ziehen. Wer das nicht tut, hat wahrscheinlich früher oder später ein → *Problem* mit sich und den anderen, siehe oben. Am Festlegen gewisser Grenzen kommt man also nicht vorbei. Das nützt aber gar nichts, wenn man sie aus Angst vor → *Streit* den anderen gegenüber nicht klar zum Ausdruck bringt.

Grenzen zeigen. Mit diskreten → *Andeutungen*, → *diplomatischen* Verrenkungen und anderen Grenzziehungen im rücksichtsvollen Schongang kommt man nicht weit. Die können die Grenzverletzer entweder nicht sehen, oder sie wollen es nicht. Die beste Methode ist deshalb ganz klar → *Klartext*. Wenn Sie im → *Gespräch* freundlich aber bestimmt einen Standpunkt zum Ausdruck bringen, der mehr oder weniger eindeutig auf ein „Bis hierher und nicht weiter" hinausläuft, werden Sie damit → *Erfolg* haben.

Wenn auch vielleicht nicht gleich – wer nicht daran gewöhnt ist, im Umgang mit Ihnen auch auf Grenzen zu stoßen, wird erst einmal ziemlich erstaunt sein und zunächst versuchen, sich darüber hinwegzusetzen. In solchen Fällen ist entscheidend, wie entschlossen und vor allem wie lange Sie auf der Beachtung Ihrer Grenzen beharren.

Es kann nämlich durchaus sein, dass Sie sie mit Engelsgeduld wieder und wieder herausstellen müssen („Ich glaube, ich hatte Dir schon mal erklärt, warum ich das in der Form nicht gut finde", „Wir haben doch neulich erst ausführlich über meinen Standpunkt gesprochen – und daran hat sich inzwischen nichts geändert"). Aber steter Tropfen höhlt irgendwann jeden Stein. Vorausgesetzt natürlich, Sie verlieren nicht irgendwann die Nerven und wechseln von freundlichem Klartext zu gebrüllten → *Killersätzen* („Das hab ich Ihnen nun wirklich schon hundertmal gesagt!").

Rechtzeitig Grenzen zeigen. Genauso wichtig wie eine klare Sprache ist der **Zeitpunkt**, zu dem eine Grenze spätestens aufgezeigt werden sollte. Schließlich sind oft heftige → *Gefühle* im Spiel: Angst, → *Wut*, Hilflosigkeit, Erschöpfung. Wenn die überkochen, ist es fast unmöglich, Worte und → *Tonfall* noch so bedacht auszuwählen, dass der andere die Grenzenziehung nicht als → *Angriff* ansieht. (Womit er in solchen Situationen sogar dummerweise oft → *Recht* hat.)

Da ist es schon klüger, Grenzen auszusprechen, bevor ein solches → *Gespräch* in einen Streit ausartet. Und das nicht nur, weil es so ärgerlich ist, sich für eine → *Entgleisung* entschuldigen zu müssen, zu der es nur kam, weil man viel zu lange den Mund gehalten hat. Sondern in erster Linie deshalb, weil sich dadurch manchmal schlagartig alles zum Besseren ändert. Unglaublich, aber durchaus wahrscheinlich: Dem Chef von Frau Schulze sind seine Wutanfälle selber peinlich, und seit er nicht mehr verdrängen kann, dass sie sie unerträglich findet, bemüht er sich um mehr Selbstbeherrschung. Herr Neumann bekommt eine Aushilfe, weil dem Chef auf einmal klar wird, dass sein Mitarbeiter → *krank* werden oder → *kündigen* könnte, wenn er weiterhin in Arbeit erstickt. Die Praktikantin bringt zur Sprache, dass sie sich unterfordert fühlt, und bekommt eine Chance zu zeigen, was sie kann.

Grenzen respektieren. Grenzen ziehen, Grenzen zeigen – alles schön und gut, aber leider völlig nutzlos, wenn niemand sie respektiert. Und das klingt einfacher als es ist. Das Problem beginnt da, wo ein anderer einfach nicht einsieht oder nicht einsehen will, dass es da eine Grenze gibt und wieso sie genau da ist und nicht großzügiger gesteckt. Im Umgang mit Kindern wird das besonders deutlich. Ab einem gewissen Alter setzen die Eltern ihnen Grenzen. Und die Kinder haben nichts anderes zu tun, als jede einzelne Grenze zumindest versuchsweise immer wieder zu überschreiten. „Du musst jetzt ins Bett." – „Ich will aber nicht!"

Erwachsene reagieren auf Grenzen nicht selten genauso, und zwar immer dann, wenn ihre eigenen Grenzen in einem bestimmten Bereich anders verlaufen. Sobald zwei unterschiedliche persönliche → *Maßstäbe* aufeinander prallen und beide Seiten weder von ihrer eigenen → *Meinung* abrücken wollen noch den anderen überzeugen können, wird es heikel: Für ihn ist Ehebruch ein → *Tabu*, sie findet Affären durchaus verzeihlich. Für den Mitarbeiter ist das ständige → *Eigenlob* des Chefs ein Zeichen von schlechtem → *Benehmen*, für diesen jedoch ein ganz normales Mittel der Karrierepflege. Der eine hält → *Pünktlichkeit* für ein Muss, der andere hält sie für spießig.

Unterschiedliche Vorstellungen von der „richtigen" Grenze sind normal. Und wer vermeiden will, dass sich daraus erbitterte → *Diskussionen* ergeben, der kann ein zuverlässig wirkendes Hausmittel zum Einsatz bringen: die gute alte Kompromissbereitschaft. Grenzenziehen ist wichtig – aber niemand verlangt, dass sie auf ewig unverrückbar sein müssen.

▸ Grüßen

Grüßen ist eine der kleinen aber wichtigen → *Gesten* im Leben: Wenn zwei Menschen einander begegnen – auf der Straße, von Ferne, im Treppenhaus, auf einer → *Messe*, auf einer Veranstaltung – zeigt der eine dem anderen, dass er ihn wahrgenommen hat. Das macht er normalerweise durch klaren → *Blickkontakt*, mit einem → *Lächeln*, Zunicken oder einem schnellen „Guten Tag." Damit erweist er dem anderen eine gewisse → *Aufmerksamkeit*.

Nicht mehr, aber auch nicht weniger. Doch auch für diesen Akt der → *Höflichkeit* gibt es ein paar kleine → *Regeln*.

Namentlich grüßen und → *begrüßen* und auch die Titel gebührend erwähnen, macht immer einen guten → *Eindruck*. Wer sich allerdings nicht ganz sicher ist, ob er nun Herrn Dr. Müller oder Herrn Meier vor sich hat (besonders für Jobanfänger ein Problem), verzichtet lieber darauf. Das ist im Zweifel besser als das Risiko, sich durch einen falschen Namen oder Titel im → *Fettnapf* wiederzufinden.

Wer grüßt wen zuerst? Es gilt als Zeichen von gutem → *Benehmen*, wenn der Rangniedrigere den Ranghöheren zuerst grüßt. Der Praktikant grüßt also den Abteilungsleiter als erster. Das ist ein verwirrender Unterschied zum → *Begrüßen*: In dieser Situation ist es der Abteilungsleiter, der dem Praktikanten als erster die Hand gibt. Erklärbar ist das Ganze durch einen Blick in die Geschichte: Grüßen ist eine Art der Ehrerweisung von „unten nach oben". Der Untertan war sie seinem Herrscher schuldig. Die Begrüßung per → *Handschlag* hingegen ist eine Art der Ehrerweisung „von oben nach unten" (siehe dort).

So weit die Tradition. Heutzutage wirkt es allerdings oft nur → *arrogant*, wenn ein Ranghöherer demonstrativ darauf wartet, dass der Rangniedrigere zuerst grüßt. Deshalb ist es letztlich das Einfachste und Vernünftigste, wenn derjenige zuerst grüßt, der den anderen zuerst sieht. Zumal die Frage nach der korrekten → *Rangordnung* sowieso nicht immer auf Anhieb zu lösen ist.

Rangorientiertes Grüßen ist eine weit verbreitete Unsitte: Man grüßt überschwänglich → *Chefs* und andere wichtige Mitmenschen, übersieht dafür aber grundsätzlich „unwichtige" Personen, selbst wenn sie ihrerseits grüßen – Kleinkunden, → *Sekretärinnen*, Lehrlinge und andere Leute, die weder über → *Geld* noch über Macht verfügen.

Solches → *Auftreten* ist zwar auf den ersten Blick Zeit sparend, aber unterm Strich immer ein Zeichen von schlechtem → *Benehmen*, wie es deutlicher kaum sein könnte. Denn der andere fühlt sich dadurch zurückgesetzt, vor allem, wenn er den → *Eindruck* hat, dass Sie ihn durchaus gesehen haben. Auch wenn Sie ihn tatsächlich nicht gesehen haben, weil Sie mit den Gedanken ganz woanders waren oder Ihre Brille vergessen haben, wird er das spontan als klares Zeichen von → *Abneigung* und Desinteresse deuten. Keine sonderlich gute Voraussetzung für den Aufbau oder die Fortführung guter → *Beziehungen*. Aber eine gute Basis für ein schlechtes → *Image*.

Es ist also grundsätzlich keine gute → *Idee*, einen anderen „zu übersehen", nur um der Gefahr zu entgehen, dass das Grüßen in fünf Minuten → *Smalltalk* mündet, die Sie nun mal partout nicht haben. Wesentlich gescheiter ist es, den anderen zwar zu grüßen, ihm aber gleich darauf kurz zu erklären, warum man sofort weitermuss. Die meisten Leute haben für → *Hektik* wesentlich mehr Verständnis als dafür, nicht gegrüßt zu werden.

Nicht gegrüßt werden ist immer ein unangenehmes Gefühl. Wer bekommt schon gerne zu spüren, dass der andere ihn entweder gar nicht erst wahrnimmt oder aber: nicht wahrnehmen will, was irgendwie noch schlimmer ist. Tatenlos hinnehmen muss man das allerdings nicht. Selbstbewusste Gemüter grüßen ihrerseits umso herzlicher nach dem Motto: „Jetzt zeige ich Dir mal, was gutes Benehmen ist". Optimisten tun das gleiche, weil sie dem anderen nicht automatisch eine böse Absicht unterstellen, sondern nur davon ausgehen, dass er sie nicht wieder erkennt oder aber noch nicht gesehen hat. Das kann schließlich auch vorkommen. Ob das Nichtgrüßen Zufall ist oder doch Methode, merken allerdings auch Optimisten spätestens beim zweiten Mal.

Anmerkungen

[1] Zum Beispiel Literaturliste Nr. 5
[2] 6/S. 200
[3] Wahrig Deutsches Wörterbuch
[4] 20/S. 200 ff
[5] 20/S. 204
[6] 20/S. 214
[7] 32/S. 282
[8] 29/S. 7
[9] 34/S. 99
[10] 19/S. 59

[11] 9/S. 125
[12] Wahrig Deutsches Wörterbuch
[13] 23/S. 105 ff
[14] 2/S. 209
[15] 19/S. 64
[16] 33/S. 838 ff
[17] 32/S. 467 ff
[18] 34/S. 105 ff
[19] 33/S. 463
[20] 35/S. 43

H

▶ **Handschlag**

Er ist in Deutschland und in vielen anderen westlichen Ländern fester Bestandteil der → *Begrüßung*. Wie er aussehen und sich anfühlen muss, dazu gibt es, passend zum Thema, ein paar Faustregeln:

• Der Händedruck soll **kräftig und energiegeladen** ausfallen. Nicht nur wegen des guten → *Eindrucks*, den das macht, sondern schon allein deshalb, weil sich alles andere ungefähr so angenehm anfühlt wie roher Tintenfischtentakel.

• **Verschwitzte Hände** sind ein echtes → *Problem* für den, der sie hat – aber auch für den, der einen solchen feuchten Händedruck entgegennehmen muss. Sich jedes Mal vorher verstohlen die Hände an der Kleidung oder an einem Taschentuch abzuwischen, ist eine Notlösung. Sinnvoller ist ein Besuch beim Hautarzt, der Schweiß mindernde Cremes verschreiben kann.

• Händeschütteln **über Kreuz bringt Unglück**, aber auch in nicht abergläubischen Kreisen zumindest einige Verwirrung mit sich und ist folglich zu vermeiden.

• Handschlag **mit der anderen Hand in der Hosentasche** gilt zumindest bei uns als typisches Zeichen von schlechtem → *Benehmen*, auch wenn es noch so lässig aussieht.

Wer gibt wem zuerst die Hand? Dazu gibt es eine klare → *Regel*, weil die Geste an sich auf einem Ritual aus alten Zeiten beruht. Wer dem anderen seine offene Hand reichte (anstatt zuzuschlagen oder eine Pistole zu ziehen), der zeigte damit: Ich bin unbewaffnet; ich komme in friedlicher Absicht. Er bot demjenigen, dem er die Hand reichte, im übertragenen Sinne seine Freundschaft an. Das war ganz klar eine große Ehre – und daraus folgt, dass noch heute bei einer Begegnung im Berufsleben der Unwichtigere **auf die Ehre warten muss**, dass ihm der Wichtigere die Hand reicht.

Wer das nicht weiß und im Bewerbungsgespräch mit ausgestreckter Hand auf seinen potenziellen Arbeitgeber zugeht, kann alleine deshalb, noch vor dem ersten Wort, ganz schlechte Karten haben. Weil er sich (wahrscheinlich ohne es zu wissen, aber diese Vermutung wird ihn auch nicht retten) anmaßt, eine Ehre zu gewähren, die er als Bittsteller um einen Job gar nicht hat.

Im Zweifelsfalle lieber abwarten. Diese Regel wird zwar nicht mehr immer und überall beachtet. Aber wer weiß schon gleich bei der ersten Begegnung, ob der andere sie kennt und Wert darauf legt oder nicht. Folglich sind vor allem → *Anfänger* gut beraten, bei Begegnungen brav zu warten, bis ihnen die Hand gereicht wird. Das gilt natürlich nicht für diejenigen, die solche Regeln für verstaubt und altmodisch halten und sie deshalb schon aus Prinzip nicht beachten. Wer das so sieht, kann sich selbstverständlich auch entsprechend verhalten – sofern er ohnehin nur für lockere → *Chefs* arbeiten will und auch bereit ist, entsprechend lange nach ihnen zu suchen. Denn so oft gibt es die nicht: Selbst junge Vorgesetzte sind oft viel weniger locker, als sie wirken.

▶ Handschrift

Die Handschrift erlaubt gewisse Rückschlüsse auf den Charakter eines Menschen: „Zeige mir, wie Du schreibst, und ich sage Dir, wer Du bist." Eine ganze Forschungsrichtung, die Graphologie, beschäftigt sich mit nichts anderem. Und auch wer das Fach nicht studiert hat, macht sich häufig nur über eine Schriftprobe einen ersten → *Eindruck* von einer Person. Im Berufsleben ist diese Gewohnheit weit verbreitet. Das ist allein daran erkennbar, dass in Bewerbungsunterlagen bis vor einigen Jahren handschriftlich verfasste Lebensläufe in der → *Regel* ausdrücklich erwünscht waren.

Heute ist das zwar nur noch selten der Fall, und noch seltener beugen sich in Unternehmen tatsächlich ausgebildete Graphologen über die Handschriften möglicher Mitarbeiter. Gleichzeitig kommt man selbst an modernst ausgestatteten → *Arbeitsplätzen* immer noch nicht völlig ohne handschriftliche Botschaften aus:

→ *Briefe,* → *Notizen,* → *Aktennotizen.* Und die verleiten → *Kollegen,* → *Chefs* und → *Mitarbeiter* mit schöner Regelmäßigkeit dazu, sich auch ohne tiefer gehende Fachkenntnisse eine → *Meinung* über den Verfasser solcher Zeilen zu bilden.

Meinungen über Handschriften. Mit Abstand das Beste sind lesbare und vor allem regelmäßige Handschriften, denn aus ihnen schließt man gerne auf einen stabilen, ausgeglichenen Charakter. Unregelmäßige oder erkennbar seit der Pubertät unverändert krakelige Schriftzüge legen den Verdacht des Gegenteils nahe. Deutlich nach links oder rechts gebeugte Handschriften lassen eine seelische Schieflage oder einen Mangel an Selbstbewusstsein vermuten; eine extravagante, extrem ausgefallene Schrift deutet auf Geltungssucht oder eine Künstlerseele hin. So weit das in der Öffentlichkeit verbreitete Laienwissen.

Dieses Wissen nimmt allerdings keine Rücksicht auf die Tatsache, dass man seine Handschrift durchaus ändern kann, wenn man nur will. Wer von allen Seiten ständig zu hören bekommt, wie unmöglich seine Handschrift ist, braucht lediglich ein bisschen Nachahmungsvermögen und ausreichend Ausdauer, um sein Schriftbild ganz gezielt zu ändern. Vorbilder gibt es im engeren Bekanntenkreis bestimmt genug. Das Ganze hat zwar etwas von Erste-Klasse-Schreibübungen, funktioniert aber ganz prima, wie sich an jedem Teenager beobachten lässt, der gezielt für eine Erwachsenenhandschrift trainiert.

Die Handschrift ändern? Selbst wenn sie noch so unreif wirkt – die Handschrift ist eine Frage des eigenen Stils, ein Teil der Persönlichkeit. Vor allem → *Energiesparer* werden also wenig Lust verspüren, über eine Veränderung unvorteilhafter Schriftzüge nachzudenken. „Hauptsache, ich kann überhaupt schreiben. Sollen die anderen doch denken, was sie wollen."

Warum auch nicht. Andererseits kann es manchmal ziemlich unerfreuliche Folgen haben, wenn Hobby-Graphologen über Ihrer Handschrift brüten und sich ihr Teil denken. Wer wird schon gerne nur wegen ein paar Schnörkeln zu wenig oder zu viel als unausgeglichen, unreif oder eitel abgestempelt - und am Ende auch entsprechend behandelt.

✗ Schöner schreiben – für die anderen. Über solche vorschnellen Rückschlüsse hinaus gibt es auch noch einen ganz praktischen Grund, eventuell über eine Verbesserung der eigenen Handschrift nachzudenken, zumindest für alle, die viel → *Korrektur lesen*, Nachrichten für andere notieren und → *Arbeitsaufträge* mit Hilfe handschriftlich verfasster Zettelchen verteilen: Je weniger lesbar die Schrift, desto größer die Wahrscheinlichkeit, dass es bei der Bearbeitung zu → *Missverständnissen* und → *Fehlern* kommt, ganz abgesehen von den Kopfschmerzen und Sehstörungen, die langwierige Entzifferungsversuche grundsätzlich nach sich ziehen.

So viele Probleme nur wegen ein paar krakeliger Buchstaben – da liegt es nahe, im Zweifelsfalle vielleicht doch frühzeitig ein bisschen leserlicher schreiben zu lernen.

▶ **Handys** → *Mobiltelefone*

▶ **Hauspost**

So nennt man in größeren Unternehmen das hausinterne System der Postbearbeitung. Dazu gehört die Zustellung von Postsendungen, → *Telefaxen* und Hausmitteilungen vom zentralen Posteingang oder Verteilerzentrum (Poststelle) an die Endempfänger ebenso wie die Sammlung aller ausgehenden Post und ihre Vorbereitung für den ordnungsgemäßen Versand. In den Zeiten von → *E-Mail*, → *Internet* und Intranet spielt die Hauspost zwar kaum noch eine Rolle. Aber solange überhaupt noch Schriftstücke per Post verschickt werden, sind Hauspost und Poststelle aus keinem größeren Unternehmen wegzudenken.

Die Hauspost stellt → *Briefe* aus praktischen Gründen nicht jedem Mitarbeiter einzeln, sondern meistens in Sammelmappen geordnet nach Abteilungen oder Arbeitseinheiten zu. Und damit die einzelnen Mitarbeiter mit ihrer Post so wenig Mühe wie möglich haben, wird von der Hauspost vorsorglich jeder einzelne Umschlag geöffnet.

Diesem Schicksal entgehen nur Sendungen, die mit → *„persönlich/*→ *vertraulich"* gekennzeichnet sind, und solche, auf denen **zuerst der Name** des Empfängers und **dann erst** – mit oder ohne den Vermerk „c/o" – die Firma steht (und nicht zuerst die Firma gefolgt von „z. Hd."). So jedenfalls die Theorie. In der Praxis werden persönlich-vertrauliche Briefe schon wegen des hohen Neugierfaktors, den sie auslösen, nicht selten „aus Versehen" geöffnet.

Vorteile und Nachteile der Hauspost. Unbestreitbar **von Vorteil** ist die Tatsache, dass die Hauspost den Mitarbeitern alle Unannehmlichkeiten abnimmt, die sonst mit dem Verschicken von Postsendungen verbunden sind: Frankieren (wie hoch?), Einschreibezettel und Paketkarten Ausfüllen und am Postschalter Schlangestehen.

Darüber hinaus ist die Lektüre der Abteilungspost äußerst nutzbringend. Es ergibt sich nämlich quasi von allein, dass man auch die Post der Kollegen überfliegt, wenn man aus der Sammelmappe oder dem Kasten für die Abteilung seine eigenen Briefe rausfischt. Vorausgesetzt, die Poststelle lässt vertrauliche → *Briefe* ungeöffnet, hat dieses Überfliegen nichts Ehrenrühriges, sondern ist, genau wie das Lesen von → *Akten* und → *Berichten*, eine wichtige Informationsquelle. Aus ihr erfährt man häufig mehr über das, was in der Abteilung gerade los ist, als aus so mancher offiziellen → *Besprechung*.

Die Nachteile der Hauspost liegen darin, dass die Bearbeitung der gesamten Post eines Unternehmens an einer Stelle zwangsläufig → *Zeit* kostet, und zwar reichlich. Eingehende Korrespondenz öffnen, den richtigen Mappen zuordnen, im Haus verteilen, ausgehende Korrespondenz einsammeln, frankieren, zur Post transportieren – das kann dauern. Zwischen dem Eingang eines Briefs im Unternehmen und der Ankunft auf Ihrem Schreibtisch liegen selbst bei Eilsendungen oft Stunden; zwischen dem Deponieren einer Briefsendung im Postausgang und dem Eintreffen im Postamt vergeht nicht selten ein ganzer Tag.

Wer → *dringend* **einen Brief erwartet**, wartet also schlauerweise nicht, bis die Hauspost zu ihm kommt. Sondern er kommt zu ihr, am besten gleich am Morgen, denn dann ist die Post, die an das Firmenpostfach geschickt wurde, meistens schon eingetroffen. Das heißt aber nicht, dass man Ihnen den → *Gefallen* tut, alles andere stehen und liegen zu lassen und nach Ihrer Eilsendung zu suchen. Daher empfiehlt es sich, zu den Mitarbeitern der Poststelle gute → *Beziehungen* zu unterhalten und ihnen die → *Aufmerksamkeit* zu schenken, die sie verdienen, aber in ihrer Position nicht unbedingt bekommen.

Wenn Sie dringend eine Sendung verschicken müssen, helfen allerdings auch freundschaftlichste Kontakte zu den Kollegen in der Poststelle nicht weiter. Abgehende Briefe werden nämlich erfahrungsgemäß nur einmal am Tag zur Post gebracht, meistens am späten Nachmittag. Ist Ihre Sendung schon am Morgen versandbereit oder aber erst fünf Minuten, nachdem die Hauspost weg ist, dann ist Eigeninitiative angesagt: privaten Kurierdienst beauftragen (teuer, aber mit Abstand die schnellste → *Lösung*) oder selbst zur Post rennen.

Für den Fall, dass Sie angesichts dieser außergewöhnlichen Anstrengungen nach reiflicher Überlegung zu dem Schluss kommen, dass Ihre Sendung nicht wirklich richtig dringend ist, können Sie sie immer noch in guter alter → *Energiesparer*-Manier in den Postausgang legen und ungerührt beobachten, wie sie dort mindestens 24 Stunden liegen bleibt. An Wochenenden auch länger.

▶ Haustiere

Sie sind die besten Freunde des Menschen. Je nach Persönlichkeit und Geschmack kann es sich dabei um Hunde und Hamster ebenso handeln wie um Vogelspinnen und Würgeschlangen.

Mit welchen Vertretern des Tierreichs auch immer im → *Privatleben* innige → *Beziehungen* gepflegt werden – am → *Arbeitsplatz* haben sie allesamt nichts verloren. Für manchen Tierfreund ist das schwer zu verstehen. Vor allem, wo Mohrchen doch bestimmt nicht beißt, Susi absolut stubenrein ist und Waltraud garantiert handzahm, und alle drei nur das kleine → *Problem* haben, dass sie tagsüber nicht so lange alleine bleiben können.

Wenn Sie nicht nur mit Ihren Haustieren, sondern auch mit Ihren → *Kollegen* eine herzliche → *Freundschaft* verbindet und

Sie obendrein einen guten Draht zu Ihrem → *Chef* haben, dann können Sie natürlich versuchen, eine → *Diskussion* zum Thema „Tiere am Arbeitsplatz" zu führen. Aber rechnen Sie nicht unbedingt damit, dass am Ende dabei eine Aufenthaltsgenehmigung für Ihren Liebling herauskommt.

Tierische Probleme. Unterm Strich gibt es nämlich einfach zu viele → *Argumente*, die dagegen sprechen: von der Geruchs- und Geräuschentwicklung über herumstehende Futternäpfe und Tretminen aller Art bis hin zu größeren Bisswunden. Ganz zu schweigen von der eventuellen Notwendigkeit des Gassigehens, durch die sich die → *Arbeitszeit* mit einigem Geschick nicht unerheblich verkürzen lässt.

So oder ähnlich werden zumindest in → *Büros* und in Unternehmen mit Publikumsverkehr die Meinungsumfragen ausfallen. Wer sich trotzdem auch während der Arbeit nicht von seinen vierbeinigen, gefiederten oder sonstigen Freunden trennen will, dem bleibt immer noch eine Stelle im Zoo oder auf dem Bauernhof.

▶ Hektik

Hektik ist laut Wörterbuch „übersteigerte Betriebsamkeit, übertriebene, fieberhafte Geschäftigkeit".[1] Mit anderen Worten: Hektik ist der Versuch, möglichst schnell möglichst viele → *dringende* Dinge zu erledigen. Dem großen Energieaufwand, den die Hektik erfordert, stehen jedoch geradezu jämmerliche Ergebnisse gegenüber: „Hektik vergeudet → *Zeit*, verursacht → *Fehler*, frustriert → *Kollegen* und macht → *Stress*."[2] Wobei noch zu erforschen wäre, ob der vorhandene Stress die Menschen hektisch werden lässt, oder ob es die Neigung zur Hektik ist, die den Stress überhaupt erst hervorruft. So oder so: Hektik ist unterm Strich eine Eigenschaft zum Abgewöhnen.

Hektik im Berufsleben ist trotzdem weit verbreitet. Sie entsteht überall dort, wo großer → *Zeitdruck* herrscht, wo immer alles schnell gehen muss und wo für die Erledigung von viel Arbeit nur verhältnismäßig wenige Arbeitskräfte zur Verfügung stehen. Und die laufen dann Gefahr, angesichts der Arbeitsmengen in genau die fieberhafte Hektik auszubrechen, die ihnen in dieser Situation eindeutig mehr schadet als nützt.

Hektik in Rangordnungen. Hektik ist, ebenso wie Ungeduld, innerhalb von → *Rangordnungen* ungleich verteilt: Im unteren Bereich ist sie eher selten anzutreffen, im oberen Bereich dafür umso häufiger. Das liegt daran, dass hochrangige Mitarbeiter viele und komplizierte Arbeiten zu erledigen haben, also chronisch überlastet sind. Das sind rangniedrigere Mitarbeiter zwar auch – aber die trauen sich im Gegensatz zu ihren → *Chefs* seltener, Anfälle von Hektik auszuleben und an anderen auszulassen.

Mit Hektikern umzugehen ist nicht ganz leicht. Denn Hektiker leben in einer Art nervöser Grundspannung. Trifft dieses → *Gefühl* auf akuten Zeitdruck, unvorhergesehene → *Probleme* oder ärgerliche Fehler, können hochexplosive Mischungen entstehen. Zur Entladung kommt es garantiert spätestens dann, wenn ein hektischer Vorgesetzter, dem alles nicht schnell genug gehen kann, an einen → *Mitarbeiter* gerät, der für Wunder etwas länger braucht. An einen → *Anfänger* zum Beispiel, der noch nicht so schnell arbeiten kann. Oder an einen → *Energiesparer*, der überhaupt nicht einsieht, warum er so schnell arbeiten sollte.

Das wichtigste Wesensmerkmal des Hektikers ist sein Mangel an → *Geduld*. Für Nebensächlichkeiten hat er grundsätzlich keine Zeit, auch wenn es sich um Dinge handelt, die für alle anderen keine Nebensächlichkeiten, sondern wichtige → *Informationen*, entscheidende → *Details*, notwendige Erklärungen oder drängende → *Fragen* sind.

Daraus folgt für alle, die mit einem Hektiker klarkommen müssen: Begraben Sie den Traum vom gütigen Vorgesetzten, der → *Arbeitsaufträge* ausführlich erläutert, geduldig für Rückfragen zur Verfügung steht und nicht müde wird, Ihnen komplizierte Zusammenhänge auch ein zweites und drittes Mal zu erklären.

 „Fasse Dich kurz" ist angesagt. Was ist wirklich → *wichtig* – und was müssen Sie nicht unbedingt fragen, berichten, erzählen, erbitten, sondern können es auf eine ruhigere Minute verschieben (oder sich ganz verkneifen)? Je deutlicher der Chef Ihre Bemühungen um die Beschränkung auf das Wesentliche sieht und je konsequenter Sie das auch durchhalten, umso größer ist seine Bereitschaft, auch mal → *zuzuhören* und nicht gleich hektisch wegzulaufen.[3]

Es gibt allerdings früher oder später garantiert Themen oder Probleme, die auch beim besten Willen nicht im Telegrammstil zu bewältigen sind. In diesen Fällen bewährt es sich, einen offiziellen Besprechungstermin von mindestens einer halben Stunde Dauer zu erbitten. Es kann zwar sein, dass der Hektiker den dreimal verschiebt und ansonsten versucht, das Thema zwischen Tür und Angel erschöpfend abzuhandeln. Aber wenn Sie sich diesen Versuchen nur hartnäckig genug verweigern, kommen Sie garantiert irgendwann zum Zuge.

Die eigene Hektik in den Griff bekommen. Mit einem Hektiker zusammenzuarbeiten, ist kein Spaß. Selbst einer zu sein, ist erst recht keiner. Die ständige Hetze, der Druck, den Sie ausüben, der Stress, den Sie verbreiten – das alles führt nicht nur zu unbefriedigenden Arbeitsergebnissen, sondern ist auch auf die Dauer Gift für Ihre → *Beziehungen* zu → *Kollegen* und Mitarbeitern. Und ganz nebenbei kann Hektik auch noch krank machen: Aufgrund der riesigen Energiemengen, die sie verschlingt, ist jahrelange Hektik einer der typischsten → *Burn-out*-Auslöser.

Hektisch ist man zwar oft in bester Absicht („Ich will doch nur meine Arbeit schaffen!"), erreicht damit aber rein gar nichts, außer vielleicht Platz eins bei der Wahl des unbeliebtesten Mitarbeiters und den vorgezogenen Ruhestand wegen psychisch bedingter Arbeitsunfähigkeit.

Wer in seinem Berufsleben andere → *Ziele* verfolgt, ist gut beraten, seine Hektik in den Griff zu bekommen, auch wenn das fast so schwer ist, wie mit dem Rauchen aufzuhören.

Erste Hilfe gegen Hektik bieten zwei Fragen, die sich auch im Kampf gegen überwältigende → *Ärger*-Anfälle bewährt haben:

• „Ist diese Sache jetzt wirklich so wichtig und so dringend, dass ich darüber in Hektik ausbrechen muss?"

• „Was erreiche ich, wenn ich diese Sache jetzt nicht mit Ruhe angehe, sondern mit Hektik – schnellere und bessere Ergebnisse oder einfach nur mehr Stress für alle?"

Manchmal sind solche philosophischen Überlegungen noch nicht einmal notwendig – dann reicht schon ein zufälliger Blick in den Spiegel oder in die Augen von Kollegen und Partnern. In diesen Momenten kann man erkennen, wie befremdlich, um nicht zu sagen abstoßend Hektik aussieht und auf andere wirkt: der gehetzte → *Blick*, der gereizte → *Tonfall*, der ständige Laufschritt. Und dann schaltet man ganz von alleine sofort wieder mindestens zwei Gänge runter.

▶ **Herrschaftswissen**

So nennt man den Wissensvorsprung, den ein Herrscher vor den Beherrschten hat und der die Basis für seine Macht bildet – und den er genau deshalb vor den Beherrschten möglichst verborgen hält. Wobei ein Wissensvorsprung an sich nichts Verwerfliches ist. Verwerflich wird es erst dann, wenn jemand bewusst Wissen für sich behält, anstatt es, wenn das eigentlich erforderlich ist, auch an andere weiterzugeben.

Aber „Wissen ist Macht", und davon haben manche Leute gerne etwas mehr als andere. Vor allem im Berufsleben. Wenn ein Vorgesetzter nützliches Fachwissen und wichtige → *Informationen* nicht an → *Kollegen* oder → *Mitarbeiter* weitergibt, dann kann das natürlich daran liegen, dass er keine → *Zeit* hat oder vor lauter → *Stress* vergisst, sein Arbeitsumfeld zu informieren. Es kann aber auch daran liegen, dass er seine eigene Position durch einen Wissensvorsprung stärken will. Man bezeichnet dieses bewusste Trockenlegen des Informationsflusses als „Management by Champignon": Alles im Dunkeln lassen, regelmäßig mit Mist bedecken. Wenn sich Köpfe zeigen: abschneiden.

Konkurrenz verhindern. Solche Strategien beruhen auf der → *Angst*, dass man sich eine gefährliche Konkurrenz heranzüchtet, wenn man sein Wissen und seine Informationen allzu freizügig weitergibt. Wenn die Mitarbeiter irgendwann genauso viel wissen wie der → *Chef* – wodurch unterscheidet er sich dann überhaupt noch von ihnen? Mit welchem Recht bezieht er ein höheres → *Gehalt*? Und warum sollte er befördert werden, und nicht einer seiner Mitarbeiter?

→ *Fragen*, die in → *Rangordnungen* in der Ellenbogengesellschaft nicht ganz unberechtigt sind. Trotzdem lässt das Horten von Herrschaftswissen in der → *Regel* eher auf einen Mangel an Selbstbewusstsein schließen, als auf eine gerechtfertigte Selbstverteidigungsmaßnahme. Und was die sozialen → *Kompetenzen*, also die menschlichen Qualitäten von Führungspersonal betrifft, so gibt es für das Zurückhalten von Wissen und Informationen reichlich Minuspunkte. Schließlich weiß man heute, dass → *Teams* weitaus bessere Arbeitsergebnisse erzielen als eine Truppe von Einzelkämpfern.[4]

Wer kann Herrschaftswissen horten? Fast immer geht es um den Erhalt eines Machtvorsprungs. Also sind es theoretisch eher die Vorgesetzten, die Wissen vor ihren Untergebenen verbergen. In der Praxis gibt es allerdings auch den umgekehrten Fall: → *Mitarbeiter* verschweigen ihren Vorgesetzten gegenüber Informationen, um sie dadurch irgendwann → *bloßstellen* oder blamieren zu können. Vor allem unbeliebte Chefs müssen mit solchen → *Angriffen* aus dem Hinterhalt rechnen. → *Mobbing* von unten nach oben – auch das kommt vor.

Warnung für Chefs: Herrschaftswissen zu horten, ist nur auf den ersten Blick ein cleverer Schachzug. Auf den zweiten ist er ziemlich unclever. Er fällt den Mitarbeitern nämlich meistens irgendwann auf, und die wenigsten werden auf diese Entdeckung mit → *Verständnis* reagieren. Dazu ist diese Taktik viel zu belastend für die tägliche Arbeit und obendrein chronisch nervtötend, wenn sich wieder und wieder rausstellt, dass der Chef oder ein Kollege → *wichtige* Informationen für sich behalten hat, nur um dann auf → *Sitzungen* exklusiv damit glänzen zu können oder Mitarbeiter bewusst ins offene Messer rennen zu lassen, damit mal wieder klar ist, wer in der Abteilung den Durchblick und das Sagen hat.

So kann man vielleicht seine Macht unter Beweis stellen – beliebt macht man sich damit aber nicht. Und das kann auf Dauer ziemlich unangenehme Folgen haben. Denn auch die Mitarbeiter haben die Möglichkeit, Herrschaftswissen zu horten, siehe oben.

Herrschaftswissen zugänglich machen. Längst nicht alle Vorgesetzten spielen Machtspielchen wie Cäsar und Napoleon. Viele sind tatsächlich so überlastet, dass sie einfach keine Zeit haben, in wöchentlichen Kurzvorträgen ihr Fachwissen zu erklären. Oder schlicht und einfach vergessen, Kollegen und Mitarbeitern Informationen weiterzugeben. Es ist nur selten eindeutig feststellbar, ob tatsächlich Überlastung oder vielleicht doch System dahinter steckt, wenn Ihr Chef zum x-ten Mal „vergisst", Sie über Ihr Arbeitsgebiet betreffende wichtige → *Entscheidungen* von Abteilungsleitern, Vorständen und Aufsichtsräten zu informieren oder Ihnen von Absprachen zu berichten, die er über Ihren Kopf hinweg mit Ihren Verhandlungspartnern getroffen hat.

Faustregel. So oder so: Wenn Sie hartnäckig das Gefühl haben, dass Ihnen Wissen vorenthalten wird, das Sie für eine gute Erledigung Ihrer → *Arbeitsaufträge* benötigen, und dass wichtige Informationen nicht bei Ihnen ankommen, dann können Sie durchaus versuchen, sie sich ganz gezielt selbst zu beschaffen. Alles, was Sie dazu brauchen, ist → *Geduld,* → *Initiative,* Hartnäckigkeit und gute → *Beziehungen* zu möglichst vielen Kollegen.

Gemeinsam mit den Kollegen haben Sie gute Karten, auch noch so schweigsame Vorgesetzte mit sanftem Druck zu regelmäßigen → *Besprechungen* zu bewegen. Auf denen lassen sich dann durch gezielte Fragen eine Menge Informationen herauskitzeln, die sonst nie das Chefbüro verlassen hätten. Voraussetzung ist, dass Sie wirklich gut vorbereitet in diese Besprechungen gehen und sich nicht durch ausweichende Antworten („Das betrifft doch gar nicht Ihren Arbeitsbereich", „Das ist noch nicht spruchreif") → *abwimmeln* lassen.

Weitere Möglichkeiten der Informationsbeschaffung: Die hausinterne Abteilung → *Klatsch & Tratsch,* in der es immer Leute gibt, die informationsbereitere Chefs haben, neugieriger sind, irgendwo was haben läuten hören. Und die aufmerksame

Lektüre von → *Berichten*, → *Protokollen* und → *Kopien* des Schriftverkehrs Ihrer Vorgesetzten, jedenfalls so weit diese Schriftstücke offiziell zugänglich sind. Wenn Sie sowieso für Ihren Chef → *Ablage* machen müssen, sitzen Sie an der Quelle. Die sprudelt allerdings nur, wenn Sie sich die Mühe machen, wenigstens zu überfliegen, was Sie da lochen und abheften.

Wenn Ihnen diese Anstrengungen zu viel sind, können Sie es immer noch so halten wie die → *Energiesparer*. Denen kommt ein Herrschaftswissen hortender Chef sehr entgegen. Denn was sie nicht wissen, müssen sie auch nicht bearbeiten. Und wenn sie es trotzdem bearbeiten müssen, dann haben sie einen prima Sündenbock für alle ihre → *Fehler*: „Der Chef hat mir mal wieder nix gesagt!" Auf diese Weise liegen Sie zwar in Sachen Herrschaftswissen immer weit hinten – aber in Sachen Bequemlichkeit garantiert ganz weit vorne.

▸ **Hierarchie** → *Rangordnung*

▸ **Hilfsbereitschaft**

Sie rangiert auf der Liste der Merkmale für gutes → *Benehmen* und menschliche Qualitäten ganz oben. Wer anderen hilft, der macht einen guten → *Eindruck* und sammelt im Berufsleben für beispielhafte → *Kollegialität* Pluspunkte auf der Beliebtheitsskala. Vorausgesetzt jedenfalls, er verbindet seine Hilfe nicht mit → *Killersätzen* wie „Wann werden Sie das endlich alleine können?" und „Das ist jetzt aber wirklich das letzte Mal", verkneift sich einen betont mürrischen Gesichtsausdruck und verzichtet darauf, gleich konkrete Gegenleistungen auszuhandeln.

 Hilfe anbieten ist in einem neuen Job ein geradezu ideales Mittel, gute → *Beziehungen* zu → *Mitarbeitern* und → *Kollegen* aufzubauen. Das gilt sowohl für → *Anfänger* als auch für Fortgeschrittene.

• Anfänger haben zwar meistens noch nicht viel → *Erfahrung*, können ihren neuen Kollegen aber eine Menge lästiger → *Routinearbeiten* abnehmen. Das erfordert zwar einiges an → *Initiative* nach dem Motto „**mitdenken und** → *anpacken*", aber dafür ist der

→ *Erfolg* garantiert: „Der Neue" hat sofort einen Stein im Brett, wenn er spontan anbietet, einem sichtlich gestressten Kollegen einen → *Gefallen* zu tun und ein → *Protokoll* abzutippen, ihm eine lästige → *Versandaktion* abzunehmen, ihn eine Stunde am → *Telefon* zu vertreten oder ihm wenigstens einen Kaffee zu kochen. Wer es aus praktischen Erwägungen vorzieht, grundsätzlich alle Gelegenheiten für Hilfsangebote zu übersehen, der hat zwar weniger zu tun, aber dafür umso schneller den Ruf, ein → *Energiesparer* zu sein. Das ist jedoch, vor allem während der → *Probezeit*, nicht sonderlich erstrebenswert.

• Auch wenn Sie in einer höheren Position in einem Unternehmen anfangen, sind Sie gut beraten, Hilfe da anzubieten, wo sie ganz offensichtlich gebraucht wird. Und zwar nicht nur Ihren neuen Vorgesetzten, sondern auch Ihren Mitarbeitern. Denn die wissen sehr zu schätzen, wenn **ihr neuer** → *Chef* **auch sieht, wo im** → *Team* **Not am Mann ist**. Außerdem gehören hilfsbereite Chefs normalerweise nicht zu denen, die → *Herrschaftswissen* horten – das gibt Vorschusslorbeeren, die für die Stimmung in Ihrem neuen Team eine nicht unbedeutende Rolle spielen.

Hilfe in Anspruch nehmen. Um Rat und Hilfe zu bitten, ist für manche Leute eine Schmach, weil es für sie dem Eingeständnis von Unwissenheit gleichkommt. Trotzdem ist dies auf alle Fälle viel besser, als nicht um Rat oder Hilfe zu bitten und deshalb → *Fehler* zu machen, die eigentlich vermeidbar wären.

Die Hilfe anderer in Anspruch zu nehmen, kann darüber hinaus auch ein kluger psychologischer Schachzug sein: Wer um → *Ratschläge* gebeten wird, fühlt sich als Person ernst genommen und freut sich darüber, dass sein Wissen und seine Erfahrung geschätzt werden. Das bringt dem Ratsuchenden erfahrungsgemäß gleich ein paar Sympathiepunkte ein. Es gibt allerdings ein paar große → *Ausnahmen* von dieser → *Regel*:

• Wer gerade ganz schrecklich in → *Hektik* ist, für den ist Ihre → *Bitte* um Hilfe möglicherweise keine angenehme Schmeichelei, sondern genau der → *Stress*, der auf dem Weg zum Nervenzusammenbruch noch gefehlt hat.

● Wenn Sie – zu → *Recht* oder zu Unrecht – bei Ihren Kollegen als Energiesparer gelten, müssen Sie damit rechnen, dass Ihre Bitten um Hilfe bei den anderen als „behauptetes Nichtwissen" ankommen, mit dem Sie schlicht und ergreifend versuchen, lästige Jobs an hilfsbereite Kollegen abzuschieben.

Die Grenzen der Hilfsbereitschaft sind, zumindest im Berufsleben, genau da erreicht, wo das beginnt, was in dem Fachbuch „Die alltäglichen Spielchen im Büro"[5] als das „Blöd-Spiel" bezeichnet wird. Ganz egal, ob ein Kollege oder Mitarbeiter sich blöd stellt, weil er Energie sparen oder weil er von Ihnen → *Aufmerksamkeit* und Zuwendung bekommen will – wenn er sich ein und dieselbe Sache zum x-ten Mal erklären lässt, obwohl er es doch längst alleine wissen und können müsste, dann wird's auch den Geduldigsten unter den Hilfsbereiten irgendwann zu viel.

In dieser Situation können Sie auf weitere Hilfsbereitschaft verzichten und dem Blöd-Spiel mit gutem Recht und relativ schnell ein Ende setzen (→ *Dummheit*). Sie können es natürlich zur Freude Ihrer Energie sparenden Mitarbeiter begeistert weiterspielen. Jedenfalls, wenn Sie zu denen gehören, die sich für unentbehrlich halten. Das stimmt zwar wahrscheinlich nicht, ist aber trotzdem ein schönes Gefühl.

▶ Höflichkeit

Sie ist wesentlicher Bestandteil dessen, was man im Allgemeinen als gutes → *Benehmen* bezeichnet. Wer höflich ist, ist laut Wörterbuch „wohlerzogen, verbindlich, taktvoll, rücksichtsvoll, zuvorkommend"[6] – ein → *Auftreten*, mit dem man überall nur den besten → *Eindruck* hinterlässt. Das gilt im → *Privatleben* genau wie im Beruf.

Ausdrucksformen von Höflichkeit. Höflichkeit fängt im Kleinen an. Zum Beispiel mit dem regelmäßigen Gebrauch der schönen Worte → *„danke"* und → *„bitte"*, mit → *Lächeln* und → *Blickkontakt*, mit freundlichem → *Grüßen*, korrekter → *Anrede* und kleinen → *Gesten*, mit einer → *Entschuldigung*, wo eine Entschuldigung angebracht ist.

Am anderen Ende des Spektrums liegt das, was für viele der hohen Kunst der → *Diplomatie* gleichkommt, weil es letztlich mehr mit → *Disziplin* zu tun hat als mit spontanen Gefühlsregungen: Anderen ein gewisses Maß an → *Aufmerksamkeit* entgegenbringen, auch wenn man dazu weder → *Zeit* noch Lust hat; andere nicht → *bloßstellen*, auch wenn sie es vielleicht noch so sehr verdient haben; wegschauen, wenn andere aus Versehen im → *Fettnapf* landen, auch wenn der Anblick noch so erheiternd ist; → *Kritik* in einer Form äußern, die andere nicht gleich in → *Tränen* ausbrechen lässt.

Höfliche Heuchelei? Warum lächeln, wenn man keine Lust dazu hat? Warum jemanden grüßen, den man nicht ausstehen kann? Warum danke und bitte sagen, wo es doch schließlich um lauter Selbstverständlichkeiten geht? Gute → *Fragen*, vor allem für alle, die absolut nicht einsehen, warum sie ihre Persönlichkeit verbiegen sollten, bloß um damit bei ein paar Leuten einen guten Eindruck zu machen.

Aus dem Blickwinkel von Klartext-Rednern und Diplomatie-Gegnern mag Höflichkeit ab einem gewissen Punkt tatsächlich den Tatbestand der Heuchelei erfüllen. Das → *Problem* dabei ist allerdings: Höflichkeit ist eine grundlegende Spielregel unserer Gesellschaft. Und wer sich nicht an sie hält, wird ganz schnell vom Platz verwiesen und garantiert nicht weiter vermisst. Nie tun sich nämlich so schnell so große Fettnäpfe auf wie durch grobe Unhöflichkeit. Grund genug, sich mit dem Thema wenigstens in Ansätzen zu beschäftigen. Es muss ja nicht gleich ein mehrjähriger Benimmkurs sein. Aber die wichtigsten → *Details* sollte man beherrschen, wenn man im Leben mehr erreichen will als einen Stammplatz beim Arbeitsamt.

Anmerkungen

[1] Wahrig Deutsches Wörterbuch
[2] 6/S. 196
[3] 6/S. 199
[4] 20/S. 241 ff
[5] Literaturliste Nr. 6
[6] Wahrig Deutsches Wörterbuch

I/J

▶ „Ich"

Über sich selbst sprechen? Inmitten all der komplizierten →
Regeln und Vorschriften für → *Privatleben* und Beruf ist wenigstens das ganz einfach. Schließlich kennt man nichts und niemanden besser als sich selbst. Endlich etwas, über das man hundertprozentig Bescheid weiß und sich deshalb jederzeit dazu äußern
kann, ohne groß nachzudenken. Sollte man jedenfalls meinen.

Aber so einfach liegen die Dinge dann doch nicht. Denn die
Art und Weise, wie jemand mit „ich" und seinen Gegenstücken
„wir" und „man" umgeht, verrät viel über die Persönlichkeit. So
viel, dass es sich lohnt, die eigenen Sprachgewohnheiten mal kritisch unter die Lupe zu nehmen. Das geht ganz leicht und ganz
schnell:

Es reicht, sich selbst im → *Gespräch* mit Freunden, → *Kollegen*,
Geschäftspartnern einen Tag lang → *zuzuhören*. Weniger leicht
ist es, sich erkennbare Marotten bei der → *Wortwahl* in diesem
Bereich abzugewöhnen. Aber die Mühe lohnt sich immer. Denn
„ich" und „wir" sind zwar nur ein kleiner Teil Ihres → *Auftretens*
– doch der hat große Folgen für den → *Eindruck*, den Sie hinterlassen.

⚒ **„Ich" und „wir".** Schon als Kind lernt man, dass es unhöflich ist, sich selbst zuerst zu erwähnen („Der Esel nennt
sich selbst zuerst"). Das ist als Benimmregel fürs Privatleben nicht
schlecht, fürs Berufsleben jedoch eindeutig zu wenig. Dort machen Sie alle Ihre Äußerungen nämlich letztlich im Namen Ihres
Arbeitgebers, ganz egal ob schriftlich per → *Brief* und → *E-Mail*
oder mündlich im persönlichen → *Gespräch* und am → *Telefon*.
Deshalb ist es ebenso nötig wie nützlich zu wissen, welche Botschaften mit „ich" und „wir" vermittelt werden – und welche
Rückschlüsse andere ziehen, wenn jemand eine klare Vorliebe
für eines der beiden Worte hat.

„**Ich**" zeigt offiziell an: Die Entscheidungsbefugnis, → *Kompetenz* und → *Verantwortung* liegt beim Sprecher. Deshalb ist in Ministerien und in großen Unternehmen ganz klar geregelt, dass nur die obersten → *Chefs* das Wort überhaupt benutzen dürfen (→ *Amtsdeutsch*). „Ich" heißt zu Ende gedacht immer „Ich bin der Boss".

„Ich" bringt allerdings nicht nur die Macht des Sprechers zum Ausdruck, sondern davon unabhängig oft auch seinen Geltungsdrang. Wer ständig „ich" sagt, obwohl er nicht nur von sich, sondern auch von seinen → *Kollegen* und → *Mitarbeitern* spricht, der wird schnell als → *eitel* entlarvt. In Maßen eingesetzt, ist → *Eigenlob* zwar eine wichtige Voraussetzung für jede → *Beförderung*. Aber wer penetrant die → *Aufmerksamkeit* auf sich lenkt und grundsätzlich die Lorbeeren für die Arbeit des ganzen → *Teams* allein einsteckt, handelt sich im Berufsleben herzliche → *Abneigung* ein. Und die schadet der → *Karriere* auf Dauer mehr, als alle heldenhaften „Ich"-Erzählungen ihr nützen.

Trotzdem erfreut sich die Ich-Form offensichtlich großer Beliebtheit. „Ich habe schon vor Jahren darauf hingewiesen, dass ...", „Es ist mir gelungen, das Ministerium davon zu überzeugen, dass ...". Ebenfalls beliebt: „Ich habe meine Abteilung angewiesen ..." oder mit Bezug auf größere Scharen von Mitarbeiterinnen: „Meine Mädels werden sich für Sie um diese Angelegenheit kümmern." So demonstriert man Macht und steckt Reviere ab. Aber so macht man sich manchmal auch lächerlich.

„**Wir**" bedeutet in der Regel: Beim Sprecher liegt zwar die → *Zuständigkeit*, nicht zwangsläufig jedoch die Verantwortung. Seine Macht ist also begrenzt. → *Ausnahmen*: Der „Pluralis Majestatis", also das Sprechen über sich selbst in der Mehrzahl, mit dem Kaiser, Könige und Päpste ihre umfassende Macht zum Ausdruck zu bringen. Und ein „wir" aus Bescheidenheit, siehe unten.

Wer im heutigen Berufsleben „wir" sagt oder sagen muss und damit klarmacht, dass die Verantwortung anderswo liegt, hat davon allerdings nicht nur Nachteile. Besonders → *Energiesparer* können prima damit leben, dass ihre Macht sprachlich erkennbar beschränkt ist. Denn wo grundsätzlich „wir" alle unangenehmen

Entscheidungen fällt, ist „ich" immer fein raus („Ich persönlich war von Anfang an dagegen"). Und wo „wir" die gesamte Verantwortung trägt, da kann „ich" an Pannen und → *Fehlern* auf keinen Fall schuld sein: „Wir bedauern, dass es zu diesem Missgeschick kam."

Wir aus Bescheidenheit. Ebenso oft wie in solchen sprachlichen Versteckspielen kommt „wir" jedoch in wirklich netter Absicht vor: aus reiner Bescheidenheit. Immer noch glauben viele Leute, dass „Eigenlob stinkt" (obwohl das gar nicht immer stimmt, → *Eigenlob*). Außerdem weiß jeder, dass heute die meisten Unternehmenserfolge nicht mehr dem unermüdlichen Einsatz heldenhafter Einzelkämpfer, sondern dem perfekten Zusammenspiel hochmotivierter → *Teams* zu verdanken sind. Und in denen verbietet sich der „Ich"-Gebrauch fast von alleine. Wenn in diesen Teams allerdings erkennbar viele Energiesparer oder „Ich"-Liebhaber ihr Unwesen treiben, dann ist es bei aller → *Höflichkeit* angesagt, die eine oder andere Ausnahme vom bescheidenen „wir" zu machen. Sonst wird es mit der erhofften → *Gehaltserhöhung* unter Umständen nie etwas.

„Ich" und „man". Wer von „man" redet und „ich" meint, verallgemeinert, was er sagen will. Das hat zwei gute Gründe:
• Man kann damit **der eigenen** → *Meinung* **mehr Gewicht** verleihen: „Man" klingt immer nach mehr Leuten, nach einem allgemeineren Urteil als nur „ich". Außerdem kann man sich mit dem „man" prima in Deckung bringen: „Man hat den Eindruck, dass Dr. Müller seiner Aufgabe nicht gewachsen ist" klingt einfach viel sachlicher und unvoreingenommener als „Ich habe den Eindruck, dass Dr. Müller seiner Aufgabe nicht gewachsen ist".

Daraus folgt, dass „man" besonders bei → *Gerüchten*, → *Indiskretionen*, → *Mobbing*-Versuchen und in der Abteilung → *Klatsch & Tratsch* ein häufig gesehener Gast ist, auf den man sich immer gerne bezieht, weil man sich damit die Hände nicht schmutzig macht. Die nötige → *Kollegialität* und → *Zivilcourage* vorausgesetzt, können Sie in solchen Situationen ganz gezielt nachfragen, wer denn mit „man" eigentlich alles gemeint ist. Viele erhellende Antworten werden Sie zwar nicht bekommen – aber die lieben Kollegen denken, zumindest in Ihrer Gegenwart, vielleicht in Zukunft zweimal nach, ehe sie in zweifelhafter Absicht den „man" bemühen.

• **„Man" schafft in Gesprächen über sich selbst** → *Distanz* **zur eigenen Person** – ein Thema, zu dem Psychologen mit Vergnügen stundenlang → *Vorträge* halten. Aber wer nur ein einziges Mal aufmerksam den Talkshow-Gästen im Nachmittagsfernsehen zuschaut, begreift auch ohne wissenschaftliche Fachkenntnisse sofort, warum dieses „man" eingesetzt wird. Und vor allem, wie es wirkt.

Innerhalb kürzester Zeit können Sie feststellen: „Ich" wird immer dort spontan durch „man" ersetzt, wo es um → *Gefühle* geht. Vor allem um Gefühle, die dem Sprecher unangenehm sind: → *Angst*, → *Wut*, Verzweiflung, Hilflosigkeit, → *Ärger*. „Was soll man da machen?", „Man ist schon ziemlich fertig, wenn so was passiert" oder, als kleine „Man"-Variante, „Natürlich ist das für einen kein schönes Gefühl".

Dem aufmerksamen Zuhörer signalisiert der Sprecher damit, dass er mit bestimmten Themen, die ihn selbst betreffen, ein → *Problem* hat. Zu Ende vermutet: dass er nicht genug Selbstbewusstsein hat, um sich auch mit unangenehmen Gefühlen offen auseinander zu setzen. Sonst würde er sie ja nicht mit dem „man" vor sich selbst verstecken.

„Man" wirkt schwach. Im → *Privatleben* ist das alles kein → *Problem* oder muss jedenfalls keines sein. Im Berufsleben sieht die Sache anders aus: Die Unternehmen wünschen sich starke und stabile Mitarbeiter. Längst nicht alle haben zwar tatsächlich ein Selbstbewusstsein wie Superman – aber wer im Bewerbungsgespräch oder bei wichtigen Verhandlungen mit neuen Partnern schon rein sprachlich signalisiert, dass er sich zumindest teilweise unsicher fühlt, der hat von vornherein einen schwachen Stand. Denn wer → *Schwächen* zeigt, der bietet in möglichen Konflikten einfach zu viele Angriffsflächen.

Es mag zwar kaum zu glauben sein, dass ein so kleines Wort unterm Strich so viele Folgen haben kann. Aber zumindest für

„Man"-Liebhaber lohnt es sich auf alle Fälle, über das Thema bei Gelegenheit länger nachzudenken.

▶ Ich-Botschaften

So lautet der psychologische Fachausdruck dafür, im → *Gespräch* seine → *Meinungen* über sein Gegenüber grundsätzlich als persönlichen → *Eindruck* zu formulieren. Besonders dann, wenn es um → *Kritik* und Konflikte geht. Und die kommen pausenlos in jeder Form von → *Beziehungen* vor, sei es mit Ehepartnern und Kindern, sei es mit Vorgesetzten, → *Mitarbeitern* und → *Kollegen*. Für fast alle Beziehungs- und Karriereratgeber gelten daher Ich-Botschaften als idealer Zaubertrick in Sachen Streitvermeidung.

Das macht ein **Beispiel** sofort klar: „Ich habe das → *Gefühl*, dass Du Dich nicht für meine Hobbys interessierst" lässt Raum für Gegenargumente und signalisiert Diskussionsbereitschaft. „Du hast kein Interesse an meinen Hobbys!" ist ein fetter Vorwurf, der von vornherein verurteilt, ohne die Verteidigung überhaupt zu Wort kommen zu lassen. Klarer Fall von → *Angriff*. Die Folgen sind auch klar: Gegenangriff, → *Tränen*, → *Streit* – aber höchstwahrscheinlich keine Fortschritte, weder in Sachen Hobbys noch in Sachen Beziehung.

Im Berufsleben ist das genauso. „Ich habe den Eindruck, dass Sie mit dieser Arbeit überfordert sind" wirkt immer noch eine ganze Ecke netter und verständnisvoller als „Sie sind mit dieser Arbeit offensichtlich völlig überfordert!".

Einsatzorte für Ich-Botschaften gibt es theoretisch überall dort, wo einer → *Kritik* am anderen üben, ihn damit aber nicht verletzen und vor allem Streit vermeiden will. Das klingt einfach und einleuchtend. In Wirklichkeit sieht die Sache aber oft anders aus: Da unterdrücken viele Menschen ihre Kritik aus → *Angst* vor Konflikten so lange, bis sie irgendwann explosionsartig hochkommt. Und das garantiert nicht in wohl überlegten Ich-Botschaften, sondern mit Genuss als deftige → *Killersätze*: „Deine Pingeligkeit geht mir so was von auf den Wecker", „Sind Sie so begriffsstutzig, oder tun Sie nur so?", „Nie kannst Du mal irgendwas für mich machen, ohne gleich ein langes Gesicht zu ziehen", „Ihr ständiges Gejammere ist unerträglich", „Du gehörst auch zu denen, die immer gleich eingeschnappt sind!"

Auf jede Form sprachlicher → *Höflichkeit* zu verzichten und dem anderen endlich mal so richtig die Meinung zu geigen, kann ungeheuer befriedigend sein. Das gute Gefühl hält allerdings erfahrungsgemäß kaum länger vor als ein halbes Stündchen. Spätestens dann stellt sich in der → *Regel* heraus, dass man jede Hoffnung auf Besserung der Zustände, die man gerade mit dem Holzhammer kritisiert hat, voraussichtlich für immer zu den → *Akten* legen kann.

Formen von Ich-Botschaften. Dafür gibt es ein bewährtes Rezept: Man nimmt das, was man dem anderen sagen will, und streicht erst mal alles weg, was Übertreibung und Verallgemeinerung ist. Also alle „immer", „ständig", „nie", „völlig", „permanent" und so weiter. Dann forscht man nach allem, was rein durch die Wortwahl nach Angriff klingen könnte („auf den Wecker gehen", „begriffsstutzig", „Gejammer", „eingeschnappt") und ersetzt es durch sachlichere Formulierungen. Was danach noch übrig bleibt, das dekoriert man mit ein paar garantiert unschlagbaren Klassikern zu perfekten Ich-Botschaften um: „Ich habe das Gefühl, dass …", „Ich habe den Eindruck, dass …", „Bei mir kommt das so an, dass …", „Das wirkt auf mich so, als ob …"

Ich-Botschaften trainieren. Wer hier mit Besserwisser-Lächeln im Gesicht abwinkt nach dem Motto „Weiß ich schon, kann ich schon", der irrt sich. Und wird es spätestens bemerken, wenn er mitten in einer Auseinandersetzung steckt und dabei ist, die nötige → *Distanz* zu verlieren. Ich-Botschaften sind nämlich eine Technik, die man richtig trainieren muss, um sie auch in hochexplosiven Situationen noch zu beherrschen.

In netten kleinen friedlichen Gesprächen mit dem obersten → *Chef* (bei dem man es niemals wagen würde, aus der Hose zu springen) oder dem neuen → *Praktikanten* (der es niemals wagen würde, mit seinem neuen Vorgesetzten zu streiten) sind Ich-Botschaften keine große Kunst. Erst in gefühlsbeladenen Streitereien, die beiden Parteien heftig auf die Palme bringen, da stellt sich heraus, wer die Sache mit den Ich-Botschaften nicht nur kennt, sondern auch beherrscht.

▶ Ideen

Ideen sind erst mal immer eine gute Idee. Selbst wenn sie sich im Nachhinein als nicht zu verwirklichen oder sogar als schlecht entpuppen. Ideen sind nämlich der Stoff, aus dem → *Veränderungen* gemacht sind. Und ohne Veränderungen hat's der Fortschritt ziemlich schwer.

Deshalb sind in der Berufswelt Menschen mit Ideen zumindest theoretisch immer gefragt. Ideen zeugen von → *Initiative* und → *Job Identification*; jeder Vorgesetzte träumt von so motivierten Mitarbeitern. Ihre Geistesblitze können dazu führen, umständliche Genehmigungsverfahren zu vereinfachen, Produktionsprozesse zu verbilligen, Fehlerquoten zu verringern oder auf sonst wie geniale Weise die Zufriedenheit von → *Kunden* und → *Kollegen* zu steigern.

Oder auch nicht. Es kann nämlich durchaus sein, dass Kunden und Kollegen zwar lauthals nach guten Ideen schreien, die dieses oder jenes lästige → *Problem* endlich aus der Welt schaffen. Aber wenn Sie dann zufällig so eine Idee haben, ernten Sie dafür nicht den erhofften → *Dank*, noch weniger die erhoffte → *Gehaltserhöhung*, sondern erst mal nur Zweifel und Zurückhaltung auf weiter Flur. Nichts als Abwimmelmanöver weit und breit: „Da haben Sie gerade das Rad neu erfunden, mein Lieber", „Das haben wir doch alles schon mal ausprobiert" oder, besonders → *motivierend*, „Das funktioniert doch nie!".

Ideen als Angstauslöser. Der Grund dafür: Die Umsetzung von Ideen zieht zwangsläufig → *Veränderungen* nach sich. Und die sind unbeliebt, weil sie Arbeit machen: Lieb gewordene → *Routine* ist nur noch gut für den Müll, stattdessen ist → *Lernen* angesagt. Und damit tun sich längst nicht nur die → *Energiesparer* schwer – wie sich leicht an den Problemen zeigt, die die meisten Deutschen immer noch mit der Umsetzung der Euro-Idee haben. Wer kann schon von sich behaupten, inzwischen wirklich ehrlich gar nicht mehr in D-Mark zu rechnen?

Die Aussicht, mit Ihren Ideen nicht unbedingt nur Jubel hervorzurufen, sollte Ihren Elan keinesfalls so weit bremsen, dass Sie sich in Zukunft jedes Mitdenken sparen, nur noch strikt das tun, was in Ihrer → *Arbeitsplatzbeschreibung* steht und ansonsten Ihre → *Arbeitszeit* am liebsten in der Abteilung → *Klatsch & Tratsch* absitzen. Dieser Schongang senkt zwar das Risiko eines → *Burn-out* auf Null, aber die Aussicht auf → *Beförderung* auch.

Schlauer ist es, durchaus ein paar Überlegungen mehr als nötig anzustellen und aufsteigende Ideen gedanklich bis zur Spruchreife zu entwickeln. Wenn es so weit ist: Sprechen Sie darüber. Zählen Sie lieber nicht darauf, dass Ihnen spontan → *Lob* und Jubel entgegenbranden. Rechnen Sie besser damit, dass viel → *Geduld*, viele → *Gespräche* und noch mehr → *Aktennotizen* erforderlich sind, bis eine gute Idee auch umgesetzt wird.

Über Ideen sprechen. Auch wenn Sie noch so viel berechtigte → *Angst* vor → *Ideenklau* haben, kommen Sie um die eine oder andere Probediskussion mit Kollegen nicht herum. Jedenfalls mit Kollegen, die eine Ahnung davon haben, worum es bei Ihrer Idee geht. Sie mit der gebührenden Vorsicht ins → *Vertrauen* zu ziehen, hat zwei gute Gründe: Erstens ist der, der eine Idee hat, meistens irgendwann „betriebsblind" und sieht nur noch die guten Seiten seines Einfalls. Die anderen können ihm helfen, eventuelle Nachteile aufzudecken – und die Idee noch ein bisschen zu verbessern. Und zweitens ist es immer besser, dem Vorgesetzten gegenüber gleich ein paar Mitstreiter zu haben, die Ihre Idee unterstützen. Das ist besser als ein Alleingang, den die Chefs möglicherweise aus Eitelkeit → *abwimmeln*. Und der bei den Kollegen schon deshalb auf wenig Gegenliebe stößt, weil sie sich in einer Sache, die auch ihren Arbeitsbereich betrifft, schlicht übergangen fühlen.

Ideen von Mitarbeitern sind für Vorgesetzte eine besonders schwierige Herausforderung. Einerseits ist es ein gutes Zeichen für die Qualität eines Mitarbeiters, wenn er Initiative entwickelt. Andererseits weiß der → *Chef* nun mal vieles besser, sonst wäre er ja schließlich kein Chef. Die Vermutung liegt also nahe, dass er zwischen siebzig und neunzig Prozent aller Mitarbeiter-Ideen mit gönnerhaften Erklärungen direkt in den → *Papierkorb* befördert. Das zu tun, ist aber garantiert keine gute Idee: Ein Mitarbeiter, den Sie mit seinen guten Ideen viermal abgewimmelt haben, wird sich bestimmt nicht die Mühe machen, eine fünfte zu entwickeln. Obwohl Sie als Chef in Zukunft möglicherweise → *dringend* auf ein paar gute Ideen angewiesen sein könnten. Vor allem im Bereich Mitarbeitermotivation.

▶ **Ideenklau**

Jemand hört sehr interessiert zu, wenn ein anderer ihm von seiner Spitzenidee erzählt – und präsentiert diese Spitzenidee hinterher bei → *wichtigen* Leuten ohne größere moralische Bedenken als seine eigene: Dieses Risiko ist nicht auszuschließen. Unter → *Kollegen* nicht, und zwischen Vorgesetzten und → *Mitarbeitern* noch ein bisschen weniger.

Wenn Ihnen eine Idee geklaut wird, dann helfen Ihnen zwei Dinge garantiert nicht weiter: beim → *Chef* über den Ideenklau → *jammern* und dem Ideendieb Vorwürfe machen. „Wenn jemand Sie unfair behandelt, dann verhält er sich nicht dadurch fairer, dass Sie es sich wünschen."[1] Traurig aber wahr. Also sparen Sie sich Ihre Wünsche für Weihnachten auf, und tun Sie was: Die Fachautoren Topf und Gawrich empfehlen wärmstens, auf → *Angriffe*, → *Beschwerden* und → *Wutanfälle* zu verzichten und seinen Frust auch nicht gequält in ein → *Feedback*-Gespräch zu verpacken (→ *„Entschuldigen* Sie bitte – aber ich habe mich durch Ihr Verhalten schon sehr zurückgesetzt gefühlt"). Viel lohnender ist es, konkrete Gegenforderungen aufzustellen nach dem Motto: „Du hast mir was geklaut, und das weißt Du. Schwamm drüber – aber dafür kannst Du mir jetzt mal einen Gefallen tun …" Es versteht sich von selbst, dass auf die Gegenforderung noch eine kleine Diebstahlprämie aufgeschlagen wird.

Diese Strategie ist übrigens ein Muss für alle Opfer von Ideenklau, die nicht bis zum Rentenalter weiter beklaut und obendrein mit Weichei-Image durch die Gegend laufen wollen: Wer keine Gegenleistung fordert, verliert auch noch den Rest seines Rufes.[2]

Ideenklau verhindern ist natürlich das Beste, denn so erspart man sich schlicht → *Ärger* und strategisches Fingerhakeln. Obendrein ist es auch gar nicht kompliziert, höchstens ein bisschen mühsam. Das oberste Gebot heißt Mitdenken und sich rechtzeitig ein paar → *Fragen* stellen, wenn Sie spontan Lust haben, jemanden über eine gute Idee ins → *Vertrauen* zu ziehen. Wenn Sie ihm diese Idee erzählen – was wird er mit ihr wohl anfangen?

Weil das schlecht vorherzusagen ist, liegt es nahe, sich bei wirklich guten Ideen lieber gleich auf die guten alten → *Aktennotizen* zu verlassen. In denen können Sie regelmäßig und immer hübsch mit Datum die Entwicklung und Ausarbeitung Ihrer Idee festhalten und in Ihrer eigenen → *Ablage* archivieren.

Ist die Idee weit genug gediehen, legen Sie eine solche Aktennotiz Kollegen und dem Chef vor, zum Beispiel als angekündigte **Tischvorlage** (→ *Sitzungen*) in einer Routine-Besprechung. Es reicht völlig, sie unter „Verschiedenes" vorzustellen, allerdings besser nicht mit großem Tamtam, sondern möglichst bescheiden als „kleine Idee". Dann freuen sich die anderen, dass sie um ihre → *Meinung* gebeten werden – und gleichzeitig ist es auf dem Umweg über das → *Protokoll* ein für allemal „amtlich", dass es Ihre Idee war, die da zur Sprache kam. So ein kleiner schriftlicher Vermerk kann manchmal Monate später Gold wert sein, wenn alle möglichen anderen Leute sich Ihren Lorbeer an den Hut stecken wollen.

▶ Image

Image ist ein Wort aus dem Englischen. Es bedeutet „Abbild" und „Bild", vor allem im Sinne von „Bild, das man sich macht". In dieser Bedeutung wird es in der deutschen Sprache verwendet. Wenn jemand vom Image eines Menschen spricht, meint er seinen Ruf und sein Ansehen, also das Bild, das andere sich von diesem Menschen machen.

Das Image, das man hat oder vermitteln möchte, spielt auch für ganze Unternehmen, Branchen und Parteien eine große Rolle. Unternehmen pflegen sorgsam ihre → *Corporate Identity* (Unternehmensphilosophie), weil die für das Image → *wichtig* ist; Parteien und Politiker lassen sich professionelle Imageberater eine gute Stange → *Geld* kosten.

Wie ein Image entsteht. Das Bild, das Ihr Gegenüber sich von Ihnen macht, hängt in erster Linie von Ihnen ab: von Ihrem → *Auftreten*, Ihrem → *Erscheinungsbild* und Ihrem → *Benehmen*. Alles Dinge, die Sie zu einem großen Teil selbst steuern können, jedenfalls wenn Sie es wollen. Das Bild hängt aber auch von Ihrem Gegenüber ab: von seinen → *Meinungen* und Wertmaßstäben. Was Sie ihm über sich zeigen, bewertet er durch seine Brille.

Dabei kann es durchaus zu Widersprüchen kommen zwischen dem Bild, das Sie von sich selbst haben (Selbsteinschätzung) und dem, das der andere von Ihnen hat (→ *Fremdeinschätzung*). Ein Image kann also, selbst wenn Sie noch so tatkräftig daran arbeiten, zumindest bei einigen Leuten ganz anders ankommen, als Sie sich das wünschen

Ein Beispiel: Sie überlassen in Ihrem Arbeitsbereich nichts dem Zufall, kümmern sich mit → *Disziplin* auch um die kleinsten → *Details*, sind immer zu → *Überstunden* bereit und schieben mit Elan andauernd neue Projekte an. Das machen Sie wahrscheinlich nicht nur, weil Sie nun mal so → *zuverlässig* und → *motiviert* sind. Sondern auch, weil Sie mit dem Image des verantwortungsvollen, fleißigen → *Mitarbeiters* irgendwann an eine → *Beförderung* oder wenigstens an eine → *Gehaltserhöhung* herankommen wollen.

Bei Ihren Vorgesetzten geht diese Strategie auf, zumindest was Ihr Image betrifft: Sie genießen einen hervorragenden Ruf als → „Anpacker", als Vorbild in Sachen → *Initiative* und → *Job Identification*. (Ob man Ihnen deshalb eine Beförderung spendiert oder Sie einfach weiter strampeln lässt, wenn Sie schon mal so fröhlich bei der Sache sind, steht auf einem anderen Blatt.) Bei den → *Energiesparern* unter Ihren → *Kollegen* und Mitarbeitern, mit denen Sie öfters unzufrieden sind und sich deshalb mit ihnen ebenso gerne wie ergebnislos anlegen, haben Sie sich hingegen mit Ihrem Auftreten schon lange das wenig freundliche Image eines pingeligen → *Perfektionisten* und → *Workaholics* eingehandelt.

Daraus folgt: Das Image, das Sie bei Ihren Mitmenschen haben, ist auch davon abhängig, wie die → *Beziehungen* sind, die Sie zu ihnen haben. Und wenn die schlecht sind, dann können Sie bis ins Rentenalter an Ihrem Image zimmern und trotzdem niemals auf einen grünen Zweig kommen.

Imageprobleme? Auftreten, Erscheinungsbild, Benehmen – alles Umstände, die den Menschen nicht unbedingt so unabänderlich treffen wie Blutgruppe und Körpergröße. Die → *Kleidung* wächst schließlich nicht auf der Haut, → *Tischmanieren* hängen nicht davon ab, wie lange man gestillt wurde, → *Eitelkeit* ist nicht in den Genen verankert, → *Disziplin* hat nichts mit Sternzeichen zu tun und → *Arroganz* ist auch keine medizinisch nachweisbare Folge herausragender Studienabschlüsse.

Man ist also keineswegs unbeteiligt an dem Image, das man den anderen vermittelt. Und weil die anderen das auch genau wissen, wird man für sein Image → *verantwortlich* gemacht – mit allen Schlussfolgerungen, die sich daraus ergeben. Steht unterm Strich genügend → *Sympathie*, ist alles in Ordnung. Steht dort ein weniger günstiges Ergebnis, dann wird's problematisch – und ziemlich anstrengend. Denn die **Faustregel für ein schlechtes Image** lautet: Es dauert doppelt so lange, einen schlechten Ruf wieder abzubauen, wie es gedauert hat, bis er sich bei den anderen als Image verfestigt hat.

Stark ausgeprägten Persönlichkeiten und → *Energiesparern* ist das erfahrungsgemäß total egal. Sie selbst kennen schließlich ihre inneren Werte, und wenn die anderen nicht die, sondern das Image sehen, dann ist das deren → *Problem*. Im → *Privatleben* kann man mit dieser Logik durchaus glücklich werden. Aber für Beruf und → *Karriere* ist das eigene Image nun mal nicht unbedeutend. Grund genug, sich darüber bei Gelegenheit ein paar kleine → *Fragen* zu stellen.

▶ **Improvisieren**

Das heißt „ohne vorherige Planung ausführen, mit den gerade zur Verfügung stehenden Mitteln ausführen".[3]

Im Privatleben werden so spontan Abendessen, Partys und

Kurzurlaube organisiert, was auch meistens ganz wunderbar funktioniert.

Im Beruf hingegen ist es nicht angesagt, sich völlig auf sein Improvisationstalent zu verlassen. Dafür sind die Arbeitsbereiche zu groß und die → *Arbeitsaufträge* zu kompliziert; es gibt zu viele → *Details* zu beachten und zu viele Angelegenheiten, die man gleichzeitig im Auge behalten muss. Wer das alles ohne → *Planung*, → *Terminkalender*, → *Notizen* und → *Checklisten* bewältigen will, kommt erfahrungsgemäß erst ins Schwimmen und geht dann endgültig baden. Planlosigkeit führt zu → *Fehlern*, die führen zu → *Stress* und → *Hektik*. Und wo die beiden herrschen, da ist das lähmende Gefühl der Überforderung nie weit.

Das lässt auf den ersten Blick vermuten, dass es das einzig Wahre ist, immer alles unter → *Kontrolle* zu haben und grundsätzlich auf jede mögliche oder unmögliche Situation perfekt vorbereitet zu sein. So sehen es auf jeden Fall die → *Perfektionisten*. Sie haben so viel → *Angst* vor → *Fehlern*, die sich aus unvorhergesehenen Zwischenfällen ergeben könnten, dass sie versuchen, durch pingeligste Planung jeden Zufall von vornherein auszuschließen.

Alles unter Kontrolle? Der Haken an diesem Denkmodell ist nicht nur, dass Perfektionisten ihre Detailversessenheit mit reichlich → *Überstunden* bezahlen. Das weitaus größere → *Problem* besteht darin, dass Improvisation in der Welt der Kontrolleure überhaupt nicht vorgesehen ist. Dummerweise gelingt es allerdings auch den größten Perfektionisten nie, wirklich jeden denkbaren Zufall vorherzusehen. Wenn dann wider Erwarten doch einer eintritt, dann stehen sie auf dem Schlauch, obwohl sie doch vorher unendlich viel Energie daran verschwendet haben, diesen Ernstfall auszuschließen.

Und der kann von jetzt auf gleich eintreten: Die große → *Konferenz* ist bis ins letzte Detail geplant und hochkarätig besetzt – und mittendrin fällt bei 30 Grad im Schatten auf einmal die Klimaanlage aus. Der Direktor hat für seine große → *Dienstreise* einen genauen Plan bekommen – in dem eine klitzekleine Zeitverschiebung nicht berücksichtigt ist. Der feudale Jahresempfang ist mit den Lieferanten haarklein abgesprochen worden – und trotzdem ist auch eine halbe Stunde nach Beginn noch kein Wein in Sicht.

Improvisation als letzte Rettung. In diesen Situationen ist Improvisationstalent das Einzige, was hilft. Wo der Perfektionist auf Pannen mit dem hilflosen Griff nach den Herztropfen reagiert, zaubern Improvisationskünstler mit Geistesblitzen, → *Geld* und guten Worten die rettenden → *Lösungen* herbei: Die Sitzung verlegen sie in ein nahe gelegenes Garten-Café und vertagen den vertraulichen Teil der Tagesordnung, für den Direktor finden sie auf den letzten Drücker eine Flugverbindung, mit der sich der Zeitverlust wieder aufholen lässt, und für den weinlosen Empfang bitten sie kurzerhand den Italiener um die Ecke um eine Blitzlieferung.

Improvisationstalente lassen sich nicht lähmen durch das, was nicht funktioniert, sondern machen das Beste aus dem, was noch funktioniert: „Improvisation ist die Kunst, aus Niederlagen Siege zu machen."[4] Und wer sie nicht so gut beherrscht, sollte sie im Beruf lieber regelmäßig üben, anstatt allein auf Planung und Perfektionismus zu setzen.

▶ Indiskretion

Das bedeutet laut Wörterbuch „Mangel an Verschwiegenheit, an Feinempfinden; Vertrauensbruch".[5] Es handelt sich also im Gegensatz zur → *Diskretion* nicht unbedingt um eine Eigenschaft, die von gutem → *Benehmen* zeugt. Deshalb werden Indiskretionen grundsätzlich gerne mit entschuldigenden Nebensätzchen wie „Unter dem Siegel der Verschwiegenheit", „Das erzähl' ich jetzt aber nur Dir" und „Das muss unbedingt unter uns bleiben" dekoriert. Auch wenn das – bei gezielter Indiskretion – gar nicht so gemeint ist, siehe unten.

Indiskret ist der Nachbar, der Sie nach Ihrem Einkommen fragt; der → *Kollege*, der ein beim → *Mittagessen* aufgeschnapptes → *Gerücht* über den → *Chef* weiterverbreitet; der Freund, der nicht für sich behalten kann, was Sie ihm über Ihre erotischen → *Beziehungen* anvertraut haben. Indiskretion ist in der Abteilung

→ *Klatsch & Tratsch* genauso zu Hause wie in der Gerüchteküche, wo sie für ständig frischen Gesprächsstoff sorgt.

Gezielte Indiskretion gehört bei → *Mobbing* und → *Intrigen* zusammen mit boshaften → *Andeutungen* und Gerüchten zum Standardwerkzeug: Um einem anderen zu schaden, plaudert man ganz bewusst Dinge aus, die man besser für sich behalten sollte. Viele kleine Indiskretionen zusammen können für ihr Opfer große Folgen haben:

„Der Schulze ist neulich auf der Sitzung mit seinen Vorschlägen ganz schön im Fettnäpfchen gelandet", „Herr Schulze hat den Bericht gar nicht selbst geschrieben, sondern seine Praktikantin", „Ist Ihnen schon mal aufgefallen, dass der Schulze mittags immer eine ordentliche Fahne hat?", „Herr Schulze hat sich an der Börse verspekuliert. Das hat er mir neulich bei der Betriebsfeier selbst gesagt." Noch ein paar mehr „Informationen" dieser Art gezielt in Richtung von Herrn Schulze gestreut, und er bekommt ein → *Problem*. Aber deshalb haben seine „lieben Kollegen" nicht unbedingt einen Grund zur Freude: Genau wie Gerüchte können auch Indiskretionen nicht selten bis an die Quelle zurückverfolgt werden. Und wer da sitzt, kann in seiner Umgebung nicht mit Pluspunkten für Beliebtheit rechnen. Die Rechnung ist einfach: „Einmal indiskret – immer indiskret. Letztes Mal hat es den Schulze getroffen, aber nächstes Mal bin vielleicht ich dran." Eine logische Schlussfolgerung, die nicht gerade freundschaftsfördernd ist.

Ungewollte Indiskretion. Es kommt häufig vor, dass jemand indiskret ist, ohne es bewusst zu wollen. Das nennt man dann niedlich „sich verplappern". Es erfolgt zwar nicht in böser Absicht, ist aber fast genauso schlimm. Und zwar nicht zuletzt wegen der → *Dummheit*, die daraus spricht.

Wer auf Spontaneität Wert legt oder alle anwesenden Gesprächspartner für absolut vertrauenswürdig hält, der kann sich daher ganz schön in die Nesseln setzen. Er könnte zum Beispiel auf einer privaten Party dem Freund eines Freundes erzählen, was für ein firmenbekannter Aufreißer und Frauenheld sein Abteilungsleiter ist – ohne zu wissen, dass dieser Freund eines

Freundes auch der Neffe der Frau seines Abteilungsleiters ist. Oder er könnte im Flugzeug einem Kollegen unter dem Siegel der Verschwiegenheit ein paar Einzelheiten über die schärfste Neuentwicklung aus der Forschungsabteilung anvertrauen. Wieso auch nicht – der dritte Herr in der Reihe ist ein Fremder. Zufälligerweise arbeitet der Fremde auch in einer Forschungsabteilung. Und zwar in der der Konkurrenz. Dumm gelaufen.

Gefährliche Gespräche. Auch wenn Sie ein überaus diskreter Mensch sind, können Sie unbeabsichtigt als indiskret wahrgenommen werden – bei Gesprächspartnern, von denen Sie nicht genug wissen, und bei → *Zuhörern*, von denen Sie nicht wissen, dass Sie sie haben. Beides ist letztlich nie auszuschließen.

Angesichts der überall lauernden Gefahren ist → *Schweigen* zwar eine theoretisch gute, aber nicht wirklich praktische Lösung. Einfacher und wunderbar wirkungsvoll ist die Beachtung zweier **Faustregeln:**

• **Es ist grundsätzlich schlecht, über Abwesende schlecht zu sprechen.** Wenn Sie sich das aus irgendeinem Grund nicht verkneifen können, dann lassen Sie wenigstens die → *Namen* weg.

• **„Man kann davon ausgehen, dass im Durchschnitt jeder, der von einer vertraulichen Sache erfährt, diese mindestens einer Person weitererzählt."**[6] Diese nüchterne Wahrscheinlichkeitsrechnung wird auch das größte Mitteilungsbedürfnis wieder auf ein vertretbares Ausmaß herunterschrauben.

Mit Indiskretionen umgehen. Auch wenn Sie selbst außerordentlich zurückhaltend sind, wird das andere nicht unbedingt davon abhalten, sich Ihnen gegenüber indiskret zu äußern. Das ist zwar auf den ersten Blick oft unterhaltsam, kann aber lästig werden, weil die anderen im Gegenzug ihrerseits die eine oder andere Indiskretion erwarten: quasi als „Gegenleistung" und als Beweis dafür, dass Sie in Sachen → *Klatsch & Tratsch* auch nicht besser sind.

In diesem Fall haben Sie **zwei Möglichkeiten:**

• **Ungewollte Indiskretion** können Sie gewöhnlich recht schnell abstellen, indem Sie sich demonstrativ umschauen und besorgt murmeln: „Sind Sie sicher, dass wir hier nicht ein paar ungebetene → *Zuhörer* haben?" Das erzeugt bei den Indiskreten zuverlässig ein unangenehmes Gefühl des Ertapptseins, das Ihnen Gegenleistungen aller Art erst mal erspart.

• Mit **gezielten Indiskretionen** umgehen ist nicht ganz so leicht. Wer nicht den Mut hat, sie freundlich aber bestimmt abzuwürgen (→ *Gerüchte*), kann sich durch Schweigen aus der Affäre ziehen. Damit läuft man aber Gefahr, sich das → *Image* eines Spielverderbers einzuhandeln. Manchmal ist es schlauer, auch ein bisschen was Indiskretes auszuplaudern. Es steht allerdings nirgends geschrieben, dass Sie dafür wie die anderen in die → *Läster*-Schublade greifen müssen. Wie wäre es mit einer netten Indiskretion: „Als Chef ist der Schulze aber okay. Neulich erst hat er für seine Sekretärin zum x-ten Mal den Kopierer in Gang gebracht, obwohl er am Ende immer voller Toner ist." Das ist zwar nicht unbedingt das, was sich die Abteilung → *Klatsch & Tratsch* als Gegenleistung erhofft. Aber die Schulzes dieser Welt werden es Ihnen danken.

▶ **Informationen**

Mit diesem Wort bezeichnet man sachliche Auskünfte, Nachrichten und Belehrungen aller Art.[7] Informationen sind Basis und Motor für fast das gesamte moderne Geschäftsleben. Ohne Informationsfluss würde das System der Arbeitsteilung – mehrere Personen oder Arbeitseinheiten erledigen verschiedene Teilbereiche ein und desselben → *Arbeitsauftrags* – sofort im Chaos versinken. Und ohne Informationsbeschaffung und -verarbeitung wäre jede Form von Fortschritt letztlich ausgeschlossen.

Wie funktioniert Information? Wer „Information" sagt, meint „Vermittlung nüchterner Tatsachen". Und das Schöne an Tatsachen ist, dass ihre Bedeutung nun mal unverrückbar feststeht – → *Missverständnisse* sind also völlig ausgeschlossen. So glaubt man jedenfalls. Aber ganz so klar liegen die Dinge nun auch wieder nicht: „Die Rede von der ‚Information' geht davon aus, Sie könnten in Ihrem Kopf eine → *Idee* kreieren [erschaffen], in Worte formen, über Schallwellen zu Ihrem Gesprächspartner transportieren, dieser hört die Worte, dekodiert [entschlüsselt] sie und lagert sie dann 1:1 in seinem Gehirn ab. (...) Irrtum! Der Empfänger der Botschaft gestaltet die Botschaft völlig neu. Er unterlegt den wahrgenommenen Worten seine eigene Verstehensfolie."[8] Für ihn stellen die gegebenen Informationen nur Anregungen dar, in denen keineswegs verpflichtend festgelegt ist, wie genau er sie verstehen soll.

Einfacher ausgedrückt: Auch die sachlichsten Informationen können bei demjenigen, dem Sie sie geben, ganz anders ankommen, als Sie das wollen. Weil er Ihre Worte anders versteht, als Sie sie meinen – aufgrund anderer persönlicher → *Erfahrungen*, einer anderen Stimmung, oder einfach, weil er zwischendurch für Sekunden in Gedanken woanders war. Unterm Strich kommt bei ihm dann möglicherweise eine völlig andere Information an als die, die Sie geben wollten. Und das Ganze nennt man dann Missverständnis.

Aber wer einmal verstanden hat, dass Informationen eben keine unverrückbaren Tatsachen sind, der wird Missverständnisse leichter verzeihen. Und er wird sich schlauerweise doppelt und dreifach darum bemühen, durch → *Wiederholungen*, Umschreibungen und Rückfragen Informationen grundsätzlich so zu vermitteln, dass das Risiko von Missverständnissen möglichst überschaubar bleibt.

Welche Informationen braucht man? Informationen lassen sich in verschiedene Bereiche untergliedern. Wenn man die kennt, kann man leichter überblicken, welche Informationen man schon hat, und welche zur Bearbeitung eines → *Arbeitsauftrags* und zum Verständnis des gesamten → *Arbeitsplatzes* noch fehlen. Besonders für → *Anfänger* ist es ausgesprochen nützlich, im Kopf zu behalten, dass Information am Arbeitsplatz eigentlich ein Modell mit fünf Stufen ist. Es gibt nämlich

(1) Informationen, die Sie zur **Erledigung eines Auftrags** benötigen;

(2) Informationen, die Sie zur **Erfüllung aller Ihrer Aufgaben** benötigen;

(3) Informationen, die Sie zum **Verständnis der Abläufe** innerhalb der Abteilung oder Arbeitsgruppe benötigen;

(4) Informationen, die Sie zum **Verständnis der Zusammenhänge** innerhalb des gesamten Unternehmens benötigen;
(5) Informationen, die Sie zum Verständnis der **Situation des Unternehmens** im aktuellen Umfeld und über Trends und Entwicklungen in der Zukunft benötigen.[9]

Je mehr Informationen zu allen fünf Stufen Sie sammeln können, desto besser die Qualität Ihrer Arbeit – und die Aussichten für einen beruflichen Aufstieg.

Information beschaffen und verarbeiten. Das Dumme an Informationen ist, dass sie selten übersichtlich geordnet, einfach verständlich und komplett am Stück serviert werden. Gelegentlich verschweigt jemand sogar mit Absicht das eine oder andere wichtige → *Detail* (→ *Herrschaftswissen*). Man muss sich Informationen also meistens bröckchenweise selbst aus allen möglichen Ecken zusammensuchen. Ohne eine gewisse Anstrengung geht das nicht ab. Viel → *Initiative* ist angesagt, um alle Informationsquellen anzuzapfen:

• **Schriftliche Informationsquellen** sind fast alle Schriftstücke, die Ihnen in die Hände fallen: → *Berichte*, → *Protokolle*, Hausmitteilungen, der Schriftverkehr und die → *Ablage* Ihres Vorgesetzten, Firmenzeitschriften, Fachzeitschriften und natürlich die Leitlinien der → *Corporate Identity*, sofern vorhanden. **Merke:** Fast alles steht irgendwo geschrieben. Man muss sich nur die Mühe machen, es auch zu lesen.

• **Mündliche Informationsquellen** sind Ihre direkten → *Kollegen* und auch die aus anderen Bereichen und Abteilungen, Ihr Chef, → *Mitarbeiter*, mit denen Sie auf den ersten Blick gar nichts zu tun haben (Buchhaltung, → *Hauspost*, Lager), die aber schon lange im Unternehmen sind und sich deshalb sehr gut auskennen, und – Luxus für hochrangige Positionen – → *Mentoring* oder → *Coaching* durch Führungspersönlichkeiten innerhalb oder außerhalb der Firma. Alle diese Leute können Sie fragen und um Rat bitten. Gerade in der Anfangszeit sind auch die gestresstesten Kollegen in der → *Regel* einigermaßen geduldig und hilfsbereit.

Und warum die ganze Mühe in Sachen Informationsbeschaffung? Ganz einfach. Weil bei → *Fehlern*, → *Fettnäpfen* und Pannen Ausreden wie „Das hab' ich nicht gewusst" oder „Darüber bin ich nicht informiert worden" eine ziemlich schwache → *Entschuldigung* sind. Wer sich so rausredet, hat schnell das → *Image*, ein → *Energiesparer* zu sein. Und das ist nicht wirklich vorteilhaft für die → *Karriere*. Information gilt nämlich heute ganz allgemein als **Holschuld**: Wenn Sie eine bestimmte Information nicht haben, dann müssen Sie sie sich eben beschaffen, basta.

Um Information gebeten werden gehört in fast allen Berufen zum Arbeitsalltag. Leute rufen an oder kommen vorbei und bitten um Auskünfte aller Art: → *Adressen*, Telefonnummern, Angebote, Preise, Erklärungen, Hintergründe.

Es kann durchaus vorkommen, dass Sie die Information nicht haben, um die man Sie bittet. Sei es, weil Sie für diesen Bereich nicht → *zuständig* sind, sei es, weil Sie sich in Ihrem eigenen Bereich (noch) nicht gut genug auskennen. Aber ganz egal, warum Sie eine bestimmte Information nicht parat haben – es ist → *tabu*, den Anfrager deshalb schlicht und ergreifend → *abzuwimmeln*. Wer den anderen gleich mit einem entschiedenen „Da sind Sie bei mir aber ganz falsch" unterbricht, kassiert Minuspunkte für Unhöflichkeit. Wer das ganze krönt durch ein ratloses „Keine Ahnung, wer Ihnen da weiterhelfen kann", darf sich nicht wundern, wenn man sich irgendwann über ihn → *beschwert*.

Eine ganze Ecke klüger und auch → *freundlicher* ist es, den anderen **entweder** an einen wirklich → *kompetenten* Gesprächspartner zu verweisen. Wobei die Betonung auf „wirklich" liegt. Kaum etwas ist nämlich so nervtötend wie fünf Leute, denen man fünfmal sein Anliegen erklärt und die dann alle am Ende sagen, dass sie leider auch nicht helfen können. **Oder** aber man → *vertröstet* den Anfrager kurz („Kann ich Sie gleich zurückrufen?") und bemüht sich darum, die fehlende Information auf die Schnelle zu beschaffen.

Irgendein Kollege weiß immer Bescheid – und wenn er nicht selbst Bescheid weiß, dann weiß er vielleicht wenigstens, wo die Information steht oder wer sie beschaffen könnte. Das ist sowieso das Entscheidende: Man kann nicht alles wissen. Aber man sollte immer wissen, wie man sich eine Information beschaffen kann.

✕ **Neue Informationen weitergeben** ist mindestens genauso wichtig wie es ist, sie sich zu beschaffen. Fast alle Arbeitsplätze innerhalb eines Unternehmens sind heute mehr oder weniger stark miteinander vernetzt. Das heißt, sie sind auf den geregelten Austausch von Informationen angewiesen, um funktionieren zu können. Sobald in diesem Netz einer eine Information, die er erhält, für sich behält (weil er nicht genug mitdenkt oder Herrschaftswissen horten will), stehen die anderen auf dem Schlauch. Da können selbst „Kleinigkeiten" wie ein kurzfristig geänderter → *Termin* oder eine neue Durchwahl manchmal zu einem ziemlich großen → *Problem* werden.

Information und Anfänger. → *Chefs* erwarten besonders von Jobanfängern, dass die sie regelmäßig über alles auf dem Laufenden halten, was sich so tut oder nicht tut. Und zwar nicht auf Nachfrage, sondern unaufgefordert und in regelmäßigen Abständen: „Tatsächlich will Ihr Vorgesetzter auch dann von Ihnen informiert werden, wenn Ihr Projekt gut beziehungsweise planmäßig läuft."[10]

So gesehen ist Information auch eine **Bringpflicht**. Und die ist relativ leicht zu erledigen. Zum Beispiel durch Kurzberichte in → *Besprechungen* und durch → *Kopien* aller wichtigen Schreiben, die Sie verschicken, zur Kenntnis an den Vorgesetzten. Das Ganze ist nicht nur für den Vorgesetzten nützlich, sondern auch für Sie selbst: „Wenn Sie Ihren Chef nicht permanent informieren, kann er leicht das Gefühl bekommen, Sie wollten ihn übergehen, selbst wenn Sie das überhaupt nicht beabsichtigt haben. Sie sollten Ihren Chef also wirklich über alles informieren, immer nach dem Motto ‚Lieber zu viel als zu wenig'. Wenn er dann bestimmte Informationen nicht mehr erhalten möchte, wird er es Ihnen schon sagen."[11]

Fluss oder Flut? Gibt es einen geregelten Austausch von Informationen, dann nennt man das **Informationsfluss**. Von **Informationsflut** spricht man, wenn der Informationsfluss sich zur Überschwemmung auswächst. So gesehen stehen heute drei Viertel aller Arbeitsplätze wahrscheinlich schon unter Wasser: Die unglaubliche Fülle verfügbarer Informationen aus immer mehr Kanälen (Post, → *Telefax*, → *Telefon*, → *E-Mail*, Medien und Fachmedien) ist kaum noch zu bewältigen. Gleichzeitig geht alles immer schneller; die neue Information von heute ist morgen vielleicht schon veraltet.

Information ist also auch ein Stressfaktor. Deshalb ist es letztlich bei aller Bringschuld sinnvoll, seine Mitmenschen in der Arbeitswelt nicht automatisch über wirklich jeden Kleinkram zu informieren. Ein paar kurze Überlegungen nach dem Motto „Ist diese Information jetzt für den anderen wirklich → *wichtig*?" sind nie überflüssig. Nicht nur, um den anderen zu schonen, sondern auch aus Selbstschutz: Wer den Ruf hat, alle um sich herum gnadenlos zuzumüllen (was per E-Mail heute besonders leicht und schnell geht), der riskiert, dass am Ende nicht nur seine unwichtigen, sondern auch ein paar wichtige Angelegenheiten ungelesen im → *Papierkorb* landen.

▶ Initiative

Der Begriff bedeutet laut Wörterbuch „Entschlusskraft, Unternehmungsgeist, der erste Schritt zu einer Handlung, Fähigkeit, aus eigenem Antrieb zu handeln".[12] Einfacher ausgedrückt: Wer Initiative an den Tag legt, ist bereit, mitzudenken und → *anzupacken*. „Menschen mit Initiative handeln, bevor sie von äußeren Ereignissen dazu gezwungen werden."[13] Deshalb sind sie die Traummitarbeiter schlechthin; Initiative gehört im Berufsleben zu den bedeutendsten sozialen → *Kompetenzen*.

Beispiele für Initiative. → *Energiesparer* tippen zwar wohl oder übel schnell einen → *Brief*, wenn der → *Chef* daneben steht und sie antreibt, überlassen dann aber den eiligen Brief gerne der → *Hauspost*, weil das am bequemsten ist. Dort liegt er dann bis zum nächsten Tag, ehe er ganz gemütlich verschickt wird. Mitarbeiter mit Initiative hingegen kommen von alleine auf die → *Idee*, eilige Sendungen per Kurier zu verschicken. Oder zwischendurch schnell zur Post zu gehen und sie als Expresssendung aufzugeben.

Mitarbeiter mit Initiative denken mit: Sie schalten sofort, wenn sie merken, dass ein wichtiger → *Kunde* am → *Telefon* ist. Anstatt routinemäßig ihr „der Chef ist leider nicht zu sprechen" abzuspulen, wenn der Chef nicht gestört werden will, fragen sie ihn lieber schnell, ob er in diesem Fall nicht doch eine → *Ausnahme* machen will.

Mitarbeiter mit Initiative packen an: Wenn sie merken, dass der Praktikant es nicht schafft, die wichtige → *Versandaktion* rechtzeitig einzutüten, krempeln sie selbst die Ärmel hoch, auch wenn das in ihrer → *Arbeitsplatzbeschreibung* nicht vorgesehen ist. Oder sie organisieren auf die Schnelle einen zweiten Helfer, um den Versandtermin doch noch zu schaffen, anstatt in Ruhe zuzusehen, wie die Arbeit aus dem Ruder läuft, und hinterher die Schuld auf die anderen zu verteilen.

Anpacken ohne Extraeinladung. Das Wichtigste: Mitarbeiter mit Initiative arbeiten nicht nur auf Aufforderung. Sie entwickeln von ganz alleine die eine oder andere gute → *Idee*. Und sie wissen, was zu tun ist, auch wenn man sie nicht mit dem Zaunpfahl darauf hinweist. In jedem Unternehmen gibt es Arbeiten, die zwar gemacht werden müssen, aber nicht wirklich → *dringend* sind. Obendrein sind sie meistens nicht sehr aufregend. Deshalb bleiben sie gerne liegen: Fachzeitschriften auswerten, → *Ablage* ausmisten, → *Adressen* aktualisieren, → *Aktenordner* ordentlich beschriften.

Wenn zwischendurch ausnahmsweise mal wenig zu tun ist, könnten diese Aufgaben prima erledigt werden. Und zwar, ohne dass eine ausdrückliche Anweisung vom Chef erforderlich ist. Aber wenn die nicht kommt, haben erfahrungsgemäß nur Mitarbeiter mit Initiative die → *Disziplin*, diese ungeliebten Arbeiten trotzdem zu erledigen. Der gemeine Energiesparer hingegen zieht es vor, in ruhigen Stunden ausgiebig privat zu telefonieren, im → *Internet* nach günstigen Urlaubsangeboten zu suchen oder ganz einfach früher zu gehen. Es gab ja nichts zu tun.

Die Nachteile von Initiative. Es ist anstrengend, Initiative zu zeigen, schließlich muss man ziemlich viel denken und ziemlich viel tun – weit mehr, als in klaren Worten verlangt wird. Obendrein besteht ein gewisses Risiko, dass man für seine Initiative am Ende sogar bestraft wird. Wer → *Entscheidungen* trifft, könnte ja für Fehlentscheidungen verantwortlich gemacht, wer → *Verantwortung* übernimmt, könnte dafür zur Rechenschaft gezogen werden. Andersherum ausgedrückt: „Wer nichts macht, macht keine → *Fehler* und wird befördert."[14]

Der Vorteil von Initiative. Befördert wird man heute in Wirklichkeit nicht etwa fürs Nichtstun. Sondern für Engagement und → *Job Identification.*

▶ ## Inkompetenz

Gemeint ist laut Wörterbuch in erster Linie „Unzuständigkeit, Unbefugtheit" und erst auf der zweiten Bedeutungsebene „Unfähigkeit".[15] Doch genau in diesem Sinne wird das Wort heute überwiegend verwendet. „Der ist ja völlig inkompetent!" ist im Berufsleben ein ebenso unerfreulicher wie weit verbreiteter → *Killersatz.*

Wer zu Ungeduld, → *Ärger*, → *Wutanfällen* und sonstigen → *Entgleisungen* neigt, ist mit einem solchen Urteil schnell bei der Hand. Besonders hart trifft es in der Regel → *Anfänger*, die nicht gleich klar zu verstehen geben, dass ihnen noch ein bisschen → *Erfahrung* fehlt. Doch auch → *Chefs*, die sich im Laufe ihrer → *Karriere* zu weit vom Alltagsgeschäft entfernt haben und nicht mehr überblicken, was ihre → *Mitarbeiter* überhaupt leisten, sind vor „Inkompetenz"-Angriffen nicht sicher. Und → *Energiesparer*, einmal als solche enttarnt, kassieren sowieso reichlich Vorwürfe in dieser Richtung. Was jedoch beiden Gruppen – den Chefs und den Energiesparern – im Gegensatz zu den Anfängern ziemlich wenig ausmacht.

Formen von Inkompetenz. Wer über Inkompetenz schimpft, regt sich auf über das offensichtliche Fehlen von Qualitäten und Fähigkeiten aller Art. Als nervtötend werden vor allem mangelnde fachliche → *Kompetenzen* eingeordnet: Menschen, die sich in ihrem eigenen Arbeitsgebiet nicht auskennen oder dumm anstellen (was auf dasselbe hinausläuft), haben nur beschränkte Aussicht auf → *Erfolg* im Beruf.

In den letzten Jahren hat sich obendrein die Erkenntnis durchgesetzt, dass die sozialen Kompetenzen am → *Arbeitsplatz* fast noch wichtiger sind als das berufliche Können. → *Arroganz,* → *Geiz,* Unzuverlässigkeit, Unkollegialität, mangelnde → *Hilfsbereitschaft* und Teamfähigkeit und was sonst noch so unter das Stichwort „schlechtes → *Auftreten"* fällt, gelten folglich ebenfalls als Inkompetenz. Selbst wenn man fachlich noch so kompetent ist.

Als inkompetent bezeichnet werden. Niemand möchte gerne als inkompetent bezeichnet werden. Das ist weder gut fürs → *Image* noch gut fürs Selbstbewusstsein. Außerdem ist „Unfähigkeit" unterm Strich ein ziemlich pauschaler Vorwurf. Wenn Sie sich damit herumschlagen müssen, können Sie in der → *Regel* eine ganze Reihe ziemlich guter Gründe dafür anführen, dass Sie nicht so konnten, wie ein anderer wollte. Und dass Sie nur deshalb als „inkompetent" beschimpft werden.

Es klingt auf den ersten Blick immer einleuchtend, wenn Sie das berühmte „Ich-konnte-doch-gar-nicht-anders"-Argument herausholen und wortreich die Grenzen Ihrer → *Zuständigkeit* und → *Verantwortung* erläutern. Sie müssen allerdings damit rechnen, dass trotzdem ein paar → *Fragen* offen bleiben. Zum Beispiel, was Ihre Bereitschaft zum Mitdenken und → *Anpacken* betrifft. In diesen Bereichen legt schließlich kaum eine → *Arbeitsplatzbeschreibung* im → *Detail* fest, wo Sie Ihre → *Grenzen* ziehen müssen.

Andere als inkompetent bezeichnen ist zwar vielleicht gerechtfertigt. Es trägt aber rein gar nichts zur Behebung der von Ihnen kritisierten Zustände bei, und die menschlichen → *Beziehungen* werden dadurch garantiert nicht besser. Also ist es das Sinnvollste, → *Kränkungen* in dieser Richtung möglichst unausgesprochen zu lassen und stattdessen Ihr Urteil erst mal in Einzelteile zu zerlegen. Was bringt Sie zu dem → *Eindruck,* Ihren Chef, Ihre → *Sekretärin,* den Postbeamten oder den Hausmeister für inkompetent zu halten?

Auf diese Fragen werden Sie möglicherweise schnell klare Antworten finden: → *Fehler* beim Rechnen oder Schreiben, Unzuverlässigkeit, Unpünktlichkeit, leere → *Versprechungen* oder nicht eingehaltene → *Termine.* Und über diese sachlichen Themen lässt sich dann viel besser eine → *Diskussion* oder ein → *Feedback-*→ *Gespräch* führen als über den ziemlich unsachlichen Vorwurf der Inkompetenz.

Außerdem hilfreich: die Suche nach den guten Seiten „inkompetenter" Zeitgenossen. Wahrscheinlich müssen Sie es mit ihnen ja irgendwie aushalten. Und irgendwie haben sie es schließlich auch in ihre derzeitige Position geschafft. Nur über gute → *Kontakte* und gut getarnte Inkompetenz wird ihnen das nicht gelungen sein. Also sind sie zwar vielleicht fachlich nicht auf dem allerneuesten Stand und auch nicht gerade ein leuchtendes Vorbild an → *Job Identification* – aber dafür sind sie ja vielleicht von unerschütterlicher → *Geduld* und Großzügigkeit, kochen gut, kennen gute → *Witze* oder haben ein paar andere irgendwie erfreuliche Eigenschaften. Was im täglichen Umgang durchaus auch seine Vorteile haben kann.

▶ Internet

Immer mehr → *Arbeitsplätze* sind heutzutage mit einem → *PC* mit Internetanschluss ausgestattet. Schon allein deshalb, weil inzwischen ein großer Teil des geschäftlichen Schriftverkehrs einmalig preiswert und schnell über → *E-Mail* abgewickelt wird. Für die Arbeitnehmer ist ein Online-Anschluss allerdings nicht allein deshalb so attraktiv, weil sie ihre Aufgaben damit so erfreulich einfach erledigen können – sondern auch, weil sie ihn häufig als → *Einladung* zu ausgiebigen privaten Surf-Ausflügen auffassen, vom Mail-Verkehr über Internet-Auktionen bis zur Erledigung von Bankgeschichten (→ *denglisch*: Online-Banking).

Was für die → *Mitarbeiter* ein noch viel größerer Spaß ist als privates → *Telefonieren*, bringt die Arbeitgeber immer häufiger zur Weißglut. Und das längst nicht nur wegen der Gebühren und ständig besetzter Leitungen – beides ist zwar noch ein Thema, aber nur in Firmen, die keine leistungsstarken Standleitungen haben. Von anderen **Ärger-Auslösern** jedoch sind grundsätzlich alle Unternehmen betroffen. Dazu gehört in erster Linie:

- das versehentliche Herunterladen von Viren beim privaten Surfen, durch das in Sekundenschnelle katastrophale Schäden hervorgerufen werden können;
- das Herunterladen von Datenmengen, die so riesig sind, dass dadurch das firmeninterne Netzwerk überlastet wird;
- das Surfen auf strafrechtlich relevanten Webadressen (zum Beispiel Kinderpornografie, Gewalt verherrlichende und rassistische Seiten);
- die → *Belästigung* von Mitarbeitern, etwa durch pornografische E-Mails oder das Zumüllen mit „witzigen", unwichtigen oder einfach nur lästigen Mails;
- und natürlich vor allem der Entgang an Arbeitsleistung. In der → *Zeit*, die ein Mitarbeiter privat surft und mailt, kann er schließlich keine → *Arbeitsaufträge* erledigen, kassiert aber trotzdem am Monatsende sein → *Gehalt*.

Surferlaubnis – oder nicht? Das Thema ist aus arbeitsrechtlicher Sicht relativ neu und gleichzeitig hochaktuell, weil die unerlaubte Internet-Nutzung immer häufiger vor Gericht diskutiert wird. Eine einheitliche Rechtsprechung hat sich zwar noch nicht herausgebildet, aber ein paar Tatsachen stehen mittlerweile ziemlich fest:

- **„Die anderen surfen doch auch alle!"** ist als Ausrede nur bedingt zu gebrauchen. Es gibt zwar eine Art Gewohnheitsrecht, wenn der Arbeitgeber die private Nutzung über einen längeren Zeitraum nicht ausdrücklich verbietet – aber daraus lässt sich ein stillschweigendes Einverständnis nur dann ableiten, wenn der Arbeitgeber nachweislich genau wusste, dass seine Mitarbeiter privat im Internet unterwegs sind.
- **„Ich darf doch auch privat telefonieren!"** liegt als Ausrede zwar auf der Hand, erlaubt aber trotzdem nicht immer eindeutige Rückschlüsse auf das, was der Arbeitgeber im Internet-Bereich erlaubt oder nicht erlaubt. Schließlich kann man sich durch → *Telefonieren* bisher noch keine Viren runterladen.
- **„Mir kann keiner was – bei uns ist privates Surfen erlaubt!"** Leider auch falsch. Denn sogar da, wo die private Internet-Nutzung ohne genauere Einschränkungen zulässig ist, heißt das noch

lange nicht, dass erlaubt ist, was Spaß macht: Selbst eine allgemein formulierte Erlaubnis setzt immer noch voraus, dass der Arbeitnehmer die normale → *Leistung* erbringt, zu der er sich im → *Arbeitsvertrag* verpflichtet hat. Die Internet-Nutzung darf keinesfalls „zu einer Beeinträchtigung der Arbeitsleistung führen und muss sich demzufolge grundsätzlich auf die Pausenzeiten beschränken".[16] Und dass es auch während der Pausenzeiten → *tabu* bleibt, sich rechtlich oder betriebsintern verbotene Seiten anzuschauen, muss nicht extra erklärt werden.

Betriebsinterne Regelungen. Weil die Rechtsexperten den Arbeitgebern einhellig dazu raten, die private Internet-Nutzung so genau wie möglich zu regeln, gibt es in immer mehr Firmen schriftliche Bestimmungen zum Thema und Betriebsvereinbarungen mit dem → *Betriebsrat*. Bevor Sie also munter drauflossurfen, nur weil Ihre → *Kollegen* das auch tun, sind Sie gerade als → *Anfänger* gut beraten, sich genau darüber zu erkundigen, was erlaubt ist und was nicht.

Bei Ihren Erkundigungen werden Sie möglicherweise auf eine eingeschränkte Erlaubnis stoßen, die Sie zur Einhaltung bestimmter zeitlicher oder räumlicher Vorgaben, zu einer Kostenerstattung der Firma gegenüber oder zum Verzicht auf den Besuch bestimmter Webseiten verpflichtet.

Es kann auch sein, dass Ihr Arbeitgeber die private Internet-Nutzung grundsätzlich nicht duldet oder aber nur bestimmten Arbeitnehmern genehmigt. Möglicherweise haben Sie sogar mit der → *Unterschrift* unter Ihren Arbeitsvertrag bestimmte Regelungen ausdrücklich anerkannt.

Faustregel. Selbst bei einer offiziellen Erlaubnis ist noch längst nicht alles erlaubt, siehe oben. Es ist also nicht verkehrt, nur für sich selbst mal aufzuschreiben, wie viel Zeit wöchentlich fürs private Surfen und Mailen draufgeht. Ist das mehr als die vertraglich vereinbarten Pausen, ist späterer → *Ärger* nie auszuschließen. Und sobald es klare Einschränkungen oder Verbote gibt, sollten Sie so klug sein, sich möglichst genau daran zu halten. Denn wenn Sie das nicht tun, handeln Sie eindeutig „pflichtwidrig" – und dafür können Sie, je nach Schwere und Häufigkeit Ihres Verhaltens, mit einer → *Abmahnung* oder sogar → *Kündigung* bestraft werden.

Kontrolle durch den Arbeitgeber. Rein technisch gesehen, kann der Arbeitgeber gerade in Sachen Internet-Nutzung wirklich alles kontrollieren, bis hin zu den Inhalten verschickter und erhaltener E-Mails und den Webseiten, auf denen Sie sich am liebsten aufhalten. Andererseits gibt es nun mal auch den → *Datenschutz*, und der verbietet es dem Arbeitgeber, seine Nase zu sehr in die private Internet-Nutzung seiner Mitarbeiter zu stecken. So ist für ihn der Inhalt privater E-Mails tabu. (Dienstliche Mails hingegen darf er durchaus lesen, um zu prüfen, ob der Mitarbeiter seine Arbeit auch gut macht.) Die ganzen Eckdaten dazu, also den Zeitpunkt des Mailversands, die Datenmenge und den E-Mail-Kopf, kann er aber durchaus auswerten, vor allem, wenn Kostenerstattung durch die Mitarbeiter vereinbart wurde.

Was der Arbeitgeber technisch kann, rechtlich darf und tatsächlich macht, ist ein ziemlich weites Feld. Trotzdem ist es keine gute → *Idee*, sich vorsorglich ein Anti-Überwachungsprogramm zu installieren – das dürfen Sie nämlich nicht.[17]

Falls bei Ihnen die private Nutzung generell verboten ist, verlassen Sie sich lieber nicht darauf, dass die Datenschutz-Vorschriften Sie davor bewahren, aufzufliegen: Gerade wenn er ein ausdrückliches Verbot ausgesprochen hat, darf der Arbeitgeber dessen Einhaltung nämlich in viel stärkerem Maße durch Datenüberwachung kontrollieren, als wenn eine teilweise oder allgemeine Erlaubnis vorliegt: „Ist die private Nutzung generell verboten, werden die Befugnisse des Arbeitgebers besonders weitreichend anzusetzen sein, da es sich in diesem Fall um eine Pflichtverletzung des Arbeitnehmers handelt. Dem Arbeitnehmer steht demnach kein schützenswertes Interesse zur Seite. Eine Berufung auf das Persönlichkeitsrecht wäre rechtsmissbräuchlich."[18]

▶ **Interviews**

Für die Medien – Presse, Radio, Fernsehen, → *Internet* – sind Interviews ein ganz wesentlicher Arbeits- und Inhaltsbestandteil.

Und da allein in Deutschland reichlich Zeitungsseiten und Sendestunden gefüllt sein wollen, gibt es heute in allen Lebensbereichen mehr Interviews denn je. In der Geschäftswelt sieht man das mit großer Freude, denn ein gelungenes Interview kann ein halbes Dutzend Werbekampagnen ersetzen. → *Gespräche* mit Journalisten sind immer eine Chance, das eigene Unternehmen in den Medien vorteilhaft darzustellen. Fast genauso groß ist jedoch die Gefahr, in einem tiefen → *Fettnapf* zu landen (über den dann natürlich auch berichtet wird).

Wer darf Interviews geben? Die → *Verantwortung* dafür, ob ein Interview nützliche oder eher schädliche Folgen hat, gilt als so groß, dass in der → *Regel* nur Führungspersonal und dafür eingestellte Fachleute überhaupt welche geben dürfen. In großen Unternehmen gibt es eine eigene Presseabteilung und einen Pressesprecher, über den alle → *Kontakte* zu den Medien laufen müssen. Der spricht entweder selbst mit den Journalisten, oder er berät die obersten → *Chefs*, wie sie was wann am besten sagen.

Wo es klare Vorschriften gibt, wer mit „der Presse" reden darf und wer nicht, ist es unbedingt empfehlenswert, sich auch daran zu halten. Es kann zwar sein, dass sich ein Journalist auf der Suche nach einem Gesprächspartner an eine Nebenstelle außerhalb der Presseabteilung verirrt. Oder sogar ganz bewusst → *Mitarbeiter* anderer Abteilungen anspricht, um → *Informationen* jenseits der offiziellen Sprachregelungen zu beschaffen. Alle, die nicht wenigstens in der Presseabteilung arbeiten, müssten in dieser Situation eigentlich → *höflich* und zuvorkommend → *abwimmeln* nach dem Motto: „Darüber weiß ich leider nicht Bescheid – darf ich Sie mit unserem Pressesprecher verbinden?"

Als Mitarbeiter Interviews geben. Manchmal kann man sich nicht recht vorstellen, was denn so schlimm dabei sein könnte, wenn man einem Journalisten Antwort auf ein paar ganz harmlose → *Fragen* gibt. Und manchmal ist die Verlockung einfach zu groß, endlich mal seine höchstpersönliche → *Meinung* auszupacken und sich damit womöglich auch noch in der Zeitung oder der Abendschau wiederzufinden.

Es ist längst nicht gesagt, dass Sie mit jeder unbedachten Auskunft Ihre Firma ans Messer liefern. Das ist die → *Ausnahme*. Aber wenn die eintritt, dann kann sie ziemlich unangenehme Folgen haben. Möglicherweise für die Firma – aber bestimmt für Sie: Auf geschäftsschädigende → *Indiskretionen* folgt gewöhnlich die → *Kündigung*. Da stellt sich die Frage, ob die Verewigung Ihrer Meinung durch Druck oder Ausstrahlung dieses Risiko tatsächlich wert ist.

Als Privatperson Interviews geben. Das kommt häufiger vor, als man denkt: Inzwischen schwärmen täglich Radio- und TV-Teams aller möglichen Sender aus, um auf der Straße Passanten zu den unterschiedlichsten Themen zu befragen, von „Wissen Sie, wann Goethe gelebt hat?" bis „Was halten Sie von der EU-Richtlinie zu genmanipulierten Nahrungsmitteln?".

Wer als Privatperson zu Themen befragt wird, die seine Arbeit im weitesten Sinne berühren, sollte im Zweifelsfalle lieber nichts dazu sagen, auch wenn es noch so prickelnd ist, in ein Mikrofon zu sprechen. Aber es kann schließlich sein, dass Ihrer Firmenleitung nun mal nicht gefällt, was Sie als Privatperson da von sich geben.

Und auch wenn es um völlig arbeitsfremde Themen geht, ist es ratsam, kurz nachzudenken, ehe man in ein Gespräch einwilligt. Richtig gut für Ihr → *Image* ist es schließlich nicht, wenn am Ende der Goethe-Umfrage genau Ihr „Keine Ahnung!" gesendet wird.

Interview-Crashkurs. In großen Firmen werden dafür Profis angestellt, und das nicht ohne Grund. In Sachen „Was sage ich?" und „Wie sage ich es?" gibt es nämlich eine Menge Dinge zu beachten, wenn man alles richtig gut machen will. Neben den Inhalten selbst sind das vor allem: Satzbau, → *Wortwahl*, → *Tonfall*, im Fernsehen auch die → *Körpersprache*, und vor allem die Beherrschung der eigenen → *Nervosität*. Den meisten Leuten ist durchaus klar, wie → *wichtig* Interviews sind oder werden können – und wenn sie nicht gerade vor Selbstbewusstsein oder → *Eitelkeit* strotzen, versinken sie deshalb prompt im Lampenfieber. Das kann vor allem denen passieren, die in mittleren und kleinen Unternehmen für die Pressearbeit verantwortlich sind, ohne dafür auch professionell ausgebildet zu sein.

Wer Interviews geben muss und dann immer unter seiner Nervosität leidet, der kann ein Fachbuch kaufen, einen Rhetorikkurs besuchen oder ein (meistens ziemlich teures) Seminar über Interviewstrategien belegen. Er kann auch versuchen, bei seinem Arbeitgeber eine → *Fortbildung* locker zu machen; schließlich liegt es ja vor allem in dessen Interesse, dass Interviews eine möglichst gute Wirkung erzielen.

Für alle, denen dieser Aufwand dann doch zu groß ist, hier ein paar **Faustregeln:**

- **Erst mal ein paar Fragen an den Journalisten.** Dafür muss immer → *Zeit* sein. Je besser die Vorbereitung, desto leichter fällt beiden die Arbeit, dem Interviewer und dem Interviewten. Es hilft ungemein, wenn man von vornherein weiß, wofür das → *Gespräch* eigentlich verwendet werden soll: Für den Regionalteil oder im Wirtschaftskommentar? Als Teil einer Materialsammlung für einen großen → *Bericht* oder als Einzelinterview? Was ist dem Journalisten besonders wichtig? (Oft will er über einen bestimmten Themenbereich sprechen, weil das Interview mit Ihnen Teil einer Gesamtkonzeption ist.) Was ist Ihnen besonders wichtig? Welche Themen oder → *Fragen* wollen Sie vermeiden? (Wenn sie sich nicht gerade genau dafür interessieren, respektieren Journalisten in der Regel solche Wünsche.)
- Für Radio und Fernsehen ganz besonders wichtig: **Live oder Aufzeichnung?** Alles, was Aufzeichnung ist, ist ein guter Grund, aufsteigende Panik gleich wieder wegzustecken. Denn wenn Sie sich hier verhaspeln oder etwas Falsches sagen, können Sie einfach von vorne anfangen. Und wenn Sie das Interview trotzdem aus irgendeinem Grund vergeigen, wird der Journalist in den meisten Fällen von alleine ein Einsehen haben und nur das verwenden, was überhaupt verwendbar ist. Er will schließlich weder Sie noch sich selbst blamieren. Live sieht die Sache anders aus – aber Live-Interviews kommen bei normal Sterblichen ausgesprochen selten vor.
- **Kurze Sätze.** Wer Schachtelsätze liebt, der sollte sich das sowieso abgewöhnen, weil es in → *Briefen* und → *E-Mails* nur Verwirrung stiftet und beim Sprechen ein erhöhtes Risiko mit sich

bringt, den → *Faden* zu verlieren. Besonders in Interviews. Gelegenheiten, sich Mammut-Sätze abzugewöhnen, gibt es mehr als genug: Jedes Mal, wenn Sie den Mund aufmachen, und jedes Mal, wenn Sie etwas zu Papier bringen.

• **Keine Fachbegriffe** und **Insider-Abkürzungen.** Die versteht nämlich außerhalb der Firma oder der Branche kein Mensch. Und wenn Sie außerhalb Ihrer Fachwelt nicht verstanden werden, können Sie sich die Mühe mit den Interviews gleich sparen. Sollte an manchen Spezialausdrücken kein Weg vorbeiführen, dann könnten Sie es sich angewöhnen, sie gleich automatisch zu erklären. Damit tun Sie erfahrungsgemäß nicht nur späteren Lesern oder → *Zuhörern* einen → *Gefallen*, sondern auch den Journalisten. Je besser die verstehen, was Sie eigentlich meinen, desto besser können sie Ihnen und Ihren Stellungnahmen bei der späteren Bearbeitung gerecht werden.

• **Irgendeine Antwort ist besser als keine Antwort.** „Kein Kommentar" kennt man zwar aus Fernsehkrimis und Kinofilmen, aber deshalb ist das noch lange nicht die beste Reaktion auf unangenehme Fragen. Stattdessen gibt es eine ganze Reihe von cleveren Antwort-Vermeidungs-Strategien, die besonders Politiker bis zur Perfektion beherrschen (→ *Fragen*).

Trostpflaster für den Fall, dass etwas dumm gelaufen ist. Wenn Sie sich nach einem misslungenen Interview noch tagelang in Grund und Boden schämen, helfen ein paar Gedanken an die Schnelllebigkeit der Medien ganz ungemein. Die betrifft nämlich fast alle, die mit ihnen in Berührung kommen, mit Ausnahme vielleicht von Showstars und Politikern. Und selbst die leiden darunter, dass sie zwar heute Schlagzeilen machen, aber in ganz naher Zukunft vielleicht schon vergessen sind:

Die Tageszeitung von heute ist morgen schon nicht mehr zu kaufen, und auch ein Wochenmagazin ist nach sieben Tagen hoffnungslos veraltet. Die meisten Radiosendungen sind in dem Augenblick vergessen, in dem sie zu Ende sind, und sogar Fernsehinterviews – für Laien die größten Lampenfieberauslöser überhaupt – haben ungefähr so viel Erinnerungswert wie ein Stein, den man ins Wasser wirft. Es gibt nämlich einfach zu viele. Un-

unterbrochen passiert irgendwas Neues, selbst der Skandal von gestern ist heute schon wieder kalter Kaffee.

In den meisten Durchschnitts- und Gebrauchsinterviews für Morgenpost und Abendschau kommt es kaum je zu Skandalen, weil jemand ein ungeschicktes Interview gibt. Oft ist es noch nicht einmal wirklich ungeschickt. Den Lesern, Zuhörern und Zuschauern fällt nichts auf – einzig und allein der Interviewte ist mit sich selbst unzufrieden.

▶ Intrigen

Intrigen sind „bösartige Machenschaften".[19] Und eigentlich sollte man meinen, dass die nur im Märchen vorkommen oder in Hollywood-Filmen, aber kaum an einem völlig durchschnittlichen → *Arbeitsplatz*. Doch in Zeiten wachsenden Konkurrenzdrucks und steigender Arbeitslosigkeit ist das Jobleben keine heile Welt mehr, in der → *Kollegialität*, → *Loyalität* und → *Hilfsbereitschaft* das Denken und Handeln der lieben → *Kollegen* und geschätzten Partner bestimmen.

Stattdessen ist selbst unter → *„Freunden"* ein späterer Machtkampf nie ausgeschlossen, und damit auch nicht der Einsatz von Intrigen. Mit ihnen verfolgt der Intrigant das Ziel, seinem Opfer beruflich zu schaden, das heißt, seinen Einfluss zu beschneiden.[20] So sieht es jedenfalls, und das bestimmt nicht zu Unrecht, Professor Jürgen Lürssen in seinem Fachbuch „Die heimlichen Spielregeln der Karriere".

Darin listet er nicht weniger als fünf **Hauptformen** beruflicher Intrigen auf:
- **Üble Nachrede**, also → *Gerüchte*, bösartige → *Andeutungen*, gezielte → *Indiskretion*, → *Klatsch & Tratsch* mit dem → *Ziel*, das Opfer anzuschwärzen oder zu verleumden;
- **Erpressung** mit dem Ziel, dem Opfer zu schaden und gleichzeitig für sich selbst noch eine → *Leistung* rauszuschlagen;
- **Falsches Spiel**, zum Beispiel Vorspiegelung freundschaftlicher Gefühle mit der Absicht, sich → *Vertrauen* zu erschleichen;
- **Fallenstellen**, zum Beispiel durch gezielte Fehlinformation;
- **Zuschieben der Sündenbock-Rolle:** Das Opfer wird → *bloßge-*

stellt und öffentlich für → *Fehler* verantwortlich gemacht, die es nicht begangen hat.[21]

Diese Liste hinterlässt den → *Eindruck,* dass es im Arbeitsleben weniger um die Erledigung von Arbeit geht, als vielmehr um den täglichen Überlebenskampf inmitten von Terror und Guerillakrieg. Und so völlig falsch ist dieser Eindruck wohl nicht – sonst wäre → *Mobbing* nicht ein Thema von ständig wachsender Bedeutung. Das fängt nämlich da an, wo die erste Intrige gesponnen wird.

Abhilfe. Es ist, rein menschlich gesehen, nur schwer zu verkraften, dass manche Leute in Ihrer Umgebung ganz offensichtlich nicht das Beste für Sie wollen. Und auf der praktischen Ebene können Sie auch nur wenig gegen Intrigen tun, wenn Sie ihnen zum Opfer fallen. Eigentlich stehen Ihnen nur zwei Möglichkeiten offen. Beide sind mit Vorsicht zu genießen:

• Sie können den Intriganten offen auf sein Verhalten ansprechen, vorausgesetzt natürlich, er ist Ihnen bekannt. Dazu benötigen Sie aber erstens unbedingt einen neutralen Zeugen oder besser noch: Moderator. Und zweitens die Fähigkeit, auch unter Druck in Sachen → *Wortwahl* und → *Tonfall* nicht außer → *Kontrolle* zu geraten.

• Sie können Ihren Vorgesetzten über die Intrige informieren. Allerdings nur, wenn Sie auch Beweise haben, und wenn Sie sich sicher sind, dass die → *Sympathien* Ihres Vorgesetzten auf Ihrer Seite oder zumindest gleich verteilt sind. Sonst wird das Ganze unter „Petzen" verbucht und endet als Eigentor.

Vorbeugende Maßnahmen sind letztlich eindeutig klüger als zweifelhafte Gegenmaßnahmen. Lieber Intrigen von vornherein erschweren oder gleich ganz verhindern, als sich hinterher dagegen wehren.

Den besten Intrigenschutz bietet ein großes → *Netzwerk* guter → *Beziehungen:* „Zur Intrigenabwehr brauchen Sie Freunde auf gleicher und auf höherer Ebene (mindestens Ihr → *Chef* und besser noch höhere Vorgesetzte). (…) Wenn Sie dafür bekannt sind, viele Freunde in der Organisation zu haben, entmutigt allein schon dies Ihre intriganten Gegner."[22]

Gute Beziehungen sind das eine. Das andere ist, auch ihnen gegenüber – und im Umgang mit weniger guten Bekannten sowieso – immer eine gewisse → *Distanz* aufrechtzuerhalten. Die kann nämlich im Zweifelsfall verhindern, dass Sie die rettende Wachsamkeit völlig abschalten, die bei fast allen Menschen als Instinkt und Bauchgefühl eingebaut ist. Beides regt dazu an, aufmerksam → *zuzuhören* und mitzudenken, wenn andere Leute etwas sagen oder tun, hinter dem vielleicht eine ganz andere Absicht stecken könnte. Und beides kann Sie davor bewahren, aus reiner Vertrauensseligkeit zu viel über sich selbst preiszugeben. Mit übertriebenem Misstrauen hat das gar nichts zu tun, eher mit einem gesunden Wirklichkeitssinn. Denn im → *Kontakt* mit geübten Intriganten kann selbst ein kleines Geständnis schon eines zu viel sein.

▶ **Jammern**

Jammern gehört im Berufsleben heute fast zum guten Ton. Denn damit schlägt man zwei Fliegen mit einer Klappe: Mit dem Jammern über kaum zu bewältigende Arbeitsmengen und unzählige → *Überstunden* signalisiert man → *diskret* Fleiß, → *Disziplin*, → *Initiative* und → *Job Identification*. Und mit dem Jammern über → *inkompetente Chefs*, → *intrigante* Konkurrenzunternehmen und unmögliche Arbeitsbedingungen erklärt man gleichzeitig, warum bei allem Fleiß und aller Aufopferung die Dinge trotzdem nicht immer so laufen, wie sie laufen sollten.

Aufgrund dieser äußerst praktischen Auswirkungen ist Jammern für → *Energiesparer* quasi der Normalzustand. Aber auch so manche Führungskraft genießt das → *Gefühl*, von allen hoch geschätzt und tief bemitleidet zu werden, und baut sich deshalb mit großem Geschick eine Jammerfassade, hinter der sich prima faulenzen lässt. Der Nachteil an dieser Jammerstrategie: „Wer auf Mitleid macht, kriegt Mitleid, aber keine Anerkennung. Mitleid tut zwar gut, doch [nur] **Opfer** werden bemitleidet. Und Opfer werden nicht bevorzugt → *befördert* oder zu den guten Projekten und → *Kunden* eingeteilt."[23]

Energiesparern ist das wahrscheinlich nur Recht; so werden sie von anspruchsvolleren → *Arbeitsaufträgen* weitgehend verschont. Alle anderen sollten sich rechtzeitig darüber klar werden, dass Jammern alleine auf die Dauer nicht wirklich ausreicht, um an eine → *Gehaltserhöhung* oder → *Beförderung* heranzukommen. Ein bisschen wirkliche Arbeitsleistung gehört schon auch dazu.

Jammerkultur am → *Arbeitsplatz.* „Es gibt Unternehmen, die sind reine Opferclubs. Da wird von morgens bis abends gejammert. Über die Eisheiligen auf der Vorstandsetage, über die unkooperative Nachbarabteilung, über die initiativelosen → *Mitarbeiter*, über die Schönschwätzer im Krawattenbunker, über die Ignoranten an den Maschinen, über die Kunden, die sowieso nur stören."24

Der Fachbuchautor Ulrich Dehner nennt es das „Ach-wie-schrecklich-Spiel".25 Er führt es allerdings weniger auf rein praktische Erwägungen (siehe oben) zurück, sondern darauf, dass die Jammerer ein Gemeinschaftsgefühl erleben und Mitleid haben wollen. Das führt zu zwei → *Problemen*: Wo alle nur noch miteinander stöhnen, sucht keiner mehr nach → *Lösungen* – alle jammern, keiner handelt. Gut fürs Geschäft ist das nicht. Und wo Jammern die → *Gespräche* prägt, müssen Jobanfänger sich anpassen und mitjammern, um sich nicht zum Außenseiter zu machen. Denn kaum jemand lässt sich von einem Neuling sagen, dass doch alles gar nicht so schlimm ist oder dass man, bei Licht betrachtet, einige Dinge relativ einfach ändern könnte. Die Jammerer halten Leute, die sich unvorsichtigerweise so äußern, für → *arrogante* Besserwisser.26

Mitjammern und Motivieren. Das bedeutet im → *Klartext*: Wenn Sie sich auf eine erfolgreiche → *Bewerbung* hin in einem Jammerzirkel wiederfinden, ist es keine gute → *Idee* zu versuchen, mit viel Schwung und Optimismus frischen Wind in den Laden zu bringen und den neuen → *Kollegen* und Mitarbeitern jeden Tag aufs Neue zu zeigen, dass sie eigentlich gar keinen Grund zum Jammern haben. Stattdessen ist als Maßnahme der Beziehungspflege Mitjammern erst mal das Gebot der Stunde. „Wer gut mitjammern kann, pflegt das Abteilungsklima."27

Aber weil, wer allzu lange mitjammert, am Ende selbst ein Jammerlappen wird, sollte man es möglichst nicht dabei bewenden lassen. Stattdessen fordert Dehner, das Mitjammern ganz beiläufig mit dem einen oder anderen aufbauenden Gedankenanstoß zu verbinden: „Es stimmt schon, dass der Chef wirklich keine Ahnung von den Problemen hat, mit denen wir uns hier rumschlagen müssen. Aber immerhin lässt er uns ziemlich große Entscheidungsfreiheit. Ich hab' da schon ganz andere Chefs erlebt."

Den Kollegen auf diesem Weg das Jammern abzugewöhnen, ist wahrscheinlich ziemlich mühsam. Aber immerhin kann man so das Besserwisser-Image vermeiden und sich den Freiraum verschaffen, bei Gelegenheit vielleicht doch die eine oder andere gute → *Idee* zu äußern.

▶ Job Enrichment

Englischer Fachausdruck dafür, eine für den Inhaber nicht mehr sonderlich aufregende Stelle durch die Erweiterung um einen interessanten Arbeitsbereich „anzureichern". Vorgesetzte und Arbeitgeber bemühen sich immer dann um Job Enrichment, wenn klar ist, dass ein fähiger → *Mitarbeiter* auf seiner Stelle eindeutig unterfordert ist, mehr leisten will und eigentlich sogar eine → *Gehaltserhöhung* oder → *Beförderung* verdient hätte. Wenn diese beiden Möglichkeiten jedoch aus innerbetrieblichen Gründen ausscheiden (kein → *Geld*, keine passende freie Stelle), dient Job Enrichment gerne als Trostpflaster: Die → *Arbeitsaufträge* werden interessanter, der Zuständigkeitsbereich weiter, als Bonbon kommt auch mal eine → *Dienstreise* hinzu.

Job Enrichment als Zwischendurch-Belohnung. So gesehen ist Job Enrichment ein → *Kompromiss*. Es entspricht zwar nicht dem, was der Mitarbeiter sich eigentlich erhofft, aber es vermittelt ihm das → *Gefühl*, dass er und seine fachlichen → *Kompetenzen* ernst genommen werden. Es tröstet ihn mit anspruchsvollen Aufgaben darüber hinweg, dass er immer noch an demselben → *Arbeitsplatz* hockt. Und wenn er clever ist, kann er sich ausrechnen, dass Job Enrichment langfristig einer der besten Bausteine für ein höheres → *Gehalt* ist: Anspruchsvollere Tätigkeiten führen nämlich früher oder später zwangsläufig zu einer Aktualisierung der → *Arbeitsplatzbeschreibung*. Und die führt zwangsläufig irgendwann dazu, dass der → *Chef* sich auch finanziell zu Zugeständnissen bewegen lässt. Gute Arbeitgeber wissen, dass man gute Arbeitnehmer nicht endlos mit Job Enrichment vertrösten kann – irgendwann muss man ihre → *Leistungen* auch in Euro und Cent honorieren.

Mitarbeiter, die sich auf ihrer Stelle langweilen und vergeblich auf Beförderung in einen anspruchsvollen Job hoffen, der ihren Fähigkeiten mehr entspricht, tun also gut daran, mit ihren Chefs ein → *Gespräch* zum Thema Job Enrichment zu führen. Das ist gleichzeitig auch ein prima Beweis für → *Initiative*, → *Job Identification* und → *Anpacken* – alles Eigenschaften, für die man bei Vorgesetzten ohnehin Punkte sammelt.

▶ **Job Identification**

Englischer Fachausdruck für das, was sich jeder Arbeitgeber von seinen Arbeitnehmern wünscht. Seine Idealvorstellung ist es nämlich, dass die Mitarbeiter erstens ihr Unternehmen sozusagen geistig zum Familienmitglied machen. Und dass sie sich zweitens → *persönlich* für die Erfüllung ihrer Aufgaben verantwortlich fühlen. → *Disziplin* alleine genügt nicht, es muss **Begeisterung für die Sache** sein. Ein Mitarbeiter mit Job Identification „bringt sich voll ein". Sogar wenn sein unermüdlicher Einsatz am Ende des Monats nur mit einem eher mickrigen → *Gehalt* entlohnt wird. Denn wer sich mit seiner Arbeit identifiziert, entwickelt ein so starkes → *Gefühl* der Bindung an den eigenen Job und die eigene Firma, dass er nicht unbedingt nur aufs → *Geld* achtet.

Mitarbeiter mit Job Identification stecken die → *Grenzen* zwischen Beruf und → *Privatleben* ziemlich großzügig ab, sind fast ständig → *erreichbar* und ein Vorbild an → *Zuverlässigkeit*. Sie entwickeln mehr → *Initiative* und gute → *Ideen*, als für den Erhalt ihres → *Arbeitsplatzes* nötig ist. Und sie übernehmen auf Wunsch viel mehr → *Verantwortung*, als in ihrer → *Arbeitsplatzbeschreibung* gefordert ist.

Kein Wunder, dass „Ihre Job Identification ist wirklich vorbildlich" eines der größten → *Komplimente* ist, die Vorgesetzte und Arbeitgeber zu vergeben haben. Wo merklich viel davon da ist, lassen → *Gehaltserhöhung* und → *Beförderung* selten lange auf sich warten. Vor allem dann, wenn obendrein auch noch die menschlichen Qualitäten (sozialen → *Kompetenzen*) im Umgang mit → *Kollegen*, → *Kunden* und Partnern stimmen.

Zu viel Job Identification hat auch ein paar kräftige Nachteile. Wer sich zu stark mit seinem Job identifiziert, läuft Gefahr, sich zum → *Workaholic* oder → *Perfektionisten* zu entwickeln, der noch jede kleinste Kleinigkeit unter seiner persönlichen → *Kontrolle* haben will und sich nicht nur für seinen Job, sondern für das Wohlergehen der gesamten Firma verantwortlich fühlt. Ein ebenso klassischer wie überflüssiger → *Stress*-Auslöser, bei dem der → *Burn-out* nie weit ist: „Eine ganze Menge Mitarbeiter machen sich mehr Sorgen um ihre Firma als ihre Chefs. Dabei bekommen die Chefs doppelt so viel Gehalt. Also hören Sie auf damit. Schauen Sie, dass Sie ein bisschen mehr Schlaf bekommen."[28]

Zu wenig Job Identification. Das heißt aber wiederum nicht, dass Sie Ihre Gesundheit und Ihre Nerven lieber schonen und zu Ihrer Arbeit innerlich auf sichere → *Distanz* gehen sollten nach dem Motto „Ist doch nur ein Job" oder „Von neun bis fünf genügt". Das genügt nämlich meistens nicht, jedenfalls weder, um beruflich → *Erfolg* zu haben, noch, um auf die Dauer seinen Job überhaupt zu behalten. Auf dem Arbeitsmarkt herrschen schlechte Zeiten: Wer langfristig durch die völlige Abwesenheit von Engagement und → *Motivation* glänzt und pünktlich zum offiziellen Feierabend den Griffel fallen lässt, wird dafür irgendwann die Quittung bekommen.

▶ **Journalisten** → *Interviews*

Anmerkungen

[1] 21/S. 42
[2] 21/S. 40

[3] Reclams Kleines Fremdwörterbuch

[4] 6/S. 187

[5] Reclams Kleines Fremdwörterbuch

[6] 7/S. 124

[7] Wahrig Deutsches Wörterbuch

[8] 21/S. 127

[9] 5/S. 142

[10] 7/S. 71

[11] 7/S. 71

[12] Wahrig Deutsches Wörterbuch

[13] 20/S. 153

[14] 10/S. 184, S. 192

[15] Reclams Kleines Fremdwörterbuch

[16] 36/S. 24

[17] 35/S. 96

[18] 36/S. 61

[19] Reclams Kleines Fremdwörterbuch

[20] 7/S. 203

[21] 7/S. 203 ff

[22] 7/S. 218

[23] 21/S. 84

[24] 10/S. 18

[25] 6/S. 79 ff

[26] 6/S. 85

[27] 6/S. 82

[28] 28/S. 151

K

▶ Karriere

Bezeichnung für beruflichen → *Erfolg* von geradezu magischer Anziehungskraft. Im Buchhandel sind über tausend Werke erhältlich, die das Zauberwort im Titel führen. Karriere machen will jeder. Denn „Karriere" steht fast immer gleichbedeutend für „viel → *Geld*", „schnelles Auto", „Eigenheim", „Karibikurlaub" und ähnliche Wunschträume. Entsprechend gut verkaufen sich Bücher und Seminare zum Thema.

Karriere macht man selten ganz von allein. In der → *Regel* sind größere Anstrengungen erforderlich: Eiserne → *Disziplin*, → *Job Identification* bis zur Selbstaufgabe, unermüdliche → *Initiative*, harte Arbeit am eigenen → *Image*, gezielte Beziehungspflege, permanente → *Fortbildung*. Und die Bereitschaft, für die Karriere auch einen Preis zu zahlen. Damit sind nicht etwa die körperlichen und geistigen Mühen gemeint und der → *Burn-out*, der frühzeitig die Folge sein könnte. Sondern der Preis auf der moralischen Ebene:

Nicht wenige Leute geben auf dem Weg nach oben die Ideale auf, mit denen sie am Anfang ihrer beruflichen Laufbahn einmal angetreten sind. Diese Entwicklung nennt man „Diagonalkarriere" – von links unten nach rechts oben. Oft genug ist die Diagonalkarriere nichts anderes als ein langsamer Wandlungsprozess, der dazu führt, dass man im Laufe der Zeit genauso → *arrogant*, unfreundlich und → *intrigant* wird wie die älteren Vorgesetzten und Partner, die man als kleines Licht zu Beginn seiner Laufbahn noch verurteilt hat. Wenn Sie alle Leute automatisch in → *„wichtig"* und „unwichtig" einteilen und sich ihnen gegenüber entsprechend verhalten, dann haben Sie schon ein verdächtig großes Stück Ihrer Diagonalkarriere bewältigt.

Karriere ohne Kompromisse? Andererseits bringt man es ohne eine gewisse Verhandlungsbereitschaft und Kompromissfähigkeit im Berufsleben nirgends weit. Wo genau die → *Grenzen* liegen zwischen → *Kompromissen* und faulen Kompromissen, das muss jeder für sich selbst bestimmen. Was für den einen strategische Beziehungspflege ist, erscheint einem anderen als schier unerträgliche Heuchelei gegenüber eindeutigen Kotzbrocken.

Manchmal ist es nicht ganz leicht, immer klar zu sehen, welche Kompromisse, die auf dem Weg zur Karriere gefordert werden, noch okay sind und welche nicht mehr. Je näher man ihr kommt, desto mehr verschwimmen häufig die ursprünglichen Ideale, weil auf einmal neben dem eigentlichen Job so viele komplizierte Dinge zu beachten sind: Unternehmensziele, Strategiepapiere, Seilschaften, politische Kosten-Nutzen-Rechnungen. Es hilft allerdings, sich im Zweifel an ein paar Grundwerte zu erinnern: → *Aufmerksamkeit,* → *Freundlichkeit,* → *Loyalität,* → *Kollegialität* und → *Zivilcourage.*

▶ Kaugummi

Kaugummi ist einerseits wunderbar. Er hält wach und regt das Denkvermögen an, weil über das Kauen ständig Sauerstoff in den Körper kommt. Er reinigt die Zähne, weil er sie von Belägen, Salatresten und Fleischfasern befreit. Und er sorgt für frischen Atem – jedenfalls, wenn man ihn nicht gerade drei Tage lang kaut und sich für eine Geschmacksrichtung entscheidet, die mehr mit Minze zu tun hat als mit wilden Kirschen oder grünen Bananen.

Andererseits hat Kaugummi zwei große **Haken:**
• **Er muss gekaut werden**, wie der Name schon sagt. Die meisten Kaugummikauer machen das ganz automatisch und ohne groß darüber nachzudenken. Sollten sie aber – und zwar spätestens dann, wenn sie sich einen anderen Kaugummikauer mal genauer ansehen. Kein besonders attraktiver Anblick. Energische Kauer sehen immer ein bisschen aus wie eine Kuh beim Wiederkäuen. Oder ein Schaf beim Weiden. Dagegen ist zwar im Prinzip nichts einzuwenden – aber einen wahnsinnig guten → *Eindruck* macht es auch nicht. Und wer viel Wert auf die Einhaltung von Benimmregeln legt, hält Kaugummikauen sogar schlicht für unhöflich.

• Irgendwann stellt sich das Problem der **Entsorgung**. Fast alles, was man da im → *Privatleben* macht, gibt im Beruf fette Minuspunkte: in den Aschenbecher legen, mit spitzen Fingern aus dem Mund holen und in ein Papierchen wickeln, in einzelnen Fäden von den Zähnen pulen (passiert gerne bei Kronen und Brücken), vor Zeugen auf die Straße spucken, auf dem Tellerrand deponieren und was sonst noch alles theoretisch in Frage kommt.

Fazit. Kaugummi ist auf jeden Fall besser als Mundgeruch und hat auch sonst einige große Vorteile, auf die Kaugummifans ungern verzichten. Dazu besteht auch überhaupt kein Anlass – wenn Sie die Nachteile ausschalten.

Das heißt konkret: Beobachten Sie sich doch mal ein bisschen. Gehören Sie zu den fanatischen Kauern? Dann sollten Sie üben, zumindest in Gesellschaft zu sanfterem Lutschen überzugehen. Mit ein bisschen Übung kann man sich das durchaus angewöhnen.

Und was die Entsorgung betrifft, so haben Sie schließlich jederzeit die Möglichkeit, Ihren Kaugummi dezent auf der Toilette loszuwerden, oder als Naseputzen getarnt in ein Taschentuch zu spucken. Falls jedoch aus technischen Gründen weder das eine noch das andere in Frage kommt, dann gibt's nur eins: tapfer sein und runterschlucken. Das ist zwar vielleicht auf Dauer nicht so gut für Magen und Darm – aber zumindest bei offiziellen Anlässen und Begegnungen mit wichtigen Leuten trotzdem das Gebot der Stunde.

▸ Killersätze

Killersätze sind → *Angriffe*, durch die man in Konflikten seinen Gegner zum → *Schweigen* bringen will. Er soll einsehen, dass weitere → *Diskussionen* rein gar nichts bringen, weil er nun mal zu jung/zu alt/zu unerfahren/zu begriffsstutzig/zu altklug/zu naiv/zu empfindlich/zu dickhäutig ist (Passendes bitte anstreichen). Weshalb er am besten die Klappe halten und sich fügen sollte. Anders ausgedrückt: Killersätze sind Verallgemeinerungen, die als sachlich begründete Urteile daherkommen. Und gegen die allein deshalb jeder Einspruch zwecklos ist.

☠ Typische Beispiele: „Das bringt doch alles nichts", „Kapierst Du denn nicht, dass …", „Das machen wir hier immer so", „Dazu sind Sie noch viel zu unerfahren", „Sie sind aber wirklich sehr empfindlich", „Du kannst wohl keine Kritik vertragen", „Das geht nicht", „Tu, was Du nicht lassen kannst", „Das haben wir schon hundertmal vergeblich versucht", „Wann sehen Sie endlich ein, dass Sie …", „Das können Sie doch gar nicht beurteilen", „Wie kann man nur so begriffsstutzig sein", „Da erfinden Sie gerade das Rad neu", „Das ist Ihr Problem" „Sie sind noch zu jung, um das beurteilen zu können", „Das funktioniert niemals", „Geben Sie doch zu, dass Sie …", „Du siehst das ganz falsch", „Glauben Sie einem erfahrenen Mitarbeiter …", „Du darfst auf keinen Fall …", „Immer/nie tust Du …", „Da haben Sie was falsch verstanden", „Tut mir Leid, aber dafür bin ich nicht zuständig."

Alles bewährte Klassiker, die übrigens in privaten Meinungsverschiedenheiten mit derselben Freude ins Feld geführt werden wie am → *Arbeitsplatz*. Wer solche Totschlägerargumente verwendet, glaubt möglicherweise felsenfest an das, was er sagt. Aber er ist trotzdem ein Killer: Eine bis dahin vielleicht halbwegs akzeptable → *Gesprächsatmosphäre* muss dran glauben, alle Aussichten auf einen gütlichen → *Kompromiss* werden erstickt.

Killersätze verwenden. Von den → *Feedback-Techniken*, die Experten empfehlen, um einem anderen → *Kritik* möglichst schonend beizubringen, ihn nicht vor anderen → *bloßzustellen* und um ganz allgemein unterschiedliche Ansichten nicht zu kriegerischen Auseinandersetzungen werden zu lassen, haben die Verwender von Killersätzen noch nie etwas gehört. Oder sie halten nichts davon nach dem Motto: Lieber ein sauberer Schlagabtausch als → *diplomatisches* Geschwafel. Der Schlagabtausch hat nämlich zumindest den Vorteil, dass es am Ende einen Sieger nach Punkten gibt.

Aber er hat auch den Nachteil, nicht gerade sehr beziehungsfördernd zu sein. Liebhaber von Killersätzen gelten als rechthaberisch, unbelehrbar und → *arrogant*. → *Chefs*, → *VIPs*, Großkunden, Finanzbeamte und Schwiegereltern, die regelmäßig zu Killersätzen greifen, bekommen das zwar aus → *Angst* vor möglichen Folgen nur selten → *ehrlich* ins Gesicht gesagt. Das ändert jedoch nichts daran, dass ihre Opfer ihnen stillschweigend einen Abgrund an → *Abneigung* entgegenbringen.

Daraus folgt: Auch wenn es noch so verführerisch ist, Killersätze rauszuholen, weil man dem anderen damit so schön ein für alle Mal sagen kann, was wirklich Sache ist – verzichten Sie lieber drauf. Die sprachlichen Totschläger bringen nämlich letztlich wenig außer der Aussicht auf ein paar → *Feindschaften* mehr. Davon gibt es aber zumindest im Beruf auch so schon mehr als genug.

Keine Angst, Ihre → *Meinung* dürfen Sie trotzdem zum Ausdruck zu bringen. Am besten, indem Sie die Kerngedanken Ihrer geliebten Killersätze ein wenig umdekorieren, zum Beispiel zu verantwortungsvollen → *Ich-Botschaften*. Das erfordert zwar etwas Übung. Aber die lohnt sich immer, wenn Sie wollen, dass man das, was Sie sagen, ernst nimmt, anstatt es von vornherein abzulehnen („Wie redest Du eigentlich mit mir?").

Auf Killersätze reagieren. Eigentlich ist dieser Fall ziemlich eindeutig. Nach den → *Regeln* der modernen Gesprächsführung sind Killersätze → *tabu*. Also kann man sie allein aufgrund ihrer Form eigentlich mit freundlichem → *Lächeln* zurückweisen. Sogar, wenn sie inhaltlich noch so zutreffen. Wer clever und selbstbewusst genug ist, kann so selbst völlig gerechtfertigte Kritik auf Grund laufen lassen.

Sehr bewährt hat es sich, Totschläger-Verallgemeinerungen durch gezieltes Nachfragen zu zerpflücken: „Warum glauben Sie eigentlich, dass das alles nichts bringt?", „Ich habe eigentlich nicht das Gefühl, dass ich das Rad neu erfunden habe. Wie kommen Sie darauf?", „Ist es nicht so, dass man mit zu viel Erfahrung manchmal betriebsblind wird?", „Du findest also, dass ich echt nur dummes Zeug rede, ohne Ausnahme?", „Was meinst Du eigentlich mit ‚immer'? Ich kann mich nur an zwei Mal erinnern."

Dazu gehört allerdings einiges an Schlagfertigkeit und, will man eine weitere Zuspitzung vermeiden, vor allem ein heiterer → *Tonfall* und ein entspannter Gesichtsausdruck. Das ist oft zu viel verlangt; nicht wenigen Menschen verschlägt es beim gezielten Einsatz von Killerkommentaren erst mal die Sprache. Und genau dazu werden sie ja eingesetzt, siehe oben. Aber diesen Triumph sollten Sie dem Angreifer nicht gönnen. Sonst macht er Sie nach derselben bewährten Methode immer wieder fertig, und das muss nun wirklich nicht sein.

Bewährte Antworten. Es lohnt sich also auf jeden Fall, bei jeder sich bietenden Gelegenheit ein paar Standardantworten auf Killersätze einzuüben „Hat es eigentlich einen Sinn, wenn ich darauf noch antworte – oder steht Ihre Meinung sowieso schon fest?", „Bitte rede doch in klaren Beispielen, damit ich weiß, was Du meinst" oder zur Not auch „Ich habe das Gefühl, dass wir so in der Sache nicht weiterkommen". Solche Sätze fühlen sich im Mund immer etwas hölzern an, wenn man sie das erste Mal ausspricht. Aber sie verfehlen ihre Wirkung nie. Besonders dann, wenn Sie nicht nur die Sätze, sondern auch das dazugehörige freundliche → *Lächeln* lange genug trainiert haben.

▶ Kinder

Kinder und Beruf sind nicht immer leicht miteinander vereinbar, vor allem dann nicht, wenn die Kinder noch klein sind. Es sind meistens die Frauen, die damit → *Probleme* bekommen: Arbeitgeber fürchten immer (und nicht immer ganz zu Unrecht), dass Mütter keine → *Zeit* für nötige → *Überstunden* haben, öfters fehlen, um Mumps, Masern und Durchfall zu kurieren, und ganz allgemein durch ihre „häuslichen Verpflichtungen" daran gehindert werden, die → *Job Identification* an den Tag zu legen, die heute automatisch von den → *Mitarbeitern* erwartet wird.

Gesetzliche Schutzbestimmungen. Der Staat legt großen Wert darauf, dass berufstätige Frauen sich dadurch, eventuell ihren Job oder ihre → *Karriere* zu riskieren, nicht vom Kinderkriegen abhalten lassen. Also bietet er Eltern und allein Erziehenden eine ganze Reihe gesetzlich verankerter Vorzüge und Schutzmaßnahmen, zum Beispiel Kündigungsschutz während der → *Schwangerschaft*, Erziehungsgeld, Elternzeit und Regelungen im Falle von → *Krankheit* eines Kindes.

Bei der großen Mehrzahl dieser Gesetze geht es um Zeit, → *Geld* und besonders um Fristen, die eingehalten werden müssen. Da sich diese gesetzlichen Vorschriften relativ oft ändern, lohnt es sich für Eltern, werdende Eltern und vor allem allein Erziehende garantiert, bei den städtischen Beratungsstellen vorbeizuschauen oder sogar ein paar Euro für ein Fachbuch zum Thema[1] auszugeben. In jedem Buchladen gibt es gleich mehrere Titel zur Auswahl, für jeden Geschmack und in jeder Preisklasse etwas. Und die Informationsschriften der Beratungsstellen gibt es sogar umsonst.

Anmerkung für kinderlose Kollegen und Vorgesetzte. Vielleicht gehören Sie ja zu denen, die selbst hervorragende Mitarbeiterinnen in dem Moment abschreiben, in dem sie schwanger werden und damit (erst mal) auf die Weiterführung ihrer Karriere verzichten. In dem Fall lohnt es sich für Sie, einmal ernsthaft darüber nachzudenken, ob die Mütter und Väter unter Ihren → *Mitarbeitern* und → *Kollegen* nicht sogar ein Gewinn für ihre Arbeitsumgebung sein können.

Zum Beispiel, weil sich, wer Kinder hat, weniger leicht aus der Ruhe bringen lässt und weniger schnell die → *Geduld* verliert. Und vor allem, weil Eltern viel besser als Nicht-Eltern einschätzen können, was wirklich → *wichtig* ist. Im Leben genauso wie am → *Arbeitsplatz.*

▶ **Klartext**

Das Wort bedeutet eigentlich „normaler, ohne Schlüssel lesbarer [und verständlicher] Text".[2] Wer Klartext redet, der verzichtet von vornherein darauf, das, was er sagt, durch die Beschränkung auf leise → *Andeutungen* und das Verwenden von → *diplomatischen* Schnörkeln zu verschlüsseln.

Klartext ist also unverblümte → *Ehrlichkeit.* Und die kann durchaus einiges für sich haben – zumindest für diejenigen, die lieber nicht lange über die tiefere Bedeutung von Satzdekorationen und Anspielungen brüten, sondern immer gleich wissen wollen, was Sache ist. „Mit mir können Sie Klartext reden", „Jetzt rück' schon mit der Sprache raus", „Wir sollten nicht länger um den heißen Brei herumreden": Wenn jemand sich so ausdrückt, können Sie (ziemlich) sicher sein, dass er Klartext nicht nur will, sondern auch verträgt.

Es gibt allerdings auch Leute, die nicht etwa andere um Klartext bitten, sondern für sich selbst prinzipiell dieses → *Recht* in Anspruch nehmen: „Ich sage immer, was ich denke", „Ich habe schließlich ein Recht darauf, meine Meinung zu sagen", „Soll er ruhig wissen, was ich von ihm halte." Auch wenn er genau das vielleicht weder will noch damit umgehen kann.

Klartext oder doch lieber nicht? Diplomatie und → *Diskretion* sind nicht immer und überall eine Form der Heuchelei, sondern für viele Menschen ein Weg, die Erschütterungen des Lebens besser zu verkraften und für andere verkraftbarer zu machen. Insofern ist Klartext zwar ehrenwert, kann aber andere sehr schnell vor den Kopf stoßen.

Das soll jetzt nicht heißen, dass Sie sich in Zukunft grundsätzlich eher einen Knoten in die Zunge machen sollten, als ein paar offene Worte zu sagen. Aber wenn Sie nicht riskieren wollen, mit Ihrer Offenheit im Laufe der → *Zeit* mehr → *Feindschaften* als → *Freundschaften* anzusammeln (was, nebenbei gesagt, weder gut fürs → *Privatleben* noch gut für die → *Karriere* ist) – dann sollten Sie sich Ihre Gesprächspartner etwas → *aufmerksamer* anschauen, ehe Sie drauflosreden. Neigen sie eher zu diplomatischen Formulierungen? → *Schweigen* sie lieber, anstatt Ihnen zu widersprechen? In welcher Stimmung sind sie gerade?

Gelegentlich kann jemand Klartext nur deshalb nicht vertragen, weil es ihm gerade schlecht geht. Weil er seinen Job verloren hat, von seiner Frau verlassen wurde, oder weil sein Pudel gestorben ist. Andere Leute können mit Klartext überhaupt nicht umgehen, ganz einfach, weil sie zu viel → *Angst* vor den möglichen Folgen haben.

Und die sollten auch die Klartextsprecher nicht ganz außer Acht lassen: Die Welt ist voll von Leuten, die etwas darum geben würden, wenn sie zurücknehmen könnten, was sie in einem unbedachten Moment einmal gesagt haben. Zu denen müssen ja nicht unbedingt auch Sie gehören.

▶ **Klatsch & Tratsch**

Beide gehören für viele zu den schönsten, anregendsten und vor allem interessantesten Beschäftigungen überhaupt. Und zwar sowohl im → *Privatleben* als auch am → *Arbeitsplatz*. Auch wenn es da noch so stressreich zugeht – ein bisschen → *Zeit* für einen Besuch in der Abteilung Klatsch & Tratsch bleibt immer, am → *Kopierer*, auf dem Gang, vor → *Besprechungen* und in der → *Mittagspause*.

Sobald zwei Leute (gerne auch mehr) zusammenkommen und Lust auf ein bisschen → *Smalltalk* haben, sind Klatsch & Tratsch in all ihren Formen zu bewundern: → *Gerüchte* werden in die Welt gesetzt oder zumindest weiterverbreitet, → *Intrigen* werden gestrickt und → *Indiskretionen* begangen. Und → *gelästert* wird, was das Zeug hält. Grundsätzlich über Abwesende. Weshalb erfahrene Tratscher möglichst immer als Erste mit dabei sind und als Letzte gehen. So können sie am einfachsten vermeiden, dass die anderen auch sie zum Gesprächsthema machen.

Vorteile von Klatsch. Klatsch ist gut für die Karriere, weil er denen, die ihn genau analysieren, eine Menge höchst interessanter → *Informationen* bietet, die hinter den Übertreibungen, Ausschmückungen und Gerüchten versteckt sind:

• „Wer ist in der Firma oben auf, wer steht auf der Abschussliste?
• Wer hat Mist gebaut?
• Wer sägt bei wem?
• Mit wem muss man sich vertragen?
• Wer hat etwas gesagt, wonach man sich richten sollte?
• Wer hat Connections [Beziehungen], die mir nützen könnten?"[3]

In den Genuss dieser Informationen kommen allerdings nur die Leute, die auch über diese Themen tratschen. Und das sind, so die Experten Cornelia Topf und Rolf Gawrich, fast ausschließlich Männer: „Männer erfahren sehr viel schneller und häufiger, wo Chancen auf sie warten und wo ihnen Risiken drohen. Weil sie täglich, stündlich darüber klatschen."[4] Frauen hingegen klatschen offensichtlich lieber über Persönliches, über

→ *Beziehungen*, → *Krankheiten*, → *Gefühle* und Diäten. Das ist zwar auch brennend interessant, aber leider nicht so nützlich.

Nachteile von Klatsch. Die ganze Abteilung Klatsch & Tratsch ist im Grunde nichts anderes als eine gigantische Ansammlung von Tabubrüchen. Gerüchte, Intrigen, Indiskretionen – lauter Dinge, die hässlich sind oder zumindest hässliche Folgen haben könnten. Genau deshalb gelten sie als tabu. Trotzdem wird überall getratscht, und das nicht zu wenig. Zum Teil aus Neugier, Sensationsgier und Geltungsdrang. Zum Teil aber auch, um Leuten ganz bewusst zu schaden. Wer mitmacht, sollte sich darüber im Klaren sein, dass Klatsch & Tratsch nicht nur lustig, sondern auch die Keimzelle für → *Mobbing* sind.

Und selbst, wenn alles „ganz harmlos" ist – mit gutem → *Benehmen* haben Klatsch & Tratsch rein gar nichts zu tun. Deshalb kann es auf die Dauer gefährlich fürs eigene → *Image* werden, sich die Zeit damit zu vertreiben. Wer einmal offiziell als Tratscher gilt, bekommt bei diskreteren Mitmenschen kein Bein mehr auf die Erde. Die Gefahr, dass er ihr → *Vertrauen* nur für neue Meldungen an die Abteilung Klatsch & Tratsch missbraucht, ist einfach zu groß.

Tratschen oder nicht Tratschen? Klatsch & Tratsch sind also einerseits → *wichtig* für die Karriere – und können andererseits massiv karriereschädlich sein. Ein weiteres → *Problem* liegt darin, dass man sich in einer tratschlustigen Umgebung ziemlich schnell unbeliebt macht, wenn man sich jedem Klatsch glatt verweigert. Die Tratscher empfinden eine solche Zurückhaltung nämlich als → *Bloßstellung* und → *Kritik* und reagieren entsprechend verärgert.

Also sollte, wer Informationsquellen, → *Beziehungen* und Image gleichermaßen pflegen will, den Eiertanz zwischen zu viel und zu wenig Tratsch einüben. Mitreden ist besser als → *Schweigen*, aber es muss nicht zwangsläufig **Mitlästern** bedeuten. Niemand zwingt Sie dazu, Gerüchte weiter auszuschmücken und immer alles gleich zu erzählen, was Sie irgendwo gehört oder in → *Erfahrung* gebracht haben. Stattdessen können Sie getrost versuchen, Ihren → *Zuhörern* Dinge als brandheiße

Neuigkeiten zu verkaufen, die, wie Sie wissen, offiziell durchaus schon bekannt sind.

Auch steht nirgends geschrieben, dass jeder Tratsch negativ oder bösartig sein muss – wie wäre es also damit, auch mal ein paar nette Geschichten auszutratschen? Als → *Anfänger* sind Sie besonders gut dran. Sie können sich nämlich jederzeit mit einem diplomatischen „Den kenn' ich noch gar nicht/Damit hab' ich noch gar keine Erfahrungen gemacht" aus der Affäre ziehen. Und das sollten Sie auch, denn wer als Neuling allzu begeistert mittratscht, wird selbst von tratschsüchtigen Kollegen schnell schief angeguckt.

Das rettende Experiment. Wenn Sie so gar kein → *Gefühl* dafür haben, wo die → *Grenze* liegt zwischen dem, was Sie gerade noch sagen können und dem, was Sie sich auf jeden Fall besser verkneifen sollten – dann stellen Sie sich einfach immer kurz vor, dass die Person, über die Sie gerade tratschen, unsichtbar neben Ihnen steht und jedes Wort mitbekommt.[5] Wenn Ihnen das abgrundpeinlich wäre, dann haben Sie diese Grenze erreicht. Und sollten vielleicht lieber einen Schritt zurück als den Mund auf machen.

Tratschen mit Anfängern. Das gilt besonders dann, wenn Sie Jobanfängern Klatsch & Tratsch über Personen erzählen, mit denen Ihre Gesprächspartner demnächst das erste Mal zu tun haben. „Der Meier ist ein Schwätzer, der von nichts 'ne Ahnung hat", „Die Müller ist echt mit Vorsicht zu genießen" oder „Der Dr. Schultze ist so arrogant, dass es kaum zu ertragen ist" sind zwar vielleicht Überzeugungen, die Sie aus eigener leidvoller → *Erfahrung* vertreten.

Das ist aber noch lange kein Grund, über die MeiersMüllers-Schultzes dieser Welt so schlecht zu reden, dass Ihre → *Zuhörer* gar nicht anders können, als direkt in die erste Begegnung eine ordentliche Portion → *Angst* oder → *Abneigung* mitzubringen. Obwohl sie die MeiersMüllersSchultzes noch gar nicht kennen. Wenn sie sie dann kennen lernen, kann es natürlich durchaus sein, dass sie Ihre Eindrücke nur bestätigen. Es kann aber auch sein, dass sie ganz prima mit ihnen klarkommen, vielleicht sogar besser als mit Ihnen. Am Ende könnten sie ihnen irgendwann mal streng → *vertraulich* stecken, wie schlecht Sie über sie reden. Und dann könnten Sie unter Umständen ziemlich alt aussehen.

▶ Kleidung

Die Kleidung ist ein ganz wesentlicher Teil des → *Erscheinungsbilds*. Und das wiederum ist ausschlaggebend für den → *Eindruck*, den man bei anderen hinterlässt. Das ist insofern nicht weiter erstaunlich, als die große Mehrheit der Erwachsenen sich ihre Kleidung selbst aussucht. Durch das, was sie aussuchen, bringen sie etwas über die eigene Persönlichkeit zum Ausdruck. Und genau deshalb werden sie nach ihrer Kleidung beurteilt – ob sie wollen oder nicht: Wer Arbeiter-Latzhosen trägt, kommt in die Öko-Schublade, Pullunder tragen nur Spießer, Fliegen-Männer sind Pedanten, Frauen mit einer Vorliebe für großzügige Dekolletés sind Aufreißerinnen, und Hosen mit verwackelten Bügelfalten deuten auf mangelnde Ordnungsliebe.

Kleidung und Eindruck. Von diesen Klischees ist niemand richtig frei. Kleider machen nun mal Leute. Und viele Menschen haben eine zwar längst nicht immer zutreffende, aber dafür umso genauere Vorstellung davon, welche Kleidung welche Charaktereigenschaften verrät. Es ist daher nie falsch, sich bei Gelegenheit ein paar Gedanken darüber zu machen, in welcher Schublade man wohl durch den Stil landet, in dem man sich am liebsten kleidet.

Das ist Ihnen völlig egal? Auch gut. Im → *Privatleben* ist schließlich in Sachen Kleidung inzwischen fast alles erlaubt. Möglicherweise bewundert man Sie sogar dafür, wie kompromisslos Sie Ihren persönlichen Stil in Ihrer Kleidung zum Ausdruck bringen. Und wenn man Ihren Geschmack nicht ganz teilt, ist das weiter kein Drama – letztlich kommt es unter Freunden und Verwandten sowieso nur auf Ihre inneren Werte an. Im Berufsleben gelten jedoch im Zweifelsfalle andere → *Maßstäbe*.

Kleidung und Beruf. „Die Kleidung während Ihrer → *Arbeitszeit* dient erst in zweiter Linie der Betonung Ihrer Persönlichkeit, in erster Linie aber ist sie die Kleidung, in der Sie das Unternehmen repräsentieren."[6] Anders ausgedrückt: Was Sie am → *Arbeitsplatz* tragen, ist nun mal Berufsbekleidung, basta. Wenn Sie die selbst aussuchen dürfen, sind Sie noch gut dran. In zahlreichen Unternehmen ist nämlich das Tragen einer Uniform angesagt, ob bei Lufthansa oder bei McDonald's. In vielen anderen gibt es zwar keinen Uniformzwang, aber genaue Vorschriften, wie die Dienstkleidung korrekterweise auszusehen hat, von der Hosenfarbe über die Rocklänge bis hin zur Krawattenpflicht.

Und auch wo es keine genauen → *Regeln* zu geben scheint, ist Vorsicht angebracht: „Neunzig Prozent der Arbeitgeber gaben bei Einstellungsgesprächen Vorurteile gegenüber Menschen zu, die unattraktiv oder nachlässig gekleidet sind."[7] Wobei „unattraktiv" eine ganze Menge bedeuten kann. Nicht zuletzt ein klares „Gefällt mir nicht!", das immer schnell geäußert wird, wenn der eine einen persönlichen Geschmack zur Schau stellt, den der andere „rein → *persönlich*" für völlig unmöglich hält.

Wer sich am Arbeitsplatz in Sachen Kleidung seiner Umgebung anpasst, ist also nicht unbedingt ein Jasager und Schleimer, sondern letztlich eher clever. → *Zeit* und Gelegenheit dafür, aus Arbeitgebersicht möglicherweise gewöhnungsbedürftige Lieblingsklamotten zu tragen, gibt es schließlich im Privatleben genug. Im Beruf hingegen hat es, leidenschaftslos betrachtet, eine Menge handfester Vorteile, sich angemessen zu kleiden.

Was ist „angemessene Kleidung"? Das ist von ein paar grundsätzlichen Dingen abhängig:[8]
- Von der **Branche**, in der Sie arbeiten: In einer Bank gelten andere Maßstäbe als in einer Werbeagentur oder in einem Kaufhaus.
- Von Ihrem **Arbeitsplatz**: Am Fließband, in der Metzgerei oder auf dem Gemüsemarkt ist robuste Kleidung das einzig Vernünftige, auch wenn sie vielleicht nicht sehr schick aussieht. In → *Büros* sieht die Sache anders aus.
- Von Ihrer **Tätigkeit**: In Jobs ohne Publikumsverkehr kann man sich kleidungsmäßig mehr Freiheiten nehmen als in Stellen, in denen Kundenbedienung und persönliche Beratung täglich Brot sind.

• Von Ihrer Stellung in der → *Rangordnung*: Je weiter oben, des-to größer das Risiko, durch zu lockere Kleidung den Respekt der Mitarbeiter zu verlieren, siehe unten.

• Vom **Alter** Ihrer → *Kollegen*: Es ist ein Naturgesetz, dass ältere Leute jüngere Modetrends merkwürdig bis unzumutbar finden. Wer im Beruf viel mit älteren Kollegen zu tun hat, sollte ihnen daher schlauerweise keinen allzu revolutionären Schick zumuten.

• Vom **Anlass**: „Für alle Tage" gibt es mehr Spielraum als auf einer offiziellen → *Sitzung* oder bei einem Geschäftsessen. Und da ist wiederum mehr Spielraum vorhanden als auf einer Beerdigung. Je nach Job gibt es ziemlich verschiedene Anlässe, bei denen ein ziemlich unterschiedliches Kleidungsniveau angesagt ist. Wer einen solchen Posten hat, sollte dafür sorgen, dass er einen großen Kleiderschrank hat, in dem sich für jeden Anlass das Passende findet.

Vorteile angemessener Kleidung gibt es reichlich – so viele, dass man eigentlich leichten Herzens den einen oder anderen → *Kompromiss* zwischen persönlichem Geschmack und beruflicher Notwendigkeit eingehen kann.

• **Angemessene Kleidung schützt** vor → *Angriffen* aus der Abteilung → *Klatsch & Tratsch*, die nichts lieber tut, als sich über ausgefallene Klamotten das Maul zu zerreißen. Und vor → *Kritik*, von der es am Arbeitsplatz sowieso genug zu schlucken gibt. Wenn das kein guter Grund ist, sie sich zumindest in diesem Bereich von vornherein zu ersparen.

• **Angemessene Kleidung verschafft Respekt.** Wer sich gängigen → *Regeln* (siehe unten) entsprechend kleidet, wird automatisch ernst genommen. Wesentlich ernster als alle, die zwar vielleicht klüger sind oder wichtiger oder mächtiger, sich aber nicht an diese Regeln halten. Deshalb sind Hochstapler übrigens oft außerordentlich gut angezogen – durch erlesene Kleidung lassen sich die meisten Leute immer noch am einfachsten hinters Licht führen.

• **Angemessene Kleidung spricht für** → *Flexibilität*. Und die steht bei den Chefs ganz oben auf der Wunschliste der wichtigsten Mitarbeiter-Eigenschaften. Zu jedem Anlass passend gekleidet zu sein, deuten genaue Beobachter keinesfalls als Maskerade („Wie läuft der denn auf einmal rum?"). Es heißt für sie vielmehr, dass hier jemand reif genug ist, seine persönlichen Vorlieben zugunsten beruflicher Notwendigkeiten zurückzustellen.[9]

Daraus folgt: Angemessene Kleidung ist gut fürs → *Image*. Mit kaum etwas anderem lässt sich so einfach das eigene Image pflegen. Schon allein aus praktischen Gründen sollte man es sich daher zweimal überlegen, grundsätzlich auf das Recht auf persönlichen Geschmack zu pochen. Eine Menge anderer Dinge sind zwar auch wichtig fürs Image, aber wesentlich anstrengender. → *Disziplin* und → *Zuverlässigkeit* zum Beispiel.

Kleidungsregeln füllen in jedem Benimmführer Dutzende von Seiten.[10] Und das ist auch gut so. Schließlich gibt es allein in Deutschland schon unterschiedliche Ansichten darüber, was noch erlaubt ist und was nicht mehr. Im Ausland kommt noch mal eine ganze Reihe regionaler und nationaler Regeln hinzu, zum Beispiel in den USA „no white before Easter and after Labour Day".

Dass „man" in den USA weiße Kleidung nur zwischen Ostern und Anfang September trägt, mutet seltsam an. Doch je nachdem, wie viel oder wenig man schon als Kind darüber gelernt hat, was im Kleidungsbereich gutes → *Benehmen* ist, scheint in Deutschland einiges genauso seltsam. Zum Beispiel, dass auch bei größter Hitze die Herren ihre Jacketts nicht ausziehen und die Damen sich grundsätzlich nie ohne Nylonstrümpfe in der Öffentlichkeit zeigen dürfen.

Beides wird zwar in strengen Benimmführern als Regel verkündet, aber bei den meisten beruflichen und privaten Anlässen inzwischen trotzdem eher locker gehandhabt. Das → *Problem* dabei: Nur weil diese Regeln nicht mehr überall beachtet werden, heißt das noch lange nicht, dass es sie nicht mehr gibt. Es ist nur schwieriger geworden zu erkennen, wo ihre Einhaltung das Gebot der Stunde ist und wo nicht. Wer sich mit dieser Einschätzung häufiger vertut, kann durchaus im → *Fettnapf* landen. Es ist daher nicht überflüssig, sich die Kleidungsratschläge irgendeines x-beliebigen Benimmratgebers wenigstens spaßeshalber mal durchzulesen.

Gemischte Schrecken. Was völlig tabu ist und was gerade noch geht, das kommt auf die → *Meinung* des Betrachters an. „Nach 18 Uhr nur schwarze Schuhe"[11] spielt wahrscheinlich nur noch in sehr viel besseren Kreisen eine Rolle. Aber weiße Socken zum Anzug sind immer und überall voll daneben.

Hier eine kleine Auswahl dessen, was heute im Berufsleben unabhängig von Farben, Mustern und Schnitten ganz allgemein als besonders schrecklich empfunden wird: nackte Männerwade zwischen Socke und Hosensaum; zu großzügige Dekolletés; Kleidung, die nicht zum Körper passt (schlaffe Arme in Spaghettiträgern, Bierbäuche über zu engem Hosenbund); Sandalen mit Socken; Schuhe ohne Socken.

Faustregeln. Niemand muss gegen seinen Willen und Geschmack im Beruf ausschließlich so rumlaufen, wie sich eine statistische Mehrheit der Arbeitgeber korrekte Kleidung vorstellt. Vielleicht haben Sie ja Glück, und Ihr Chef und Ihre Firma haben einen ganz ähnlichen Geschmack wie Sie. Vielleicht ist Ihnen Ihre persönliche Entfaltung auch letztlich wichtiger als eine → *Karriere* in einem Beruf mit Kleidungsvorschriften. Es gibt schließlich auch eine Menge anderer Jobs.

Wer sicher sein will, immer halbwegs passend angezogen zu sein, der muss trotzdem nicht unbedingt zur Farbberatung gehen, nicht die Knigge-Regeln auswendig lernen und auch nicht an der Vorher-Nachher-Schau einer Modezeitschrift teilnehmen. Es reicht, wenn er sich an ein paar Faustregeln hält:

Auf die Schuhe achten. Wer in abgelatschten, ungeputzten Tretern rumläuft, dem ist nicht mehr zu helfen: „Es gibt Menschen, die andere fast ausschließlich auf Grund ihres Schuhwerks beurteilen!"[12] Bei solchen Leuten kommen Sandalen und Turnschuhe übrigens grundsätzlich nicht gut weg.

Auf die Kollegen achten. Besonders dann, wenn man noch nicht so richtig weiß, was kleidungsmäßig in einem neuen Job so angesagt ist. Sinnvollerweise kleidet man sich in dieser Beobachtungsphase möglichst neutral, um nicht auf Anhieb einen unpassenden Eindruck zu erwecken.

Auf den Zustand der Kleidung achten. Ungewöhnlich allein ist manchmal noch okay. Aber ungewöhnlich und verknittert, löchrig und verfleckt ist in den allermeisten Fällen nicht mehr okay.

Lieber nicht „zu". Zu eng, zu kurz, zu trendy, zu nackt. Wer sich im Spiegel anschaut und von ganz alleine Zweifel hat, ob ein Kleidungsstück wohl passend ist, sollte es lieber gleich wieder ausziehen. Für Leute, die nun wirklich nicht so aussehen wollen wie alle anderen Leute und deshalb nicht auf modische Extravaganzen verzichten möchten: Warum nicht.

Aber wie wäre es mit einer kleinen Mengenbegrenzung? Ein oder zwei ausgefallene Kleidungsteile oder → *Accessoires* des Gesamt-Outfits kommen meistens sogar gut an. Nur mehr davon ist für eher konservative Gemüter dann irgendwann einfach zu viel.

„Overdressed" ist immer besser als „underdressed". Das heißt: Wenn Sie irgendwo zu elegant gekleidet auftauchen, fühlen Sie sich zwar vielleicht nicht richtig wohl, aber immerhin sind Sie gut angezogen, und das kommt grundsätzlich gut an, siehe oben. Und Sie können sich auch oft relativ einfach „runterkleiden", zum Beispiel, indem Sie Jackett oder Kostümjacke ausziehen, Schmuck ablegen, Krawatte oder Seidentuch in der Tasche verschwinden lassen.

Umgekehrt kann das gar nicht funktionieren, es sei denn, Sie wohnen in der Nähe oder haben einen Schrankkoffer dabei. Wer für den Anlass zu schlicht angezogen ist, hat immer den schwarzen Peter: Er hätte sich schließlich vorher durch einfaches Nachfragen darüber → *informieren* können, welche Kleidung sich der Gastgeber vorstellt.

Anfänger. Wenn Sie hoch hinaus wollen, sollten Sie lieber einen Tick zu gut als zu locker gekleidet sein. Merke: Wer rumläuft wie ein → *Praktikant*, bekommt auch Aufgaben wie ein Praktikant.[13] Wenn Sie sich in Kleidung, die Ihnen persönlich eine ganze Ecke zu steif oder zu spießig vorkommt, nicht richtig wohlfühlen, dann sollten Sie sich in Ruhe daran gewöhnen, zu Hause oder bei

Freunden und Familie. Da wird über Ihre Verwandlung möglicherweise erst mal kräftig gelästert – aber das legt sich meistens sehr schnell. Und es ist immer noch besser, als bei wichtigen Jobanlässen allein wegen der ungewohnten „Verkleidung" → *nervös* zu werden und genau das auch auszustrahlen.

Frauen. Manche Männer sind sehr empfänglich für weibliche Reize. Trotzdem sind ein paar Zentimeter mehr Stoff an den entscheidenden Stellen letztlich die klügere Wahl: „Setzen Sie Sexappeal nie dauerhaft ein – sonst werden Sie nur noch als die Sexbombe vom Büro wahrgenommen."[14] Wer dennoch nicht auf neckische Kleidung verzichten will, sollte sich jedenfalls lieber auf den diskreten Charme von etwas mehr Bein verlassen als auf die Schlagkraft von etwas mehr Brust.

Vorgesetzte. Die haben es in dem Bereich ausnahmsweise mal nicht so gut wie ihre Mitarbeiter. Kleidungsregeln treffen sie nämlich viel härter. Tatsache ist: Chefs, die sich – selbst in Zeiten von „business casual", also gelockerten Kleidervorschriften am Arbeitsplatz – ähnlich locker kleiden wie ihre Praktikanten und Lehrlinge, werden auch nicht wesentlich ernster genommen. Coole Klamotten erzeugen zwar je nach Branche vielleicht ein ganz nettes Image. Aber in Sachen Respekt kommt man so spätestens bei schwierigeren Auseinandersetzungen und Verhandlungen nicht sehr weit.

▶ Kleidungsvermerk

So nennt man den Hinweis, mit dem Gastgeber auf → *Einladungen* um ein bestimmtes Kleidungsniveau bitten. Das kommt heute so selten vor, dass man einen Kleidungsvermerk schlauerweise ernst nehmen sollte, wenn es einen gibt. Schon im eigenen Interesse: Mit unpassender, besonders aber zu lockerer → *Kleidung* zieht man sowohl den → *Ärger* des Veranstalters als auch die → *Aufmerksamkeit* der anderen → *Gäste* auf sich. Für die ist das nämlich ein → *Geschenk* des Himmels – endlich ein neues Smalltalk-Thema und darüber hinaus viel Gelegenheit zum hemmungslosen → *Lästern* („Was hat der sich wohl dabei gedacht?").

Typische Kleidungsvermerke. Nicht dass frau sich wundert: Kleidungsvermerke richten sich oft nur an die Herren. Das liegt daran, dass diese – geschichtlich gesehen – immer die Hauptempfänger der Einladung waren. Die Damen waren letztlich „nur Begleitung", und deshalb verstand es sich von selbst, dass sie sich auch ohne nähere Erklärungen passend zum Herrn anzogen. Diese Tradition wurde einfach beibehalten. Damit Kleidungsvermerke gleichzeitig auch ein bisschen modern klingen, werden heute zum Teil die englischen Formulierungen verwendet. Also dann:

• **„Straßenanzug"** – gepflegte Geschäftskleidung. Nicht mehr, aber auch nicht weniger.

• **„Dunkler Anzug"** (denglisch: **„Black Tie"**) – hier geht's schon feierlicher zu. Anzug mit Krawatte (und zwar in dunklen Farben, wie der Name schon sagt) und für sie ein elegantes Kostüm oder ein „kleines Schwarzes".

• **„Smoking".** Der Begriff ist Gebot. Wer meint, er kann einen normalen schwarzen Anzug durch eine Fliege in einen solchen verwandeln, fällt genauso prompt durch den Rost wie Männer, die zwar einen Smoking haben, aber kein Smokinghemd und auch nicht die Schuhe, die dazu gehören (Lack oder Glattleder, auf keinen Fall Wildleder, Sneakers oder Kreppsohlen). Die Vorschriften für die Frau sind weniger streng. Sie darf noch wählen zwischen kurz und lang. Aber wenn kurz, dann Cocktailkleid und nicht etwa Kostüm.

• **Frack** (denglisch: **„White Tie"**) – kommt für normal Sterbliche so gut wie nie vor. Gott sei Dank, denn solche Einladungen sind teuer für alle, die nicht sowieso auch dafür das Passende im Kleiderschrank haben: ER braucht einen Frack mit schwarzer Fliege (auch wenn es „White Tie" heißt – aber in Deutschland tragen eigentlich nur Kellner weiße Fliegen) und Lackschuhe. SIE braucht ein Cocktail- oder Abendkleid. Und natürlich auch alles, was sonst noch dazu gehört, vom Täschchen bis zum Abendmantel.

 Wenn Kleidungsvermerke nicht eingehalten werden, droht Ihnen bestenfalls die schweigende Missbilligung der anderen und damit ein Platz im → *Fettnapf*, erste Reihe. Im schlimmsten Falle müssen Sie aber damit rechnen, schon am Eingang wieder nach Hause geschickt zu werden. Für die Abteilung → *Klatsch & Tratsch* ist es immer ein Grund zur Freude, wenn sie so was mitbekommt – für Sie selbst ist es unter Garantie bodenlos peinlich. Und obendrein ärgerlich, wenn Sie nur an einer Kleinigkeit scheitern. Aber auch Kleinigkeiten wollen beachtet werden, dafür sind Kleidungsvermerke nun mal da.

Kein Kleidungsvermerk heißt normalerweise, dass Sie keine besonderen Vorschriften beachten müssen. Es heißt aber nicht unbedingt, dass Sie ganz zwanglos in T-Shirt, kurzer Hose und Turnschuhen aufkreuzen dürfen. Wenn Sie den Gastgeber und den Anlass nicht genau kennen, können Sie sich unter Umständen viel → *Stress* ersparen, wenn Sie vor der Veranstaltung einfach zum → *Telefon* greifen und nachfragen. Das gilt übrigens nicht nur fürs Berufsleben. Auch bei privaten Anlässen können Sie sich auf ewig unbeliebt machen, wenn Sie in den Augen des Gastgebers durch unpassende Kleidung zum Schandfleck seiner Veranstaltung werden.

▶ Kollegen

Dieses Wort hat eine weitere und eine engere Bedeutung. In der weiteren Bedeutung bezeichnet es alle Menschen, die mit Ihnen gemeinsam in einem Unternehmen arbeiten. In der engeren Bedeutung innerhalb Ihrer Arbeitseinheit bezeichnet man jedoch nur diejenigen als Ihre Kollegen, die mit Ihnen in etwa auf einer Stufe der → *Rangordnung* stehen. Wer oberhalb Ihrer Hierarchieebene arbeitet, ist Ihr Vorgesetzter, jedenfalls wenn er Ihnen gegenüber in irgendeiner Form weisungsbefugt ist. Und wer unterhalb Ihrer Hierarchieebene arbeitet, ist ein → *Mitarbeiter*, jedenfalls wenn Sie ihm → *Arbeitsaufträge* aufs Auge drücken dürfen. (Trotzdem wird er es sehr schätzen, wenn Sie ihn im Gespräch mit Dritten eben nicht als „Mitarbeiter", sondern als „Kollegen" bezeichnen.)

Darüber hinaus gibt es auch noch Fachkollegen. So nennt man Leute, die zwar in einem anderen Unternehmen arbeiten, aber in derselben Branche und in demselben Fachgebiet wie Sie.

Die Bedeutung von Kollegen kann man gar nicht hoch genug einschätzen. Es sind die Kollegen, denen man als → *Anfänger* Löcher in den Bauch → *fragen* kann. Aber auch wer selbst schon viel → *Erfahrung* hat, ist immer wieder auf die → *Ratschläge* und die → *Hilfsbereitschaft* seiner Kollegen angewiesen. Gute Kollegen springen bei → *Stress* und → *Hektik* schnell mal ein. → *Angst* und → *Ärger* kann man mit ihrer Hilfe besser ertragen und sich im Zweifel darauf verlassen, dass sie bei → *Angriffen* gegen Sie aus der Abteilung → *Klatsch & Tratsch* nicht mitmachen. Und obendrein lassen sich mit guten Kollegen auch prima → *Privatgespräche* führen.

Weil man am Arbeitsplatz automatisch so viel → *Zeit* miteinander verbringt, entwickeln sich zwischen Kollegen oft private → *Freundschaften.* Und gelegentlich sogar erotische → *Beziehungen.* Aber das ist wieder ein anderes Kapitel (siehe dort).

Kurz gesagt: Kollegen sind → *wichtig.* Wichtig für die Arbeit und wichtig für die Stimmung. So wichtig, dass Sie mit möglichst allen in Ihrer Nähe gut auskommen sollten, auch wenn garantiert ein paar dabei sind, denen Sie außer herzlicher → *Abneigung* nicht viel entgegenbringen können: „Wichtige Voraussetzung [für Ihre Karriere] ist die Akzeptanz bei den Kollegen, die zudem auch selbst Ambitionen haben, sich weiterzuentwickeln. Sie werden nur dann bereit sein, Ihnen ihr Wissen weiterzugeben, wenn sie sich fair und → *kollegial* behandelt fühlen. Ansonsten lässt man den, der meint, etwas Besseres zu sein, gern mal auflaufen, um ihm seine → *Grenzen* zu zeigen. Schätzen Sie vor allem nicht Personen gering, die mit Ihrer Ausbildung und Ihren Auslandserfahrungen nicht ‚mithalten' können."[15]

Faustregeln für den Umgang mit Kollegen. Natürlich sind sie alle verschieden, mit etwas Pech auch alle verschieden schwierig oder gewöhnungsbedürftig. Neben den Hilfsbereiten, Freundlichen, Ehrlichen und Humorvollen gibt es nun mal höchstwahrscheinlich auch die → *Geizigen*, die → *Perfektionisten*, die Streithammel und die gnadenlosen → *Energiesparer.* Aber im Umgang mit ihnen allen haben sich ein paar ganz allgemeine Faustregeln sehr bewährt:

- Alle Menschen freuen sich darüber, wenn sie ein wenig → *Aufmerksamkeit* bekommen. Deshalb handeln besonders Jobanfänger klug, wenn sie sich gleich am Anfang so viele → *Namen* wie möglich merken – obwohl das in den ersten Monaten besonders schwer fällt. Artiges → *Grüßen* macht immer einen guten → *Eindruck* und kann selbst dann erfolgen, wenn Sie den Namen schon wieder vergessen haben. Wem das zu mühsam ist, der lässt sich bestimmt mit einem sehr praktischen → *Argument* überzeugen: Als Neuling in einem Job kann man einfach noch nicht wissen, wer wichtig ist und wer es vielleicht mal irgendwann werden könnte. Also grüßt man sicherheitshalber alle. Das gibt obendrein Pluspunkte für → *Höflichkeit.*

- **Ab und zu mal ein nettes** → *Lob* **oder** → *Kompliment.* Das pflegt die Beziehungen ganz ungemein, zumindest wenn es ehrlich gemeint ist. Solche → *Freundlichkeiten* kommen im Leben sowieso zu kurz. Dabei gibt es immer etwas Nettes zu sagen: über eine neue Frisur, ein neues Hemd, ein Parfum, eine gute → *Idee*, ein Foto von den → *Kindern*, eine schlagfertige Antwort in der letzten → *Besprechung.*

- **Kollegen-Rituale beachten.** Das heißt: sich nicht drücken oder knauserig zeigen, wenn's ums → *Feiern* geht (→ *Einstand,* → *Geburtstag,* Weihnachtsessen, → *Betriebsfeiern*). Und sich, besonders am Anfang, den „Sitten und Gebräuchen" im Arbeitsbereich wenigstens ein bisschen anpassen. Jeder ist reihum mit Kaffeekochen dran? – Reihen Sie sich ein. Bei der Urlaubsplanung sucht man gemeinsam nach → *Kompromissen*? – Versuchen Sie lieber nicht, Ihre → *Termine* einfach durchzudrücken. → *Überstunden* sind für alle normal? – Dann gewöhnen Sie sich (zumindest in → *Grenzen*) besser auch dran, anstatt pünktlich zum offiziellen Feierabend den Griffel fallen zu lassen.

Aus schwierigen Kollegen das Beste machen. Tja, dafür wünscht man sich manchmal David Copperfield als Assistenten. Aber es hilft nun mal nichts: Der unmögliche Typ aus der Lagerhaltung wird nicht nach Australien auswandern, nur weil Sie mit ihm nicht klarkommen. Also müssen Sie sich mit ihm arrangieren. Und dafür stehen Ihnen immerhin zwei Wege offen.

- **Möglichkeit 1** (für leichte Fälle): Suchen Sie systematisch nach Dingen, die Sie trotzdem nett an ihm finden könnten. Vielleicht ist er ein Kotzbrocken, wenn er einen seiner berüchtigten → *Wutanfälle* bekommt – aber in ruhigen Phasen ist er immer ausgesprochen hilfsbereit. Oder er erzählt wenigstens gute → *Witze*.

- **Möglichkeit 2** (für schwere Fälle): Es gibt menschliche Eigenschaften, mit denen muss man sich nun wirklich nicht arrangieren: Lust am → *Bloßstellen* und → *Intrigieren*, → *Mobbing-Versuche*, Falschheit, Faulheit, Unkollegialität. Wer an das Gute im Menschen glaubt, versucht es auch in solchen Fällen noch mit einem → *Feedback-Gespräch*. Nur um am Ende da zu landen, wo seine weniger zuversichtlichen Mitmenschen schon sind: beim Minimumkontakt. Immer hübsch → *lächeln*, → *grüßen*, freundlich bleiben, sachlich zusammenarbeiten, wenn's sein muss – aber immer eine gesunde Vorsicht. Und vor allem nicht zu viel → *Vertrauen*.

▶ Kollegialität

Gemeint ist eine gewisse „Verbundenheit der Kollegen untereinander".[16] Diese Verbundenheit ergibt sich rein theoretisch daraus, dass ein gutes Verhältnis unter → *Kollegen* eine der wichtigsten Voraussetzungen für gute Arbeitsleistungen und gute Stimmung am → *Arbeitsplatz* ist. Wer mit seinen Kollegen nicht klarkommt, kann fachlich noch so gut sein – in Sachen → *Karriere* wird er es in diesem Unternehmen wahrscheinlich nicht sehr weit bringen.

Was genau ist Kollegialität? Dazu gehören alle Verhaltensweisen, mit denen Sie Ihren Kollegen beweisen, dass sie sich auf Sie verlassen können: → *Pünktlichkeit*, → *Zuverlässigkeit*, → *Hilfsbereitschaft*, → *Loyalität*, → *Verständnis* und → *Zivilcourage*. Der Verzicht darauf, an Freitagen und Montagen öfters mal krankzufeiern, regelmäßig die → *Mittagspause* zu überziehen und auf die → *Intrigen* und → *Lästereien* der Abteilung → *Klatsch & Tratsch* einzusteigen.

Die Bereitschaft, die Kollegen bei → *Beschwerden* und → *Angriffen* von außen (inklusive Chef-Attacken) grundsätzlich erst mal in Schutz zu nehmen. Und auch ohne Murren und lange → *Diskussionen* auszuhelfen, wenn bei den Kollegen gerade → *Stress* angesagt ist. Selbst wenn das eventuell ohne → *Überstunden* nicht zu machen ist.

Kurz gesagt: Kollegialität entsteht in erster Linie aus dem Bewusstsein, dass in einem modernen Unternehmen alle Arbeitsplätze irgendwie miteinander vernetzt sind. Wenn Sie also gute Arbeit leisten oder gute → *Laune* in Ihrer Arbeitsumgebung verbreiten, dann hat das positive Folgen für die Arbeitsleistung und die Stimmung Ihrer Kollegen und damit für den ganzen Betrieb. Und umgekehrt.

Unkollegial ist es, wenn ein lieber Kollege teilweise oder am liebsten gleich ganz auf die oben gelisteten Verhaltensweisen verzichtet. Berüchtigt sind in diesem Zusammenhang die → *Energiesparer*. Schließlich läuft Kollegialität in der → *Regel* darauf hinaus, dass man irgendwann für den anderen einen Finger krumm machen muss.

Dummerweise lässt sich Kollegialität nicht einfordern. Wie viel davon jemand aufbringt, hängt von einer Menge Dinge ab: von seiner inneren Einstellung, seinen → *Gefühlen*, dem Grad an → *Sympathie* den einzelnen Kollegen gegenüber und nicht zuletzt von den Vorteilen, die er sich von seiner Kollegialität erhofft. Deshalb sind manche Kollegen nur nach oben kollegial, weil da die Macht hockt und sich bestimmt irgendwann erkenntlich zeigen wird.

Wie viel Kollegialität muss sein? Wie Sie mit Kollegen umgehen, die weniger kollegial sind als Sie, ist Ihre Sache. Wenn Sie Ihren inneren Werten treu bleiben und sich trotzdem weiter vorbildlich verhalten, ist das großartig und bewundernswert. Aber wenn Sie Ihre kollegialen Bemühungen lieber mehr auf die konzentrieren, die sich Ihnen gegenüber auch korrekt verhalten, wird Ihnen daraus garantiert niemand einen Strick drehen.

Sollten Sie hingegen zu denjenigen gehören, die Kollegialität für überflüssigen Luxus halten, der nur → *Zeit* kostet und von der Arbeit abhält, dann ist das eine klare → *Meinung*, die die anderen schon irgendwann akzeptieren werden, wenn Sie sie nur oft genug auflaufen lassen. Sie werden allerdings auch etwas akzeptieren müssen – ein → *Image* zum Fürchten und eine unfreiwillige Hauptrolle in der Abteilung Klatsch & Tratsch. → *Lästern* ist nämlich in dem Fall eine überaus beliebte Rachemethode.

Auch für Unkollegiale total → *tabu*: Das Lästern über, → *Intrigieren* gegen und Anschwärzen von Kollegen vor → *Kunden*, Partnern, → *Mitarbeitern* und vor allem Chefs. Selbst wenn der Chef Sie fragt oder die Kunden sich beschweren. Wer sich zu kleinen bösartigen → *Andeutungen* hinreißen lässt („Sie Armer: Herr Maier ist im ganzen Haus bekannt dafür, dass er nie zurückruft"), anstatt den Kollegen Maier grundsätzlich erst mal zu verteidigen („… ist mir persönlich eigentlich als zuverlässig bekannt"), der ist ein Verräter. So sieht das nicht nur der Kollege, den Sie da gerade bloßstellen. So sehen das irgendwann auch die Leute, die sich bei Ihnen über Herrn Maier beschwert haben, und das, obwohl Sie ihnen doch Recht gegeben haben. So ungerecht ist die Welt. Oder so gerecht. Das kommt ganz auf den Standpunkt an.

▶ Kompetenz

Das Wort bedeutet laut Wörterbuch → *„Zuständigkeit*, Fähigkeit".[17] Im Berufsleben bauen beide aufeinander auf – je mehr Fähigkeiten, desto größer Zuständigkeit und → *Verantwortung*, desto größer die Aussichten auf → *Karriere*. Je weniger Fähigkeiten, desto größer die → *Inkompetenz* und desto unwahrscheinlicher jede Form von beruflichem Aufstieg.

In Sachen Fähigkeiten nahm alle Welt bis vor ein paar Jahren wie selbstverständlich an, dass allein das Ausmaß der Fachkenntnisse über den beruflichen → *Erfolg* entscheidet. Inzwischen macht man jedoch einen klaren Unterschied zwischen der **Fachkompetenz** (den beruflichen Fähigkeiten) einerseits und den **sozialen Kompetenzen** (menschlichen Qualitäten) andererseits. Und die sind, wie man heute weiß, für das berufliche Fortkommen letztlich wichtiger als alles, was man so an Fachwissen zu bieten hat.

Fachkompetenz. Gemeint ist der Sachverstand,[18] also sowohl der gesunde Menschenverstand als auch die Gesamtheit des Fachwissens, das man sich in der Ausbildung oder an der Universität angeeignet hat. Dummerweise veraltet dieses Wissen immer schneller: „Die Halbwertzeit der Fachkompetenz verkürzt sich auf allen Gebieten dramatisch. Wir gehen heute davon aus, dass sich das Menschheitswissen etwa alle 4½ Jahre verdoppelt."[19] Was heute der letzte Stand der Forschung ist, gehört morgen schon zum alten Eisen. Deshalb sollte, wer nicht irgendwann selbst zum alten Eisen gehören will, sein Fachwissen durch → *Fortbildungen* regelmäßig auffrischen.

Und selbst diese Anstrengungen sind keineswegs ein Patentrezept für den direkten Weg nach oben. Es kann nämlich durchaus passieren, dass jemand zwar hart und gut arbeitet, aber trotzdem die eigentlich verdiente Anerkennung nicht bekommt, weil er auf der menschlichen Ebene so viele Leute vor den Kopf gestoßen hat.[20]

Gehört zu diesen Leuten auch der eigene → *Chef*, dann sind die Zukunftsaussichten trotz bester fachlicher Leistungen alles andere als rosig: „Gute → *Leistungen* sprechen keineswegs für sich selbst – im Allgemeinen nicht und schon gar nicht, wenn Sie ein gespanntes Verhältnis zu Ihrem Chef haben. Er wird Ihre Leistungen durch eine negativ gefärbte Brille sehen und Sie sicher nicht für eine → *Beförderung* empfehlen."[21]

Das heißt unterm Strich: „Sachverstand ist eine Grundkompetenz. Man braucht ihn, um den Posten zu bekommen und zu meistern, doch die Leistung hängt davon ab, wie man ihn meistert, welche Kompetenzen man sonst noch mitbringt."[22]

„Sonst noch"? – Soziale Kompetenzen! In Fachbüchern werden sie auch als „soft skills", „weiche Fähigkeiten", „nicht-fachliche Kompetenzen" und „emotionale Intelligenz" bezeichnet. Gemeint ist immer mehr oder weniger dasselbe: „Die Fähigkeit, unsere eigenen → *Gefühle* und die anderer zu erkennen, uns selbst zu → *motivieren* und gut mit Emotionen in uns selbst und in unseren → *Beziehungen* umzugehen."[23]

Hinter dieser theoretischen Formulierung verbergen sich eine

Menge sehr einfach zu verstehender menschlicher Eigenschaften:

- **Kontaktfähigkeit:** Die Gabe, leicht → *persönliche* Beziehungen, → *Freundschaften* und → *Vertrauen* aufzubauen.
- **Kompromissbereitschaft:** Der Verzicht darauf, seine eigenen → *Meinungen* und Überzeugungen, Wünsche und → *Ziele* zum Maß aller Dinge zu machen; stattdessen die Bereitschaft, mit anderen zu verhandeln.
- **Teamfähigkeit:** die Bereitschaft, mit anderen zusammenzuarbeiten und mit → *Informationen*, → *Lob*, → *Kritik* und der eigenen → *Eitelkeit* auch entsprechend umzugehen.
- **Positive Ausstrahlung:** Das Talent, anderen durch → *Freundlichkeit*, Offenheit und → *Aufmerksamkeit* das Gefühl zu geben, akzeptiert und ernst genommen zu werden. Und die Gabe, immer lieber erst mal das Gute als das Schlechte an den Dingen zu sehen.
- **Kritikfähigkeit:** Die Bereitschaft, → *Kritik* anderen gegenüber in einer nicht kränkenden Form zu äußern und sich selbst auf Kritik einzulassen, sie zu akzeptieren und daraus zu lernen.
- **Durchsetzungsvermögen:** Die Fähigkeit, wenn es sein muss (zum Beispiel in Führungspositionen), seine Überzeugungen so → *diplomatisch* durchzusetzen, dass niemand sich ernsthaft auf den Schlips getreten fühlt.
- **Einfühlungsvermögen:** Die Fähigkeit, → *zuzuhören*, sich in die Gefühle und die Situation anderer hineinzuversetzen und dadurch heikle Situationen zu vermeiden oder wenigstens zu entschärfen.[24]
- … und das alles nicht nur Vorgesetzten, Großkunden und sonstigen Karriere fördernden Menschen gegenüber, sondern **grundsätzlich überall und jederzeit**.

Es könnte sich also für Sie lohnend erweisen, in diesem Buch auch mal die Texte zu den Stichwörtern zu überfliegen, die nicht direkt etwas mit fachlichen Kompetenzen wie → *Telefonieren* und → *Briefeschreiben* zu tun haben, sondern mit menschlichen Eigenschaften wie → *Zuverlässigkeit*, → *Gefühlen*, → *Motivation* und → *Kollegialität*.

Falls Ihnen das zu viel Mühe ist, weil Sie von psychologischen Theorien und Erkenntnissen rein gar nichts halten, nehmen Sie am besten genau das als kleinen Hinweis darauf, dass es vielleicht auch Ihnen an sozialen Kompetenzen fehlen könnte. Zu denen gehören nämlich unter anderem auch Neugier und Aufgeschlossenheit.

▸ Komplimente

Sie sind laut Wörterbuch nicht mehr als Schmeicheleien und Höflichkeitsbezeugungen.[25] Das klingt beides eher nach Heuchelei. Dabei kann ein Kompliment auch ein aufrichtiges → *Lob* sein. Oder eine → *Freundlichkeit*, mit der man zwar nicht völlig die Wahrheit sagt, aber dem anderen ganz aufrichtig eine Freude machen will.

Komplimente zu machen, ist ein geradezu wunderbares Pflegemittel für jede Art von → *Beziehungen*, sei es im → *Privatleben* oder im Beruf. Es gibt niemanden, der sich nicht spontan darüber freut (auch wenn er das vielleicht nicht zeigt). Komplimente sind kleine → *Gesten* der → *Aufmerksamkeit*. Sie beweisen: Hier schaut jemand genau hin, interessiert sich für Sie und findet Gefallen an dem, was er wahrnimmt. Ganz egal, ob es sich dabei um eine Krawatte, ein selbst gekochtes → *Essen*, eine → *Idee*, eine getane Arbeit oder eine neue → *Frisur* handelt.

Anlässe für Komplimente gibt es in jeder Lebenslage genug. Oft reicht es schon, einfach die Augen aufzumachen und einen wohlwollenden Blick auf → *Kleidung*, → *Accessoires* und allgemeines Aussehen seines Gegenüber zu richten. Wer partout nichts entdecken kann, was in seinen Augen ein Kompliment rechtfertigen könnte, der ist keinesfalls dazu gezwungen, auf jedes Lob zu verzichten. So viel → *Ehrlichkeit* ist zwar theoretisch ehrenwert – aber in der Praxis gibt es dafür unterm Strich Punktabzug wegen grob unhöflichen → *Benehmens*. Und zwar von der Schwiegermutter, deren selbst gebackenen Kuchen Sie ohne jedes Wort der Anerkennung essen, genauso wie von dem → *Mitarbeiter*, der von Ihnen keinen Ton darüber zu hören bekommt, ob Ihnen sein → *Bericht* nun gefällt oder nicht.

Gute Gründe für Komplimente. Klar können Sie → *Höflichkeit* als Heuchelei verurteilen und deshalb unaufrichtige Komplimente prinzipiell verweigern. Es gibt allerdings ein paar ziemlich gute Gründe dafür, warum Sie diese radikale → *Meinung* noch mal überdenken sollten:

• Komplimente sind ein unglaublich **praktischer Einstieg in** → *Gespräche* **und** → *Smalltalk* aller Art. Wer nach der → *Begrüßung* nicht mehr weiß, was er danach sagen soll, kann sich immer mit einem kleinen Kompliment retten. „Sie sehen aber gut aus – waren Sie in Urlaub?" oder „Das ist aber wirklich eine besonders schöne Armbanduhr!" regen den anderen zu längeren Ausführungen und Erklärungen an und bieten deshalb immer mindestens für fünf Minuten Gesprächsstoff.

• Mit einem Kompliment kann man anderen **mit wenig Aufwand eine große Freude** machen. Und zwar besonders dann, wenn es ihnen erkennbar schlecht geht. Eine nette Bemerkung ist da wie ein Trost, der garantiert wenigstens ein kleines → *Lächeln* hervorruft. Und spätestens das wird Ihnen bestätigen, dass es zwar vielleicht nicht ehrlich war, dieses Kompliment zu machen, aber trotzdem goldrichtig.

Die Qualität eines Kompliments ist sowieso nicht unbedingt abhängig davon, wie ehrlich es gemeint ist. Sondern davon, wie glaubhaft es wirkt. → *Tonfall*, → *Wortwahl* und → *Körpersprache* entscheiden darüber, ob ein Kompliment auch ernst genommen und angenommen wird. Oder ob der Empfänger es als Anmache oder sogar als Spott empfindet.

Wer diese Möglichkeiten ausschließen will, ist gut beraten, sich ganz eindeutig auszudrücken. „Sie haben da aber mal wieder ein sehr interessantes Kleid an!" kann man auch als „Sie sind bekannt für Ihren scheußlichen Geschmack" übersetzen. Wörter wie „interessant", „außergewöhnlich", „bemerkenswert" sind also in Komplimenten nicht angesagt. Genauso wenig wie ein Tonfall, der eher nach → *Kritik* klingt als nach Kompliment, und ein Blick, der in eine ganz andere Richtung geht.

Für Männer kommt erschwerend hinzu, dass Frauen bei Komplimenten, die allzu sehr nach Kitschroman klingen („Sie haben so wunderschöne Augen"), wegen Plattheit regelmäßig die Annahme verweigern.

Faustregel. Komplimente sind unabhängig vom Grad ihrer Ehrlichkeit dann am überzeugendsten, wenn sie halbwegs originell gewählt sind, halbwegs originell formuliert sind und auch (körper-)sprachlich möglichst glaubhaft wirken.

Nach Komplimenten fischen. Komplimente machen Freude und sind gut fürs Selbstbewusstsein. Trotzdem sollte man es sich verkneifen, sie einzufordern, wenn sie nicht von alleine geäußert werden, weil man dafür unweigerlich den schwarzen Peter bekommt.

„Du sagst ja gar nichts. Schmeckt Dir mein Essen nicht?", „Was sagen Sie eigentlich zu meiner neuen Projektidee – genial, oder?" Durch solche → *Fragen* fühlt sich der Angesprochene oft genötigt und wirft dem anderen als Verteidigungsmaßnahme automatisch → *Eigenlob* und Geltungsdrang vor. Und zwar selbst dann, wenn er ganz genau weiß, dass der eigentliche → *Fehler* bei ihm liegt, weil er in Sachen Komplimente einfach zu maulfaul ist.

Oder den anderen durch bewusst knauseriges Lob immer hübsch unten halten will. Auch das gibt's. Bei Erziehungsversuchen gegenüber → *Kindern* und Beziehungspartnern genau wie bei → *Chefs*, die die Debatte über eine anstehende → *Gehaltserhöhung* noch möglichst lange rauszögern wollen.

▶ Kompromisse

Ein Kompromiss ist „eine Übereinkunft durch beiderseitiges Nachgeben".[26] Zugeständnisse machen, einen Mittelweg finden, dem anderen entgegenkommen – so mancher hat damit ein → *Problem*. Denn das bedeutet zwangsläufig, dass man nachgibt, anstatt seine → *Ziele*, Wünsche und → *Meinungen* auf der ganzen Linie durchzusetzen. Wenn das zwei Leute gleichzeitig versuchen, gibt es meistens → *Streit*. Der wiederum lässt sich prima entschärfen, indem sich wenigstens einer von zwei Streitenden auf die Suche nach einem Kompromiss macht.

Ganz ohne Kompromisse geht's nun mal nicht: „Partnerschaften bestehen aus einem ständigen Geben und Nehmen. Das ist Ihnen sicherlich im privaten Bereich schon bewusst geworden. Wer nur mit dem Kopf durch die Wand will und nicht bereit ist, auch die Belange des anderen zu akzeptieren und ihnen Rechnung zu tragen, wird nicht in der Lage sein, eine dauerhafte → *Beziehung* aufzubauen. Im Berufsleben ist Kompromissbereitschaft in gleicher Weise gefordert."[27]

Kompromisse gehören dazu. Dafür gibt es zwei einleuchtende Gründe:

Erstens können Sie Ihre Vorstellungen im Berufsleben ohnehin so gut wie nie völlig durchsetzen. Allein deshalb nicht, weil der andere meistens genauso glasklare Vorstellungen hat wie Sie. Sobald die sich nicht mit Ihren decken und es weder für Sie noch für den anderen einen triftigen Grund gibt, nachzugeben, bleibt beiden Seiten nur zähes **Verhandeln** – auf der Suche nach einem Kompromiss, mit dem beide leben können. → *Ausnahmen*: Der andere ist so → *freundlich*, so gutmütig oder so in Sie verliebt, dass er von sich aus nachgibt. Oder er ist so mächtig und → *wichtig* für Sie, dass Sie entweder nachgeben oder ganz verzichten müssen.

Zweitens führt fehlende Kompromissbereitschaft nicht nur zu wenigen Ergebnissen auf der geschäftlichen Ebene. Sie führt zu ausgesprochen schlechten Ergebnissen auf der menschlichen Ebene: „Wer sich unbedingt durchsetzen will, provoziert automatisch Widerstände."[28] Das ist der Nährboden, auf dem → *Abneigung* und innere → *Kündigung* prächtig gedeihen.

Gute Vorgesetzte wissen das und verzichten deshalb darauf, sich ihren → *Mitarbeitern* gegenüber immer und überall durchzusetzen, bloß weil sie die → *Chefs* sind. Schlechte Vorgesetzte wissen es entweder nicht oder pfeifen drauf nach dem Motto: „Ich will nicht geliebt werden. Ich will, dass getan wird, was ich sage."

Kompromisse in Rangordnungen. Dummerweise ist die Bereitschaft zu Kompromissen genau wie die Bereitschaft zu → *Geduld*, → *Freundlichkeit* und → *Aufmerksamkeit* häufig davon abhängig, welche Machtposition der andere hat. Ist er stark (Vorgesetzter, → *Sponsor*, Großkunde, Aufsichtsrat), gibt man nach. Ist er schwach (Mitarbeiter, Kleinkunde, kleiner Subunternehmer), gibt es keinen Grund, nachzugeben.

Kompromisse clever aushandeln. Niemand zwingt Sie dazu, dem anderen immer sofort sehr entgegenzukommen. Sie können ihm durchaus erst mal einen kleinen Finger bieten und sehen, ob er sich damit zufrieden gibt, bevor Sie ihm die ganze Hand reichen.

Es ist ausgesprochen clever, sich für besonders schwierige Verhandlungen schon vorher mehrere verschieden große Kompromisse auszudenken. Die funktionieren wie eine Rückzugslinie, an der Sie sich entlanghangeln können. Wenn Sie dem anderen gleich am Anfang zu viel Entgegenkommen anbieten, dann haben Sie nämlich keinen Spielraum mehr für weitere Verhandlungen.

Mit solchen gestaffelten Kompromissvorschlägen lässt sich auch am besten das schale → *Gefühl* verhindern, sich auf einen **faulen Kompromiss** eingelassen zu haben. Das entsteht erfahrungsgemäß immer dann, wenn man nicht schon vor den Verhandlungen für sich selbst festlegt, wo die Schmerzgrenze ist, was noch akzeptabel ist und was nicht mehr. Wer diese Gedankenarbeit scheut und lieber ganz spontan in Verhandlungen geht, der muss damit rechnen, dass er sich im Eifer des Gefechts auf Dinge einlässt, die er hinterher bereut.

Stillschweigende Abmachungen. Es handelt sich um eine besondere Form von Kompromissen, die am → *Arbeitsplatz* und auch im Privatleben des Öfteren anzutreffen sind. Das Besondere daran ist, dass sie nie offiziell ausgehandelt wurden, aber trotzdem irgendwann da sind und zwei Menschen davon abhalten, einander ihre Maximalforderungen aufs Auge zu drücken. **Beispiele** dafür lassen sich auf Schritt und Tritt entdecken:

• **Unter Nachbarn.** Der junge Mann erledigt für die alte Dame größere Einkäufe – auch wenn er seine Freizeit lieber anderswo als im Supermarkt verbringen würde. Die alte Dame kümmert dafür um seinen Briefkasten und seine Balkonblumen, wenn er mal wieder wochenlang verreist ist – auch wenn das Gießkannenschleppen reichlich mühsam ist.

• **Unter Kollegen.** Es nervt ihn extrem, dass sie seit Jahren immer wieder dieselben dummen → *Fragen* dazu stellt, wie das Tabellenkalkulationsprogramm funktioniert. Aber er erklärt ihr immer wieder alles mit wahrer Engelsgeduld, weil sie alle seine Briefe → *Korrektur liest.* Was sie wiederum insgeheim nervt. Aber sie tut es trotzdem, weil sie nun mal mit dem Rechenprogramm nicht klarkommt …

• **Unter Geschäftspartnern.** Der eine lässt sich immer wieder zähneknirschend im Preis runterhandeln. Aber nur, weil er weiß, dass der andere ihm immer mal wieder bereitwillig einen größeren → *Gefallen* tut. Dem anderen gehen die ständigen → *Bitten* um größere Gefallen zwar auf den Wecker. Aber er erfüllt sie, weil er sich seine → *Gesten* vom anderen durch günstige Preise bezahlen lässt.

💣 **Wenn die Abmachung in Vergessenheit gerät.** Solche stillschweigenden Abmachungen können über Jahre prima funktionieren. So lange jedenfalls, bis einer von beiden vergisst, was der Part des anderen an ihnen ist. Wenn der junge Mann sich nur noch als wandelnde Einkaufstasche missbraucht fühlt, der Kollege nicht mehr sieht, was die Kollegin für ihn tut, der eine Geschäftspartner sich irgendwann weigert, mit dem Preis runterzugehen, weil er es einfach nicht mehr einsieht – dann wird das, was eigentlich eine stillschweigende Abmachung war, lautstark zerschlagen. Meistens ohne dass der, der sich einseitig ausgebeutet fühlt, überhaupt weiß, was er da tut. Er hat eben vergessen, dass er nicht nur gibt, sondern auch bekommt.

Daraus folgt: Bevor Sie anfangen, sich über Ihr ständiges Nachgeben zu → *ärgern*, sollten Sie ein paar Nachforschungen darüber anstellen, ob es sich nicht doch um einen stillschweigenden Kompromiss handelt, bei dem auch Sie unterm Strich durchaus nicht zu kurz kommen.

▸ **Konferenzen** → *Sitzungen*

▸ **Konflikte** → *Streit*

▶ **Kontakte, persönliche**

Persönliche Kontakte sind in der heutigen Geschäftswelt fast noch → *wichtiger* als persönliches Fachwissen (→ *Kompetenz*) und persönliche Arbeitsleistung. Die Kontakte, die man sich im Laufe seines Lebens aufbaut, sind die Basis für ein eigenes → *Netzwerk*, und das wiederum liefert fast alles, was → *dringend* braucht, wer es bis weit nach oben bringen will.

Wobei es allerdings längst nicht nur um gute Kontakte zu Leuten aus dem beruflichen Umfeld geht, die früher oder später einmal nutzbringend sein könnten. Genauso wichtig ist es, ganz allgemein gute → *Beziehungen* zu den Menschen in seiner Umgebung zu haben. Zumindest im Beruf. Während Sie sich im Privatleben bei Bedarf durchaus den Luxus gönnen können, sich ganz Ihren → *Freundschaften* zu widmen und den Kontakt mit „uninteressanten" und ungeliebten Mitmenschen auf ein Minimum zu beschränken oder ganz abzubrechen, ist am → *Arbeitsplatz* ein Mindestmaß an → *Freundlichkeit* allen gegenüber grundsätzlich angesagt.

💣 **„Kontakte? Wozu?"** Leute, die im Beruf gute persönliche Kontakte nur mit den Menschen pflegen, die ihnen entweder → *sympathisch* oder nützlich sind, haben für ihr Verhalten eine Menge vernünftig klingender Erklärungen parat. Die reichen von „Ich bin nicht hier, um mich beliebt zu machen, ich bin hier, um meinen Job zu tun"[29] über „Es ist gar nicht nötig, dass die Leute mich mögen. Sie sollen mich respektieren" bis hin zu „Ich kann mich doch sowieso auf niemanden verlassen außer auf mich selbst".

Darüber hinaus kostet es natürlich → *Zeit*, persönliche Kontakte zu pflegen: auf dem Gang ein Schwätzchen halten, sich im → *Büro* erkundigen, wie es am Wochenende war, nach Feierabend mit zum Stammtisch gehen. Da kommt am Tag im Schnitt gut und gerne ein halbes Stündchen zusammen, ein halbes Stündchen, das dann fehlt, wenn es um die Erledigung dringender → *Arbeitsaufträge* geht. Männer lassen im Zweifelsfalle trotzdem die Arbeit liegen, weil sie – so die Fachliteratur – instinktiv wissen, dass letztlich die Kontakte mehr zählen als alle → *Leistung*.

Frauen hingegen betrachten Kontaktpflege erfahrungsgemäß als zusätzlichen → *Stress*, stürzen sich lieber in die Arbeit – und bringen es trotzdem oft nicht weit. Der Grund dafür: Wer Kontakte pflegt, wirkt ganz allgemein wesentlich → *sympathischer*. Kontakt-Muffel haben ein eher schlechtes → *Image*. Sie gelten als → *arrogant*, unhöflich, unfreundlich, unkollegial. Sie werden wegen ihrer Arbeitsleistung respektiert – aber Freunde und Verbündete haben sie kaum.

Kontakte aufbauen. Am Arbeitsplatz ist das grundsätzlich mit jedem angesagt, mit dem Sie zu tun haben. Und zwar nicht nur mit Wichtigmenschen, sondern auch mit denen, die Kontaktmuffel gerne durch den Rost fallen lassen: → *Sekretärinnen*, → *Praktikanten*, → *Mitarbeiter* aus weit entfernten Abteilungen. Ein gutes persönliches Verhältnis zu ihnen ist nicht nur eine Frage des guten → *Benehmens*, sondern schon aus strategischen Gründen sinnvoll. Denn erstens nützen Ihnen gute Kontakte zur Topetage gar nichts, wenn die Sekretärinnen dort Sie nicht leiden können und fünfmal abwimmeln, ehe sie Sie endlich durchstellen. Und zweitens können Sie nie wissen, ob der langweilige Mitarbeiter aus der für Sie völlig uninteressanten Abteilung nicht irgendwann auf den Chefsessel vor Ihrer Nase gespült wird.

Auch außerhalb der eigenen Arbeitsumgebung gibt es für den Aufbau von Kontakten genug Gelegenheiten: Auf Partys und → *Empfängen*, → *Messen* und Tagungen, sogar im Hausflur mit den neuen Nachbarn und im Supermarkt an der Kasse. Die einzige Voraussetzung, die Sie erfüllen müssen, ist echtes Interesse an den Leuten, denen Sie begegnen.

Weil jeder Mensch über nichts lieber spricht als über sich selbst, können Sie in einer einzigen Begegnung, in einem einzigen Telefonat den Grundstein für eine gute Beziehung legen. Jedenfalls, wenn Sie sich die Mühe machen, auch aufmerksam → *zuzuhören* und sich ein paar Dinge zu merken: → *Namen*, Berufe, Hobbys, Sternzeichen und → *Geburtstage* zum Beispiel.

 Kontakte pflegen. Diese kleinen → *Informationen* sind das, was Sie brauchen, um Kontakte nicht nur aufzubauen, sondern auch zu pflegen. Wer sich nur meldet, wenn er etwas braucht, macht sich schnell unbeliebt und hat von seinem prall gefüllten Adressbuch am Ende ziemlich wenig. In Sachen Kontakte kommt es nämlich nicht nur auf die Menge an, sondern auch auf die Qualität. Und um die muss man sich bemühen: Geburtstags- und Weihnachtsgrüße, ein kleiner „Wie geht's"-Anruf, von Zeit zu Zeit ein gemeinsames → *Essen* – lauter kleine nette → *Gesten*. Auch die kommen meistens ohne Hintergedanken gar nicht zustande, klar. Aber das Entscheidende ist, dass diese Hintergedanken nicht jedes Mal klar und unmissverständlich zur Sprache gebracht werden.

▸ Kontrolle

Das Wort bedeutet „Überwachung, Aufsicht, Prüfung".[30] Das klingt nach wenig Rechten, wenig Entscheidungsspielraum, wenig Selbstverantwortung. Es klingt lästig und unangenehm und wird von den meisten Leuten auch genau so empfunden. Zumindest von denen, die kontrolliert werden.

Kontrolliert werden gehört nun mal dazu für alle, die noch nicht alles wissen und können, was sie wissen und können sollten. Schüler, Auszubildende, Studenten und Jobanfänger kommen also auf keinen Fall darum herum. Auch wenn sie vielleicht tatsächlich gar nicht so viel weniger wissen als ihre Lehrer, Ausbilder und Vorgesetzten, wird ihre → *Leistung* kontrolliert mit der Begründung, dass sie noch viel → *lernen* müssen, dass es ihnen an der nötigen → *Erfahrung* fehlt und dass ohne Kontrolle nun mal nicht feststellbar ist, ob sie auch alles verstanden haben und richtig machen.

Selbst wer Ausbildung oder Studium mit → *Erfolg* hinter sich gebracht hat und schon länger im Berufsleben steckt, ist nicht selten Kontrollen ausgesetzt. Und zwar immer dann, wenn er einen → *Chef* hat, der seine → *Mitarbeiter* nach dem Motto → *„Vertrauen* ist gut – Kontrolle ist besser" führt. Höchstwahrscheinlich, weil er ein → *Perfektionist* ist und → *Angst* davor hat, die Kontrolle über seinen Verantwortungsbereich zu verlieren, wenn er nicht auch die kleinsten → *Details* genau im Blick hat. → *Motivieren* tut er seine Mitarbeiter zwar so nicht – aber er hat immerhin das beruhigende Gefühl, jeden → *Fehler* zu entdecken, bevor er Schaden anrichten kann.

Wenn die Kontrolle außer Kontrolle gerät. Schön für ihn. Nervtötend für sein → *Team*, besonders für die wirklich guten Leute darin. Ihnen bleibt nur, die Kontrolle nicht als feindlichen Akt anzusehen, sondern als Chance, als eine Art → *Korrekturlesen*, bei dem der Chef vielleicht Fehler sieht, die unentdeckt geradewegs in den → *Fettnapf* führen könnten.

Wenn Sie es innerlich so weit schaffen, dann können Sie das unangenehme → *Gefühl*, kontrolliert zu werden, gleich ganz abschaffen – einfach indem Sie Ihrem Vorgesetzten zuvorkommen und ihm von alleine die Angelegenheiten zur Kontrolle geben, die er sowieso kontrollieren würde. So ersparen Sie sich die Frustration darüber, selbst für beste Leistungen nie mit Vertrauen belohnt zu werden, und sammeln Pluspunkte für vorbildlichen Respekt vor dem Chef.

Selbstkontrolle. Besonders clever handelt, wer vor der Weitergabe an den Chef seine Arbeit sicherheitshalber selbst kontrolliert, anstatt regelmäßig Unvollständiges, Unausgereiftes und Fehlerhaftes abzuliefern, weil der Chef sowieso nie zufrieden ist. Man nennt dieses Prinzip **„Selbstkontrolle vor Fremdkontrolle".** Fehler selbst zu entdecken, ist nämlich erstens leichter zu ertragen, als durch andere darauf aufmerksam gemacht zu werden, und zweitens auch in Sachen Lerneffekt wertvoller.

Kontrollieren. Ob die Mitarbeiter sie nun lieben oder nicht, erfordern oder nicht: Ganz ohne Kontrolle geht's nicht bei allen, die als Chefs auch für die Arbeit von Mitarbeitern verantwortlich sind. Allerdings kann man gut kontrollieren und schlecht kontrollieren. Wer gut kontrollieren will, also so, dass darunter nicht über kurz oder lang die → *Beziehungen* zu den Mitarbeitern Schaden nehmen, der sollte sich über ein paar Dinge klar werden.

• **Schlechte Kontrolle.** Sinn und Zweck von Kontrolle ist es nicht, oberlehrermäßig durch möglichst überraschende Kontrollen möglichst viele Fehler zu finden, die dafür Verantwortlichen möglichst genau festzustellen und sie sodann auf möglichst abschreckende Weise → *bloßzustellen*, zu kritisieren und ihnen durch eine ordentliche Portion Ermahnungen, Vorwürfe und Belehrungen beizubringen, dass letztlich sowieso nur das richtig ist, was Sie als Vorgesetzter für richtig halten.

• **Gute Kontrolle** verliert bei aller Sorge um mögliche Fehler nie aus den Augen, dass es letztlich um das Erreichen von → *Zielen* geht. Und die kann man mit Mitarbeitern, die innerlich gekündigt haben, nur schwer erreichen. Also steht bei guter Kontrolle nicht die Suche nach Schuldigen im Vordergrund, sondern die Suche nach → *Lösungen* für die Probleme, die bei Kontrollen ans Licht kommen.

• **Für die Perfektionisten:** Sie können unmöglich alles kontrollieren. Außerdem lernen die anderen nichts, wenn Sie sie pausenlos kontrollieren und dabei Ihr eigenes Leistungsniveau zum → *Maßstab* machen. „Akzeptieren Sie doch einfach, dass der Praktikant seine Aufgaben nun mal nicht so perfekt erledigen kann, wie Sie das tun könnten. Und dass Ihr Kollege es niemals richtig lernen wird, wenn sie ihm keine Chance dazu geben. Also beißen Sie sich auf die Zunge, verschränken Sie die Hände hinterm Rücken, und schauen Sie weg."[31]

▸ Kopien

Sie werden immer dann gemacht, wenn es von einem Text, den man mehrfach benötigt, nur ein Original gibt. Das ist jeden Tag x-mal der Fall.

Kopien aller abgehenden Korrespondenz (→ *Briefe*, → *Telefaxe*, → *Berichte*, → *E-Mails*) sind ein Muss: Zum Berufsleben gehört mehr oder weniger viel Schriftverkehr – unmöglich, sich genau daran zu erinnern, was man wem wann mitgeteilt hat. Aber alles, was in Kopie irgendwo sicher in den Ordnern steckt, das muss man sich nicht merken. Es reicht zu wissen, wie die eigene → *Ablage* funktioniert.

Kopien dienen also als Gedächtnisstütze, aber auch als Nachweis für getane Arbeit, nur für den Fall, dass jemand so tut, als sei er von Ihnen nie informiert worden, habe nie ein Angebot erhalten oder nie wieder von Ihnen gehört. Solche Behauptungen kommen öfter vor, als man denkt, und meistens werden sie nicht Ihnen, sondern Ihren → *Chefs* gegenüber geäußert. Glücklich, wer da per Kopie nachweisen kann, dass die Wahrheit doch etwas anders aussieht.

Tipps rund um den Kopierer. Zu dem Thema gibt es mehr zu sagen, als man glauben könnte:

• → *Verteiler* **angeben.** Bei offiziellen Schriftstücken und E-Mails muss deutlich der Verteiler vermerkt sein, also eine genaue Liste der Personen, die Kopien erhalten, damit jeder der Empfänger erfährt, wer außer ihm noch informiert wurde und wer nicht.

• Das **Original** hat bei größeren Kopieraktionen die Neigung, in all dem Papier für immer zu verschwinden. Man sollte es also unbedingt im Auge behalten und an einem sicheren Ort in der Ablage verstauen.

• **Tageskopien** von grundsätzlichen allen (oder wenigstens allen offiziellen) Schriftstücken zu machen und nach Datum abzulegen, wird heute oft als Papierverschwendung angesehen. Aber es kommt garantiert mindestens einmal im Jahr vor, dass der Ordner mit den Tageskopien die letzte Möglichkeit ist, einen plötzlich → *wichtigen* Brief wieder zu finden, der aus irgendwelchen Gründen in der Ablage verschollen ist.

• **E-Mail-Kopien sortieren.** Computer legen zwar unter „gesendete Mails" automatisch Kopien ab, aber wenn Sie nicht eines Tages unter 526 in diesem Ordner gespeicherten Schriftstücken die eine alles entscheidende Mail suchen wollen, sollten Sie bei Gelegenheit auch im → *PC* eine Ordner-Ablage einrichten. Und wirklich wichtige Schriftstücke (zum Beispiel Verträge, Vereinbarungen, Angebote) sicherheitshalber auch ausdrucken und ganz altmodisch abheften – nur für den Fall, dass die Festplatte irgendwann den Geist aufgibt oder die automatische Datensicherung ausfällt.

• **E-Mail-Kopien überlegt verschicken.** Mail-Kopien sind so einfach zu verschicken, dass die Versuchung nahe liegt, riesige Verteiler zusammenzustellen und die halbe Branche mit Mails zu beglücken. Was unter dem Gesichtspunkt → *„Information* für alle" auch gar nicht schlecht ist. Andererseits riskieren Leute, die es mit den E-Mail-Kopien übertreiben, dass man ihre Mails irgendwann überhaupt nicht mehr aufmacht.

• **Kopieren als** → *Routinearbeit* wird gerne → *Praktikanten*, Lehrlingen und Assistenten aufs Auge gedrückt. Die machen diesen Job genauso ungern wie alle anderen und sind oft entsprechend lustlos am Kopierer zugange. Dabei können gerade für → *Anfänger* Kopierjobs auch Prüfungen sein: Wenn Kopien schlampig gemacht werden (am Rand abgeschnittene Zeilen, zu helle oder zu dunkle Druckqualität, fehlende Seiten), werten Vorgesetzte das gerne als Zeichen für mangelnde → *Zuverlässigkeit*.

• **Der Kopierer selbst** gehört zu den komplizierteren Bestandteilen der Bürotechnik. Es ist daher ausgesprochen clever, sich möglichst schnell und gründlich mit ihm vertraut zu machen, denn wer mit links neue Tonerkartuschen einsetzen und Papierstaus beseitigen kann, wird zwar ständig um Erste-Hilfe-Einsätze gebeten, erntet aber auch uneingeschränkte Bewunderung von Chefs und → *Kollegen*.

• **Wichtige** → *Abkürzungen*: **cc** bedeutet „carbon copy". (Kommt vom Kohlepapier, das früher für Durchschläge verwendet wurde.) Abkürzung für „geht in Kopie an", dann folgen die Namen. **bc** bedeutet „blind copy" und wird verwendet, um den Empfänger einer Kopie darüber zu informieren, dass der Empfänger des Originals nichts von der Kopie weiß – damit derjenige, der „hintenrum" die Kopie bekommt, sich nicht verplappert. (Auch E-Mail-Formulare bieten übrigens eine bc-Zeile an.)

▸ ## Körperbeherrschung, mangelnde

Gemeint sind die kleinen Marotten und schlechten Angewohnheiten, denen die meisten Menschen nachgeben, sobald sie sich unbeobachtet fühlen: Nasebohren, Nägelkauen, Pickelkratzen, Splisshaare ausreißen, zwischen den Zähnen pulen. Sackkratzen gehört auch dazu, obwohl das eigentlich Imponiergebaren ist und damit ausdrücklich für ein staunendes Publikum bestimmt.

Natürlich kann jeder mit seinem Körper machen, was er für richtig hält. Außerdem sind → *Rauchen* und Alkoholgenuss bestimmt noch viel schlechtere Angewohnheiten. Das ändert aber rein gar nichts an der Tatsache, dass eine Menge Leute sich auch über Ihre kleinen Marotten früher oder später eine → *Meinung* bilden. Denn sie können sie auf Dauer einfach nicht übersehen.

Kleine Marotten-Sammlung. Dazu reicht es, dass jemand an Ihrer offenen Bürotür vorbeikommt, kurz reinschaut und Sie hingebungsvoll in der Nase bohren sieht. Oder dass Sie in einer → *Besprechung* vor lauter Anspannung und → *Nervosität* gar nicht anders können, als auf Ihren Nägeln herumzubeißen. Nach dem Essen „unauffällig" eine Schnitzelfaser aus dem Gebiss zu entfernen, ist so gut wie unmöglich.

Trotzdem versuchen viele, genau das zu tun in der (vergeblichen) Hoffnung, dass der andere das aus den Augenwinkeln bestimmt nicht sieht.

Das sind zwar alles keine unverzeihlichen → *Entgleisungen*. Aber ein bisschen unappetitlich sind solche Marotten immer. Und damit ein bisschen peinlich – für den, der sie hat, genauso wie für den, der unfreiwillig ihr Zeuge wird. Er wird sie wahrscheinlich geistig ablegen unter „mangelnde Selbstbeherrschung", wenn nicht unter „schlechtes → *Benehmen*". Beides ist nicht sehr schmeichelhaft. Und ein guter Grund, sich in Zukunft in diesem Bereich um etwas mehr Körperbeherrschung zu bemühen.

▶ Körpergeruch

Jeder trägt einen mit sich herum, außer vielleicht, wenn er gerade frisch aus der Badewanne kommt. Und jeder hat einen anderen. Ob der anziehend ist oder zum Himmel stinkt, darüber entscheidet alleine die Nase dessen, der ihn gerade wahrnimmt. Warum das so ist, weiß man noch nicht genau. Was man allerdings sehr wohl weiß, ist die Tatsache, dass aus einem ersten → *Kontakt* niemals eine gute → *Beziehung* werden kann, wenn einer der beiden den anderen „nicht riechen kann".

Neben dem allgemeinen Körpergeruch, der je nach Hormonpegel und Schweißentwicklung unterschiedlich stark ausfallen kann, entwickeln auch Mund und Füße Ausdünstungen, die unter Umständen ziemlich gewöhnungsbedürftig sind. Wenn sie andere Nasen nicht gleich auf Anhieb in die Flucht schlagen.

Das Problem mit der eigenen Nase. Dummerweise kann man sich selbst kaum riechen, weil die eigene Nase nun mal so programmiert ist, dass sie nur neue Gerüche ans Gehirn meldet. Der eigene Mief ist ihr viel zu vertraut, als dass er ihr eine Meldung wert wäre.

Deshalb nützt es nicht viel, an seinem T-Shirt oder seinen Socken zu riechen oder in die eigene Hand zu hauchen. Manchmal gibt es da zwar was zu riechen – aber das ist nur ein ganz schwacher Abklatsch von dem, was anderen Leuten bei der Begegnung mit Ihnen so alles in die Nase steigt.

Sehen, was der andere riecht. Sie können nur ahnen, was Ihr Gegenüber riecht. Aber Sie können sehen, wie er reagiert: Sie betreten einen Raum, und nach kaum drei Minuten macht jemand möglichst unauffällig das Fenster auf. Sie begrüßen ihr Gegenüber lautstark und überschwänglich, aber der weicht bei Ihren Worten erst mal zwei Schritte zurück. Sie beugen sich vor, um jemandem vertraulich etwas zu erzählen – und anstatt interessiert → zuzuhören, kramt der → hektisch in seiner Tasche und bietet Ihnen ein Pfefferminzbonbon an. Oder er hält sich möglichst unauffällig die Hand vor die Nase (oft getarnt als → Geste des Nachdenkens). Oder er wendet sich zur Seite, wenn er schon nicht flüchten kann.

Solche spontanen Reaktionen lassen oft genug nicht den geringsten Zweifel daran, dass Ihr Gegenüber → dringend Frischluft zwischen sich selbst und Sie bringen will. Wenn ihm das als Maßnahme überhaupt ausreichend erscheint: Öfter als selten werden beginnende → Freundschaften stillgelegt und Beziehungen eingeschläfert, nur weil der eine ein Problem mit dem Geruch des anderen hat. Und sich aber nie trauen würde, ihm genau das zu sagen.

Klartext – oder lieber nicht? Viele Ratgeber und Zeitungsartikel beschäftigen sich unter dem Stichwort „Körpergeruch" einzig und allein mit der → Frage, wie man die → Angst, dem anderen zu nahe zu treten, überwindet, und ihm möglichst → diplomatisch und diskret → andeutet, dass er nun mal leider etwas streng riecht.

Dieser Ansatz greift aber zu kurz. Denn **erstens** würden sich viele Leute lieber die Zunge abbeißen, als einen anderen (Freund, Beziehungspartner, → *Kollegen*, → *Kunden*) zu → *kränken* und zu verunsichern. Beides ist aber ganz zwangsläufig die Folge dieser → *Ehrlichkeit*, egal wie edel sie in Worte verpackt wird. Und **zweitens** gäbe es das ganze → *Problem* gar nicht oder nur in viel kleinerem Umfang, wenn wirklich jeder systematisch erst mal vor der eigenen Türe kehren, sprich: seinen eigenen Geruch unter Kontrolle halten würde.

Abhilfe. Man ist seinem Körpergeruch nicht hilflos ausgeliefert wie seiner Körpergröße, seinen X-Beinen und seiner Fettverwertung. Unangenehme Ausdünstungen lassen sich durch ein einfaches Hausmittel weitgehend vermeiden. Man nennt es **Körperpflege**. Tägliches (bei starkem Schwitzen auch mehrmals tägliches) Waschen ist immer noch die beste Garantie dafür, dass Sie nicht anfangen, zum Himmel zu stinken. **Außerdem gut zu wissen:**

• **Synthetikanteile in der** → *Kleidung* sind eine der wichtigsten Ursachen dafür, dass man schnell und stark nach Schweiß riecht. Und dass dieser Geruch sogar noch eine Nummer unangenehmer ausfällt als sonst, weil irgendwelche Moleküle mit Plastik gerne besonders rabiate Verbindungen eingehen. Wenn Sie also möglichst sichergehen wollen, anderer Leute Nasen nicht in Aufruhr zu versetzen, sollten Sie schlauerweise immer die Etiketten anschauen: Alles, was mehr als zehn bis allerhöchstens zwanzig Prozent Plastikanteil hat, ist von Übel. Das gilt übrigens besonders für Unterwäsche. Und Plastik ist letztlich von Polyester über Lycra bis zur Mikrofaser alles, was nicht Naturfaser (also im Wesentlichen Baumwolle, Wolle, Leinen oder Seide) ist.

• **Mundgeruch** muss grundsätzlich weniger fürchten, wer regelmäßig mindestens einmal im Jahr zum Zahnarzt geht und sich mindestens dreimal am Tag die Zähne putzt. Am besten nach jeder Mahlzeit. Wem das Rumschleppen von Zahnbürste und Zahnpasta zu blöd ist, der kann nach dem → *Essen* auch einen zuckerfreien → *Kaugummi* kauen. Leute mit starker Angst vor Mundgeruch rücken darüber hinaus auch ihrer Zunge auf den

Pelz, indem sie mit einem speziellen Zungenschaber (gibt's in der Apotheke) jeden Tag die Zungenbeläge abkratzen. Das ist nicht ganz angenehm, weil es immer einen leichten Brechreiz auslöst, aber absolut sinnvoll, weil sich auf der rauen Zunge letztlich viel mehr Zeug ablagert als auf den glatten Zähnen. Es sind diese Ablagerungen, die im Laufe der Jahre dazu führen können, dass es aus dem Mund riecht wie auf der Müllkippe. Wer das nicht glaubt, kann sich ja mal spaßeshalber den Dreck anschauen, der beim ersten Zungenschaben so runterkommt.

Das Risiko von Mundgeruch lässt sich außerdem dadurch verkleinern, dass man (1) viel trinkt, wenn man viel redet (aber am besten keine zusätzlichen Mundgeruchauslöser wie Kaffee mit Milch); (2) öfters mal ein zuckerfreies Pfefferminzbonbon lutscht und sich einen frischen Kaugummi gönnt; (3) nach verschärften Knoblauch- und Alkoholgelagen nicht davor zurückschreckt, Chlorophyll-Tabletten zu schlucken. Chlorophyll neutralisiert nämlich Mund- und sogar allen anderen Körpergeruch.

• **Schweißfüße.** Unglaublich aber wahr: Die riechen die anderen selbst durch zugeschnürte Schuhe hindurch und trotz der durchschnittlich anderthalb Meter Abstand zwischen den Füßen des einen und der Nase des anderen. Wer dazu neigt, sollte daher nur Lederschuhe (inklusive Ledersohle) tragen. Das geht zwar mehr ins Geld als Schuhe mit Synthetikanteil. Und modemäßig ist es vielleicht nicht ganz so trendy, weil nicht jeder neue Stil auch in Leder auf den Markt kommt. Aber lieber die zwei kleinen Nachteile verkraften als einen Geruch verströmen, der andere Leute an tote Katzen denken lässt.

• **Starkes Schwitzen.** Mit Deos ist es so wie mit Pfefferminzbonbons – sie helfen nur, wenn kein größeres körperliches Problem dahintersteckt. Ansonsten überdecken sie den unangenehmen Geruch nur für kurze Zeit mit einem anderen Geruch. Der ist (gerade bei Deos und → *Parfums*) für andere Leute manchmal fast genauso schwer zu ertragen. Starke Schwitzer können es an kritischen Körperstellen mal mit Antihydral versuchen, einer geruchlosen Creme, die nur in der Apotheke erhältlich ist. Ansonsten bleibt nur noch der Gang zum Hautarzt. Der kostet zwar → *Zeit*, ist aber oft eine wirklich große Hilfe. Nicht zuletzt deshalb, weil Betroffene über dieses peinliche Thema endlich mal mit jemandem offen reden können.

▶ **Körperkontakt**

Es ist heutzutage unter Freunden völlig normal, sich zur Begrüßung zu umarmen und auf eine oder auch beide Wangen zu küssen. Diese – oft genug nur symbolisch in die Luft gehauchte – → *Geste* hat auch Einzug ins Berufsleben gehalten. Meistens dort, wo zwei Leute eine gute → *Beziehung* zueinander haben, sich → *duzen* und einander in irgendeiner Form → *freundschaftlich* verbunden sind.

Tuchfühlung im Job. Inzwischen sind die Umarmungen und symbolischen Küsschen je nach Branche des Öfteren zum Teil des normalen Begrüßungsrituals geworden. Sie sind also nicht mehr nur Ausdruck von → *Sympathie*, sondern gelegentlich auch eine Form von → *Höflichkeit*. Und das wiederum bedeutet, dass man sich ihnen schlecht entziehen kann, auch wenn man innerlich noch so viel Wert auf körperliche Distanz legt. Dasselbe gilt für spontane Berührungen im Laufe eines → *Gesprächs*, die heute ebenfalls eher die → *Regel* sind als die → *Ausnahme*. Selbst unter → *Kollegen* und Geschäftspartnern, die einander nicht unbedingt sehr nahe stehen.

Körperkontakt oder Sicherheitsabstand? Umarmungen, Berührungen, Küsschen – längst nicht jedem ist diese Form von Körperkontakt angenehm. Weil das die Intimsphäre verletzt, die jeder Mensch unsichtbar mit sich herumträgt (→ *Distanz, körperliche*). Weil sich dahinter eine sexuelle → *Belästigung* verbergen könnte (und manchmal tatsächlich verbirgt). Und nicht zuletzt deshalb, weil man bei zu engem Körperkontakt unter Umständen ungefragt eine ordentliche Portion → *Körpergeruch* unter die Nase gerieben bekommt.

Wenn Sie Pluspunkte für rücksichtsvolles → *Benehmen* sammeln wollen, schauen Sie sich die Reaktionen Ihres Gegenüber auf Körperkontakt mit Ihnen am besten → *aufmerksam* an. Legt er dieselbe Unbefangenheit und Spontaneität an den Tag wie Sie, dann ist alles gut, und weder → *Missverständnisse* noch → *Pro-*

bleme sind in Sicht. Weicht er hingegen erkennbar zurück, dreht den Kopf weg oder zeigt sonst irgendwelche → *körpersprachlichen* Zeichen von Widerwillen, dann sollten Sie Ihr Temperament zügeln und ihm nicht zu nahe auf die Pelle rücken. Oder aber ein wenig Körperpflege in Betracht ziehen.

▸ Körpersprache

Nach einer Schätzung von Wissenschaftlern „laufen nur 35% der menschlichen Kontakte verbal – über die Sprache – ab und 65% nonverbal".[32] Das heißt, dass Gesichtsausdruck, → *Gesten* und Körperhaltung viel mehr erzählen, als man gleichzeitig in Worten sagt. Die Kommunikation (Verständigung) und auch die Stimmung zwischen zwei Menschen wird dadurch sogar ganz entscheidend geprägt. Ob man das will oder nicht.

Die Bedeutung von Körpersprache. Es ist schon schwierig genug, → *Wortwahl* und → *Tonfall* immer im Griff zu haben, ganz zu schweigen von den Inhalten, die gelegentlich ziemlich unbeabsichtigt aus dem Mund flutschen, von leichten Verplapperern bis zu dicken → *Indiskretionen*. Obendrein auch noch die eigene Körpersprache beherrschen – das bringen die wenigsten in jeder Lebenslage fertig.

Wo doch kaum einer das richtig kann, dürfte es eigentlich kein Drama sein, wenn man selbst darin nicht gerade ein Meister ist. Irrtum. Denn die Körpersprache ist nun mal neben dem körperlichen Aussehen und der → *Kleidung* ein ganz entscheidender Bestandteil des → *Erscheinungsbilds*. Und das wiederum ist zu einem erstaunlich großen Teil für den → *Eindruck* verantwortlich, den man erweckt. Besonders für den → *wichtigen* ersten Eindruck. Der bildet sich innerhalb von nur sieben Sekunden.[33] Dieses Tempo allein erklärt, warum all die klugen Dinge, die Sie bei einem ersten persönlichen → *Gespräch* so erzählen, eher unbedeutend sind: In sieben Sekunden bringen die meisten Menschen kaum mehr als zwei Sätze heraus.

Körpersprache als Stimmungs-Macher. Die Körpersprache ist nicht nur mitverantwortlich dafür, wie man bei einem anderen ankommt. Sie ist zu allem Überfluss hauptverantwortlich dafür, welche Stimmung man bei dem anderen hervorruft. Und das in rasender Geschwindigkeit: Wissenschaftler haben herausgefunden, dass zwei Menschen, die einander begegnen, sich innerhalb von nur einer Fünfzigstelsekunde (!) unbewusst einander anpassen, was ihre Körperhaltung, ihren Tonfall und eben auch ihre Stimmung betrifft. „Der Gesichtsausdruck ist einer der wichtigsten Aspekte der wechselseitigen Anpassung. Wenn wir ein fröhliches (oder ein zorniges) Gesicht sehen, weckt das in uns, wenn auch kaum merklich, die entsprechende Emotion [→ *Gefühl*].“[34]

Die Körpersprache ist also von überragender Bedeutung für unsere persönlichen → *Beziehungen* zu anderen Menschen. Und sie ist umso mächtiger, je weniger wir sie kontrollieren. Wer sich das einmal richtig vor Augen führt, der wird von ganz alleine einsehen, dass → *Aufmerksamkeit* und regelmäßiges Training sich in diesem Bereich in jedem Fall auszahlen.

Die eigene Körpersprache. Auch wenn Sie noch nie einen Gedanken an Ihre Körpersprache verschwendet haben, können Sie relativ schnell einiges darüber herausfinden. Dazu benötigen Sie keine teure Videoanalyse. Es reicht, wenn Sie sich selbst ein bisschen beobachten, Ihr eigenes Spiegelbild genau anschauen (nicht nur im Spiegel, sondern auch die Zufallsspiegelungen in Glastüren und Fenstern) und den einen oder anderen sehr guten Freund mal um ein offenes Wort zum Thema bitten (→ *Fremdeinschätzung*).

Die Körpersprache anderer ist wie eine → *Fremdsprache*, die man mit einiger Anstrengung durchaus → *lernen* kann. Und sollte – es ist nämlich grundsätzlich sehr nützlich, wenn man deuten kann, was der andere hinter dem, was er sagt, tatsächlich fühlt und denkt. Es gibt zwar sehr → *persönliche* (und manchmal auch sehr seltsame) Ausdrucksformen von Körpersprache, aber auch ein paar Elemente, die bei fast allen Menschen mehr oder weniger das gleiche bedeuten.

Formen von Körpersprache. Man kann drei große Bereiche voneinander unterscheiden: **Mimik**, **Gestik** und **Körperhaltung**.

(1) Mimik. So bezeichnet man das Mienenspiel, also den ständigen Wechsel des Gesichtsausdrucks. Er ist der wichtigste Bestandteil der Körpersprache, weil er anderen Leuten sofort unsere Stimmung verrät und obendrein ihre prägt, siehe oben. Beides ist kein Kunststück, wenn man überlegt, dass allein im Gesicht vier Zonen munter vor sich hin sprechen, ohne dass wir sie ernsthaft davon abhalten könnten:

• **Der Mund.** → *Lächeln* oder nicht lächeln, das ist hier die → *Frage*. Die jahrzehntelange Abwesenheit fröhlichen Lächelns lässt die Mundwinkel unwiderruflich nach unten sacken. Und sorgt dafür, dass nur der Mund allein schon verrät, wie ein Mensch sich in seinem tiefsten Inneren fühlt.

• **Die Augen.** Allein die Art und Weise des → *Blickkontakts* ist sehr vielsagend. Doch auch wenn niemand da ist, den man anschauen könnte, zeigen die Augen bei den meisten Menschen auf den ersten Blick, was sie gerade empfinden, selbst wenn sie in Worten das genaue Gegenteil behaupten. Trauer, Ratlosigkeit, Missbilligung, → *Wut*, → *Ärger*, Verzweiflung, Spott, aber auch Glück, Heiterkeit, Freude – in den Augen kann man häufig lesen wie in einem offenen Buch.

• **Die Stirn.** Wer die Stirn runzelt, ist in der → *Regel* so konzentriert – oder so genervt – dass er es gar nicht merkt, wenn sich dieses verräterische Knittern bildet.

• **Die Haut.** Rot werden vor Verlegenheit, blass werden vor Schreck, schwitzen vor → *Angst*: Selbst wem es gelingt, seine Mimik ansonsten weitgehend unter Kontrolle zu halten, der ist bei den spontanen Reaktionen der Haut machtlos. Sie macht, was sie will.

Das Einzige, was man tun kann, ist, das Ganze entspannt zu sehen, weil es sonst noch viel länger dauert, bis diese Erscheinungen wieder verschwunden sind.

Mimik ist ansteckend. Dass Ihr Gegenüber durch einen kurzen Blick in Ihr Gesicht so viel über Ihre Stimmung erfährt, ist weiter kein Problem, solange es um gute Gefühle geht. Glück, Freude, Heiterkeit – wer freut sich nicht, das zu sehen, außer vielleicht bei Beerdigungen. Und allein über Ihren Gesichtsausdruck können Sie schließlich andere Leute mit Ihrer guten → *Laune* anstecken. Das ist doch schön.

💣 Weniger schön ist es allerdings, wenn Sie sie mit Ihrer schlechten Laune anstecken. Oder sie allein durch das vor den Kopf stoßen, was sie in Ihrem Gesicht lesen können. Aber das geht nun mal genauso schnell. Deshalb sollten Sie die dunklen Seiten Ihres Gesichtsausdrucks um jeden Preis im Griff behalten. Das ist zwar dummerweise besonders schwer, wenn das schlechte Gefühl – Wut, Ärger, Frust – besonders stark ist. Aber alles andere ist auf Dauer ungünstig fürs → *Image* und führt vor allem zu lästigen → *Diskussionen*, die die Situation garantiert nicht besser machen: „Warum guckst Du eigentlich so genervt?" – „Ich guck doch gar nicht genervt!" Und schon ist der schönste → *Streit* im Gange.

(2) Gestik. So nennt man die Gesamtheit aller Gesten. Dafür stehen Ihnen im Wesentlichen Arme und Hände zur Verfügung. Jedenfalls, wenn Sie sie nicht wie viele Menschen aus Verlegenheit oder → *Nervosität* irgendwo verstecken. Was jedoch Minuspunkte für schlechtes → *Auftreten* nach sich zieht: „Absolute → *Tabus*: beide Hände in den Taschen, Arme und Hände hinter dem Rücken verschränkt oder in die Hüfte gestützt. Ein Thema speziell bei Männern ist es, wenn eine Hand in der Hosentasche verschwindet und nur die andere dem Gestikulieren dient. (…) Denn die Geste mit der Hand in der Tasche birgt die Gefahr dozierend und belehrend zu wirken."[35]

💣 Das ist sowieso das Hauptproblem mit der Gestik. Einerseits macht sie das Gesagte viel lebendiger. Wer beim Sprechen auch die Hände zu Hilfe nimmt, wirkt engagierter, energischer. Andererseits können immer dieselben Gesten unnatürlich wirken und auf die Dauer extrem langweilig bis störend sein.

Zum Beispiel die schlechte Angewohnheit, fast jeden Satz mit einem rhythmisch zustechenden ausgestreckten Zeigefinger zu punktieren. Oder zwischendurch mit der flachen Hand auf den Tisch zu hauen. Wer bewundern will, wie lächerlich (antrainierte) Gesten manchmal wirken, der braucht sich nur einmal eine

Bundestagsdebatte im Fernsehen anzuschauen und dabei den Ton wegzudrehen.

Trotzdem bleibt die **Faustregel:** Die Hände dazuzunehmen, ist im Zweifel besser, als die Hände in den Schoß zu legen, denn das wirkt auf alle Fälle schlaff und lustlos. → *Ausnahme*: Fernsehinterviews. Vor laufender Kamera sieht alles, was mehr ist als ganz kleine Gesten, automatisch nach hysterischem Herumfuchteln aus.

(3) Körperhaltung. Selbst wenn andere Ihr Gesicht aus der Ferne gar nicht genau sehen können – allein die Körperhaltung verrät ihnen viel über Ihre Stimmung und, was im Zweifelsfalle noch weniger angenehm ist, auch über Ihre Persönlichkeit. Bei den meisten Menschen gibt es in dieser Hinsicht ausgesprochen viel zu entdecken. Und das, obwohl eigentlich jeder weiß, dass er durch eine aufrechte Haltung, einen elastischen Gang, gerade Schultern, einen geraden Rücken und einen geraden Hals quasi automatisch Selbstbewusstsein, Entschlusskraft und Stärke ausstrahlen kann.

Stattdessen häufig zu sehen: Latschen, Schlurfen, Schleichen aller Art, sackartige Haltung, gekrümmte Rücken, rundlich nach vorne hängende Schultern, um Stuhlbeine verknotete oder im Stehen x-förmig über Kreuz gestellte Beine und vieles andere mehr, was eher nach abgeschlafft, verhuscht und verschüchtert aussieht als nach kraftvoll und energiegeladen.

Vielleicht täuscht dieser Eindruck ja, und Ihre schlechte Haltung hat mehr mit schlechten Angewohnheiten aus Kindertagen zu tun als mit den Abgründen Ihrer Persönlichkeit. Aber Sie werden kaum die Gelegenheit haben, genau das einem anderen auch zu erklären. Er wird sich nämlich wahrscheinlich schon aus → *Diskretion* die Frage verkneifen, ob der Eindruck, den ihm Ihre Körperhaltung vermittelt, auch zutrifft.

Die eigene Haltung im Blick. Ein gelegentlicher Blick auf den eigenen Körper[36] ist immer eine gute Idee, besonders in stressreichen oder gefühlsbeladenen Situationen. Dazu brauchen Sie noch nicht einmal einen Spiegel. Es reicht, wenn Sie sich sozusagen kurz neben sich stellen und einen Blick darauf werfen, wie Sie in dem Augenblick sitzen oder stehen. Sie werden sofort merken, ob Sie von der idealen Haltung abgewichen und in sich zusammengesackt sind. Darüber hinaus kann auch der Blick in die Augen Ihres Gegenüber in Sachen Körpersprache außerordentlich aufschlussreich sein. Wenn Sie aufmerksam hinschauen, können Sie nämlich allein daran erkennen, ob Sie ihm durch Ihren Gesichtsausdruck, Ihre Gestik und Ihre Haltung in irgendeiner Form zu denken geben.

▶ **Korrekturlesen**

So nennt man die Suche nach → *Fehlern* in Dokumenten aller Art (→ *Briefe*, → *E-Mails*, → *Telefaxe*, → *Berichte*, Zeitungsartikel, → *Protokolle*, Bücher, Rechnungen, auch Anzeigen, Plakate und anderes Werbematerial), bevor sie verschickt, versendet, veröffentlicht werden.

Damit gehört Korrekturlesen zum wichtigsten Handwerkszeug für jeden Job, der auch nur im Geringsten etwas mit Rechnen, Lesen und Schreiben zu tun hat. Für → *Arbeitsplätze* in Bürostrukturen ist Korrekturlesen also völlig unverzichtbar. Aber auch Händler, Handwerker und andere Berufstätige, die nicht hauptsächlich am Schreibtisch sitzen, sind in Sachen Papierkram einfach schneller und besser, wenn sie Korrektur lesen können. Ganz zu schweigen von den Herausforderungen, die auch das Privatleben so mit sich bringen kann, vom Schriftverkehr mit dem Arbeitsamt bis zur Steuererklärung.

Deshalb hier die besten **Tricks** auf einen Blick:

• **Mehrere Korrekturgänge einplanen.** Das ist schon deshalb nötig, weil sich aus einer ausgeführten Korrektur nicht selten ein neuer Fehler entwickelt: Ein Wort wurde ausgetauscht, aber in der falschen Schrift gesetzt; der neue Absatz ist jetzt drin, dafür fehlt am Textende ein Stück; ein Rechtschreibfehler wurde zwar korrigiert, aber dummerweise falsch. So etwas passiert ständig – vor allem dann, wenn sehr viele Korrekturen einzuarbeiten sind.

• **Computertexte auch als Ausdruck Korrektur lesen.** Auf dem Bildschirm steht zwar genau dasselbe wie auf dem Papier. Und trotzdem übersieht man dort viel mehr Fehler. Das ist zwar merkwürdig – aber eine so weit verbreitete → *Erfahrung*, dass Sie sich lieber von vornherein an sie halten sollten.

• **Auch von hinten nach vorne Korrektur lesen.** Sonst passiert immer dasselbe: Auf den ersten Seiten ist man noch voll dabei, aber dann lässt die Konzentration rapide nach. Zumal man nach mehreren Korrekturgängen den ganzen Text ohnehin schon auswendig kennt und sich gähnend langweilt. So sehr, dass man die Fehler im letzten Drittel regelmäßig überliest.

• **Zahlen Korrektur lesen.** Bei Kalkulationen und Rechnungen prüft man vielleicht noch nach, dass die Zahlen auch wirklich erstens vollständig sind und zweitens stimmen. In Dokumenten, in denen es überwiegend um Text geht, spart man sich diese Anstrengung jedoch gerne. Deshalb können sich gerade hier reichlich Fehler einschleichen. Das fängt bei Zahlendrehern an und hört bei einer kleinen Null zu viel auf.

• **Auch das Korrektur lesen, was nicht da steht.** Besonders anspruchsvolle aber gleichzeitig besonders lohnende Übung. Die meisten Leute prüfen zwar gewissenhaft, aber nur das, was da ist. So entgehen ihnen manchmal verhängnisvolle Lücken – eine fehlende Telefonnummer, ein fehlendes Datum, ein fehlender → *Name*, ein fehlendes Logo. Das ist unter Umständen nicht nur peinlich, sondern kann auch teuer werden. Zum Beispiel, wenn ein kleines, aber entscheidendes → *Detail* fehlt und dadurch der ganze Rest unbrauchbar wird

• **Der Text geht immer vor.** In fast jedem Beruf hat man nicht nur mit Texten, sondern auch mit **Textgestaltung** zu tun, vom selbst entwickelten Layout für den → *Jahresbericht* über das neue Firmenbriefpapier bis hin zu Anzeigenentwürfen von Werbeagenturen. Oft ist die Begeisterung darüber so groß, dass die → *Information*, um die es eigentlich geht, völlig in Vergessenheit gerät. Oder man bastelt so lange an der wirklich perfekten Gestaltung, dass die am Ende absolut makellos ist. Ein großer → *Erfolg*. Er wäre allerdings noch größer, wenn Sie sich irgendwann die → *Zeit* genommen hätten, auch im Text nach → *Fehlern* zu suchen.

• **Vier Augen sehen mehr als zwei.** Deshalb ist es immer sehr gescheit, zusätzlich eine zweite Person Korrektur lesen zu lassen.

Dabei fällt selbst Profis kein Zacken aus der Krone. Sie wissen genau, dass sie besonders bei komplizierten Dokumenten, an denen sie lange gearbeitet haben, Fehler irgendwann im wahrsten Sinne des Wortes nicht mehr sehen. Und sie wissen auch, dass es für sie nicht peinlich ist, wenn ein anderer diese Fehler entdeckt. Ziemlich peinlich wäre es hingegen unter Umständen für sie, wenn diese Fehler bis zur Veröffentlichung unentdeckt blieben.

▸ **Korrespondenz** → *Briefe,* → *E-Mails,* → *Telefaxe*

▸ **Krankheit**

Wenn ein fest angestellter → *Mitarbeiter* krankheitsbedingt nicht an seinem → *Arbeitsplatz* erscheinen kann, bedeutet das für den Arbeitgeber immer: Geldausgabe ohne Gegenleistung. Denn im Ernstfall ist er bei Krankheit bis zu sechs Wochen zur vollen Lohnfortzahlung verpflichtet. Das schützt den Mitarbeiter davor, wegen einer längeren Erkrankung auf einmal finanziell mit dem Rücken an der Wand zu stehen. Er kann ja nichts dafür, dass er krank geworden ist. Sogar bei Erkrankungen im → *Urlaub* bewahrt das Gesetz Sie davor, dass Ihr Arbeitgeber sich auf ein knappes „Pech gehabt" zurückzieht.[37]

Dieser Arbeitnehmerschutz kann für den Arbeitgeber ziemlich teuer werden. Um ihn vor Missbrauch und vor → *Problemen* durch dauerhaft erkrankte Mitarbeiter zu schützen, hat er immerhin bei so genannten „Fortsetzungserkrankungen" – wenn Sie also immer wieder krank sind – unter bestimmten Umständen das → *Recht,* Sie zu kündigen.[38] Außerdem müssen Sie sich im Krankheitsfall an ein paar gesetzlich vorgeschriebene **Spielregeln** halten.

Krankmeldung. Wenn Sie krank werden und nicht zur Arbeit erscheinen können, müssen Sie das Ihrem Arbeitgeber „unverzüglich" mitteilen, also in den ersten Morgenstunden. Allerdings erwartet man nicht unbedingt von Ihnen, dass Sie das → *persönlich* tun (dafür könnten Sie schließlich vielleicht zu krank sein). Also ist es auch okay, wenn ein → *Kollege* oder Verwandter Sie schriftlich oder mündlich beim → *Chef*, beim Arbeitgeber oder bei der Personalabteilung krankmeldet. Wenn Sie voraussichtlich länger als drei Kalendertage krank sein werden, müssen Sie Ihrem Vorgesetzten allerspätestens am vierten Tag eine **Arbeitsunfähigkeitsbescheinigung** vorlegen. Wahrscheinlicher ist jedoch, dass Ihr Chef dieses Attest schon früher verlangt. Das darf er, und zwar nicht nur, wenn Sie laut → *Arbeitsvertrag* dazu verpflichtet sind, es ihm frühzeitig vorzulegen.[39]

Atteste – oder Abmahnung. Wenn Sie sich nicht an diese → *Regeln* halten, kann es für Sie kritisch werden: „Verletzt der Arbeitnehmer seine Anzeigepflicht, so kann im Wiederholungsfalle nach vorhergehender → *Abmahnung* eine ordentliche Kündigung, in Ausnahmefällen auch eine außerordentliche → *Kündigung* gerechtfertigt sein."[40]

Krankheitsgründe. Sie sind nicht dazu verpflichtet, Ihren Arbeitgeber über die konkreten Ergebnisse Ihres → *Arztbesuches* zu → *informieren*. Er muss sich mit einer Krankmeldung begnügen, und in der steht nicht drin, worunter Sie leiden, sondern nur, wie lange Sie voraussichtlich krank sein werden. Dass Sie wegen zu viel → *Stress* ein Magengeschwür haben, geht ihn nicht das Geringste an. Und dass Ihre schweren Asthmaanfälle auf private Beziehungskrisen zurückzuführen sind, ist auch ganz allein Ihre Sache. Nur ansteckende Krankheiten müssen Sie melden, weil eine gewisse Gefahr besteht, dass Sie Ihre Keime bereits in Ihrer Arbeitsumgebung verbreitet haben.

Nicht anerkannte Krankheiten. Es kann sein, dass der Chef Ihre Krankmeldung nicht anerkennt, weil er nicht einsieht, dass Sie mit einem verstauchten Fußknöchel Ihren Schreibtischjob nicht machen können. Und wenn Sie ganz großes Pech haben, könnte er sich weigern, Ihnen bei „selbst verschuldeter Arbeitsunfähigkeit" Ihr → *Gehalt* weiterzuzahlen. Zum Beispiel, wenn Sie aufgrund von Drogen- oder Alkoholmissbrauch krank sind, oder weil Sie als völlig unsportlicher Mensch unbedingt Fallschirmspringen wollten und sich dabei den Arm gebrochen haben.[41] Wenn Ihr Chef Ihnen tatsächlich mit solchen → *Argumenten* die Fortzahlung des Gehalts verweigert, lohnt es sich, einen Anwalt zu dem Fall zu befragen, weil die Rechtslage längst nicht immer eindeutig ist.

☠ **Krankfeiern.** Es gibt nicht nur „krank sein". Es gibt auch „krankfeiern". Und zwar im wahrsten Sinne des Wortes. Krankfeierer sind im Laufe der → *Zeit* ganz einfach daran zu erkennen, dass sie auffallend oft montags oder freitags von leichteren Erkrankungen heimgesucht werden. Die Gott sei Dank nach einem Tag wieder verschwinden. Und deshalb kein Attest erfordern. Wie praktisch. Genauso praktisch sind die kleinen Krankheiten, die sich prompt nach zwangsweise verordneten → *Überstunden* einstellen und dafür sorgen, dass man letztlich doch nicht mehr als die vertraglich vereinbarte wöchentliche Arbeitszeit ableisten muss.

Krankfeiern und Kollegialität. Erkennbares Krankfeiern ist bei Arbeitgebern, Vorgesetzten und → *Kollegen* gleichermaßen verhasst. Bei den Arbeitgebern, weil es genau genommen → *Betrug* ist. Und bei Vorgesetzten und Kollegen, weil sie zwangsläufig die Arbeit des Krankfeierers mit übernehmen müssen, wenn sie nicht wollen, dass sie liegen bleibt. Krankfeiern ist also das genaue Gegenteil von → *Kollegialität*. Wer das tut, reibt sich zwar vielleicht die Hände über die zusätzlichen Urlaubstage und grinst sich eins darüber, wie leicht sich doch alle immer wieder reinlegen lassen.

Irrtum. Irgendwann haben nämlich die Leute in Ihrer Arbeitseinheit die Nase voll von Ihrem rücksichtslosen → *Benehmen*. Es kommt der Moment, in dem sie selbst Ihre schillerndsten Krankengeschichten („Fischvergiftung", „Malariaanfall", „Verdacht auf Herzrhythmusstörungen"), nicht mehr glauben und Ihnen wegen Unzuverlässigkeit ein für alle Mal die → *Freundschaft* kündigen.

„Dringender Tatverdacht" des Arbeitgebers. Es kommt der Moment, in dem es auch Ihrem Arbeitgeber zu bunt wird. Je nachdem, wie gut begründet sein Verdacht ist, darf er sogar zu ziemlich drastischen Methoden greifen, um herauszufinden, wie es wirklich um Ihre Gesundheit steht: „Hat ein Arbeitgeber Zweifel, ob ein Arbeitnehmer wirklich krank ist, darf er durch den Einsatz eines Detektivs prüfen lassen, ob die Krankheit nur vorgespiegelt wird." So hat jedenfalls 1998 ein Gericht in diesem Fall entschieden.[42] Und wenn der Detektiv dahinter kommt, dass Sie Ihre Krankheiten im Wesentlichen in Ihrem Ferienhäuschen in der Eifel oder am Strand von Mallorca auskurieren – dann könnten Sie angesichts der schmerzhaften Folgen wohl erstmalig ernsthaft ärztliche Hilfe brauchen.

Tipp: Wer tatsächlich des Öfteren gesundheitliche Probleme hat, aber nicht in der Krankfeierer-Schublade landen will, der kann viel für sein → *Image* tun, indem er schon vor Ablauf der vertraglichen Fristen ärztliche Atteste vorlegt und während seiner Krankschreibung den Kontakt zu seinem Unternehmen nicht völlig abreißen lässt. Eine Menge Krankheiten haben zwar eine Arbeitsunfähigkeitsbescheinigung zur Folge, bedeuten aber nicht zwangsläufig, dass man völlig unfähig ist, ab und zu zum → *Telefon* zu greifen, seine → *E-Mails* von zu Hause anzuschauen oder den einen oder anderen geschäftlichen → *Bericht* zu lesen.

Das soll nun wiederum nicht heißen, dass man seinen Arbeitsplatz im Zweifel komplett an sein Krankenbett verlegen sollte, nur um dem Ruf zu entgehen, ein → *Energiesparer* zu sein. Aber Chefs und Kollegen werden die eine oder andere → *Geste* in dieser Richtung bestimmt zu schätzen wissen.

▸ Kränkungen

Sie gehören zu den unangenehmen Erscheinungen im Leben. Das → *Gefühl*, gekränkt zu werden, kann durch die verschiedensten Anlässe ausgelöst werden: bösartige → *Andeutungen*, taktlose Bemerkungen, → *Bloßstellungen* in der Öffentlichkeit, Vorwürfe, Beleidigungen. Richtig kompliziert wird das Ganze durch die Tatsache, dass der Kränker möglicherweise in voller Absicht gehandelt hat – aber möglicherweise auch nicht. Was beim einen als Kränkung ankommt, ist nämlich aus dem Blickwinkel des anderen oft gar nicht so gemeint gewesen. Ein → *Missverständnis*, ein unglücklicher → *Tonfall*, eine unvorsichtige → *Wortwahl*. Nicht selten hat der Kränker keine Ahnung von den Gefühlen, die er beim Gekränkten auslöst.

Gekränkt werden ist in → *Privatleben* und Beruf ein so schmerz-
haftes Gefühl, dass es sich lohnt zu → *lernen*, wie man damit fertig wird. Zumindest, wenn man von sich selbst weiß (oder von
Freunden und → *Kollegen* oft darauf angesprochen wird), dass
man vielleicht grundsätzlich etwas zu empfindlich reagiert.

Oft ist von vornherein klar, dass der Kränker sprachlich entgleist ist oder sogar in böser Absicht handelt. „Mein Gott sind
Sie dick geworden!" ist eine ziemlich → *indiskrete* Bemerkung,
die den so Angesprochenen höchstwahrscheinlich verletzt, selbst
wenn die Feststellung rein kilomäßig absolut zutreffend ist. Und
wenn ein → *Chef* seiner → *Wut* über den abteilungsberüchtigten
→ *Energiesparer* mit „Ihre → *Inkompetenz* ist nicht mehr zu ertragen!" Luft macht, ist das bei allem → *Recht*, das er vielleicht hat,
ebenfalls eine Kränkung.

Und bei erkennbar bösartigen Kommentaren wie „Du kriegst
doch im Leben keine Frau ab, so wie Du aussiehst!" spielen
Überlegungen darüber, inwiefern solche Äußerungen gerechtfertigt sind, sowieso keine Rolle mehr. Wer so was sagt, will den anderen ganz offensichtlich verletzen.

Genauso oft sind die Dinge aber überhaupt nicht eindeutig:
„Sie sehen aber schlecht aus" – Verletzung oder einfach Erschre-
cken und Mitleid? „Ich finde, dass Du mal wieder zum Friseur
gehen könntest" – Verletzung oder gerechtfertigte → *Kritik*?

Hat der andere es wirklich böse gemeint? Wer sich schnell
gekränkt fühlt, tut der Qualität seiner → *Beziehungen* eine
Menge Gutes, wenn er kurz darüber nachdenkt, ob diese oder
jene Bemerkung wirklich in kränkender Absicht gemacht wurde. „Im Zweifel für den Angeklagten" ist ein Prinzip, das sich
besonders bei vermeintlichen Kränkungen durch Beziehungspartner, Eltern und Freunde bewährt hat. Die haben nämlich,
bei Licht betrachtet, in den seltensten Fällen die Absicht, Sie bewusst zu kränken. Da lohnt es sich, lieber noch mal genau nachzufragen und Missverständnisse auf den letzten Drücker zu entdecken, ehe man endgültig einschnappt: „Wie meinst Du das eigentlich genau?" oder „Habe ich Dich richtig verstanden? Du
meinst also, dass …"

Kränkungen ansprechen. Wer sich allen Überlegungen zum Trotz immer noch gekränkt fühlt, sollte dieses Gefühl nicht ewig mit sich rumschleppen. Genau das tun aber die meisten Menschen: Bekanntlich sind bis zu 85 Prozent der Menschheit konfliktscheu und gehen daher einer Aussprache aus → *Angst* aus dem Weg. Stattdessen schmollen sie lieber, schneiden den Kränker, geben nur noch einsilbige Antworten, gehen ihm aus dem Weg in der Hoffnung, dass er dann schon von alleine merkt, dass er einen großen → *Fehler* gemacht hat. Dummerweise hat der Kränker, vor allem wenn er sich keiner Schuld bewusst ist, kaum eine Chance zu verstehen, was eigentlich los ist.

Daraus folgt: Es ist zwar vielleicht nahe liegend, aber letztlich wenig sinnvoll, sich auf die Rolle der beleidigten Leberwurst zurückzuziehen. Besser ist es, den Mut aufzubringen, ein → *Feedback-Gespräch* zu führen und → *Klartext* zu reden, selbst wenn es um Vorgesetzte und andere Respektspersonen geht. Wahrscheinlich werden Sie dann im Gespräch des Öfteren feststellen, dass sich vermeintliche Kränkungen schnell als Missverständnisse herausstellen, wenn man die Dinge erst mal offen anspricht. Und falls es sich um echte Kränkungen handeln sollte: Ein Grund mehr, sie in einem ruhigen Moment anzusprechen und → *Grenzen* zu ziehen. Es kann allerdings sein, dass Sie diese Übung ein paarmal wiederholen müssen, bis der andere wirklich gelernt hat, dass Sie ihm bestimmte → *Entgleisungen* einfach nicht mehr durchgehen lassen.

☠ **Andere kränken.** Wer andere verletzt, richtet ernsthaften Schaden an.[43] „Seien Sie sich bewusst, dass Menschen Demütigungen oder unfaire Behandlung nicht vergessen. Vielleicht kommt der Moment, wo Sie für Fehler der Vergangenheit bezahlen müssen."[44]

Natürlich können Sie sich immer mit einem lässigen „Das war doch gar nicht so gemeint!" aus der Affäre ziehen. Schließlich beruhen Kränkungen ja oft genug auf Missverständnissen, siehe oben. Aber im Ernstfall hilft Ihnen das auch nicht weiter: Wenn jemand sich durch eine Bemerkung von Ihnen, durch einen zu rabiaten Tonfall, durch eine Bloßstellung vor anderen oder durch sonst irgendetwas verletzt fühlt und Ihnen das auch sagt oder wenigstens zeigt – dann ist eine → *Entschuldigung* angesagt. Für den Fall, dass Sie das partout nicht einsehen, dürfen Sie getrost damit rechnen, dass Ihre Umgebung reichlich Minuspunkte für schlechtes → *Benehmen* an Sie vergibt. Wiederholungstätern helfen übrigens irgendwann auch die aufrichtigsten Entschuldigungen rein gar nichts mehr, selbst wenn sie von Gratisdrinks, Blumensträußen oder sonstigen Wiedergutmachungsgesten begleitet sind.

▶ **Krisenmanagement** → *Lösungen*

▶ **Kritik**

Kritik bedeutet „1. Beurteilung, Bewertung; 2. Missbilligung, Tadel".[45] Das Wort an sich enthält in seiner ersten Bedeutung also eigentlich gar keine negative Einschätzung. Es wird allerdings fast nur noch in seiner zweiten Bedeutung verwendet: Wenn heute jemand Kritik ankündigt, ziehen die anderen die Köpfe ein, weil sie automatisch das Schlimmste befürchten.

Ohne Kritik geht's nicht. Im Leben führt fast alles, was wir tun und lassen, zu irgendeiner Form von Kritik (im neutralen Sinne). Schließlich hat die große Mehrheit unserer Handlungen und Entscheidungen direkte oder indirekte Folgen für eine Menge anderer Leute, und die bringen dann mehr oder weniger → *diplomatisch* zum Ausdruck, was sie so von den Handlungen und ihren Folgen halten. Sie üben also Kritik, an Abrechnungen und → *Protokollen* genauso wie an Schweinebraten und Blumenbeeten. Dummerweise neigt man in Deutschland dazu, an allen Dingen erst mal das Schlechte, die Schattenseiten, zu sehen und zu kommentieren. (In den USA ist das genau umgekehrt, aber das hilft uns hier nicht viel.) Deshalb fällt in Deutschland die Kritik eben meistens kritisch aus, siehe oben. Und dann wird's ernst. Der Kritiker tut sich in Sachen → *Tonfall* und → *Wortwahl* längst nicht immer Zwang an und verzichtet zur Not auch ganz auf Weichspüler aller Art. Der Kritisierte verzichtet seinerseits auch in eindeutigen Fällen auf Einsicht und geht lieber gleich zum Gegenangriff über. Das Ergebnis: keins. Nur Verluste auf beiden Seiten.

Deshalb gehört es im Beruf genau wie im → *Privatleben* zu den ganz entscheidenden Notwendigkeiten, sich mit dem Kapitel „Kritik" einmal gründlich zu beschäftigen.

Wer Beziehungs-, Verwandtschafts- und Kollegenstress und ganz allgemein den täglichen Frust möglichst klein halten will, kommt eindeutig nicht darum herum, hier noch ein bisschen was zu → *lernen*.

Das Schlechte an Kritik: Selbst wenn sie sprachlich noch so schön verpackt ist – letztlich wird jede Kritik als → *Angriff*, → *Beschwerde* oder → *Kränkung* empfunden. Besonders dann, wenn sie mitten ins Schwarze trifft, also wunde Punkte berührt: → *Schwächen*, schlechte Angewohnheiten und persönliche → *Probleme* aller Art: Figurprobleme, Geldprobleme, Konzentrationsprobleme, Arbeitsprobleme, Alkoholprobleme, Potenzprobleme.

Das Gute an Kritik: „[Sie können] nur aus Kritik lernen, nicht aus Schmeicheleien. Wer bereit ist, Ihnen [Ihre] Schwächen offen zu nennen, meint es in der → *Regel* gut mit Ihnen."[46] Das heißt im → *Klartext*: Ohne Kritik können Sie weder lernen noch → *Erfahrungen* sammeln. Und es heißt auch: Kritiker sind im Zweifel eher Freunde als Feinde. Letztere lassen Sie nämlich ohne → *freundliche* Vorwarnung ins offene Messer rennen.

Lob und Kritik verhalten sich zueinander wie Urlaubstage zu Arbeitstagen. Lob gibt es reichlich wenig, Kritik dafür umso mehr. Und das wenige Lob, das überhaupt anfällt, wird zu allem Überfluss auch noch mit Kritik vermischt. Vorgesetzte halten das für eine besonders clevere Methode: Sie sagen erst was Nettes, damit der Tadel danach leichter zu verkraften ist. Wer es ganz schonend machen will, legt zum Schluss wieder ein Scheibchen Lob obendrauf.

Das Problem dabei: So wird der Tadel mitnichten leichter verdaulich. Dafür werden sogar ernst gemeinte → *Komplimente* umso wertloser, weil die Mitarbeiter diese Verpackungsstrategie sehr schnell durchschauen. So verkommt Lob zur Warnblinkanlage für drohendes Unheil. Und steht als Instrument der Mitarbeitermotivation leider nicht mehr zur Verfügung. Was ausgesprochen ungut ist, denn so viele Möglichkeiten der → *Motivation* gibt es nicht.

Kritik erbitten ist in jeder Lebenslage ein kluger Schachzug (→ *Feedback*). „Was halten Sie davon?", „Was denkst Du über meinen Vorschlag?", „Ihre Meinung interessiert mich sehr", „Bitte nimm' kein Blatt vor den Mund" – mit solchen Aufforderungen schlagen Sie zwei Fliegen mit einer Klappe: Sie zeigen erstens, wie ernst Sie den anderen nehmen, und tun damit etwas für die Qualität der → *Beziehung*. Und Sie entreißen zweitens mit geschickten → *Fragen* selbst Superdiplomaten eine persönliche → *Meinung*, die sonst aus → *Diskretion* oder → *Angst* immer hübsch im Schrank geblieben wäre. **Merke:** Wer Kritik erbittet, erfährt mehr. Auch über sich selbst.

Kritik äußern ist eine so heikle Angelegenheit, dass man dabei theoretisch immer Samthandschuhe tragen sollte. Warum sich manche Leute trotzdem für Boxhandschuhe entscheiden, gehört zu den großen Rätseln des Lebens. Für all diejenigen, die andere mit ihrer Kritik nicht mit einem Hieb auf die Bretter schicken wollen, sondern auf Einsicht und Besserung hoffen, hier die wichtigsten **Kritik-Regeln** auf einen Blick:

Die Kritik immer möglichst sachlich und möglichst konkret formulieren. Das bedeutet: Bitte keine → *Killersätze* und keine Verallgemeinerungen. Wer zur → *Begrüßung* mit Sätzen wie „Deine ewige Unpünktlichkeit geht mir so was von unglaublich auf den Geist!" loslegt, wenn der andere sich zum zweiten Mal in drei Jahren verspätet hat, der verabschiedet sich am besten gleich wieder.

Kritik immer möglichst kurz formulieren. Ganz daneben ist es, grundsätzlich bei Adam und Eva anzufangen und dann ausführlich das ganze Sündenregister der Vergangenheit runterzubeten, obwohl das doch eigentlich längst hinreichend ausdiskutiert, vergeben und vergessen sein sollte. Ebenso beliebte wie nervtötende Klassiker sind „Wie oft muss ich Dir eigentlich noch sagen, dass Du ...", „Schon seit Monaten weise ich Sie immer wieder vergeblich darauf hin, dass ..." oder, besonders pingelig, „Damals vor fünf Jahren in Rom hast Du Dich doch schon genauso daneben benommen!". Wer so redet, der darf sich nicht wundern, wenn der Kritisierte sich irgendwann weigert, überhaupt weiter → *zuzuhören.*

Kritik immer nur an der Sache, um die es gerade geht, nie an der Person. Klar können Sie auch Ihren Mitarbeiter Maier als Mensch zur Schnecke machen, wenn er in einer Abrechnung einen größeren → *Fehler* gemacht hat. Aber der Mitarbeiter Maier wird ein einigermaßen sachliches „Herr Maier, mit Ihrem Fehler bekommen wir ein Problem" besser verkraften als ein „Mensch Maier, haben Sie eigentlich auf der Baumschule Rechnen gelernt????"

Ruhiger Ton: Wer rumschreit, hat schon verloren. Auch die gerechtfertigtste Kritik wird auf der Stelle zu Schall und Rauch, wenn sie in Form von Schreiereien und → *Wutanfällen* geäußert wird. So kann man höchstens „Dampf ablassen". Aber wirklich erreichen kann man damit rein gar nichts. Der andere lässt nämlich bei dieser Behandlung innerlich die Jalousien runter und schaltet auf stur, anstatt sich einsichtig zu zeigen. Wenn er nicht sogar mit süffisantem Lächeln seinerseits eine Breitseite abfeuert: „Sie können Kritik jederzeit äußern, aber bitte nicht in diesem Ton." Eins zu null für ihn (siehe unten).

Kritik nicht vor anderen, sondern am besten nur unter vier Augen. Alles andere ist ein gefundenes Fressen für die → *Kollegen* aus der Abteilung → *Klatsch & Tratsch* unter den Zeugen. Ihr Gegenüber würde Ihre öffentlich geäußerte Kritik daher (zu Recht) als → *Bloßstellung* ansehen und sich entsprechend heftig wehren. Das gilt nicht nur für den Beruf, sondern vor allem fürs Privatleben. Dort wird nämlich nach dem (in diesem Fall falsch verstandenen) Motto „Wir haben keine Geheimnisse voreinander" viel zu viel Kritisches viel zu offen verbreitet.

Kritik immer nur gegenüber dem Betroffenen selbst. Auch wenn → *wichtige* Partner, Großkunden und Freunde von Aufsichtsräten es lieben, sich direkt an den Vorgesetzten eines zu kritisierenden → *Mitarbeiters* zu wenden, anstatt an ihn selbst: „Sagen Sie mal, was haben Sie denn da für 'ne trübe Tasse in Ihrer Abteilung sitzen?" Dabei hätte die „trübe Tasse" häufig selbst am meisten zu dieser Kritik zu sagen und könnte auch am meisten damit anfangen.

Den anderen Stellung nehmen lassen. Kritikgespräche sind keine Mülleimer, in die man alles reinwirft und dann den Deckel zuklappt. Der Kritisierte hat möglicherweise etwas zu Ihrer Kritik zu sagen, das möglicherweise für Sie interessant sein könnte. Und selbst wenn nicht: Zuhören und → *Ausredenlassen* sind trotzdem Pflicht. Mindestens aus → *Höflichkeit.*

Lächeln! Es ist geradezu unglaublich, wie sehr man durch ein freundliches → *Lächeln* selbst unangenehme Wahrheiten so verpacken kann, dass der andere sie annimmt. Es ist zwar situationsbedingt nicht immer leicht, sich dazu durchzuringen. Aber schon die ersten Versuche führen in der Regel zu absolut traumhaften Ergebnissen. Es lohnt sich also unbedingt, Kritik-Lächeln so lange zu trainieren, bis es sitzt.

Nicht allzu viel erwarten. Kritik bleibt in den seltensten Fällen völlig folgenlos. Auch wenn der andere heftig abblockt – irgendwas bleibt meistens trotzdem hängen. Ein → *Erfolg*, der für den Kritiker auch irgendwann sichtbar oder wenigstens spürbar wird. Aber unabhängig davon gilt: Kritik ist keine Wunderwaffe, mit der sich Menschen völlig umkrempeln lassen, wenn man sie nur lange genug kritisiert. Kritik bewegt nur Kleinigkeiten, arbeitet nur an der Oberfläche. Wirklich ändern kann man letztlich niemanden außer sich selbst.

Auf Kritik reagieren ist fast noch schwerer, als sie zum Ausdruck zu bringen. Trotzdem kommt man nun mal nicht drum herum. Dann lieber gleich gründlich lernen, wie man das am besten macht. „Wenn Sie frühzeitig lernen, mit Kritik richtig umzugehen, werden Sie davon für Ihr gesamtes weiteres Berufsleben profitieren."[47] Und für Ihr gesamtes weiteres Privatleben auch.

Erst mal zuhören und den anderen ausreden lassen, auch wenn man innerlich noch so schäumt. Das ist strategisch immer schlau, weil der andere so Dampf ablassen kann. Danach wird er gleich eine Ecke ruhiger und vor allem: ihren Verteidigungsargumenten gegenüber wesentlich zugänglicher sein.

→ *Andeutungen* **entschlüsseln.** Andeutungsweise Kritik ist manchmal nichts weiter als eine boshafte Unterstellung: „Sie scheinen es mit der Wahrheit nicht ganz so genau zu nehmen." Gelegentlich ist sie jedoch auch der Versuch eines konfliktscheuen Zeitgenossen, Ihnen Kritik so → *diskret* und einfühlsam wie möglich nahe zu bringen: „Der Müller hat vielleicht ein bisschen mehr Aufmerksamkeit verdient. Finden Sie nicht?" In beiden Fällen ist es hilfreich, einfach nachzufragen: „Wie meinen Sie das?"

Kritik als das nehmen, was sie ist. In den seltensten Fällen ist Kritik ein Todesurteil, die endgültige → *Kündigung* oder Aufkündigung der Beziehung. Wer alles zerschlagen will, der kann das einfacher haben als mit einem Kritikgespräch. Es kann nützlich sein, an diese Weisheit zu denken, wenn mal wieder eine einzige kritische Bemerkung ausreicht, um Ihr Selbstbewusstsein bis in die Grundmauern zu erschüttern.

Tränen und Schreiereien sind → *tabu.* Je nach Temperament ist es sehr schwer, sich nicht zu dem einen oder zu dem anderen hinreißen zu lassen. Aber die Folgen für den weiteren Verlauf des → *Gesprächs* sind häufig so verheerend, dass es das Beste ist, sich um jeden Preis zusammenzureißen (→ *Tränen,* → *Schreien*).

Kritik auf andere abwälzen ist auch tabu. Selbst wenn es noch so verführerisch ist, mit ausgestrecktem Zeigefinger auf einen Sündenbock zu zeigen, der gerade passend scheint. Das findet nämlich weder der Sündenbock lustig noch der Kritiker. Denn der entdeckt erfahrungsgemäß irgendwann, dass Sie einen selbst gemachten → *Fehler* mutwillig auf einen anderen abgeschoben haben. Gut fürs → *Image* ist so was garantiert nicht.

Innere → *Ehrlichkeit.* Kein Mensch zwingt Sie, es dem anderen gegenüber auch zuzugeben, wenn Sie sehr wohl wissen, wie → *Recht* er mit seiner Kritik hat. Es wäre zwar ein Zeichen von Selbstsicherheit und Reife, wenn Sie sich in dem Fall ohne großes Herumreden einsichtig zeigen und bei Bedarf auch → *entschuldigen* würden. Fehler können schließlich jedem passieren.

Kommt ein so eindeutiges Verhalten für Sie jedoch zu sehr einer → *Niederlage* gleich, dann können Sie das Vorwurf-Gegenvorwurf-Spielchen ja zur Tarnung noch ein paar Runden länger spielen. Aber nur dann, wenn Sie bereit sind, wenigstens klammheimlich aus der gerechtfertigten Kritik zu lernen und das dem anderen auch bei nächster Gelegenheit ganz nebenbei zu zeigen.

Bei ungerechtfertigter Kritik lohnt es sich immer, → *freundlich* aber bestimmt Einspruch zu erheben[48] und eine → *Gegenposition* zu beziehen. Darüber hinaus ist die „Prozentfrage" ein außerordentlich kluger Schachzug. Besonders gegenüber Leuten, die immer an allem nur rumzumeckern haben. Sobald die mal wieder zu einem kritischen Grundlagenvortrag anheben, in dem es um Ihre unerträgliche Unordnung/Unpünktlichkeit/Fehlerstatistik/Kochkunst geht, lassen Sie sich das mal ganz genau erklären: „In Ordnung, aber über wie viel Prozent meiner Arbeit/Essen/→ *Termine* sprechen wir eigentlich?"[49] Erstaunlicherweise bewegt sich die Antwort fast nie bei hundert Prozent, sondern eher, wie der Nörgler bei näherer Betrachtung zugeben muss, bei ein bis zwei Zehnteln. Wenn überhaupt. Der Rest kann also so schlecht gar nicht sein.

Über kränkende Kritik müssen Sie sich eigentlich gar nicht lange den Kopf zerbrechen. Sie können sie nämlich einfach ins gegnerische Feld zurückschießen. Ein garantierter Treffer ist: „Wir sollten in einem anderen Ton miteinander sprechen, meinen Sie nicht auch?" Der ist sogar besser als das spitze „Bitte nicht in diesem Ton!", das gelegentlich empfohlen wird. Das ist nämlich ein klarer Vorwurf. Die erste Formulierung hingegen kommt raffiniert als weise Erkenntnis daher: Sie meinen zwar eindeutig den anderen (das weiß er auch), sprechen aber auch von sich selbst. Damit nehmen Sie natürlich, wenn auch nur pro forma, einen Teil der → *Verantwortung* auf sich. Aber das ist immer noch besser, als gar nichts zu sagen und die Kritik sprachlos in sich hineinzufressen. Das interpretiert der andere nämlich als Zeichen für einen uneingeschränkten Sieg und führt sich in Zukunft auch so auf. Wer an diesem Punkt Kränkungen immer wieder runterschluckt, wird am Ende krank davon.

Weg von der Kritik, hin zu den → *Lösungen*. Das bringt garantiert frischen Schwung in → *Diskussionen* aller Art, in denen es seit Stunden nur darum geht, wer nun genau an was schuld ist: „Na schön, wir wissen jetzt, warum wir dieses Problem haben. Aber wie können wir es am besten lösen?", „Wie soll's denn jetzt eigentlich weitergehen?" oder „Lassen Sie uns jetzt mal nach vorne denken". Die anderen werden Ihnen für den → *Themenwechsel* dankbar sein. Und Sie kassieren Pluspunkte für konstruktive Gesprächsführung.

Chefs und Kritik. Das ist ein heikles Thema. Und zwar dummerweise nur für Sie als Mitarbeiter:

Wenn er Sie kritisiert, wird's ernst: „(…) die meisten Chefs äußern Kritik erst dann, wenn sie es für → *dringend* erforderlich halten. Sie können als kritisierter Mitarbeiter folglich davon ausgehen, dass die Kritik nicht einfach so dahergesagt ist oder einen weniger wichtigen Aspekt [Bereich] Ihrer Arbeitsleistung betrifft. Vielmehr sollten Sie annehmen, dass Ihr Chef sehr unzufrieden ist und dies möglicherweise schon seit längerem. Häufig ist die geäußerte Kritik nur die ‚Spitze des Eisbergs'. Sie sollten keinesfalls mit Ausreden und Ausflüchten reagieren und ihn damit zu einer Diskussion zwingen, die ihm zutiefst unangenehm ist".[50]

Darüber hinaus empfiehlt Fachmann Jürgen Lürssen, auf die Kritik möglichst ruhig zu reagieren und sich vor einer längeren Stellungnahme auf jeden Fall die → *Zeit* zu nehmen, ausführlich darüber nachzudenken, wo der Chef denn tatsächlich Recht haben könnte. In den Bereichen, in denen Sie die Kritik für ungerechtfertigt halten, können Sie ihm Ihre Sicht der Dinge in einem zweiten Gespräch vortragen. Vorausgesetzt, Sie haben halbwegs taugliche → *Argumente*.

Wenn Sie Ihren Chef kritisieren wollen, kann es noch ernster werden. Denn das betrachten nicht nur ältere Vorgesetzte gelegentlich als Majestätsbeleidigung und schicken Sie zur Strafe umstandslos und unwiderruflich in die Verbannung. Zumindest, was → *Beförderungen* und → *Gehaltserhöhungen* betrifft.

Wer sich dem Zorn seines Vorgesetzten sicherheitshalber lieber nicht aussetzen und trotzdem ein paar Sachen loswerden will, sollte sich die → *Regeln* fürs Kritiküben (siehe oben) noch einmal genau anschauen, ehe er ein solches Gespräch beginnt. Und am besten auch die Informationen zu → *Ärger* und → *Angst*. Man weiß ja nie.

▶ Kunden

„Der Kunde ist König." Mit Märchenstunde hat das rein gar nichts zu tun. Sondern einzig und allein mit marktwirtschaftlichen Gesetzen: Ohne Kunden kein Umsatz, ohne Umsatz kein Gewinn, ohne Gewinn Bankrott. Und bei Bankrott kein Job mehr. Deshalb sollte jeder Arbeitnehmer, der in irgendeiner Form mit Kunden zu hat (also fast jeder) diese mindestens so gut behandeln wie seinen Chef. Wenn nicht noch besser: Chefs können von jetzt auf gleich in Ungnade fallen, versetzt oder gefeuert werden. Und Chefs sind an eine ganze Menge Gesetze und Vorschriften gebunden, die sie daran hindern, nach Lust und → *Laune* fristlose → *Kündigungen* auszusprechen.

Kunden und Chefs. Kunden sind grundsätzlich so lange → *wichtig*, bis sie keinen Cent mehr zum Ausgeben haben. Ihre Entscheidungen für oder gegen ein bestimmtes Unternehmen, eine → *Dienstleistung* oder ein Produkt treffen sie meistens nach Qualität und → *Leistung*. Oder aber einzig und allein nach Lust und Laune. Und bei der muss man sie halten. Zumindest, wenn man nicht riskieren will, dass sie ganz sang- und klanglos ihre Treue aufkündigen.

Für den Umgang mit Kunden gelten deshalb alle → *Regeln*, die für den Umgang mit → *Chefs* und → *Chefinnen* empfehlenswert sind. Auch die Hinweise unter → *Abwimmeln*, → *Angst*, → *Ärger*, → *Beschwerden*, → *Benehmen*, → *Bloßstellen*, → *Geschenke*, → *Gesten*, → *Kritik*, → *Missverständnisse*, → *Reklamationen*, → *Smalltalk*, → *Tabus* und → *Vertrösten* könnten sich als sehr hilfreich erweisen.

Wer sich die Mühe sparen will, so viel Kleingedrucktes zu lesen, kommt mit den folgenden **Faustregeln** auch schon weiter:

- **Der Kunde ist grundsätzlich König.** Also auch dann, wenn er um ein besonderes Angebot bittet, einen Service wünscht, der eigentlich nicht angeboten wird, eine Sonderlieferung benötigt oder einen besonderen Terminwunsch hat. Genau bei diesen Sonderwünschen hört die routinemäßige → *Freundlichkeit* vieler → *Mitarbeiter* auf. Der Kunde ist nur dann ein guter Kunde, wenn er sich gefälligst an die Norm hält. Sobald er eine Extrawurst will, hat er Pech gehabt: „Das ist uns leider grundsätzlich nicht möglich." Tatsache ist jedoch: Wer so wenig → *Initiative* geboten bekommt, obwohl er doch gutes → *Geld* dafür zahlen will, der sucht so lange, bis er ein Unternehmen findet, das ihm seine Extrawurst brät. Und ihn dadurch als Kunden für sich gewinnt. Pech für Sie.

- **Geht nicht gibt's nicht.** Nicht nur, weil der Kunde grundsätzlich König ist. Sondern weil es strategisch gesehen unklug ist, ihm ohne weitere Begründung ein knappes → *„Nein"* mitzuteilen. Manchmal ist es zwar tatsächlich völlig unmöglich, ihm seinen Wunsch zu erfüllen. Aber er wird diese Erkenntnis leichter verkraften, wenn Sie ihm auf nachvollziehbare Weise erklären, warum es nicht geht. Oder ihm zum Trost ein kleines „Ich werde es aber auf jeden Fall versuchen" schenken. Das ist zwar wahrscheinlich eine → *Notlüge*. Aber wenigstens eine, die einen guten Zweck erfüllt, denn der Kunde wird Ihnen alleine für Ihren guten Willen → *dankbar* sein.

- **Die Kunden gehen immer vor.** Vor allem in Unternehmen mit Publikumsverkehr. Wer seelenruhig weiter telefoniert, weiter schwatzt, weiter aufräumt, weiter Regale füllt, weiter Wurst schneidet, wenn ein Kunde reinkommt, der braucht sich nicht zu wundern, wenn der gleich wieder geht. Er ist schließlich nicht gekommen, um Sie zu bewundern, sondern um möglichst schnell bedient zu werden. Erstaunlicherweise vermitteln manche Mitarbeiter trotzdem „den Eindruck, die Betreuung eines Kunden stelle eine Unterbrechung ihrer eigentlichen Arbeit dar".[51] Frei nach dem Motto: Der Job an sich ist klasse, wenn nur die Kunden nicht wären.

- **Die Kunden sind doch nicht blöd.** Sie meinen, es merkt keiner, wenn Sie die Kunden innerlich auf den Mond schicken? Irrtum. Jeder halbwegs aufgeweckte Kunde sieht an Ihrer → *Körperspra-*

che, dass Sie ihn stören, noch bevor Sie überhaupt den Mund aufgemacht haben. Abwesender Blick, aufgesetztes → *Lächeln*, schlaffe, energielose Haltung – da fühlt man sich als Kunde so richtig gut aufgehoben. Wenn Sie obendrein noch einen zickigen oder extrem gelangweilten → *Tonfall* auflegen, haben Sie innerhalb von ein paar Minuten Ihr → *Ziel* erreicht: Kunde weg. Aber Job irgendwann auch.

▶ Kündigung

Sie ist eines der wichtigsten Themen für jeden abhängig Beschäftigten. Wer darf wem wann mit welchem Grund in welcher Form kündigen? Wer genießt unter welchen Umständen Kündigungsschutz? Dazu gibt es gesetzliche Vorschriften, in denen fast alles bis ins kleinste → *Detail* geregelt ist. Da sich → *wichtige* Dinge jedoch häufig ändern, sollte unbedingt ein aktuelles Fachbuch zum Thema Arbeitsrecht kaufen, wer kündigen will oder fürchtet, gekündigt zu werden.[52]

Selbst kündigen. Man muss wegziehen, hat einen besseren Job gefunden, nimmt sich eine Auszeit oder hat ganz einfach keine Lust mehr. So oder so ist es in diesem Fall der Arbeitgeber, dem gekündigt wird – und der damit des Öfteren ein → *Problem* hat. Auf der organisatorischen Ebene, weil der Nachfolger sich erst mal einarbeiten muss und deshalb zwangsläufig nicht so schnell und so gut arbeitet wie sein Vorgänger. Und vor allem auf der finanziellen Ebene: „Der Abgang eines Mitarbeiters kostet eine Firma [Schätzungen zufolge] so viel wie ein volles Jahresgehalt. Diese versteckten Kosten entstehen nicht nur durch die Suche nach einem Nachfolger und seine Einarbeitung, sie machen sich auch in der Kundenzufriedenheit und -treue bemerkbar sowie in einer geringeren Effizienz [Leistung] bei all jenen, die mit dem Neueingestellten zu tun haben."[53]

Wenn in einem Unternehmen auffallend viele Leute nach auffallend kurzer → *Zeit* kündigen, spricht man von „hoher Personalfluktuation". Sie ist ein schlechtes Zeichen, was die Qualität des → *Betriebsklimas* und die Umgangsformen der Vorgesetzten betrifft.

💣 **Gekündigt werden.** Es gibt drei zulässige Arten von Kündigung, die der Arbeitgeber aussprechen kann. Bei den ersten beiden sind → *Abmahnungen* nicht denkbar.

• **Betriebsbedingte Kündigung.** In diesem Fall kündigt Ihnen der Arbeitgeber nicht, weil er etwas gegen Sie oder Ihre Arbeit hat, sondern weil er Teile seines Unternehmens einschränken will. Das kann durch äußere Umstände begründet sein (schlechte Auftragslage, keine Änderung absehbar) oder aber durch innere Umstände (zum Beispiel, wenn der Arbeitgeber bestimmte Aufgabenbereiche auslagert).

• **Personenbedingte Kündigung.** Hier ist der Kündigungsgrund eng mit Ihrer Person verbunden (zum Beispiel dauerhafte → *Krankheit* mit schlechter Genesungsprognose). Auch in diesem Fall sind Sie aber nicht → *verantwortlich* für die Situation.

• **Verhaltensbedingte Kündigung.** Hier liegt der Grund darin, dass der Arbeitgeber mit Ihrem Verhalten unzufrieden ist. Die **Top Ten** unter den Gründen für verhaltensbedingte Kündigungen: häufiges Zuspätkommen, Verstoß gegen Rauchverbot, Alkoholverbot und Sicherheitsvorschriften, Verrat von Dienstgeheimnissen, Selbstbeurlaubung, Arbeitsverweigerung, Vortäuschen oder Ankündigen einer → *Krankheit,* → *Mobbing,* → *Bestechung* und Bestechlichkeit und natürlich die unerlaubte Privatnutzung von → *Telefon* und → *Internet.*[54] Normalerweise muss der Arbeitgeber Ihnen aber erst mal eine → *Abmahnung* verpassen, ehe er Sie aus verhaltensbedingten Gründen vor die Tür setzen darf, damit Sie den Ernst der Lage verstehen und eine Chance erhalten, Ihr Verhalten in Zukunft zu bessern.

Am besten zum Anwalt. Mit etwas Glück können Sie sich ziemlich lange darauf verlassen, dass Ihr Arbeitgeber Sie bei kleineren Vergehen nicht gleich feuert, solange diese Vergehen sich in etwa im Rahmen halten. Auf Arbeitgeberseite sind die Kosten für eine Kündigung schließlich sehr hoch (siehe oben), ganz egal, wer die Kündigung nun ausspricht. Ist der Bogen allerdings überspannt und der Arbeitgeber erst mal an diesem Punkt angelangt, dann wird es ganz schnell ganz ernst.

Wer auch nur vage daran denkt, sich gegen eine Kündigung

oder einzelne ihrer Teile zur Wehr zu setzen, ist gut beraten, sofort einen Arbeitsrechtler um → *Rat* zu bitten. Wobei die Betonung auf „sofort" liegt: Innerhalb von drei Wochen nach Erhalt der Kündigung müssen Sie eine so genannte Kündigungsschutzklage eingereicht haben. Obwohl das viel Papierkram und sonstige Scherereien mit sich bringt und obendrein → *Geld* für einen Anwalt erfordert, lohnt es sich meistens, diese Plagen auf sich zu nehmen. Wenn Sie sich ausgerechnet hier → *Stress* und Ausgaben ersparen wollen, sparen Sie wahrscheinlich am falschen Ende.

Kündigung, fristlose. Normalerweise erfolgt die Kündigung ordentlich, also unter Einhaltung der geltenden Kündigungsfrist.[55] Nur in besonders schwerwiegenden Fällen kann der Arbeitgeber fristlos kündigen. Dies ist der Fall, wenn ihm das Abwarten bis zum Ablauf der ordentlichen Kündigungsfrist nicht mehr zuzumuten ist. Es stimmt zwar, dass dazu ein gebrülltes „Sie sind gefeuert!" nicht ausreicht, weil auch die fristlose Kündigung der Schriftform bedarf. Trotzdem gibt es für die fristlose Kündigung mehr Gründe, als Sie sich vermutlich vorstellen können. In erster Linie sind das all die Vergehen, für die es eine verhaltensbedingte Kündigung geben kann – wenn Sie sie dem Arbeitgeber in besonders schwerwiegender Form bieten, also trotz Ermahnung unbelehrbar bleiben. Darüber hinaus riskieren Sie eine fristlose Kündigung zum Beispiel auch bei sexueller → *Belästigung*, bei Straftaten im Dienst und bei Tätlichkeiten.[56]

In all diesen Fällen ist noch nicht mal eine vorherige Abmahnung Pflicht, weil der Arbeitgeber davon ausgehen darf, dass dem Betroffenen die Schwere seines Verstoßes bekannt sein muss.

Kündigung, innere. So nennt man es, wenn ein Mitarbeiter zwar brav jeden Tag an seinem → *Arbeitsplatz* erscheint, aber sein Unternehmen innerlich schon längst für immer verlassen hat. Weil der Chef zu → *inkompetent* ist, die Kollegen zu blöd, die Arbeit zu langweilig oder zu schlecht bezahlt und überhaupt. Eigentlich müsste er in dieser Situation auch irgendwann richtig kündigen und sich einen neuen Job suchen. Tut er aber oft nicht – aus → *Angst*, keine neue Stelle zu finden, oder vielleicht auch einfach aus Bequemlichkeit: Die Aufgaben, die er zu tun hat, sind für ihn

→ *Routine*, die er auch ohne größere Anstrengung erledigen kann. Sein Gehalt ist also letztlich leicht verdientes Geld, und das Risiko, wegen mangelnder → *Motivation* gefeuert zu werden relativ gering. Es sei denn, sein Unternehmen geht irgendwann zu amerikanischen Methoden über und versucht, „low performer" (Niedrigleistungs-Mitarbeiter) über regelmäßige → *Leistungsbeurteilungen* auszusieben.

Anmerkungen

[1] Siehe die Kapitel zum Thema in Literaturliste Nr. 32, 33, 35
[2] Wahrig Deutsches Wörterbuch
[3] 21/S. 23
[4] 21/S. 23
[5] 7/S. 212
[6] 14/S. 42
[7] 3/S. 28
[8] 3/S. 36 ff
[9] 2/S. 29
[10] Zum Beispiel Literaturliste Nr. 3/S. 29 ff, Nr. 4/S. 132 ff
[11] 3/S. 45
[12] 4/S. 137
[13] 19/S. 98
[14] 21/S. 198
[15] 12/S. 101
[16] Wahrig Deutsches Wörterbuch
[17] Reclams Kleines Fremdwörterbuch
[18] 20/S. 32
[19] 10/S. 141
[20] 28/XVI
[21] 7/S. 85
[22] 20/S. 32
[23] 20/S. 387
[24] Nach 12/S. 127 ff
[25] Reclams Kleines Fremdwörterbuch
[26] Wahrig Deutsches Wörterbuch
[27] 12/S. 129 f
[28] 5/S. 185
[29] 28/S. 41
[30] Wahrig Deutsches Wörterbuch
[31] 28/S. 124
[32] 23/S. 13

[33] 3/S. 28

[34] 20/S. 167

[35] 13/S. 165

[36] 19/S. 94

[37] 32/S. 564

[38] 32/S. 683

[39] 32/S. 555 ff

[40] 33/S. 556

[41] 32/S. 552

[42] 34/S. 119

[43] 28/S. 167

[44] 12/S. 137

[45] Reclams Kleines Fremdwörterbuch

[46] 12/S. 132

[47] 12/S. 132

[48] 23/S. 184

[49] 6/S. 104

[50] 7/S. 81 f

[51] 9/S. 141

[52] Zum Beispiel Literaturliste Nr. 32, 33, 34, 35

[53] 20/S. 53

[54] 35/S. 167

[55] 32/S. 666 ff

[56] 35/S. 167

L

▶ **Lächeln**

Der mit Abstand einfachste, überzeugendste und preiswerteste Weg, andere Menschen für sich einzunehmen und einen guten → *Eindruck* zu erzeugen. Dieses kleine → *körpersprachliche* Signal steht für so angenehme und erfreuliche Dinge wie → *Aufmerksamkeit*, → *Freundlichkeit*, Offenheit und Wohlwollen. Und obendrein macht es auch noch Freude: „Lächeln [ist] das ansteckendste emotionale Signal, denn es vermag fast unwiderstehlich andere dazu zu bringen, zurückzulächeln. Das Lächeln allein löst schon positive → *Gefühle* aus."[1]

Angesichts dieser wunderbaren Wirkung ist es umso erstaunlicher, dass in Deutschland sowohl im → *Privatleben* als auch im Beruf relativ wenig gelächelt wird. Tankwarte, Kassiererinnen, Fleischereifachverkäuferinnen und Postbeamte kommen selten in den Genuss eines Lächelns. Und am → *Arbeitsplatz* wird häufig nur gelächelt, wenn ein besonders sympathischer oder aber besonders → *wichtiger* Mensch vorbeikommt. Alle anderen müssen mit einem mehr oder weniger mürrischen Standardgesichtsausdruck vorlieb nehmen. Und sehen deshalb auch wenig Grund, ihrerseits zu lächeln. Stimmung und → *Gesprächsatmosphäre* werden dadurch nicht unbedingt verbessert, aber das scheint kaum jemanden weiter zu stören.

Was ein Lächeln alles kann. Gerade heikle Situationen lassen sich durch nichts so gut entschärfen wie durch ein möglichst aufrichtiges Lächeln.[2] Wenn Sie Ihre → *Kritik* mit einem Lächeln äußern, machen Sie sie allein dadurch für den anderen leichter verdaulich. Wenn Sie in → *Diskussionen* Ihren Standpunkt mit einem Lächeln vertreten, verringern Sie damit das Risiko, dass aus dem Meinungsaustausch ein handfester → *Streit* wird. Wenn Sie zu denen gehören, die für ihre spitze Zunge gefürchtet sind, können Sie mit einem freundlichen Lächeln verhindern, dass andere sich durch Ihre Bemerkungen gekränkt fühlen. Und wenn Sie auf → *Beschwerden* und Angriffe mit einem Lächeln reagieren, sind Sie in jedem Fall der Gewinner: „Wer lächelt, statt zu toben, ist sowieso immer der Stärkere."[3]

Lieber gar kein Lächeln als falsches Lächeln? Leute, die im Job ein Mindestmaß an Berufs-Freundlichkeit aufbringen müssen, haben nicht selten ein Lächeln im Gesicht, das aussieht, als ob es jemand da festgenagelt hätte. Es wirkt unaufrichtig, weil die Augen nicht mitlächeln. Genau daran kann man nämlich auf den ersten Blick erkennen, ob ein Lächeln echt ist oder falsch.

Mit einem falschen Lächeln abgespeist zu werden, ist bestimmt nicht das höchste der Gefühle. Dazu spürt man viel zu sehr, dass die Freundlichkeit nur vorgetäuscht ist. Das heißt jedoch nicht, dass Sie sich in Zukunft jedes Höflichkeitslächeln von vornherein sparen können, weil es sowieso als Heuchelei empfunden wird. Denn selbst ein Höflichkeitslächeln ist immer noch besser als gar kein Lächeln. Es zeigt dem anderen nämlich, dass Sie sich wenigstens ein kleines bisschen Mühe mit ihm geben. Die völlige Abwesenheit jeden Lächelns würde Ihr Gegenüber hingegen je nach Situation als Vorwurf, → *Angriff*, Kritik, Desinteresse oder als Hinweis auf bevorstehenden → *Ärger* werten.

Lächeln – für die anderen. Das ist eine ziemlich wichtige Feststellung. Lächel-Verweigerung belastet grundsätzlich die Gesprächsatmosphäre. (Und ob Sie's glauben oder nicht: Das gilt sogar fürs → *Telefon*.[4]) Auch wenn Sie nicht das geringste → *Problem* mit Ihrem Gegenüber haben und nur deshalb nicht lächeln, weil Sie gerade Ihren Steuerbescheid erhalten haben, einen → *Wutanfall* Ihres → *Chefs* ertragen mussten oder sich in einer → *persönlichen* Sinnkrise befinden, bezieht der andere das Nicht-Lächeln immer auf sich. Der Arme. Diese Verunsicherung hätten Sie ihm mit einem kleinen Höflichkeitslächeln glatt ersparen können.

Es sei denn, Sie knipsen das Lächeln übergangslos wieder aus, sobald er wegschaut oder sich verabschiedet hat. Bekommt er das mit, dann ist das für ihn wie ein Schlag ins Gesicht. Sollten

Sie Ihre Gesichtsmuskeln also nicht so weit unter → *Kontrolle* haben, dass Sie sich beherrschen können, bis er außer Sicht ist, dann lassen Sie das mit dem Höflichkeitslächeln vielleicht doch lieber. Aber nur so lange, bis Sie es richtig beherrschen.

▶ Lästern

Eines der menschlichsten Hobbys überhaupt. Und die mit Abstand beliebteste Spielart der Abteilung → *Klatsch & Tratsch*. Lästern ist nämlich auf den ersten Blick harmloser als das, was sonst noch zu ihr gehört: → *Gerüchte* in die Welt setzen und verbreiten, → *Intrigen* spinnen, → *Indiskretionen* begehen. Was kann schon dabei sein, wenn man ein bisschen darüber lästert, dass der Nachbar jede Woche eine neue Gespielin heimschleppt, dass der Bierbauch vom → *Kollegen* Maier schon wieder gewachsen ist, dass der → *Chef* weder Ahnung von Personalführung noch von der Rechtschreibreform hat und dass der Mann der besten Freundin zwar ein netter Kerl ist, aber riecht wie der Raubtierkäfig im Hamburger Zoo?

Kleiner Spaß oder große Gefahr? Lästern macht zwar Spaß – aber es ist auch ausgesprochen gefährlich. Denn abgesehen davon, dass selbst kleine Lästereien letztlich prima Zutaten für die Gerüchteküche abgeben und deshalb eine der wesentlichen Grundlagen für → *Mobbing* sind, müssen Sie immer damit rechnen, dass die Person, über die Sie lästern, hintenrum erfährt, was Sie über sie gesagt haben. Davor sind Sie garantiert nie sicher, selbst wenn Sie noch so sehr um → *Diskretion* bitten nach dem Motto „Das muss jetzt aber unter uns bleiben". Warum sollte der andere diskret sein, wenn Sie es nicht sind? Und selbst wenn er es ist: Können Sie wirklich ausschließen, dass Sie keine ungebetenen → *Zuhörer* haben – Leute, die Sie nicht kennen, die aber ihrerseits denjenigen kennen, über den Sie gelästert haben?

Risiken und Nebenwirkungen. Nicht selten führt eine kleine Lästerei auf diesen Wegen direkt in einen Abgrund an Peinlichkeit. Oder sie führt zum Karriereknick: Wer bekanntermaßen gerne über seine eigene Firma/seine Kollegen/seinen Chef/die Typen von der Topetage lästert, wird dafür nur selten mit einer → *Be-*

förderung belohnt. Eher vielleicht mit einer → *Kündigung*, sobald sich eine passende Gelegenheit bietet. Leute, die ihrem eigenen Haus gegenüber nicht die nötige → *Loyalität* aufbringen, haben darin nämlich eigentlich nichts mehr zu suchen.

Deshalb ist es ausgesprochen klug, wenigstens kurz über die Risiken einer Lästerei nachzudenken, ehe man den Mund aufmacht, um sie genüsslich zu äußern: „Stellen Sie sich immer vor, der andere würde gerade in diesem Moment → *zuhören* oder auf sonst irgendeinem Weg erfahren, was Sie über ihn gesagt haben. Diese Vorstellung wird Sie möglicherweise vor schlimmen → *Fehlern* bewahren."[5]

Sie stehen zu dem, was Sie über andere erzählen, und es ist Ihnen völlig egal, ob sie das erfahren? Warum nicht. Aber vielleicht ist Ihnen nicht ganz so egal, was Ihre Zuhörer von Ihnen denken, wenn Sie mal wieder so richtig über einen Abwesenden lästern. Wahrscheinlich ernten Sie damit viele Lacher – und genauso viel Misstrauen. Denn jeder in der Runde wird sich insgeheim → *fragen*, was Sie eigentlich über ihn ablästern, wenn sich eine passende Gelegenheit bietet. Deshalb gehen viele Leute berüchtigten Lästerern gegenüber von vornherein auf → *Distanz*.

▶ **Lampenfieber** → *Nervosität*

▶ **Laune, gute/schlechte**

→ *Mitarbeiter*, die nie ihre **gute Laune** verlieren, sind für ihre Arbeitsumgebung Gold wert: Sie sorgen allein durch ihre Ausstrahlung dafür, dass → *Stress* und → *Ärger* nicht überkochen und dass die Atmosphäre selbst in der größten → *Hektik* halbwegs entspannt bleibt. Besonders wertvolle Vertreter dieses Menschenschlags haben obendrein einen guten Sinn für Humor, sodass es zwischendurch auch mal was zu lachen gibt.

→ *Chefs* und → *Kollegen* wissen das zu schätzen. Deshalb gelingt Mitarbeitern mit stabil guter Laune, was außer ihnen eigentlich sonst nur diejenigen Kollegen schaffen, die für besondere → *Zuverlässigkeit* bekannt sind: Selbst wenn ihre eigentlichen Arbeitsleistungen vielleicht eher durchschnittlich sind, so haben sie doch ein hervorragendes → *Image*. Man traut ihnen ganz automatisch viel zu; sie überzeugen allein durch ihre Ausgeglichenheit. Auf diese Weise hat schon so mancher den Weg nach oben geschafft, der, rein fachlich gesehen, eigentlich irgendwo in der Mitte hätte stecken bleiben müssen.

Gute Laune ist ansteckend. Schlechte auch. „Die meisten Menschen lassen sich von schlechter Stimmung und vom unfreundlichen Verhalten ihrer Mitmenschen anstecken wie von einer Erkältung."[6] Das weiß jeder aus dem → *Privatleben*: Wenn Sie morgens schon mit schlechter Laune aufwachen, ist die Wahrscheinlichkeit relativ groß, dass Sie noch vor dem Mittagessen mit jedem Krach haben, der Ihnen in die Quere kommt, vom Beziehungspartner über den Busfahrer bis zur Brotverkäuferin in der Bäckerei um die Ecke.

Am → *Arbeitsplatz* ist das nicht anders, außer vielleicht, dass man da wenigstens versucht, sich Kollegen und Chefs (selten jedoch Mitarbeitern) gegenüber zusammenzureißen. Was aber erfahrungsgemäß unterm Strich auch nur wenig daran ändert, dass es deutlich mehr Gezänk gibt als sonst.

Mit schlechter Laune umgehen. Vielleicht gehören Sie ja zu denen, die auf dem Recht bestehen, alle ihre → *Gefühle* grundsätzlich rauszulassen, um Magengeschwüre und schlechte Schwingungen zu vermeiden. In dem Fall können Sie zumindest im Privatleben Ihre schlechte Laune nach Herzenslust ausleben. Jedenfalls so lange, bis niemand mehr da ist, an dem Sie sie auslassen können.

Denn es kann ja durchaus sein, dass es für Sie außerordentlich erfrischend und gesundheitsfördernd ist, Ihrer schlechten Laune freien Lauf zu lassen. Und bestimmt haben Sie auch immer einen guten Grund für Ihre Missstimmung, vom hoffnungslos überzogenen Konto bis zum übersehenen Hundehaufen vor der Tür. Aber kein Grund ist gut genug als → *Entschuldigung* dafür, schlechte Laune an den Kollegen auszulassen. Zumal das deren und auch Ihre Arbeitsleistung in den Keller sinken lässt.

„Mir geht's heute nicht gut!" Falls Sie es partout nicht schaffen, sich launemäßig vor Arbeitsbeginn wieder einigermaßen in den Griff zu bekommen, ist es das Gebot der Stunde, die anderen wenigstens vorzuwarnen. „Mir geht's heute nicht so gut" oder „Heute ist nicht mein Tag" reichen völlig aus. Da weiß jeder gleich, dass er Sie am besten in Ruhe lassen und ansonsten nicht jeden patzigen Kommentar von Ihnen als → *Kritik* oder persönlichen → *Angriff* auffassen sollte. Diese Methode funktioniert wunderbar, allerdings mit zwei **Einschränkungen:**

• Bei zu häufigem Einsatz nutzt sie sich ab. Wer dreimal die Woche mit solchen Sprüchen reinkommt, für den gibt es kein → *Verständnis* mehr und auch keine mildernden Umstände, sondern nur noch Spott.

• Wer es nicht bei einer kurzen → *Andeutung* belässt, sondern im → *Detail* die Gründe für seine schlechte Laune aufzählt, weckt unter Umständen die → *Aufmerksamkeit* der Abteilung → *Klatsch & Tratsch*. Und die macht aus kleinen Einblicken in persönliche Schieflagen nur allzu gerne große → *Gerüchte*.

Mit anderer Leute schlechter Laune umgehen ist genauso schwer, wie sich mitten in einer Grippewelle einen Schnupfen vom Leib zu halten, siehe oben. Eigentlich gibt es nur ein richtig wirksames Gegenmittel: Stabile, strahlend gute Laune. An der prallt nämlich fast alles einfach ab, was Ihnen die Stimmung verderben könnte.

Falls Sie so viel gute Laune nun mal nicht immer parat haben, gibt es nur eins: **Leute mit schlechter Laune so lange wie möglich nicht beachten.** Begegnungen so weit wie möglich vermeiden, Ohren auf Durchzug schalten, → *Streit* vermeiden, → *freundlich* bleiben. Der Missgelaunte hat schließlich ein → *Problem* mit sich selbst und nicht mit Ihnen. Es hilft, sich das immer mal wieder vor Augen zu führen.

So viel Gelassenheit aufzubringen, ist nicht immer ganz einfach, vor allem, wenn das eigene Selbstbewusstsein eher zu wünschen übrig lässt. Dann bezieht man die schlechte Laune anderer nämlich am Ende doch immer auf sich selbst. Aber auch das muss nicht sein. Denn anstatt geduldig zu warten, bis der Anfall vorbei ist, kann man die Übellaunigen auch direkt auf ihre Stimmung ansprechen. Schlauerweise nicht unbedingt mit Sprüchen wie „Welche Laus ist Ihnen denn schon wieder über die Leber gelaufen?", mit bösem Blick und vorwurfsvollem → *Tonfall*. Klüger sind wirklich besorgt klingende → *Fragen*, mit denen Sie dem anderen gleich → *diskret* klarmachen, was er Ihnen eigentlich antut: „Sie sind heute so gereizt. Hat das etwas mit mir und meiner Arbeit zu tun?" So entwaffnend freundlich angesprochen, reißen sich meistens auch die misslaunigsten Mitmenschen gleich wieder ein bisschen mehr zusammen. Gut so.

▶ Leistung

In Schule und Ausbildung ist die → *persönliche* Leistung das Maß aller Dinge. Für gute Leistungen gibt es gute → *Zeugnisse* und Diplome, und für schlechte Leistungen gibt es ab einem gewissen Punkt gar nichts mehr. So einfach ist das. Deshalb ist die Ansicht weit verbreitet, dass auch im Berufsleben einzig und allein die Leistung zählt. Je mehr und je besser man arbeitet, desto schneller müsste sich doch eigentlich die → *Karriere* einstellen, oder wenigstens gelegentlich eine → *Gehaltserhöhung*. Das klingt so logisch, dass so mancher in dieser Annahme zum → *Perfektionisten* oder → *Workaholic* wird.

Frauen und Leistung. Arbeitssucht und Perfektionismus – glaubt man den Karrierefachbüchern, dann passiert das besonders häufig den Frauen.[7] Immer brav und immer fleißig sein – das kennen sie schon aus Kindertagen. Und am Arbeitsplatz zeigen sie dann nicht nur, wie gut sie das können, sondern sie lassen auch keine Gelegenheit aus, ihre Umgebung lautstark auf ihre Leistungen hinzuweisen. „Ich hab' so entsetzlich viel zu tun", „Ich bin total im Stress", „Ich hab' gestern wieder bis in die Nacht im Büro gesessen", „Ich habe einfach keine Zeit, weil so viele dringende Sachen auf meinem Tisch liegen." Lauter Sätze, die man im Wesentlichen von Frauen hört. Meistens sehen sie gestresst aus, wenn sie so was sagen, und oft genug sind sie es auch. Denn sie setzen sich selbst unter einen gigantischen Leistungsdruck: „Wenn ich mal zehn Minuten nichts mache, habe ich gleich ein schlechtes Gewissen."

Den meisten Männern käme so ein Gedanke gar nicht erst in

den Sinn. Sie betonen auch nie, wie hart sie arbeiten, sondern nur, welche → *Erfolge* sie erzielen (→ *Eigenlob*). Und bei aller Bereitschaft zur Leistung nehmen sie sich seelenruhig mitten in der größten → *Hektik* ganz spontan alle → *Zeit* der Welt, sobald ihnen das irgendwie sinnvoll scheint, vom zweistündigen Mittagessen mit einem guten Kunden bis zum halbtägigen Badeausflug mit einem guten Freund.

Und damit haben sie – innerhalb gewisser → *Grenzen* – auch Recht. Denn die reine Leistungs-Logik hat ein paar Haken:

• **Wer immer nur über die Anstrengungen redet, die mit den Leistungen verbunden sind**, anstatt einzig und allein deren Ergebnisse zum Gesprächsthema zu machen, der bekommt eher Mitleid als Anerkennung. Und Mitleid reicht als Basis für beruflichen Erfolg nun mal nicht aus.[8]

• **Was überhaupt eine gute Leistung ist und was nicht**, das ist nur allzu oft letztlich Ansichtssache. Schon in Schultagen konnte es passieren, dass man in bestimmten Fächern durch einen Lehrerwechsel innerhalb kürzester Zeit von sehr gut auf sehr schlecht abfiel (oder umgekehrt). Aber da glichen sich die einzelnen Noten am Ende meistens irgendwie aus. Im Beruf hingegen hängt die Bewertung Ihrer Leistung im Wesentlichen von einer Person ab: Ihrem → *Chef*. „Entscheidend ist also, vom Chef als guter → *Mitarbeiter* eingestuft zu werden. Es ist sinnlos, ein objektiv [sachlich gesehen] guter Mitarbeiter sein zu wollen. Widerstehen Sie der Versuchung, selbst zu definieren, welche Leistung in Ihrer jeweiligen Position als gut anzusehen wäre."[9]

• **Fachliche Leistung ist nur die halbe Miete.** Sie können in Ihrem Bereich noch so gut sein – wenn Sie auf der menschlichen Ebene ein schlechtes → *Image* haben, mit den → *Kollegen* nicht klarkommen und sich nicht auf ein → *Netzwerk* guter → *Beziehungen* stützen können, werden Sie es höchstwahrscheinlich nicht weit bringen (→ *Kompetenz*).

Energiesparer, aufgepasst: Das alles bedeutet keineswegs, dass Leistung die ganze Mühe nicht wert ist und dass man es mit genauso weit bringt wie ohne, wenn man sich nur geschickt genug anstellt. Das Gegenteil ist der Fall. Heutzutage muss es im Zweifelsfalle sogar etwas mehr Leistung sein, und zwar auf allen Ebenen.

Davon abgesehen haben Sie ohne ordentliche fachliche Leistungen wenige Chancen auf eine erfolgreiche → *Bewerbung* und genauso wenige Chancen auf eine erfolgreiche Beendigung der → *Probezeit*. Und auch danach gilt weiterhin: Fachliche Leistung lohnt sich immer. Sie ist zwar nur die halbe Miete, aber das sind immerhin beachtliche fünfzig Prozent. Und ohne die geht ganz schnell gar nichts mehr.

Tipp für Fortgeschrittene. Wussten Sie eigentlich, wie sehr Sie die Leistungen Ihrer Mitarbeiter beeinflussen können? Inzwischen ist wissenschaftlich nachgewiesen, dass man die Leistung anderer steigern kann, indem man ihnen zeigt, wie viel man ihnen zutraut: „Das Beste von Leuten zu erwarten, kann eine sich selbst erfüllende Prophezeiung sein."[10] Umgekehrt gilt das aber leider auch: Wer von vornherein seine Zweifel daran zum Ausdruck bringt, ob der andere wohl schafft, was man von ihm erwartet, der erschüttert sein Selbstvertrauen. Er macht ihm → *Angst*. Und die ist bekanntlich eine Fehlerquelle allererster Güte.

Das heißt für Sie: Wenn Sie einem Mitarbeiter einen neuen und schwierigen Arbeitsauftrag geben – verkneifen Sie sich am besten Kommentare wie „Hoffentlich schaffen Sie das" und „Machen Sie sich nichts draus, wenn Sie das nicht auf Anhieb auf die Reihe bekommen". Vielleicht meinen Sie das sogar nur nett, aber solche Bemerkungen sind trotzdem keine gute → *Idee*. Viel besser ist ein eindeutiges „Das schaffen Sie schon!". Das klingt zwar wie eine Weisheit aus dem Psychologieratgeber. Aber es funktioniert.

▶ Leistungsbeurteilungen

Sie haben geglaubt, dass Sie mit den Abschlussprüfungen am Ende Ihrer Ausbildung den ganzen Prüfungsstress endgültig hinter sich gebracht haben? Dass Sie sich nie wieder unfreiwillig von Leuten beurteilen lassen müssen, die dafür zum Teil weder fachlich noch menschlich die nötige → *Kompetenz* haben? Leider falsch. Denn in vielen Unternehmen sind heutzutage regelmäßige Leistungsbeurteilungen aller → *Mitarbeiter* an der Tagesordnung. Damit werden gleich mehrere **Ziele** verfolgt:

• Offiziell im Mittelpunkt stehen häufig Personalführungs-Zauberworte wie **„Zielklarheit"**, **„Zielvorgaben"** und **„Zielvereinbarungen"** (→ *Ziele*). Einfacher ausgedrückt: Vorgesetze und Mitarbeiter reden darüber, welche Ziele kurz- und mittelfristig erreicht werden sollten. Am Grad der Verwirklichung der Zielvorgaben lässt sich dann, so die Theorie, die persönliche Leistung des Mitarbeiters ablesen. Womit wir bei der zweiten wichtigen Aufgabe von Leistungsbeurteilungen wären.

• Ihre Ergebnisse sollen quasi eine „gerechte" Basis bieten für → *Entscheidungen* über → *Gratifikationen*, → *Gehaltserhöhungen* und → *Beförderungen*. Auf den ersten Blick klingt das nur logisch: Nicht diejenigen, die den → *Chef* am meisten zuschleimen, haben die besten **Aussichten auf Belohnung**. Sondern diejenigen, die in den Beurteilungen regelmäßig am besten abschneiden.

• Über die Beurteilung sollen die Mitarbeiter die Chance erhalten, ihre **Stärken und** → *Schwächen* **besser zu erkennen**, um die einen aus- und die anderen abzubauen. Diese Vorstellung geht zwar etwas lehrerhaft davon aus, dass selbst Erwachsene ohne Eingreifen von außen nicht dazu in der Lage sind, diese Dinge an sich wahrzunehmen – aber nun gut. Manchmal stimmt das ja auch. Und manchmal spendiert der Arbeitgeber im Anschluss an Beurteilungen sogar → *Fortbildungen*, damit die Mitarbeiter in Zukunft bessere Arbeit leisten können. Das ist jedenfalls der Idealfall.

• Weniger klar ausgesprochen wird die Absicht, die Mitarbeiter mit regelmäßigen Beurteilungen **unter einen gewissen Druck** zu setzen. Damit soll vermieden werden, dass manche Leute sich nach Überstehen der → *Probezeit* dauerhaft in → *Energiesparer* verwandeln, die gerade mal so viel tun, dass sie nicht wegen Arbeitsverweigerung gekündigt werden können.

• Und schließlich gibt es da auch noch die unangenehme Seite von Leistungsbeurteilungen. Unangenehm für alle, die als **Niedrigleister** (→ *denglisch*: low-performer) auffallen. Offiziell sollen die Beurteilungen ihnen nur helfen, ihre → *Leistungen* wieder zu verbessern. Doch in der → *Regel* drohen ihnen diverse **Straf-maßnahmen**, von der Gehaltskürzung bis zur → *Kündigung*. Viele Kündigungen zusammen nennt man Personalabbau. Und genau darin sehen Kritiker von Beurteilungssystemen auch das eigentliche Ziel dieser Aktionen – das systematische Aussieben der zehn bis zwanzig Prozent Niedrigleister, die es im Schnitt in den Unternehmen gibt: „Beurteilungen werden (…) auch dazu missbraucht, um Entlassungen zu begründen, die allein der Kostensenkung dienen."[11]

Methoden der Leistungsbeurteilung. Der Normalfall sind Vorgesetzte, die ihre Mitarbeiter beurteilen, schriftlich mit Hilfe von standardisierten Fragebögen und in „Mitarbeitergesprächen", in denen sie dem Beurteilten mehr oder weniger → *diplomatisch* mitteilen, was sie von seinen Leistungen halten. Das entspricht dem Prinzip der → *Fremdbeurteilung*. Darüber hinaus liegt auch die „Selbstbeurteilung" als ergänzende Methode immer mehr im Trend. Bei der müssen Sie selbst (in der Regel schriftlich) Antworten auf → *Fragen* geben wie „Wie beurteilen Sie Ihre Leistung in diesem Jahr, gemessen an Ihren Zielen? Haben Sie besondere Erfolge erzielt?".[12]

In manchen Verfahren, zum Beispiel beim **360-Grad-Feedback**, dürfen Sie als Mitarbeiter auch Ihren Chef beurteilen. Ihre → *Meinung* zusammen mit der seiner Kollegen, Chefs und Geschäftspartner soll dann ein möglichst vollständiges Bild (einmal rundherum, eben 360 Grad) ergeben. Diese aus den USA importierte Methode wird auch hier, zumindest bei der Beurteilung von Führungspersonal, immer beliebter.

Haken von Leistungsbeurteilungen. Abgesehen von den teilweise zweifelhaften Absichten, die dahinter stecken können, gibt es Haken hauptsächlich auf vier Ebenen:
• **Was wird eigentlich genau unter „Leistung" verstanden?** Und nach welchen → *Maßstäben* soll oder darf sie bewertet werden? Gibt es „mildernde Umstände" für manche Minderleistungen, werden also gewisse Erklärungen dafür offiziell anerkannt? Vor jeder Leistungsbeurteilung müssen sich die Beurteiler eigentlich genau darüber einigen, was sie wie beurteilen wollen und welche

Ziele sie mit der ganzen Aktion verfolgen. So viel philosophische Mühen sind aber längst nicht immer selbstverständlich.

• **Wie geeignet sind die Beurteiler für ihre Aufgabe?** Hier kann man sich gelegentlich schon rein fachlich die eine oder andere → *Frage* stellen – aber auf der menschlichen Ebene fallen die Antworten manchmal ziemlich frustrierend aus. Ganz einfach deshalb, weil sich die meisten Menschen ungeheuer schwer tun, → *Kritik* auf diplomatische Weise zu äußern. Stattdessen machen sie, aus Unsicherheit oder aber aus → *Arroganz*, alles falsch, was man nur falsch machen kann. Und was den Umgang mit → *Lob* betrifft, sieht die Sache nicht viel besser aus. Deshalb sollten die Beurteiler eigentlich immer als Vorbereitung eine Schulung bekommen. Schön wär's.

• **Welche Folgen hat die Beurteilung für den Beurteilten?** Vielleicht sind seine Ergebnisse gut, und er freut sich über seine Belohnung. Aber vielleicht sind seine Ergebnisse schlecht, und er fühlt sich total ungerecht behandelt, womöglich zu Recht. Schwachstellen in den Verfahren gibt es schließlich genug. Und es soll auch Fälle geben, in denen allein ein → *inkompetenter* Chef für die schlechte Leistung seiner Untergebenen → *verantwortlich* ist. Wie dem auch sei: Von einem Mitarbeiter, der in Wirklichkeit längst nicht so schlecht ist, wie es seine Beurteilung aus irgendwelchen Gründen vermuten lässt, darf man in Sachen → *Motivation* und → *Job Identification* nicht mehr viel erwarten.

• **Was passiert mit den schriftlichen Unterlagen?** Eine → *wichtige* Frage, denn das, was drinsteht, ist nicht immer schmeichelhaft und sollte deshalb nicht offen rumliegen. Aus diesem Grund werden die Unterlagen im Normalfall in den → *Personalakten* abgeheftet. In die können zwar auch noch eine Menge Leute ihre Nase reinstecken. Aber das ist immer noch besser, als wenn die Unterlagen nach ein paar Monaten einfach verschwunden sind.[13] Im Müll – oder in den geheimen Schubladen der Abteilung → *Klatsch & Tratsch*. Auch das soll's geben.

Fazit. Wenn in Ihrem Unternehmen Leistungsbeurteilungen üblich sind, werden Sie sich kaum davor drücken können. Das heißt aber noch lange nicht, dass Sie sich der Prozedur unterwerfen müssen wie ein Opferlamm. Wahrscheinlich haben Sie sich früher doch auch ausführlich darüber informiert, worauf es bei Bewerbungsgesprächen und Eignungstests ankommt – machen Sie es für die Beurteilungen einfach genauso. Schaffen Sie sich ein Buch zum Thema an[14] und fragen Sie den → *Betriebsrat.*

Immerhin haben Sie einige Möglichkeiten, sich zu wehren: Sie können sich über Form und Ablauf der Beurteilung offiziell beschweren, zum Beispiel, wenn das → *Gespräch* nur fünf Minuten dauert oder ständig durch Anrufe unterbrochen wird. Sie können eine schriftliche Gegendarstellung abgeben, die dann im Normalfall auch in die Personalakte kommen sollte. Bei einem Prozess vor dem Arbeitsgericht könnte eine formal mangelhafte Beurteilung sogar Ihren Arbeitgeber belasten.[15] Aber bevor Sie das ausprobieren, machen Sie sich lieber erst mal bei einem Anwalt kundig.

▸ **Lernen**

Die schlechte Nachricht zuerst: Schule, Ausbildung oder Studium sind zwar irgendwann abgeschlossen, ein → *Arbeitsplatz* ist gefunden – aber das heißt noch lange nicht, dass von da an Lernen nicht mehr nötig ist. Das Wissen von heute ist morgen schon wieder veraltet, und das nicht nur in der Hightech-Branche. In fast jedem Job sind irgendwann neue Computerprogramme, neue Maschinen und neue Techniken fällig. Wer auch damit gute Arbeit leisten oder wenigstens die → *Kündigung* vermeiden will, der kommt nicht darum herum, den Umgang mit ihnen zu lernen.

Und selbst wenn Sie diesem ganzen → *Stress* aus dem Weg gehen wollen und sich deshalb für eine → *Karriere* als Pommes-Buden-Besitzer entscheiden, müssen Sie sich wahrscheinlich trotzdem irgendwann aufraffen und lernen. Spätestens dann, wenn Sie ein neues → *Telefon* brauchen. Das werden Sie nämlich höchstwahrscheinlich gar nicht bedienen können, wenn Sie sich nicht wenigstens mit den wichtigsten Teilen der Gebrauchsanweisung vertraut machen.

 Es gibt aber auch eine gute Nachricht: Entgegen anders lautenden Behauptungen („Ich bin doch viel zu alt, um das noch zu lernen!") kann man bis ins hohe Alter ganz prima lernen. Das haben Forscher inzwischen bewiesen.[16] Es geht zwar vielleicht nicht mehr ganz so leicht und so schnell – aber es geht. Und es ist sogar ausgesprochen gut, weil es das Gehirn auf Trab hält und so daran hindert, sich gemütlich in einen Kalkhaufen zu verwandeln. So gesehen ist es also ziemlich sinnvoll, von vornherein freiwillig immer mal wieder was dazuzulernen. Dafür gibt es, ganz grob gesprochen, zwei Methoden: Zufallslernen und → *gezieltes* Lernen.

• **Zufallslernen** funktioniert nach dem Prinzip „Versuch und Irrtum" (→ *denglisch*: „Trial and Error"). Man versucht einfach drauflos – und wenn's klappt, macht man so weiter. Wenn es schief geht, versucht man einen anderen Weg. Das Prinzip ist letztlich immer das gleiche, ganz egal, ob es dabei um alpines Klettern, Bildbearbeitungsprogramme oder Hefekuchen geht. Wichtig ist nur ein Mindestmaß an Bereitschaft, etwas Neues zu machen, und ein Mindestmaß an Bereitschaft, aus → *Fehlern* auch zu lernen.

Wie viele Wege man ausprobiert, bevor man die Sache endgültig aufgibt, hängt im → *Privatleben* im Wesentlichen vom → *persönlichen* Durchhaltevermögen ab. Wer keine Lust mehr hat, der lässt es eben bleiben. Im Beruf ist das allerdings nicht ganz so einfach. Hier ist frühzeitiges Aufgeben nur für die Leute machbar, die neben ihrer Begabung zum → *Energiesparer* auch das Talent haben, durch beherztes → *Improvisieren*, Mogeln, Pfriemeln und Andere-Leute-um-Hilfe-bitten jahrelang zu verbergen, was sie eigentlich alles nicht gelernt haben.

• **Gezieltes Lernen** ist zugegebenermaßen anstrengender, bringt aber auch mehr und schneller Ergebnisse. Das ist leicht feststellbar, sobald man mal ein Fachbuch systematisch durcharbeitet, anstatt nur hier und da mal einen Artikel zu überfliegen. Ganz zu schweigen von den Fortschritten, die sich durch Training und Kurse aller Art erzielen lassen. Ob die an der Volkshochschule stattfinden oder in teuren Privatstunden, ist unterm Strich gar nicht unbedingt so → *wichtig*. Entscheidender ist, wie viel Energie man dafür aufbringt.

Im → *Privatleben* muss man zwangsläufig → *Geld* ausgeben für die Dinge, die man gezielt lernen will. Das Berufsleben hingegen hat den Vorteil, dass es Fortbildungen und – zumindest in einigen Bundesländern – sogar Bildungsurlaub auf Kosten des Arbeitgebers ermöglicht (→ *Fortbildung*, → *Urlaub*). Wer clever ist, erkundigt sich regelmäßig nach Fortbildungsmöglichkeiten innerhalb seines Unternehmens und nimmt so viele wie möglich davon in Anspruch. Aus nicht weniger als vier Gründen:

Erstens machen so viel Fleiß, Interesse und → *Job Identification* immer einen guten → *Eindruck*. **Zweitens** werden Sie nach der Fortbildung Ihren Job besser machen können als vorher und haben dadurch in Sachen → *Beförderung* bessere Karten. **Drittens** könnte sich das Wissen, das Sie sich aneignen, auch außerhalb Ihres aktuellen Jobs als nützlich erweisen. Und **viertens** bleibt Ihnen gar nichts anderes übrig. Denn wenn Sie sich so lange ums Lernen drücken, bis Sie offiziell zu einer Fortbildung verdonnert werden, dann ist es fast schon zu spät.

▶ **Liebe** → *Beziehungen, erotische*

▶ **Listen**

Preislisten, Adresslisten, Telefonlisten, Kundenlisten, → *Checklisten* – Listen gehören in den meisten Jobs zum Berufsalltag wie Räder zum Auto. Ohne geht's einfach nicht. Denn in ihnen sind (im Idealfall) sehr viele → *Informationen* sehr übersichtlich zusammengefasst. Für diejenigen, die sie benutzen, sind Listen also ein → *wichtiges* Handwerkszeug.

Aber für diejenigen, die sie schreiben müssen, sind sie oft genug eine nervtötende → *Routinearbeit*. Und die kann man noch nicht einmal auf die Schnelle erledigen, sondern muss sich ordentlich konzentrieren, weil sich in Listen unglaublich schnell → *Fehler* einschleichen: Schließlich geht es meistens um Daten und Zahlen, die auf das Komma und den Buchstaben genau aufgeschrieben werden müssen. Obendrein darf nicht das Geringste fehlen. Um gründliches → *Korrekturlesen* kommt also niemand herum.

Listen schreiben. Sich in die Arbeit stürzen und drauflosschreiben, ist zwar eifrig, aber nie eine gute → *Idee*. Das A und O einer guten Liste ist nämlich das System, in dem sie aufgebaut ist. Und das muss vorher festgelegt werden. Nach welchen Merkmalen sollen die Daten in der Liste sortiert werden – nach dem → *Alphabet*, nach Bestelldatum, nach Postleitzahl, nach Warengruppe, nach Preis, nach Farbe, nach Blutgruppe? Erst ein klares System macht Listen verdaulich. Ohne logischen Aufbau sind sie nichts als ein Haufen Papier. Der die Leute, die damit arbeiten müssen, zur Weißglut treibt, weil sie darin nichts wieder finden.

Wer also das Risiko vermeiden will, noch mal von vorne anfangen zu müssen, der sollte vorher überlegen, welche Sortiermerkmale für die Liste am sinnvollsten sind. Nicht immer ist alles so eindeutig, wie es aussieht. Es kann zum Beispiel sein, dass eine Adressliste nicht nach dem Namen der Firma, sondern nach dem Namen des Kontakts oder nach der Postleitzahl geordnet werden soll. Das ist kein Problem, wenn man sich wenigstens genau mit dem Tabellenprogramm des Computers auskennt, mit dem sich viele Sortierkriterien auf Knopfdruck ändern lassen.

Falls Sie sich nicht auskennen und sich obendrein nicht sicher sind, was am sinnvollsten ist oder was erwartet wird, → *fragen* Sie am besten rechtzeitig nach, wie die Liste denn aussehen soll: Die meisten → *Kollegen* und → *Chefs* erklären lieber vorher, als sich hinterher zu → *ärgern*.

Listen aktualisieren. Listen sind Übersichten über Daten. Und die veralten erfahrungsgemäß rasend schnell. Je älter eine Liste ist, desto weniger taugt sie. Man kann getrost davon ausgehen, dass alle, die älter sind als maximal ein Jahr, gerade noch gut sind fürs Altpapier. Es hat also wenig Sinn, sie jahrelang fröhlich immer wieder aus den → *Akten* zu kramen. Und manchmal kann das sogar richtig ins Auge gehen, zum Beispiel, wenn Sie auf der Basis einer veralteten Geburtstagsliste einen Glückwunsch an einen kürzlich Verstorbenen schicken.

Mindestens einmal im Jahr ist also Listenaktualisieren angesagt (→ *Verteiler*). Wobei Sie übrigens reichlich Pluspunkte für → *Initiative* und Mitdenken kassieren können, wenn Sie das ganz unaufgefordert tun, wann immer Ihnen in Ihrem Arbeitsbereich eine offensichtlich veraltete Liste in die Hände kommt. Davon gammeln in Archiven, Akten, → *Ablagen* und auch in Internet-Seiten mehr, als Sie sich vorstellen können.

▶ Lob

Lob ist im Berufsleben eine der wichtigsten Formen von Anerkennung. Es gibt zwar auch andere Möglichkeiten, außerordentliche → *Leistungen* und Talente zu belohnen – → *Beförderungen*, → *Gehaltserhöhungen*, → *Gratifikationen* – aber die kosten → *Geld*, und da ist Lob immer noch die einfachste, schnellste und mit Abstand preiswerteste → *Lösung*.

Lob als → *Motivation*. Im Arbeitsleben braucht jeder gelegentlich ein bisschen Bestätigung, um seine Arbeit mit Engagement zu erledigen. Lob ist eine solche Bestätigung. Es bestätigt nicht nur, dass Arbeit richtig gemacht wird, sondern regt auch dazu an, weiterzumachen, Durchhänger zu überwinden, neue → *Ideen* zu entwickeln, sich nicht vorschnell entmutigen zu lassen, sich aus Freude am Job auch mal richtig reinzuhängen, anstatt um fünf nach Hause zu gehen. Kurz gesagt: Lob, wenn es spontan und ehrlich ist, steigert die Zufriedenheit am → *Arbeitsplatz*. Ein richtiges Arbeitgeber-Werkzeug sozusagen. Umso erstaunlicher ist es, dass Lob so selten vorkommt.

Lob vom → *Chef*. Loben ist für viele Vorgesetzte ein Problem. Sie sehen die Notwendigkeit nicht: „Wozu loben? Wenn alles gut läuft, dann ist das schließlich selbstverständlich!" Sie fürchten, dass zu viel Lob teuer werden könnte, denn auf viel Lob muss theoretisch irgendwann eine tiefer greifende Form von Anerkennung folgen, zum Beispiel eine Gehaltserhöhung. Oder sie haben irgendwo die psychologische Theorie aufgeschnappt, dass Lob eigentlich gar nicht gut ist, weil die Mitarbeiter dann am Ende nur noch für das Lob, für die Belohnung durch andere arbeiten, anstatt aus Freude an der → *Verantwortung*.[17] Was nicht so ganz falsch ist, aber auch nicht die einzige Wahrheit zum Thema.

Lob motiviert, aber man kann es nicht einfordern. Bei Chefs, die überhaupt nicht loben können, hilft nur eins: Nachfragen, um → *Feedback* bitten: „Wie zufrieden sind Sie eigentlich mit meiner

Arbeit?", „Was kann ich Ihrer → *Meinung* nach besser machen –
und womit sind Sie zufrieden?"

Lob und → *Kritik* in einem Atemzug ist für viele Vorgesetzte der
rettende Ausweg, damit die Bäume nicht in den Himmel wachsen. Das bringt ein bisschen Anerkennung, aber gleichzeitig auch
den zarten Hinweis, dass schließlich noch vieles verbesserungs-
würdig ist: „Im Großen und Ganzen ein ganz wunderbarer Bericht – aber an Einleitung und Schluss sollten Sie noch ein bisschen feilen" oder „Gar keine schlechte Arbeit – jedenfalls dafür,
dass es Ihr erstes eigenes Projekt war!". Solches Lob kann man
sich sparen, denn es hat mit Anregung nichts zu tun und führt
nur dazu, dass die Mitarbeiter sich bei jedem netten Wort fragen,
was es denn jetzt schon wieder zu maulen gibt.

Lob von Dritten ist ein Geschenk des Himmels für alle, die
ein bisschen mehr Anerkennung gut gebrauchen könnten:
Es macht einen ungemein guten Eindruck, wenn sich jemand am → *Telefon*, bei Begegnungen oder – am besten – in →
Briefen Ihren Chefs, → *Kollegen*, → *Kunden*, Partnern gegenüber
lobend über Sie äußert. Und es macht einen genauso guten Eindruck, wenn Sie selbst nicht nur auf Lob warten, sondern das
Spiel aktiv mitspielen und Ihrerseits Dritten gute Sachen über
gute Leute berichten.

Loben können. Nichts einfacher als das: „Tolle Idee!", „Klasse, da
wär' ich jetzt nicht drauf gekommen", „Sie können wirklich gut
formulieren!", „Genial, wie Sie mit dem Kunden fertig geworden
sind" – niemand verlangt wortreiche Lobeshymnen mit Überrei-
chung von Gedenkmedaillen und Blumensträußen. Selbst kurze Bemerkungen machen Freude, wenn sie ehrlich gemeint sind.
Und das gilt nicht nur als Einbahnstraße vom Vorgesetzten zum
Untergebenen, sondern auch umgekehrt: Warum nicht mal den
Chef loben? Da oben, wo er sitzt, ist die Luft dünn und Lob noch
seltener als auf Ihrer Etage der → *Rangordnung*.

Lob einstecken, das anderen gebührt, ist ein echtes → *Tabu*.
Trotzdem kommt es häufig vor, zum Beispiel, wenn der Re-
degewandteste aus dem → *Team* die Lorbeeren für die Arbeit

der ganzen Gruppe kassiert. Die Versuchung ist groß, das kostbare Lob anzunehmen, anstatt spontan klarzustellen, wer es bekommen sollte. Aber wer ihr erliegt, hat meistens nicht viel davon: Erstens spricht sich immer irgendwann herum, wer in Wirklichkeit die → *Leistungen* vollbracht hat. Zweitens macht es einen unglaublich guten Eindruck, wenn man den Satz „Danken Sie nicht mir, danken Sie meinen Mitarbeiterinnen Frau Meyer und Frau Müller" über die Lippen bringt. Und drittens wird, wer auch immer durch Sie um sein Lob gebracht wird, in Zukunft keinen Finger mehr für Sie krumm machen.

▸ Lösungen

Lösungen sind die Antwort auf → *Probleme*. Die hat fast jeder – wenn auch aus sehr unterschiedlichen Gründen. Es vergeht kein Tag, an dem man sich nicht mit irgendeinem Problem auseinander setzen muss, von der ewigen Suche nach einem Parkplatz bis zum Planungsfehler im wichtigsten Projekt des Jahres. Das kostet → *Zeit,* → *Geld* und Nerven. Andererseits ist es letztlich immer wieder beruhigend festzustellen, dass sich zumindest in dieser Gegend der Welt für die meisten Probleme früher oder später irgendwelche Lösungen finden. Vorausgesetzt, man packt sie entschlossen genug an. Und das macht man am besten in drei Teilen:

• **Die Suche nach den Ursachen.** Damit fangen die meisten Leute sowieso automatisch an: „Wie konnte das passieren?" Da die wenigsten Probleme einfach so vom Himmel fallen, ist es nur vernünftig, sich diese → *Frage* zu stellen. Denn wer genau erforscht, warum es zu diesem oder jenem Problem gekommen ist, der kann aus den Antworten eine Lehre ziehen. Die hilft ihm nicht nur bei der Suche nach Lösungen, sondern bewahrt ihn auch davor, beim nächsten Mal dieselben → *Fehler* zu machen. So sammelt man → *Erfahrungen* fürs Leben.

• **Die Einschätzung der Folgen.** So eindeutig sind die nämlich oft gar nicht. Dass Sie eine Sache als Katastrophe ansehen, heißt noch lange nicht, dass die anderen das auch tun. Sobald der erste Schreck vorbei ist, sollten Sie sich möglichst gelassen anschauen, was von Ihrem Problem eigentlich übrig bleibt, nachdem Sie Panik, Scham, → *Wut*, → *Ärger* und alle anderen → *Gefühle* abgezogen haben, die sonst noch aus kleinen Problemen große Probleme machen. Meistens stellen Sie dann fest, dass der Schaden doch nicht so groß ist, wie Sie zuerst befürchtet haben.

• **Die Suche nach Lösungen.** Der wichtigste Schritt – besonders dann, wenn das Kind noch nicht endgültig in den Brunnen gefallen ist. Im Berufsleben passiert das pausenlos: Irgendeine Sache ist schief gegangen, es gibt ein Problem, aber bei Licht betrachtet ist noch was zu retten. In dieser Situation ist cleveres Krisenmanagement das Gebot der Stunde. Was kann wer wie und mit welchem Aufwand tun, um das Problem noch in den Griff zu bekommen? Ein gewisses → *Improvisationstalent* hilft hier schon sehr viel weiter.

Nach vorne denken. Die erfolgreiche Lösung oder zumindest Verkleinerung eines Problems setzt voraus, dass man nicht darauf starrt wie das Kaninchen auf die Schlange. Genau das tun aber viele Leute: → *Perfektionisten* und Menschen mit Mangelerscheinungen in Sachen Selbstbewusstsein sind wie gelähmt von Selbstvorwürfen („Wie konnte mir das nur passieren?"). Und → *Energiesparer* und Drückeberger gehen mit Feuereifer auf die Suche nach den Schuldigen („Wer ist dafür → *verantwortlich*?"). Am Ende wissen beide Gruppen ganz genau, was warum passiert ist, oder glauben zumindest, es zu wissen. Aber das macht das Problem an sich nun mal keinen Zentimeter kleiner.

Das heißt für Sie: Wenn Sie bei gemeinsamen Problemen – in der Familie, unter Freunden, am → *Arbeitsplatz* – feststellen, dass alle endlos Ursachenforschung betreiben, anstatt über Lösungen nachzudenken, können Sie reichlich → *Eindruck* machen, indem Sie das Thema → *diplomatisch* Richtung Lösungssuche lenken: „Sollten wir nicht lieber nach vorne denken anstatt nach hinten?" Oder, vornehm: „Wir sollten lösungsorientiert → *diskutieren*, finden Sie nicht?" Für solche Vorschläge werden Ihnen die Sündenbock-Jäger nicht unbedingt dankbar sein. Aber die Leute, die von den Problemen betroffen sind, dafür umso mehr.

Wege zu Lösungen. → *Angst* lähmt. Und wer wie gelähmt ist, der tut sich schwer damit, Lösungen zu finden. Deshalb ist es das Wichtigste, erst mal die Angst vor dem Problem in den Griff zu bekommen (→ *Angst*). Ist das halbwegs geschafft, kann man das Problem selbst in → *Angriff* nehmen. Dafür gibt es ein paar bewährte **Faustregeln**. Wer sie systematisch nacheinander durchgeht, kommt möglichen Lösungen im Normalfall schnell auf die Spur:

• **Um** → *Rat* **und** → *Hilfe* **bitten.** Wozu hat man schließlich gute → *Kontakte* und ein solides → *Netzwerk*. Wer sich aus Scham nicht traut, es im Krisenfall zu nutzen, der ist selbst schuld. Denn es findet sich immer jemand, der eine zündende → *Idee* hat, auf die Sie im Traum nicht gekommen wären. Auch spontane Hilfe von Freunden und → *Kollegen* ist oft Gold wert: Der eine hängt sich für Sie ans → *Telefon*, der andere erledigt schnell ein paar Schreibarbeiten, der dritte macht eine → *dringende* Besorgung. Zeit dafür hat eigentlich keiner. Aber wenn es sein muss, funktioniert in → *Privatleben* und Beruf immer noch sehr viel nach dem Motto „Einer für alle – alle für einen". Vorausgesetzt natürlich, Sie drücken sich nicht, wenn ein anderer ein Problem hat.

• **Zeit gewinnen.** Je mehr → *Zeit* Sie haben, desto gründlicher können Sie an einer Lösung oder wenigstens an einer Schadensbegrenzung arbeiten. Mit etwas Glück können Sie einen → *Termin* verschieben oder noch eine letzte Verlängerungsfrist aushandeln. (Schlauerweise lieber mit einer → *Notlüge* als mit einer panikerfüllten Beschreibung Ihres Problems. Das macht nämlich nicht unbedingt einen guten Eindruck.) Falls Ihnen das nicht gelingt, haben Sie immer noch mehr Zeit, als Sie denken. Niemand sagt, dass Probleme bis zum Feierabend gelöst sein müssen – zur Not können Sie durchaus eine Nachtschicht dranhängen, andere Termine absagen, andere Aufgaben auf später verschieben und auch so heilige Traditionen wie Ihren Stammtisch ausfallen lassen. Sie werden überrascht sein, was im Ernstfall auf einmal alles völlig unwichtig ist und problemlos auf die Zeit nach der Problemlösung verschoben werden kann.

• **Geld ausgeben.** Und zwar im Krisenfall selbst dann, wenn man es nicht hat, das Budget schon erschöpft ist oder das Konto überzogen. Aber es lassen sich nun mal so unglaublich viele Probleme mit Geld lösen oder wenigstens entschärfen, dass das Geldproblem, das man hinterher hat, immer noch wesentlich erträglicher ist als das Sachproblem, das man vorher hatte: Wenn Sie richtig tief in den → *Fettnapf* getreten sind, können Sie immer noch mit einem luxuriösen Wiedergutmachungsgeschenk um mildernde Umstände werben; wenn → *Kunden* eine Lieferung → *reklamieren*, dann geht der Ersatz selbstverständlich auf Ihre Kosten, und wenn Sie den Zug zur wichtigsten → *Sitzung* des Jahres verpasst haben, können Sie immer noch ein Taxi nehmen, anstatt tatenlos am Bahnhof zu stehen und zu → *jammern*.

▶ Loyalität

„Loyal", das bedeutet laut Wörterbuch „treu, anständig, redlich".[18] Auf das Berufsleben bezogen, ist diese Erklärung wiederum übersetzungsbedürftig. Mit Loyalität am → *Arbeitsplatz* ist gemeint, dass die → *Mitarbeiter* zu ihren → *Kollegen*, Vorgesetzten und zu ihrem Arbeitgeber stehen sollten – anstatt munter Chefs → *bloßzustellen*, über Teammitglieder zu → *lästern* und öffentlich die Leitlinien der Unternehmenspolitik zu kritisieren.

Natürlich hat jeder von uns das Recht auf eine persönliche → *Meinung*. Und natürlich hat die Loyalität auch → *Grenzen*. Wenn der Vorgesetzte permanent seine Mitarbeiter schikaniert und die Firmenleitung in betrügerische Machenschaften verwickelt ist, dann ist nicht mehr Loyalität das Gebot der Stunde, sondern ganz klar die → *Zivilcourage* gefordert, solche Missstände aufzudecken.

Solche Situationen sind aber letztlich eher die → *Ausnahme*. Die → *Regel* sind Verhältnisse, in denen Loyalität selbstverständlich ist – und trotzdem manchmal schwer fällt. Zum Beispiel dem neuen Abteilungsleiter gegenüber, den Sie auf den Tod nicht ausstehen können und deshalb kaum der Versuchung widerstehen, sich in der Abteilung → *Klatsch & Tratsch* ausführlich über seine sagenhafte → *Inkompetenz* zu verbreiten. Oder was die offizielle Firmenphilosophie (→ *Corporate Identity*) betrifft, die Sie persönlich für reine Schaumschlägerei halten und das am liebsten

Ihrem Kontaktmann beim örtlichen Käseblatt bis ins kleinste →
Detail erklären würden. Sollten Sie aber besser nicht.

Zu wenig Loyalität ist gefährlich. Denn das könnte unangenehme Folgen haben. In erster Linie für Ihr → *Image* – Loyalität gehört zu den menschlichen Qualitäten, die im Job schlicht erwartet werden. Und wenn Sie die nicht haben, ernten Sie für Ihren
Spott vielleicht den einen oder anderen Lacher, machen sich aber
trotzdem auf Dauer nicht beliebt. Unabhängig davon kann ein
Mangel an Loyalität selbst besten fachlichen → *Leistungen* zum
Trotz alle Ihre Karrierepläne ruinieren. Denn bei schwerwiegenden Fällen nachgewiesener Illoyalität drohen → *Abmahnung* und
→ *Kündigung*. In der Regel sind im → *Arbeitsvertrag* nämlich „**allgemeine Rücksichtspflichten**" festgelegt, die Sie sinngemäß dazu
anhalten, Ihren Betrieb und Ihren Chef in der Öffentlichkeit nicht
anzuschwärzen oder schlecht zu machen.[19]

Schweigepflicht. Nicht selten gibt es in diesem Zusammenhang auch ausführliche Bestimmungen zum Ausmaß
der **Schweigepflicht**. Hier geht es vor allem um den Schutz der
so genannten Betriebsgeheimnisse. Damit sind nicht nur gehei-
me Forschungsprojekte, Großkredite und die Marketingstrate-
gien für das nächste Jahr gemeint, sondern auch Einkaufspreise
und Rabatte, technische Verfahren, Kundenlisten und sogar Per-
sonalprobleme. Es lohnt sich, mal ausführlichere Forschungen
darüber anzustellen, was Ihre Firma so alles als Betriebsgeheim-
nis ansieht – das könnte Sie davor schützen, ungewollt welche
zu verraten. Übrigens: In manchen Arbeitsverträgen umfasst die
Schweigepflicht sogar die Höhe Ihres → *Gehalts* und die Anzahl
Ihrer → *Urlaubstage*, und das nicht nur nach außen, sondern auch
den Kollegen gegenüber.

Kredit- und rufschädigende Äußerungen schließlich sind offiziell grundsätzlich verboten und können sogar Anspruch
auf Schadensersatz nach sich ziehen. (Wobei das für Arbeitnehmer und Arbeitgeber gleichermaßen gilt.)

Längst nicht jede respektlose oder kritische Bemerkung wird
gleich vor Gericht abgestraft. Und trotzdem ist es klug, am Arbeitsplatz ein Mindestmaß an Loyalität an den Tag zu legen und

sich innerhalb der Firma und vor allem in der Öffentlichkeit zurückzuhalten, was die Erläuterung persönlicher → *Abneigungen*, Zweifel und Werturteile betrifft.

Lästern und Gerüchtekochen machen zwar mehr Spaß, und was kann schon dabei sein, wenn man unter Freunden mal „im → *Vertrauen*" gnadenlos die Zustände in der Firma niedermacht – aber wer ständig über alles stänkert und weder an den Kollegen noch am Unternehmen ein gutes Haar lässt, der sollte sich darüber im Klaren sein, dass ihm niemand eine → *Träne* nachweint, wenn er endlich rausgeflogen ist, aus welchem offiziellen Grund auch immer.

▶ Lügen

💣 Treffen → *„Notlügen"* noch auf ein gewisses Verständnis – immerhin sagt ja schon das Wort, dass man nur „aus Not" lügt, also einen guten Grund dafür hat – so stoßen Lügen grundsätzlich nur auf Ablehnung und Verachtung. Das lernt man schon als Kind. Man lernt allerdings gleichzeitig, bei welchen Lügen man ertappt wird und bei welchen nicht, und wie man am besten lügt, um gar nicht erst ertappt zu werden. Im Laufe der → *Zeit* entwickelt so jeder seinen höchst → *persönlichen* Lügenstil, denn ganz ohne Lügen kommt man nun mal kaum durchs Leben. Immerhin ist schon eine kleine Prahlerei nicht weit von der Lüge entfernt, Übertreibungen gehen oft nahtlos in Lügen über, und Ausreden sind von Natur aus Not-Lügen.

Lügen als Lebensbegleiter. Das alles führt dazu, dass man als Erwachsener mit Lügen mehr oder weniger routiniert umgeht. Zumindest mit den eigenen – wenn man andere dabei erwischt, ist das natürlich immer etwas anderes. Manche Leute haben für sich selbst → *Maßstäbe* entwickelt als Antwort auf die → *Frage*, welche Lügen moralisch vertretbar sind und welche nicht. Anderen ist die Moral völlig egal, aber sie haben nun mal das Pech, dass man ihnen ihre Lügen an der Nasenspitze ansieht. Wieder andere haben weder → *Probleme* mit der Moral noch mit der Nasenspitze. Von denen gibt es möglicherweise mehr, als man denkt, aber man kann sie so schlecht erkennen, weil sie so gut lügen.

Wie dem auch sei – selbst wenn so manche → *Karriere* auf wenig mehr aufgebaut ist als auf ein paar gut ausgedachten Lügen, ändert das nichts an der Tatsache, dass im Berufsleben Lügen → *tabu* sind. Für jede langfristige Geschäftsbeziehung ist das der Tod, schließlich gibt es keinen Grund, das ernst zu nehmen, was ein Lügner erzählt. Auch wenn er vielleicht mal gerade nicht lügt. Aber woher sollen die anderen das wissen.

Lügen im Job. Notlügen sind aus dem Arbeitsalltag gar nicht wegzudenken und werden als notwendiges Übel betrachtet. Das Problem daran: Wo hört die Notlüge auf, und wo fängt die Lüge an? Wie viel Lüge ist gerade noch vertretbar, wie viel ist zu viel?

Diese → *Grenze* muss jeder für sich selbst ziehen, streng genommen sogar jedes Mal, wenn er den Mund aufmacht, um eine (Not-)Lüge auszuspucken. Das ist Ihnen jetzt zu philosophisch? Aber an der Mühe, sich mit dem Thema zu befassen, werden Sie auf Dauer kaum vorbeikommen. Das Energiesparermotto „Erlaubt ist, was nicht auffliegt" hilft Ihnen nämlich nicht wirklich weiter. Es klingt zwar einfach und einleuchtend, kann aber ins Auge gehen. Nämlich dann, wenn Sie mal so richtig kräftig auffliegen. Peinliche Szenen und abgrundtiefe → *Fettnäpfe* sind da geradezu der Schonwaschgang. Es kann auch wesentlich schlimmer kommen: ein → *Image*, das auf Nimmerwiedersehen im Keller verschwindet und – im Ernstfall – die → *Kündigung*.

Da lohnt es sich glatt, auch mal über → *Ehrlichkeit* als Weg zum → *Erfolg* nachzudenken. Wenn die gepaart ist mit ausreichend → *Diplomatie*, zahlt sie sich möglicherweise eher aus als jedes noch so große Lügentalent: „Ehrlichkeit wird langfristig immer honoriert."[20] Das angenehme → *Gefühl*, → *Vertrauen* haben zu können, ist nämlich auch in Geschäftsbeziehungen immer noch ziemlich viel wert.

Anmerkungen

[1] 20/S. 204
[2] 23/S. 38
[3] 12/S. 132
[4] 4/S. 201
[5] 7/S. 213

[6] 22/S. 84
[7] 27/S. 50
[8] 21/S. 84
[9] 7/S. 64
[10] 20/S. 183
[11] 40/S. 13
[12] 40/S. 65
[13] 40/S. 29
[14] Zum Beispiel Literaturliste Nr. 40
[15] 40/S. 29
[16] 31/S. 67 ff
[17] Siehe Literaturliste Nr. 10
[18] Reclams Kleines Fremdwörterbuch
[19] 32/S. 327 ff
[20] 21/S. 57

M

▶ **Machtverhältnisse** → *Organigramm,* → *Rangordnung*

▶ **Mahlzeiten am Arbeitsplatz** → *Essen & Trinken*

▶ **Mailbox** → *Anrufbeantworter*

▶ **Mailings** → *Versandaktionen*

▶ **Mails** → *E-Mails*

▶ **Make-up**

Schminke oder keine und wenn doch, wie viel – im → *Privatleben* ist das reine Geschmackssache. Im Berufsleben kommt es auf die Branche und das Arbeitsumfeld an: In manchen Jobs ist gepflegtes bis originelles Styling geradezu ein Muss. In anderen sieht man als → *Anfängerin* schon an den kaum geschminkten Kolleginnen, dass man zumindest in der ersten → *Zeit* auf einer Stelle vielleicht besser auf die eine oder andere Farbschicht verzichten sollte. Jedenfalls, wenn man vermeiden will, allein deshalb in einer Schublade zu landen, die ungünstig fürs → *Image* ist. In der „Mein-Gott-ist-die-immer-aufgedonnert!"-Schublade zum Beispiel.

Goldene Regel: Wenn schon Make-up, dann erstens nicht in rauen Mengen und zweitens richtig. Wer gut geschminkt ist, der kommt im Zweifel immer noch besser weg als jemand, der sich viele bunte Farben ins Gesicht klatscht, ohne sich groß Gedanken zu machen. Und zwar weder darüber, ob der Lidschatten zur Augenfarbe passt oder der Lippenstift zum Kostüm – noch über das, was beim Schminken alles schief gehen kann.

Schminkfehler können dazu führen, dass Ihre Gesprächspartner von dem, was Sie ihnen da so alles selbstbewusst

444

und mit strahlendem → *Lächeln* erzählen, rein gar nichts mitbekommen. Weil sie so fasziniert auf solche **peinlichen Kleinigkeiten** starren wie:

• **Make-up-Ränder.** Es gibt immer noch Frauen, die Make-up verwenden, wie das die Clowns mit ihrer weißen Creme tun: Sie verteilen die Farbe kreisförmig im Gesicht und vermeiden sorgfältig
Hals, Ohren, Dekolleté und Haaransatz. Wer obendrein noch
ein besonders dunkles Make-up verwendet, um nur ja schön ge-
bräunt auszusehen, der erinnert an ein Kind, das sich zu Karneval
mit etwas Schuhcreme zum schwarzen Mann verwandeln will.
Abhilfe: Alles mitschminken, was zum Gesicht gehört und trotz
→ *Kleidung* sichtbar ist. Am Hals nur wenig Farbe – sonst riskiert
man Make-up-Ränder an Blusen, Pullovern und Jacketts, die wiederum peinlich sind, wenn andere sie zufällig sehen. Im Zweifel ist es für schminkfreudige Frauen eine kluge Entscheidung, in
Halsnähe auf helle Kleidung zu verzichten. Oder sie ganz oft zu
reinigen. Das ist nicht nötig? Schauen Sie sich spaßeshalber einfach mal die Halsausschnitte von länger nicht gewaschenen oder
gereinigten Kleidungsstücken an. Erfahrungsgemäß sind sie an
den einschlägigen Stellen verdächtige zwei bis drei Töne dunkler als der Rest.

• **Lidschatten und Kajal auf den Wangen.** Dummerweise bleibt
Make-up selten da, wo es ursprünglich angebracht wurde. Insbesondere Lidschatten und Kajal haben die Angewohnheit, von
den Augen runter auf die Wangen zu wandern, vor allem, wenn
man schwitzt, viel Creme oder Make-up im Gesicht hat oder bei
der Arbeit am → *PC* ständig die Augen niederschlägt. Nach ge-
pflegter Geschäftsfrau sieht so etwas dann nicht mehr aus. Eher
nach Pandabär.
Abhilfe: Öfters mal in den Spiegel schauen. Bei wiederholtem
Pandabär-Effekt den Rat einer Fachverkäuferin einholen und
auf rutschfestes Augen-Make-up umsteigen. Oder zur Not ganz
darauf verzichten, wo das möglich ist: Letztlich sehen Sie wahrscheinlich ganz ohne immer noch besser aus als mit schwarzen
Ringen unter den Augen.

• **Lippenstift auf den Zähnen.** Besonders häufig und besonders
schlimm. Erstens, weil er ausgerechnet dann in voller Pracht zu

sehen ist, wenn frau ihrem Gesprächspartner ihr schönstes Lächeln schenkt. Und zweitens, weil kein Mensch ihr sagen wird, dass ihr schönstes Lächeln leider durch Lippenstift auf den Zähnen verunstaltet wird. Das zu sagen, wäre zwar → *ehrlich*. Aber kaum einer tut es, aus → *Angst*, dass sich die andere dadurch → *bloßgestellt* fühlt. Besonders, wenn noch weitere Personen dabei sind. Dabei lässt sich diese zugegebenermaßen peinliche Situation so einfach entschärfen: „Kann ich Sie kurz unter vier Augen sprechen?" So können Sie jede Frau aus einem Gespräch holen, auch wenn es noch so interessant ist. Und dann können Sie ihr sagen, was das → *Problem* ist. Sie wird Ihnen auf ewig → *dankbar* sein.

Abhilfe: Dummerweise lagert sich Lippenstift immer direkt nach dem Schminken auf den Zähnen ab, also gut eine Stunde, bevor man normalerweise auf die → *Idee* kommt, sein Make-up zu kontrollieren. Deshalb ist es ratsam, in den ersten zehn Minuten nach dem Farbauftrag ein paarmal unauffällig mit den Fingern die Schneidezähne abzurubbeln. Für Gelenkige: Sie können auch mit der Zunge die Zähne entlangfahren. Das erfordert zwar einige Geschicklichkeit und sieht gelegentlich für andere auch etwas merkwürdig aus – aber immer noch besser als Farbe auf den Zähnen.

▸ **Manieren** → *Benehmen*

▸ **Manöverkritik**

Sie ist das Gegenstück zur → *Checkliste*. Vor einem größeren Projekt oder einem schwer überschaubaren → *Arbeitsauftrag* ist das Erstellen einer genauen Checkliste mit Abstand das Wichtigste. Sie sorgt nämlich dafür, dass man selbst im größten → *Stress* nicht auf einmal entscheidende → *Termine* und → *Details* aus den Augen verliert. Und nach Beendigung solcher Projekte sorgt die Manöverkritik dann dafür, dass allen klar wird, was wirklich gut funktioniert hat – und was man beim nächsten Mal eigentlich besser machen könnte. Und ein nächstes Mal gibt es fast immer. Wenn nicht in dieser Form, dann in einer anderen.

Formen von Manöverkritik. Die kleinste Form von Manöverkritik ist es, wenn Sie selbst nach der Erledigung verantwortungsvoller Aufgaben im stillen Kämmerlein mal → *ehrlich* darüber nachdenken,

- was alles gut gelaufen ist;
- was alles weniger gut gelaufen ist;
- welche vermeidbaren und welche unvermeidbaren → *Fehler* Sie gemacht haben;
- unter welchen Voraussetzungen diese Fehler beim nächsten Mal vermieden werden könnten.

Da an den meisten größeren Aufgaben mehrere Personen gleichzeitig arbeiten, ist es jedoch eigentlich sinnvoller, gemeinsam eine Manöverkritik vorzunehmen, am besten in einer persönlichen → *Besprechung*. Aber Achtung: Sinn und Zweck der Übung ist es keinesfalls, Schuldzuweisungen auszusprechen, Vorwürfe zu machen und Kollegen → *bloßzustellen*, die etwas verbockt haben. → *Ziel* ist vielmehr, möglichst viele → *Erfahrungen* und → *Meinungen* zusammenzutragen, und daraus für das nächste Mal zu lernen. Im Guten wie im Schlechten: Was sich bewährt hat, kann man weiter so machen – was sich nicht bewährt hat, muss geändert werden.

Wenn keine → *Zeit* für eine Besprechung ist oder diejenigen, die gemeinsam gearbeitet haben, so schnell nicht mehr → *persönlich* zusammenkommen, bleibt immer noch die Möglichkeit, im → *Umlaufverfahren* eine → *E-Mail* oder → *Aktennotiz* herumzuschicken, auf der jeder → *Mitarbeiter* seine Anmerkungen notiert.

Zeitpunkt der Manöverkritik. Je früher desto ergebnisreicher: Sich irgendwann Monate später dazu durchzuringen, ist zwar immer noch besser, als gar keine zu machen. Aber spätestens vier Wochen nach Erledigung der Arbeit sind alle mit den Gedanken längst woanders und haben wichtige Kritikpunkte für immer vergessen (oder erfolgreich verdrängt). Wer nicht riskieren will, beim nächsten Mal wieder dieselben Fehler zu machen und in denselben → *Fettnäpfen* zu landen, der sollte lieber freiwillig gleich ein bisschen Zeit für Manöverkritik übrig haben, als später möglicherweise viel Zeit für Krisenmanagement opfern zu müssen.

Ergebnisse von Manöverkritik. → *Gespräche* sind nichts als Schall und Rauch: Auch die interessanteste und intensivste Besprechung ist spätestens nach einem halben Jahr komplett vergessen. Was also her muss, ist ein → *Protokoll*. Es sollte kurz und bündig alle wesentlichen Punkte enthalten und vom Protokollanten anschließend schlauerweise nicht in den Tiefen seiner persönlichen → *Ablage* versenkt, sondern an alle Teilnehmer in → *Kopie* verteilt werden. Und da man ja nie weiß, ob beim nächsten Mal nicht lauter Vertretungen und Nachfolger ans Werk gehen müssen, ist es ausgesprochen sinnvoll, aus → *Kollegialität* auch in der → *Akte* selbst eine Kopie des Protokolls abzuheften. Und zwar nicht unter „P", sondern möglichst ganz vorne. Damit selbst ahnungslose → *Anfänger* gleich wissen, wo es langgeht.

▶ **Maßstab**

Gemeint ist hier zur Abwechslung mal nicht das Teil für Längenmessungen, sondern die Summe aller eigenen → *Meinungen* und Überzeugungen, aus denen man sich im Laufe der → *Zeit* ein Wertesystem für sein Leben bastelt. Das führt dann zu so typischen Sätzen wie „Wie kann man nur ...", „Ich an seiner Stelle würde immer ..." und „Als ich so alt war wie Sie, habe ich nie ...". Alles → *Killersätze*, mit denen uns schon unsere Eltern auf die Palme getrieben haben.

Der Volksmund kennt die einzig angebrachte Antwort darauf: „Man darf eben nicht von sich auf andere schließen." Die Maßstäbe sind nun mal so verschieden wie die Geschmäcker, und beide haben gemeinsam, dass sie alle grundsätzlich gleichberechtigt nebeneinander stehen. Schlicht und ergreifend deshalb, weil es mindestens so viele Gründe dafür wie dagegen gibt und deshalb keiner endgültig besser oder schlechter ist als der andere. Die einen halten Großzügigkeit, die anderen ganz klar Sparsamkeit für eine Tugend; für den einen ist perfekte → *Planung* das Maß aller Dinge, für den anderen der Alptraum schlechthin.

Solchen unterschiedlichen Wertesystemen begegnet man auf Schritt und Tritt, vor allem in Sachen → *Zeit*, → *Geld*, → *Gefühle* und Lebensweisheiten. „Wer nicht wagt, der nicht gewinnt" oder vielleicht doch lieber: „Wer sich in Gefahr begibt, kommt darin um?"

Mit unterschiedlichen Maßstäben umgehen. Letztlich ist es egal, welches Wertesystem Sie sich für Ihr Leben aufgebaut haben – Hauptsache, Sie haben überhaupt eins, und das entspricht nicht gerade den Vorstellungen der Mafia. Was hingegen nicht egal ist, ist die Art und Weise, wie Sie auf anderer Leute Maßstäbe reagieren. Genau hier haben die meisten Leute ein → *Problem*: Sie verwechseln → *persönliche* Wertvorstellungen mit unumstößlichen Tatsachen. Besonders dann, wenn es um ihre eigenen Wertvorstellungen geht. Und dann sind sie frustriert, wenn sie erkennen müssen, dass andere Leute ihre Vorstellungen nicht etwa teilen, sondern mit der allergrößten Selbstverständlichkeit ganz andere vertreten.[1]

Das Ergebnis: → *Stress*, → *Streit* und → *Missverständnisse*, nicht nur im → *Privatleben*, sondern ausgesprochen häufig auch am → *Arbeitsplatz*. Besonders kritisch wird es, wenn man sehr hohe Erwartungen an die eigene Arbeit hat und diesen Maßstab automatisch auch an alle anderen anlegt. Genau da verläuft die Front zwischen → *Perfektionisten* und → *Energiesparern*: „Wie kann man nur eine so schlampige Arbeit abliefern" und „Ich an seiner Stelle käme nie auf den Gedanken, mich vor Überstunden zu drücken" gegen „Wie kann man nur so ein Erbsenzähler sein" und „Ich an seiner Stelle würde mein Privatleben nie dem Job opfern".

Jedem sein Standpunkt. Solche → *Gespräche* und Selbstgespräche werden manchmal mit wahrer Leidenschaft geführt. Aber sie führen zu nichts, egal wie lange sie dauern. Denn es ist in → *Fragen* persönlicher Wertvorstellungen einfach nicht festzustellen, wer → *Recht* hat und wer nicht, siehe oben. Also ist es immer klug, geistig die Notbremse zu ziehen, sobald sich im Kopf die berühmten „Ich-an-seiner-Stelle"-Gedanken breit machen. Sie stehen nämlich nicht an seiner Stelle, sondern nur auf Ihrem eigenen Standpunkt. Ihr Gegenüber hat seinen eigenen, und es ist schon viel erreicht, wenn Sie einsehen, dass er durchaus das Recht hat, den auch zu haben.

Diese Einsicht dämmert oft von ganz alleine, wenn Sie einen ebenso alten wie einfachen Trick anwenden. Er besteht darin, probeweise den eigenen Standpunkt zu verlassen und sich kurz in die Situation des anderen hineinzufühlen. Nicht umsonst hört man von Leuten, die von dem ewigen „Ich an Deiner Stelle" die Nase voll haben, regelmäßig ein genervtes „Versetz' Dich doch mal in meine Lage!".

Spätestens dann, wenn Sie im → *Ausland* oder mit Ausländern arbeiten, haben Sie ohnehin keine andere Wahl. Denn die Maßstäbe innerhalb Deutschlands mögen zwar verschieden sein – aber das ist noch nichts gegen den Variantenreichtum, der einem draußen in der Welt auf Schritt und Tritt begegnet. → *Pünktlichkeit* und → *Sauberkeit*, Demokratie und Christentum, Treue und Tierliebe sind da nur wenige unter vielen Wertvorstellungen, nach denen Menschen voller Überzeugung ihr Leben ausrichten.

▶ Meet & Greet

Englische Bezeichnung für eine Nerven schonende Methode, lästige Pflichttermine hinter sich zu bringen. Auf Deutsch würde man sie „vorbeischauen und Hallo sagen" nennen, aber das ist natürlich viel umständlicher und klingt auch nicht so lässig.

⚒ **„Meet & Greet" als Notlösung.** Diese Strategie ist immer dann eine gute → *Lösung*, wenn man auf einer Veranstaltung erwartet wird, auf die man eigentlich gar keine Lust hat. Das passiert in → *Privatleben* und Beruf mehr oder weniger oft, vom siebzigsten → *Geburtstag* der Großtante über das traditionelle Sommerfest des wichtigsten → *Kunden* bis hin zu den Routine-→ *Empfängen*, → *-Essen* und -Cocktails am Rande von → *Messen*, Kongressen und Festivals.

All diese Veranstaltungen haben eines gemein: Man weiß schon im Voraus, dass sie uninteressant bis langweilig sein werden. Gleichzeitig sind sie aus gesellschaftlichen oder beruflichen Gründen quasi ein Pflichtprogramm – die → *Beziehungen* zum Kunden müssen gepflegt und die Interessen der eigenen Firma vertreten werden. Und wer sich vor der → *Feier* für die Großtante drückt, riskiert wahrscheinlich sein Erbe.

Eine → *Absage* oder, noch schlimmer, schlichtes Nichterscheinen, sind unter diesen Umständen keine gute → *Idee*. Nicht nur, weil man die Gastgeber damit vor den Kopf stößt. Sondern auch, weil solche Pflichttermine sich nun mal tatsächlich als geeignet erweisen könnten, um nützliche → *Kontakte* zu knüpfen. Gelegentlich lernt man am Ende sogar ein paar Leute kennen, die ausgesprochen interessant sind.

Wie „Meet & Greet" funktioniert. Man nimmt die → *Einladung* an – und bleibt nur so lange, bis man mit wenigstens einigen → *Gästen* einen kurzen → *Smalltalk* hinter sich gebracht hat. Das dauert selten länger als eine Stunde und reicht völlig aus. Alle haben Sie gesehen, der Gastgeber ist zufrieden, die Verursacher moralischen Drucks (→ *Chefs*, Familienmitglieder) auch – und Sie haben sich selbst immerhin die Chance gegeben, vielleicht doch das eine oder andere interessante Gesicht zu entdecken. Finden Sie eines, dann können Sie immer noch länger bleiben, als Sie vorhatten. Und wenn nicht, dann können Sie sich jederzeit unauffällig auf französisch → *verabschieden*.

In dieser Form ist „Meet & Greet" allerdings nur bei größeren Veranstaltungen machbar. Wenn sowieso nur wenige Leute anwesend sind, ist es immer clever, von vornherein anzukündigen, dass man leider nicht lange bleiben kann. Bei Essen zum Beispiel ist es durchaus akzeptabel, sich nach der Hauptspeise → *diskret* zu verdrücken. Die meisten Gastgeber wissen oder ahnen zwar, dass das, was sie als → *Entschuldigung* präsentiert bekommen, vermutlich eine → *Notlüge* ist. Aber die ist ihnen erfahrungsgemäß immer noch lieber als ein Gast, der gar nicht erst erscheint.

▶ **Meetings** → *Besprechungen*

▶ **Meinung**

Eine Meinung ist das, was herauskommt, wenn man zu Dingen, die man erlebt oder erfährt, eine eigene Ansicht entwickelt. Die Darstellung und der Austausch von Meinungen sind der Grund für fast jedes → *Gespräch* vom friedlichen → *Smalltalk* („Lieben

Sie Erdbeereis auch so sehr wie ich?") bis hin zu tief schürfen-
den philosophischen → *Diskussionen*. Ist man weitgehend einer
Meinung, steht dem Aufbau guter → *Beziehungen* kaum noch
etwas im Wege. Unüberbrückbare Meinungsverschiedenheiten
hingegen führen nicht selten zu ausgesprochen unerfreulichen
Situationen von Tränenausbrüchen bis Wutgeschrei und können sogar die dicksten → *Freundschaften* auf einen Schlag beenden. Zum Beispiel dann, wenn man sich partout nicht darüber einigen kann, welche Partei das Land regieren sollte und ob
der Mond nun Einfluss auf das Wachstum von Küchenkräutern
hat oder nicht.

Die eigene Meinung bringen konfliktscheue Menschen
– insbesondere Frauen – deshalb nur ungern zur Sprache. Sie haben Angst davor, mit ihren Ansichten anzuecken, und
begnügen sich deshalb mit → *Andeutungen*, wenn sie sich nicht
gleich ganz hinter diplomatischem → *Schweigen* verschanzen.

Mit solchen Manövern kann man sich im → *Privatleben* vielleicht ganz prima → *Streit* und → *Stress* vom Hals halten – aber
im Beruf sind sie nur dann wirklich angebracht, wenn man mit
→ *Chefs* zusammenarbeiten muss, die ausschließlich Jasager um
sich herum dulden und jeden Widerspruch als Majestätsbeleidigung betrachten. So viele davon gibt es aber (hoffentlich) gar
nicht mehr.

Es ist also heutzutage nicht verkehrt, erst mal davon auszuge-
hen, dass in beruflichen Gesprächen und → *Besprechungen* auch
Ihre Meinung gefragt ist. Und dass Sie zwar friedlich und pflege-
leicht wirken, aber möglicherweise ziemlich schnell als langweilig und uninteressiert abgestempelt werden, wenn Sie einfach nie
einen eigenen Standpunkt vertreten.

Sich eine Meinung bilden. Niemand verlangt von Ihnen,
zu allen Dingen des Lebens einen eigenen Standpunkt zu
entwickeln, im Gegenteil: „Der gibt zu allem seinen Senf dazu"
ist nicht unbedingt ein → *Kompliment*. Andererseits kann es sich
kaum jemand leisten, in beruflichen Angelegenheiten keine Meinung zu haben. Das gilt als denkfaul bis dumm. Und selbst wenn
das nicht stimmt, so bleibt es trotzdem ein guter Grund für die

Vermutung, dass es mit der → *Job Identification* wohl nicht allzu weit her ist.

Sie sind deshalb gut beraten, sich zumindest zu einigen Grundsatzfragen in Ihrem Arbeitsbereich eine Meinung zu bilden und die auch bei Bedarf mit ein paar guten → *Argumenten* vertreten zu können. Und zwar selbst dann, wenn solche Themen in Ihren Augen ziemlich theoretisch sind und mit Ihrem eigenen Aufgabenbereich kaum etwas zu tun haben. Das kostet zwar → *Zeit*, ist aber ganz klar besser, als sich in jedem ernsthafteren Gespräch unter → *Kollegen* und Geschäftspartnern mit Energiesparer-Ausreden wie „Darüber habe ich noch nie nachgedacht" und „Mit so was habe ich an meinem → *Arbeitsplatz* doch gar nichts zu tun" aus der Affäre zu ziehen.

Die eigene Meinung verallgemeinern. Das ist ein beliebter Trick, um ihr mehr Gewicht zu verleihen. Schließlich macht „In der Abteilung herrscht die Meinung, dass ..." gleich viel mehr Eindruck als „Ich bin der Meinung, dass ..." (→ *„Ich"*). Glücklicherweise ist dieser Trick leicht zu durchschauen. Wer clever ist, fragt im Zweifelsfalle sofort freundlich nach, wer genau denn alles dieser Meinung ist. Und denkt sich sein Teil, wenn dann nicht mehr als ein oder zwei Namen fallen.

Anderer Leute Meinungen können die unangenehme Eigenschaft haben, dass sie nun mal anders sind als Ihre. Sobald sich das abzeichnet, ist es ausgesprochen sinnvoll, aufsteigende → *Gefühle* von → *Ärger* bis Ungeduld streng unter → *Kontrolle* zu halten. Schließlich ist Ihre Meinung nicht von Natur aus besser als andere, nur weil es Ihre ist (→ *Maßstäbe*). Möglicherweise setzen Sie sie am Ende allerdings trotzdem durch. Entweder, weil Sie sich auf eine Diskussion einlassen und die besseren Argumente auf Ihrer Seite haben. Oder weil Sie einfach lauter → *schreien* können. Wenn Sie sich für diese Methode entscheiden, können Sie sich hinterher darüber freuen, dass Sie → *Recht* bekommen. Aber Sie haben auch so viel Beziehungsporzellan zerschmissen, dass es unterm Strich vielleicht doch eine bessere → *Idee* gewesen wäre, nachzugeben. Oder wenigstens nach einem → *Kompromiss* zu suchen.

▶ **Memo** → *Aktennotizen*

▶ **Mentoring**

Den guten alten Mentor gibt es in der deutschen Sprache schon lange. Abgeleitet von einer Figur der griechischen Sagenwelt bezeichnet man so einen „väterlichen Freund, Ratgeber und Lehrer". Also jemanden, der wesentlich mehr → *Erfahrung* hat als sein Schüler und in der gesellschaftlichen → *Rangordnung* deutlich über ihm steht. Aus reiner → *Freundschaft* ist er bereit, sein Wissen an seinen Schüler weiterzugeben und ihn in seine Welt einzuführen.

Der Mentor als Fortbilder. Im Geschäftsleben hat man aus dem väterlichen Freund inzwischen ein System gemacht. Es heißt „Mentoring". Dahinter verbergen sich spezielle Fortbildungsprogramme, die größere Unternehmen für ihren Führungsnachwuchs anbieten: Ein Schüler (→ *denglisch*: Mentee) wird ganz offiziell mit einem Mentor zusammengebracht. Der hat die Aufgabe, ihn über einen bestimmten Zeitraum zu begleiten. Natürlich nicht auf Schritt und Tritt, aber durch regelmäßige → *Gespräche*, in denen der Mentor seinem Mentee → *Informationen*, → *Ratschläge* und → *Feedback* gibt und ihn in sein persönliches → *Netzwerk* einführt. Ein guter Mentor fördert allerdings nicht nur, er fordert seinen Schüler auch; Mentoring ist nicht als Vorlesung gedacht, sondern mehr als eine Art Trainingsprogramm.

Wer sich da nicht ordentlich anstrengt, setzt ganz klar eine Aufstiegschance in den Sand.[2] Denn aus der Sicht der Arbeitgeber sind Mentoring-Programme gerade deshalb eine gute → *Idee*, weil Fachwissen und → *Herrschaftswissen* innerhalb des Unternehmens nicht bei einer Person bleiben (die irgendwann in Rente geht), sondern an vielversprechende Talente weitergegeben werden.

Sich selbst einen Mentor suchen. In Ihrer Firma gibt es keine Mentoring-Programme? Kein → *Problem*. Sie können sich einfach selbst einen suchen. Und zwar auch ohne hochoffiziell um seine Gunst zu bitten. „Wollen Sie mein Mentor sein?" ist eine → *Frage*, die man nicht unbedingt stellen muss. Aus einem guten und freundschaftlichen → *Kontakt* zu einer ranghöheren Person innerhalb der Firma (oder innerhalb der Branche) entwickelt sich oft genug automatisch eine Mentor-Beziehung, auch wenn die beiden Beteiligten nicht auf den Gedanken kämen, sie so zu nennen. Unabdingbare Voraussetzung für eine solche → *Beziehung* ist allerdings, dass es Ihnen gelingt, durch Ihre fachlichen und menschlichen → *Kompetenzen* die → *Aufmerksamkeit* und die → *Sympathie* einer solchen ranghöheren Person zu wecken. Das erfordert einige Anstrengung – mit ein bisschen Mut und → *Initiative* geht es jedoch wesentlich leichter, als man denkt.

Frauen müssen sich übrigens nicht unbedingt einen „väterlichen Freund" als Mentor suchen. Wer hier aus nahe liegenden Gründen Bedenken hat, kann sich auf die Suche nach einer „mütterlichen Freundin" machen. Das kann aber unter Umständen etwas dauern: Da es nicht viele Frauen in Führungspositionen gibt (→ *Chefinnen*), sind **Mentorinnen** im Berufsleben immer noch eher Mangelware.

▶ **Messen**

Leider gibt es nicht in jeder Branche diese großen Veranstaltungen, die dazu dienen, dem Fachpublikum und der Öffentlichkeit die neuesten Produkte, Trends und Techniken vorzustellen. Aber da, wo es sie gibt, ist für Branchenangehörige die Teilnahme Gold wert. Für Firmen, die dort mit einem eigenen Stand auftreten, sind Messen eine ideale Plattform für die Präsentation ihrer → *Leistungen*, weil sich nirgendwo sonst so viele Journalisten und → *Kunden* auf einen Schlag dafür interessieren. Und auch für Teilnehmer ohne eigenen Stand sind Messen Informationsquelle und Kontaktbörse zugleich.

Was Messen bieten. Vor allem als → *Anfänger* kann man auf Messen so schnell und so tief Einblick in die Branche bekommen wie sonst nie. Und das gleicht alle unangenehmen Seiten der Messen von Lärm und schlechter Luft bis teurem

→ *Essen* problemlos aus. Sämtliche → *wichtigen* Leute, von denen Sie bisher nur gehört haben, können Sie jetzt im Umkreis von einem Kilometer auf einem Haufen erleben und mit etwas Glück auf einer der zahlreichen Partys und Happy Hours an den Ständen sogar kennen lernen. Außerdem können Sie sich einen genauen Überblick darüber verschaffen, was die Konkurrenz anbietet und wie sie das tut: Nichts ist so anregend wie die Kataloge, Stände, Rahmenprogramme und Werbegeschenke (→ *denglisch:* giveaways) der anderen Messeteilnehmer. (Wobei ein platter → *Ideenklau* längst nicht so gut ist wie eine clevere Weiterentwicklung dessen, was Sie sehen.)

Messe-Planung. Besonders viel haben Sie von einer Messe, wenn Sie besonders wenig dem Zufall überlassen. Also nicht darauf warten, bis Ihnen ein interessanter Mensch über den Weg läuft (der wahrscheinlich genau in dem Augenblick überhaupt keine → *Zeit* hat), sondern mit einigen Leuten ganz gezielt schon im Vorfeld der Messe einen → *Termin* vereinbaren. Das erfordert zwar ein bisschen → *Initiative*, ist aber eigentlich nicht weiter schwer. Wer aus der Branche zu einer Messe kommt, wissen zwar vielleicht noch nicht Sie als Anfänger, aber bestimmt Ihre → *Kollegen*. Oft sind es immer dieselben Personen. Wählen Sie ein paar aus, bei denen ein Termin besonders interessant oder wenigstens voraussichtlich zu haben ist, und schlagen Sie per → *E-Mail* oder → *Telefon* ein Treffen vor.

Wenn alles gut läuft, erhalten Sie einen Termin. Wenn alles mittelmäßig läuft, erhalten Sie eine Handynummer und einen ausweichenden Kommentar wie „Rufen Sie mich doch an, wenn Sie da sind, dann machen wir was aus", aus dem erfahrungsgemäß nur selten ein Treffen wird, weil auf der Messe selbst der → *Stress* einfach zu groß ist. Und wenn alles schlecht läuft, tja, dann bekommen Sie eine → *Absage*. Am Anfang gibt es wahrscheinlich eher viele, aber davon sollten Sie sich nicht unbedingt entmutigen lassen: Je länger und erfolgreicher Sie in der Branche sind, desto weniger wird es geben. Versprochen.

Wenn Ihre Firma einen eigenen Messestand hat, sollten Sie um jeden Preis versuchen, in irgendeiner Form dabei zu sein. Es lohnt sich immer, dafür zur Not auch größere Opfer zu bringen, indem Sie zum Beispiel auf einen Ausgleich für auf der Messe geleistete → *Überstunden* verzichten, sich irgendwo privat eine Unterkunft besorgen, die Ihre Firma nichts kostet, oder zur Not auch einen Teil der Reisekosten selbst übernehmen.

Haben Sie auf diese Weise den Sprung ins Messeteam geschafft, dann können Sie dafür sorgen, dass man Sie auch das nächste Mal mitnimmt. Nichts kann Sie diesem → *Ziel* so nahe bringen wie grundsolide Standarbeit: Bitte immer recht → *freundlich* und immer → *hilfsbereit*, und zwar nicht nur zu den Standkollegen, sondern auch zu den Standbesuchern (selbst wenn die manchmal extrem lästig sind). Besonders gut kommen auch → *Anpacken* und Mitdenken an, zum Beispiel wenn es darum geht, volle Aschenbecher und leere Prospektregale zu bemerken und etwas dagegen zu tun. Das bringt Ihnen dann nicht nur all die Vorteile, die eine Messe sowieso hat, siehe oben. Sondern auch dicke Pluspunkte beim Chef – für besonders beeindruckend viel → *Job Identification*.

Wenn Ihre Firma keinen eigenen Messestand hat, lassen Sie sich davon bloß nicht abhalten, „Ihre" Fachmesse zu besuchen. Es gibt für Sie schließlich eine ganze Reihe von Möglichkeiten, trotzdem dabei zu sein: Entweder Sie kaufen sich wie jeder ganz normale Messetourist eine Tageskarte.

Oder Sie bitten Ihren → *Chef* darum, Sie im Namen der Firma zu akkreditieren, Sie also offiziell als Fachbesucher anzumelden. Das kostet allerdings einiges an → *Geld*. Damit Ihr Chef das auch zahlt, könnten Sie ihm anbieten, auf der Messe etwas für die Firma zu tun, zum Beispiel Prospekte auszulegen, Prospekte der Konkurrenz einzusammeln und einen → *Bericht* über die wichtigsten → *Vorträge* (die es bei vielen Messen im Rahmenprogramm gibt) zu schreiben.

Lässt er sich darauf nicht ein, können Sie innerhalb der Firma oder bei befreundeten Unternehmen immer noch versuchen, jemanden zu finden, der Sie als „Begleitung" auf seine Akkreditierung mitnimmt. Das ist zwar nicht bei allen Messen möglich, aber versuchen kann man's ja mal.

▸ **Mimik** → *Körpersprache*

▸ **Missverständnisse**

💣 „Am Anfang war das Wort. Gleich danach kam das Missverständnis."[3] Merkwürdig, aber wahr:. Sprache ist als Mittel der Verständigung nur sehr bedingt geeignet. Denn Verständigung läuft auf so vielen Ebenen gleichzeitig ab, dass die Worte an sich neben der → *Körpersprache*, dem → *Tonfall* und der → *Gesprächsatmosphäre* kaum noch etwas zu sagen haben. Ganz zu schweigen davon, dass der → *Zuhörer* sich sowieso seinen eigenen Reim auf das Gehörte macht. Wenn er überhaupt → *zuhört*.

Missverständnisse gehören also zum → *Gespräch* wie Rechnungen zum → *Telefon*: lästig, aber nicht zu vermeiden. Wer sich von vornherein mit diesem Gedanken abfindet – und ihn vor allem nie aus dem Gedächtnis verliert – der tut sich im täglichen Umgang mit seinen Mitmenschen eine ganze Ecke leichter. Und zwar sowohl im → *Privatleben* als auch im Beruf. Es ist nämlich für alle Beteiligten Nerven schonender, unangenehme Zwischenfälle aller Art von der verkehrten Besorgung („Es sollte doch roher Schinken sein und kein gekochter!") über vergessene → *Termine* und falsch ausgeführte → *Arbeitsaufträge* bis hin zu vermeintlichen → *Kränkungen* („Wie kommt der dazu, solche Gerüchte über mich zu verbreiten?") erst mal als schlichtes Missverständnis anzusehen, anstatt hinter ihnen gleich eine böse Absicht zu wittern.

🔨 **Missverständnisse von vornherein vermeiden.** Wer sich einmal im Klaren darüber ist, wie schnell es zu Missverständnissen kommen kann, der hat durchaus ein paar Möglichkeiten, ihnen möglichst aus dem Weg zu gehen:

• **Wenn Sie etwas sagen**, können Sie das, was Sie gesagt haben, noch mal in anderen Worten → *wiederholen*. Nur für den Fall, dass Ihr Gesprächspartner gerade nicht genau zugehört oder aus der ersten Formulierung etwas anderes herausgehört hat als das, was Sie meinten. Und wenn Sie sich besondere Mühe geben wollen, können Sie darauf achten, dass Ihr Tonfall und Ihre Körpersprache auch zu dem passen, was Sie sagen. Meinungsäußerungen wie „Ihr → *Vortrag* war sehr interessant" können nämlich sonst je nachdem, wie Sie sie verpacken, beim Zuhörer als → *Lob* ankommen – oder als → *Kritik*.

- **Wenn Sie etwas gesagt bekommen**, sind Wiederholungen eine genauso gute → *Idee*. Und auch → *Rückfragen* sind von unschätzbarem Wert: „Sie meinen also, dass …?" oder „Habe ich richtig verstanden, dass …?" ersparen Ihnen unter Umständen gerade im Berufsleben eine Menge Arbeit in die falsche Richtung. Und wenn es um → *Andeutungen* und → *Kritik* geht, ersparen sie Ihnen vielleicht viel überflüssige Verunsicherung. Lieber einmal nachfragen, als sich tagelang Gedanken um eine Bemerkung machen, die vielleicht ganz anders gemeint war.

Missverständnisse klären. Daran führt eigentlich kein Weg vorbei. Für ein Missverständnis sind nämlich letztlich immer beide → *verantwortlich* – der, der sich missverständlich ausgedrückt hat, und der, der missverstanden hat. Beide sollten also in einem möglichst friedlichen → *Gespräch* ein paar Nachforschungen darüber anstellen, was eigentlich genau passiert ist. Das ist zwar vielleicht nicht ganz einfach, aber immer noch besser als das Spielchen „beleidigte Leberwurst und unschuldiges Opfer".

▶ **Mitarbeiter**

Dieses Wort hat, genau wie „*Kollegen*", eine weitere und eine engere Bedeutung. Im weiteren Sinne sind damit alle Arbeitnehmer gemeint, die in einem Betrieb arbeiten. Im engeren Sinne bezeichnet man damit ausschließlich die Arbeitnehmer, die einem Vorgesetzten in der → *Rangordnung* unterstellt sind und seinen Anweisungen in der Regel folgen müssen.

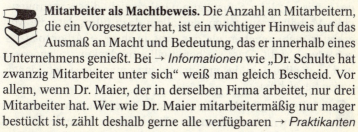 **Mitarbeiter als Machtbeweis.** Die Anzahl an Mitarbeitern, die ein Vorgesetzter hat, ist ein wichtiger Hinweis auf das Ausmaß an Macht und Bedeutung, das er innerhalb eines Unternehmens genießt. Bei → *Informationen* wie „Dr. Schulte hat zwanzig Mitarbeiter unter sich" weiß man gleich Bescheid. Vor allem, wenn Dr. Maier, der in derselben Firma arbeitet, nur drei Mitarbeiter hat. Wer wie Dr. Maier mitarbeitermäßig nur mager bestückt ist, zählt deshalb gerne alle verfügbaren → *Praktikanten*

und Aushilfssekretärinnen mit, um mehr Gewicht auf die Waage zu bringen.

„Mitarbeiter" im Sprachgebrauch. Daran, wie die Dr. Maiers dieser Welt mit dem Wort „Mitarbeiter" umgehen, kann man viel über ihr Ausmaß an Selbstbewusstsein ablesen. Dazu muss man wissen, dass die Mitarbeiter selbst es am liebsten sehen, wenn ihre Vorgesetzten sie im → *Gespräch* mit Dritten als „Kollegen" bezeichnen. Das sorgt nämlich dafür, dass sie von diesen Dritten nicht als reine Befehlsempfänger gesehen, sondern wenigstens halbwegs ernst genommen werden.

💣 Es gibt nicht wenige → *Chefs*, die sich über diese stille Vorliebe ihrer Mitarbeiter hinwegsetzen und mit Wonne Sätze verwenden wie „Ich werde meine Mitarbeiter anweisen, die Sache für Sie zu erledigen" oder „Ich werde umgehend feststellen, welcher meiner Mitarbeiter diesen Fehler zu verantworten hat". Solche Chefs lassen völlig außer Acht, dass sie mit derartigen Äußerungen nicht nur ihre Macht unter Beweis stellen – sondern auch ihre → *Eitelkeit*. Und wer es nötig hat, die so platt zu befriedigen, der kann so mächtig letztlich doch nicht sein.

Umgang mit Mitarbeitern. Das ist mit Sicherheit keine Sache, die man von Natur aus beherrscht wie Trinken oder → *Kaugummikauen*. Der Umgang mit Mitarbeitern ist nämlich eine ständige Gratwanderung. **Einerseits erforderlich:** eine klar erkennbare fachliche → *Kompetenz* und eine gewisse → *Distanz*. Sonst bekommt man nicht den Respekt, der nötig ist, um auch unbeliebte Aufgaben erfolgreich zu → *delegieren* und um sich, wenn nötig, auch mal durchzusetzen. **Andererseits erforderlich:** eine möglichst große soziale Kompetenz und die Bereitschaft zu einer gewissen Nähe. Sonst kann nämlich nicht dieses vertrauensvolle Verhältnis entstehen, das allein dazu führt, dass die Mitarbeiter mehr machen als das, was in ihrer → *Arbeitsplatzbeschreibung* steht. Dass sie bereitwillig mitdenken, → *anpacken* und ganz allgemein das entwickeln, was man als → *Job Identification* bezeichnet.

💣 **Alles easy?** Ohne einen „klasse Chef" ist damit kaum zu rechnen. Aber wenn der Chef in erster Linie deshalb als klasse empfunden wird, weil er genauso angezogen ist wie seine Praktikanten und sich ansonsten von ihnen nur dadurch unterscheidet, dass er mehr → *Alkohol* verkraftet als sie und nach dem fünften Drink auch entsprechend schärfere Storys aus der Abteilung → *Klatsch & Tratsch* zum Besten gibt – dann kann das „klasse" → *Image* irgendwann zum → *Problem* werden. Zum Beispiel, wenn der Chef zur Abwechslung mal den Chef rauskehren muss. Und dann merkt, dass es nicht damit getan ist, dass seine Mitarbeiter ihn cool finden. Ein bisschen Respekt muss schon auch dabei sein.

Wobei niemand verlangt, dass Sie als Vorgesetzter diese Kunst der Gratwanderung von Anfang an beherrschen. Dafür müssen Sie erst ein paar → *Erfahrungen* sammeln und sich im Zweifelsfalle das eine oder andere Fachbuch gönnen. Und vor allem: niemals vergessen, was Sie selbst als Mitarbeiter an Ihren Chefs gehasst haben. Das ist eine Menge Lehrstoff, um es selbst von Anfang an besser zu machen.

Das Kräfteverhältnis zwischen Mitarbeitern und Vorgesetzten. Vor allem → *Anfänger* gehen fast automatisch davon aus, dass die Vorgesetzten letztlich immer am längeren Hebel sitzen. Aber in Wirklichkeit ist die Sache sehr viel weniger eindeutig: „Jeder Vorgesetzte und sein Untergebener können in eine destruktive emotionale Dynamik [zerstörerische, auf unkontrollierbaren → *Gefühlen* beruhende und deshalb nicht aufzuhaltende Entwicklung] hineinrutschen, weil jeder für seinen → *Erfolg* auf den anderen angewiesen ist. Der Untergebene hat es in der Hand, seinen Chef in den Augen von dessen Chef als tüchtig oder umgekehrt als unbrauchbar erscheinen zu lassen, da der Vorgesetzte für die → *Leistung* seines Untergebenen geradezustehen hat. Und natürlich ist der Untergebene auch auf seinen Chef angewiesen, wenn es um → *Beförderung*, → *Gehaltserhöhung* oder einfach nur darum geht, seinen → *Arbeitsplatz* zu behalten (…)."[4]

Einfacher ausgedrückt: Der Chef hat zwar das Vorrecht zu bestimmen, was zu tun ist. Aber wenn er keine gute → *Beziehung* zu seinen Mitarbeitern hat oder sich schlicht im → *Tonfall* vergreift, dann muss er damit rechnen, dass seine Mitarbeiter nur ein bisschen oder gar nichts von dem tun, was er sagt. Oder das Falsche tun. Oder wichtige → *Termine* vergessen. Oder ihm → *dringende* Anrufe nicht ausrichten. Oder des Öfteren → *krank* sind, wenn er sie besonders braucht. Es gibt für Mitarbeiter viele Möglichkeiten, ungeliebte Vorgesetzte trotz aller Macht, die sie formal haben, zu boykottieren und → *bloßzustellen.*

Es gibt allerdings auch ein paar weniger fiese Möglichkeiten, als Mitarbeiter einen gewissen Einfluss auf seinen Vorgesetzten auszuüben. Unter dem Fachbegriff „Cheffing" kann man dazu ganze Handbücher zu kaufen.[5] Wer das Gefühl hat, mit seinem Chef nicht richtig klarzukommen, für den lohnt es sich garantiert, ein paar Euro dafür auszugeben. Oder zumindest in diesem Buch kurz unter „*Chefs*/Cheffing" nachzuschlagen.

▸ **Mitdenken** → *Initiative*

▸ **Mittagspause**

Die Mittagspause ist für viele der schönste Moment des Tages. Jedenfalls des Arbeitstages. Man kann sich für kurze Zeit entspannen, Besorgungen erledigen, mit den → *Kollegen* gemütlich in der Abteilung → *Klatsch & Tratsch* vorbeischauen – oder das machen, wozu Mittagspausen eigentlich gedacht sind: zu Mittag essen. Grundsätzlich ist es immer ratsam (vor allem in stressreichen Zeiten), die Mittagspause auch wirklich zu nehmen. Diese kleine Entspannung sorgt nämlich dafür, dass man nachmittags wieder einigermaßen fit ist. Es sei denn, mittags sind bei Ihnen regelmäßig Drei-Gänge-Menüs angesagt und daran anschließend das unvermeidliche Siesta-Bedürfnis.

Wo man zu Mittag isst, bleibt jedem selbst überlassen. Deshalb ist es bei → *Workaholics* und → *Energiesparern* gleichermaßen beliebt, diese Mahlzeit am → *Arbeitsplatz* einzunehmen. Arbeitssüchtige schinden dadurch kostbare Minuten heraus, die sie → *dringend* brauchen, um wichtige → *Arbeitsaufträge* zu erledigen. Energiesparer schinden auch Minuten heraus, Minuten, um die sie früher gehen dürfen (→ *Frühstücken*).

Wie lange man Mittagspause macht, ist im → *Arbeitsvertrag* hingegen sehr genau vorgeschrieben. In größeren Unternehmen werden zur Überwachung der → *Arbeitszeit* und also auch der Mittagspause Stechuhren eingesetzt, um sicherzustellen, dass die → *Mitarbeiter* nicht länger als erlaubt außer Haus „zu Tisch" sind. In kleineren Unternehmen wird diese → *Kontrolle* mit Freuden durch die lieben → *Kollegen* übernommen. Die regen sich nämlich über wenige Dinge so sehr auf wie darüber, wenn jemand mit schöner Regelmäßigkeit die Mittagspause überzieht. Und das nicht zu Unrecht: Wer das tut, → *betrügt* nicht nur seinen Arbeitgeber um → *Arbeitszeit*, für die er schließlich ein → *Gehalt* bezieht. Sondern er verhält sich auch unkollegial den anderen gegenüber. Die arbeiten für das gleiche → *Geld* nämlich länger. Und sie müssen, wenn sie Pech haben, den Mittagspausenüberzieher auch noch vertreten, wenn dringende Arbeiten zu erledigen sind. Gut für die Stimmung ist das nicht.

▶ **Mobbing**

☠ Das ist ein Wort, das man in der letzten → *Zeit* immer öfter in den Medien findet. Es kommt aus dem Englischen und bedeutet „über jemanden herfallen", im wörtlichen und im übertragenen Sinne. Damit gemeint sind alle Aktionen, mit denen ein oder mehrere → *Mitarbeiter* eines Unternehmens einen anderen Mitarbeiter systematisch schikanieren: bösartige → *Andeutungen*, → *Intrigen*, → *Kränkungen*, → *Gerüchte*, sexuelle → *Belästigung*, → *Bloßstellungen* und was sonst noch an Gemeinheiten vorstellbar ist.

Opfer und Täter. Mobbing-Opfer stehen so sehr unter psychischem → *Stress*, dass sie kaum noch ihre Arbeit tun können, krank werden, sich zur → *Kündigung* gezwungen fühlen oder sogar nur noch im Selbstmord eine Lösung sehen. Diese Erkenntnis ist umso dramatischer, als immer deutlicher zutage tritt, wie sehr Mobbing inzwischen verbreitet ist. **Unter** → *Kollegen* in einem enger werdenden Arbeitsmarkt als Mittel, um lästige Konkurrenten „rauszuekeln". **Von Arbeitgebern und** → *Chefs*, um überflüssige Mitarbeiter, die eigentlich unkündbar sind oder das

Recht auf eine Abfindung hätten, zur Kündigung zu treiben. Dafür verwendet man inzwischen ein eigenes Wort: **„Bossing"**. Oder einfach, um → *Abneigungen* auszuleben, sich abzureagieren, sich zu rächen.

Formen von Mobbing. Die Rechtsexperten Günter Schaub und Hans Gottlob Rühle haben dazu eine Liste zusammengestellt, die keinen Zweifel daran lässt, wie bösartig es in der Mobbing-Hölle zugeht: Zum Mobbing „können verdeckte oder öffentliche Tätlichkeiten gehören, Ehrverletzungen durch Wort und/oder Tat, Demütigungen, Diskriminierungen, sexuelle Belästigung (...), grundlose → *Kritik* an der → *Leistung* von Mitarbeitern, grundlose Herabsetzungen unter vier Augen oder vor Kollegen (‚Was soll denn das schon wieder'), überzogen schlechte Beurteilungen, Isolierung, soziale Ausgrenzung. Eine besonders wirksame Form des Mobbings ist das Abschneiden der Opfer von betrieblichen → *Informationen*, technischen Informationen, das Abschneiden von Kommunikation, nicht miteinander reden, die Beendigung von → *Gesprächen* beim Eintritt des Betreffenden, das Aufstehen und Weggehen in der Kantine etc. beim Eintritt des Opfers. Eine andere Ausformung des Mobbings stellen schikanöse Anweisungen, die Zuweisung nutzloser, sinnloser, unlösbarer Aufgaben dar (...)".[6]

Die Mobbing-Spirale. Mobbing-Techniken hat fast jeder schon in der Schule gelernt – um nichts anderes handelte es sich nämlich, wenn es darum ging, den unbeliebtesten Klassenkameraden zum Prügelknaben und Sündenbock zu machen. Man redete schlecht über ihn, streute fiese Gerüchte, lauerte ihm auf und haute ihm in unbeobachteten Momenten gerne mal eins auf die Nase.

Mobbing am Arbeitsplatz funktioniert ähnlich (auch wenn Mobbing-Opfer meistens „nur" im übertragenen Sinne eins auf die Nase bekommen). Es fängt damit an, dass das Opfer bösartige Andeutungen und → *Witze* über sich ertragen muss. „Wehrt [es] sich in dieser Phase, wird es als humorloser Spaßverderber bezeichnet."[7]

Für das Opfer wird das Ganze schnell zum Teufelskreis: Je heftiger es angegriffen wird, desto mehr → *Fehler* unterlaufen ihm tatsächlich, einfach weil es → *Angst* hat und sich deshalb nicht mehr richtig konzentrieren kann. Je mehr Fehler, desto mehr Angriffsflächen für die Gegner, die obendrein immer gemeiner werden, je mehr sie ihr Opfer zappeln sehen. Kein Wunder, dass die nächste und letzte Stufe darin besteht, das Opfer endgültig fertig zu machen. Manchmal mit furchtbaren Folgen.

Sich gegen Mobbing wehren ist nicht leicht. Aber am Anfang ist es immer noch leichter als mittendrin. Wenn Sie das Gefühl haben, Zielscheibe von Mobbing-Aktionen zu sein, sollten Sie:

• **Sich umso intensiver um alle Ihre guten Beziehungen innerhalb des Unternehmens kümmern** und möglichst noch mehr davon aufbauen. Je mehr freundschaftliche → *Kontakte* Sie haben, desto eher verlaufen Mobbing-Versuche im Sand. Denn nichts schreckt Mobber so ab wie gezielter Einspruch von den Kollegen. Andererseits regt sie nichts so an wie der Beifall oder wenigstens die Billigung von Kollegen, die absolut keinen Grund sehen, Sie in Schutz zu nehmen.

• Möglichst frühzeitig **das direkte** → *Gespräch* **mit den Mobbern** suchen. Ratsam sind dabei vorsichtige → *Ich-Botschaften* wie „Ich habe das → *Gefühl*, dass zwischen uns irgendetwas nicht stimmt". Das ist besser als Sätze wie „Warum machen Sie mich eigentlich andauernd fertig?", weil das nach Vorwurf klingt und den Mobbern nur Treibstoff für die nächste Angriffswelle liefert: „Nun seien Sie mal nicht so empfindlich. Sie können wohl keine Kritik vertragen!"

• **Nicht immer automatisch alles widerspruchslos schlucken** in der Hoffnung, dass man Sie dann nächstes Mal verschont. Das wird nämlich garantiert nicht der Fall sein (→ *Provozieren*). Besser ist es, gerade am Anfang → *freundlich* aber bestimmt → *Grenzen* zu ziehen: „Ich habe gehört, dass Sie mit meiner Arbeit nicht zufrieden sind. Ehrlich gesagt würde ich das gerne lieber von Ihnen selbst erfahren als durch die Gerüchteküche. Lassen Sie uns doch einen Termin ausmachen, damit wir über alles mal ausführlich sprechen können."

Diese Methode ist vor allem im Kampf gegen → *Klatsch &
Tratsch* unschlagbar. Sie hat allerdings den Haken, dass man allem Mobbing-Stress zum Trotz seinen → *Tonfall* und seine → *Körpersprache* einigermaßen im Griff haben sollte: → *Ärger* oder →
Angst sollten möglichst hinter einem netten → *Lächeln* versteckt
werden. Was zugegebenermaßen gerade in dieser Situation nicht
einfach ist.

• **Ein paar ehrliche Überlegungen darüber anstellen, wieso wohl
ausgerechnet Sie zur Mobbing-Zielscheibe werden.** Vielleicht gibt
es Gründe dafür, dass Sie so unbeliebt sind. Zum Beispiel → *Arroganz*, → *Eitelkeit*, → *Geiz*, mangelnde → *Kollegialität* und → *Hilfsbereitschaft*: Wenn Sie keine oder überwiegend schlechte → *Beziehungen* zu großen Teilen Ihres Arbeitsumfeldes haben, ist das
ein verdächtiges Zeichen. Und höchste Zeit, sich bei den wenigen Leuten, die Sie überhaupt → *fragen* können, einer offenen →
Fremdeinschätzung zu stellen. Es ist nicht ausgeschlossen, dass
Sie angesichts der Ergebnisse erst mal aus allen Wolken fallen.
Und dann zu der Erkenntnis kommen, dass Sie Ihren Mobbern
durch die eine oder andere Verhaltensänderung ziemlich einfach
den Wind aus den Segeln nehmen können.

• **Neutrale Dritte um Rat und Vermittlung bitten.** Manchmal
wirkt ein vermittelndes Gespräch allein schon Wunder, weil dadurch Mobber und Gemobbte dazu gebracht werden können,
mal ein paar grundsätzliche → *Missverständnisse* zu klären und
ein mehr oder weniger sachliches → *Feedback-Gespräch* zu führen, anstatt sich weiter in ihre Spirale hineinzusteigern.

• **Mobbing-Tagebuch anlegen.** Ein Muss, wenn klar wird, dass
alle friedlichen Lösungsversuche nichts nützen. In diesem Mobbing-Tagebuch sollte möglichst genau (Art des Vorfalls, Zeitpunkt, beteiligte Personen) und möglichst sachlich alles festgehalten werden, was Sie als Mobbing empfinden. Diese Aufzeichnungen sind wichtig, falls Sie sich an den Betriebsrat oder einen
Anwalt wenden wollen.

• → *Betriebsrat* **einschalten**, sofern es einen gibt. Das ist allerdings schon ein ziemlich ernster Schritt. Man wird Sie bitten, Ihren Mobbing-Vorwurf durch ganz konkrete Beispiele zu belegen
(möglichst durch ein Mobbing-Tagebuch, siehe oben) und mög-

lichst auch Zeugen zu benennen. Die wird es zwar geben – aber längst nicht alle werden dazu bereit sein, auch offiziell auszusagen.

• **Arbeitgeber einschalten.** Denn der ist eigentlich aufgrund seiner Fürsorgepflicht dazu verpflichtet, Sie vor Mobbing zu schützen. Außerdem muss er damit rechnen, dass Sie Schadensersatzansprüche stellen, wenn er das nachweisbar nicht tut. Aber ob Ihnen das wirklich etwas bringt, steht auf einem anderen Blatt. Außerdem wird Mobbing von den Arbeitgebern inzwischen allen gesetzlichen Vorschriften zum Trotz immer häufiger verwendet, um lästige Mitarbeiter unter einem Vorwand kündigen zu können oder sie zur Kündigung zu zwingen.

• **Das Unternehmen verlassen.** Natürlich haben die Mobber damit gewonnen, und Sie stehen ohne Job da. Aber für alle, die kein ausreichend dickes Fell haben, ist das möglicherweise klüger, als sich mit anwaltlicher Hilfe auf einen langen Kampf einzulassen. Denn das kostet → *Geld* und noch mehr Nerven. Es nagt an der Gesundheit und an der Qualität des → *Privatlebens*. Es kann zwar sein, dass am Ende die Mobber in die Schranken gewiesen oder an einen anderen → *Arbeitsplatz* versetzt werden. Es kann sogar sein, dass man Ihnen Schmerzensgeld zuspricht. Aber ob Sie in dem Unternehmen, in dem Sie gemobbt wurden, noch mal in Frieden und zufrieden arbeiten können, ist mehr als fraglich.

Mobbing verhindern. Sie sind noch nie gemobbt worden? Schön für Sie. Das heißt, dass Sie in Ihrer Arbeitsumgebung einen guten Stand haben, vielleicht nicht von Herzen gemocht, aber auf alle Fälle respektiert werden. Und das wiederum bedeutet, dass Sie Verpflichtungen haben – denjenigen Mitarbeitern und Kollegen gegenüber, die einen weniger guten Stand haben als Sie. Was sich todsicher an den Gerüchten und → *Witzchen* bemerkbar macht, die über sie im Umlauf sind. Genau hier fängt Mobbing nämlich an, siehe oben. Und genau hier ist → *Zivilcourage* das Gebot der Stunde. → *Mitlästern* und Mitlachen sind also strikt → *tabu*, und auch missbilligendes → *Schweigen* reicht als Reaktion nicht aus: „Wer teilnahmslos zuschaut, macht sich mitschuldig."[8]

▶ Mobiltelefone (Handys)

Vor ein paar Jahren gab es sie noch gar nicht – jetzt sind sie aus → *Privatleben* und Beruf fast nicht mehr wegzudenken. Inzwischen klingelt, piepst und dudelt es an den unmöglichsten Orten, in der Oper und im Flugzeug genau wie auf Hochzeiten und Beerdigungen. Längst nicht für jeden ist diese ständige → *Erreichbarkeit* ein Segen: Das permanente Geklingel und Gequatsche ist für unfreiwillige → *Zuhörer* oft unpassend bis nervtötend.

Kein Wunder, dass sich inzwischen für den Umgang mit Mobiltelefonen eigene **Benimmregeln** herausgebildet haben:

• Alle **Regeln, die für Telefonate im Festnetz gelten**, treffen auch auf den Umgang mit Handys zu (→ *Telefon*).

• Für Handy-Anrufer Pflicht: die → *freundliche* Frage: „**Störe ich Sie/Dich gerade?**" Schließlich kann man nie wissen, wo der Angerufene gerade steckt und was er gerade tut. Sicher ist nur, dass kaum jemand sein Handy ausmacht, selbst wenn er wirklich nicht gestört werden will. Man weiß ja nie, wer anrufen könnte.

• **Unfreiwillige Zuhörer nicht mit stundenlangen Gesprächen beglücken.** Das passiert pausenlos: Man ist gerade mitten in einem → *vertraulichen* Plausch oder in einer hitzigen → *Diskussion* – und dann klingelt ein Handy. Anstatt so nützliche Dinge wie „Ich kann gerade nicht, aber ich rufe Dich nachher zurück" zu sagen, erzählt der Angerufene in epischer Breite irgendwelche Geschichten, die die anderen Anwesenden nicht im Geringsten interessieren. Sie müssen aber → *zuhören*, weil der andere gemütlich sitzen bleibt. Anstatt sich eine ruhige Ecke zu suchen, die gleich zwei Vorteile bietet: Die anderen werden nicht gestört. Und es besteht keine Gefahr, dass sie etwas mitbekommen, was sie vielleicht nicht mitbekommen sollten.

• **Vorsicht vor ungebetenen Zuhörern.** Das ist bei → *Gesprächen* über Mobiltelefon ein ganz besonderes → *Problem*. Denn anders als über das Festnetz zu Hause oder am → *Arbeitsplatz* kann Sie ein Handy-Anruf überall erwischen. Natürlich auch an Orten, wo mehr oder weniger viele andere Leute sind – von denen Sie gar nicht wissen können, ob sie vielleicht mit dem, was sie von Ihrem Gespräch aufschnappen, mehr anfangen können, als Ihnen lieb ist. So etwas kann ganz schnell zu ungewollten → *Indiskretionen* führen. Deshalb ist es immer schlauer, sich für heikle Gesprächsthemen und besonders für → *Klatsch & Tratsch* einen ruhigen Ort zu suchen, selbst wenn die Angelegenheit noch so → *dringend* ist.

• → *Anrufbeantworter* **(Mailbox) einrichten und regelmäßig abhören.** Im Job ist ständige Erreichbarkeit oft ein Muss. Wer da keine Mailbox hat, muss mit Minuspunkten rechnen: Manche Leute → *ärgern* sich über wenige Dinge so sehr wie über den Zwang, immer wieder dieselbe Nummer wählen zu müssen, ohne jemanden zu erreichen oder wenigstens eine Nachricht hinterlassen zu können. Übrigens: Die Notlüge „Mein Akku war leer" zieht schon allein deshalb nicht, weil man jedes Handy auch vom Festnetz aus abhören kann. Fragen Sie einfach mal Ihren Netzbetreiber nach der entsprechenden Service-Nummer.

• **Handy ausschalten** ist angesagt bei wichtigen → *Besprechungen*, bei Geschäftsessen und an Orten, wo es entweder verboten ist oder aber anderen Leuten mit Sicherheit auf den Wecker geht, wenn Sie Anrufe entgegennehmen. Sie können Ihr Gerät natürlich auch auf Vibration umstellen. Das hat zwar den Vorteil, dass Sie Anrufe mitbekommen, ohne dass die anderen durch das Klingeln gestört werden. Es hat allerdings ganz klar auch den Nachteil, dass es für die → *Gesprächsatmosphäre* nicht gerade gut ist, wenn Sie Ihrem Gegenüber immer wieder überraschend den → *Blickkontakt* entziehen, bloß um schnell auf Ihrem Display nachzuschauen, wer denn da gerade anruft. Und das Gespräch dann vielleicht sogar anzunehmen. So etwas gilt ganz klar als schlechtes → *Benehmen* und ist daher fast nur bei wichtigen Leuten anzutreffen, die meinen, sich das leisten zu können.

• → *Datenschutz* **beachten.** Viele Leute – längst nicht nur → *VIPs* – legen größten Wert darauf, dass ihre Handy-Nummern → *vertraulich* behandelt werden. Das heißt für Sie: Selbst wenn jemand Ihnen noch so gut begründet, warum er dringend die Handy-Nummer von Direktor Müller oder Aufsichtsrat Meyer oder sonst wem benötigt, ist eindeutig → *Abwimmeln* und → *Vertrösten* angesagt. Klassiker: „Schreiben Sie mir doch bitte kurz per → *E-Mail* oder → *Telefax*, worum es Ihnen geht." Diese schriftliche Anfrage können Sie dann weiterleiten und ganz einfach nachfragen, ob es okay ist, wenn Sie die gewünschte Nummer rausgeben.

Sie können alle diese → *Regeln* natürlich als völlig unverbindlich oder sogar als hoffnungslos spießig und schon deshalb als völlig unwichtig betrachten. Zumal Ihnen wahrscheinlich auf Schritt und Tritt Leute begegnen, die sich ganz und gar nicht um Handy-Benimm kümmern. Aber zumindest im Job sollten Sie sich sicherheitshalber vergewissern, dass Ihre Vorgesetzten, → *Kollegen* und Geschäftspartner nicht genau zu den „hoffnungslosen Spießern" gehören, für die gutes Benehmen am Mobiltelefon ein Muss ist.

▶ Mode

Sie liefert klare Anhaltspunkte darüber, wie der Zeitgeist gerade aussieht, ganz egal, ob es um Klamotten, Möbel oder einfach nur um die → *Frage* geht, altmodisch Pizza zu essen oder lieber Trendhäppchen wie Tapas oder Sushi.

Durch ihr Verhältnis zur Mode bringen viele Leute ganz bewusst ihre Persönlichkeit zum Ausdruck. Mit der Mode gehen = voll informiert, aufgeschlossen, modern (eben!). Nicht mit der Mode gehen = stolz, unangepasst, mit wichtigeren Dingen beschäftigt. Wobei das → *Image* von Mode sehr vom jeweiligen Lager abhängt. Wer der Mode folgt, hält die Unmodischen für langweilige Spießer. Und die halten die Modischen für eitle Spießer.

Mit der Mode gehen. Im Privatleben ist das kein → *Problem*. Modisch, unmodisch und alle nur denkbaren → *Meinungen* darüber – das können Sie alles ausleben, wie Sie wollen. Im Beruf geht das aber dummerweise nur in → *Grenzen*. Und zwar in den Grenzen, die Ihnen Ihr Arbeitgeber steckt. In Sachen Kleidung ist meistens (als geschriebenes oder ungeschriebenes Gesetz) ganz klar, was möglich ist und was nicht (→ *Kleidung*).

Nabelfrei oder Nadelstreifen – was Sie dürfen oder müssen, ist dabei gar nicht das Thema. Entscheidend ist letztlich, was Ihre Arbeitsumgebung von Ihrem Umgang mit der Mode hält. → *Chefs*, → *Kunden*, → *Kollegen*, Geschäftspartner leiten daraus einen → *Eindruck* über Sie ab. Wenn der zum Firmenimage und zur Firmenphilosophie (→ *Corporate Identity*) passt, haben Sie Glück. Wenn nicht, dann ist Anpassung angesagt, auch wenn's schwer fällt.

Tipp: In „klassischen" Branchen und Ämtern fallen → *Anfänger*, die ihre neuen Kollegen ausschließlich danach beurteilen, wie „modisch" sie sind, gnadenlos auf die Nase. Selbst wenn Sie dieses Bewertungssystem privat für unschlagbar halten – im Job sollten Sie es lieber vergessen. Denn erstens sind da die meisten Leute schlicht älter als Sie und haben zwangsläufig andere Vorstellungen von Mode. Ohne dass sie das gleich zu schlechteren Menschen macht. Und zu beschränkten Menschen gleich gar nicht: Wer mitbekommt, dass Sie ihn allein wegen seiner altmodischen Schuhe, Hosen oder Handys nicht ganz für voll nehmen, der wird garantiert wenig Lust haben, Ihnen Ihr Anfängerdasein in irgendeiner Form zu erleichtern.

▶ **Motivieren**

Das bedeutet „jemanden dazu bringen, etwas zu tun, indem man sein Interesse dafür weckt".[9] Motivation spielt also besonders in der Erziehung eine große Rolle – kaum ein Kind würde freiwillig Lesen und Schreiben lernen, wenn Eltern und Lehrer es nicht motivierten.

Man sollte meinen, dass im Berufsleben Motivation erst recht ein goldenes Gebot ist. Wie sonst sollte man → *Mitarbeiter*, die für wenig → *Geld* viel (und längst nicht immer aufregende) Arbeit erledigen müssen, jahrelang bei der Stange halten?

Motivation am → *Arbeitsplatz*. Rein theoretisch sollte es hier im Wesentlichen um **Fremdmotivation** gehen. Damit sind alle äußeren Umstände gemeint, die die Lust am Job steigern oder wenigstens aufrecht erhalten. In erster Linie sind das → *Chefs*, die ihre Mitarbeiter ernst nehmen und ihre → *Leistung* in irgendeiner Form anerkennen. Möglichkeiten haben sie theoretisch genug: Sie können → *Lob* verteilen, ihre Mitarbeiter weniger kontrollieren und ihnen dafür mehr zutrauen, sich für eine → *Gehaltserhöhung* oder → *Beförderung* einsetzen oder wenigstens durch → *Job Enrichment* den Verantwortungsbereich guter Mitarbeiter erweitern. Wie → *wichtig* Motivation für die Mitarbeiterführung ist und wie sie am besten funktioniert, darüber gibt es Fachbücher in rauen Mengen. Das einzige → *Problem* ist: Kaum jemand scheint sie zu lesen. Motivation ist für die meisten Vorgesetzten ein → *Fremdwort*. Wenn alles gut bis sehr gut läuft, dann wird das abgebucht unter „Das ist ja wohl selbstverständlich". → *Feedback* gibt's immer erst, wenn etwas schief läuft – und dann bestimmt kein gutes.

Wenn Sie zu den Motivationsmuffeln unter den Chefs gehören (wobei man übrigens schon „Chef" ist, sobald man auch nur einen einzigen → *Praktikanten* herumkommandieren darf), sollten Sie spaßeshalber mal einen Monat lang beobachten, was Sie eigentlich tun, damit Ihre Mitarbeiter den Spaß nicht verlieren. Komplimentezählen ist da noch die simpelste Methode, aber selbst diese Ergebnisse können oft erschreckend erhellend sein.

Wenn Sie zu den Opfern der Motivationsmuffel gehören, dann haben Sie immerhin die Möglichkeit, sich mit Ihren → *Kollegen* zusammenzutun und mit dem Chef mal hochoffiziell eine → *Besprechung* zum Thema anzusetzen. Das kann durchaus erfolgreich sein, denn so manchem Vorgesetzten ist gar nicht recht klar, wie wenig er tatsächlich für die Motivation seiner Mitarbeiter tut – obwohl genau davon unterm Strich auch sein eigenes → *Image* abhängt. Unmotivierte Mitarbeiter sind nämlich schlechte Mitarbeiter, und das fällt immer auf den Chef zurück. Sollte der das trotz → *diplomatischer* Hinweise nicht verstehen (was leider nicht ausgeschlossen ist), bleiben Ihnen nur noch **zwei Wege** offen, wobei häufig der eine in den anderen übergeht.

• **Weg 1: Selbstmotivation.** Ein schönes Wort dafür, dass man sich eben selbst verschaffen muss, was man von außen nicht bekommt. Den meisten Arbeitnehmern bleibt gar nichts anderes übrig. Sie führen sich selbst immer mal wieder vor Augen, was die guten Seiten ihrer Stelle sind. Irgendetwas Gutes findet sich immer (zum Beispiel im Vergleich zu den Kollegen von der Lagerhaltung oder den Freunden bei der Konkurrenz). Und das reicht meistens, um eine ganze Weile einen gewissen Spaßanteil aus der Arbeit zu ziehen. Später reicht es dann nur noch, um das Pflichtbewusstsein nicht unter null sinken zu lassen. Wenn das der Fall ist, bleibt nur noch

• **Weg 2:** → *Kündigung*. Das wäre jedenfalls das Sinnvollste. Wenn eine Stelle motivationsmäßig eine Zumutung ist, sucht man sich halt irgendwann eine andere. Aber das ist angesichts der Lage auf dem Arbeitsmarkt nicht unbedingt leicht. Deshalb entscheiden sich demotivierte Mitarbeiter heute gerne für die günstigste Form der Kündigung: die innere (→ *Kündigung*). Das bringt ein Maximum an → *Geld* für ein Minimum an Einsatz und lässt sich – geschickte Tarnung vorausgesetzt – bequem bis zur Rente durchhalten. Chefs, die das nervt, sollten sich lieber über sich selbst ärgern: Höchstwahrscheinlich hat es eine ganze Menge mit ihrer eigenen Unfähigkeit in Sachen Motivation zu tun, wenn sich ursprünglich hochmotivierte Mitarbeiter irgendwann in → *Energiesparer* verwandeln.

▶ **Mundgeruch** → *Körpergeruch*

▶ **Murphys Gesetz**

Mit naturwissenschaftlichen Gesetzen von Newton bis Einstein hat es wenig zu tun. Und es ist noch nicht mal von jemandem, der Murphy heißt, sondern von einem anderen, der das Verhalten von diesem Murphy beobachtet und daraus einen Spruch abgeleitet hat. Erst der ist dann zu dem geworden, was heute als Murphys Gesetz gilt: „Alles, was schief gehen kann, wird auch schief gehen."

Im → *Internet* findet man Hunderte von Seiten, die sich mit Murphy beschäftigen, die Entstehungsgeschichte erklären und jede Menge Folgegesetze auflisten (zum Beispiel „Die Schlange, in der Sie stehen, ist immer die langsamste"). Für Pessimisten ist Murphy ein schier unerschöpflicher Gesprächsstoff („Warum regnet es ausgerechnet immer dann, wenn ich keinen Schirm dabei habe?"). Und im Berufsleben ist Murphy für → *Perfektionisten* der Alptraum schlechthin. Und das nicht ganz zu Unrecht.

Murphy zu Besuch im Job? Gerade am → *Arbeitsplatz* schlägt Murphy immer wieder gerne zu. Sie sind auf dem Weg zu einem → *Termin* und möchten Bescheid geben, dass Sie sich verspäten? – Genau diese Nummer ist in Ihrem → *Mobiltelefon* nicht gespeichert. Sie haben sich darauf verlassen, dass sich schon rumsprechen wird, dass die → *Sitzung* diesmal eine halbe Stunde früher stattfindet? Dass das zu optimistisch war, merken Sie dann, wenn Sie alleine im Konferenzzimmer sitzen. Sie gehen davon aus, dass Ihr Geschäftspartner den wichtigen → *Brief* selbstverständlich selbst dann bekommt, wenn Sie ihn nicht als Einschreiben verschicken? – Auch falsch. Genau dieser Brief geht garantiert verloren.

Mit Murphy umgehen. Der Versuch, Murphy durch absolute Perfektion aus dem Weg zu gehen, ist von vornherein zum Scheitern verurteilt, schlicht und ergreifend deshalb, weil es einfach unmöglich ist, wirklich alles immer unter → *Kontrolle* zu haben. Andererseits ist es lohnend, sich Murphys Gesetz als Mahnung an die Pinnwand oder wenigstens ins Gedächtnis zu hängen. Denn bei ungewohnten, größeren → *Arbeitsaufträgen* und bei → *Routinejobs*, die man eher nachlässig erledigt, lässt sich durch eine vorausschauende Murphy-Prüfung regelmäßig die eine oder andere Schwachstelle entdecken und rechtzeitig beseitigen.

Kontrollieren und improvisieren. Durch einen einfachen **Sicherheits-Check** können Sie mit zehn Prozent Arbeit gute achtzig Prozent unangenehmer Überraschungen vermeiden. Zum Beispiel, indem Sie ausführliche → *Checklisten* führen, → *nachhaken*, die wichtigsten Daten und Notfallnummern immer dabei haben und neben einem unbekümmerten „Wird schon gut gehen" auch ein „Was könnte eigentlich alles schief gehen?" im Kopf behalten.

Genau dafür gibt es übrigens einen unschlagbar guten Ratgeber: den eigenen Bauch. Wenn das berühmte Bauchgefühl sich mit Eingebungen wie „Wenn das mal gut geht …" bei Ihnen meldet, sind Sie gut beraten, dem nachzugehen. Und zwar sofort – der Bauch hat nämlich nie lange Lust, sich als Warner aufzuspielen, und gibt ziemlich schnell wieder Ruhe. Aber immerhin hat er Ihnen eine Chance gegeben. Wenn Sie die nicht nutzen, ist das Ihr → *Problem*.

Und die restlichen zwanzig Prozent Überraschungsrisiko, die immer übrig bleiben? Die sind schon mal eine ganze Menge weniger als das, was ohne Sicherheits-Check so alles auf Sie zukommen könnte. Aber selbst mit neunzig Prozent mehr Arbeit bekommen Sie diese restlichen zwanzig Prozent nicht völlig weg, und solche Bemühungen sind auch ab einem gewissen Punkt nur Zeitverschwendung (→ *Perfektionismus*). Wesentlich klüger ist es, → *improvisieren* zu lernen. So lässt sich Murphy zwar nicht vermeiden – aber wenn er dann mal zuschlägt, lässt er sich durch Improvisationstalent wenigstens schnell wieder in den Griff bekommen.

Anmerkungen

[1] 28/S.157
[2] 26/S.180 ff
[3] 10/S.120
[4] 20/S.259
[5] Zum Beispiel Literaturliste Nr. 5
[6] 32/S.598
[7] 4/S.102
[8] 4/S.104
[9] Wahrig Deutsches Wörterbuch

N

> ## Nachhaken

Wer heutzutage gutgläubig davon ausgeht, dass alles, was einmal vereinbart, versprochen, erbeten oder zugesagt wurde, auch → *zuverlässig* und → *pünktlich* erledigt wird, der ist wahrscheinlich in einem Heimatfilm aufgewachsen. Von der Wirklichkeit des Berufslebens hat er jedenfalls eine viel zu rosige Vorstellung.

Die sieht nämlich so aus, dass kaum jemand auf Anhieb das tut, was von ihm erwartet wird. Stattdessen lassen die meisten Dinge ziemlich lange auf sich warten: Antworten auf → *Briefe*, → *Telefaxe* und → *E-Mails*, versprochene → *Rückrufe*, → *Zusagen* oder → *Absagen* auf → *Einladungen*, zugesagte → *Gefallen*, Lieferungen, Zahlungen. Selbst fest vereinbarte → *Termine* und Fristen ändern daran wenig, weil jeder davon ausgeht, dass der andere in seiner Planung bestimmt irgendwo einen kleinen Sicherheitsspielraum hat (→ *Terminvorgaben*). Das gilt übrigens nicht nur für Geschäftsbeziehungen zu Partnern und → *Kunden* außer Haus, sondern genauso innerhalb ein und derselben Arbeitseinheit: Auch zwischen → *Kollegen* und zwischen → *Chefs* und ihren → *Mitarbeitern* (und umgekehrt) ist die rechtzeitige Erledigung anstehender Angelegenheiten nicht unbedingt die → *Regel*.

Der Trend zum Liegenlassen ist bei den → *Energiesparern* ganz eindeutig auf den festen Glauben daran zurückzuführen, dass sich fünfzig Prozent aller Dinge genau dadurch von alleine erledigen. Was nicht völlig falsch ist, aber dummerweise keine Antwort auf die → *Frage* liefert, welche fünfzig Prozent man getrost liegen lassen kann.

Häufig verbirgt sich hinter der Nicht-Bearbeitung von Angelegenheiten allerdings noch nicht einmal Bequemlichkeit, sondern entweder Überlastung oder mangelndes Organisationstalent. Wer zu viele → *Arbeitsaufträge* erledigen muss, hat ab einem gewissen Punkt nur noch die Wahl zwischen Nachtschicht und Liegenlassen – und wer es nicht schafft, zwischen → *„drin- gend"*, → *„wichtig"* und „kann warten" vernünftig zu unterschei- den, steht irgendwann vor demselben Problem. In beiden Fällen wird der „zu erledigen"-Stapel immer größer. Und in dem ste- cken möglicherweise auch Dinge, auf die Sie inzwischen hände- ringend warten, weil Sie sich ein bisschen zu lange darauf verlas- sen haben, dass der andere tut, was Sie von ihm erwarten, und sich ganz von alleine an Abmachungen hält. So viel → *Vertrauen* erweist sich nicht selten als → *Fehler*. Wie groß der ist, merken Sie spätestens dann, wenn Sie → *Ärger* bekommen, bloß weil der andere Sie hängen lässt.

Wie man nachhakt. Alles, was Sie dazu brauchen, ist ein → *Terminkalender*. In dem können Sie nicht nur private → *Geburtstage* und Friseurtermine notieren, sondern grundsätzlich alles, auf das Sie warten, von Angeboten über Rückrufe bis zu Zahlungseingängen. Diese Dinge tragen Sie schlauerweise im- mer ein paar Tage vor dem allerletzten Moment der Fälligkeit ein. Und wenn sich bis dahin nichts rührt, ist der Eintrag im Ka- lender ein guter Anlass, einfach mal nachzufragen: „Wir rech- nen nächste Woche mit Ihrer Lieferung – bleibt es dabei?", „Bis- her haben wir von Ihnen keine Unterlagen erhalten – Sie wissen doch, dass die Frist übermorgen abläuft?" oder, im Umgang mit Mitarbeitern: „Ich hatte Sie doch vor zwei Wochen darum gebe- ten, sich um das Problem mit Herrn Schmidt zu kümmern. Was ist eigentlich daraus geworden?"

→ *Höflich* **nachhaken.** Warum Sie nachhaken, dafür lassen sich viele schöne Begründungen finden. Das einzig wirklich Wichtige ist, wie Sie nachhaken: Immer hübsch → *freundlich* bleiben ist bei diesen Aktionen das Gebot der Stunde, sogar wenn mehrfaches Nachhaken erforderlich ist. Wer das nicht tut, klingt schnell vor- wurfsvoll, und das hört niemand gerne, auch wenn es vielleicht noch so gerechtfertigt ist.

Vorausgesetzt, der → *Tonfall* stimmt, sind die Reaktionen auf Nachhakaktionen immer sehr beruhigend, zumindest für Sie: Entweder gewinnen Sie den → *Eindruck*, dass die andere Seite alles im Griff hat und die Angelegenheit tatsächlich vereinbarungsgemäß erledigt. Oder Sie gewinnen den Eindruck, die andere Seite gerade noch so rechtzeitig aufgescheucht zu haben, dass es mit der Erledigung doch noch klappen könnte. Gelegentlich wird man auch versuchen, Sie mit einem → *Zwischenbescheid* erst mal ruhig zu stellen. In diesen Fällen ist es allerdings ratsam, rechtzeitig daran zu denken, dass gerade solche Manöver irgendwann weiteres Nachhaken erfordern.

▶ Nachrichten, schlechte

Schlechte Nachrichten sind schlecht für die Stimmung, daran ist nun mal nichts zu ändern. Geplatzte Pläne, enttäuschte Erwartungen, verlorenes → *Geld* – manchmal reicht sogar ein einziges → *„Nein"* aus, um einen ganzen Tag zu ruinieren.

Wobei der Überbringer schlechter Nachrichten dem Empfänger gegenüber einen großen Vorteil hat. Er weiß nämlich schon, was für den anderen eine böse Überraschung sein wird. Wenn es um Dinge geht, die beide betreffen, dann hatte er immerhin schon ein bisschen mehr → *Zeit*, seinen Schrecken zu verdauen. Und wenn es um Dinge geht, die nur den anderen betreffen, liegt es in seiner Macht, sie eher mehr oder eher weniger dramatisch, düster oder drohend darzustellen: „Sie haben ganz offensichtlich einen Riesenfehler gemacht!" ist viel Furcht einflößender als „Kann es sein, dass Sie in der letzten Abrechnung etwas übersehen haben?". Und „Der Meier hat sich schon wieder lautstark über Sie → *beschwert*" lässt Schlimmeres befürchten als „Herr Maier ist mit Ihrer Arbeit unzufrieden".

Ist der Überbringer schuld? Nicht selten ist es für den Empfänger einer schlechten Nachricht schwer, klar zwischen ihr und ihrem Überbringer zu trennen. Das ist auch manchmal gar nicht so einfach, zum Beispiel, wenn ein Antrag abgelehnt wird. Liegt das nun an dem, der den Ablehnungsbescheid schreibt? Liegt es an seinem Vorgesetzten? An irgendwelchen Vorschriften? Oder vielleicht daran, dass der Antrag falsch gestellt wurde? In dieser Situation entscheidet man sich häufig spontan dafür, den Überbringer für den Schuldigen zu halten. Schließlich hat er im Gegensatz zu fernen Vorgesetzten, abstrakten Vorschriften und den ureigenen → *Fehlern* den Vorteil, dass man ihn prima anbrüllen und sich über ihn beschweren kann. Aus diesem Grunde wurde übrigens in den schlechten alten Zeiten der Überbringer schlechter Nachrichten kurzerhand geköpft, auch wenn er oft gar nicht wusste, worum es in den Botschaften ging, die er überreichte.

Heutzutage hat der Überbringer kaum mehr zu befürchten als ein zeitweiliges Absinken auf der Beliebtheitsskala. Aber auch das lässt sich in → *Grenzen* halten, sofern ein paar kleine **Faustregeln** eingehalten werden:

• **Schlechte Nachrichten** → *diplomatisch* **verpacken.** Auch wenn Sie es lieben, andere durch unheilschwangere Einleitungen („Es ist was ganz Furchtbares passiert!") bis kurz vor den Herzinfarkt zu treiben – lassen Sie's lieber. So machen Sie nämlich → *Ärger* und → *Angst* für den anderen nur noch größer, und das wird er Ihnen kaum verzeihen.

• **Erst das Alltagsgeschäft, dann die schlechten Nachrichten.** Falls es nicht gerade um akute Katastrophen geht, die sofortiges Krisenmanagement erfordern, sind Sie gut beraten, nicht gleich mit der Tür ins Haus zu platzen. Klüger ist es, erst über alle anderen Dinge zu sprechen, die → *wichtig* oder → *dringend* sind. So viel Zurückhaltung fällt zwar manchmal schwer. Aber sie ist der einzig richtige Weg. Wenn Sie nämlich stattdessen gleich am Anfang über die schlechte Nachricht sprechen („In diesem Jahr wird es leider kein Weihnachtsgeld geben!"), riskieren Sie, dass sich kein Anwesender noch auf irgendetwas anderes konzentrieren kann. Oder keine Lust mehr hat, sich noch überragend viel Mühe zu geben. Und das ist gar nicht gut in Zeiten, in denen es trotz schlechtester Nachrichten immer irgendwie weitergehen muss.

• **Erst die schlechten Nachrichten, dann die guten.** Denn die schlechten lassen sich so etwas leichter verdauen. Sie werden dadurch ausgeglichen, dass sie nicht einfach im Raum stehen bleiben, sondern durch eine erfreulichere Angelegenheit abgelöst werden. Sie haben keine gute Nachricht, die Sie verkünden können? Dann lassen Sie sich eine einfallen. Kleine → *Notlügen* sind schließlich immer erlaubt, warum nicht auch hier. Und wenn Ihnen keine einfällt, ist eine Runde Pralinen, Pizza oder Prosecco immer noch besser als gar nichts.

▶ Namen

Namen sind für die Menschen ein ganz bedeutender Teil ihrer Persönlichkeit. (Selbst für Leute, die mit Allerweltsnamen wie MüllerMeierSchmidt geschlagen sind.) Wenn man sie mit ihrem Namen anspricht, fühlen sie sich automatisch ernst genommen. Und das stimmt auch: Wer sich die Mühe macht, sich ihren Namen zu merken, der bringt ihnen ganz offensichtlich ein Mindestmaß an → *Aufmerksamkeit* entgegen. Wer sich diese Mühe nicht macht, gilt bestenfalls als vergesslich, aber meistens schlichtweg als → *arrogant*.

Namen kennen. Zu einer korrekten → *Anrede* gehört immer auch der Name. Wer ihn weglässt, falsch ausspricht oder in der Korrespondenz falsch schreibt, der wird im Wiederholungsfall schnell als → *inkompetent*, desinteressiert oder beides abgestempelt. Wenn Sie also nicht gerade als Leuchtturmwärter oder Schafhirte arbeiten, kommen Sie im Berufsleben nicht darum herum, sich jede Menge Namen zu merken. → *Kollegen*, → *Kunden*, → *VIPs*, Geschäftspartner, Aufsichtsräte – sie alle namentlich zu → *grüßen* und zu → *begrüßen*, ist nicht nur ein Gebot der → *Höflichkeit*, sondern obendrein ausgesprochen gut fürs → *Image*.

In vielen Berufen geht es allerdings längst nicht nur darum, einen guten → *Eindruck* zu erwecken. Für alle, die in irgendeiner Form mit einem festen Kunden- oder Partnerstamm zu tun haben, gehört das Kennen von Namen einfach zum Handwerkszeug. Wer das nicht beherrscht, hat spätestens dann schlechte Karten, wenn es bei einer → *Besprechung*, einem → *Termin* oder einem → *Empfang* darum geht, jemanden → *vorzustellen*.

Beim Grüßen und Begrüßen kann man sich nämlich noch irgendwie um einen Namen herumdrücken, aber beim → *Vorstellen* ist Nuscheln oder Weglassen von vornherein ausgeschlossen. An peinlichen Nachfrageaktionen ("Darf ich Ihnen einen unserer besten Kunden vorstellen – äh, wie war doch gleich Ihr

Name?") führt dann kein Weg mehr vorbei. Und am → *Fettnapf* meistens auch nicht.

Namen lernen ist also ein Muss, zumindest für alle, die nicht zusammen mit den → *Energiesparern* in Sachen → *Karriere* auf ewig die Reservebank drücken wollen. Für einige Leute ist nichts leichter als das. Aber die weitaus meisten können sich nur entweder Namen merken, aber keine Gesichter – oder umgekehrt. Falls Ihnen eines dieser → *Probleme* bekannt vorkommt, befinden Sie sich also in bester Gesellschaft. Was aber nichts daran ändert, dass Sie diese Probleme tunlichst in den Griff bekommen sollten. Es gibt schließlich auch → *Lösungen* dafür. Sie sind alle sehr zeitaufwändig und erfordern viel → *Geduld*. Aber auf Dauer helfen sie garantiert:

• **Keine** → *Hektik,* **wenn Sie jemandem vorgestellt werden.** Wer den Namen seines Gegenüber schon nach dreißig Sekunden wieder vergessen und die überreichte → *Visitenkarte* ohne einen einzigen Blick in die Tasche gesteckt hat, der verpasst eine einzigartige Chance. Nämlich die, sich durch → *Fragen,* → *Wiederholungen* und ein bisschen → *Smalltalk* all die neuen → *Informationen* (Gesicht + Name + Funktion) in der Seelenruhe einzuprägen, die der andere nur bei einer ersten Begegnung so richtig verstehen kann.

• → *Notizen* **auf Visitenkarten.** Grob unhöflich, solange der andere noch dabei ist, aber danach eine ungeheuer gute Gedächtnisstütze.

• **Eselsbrücken.** „Die hieß doch wie diese Firma für Fertigsuppen", „Der Name von dem hatte doch irgendwas mit Österreich zu tun" – solche Eselsbrücken können Sie durchaus zum richtigen Namen führen. Aber nur dann, wenn Sie wenigstens ein gutes Gedächtnis für Ihre Eselsbrücken haben. Sonst riskieren Sie, verräterisch lange darüber zu grübeln, ob die Dame nun Frau Knorr heißt oder vielleicht doch Frau Bassermann.

• **Fotosammlungen.** Wer ein ausgesprochen schlechtes Namens- oder Gesichtergedächtnis hat, sollte auch vor dieser Anstrengung nicht zurückschrecken und sich ein kleines Album anlegen. Da hinein kommt dann alles, was sich an Bildern → *wichtiger* Geschäftspartner so auftreiben lässt, vom Schnappschuss auf einer Veranstaltung bis zu Bildberichten in Fachzeitschriften.

Namen nennen. Wenn man den Namen erst mal kennt, dürfte doch nichts einfacher sein als das. Und das stimmt auch. Vorausgesetzt jedenfalls, man erinnert sich an eine kleine → *Regel* für gutes → *Benehmen*. Und die lautet, dass man sich keinesfalls der Einfachheit halber auf ein „die Maier" oder „der Müller" beschränken darf, wenn man von Herrn Müller oder Frau Dr. Maier redet. Sie müssen zwar nicht gleich immer alle Titel und Vornamen herunterbeten, wenn Sie im Beruf von anderen sprechen. Aber wenigstens „Herr" und „Frau" sind immer angebracht, wenn Sie vermeiden wollen, dass alles, was Sie über „die Maier" und „den Müller" sagen, verächtlich und herablassend klingt. Es sei denn, Sie meinen es so und wollen es auch genau so sagen. Das ist dann natürlich Ihre Sache. Es wäre allerdings spannend herauszufinden, was Sie damit erreichen wollen, außer dem letzten Platz auf der persönlichen Beliebtheitsskala der Maiers und Müllers dieser Welt.

Namen vergessen. Das passiert (fast) jedem gelegentlich. Deshalb ist es auch verzeihlich. Allerdings nur in → *Grenzen.* Wer bei der dritten Begegnung zum dritten Mal den Namen oder, noch schlimmer, alle bisherigen Begegnungen vergessen hat, der kann alle Hoffnung auf zukünftige gute → *Beziehungen* oder gar → *Freundschaft* in den Wind schreiben. Mit schwammigen Verlegenheitslösungen wie „Haben wir uns nicht schon mal irgendwo gesehen" machen Sie die Sache übrigens nicht besser, sondern schießen sich nur endgültig ins Abseits. Vor allem, wenn Sie erst vor sechs Wochen das letzte Mal zusammengesessen und sich stundenlang über Gott und die Welt unterhalten haben. Ihnen zum Trost: So extrem wird es selten. Spätestens das zweite entschuldigende „Ich habe so ein schlechtes Gedächtnis, bitte helfen Sie mir auf die Sprünge" ist möglicherweise so peinlich, dass Sie sich den Namen allein dadurch irgendwie merken.

Wenn andere Ihren Namen vergessen, dann sehen Sie das meistens an ihrem ratlosen Blick, und zwar schon Sekundenbruchteile, bevor sie den Mund aufmachen, um ein verlegenes „Ich kenne

Ihr Gesicht, aber Ihr Name ist mir entfallen" zu murmeln. Und da Sie wahrscheinlich aus eigener → *Erfahrung* wissen, wie unangenehm es ist, mal wieder vom eigenen Namensgedächtnis im Stich gelassen zu werden, könnten Sie ruhig nett zu Namensvergessern sein. Helfen Sie ihnen auf die Sprünge, ohne die Sache groß zum Thema zu machen. Zur Not auch ein viertes Mal. Beim fünften Mal sollte dann allerdings endgültig Schluss sein. Allzu bequem sollte man es den Leuten nun auch wieder nicht machen.

▶ Nebenjobs

Theoretisch ist die Sache einfach: „Da der Arbeitnehmer dem Arbeitgeber seine Arbeitskraft nur im Rahmen der betrieblichen → *Arbeitszeit* zur Verfügung gestellt hat, kann der Arbeitgeber nicht grundsätzlich eine Nebenbeschäftigung verbieten."[1]

In der Praxis sieht die Sache jedoch anders aus. Viele Arbeitgeber haben etwas dagegen, wenn Mitarbeiter außerhalb des Unternehmens noch zusätzlich irgendwo arbeiten. Das ist nämlich auf Dauer ziemlich anstrengend: Wer neben seinem regulären Job frühmorgens als Zeitungsausträger arbeitet oder spätnachts in der Kneipe, der wird vor lauter Müdigkeit wahrscheinlich früher oder später an seinem „Haupt"-Arbeitsplatz → *Fehler* machen. Ganz davon abgesehen, dass es sich bei Nebentätigkeiten auch um Jobs für die Konkurrenz handeln könnte. Das liegt schließlich ziemlich nahe.

Im öffentlichen Dienst sind Nebentätigkeiten daher grundsätzlich genehmigungspflichtig. Und auch in der Privatwirtschaft ist meistens im → *Arbeitsvertrag* klar und deutlich festgelegt, dass sie genehmigt oder zumindest angemeldet werden müssen. Bevor Sie also einen Nebenjob annehmen, sollten Sie sicherheitshalber mal Ihren Vertrag anschauen. Falls darin Nebentätigkeiten eindeutig geregelt sind, könnten Sie ordentlich → *Ärger* bekommen, wenn Sie sich nicht an diese → *Regeln* halten. Im Zweifel droht sogar die → *Kündigung*.

Und die liegt unter Umständen schneller auf dem Tisch, als Sie sich vorstellen können. Überlegungen wie „Das merkt der Chef doch nie!" sind zwar gut und schön, bieten aber letztlich keinen wirksamen Schutz vor Entdeckung. Gleichzeitig ist die Welt klein, und die Abteilung → *Klatsch & Tratsch* kennt jeden, auch Sie. Und garantiert auch irgendwann Ihre ungenehmigten Nebenjobs. Dann lieber gleich mit offenen Karten spielen oder versuchen zu verhandeln. Manche Chefs lassen durchaus mit sich reden, wenn sie wissen, worum es geht. Und wenn nicht – dann können Sie immerhin noch mal in Ruhe darüber nachdenken, ob es sich für einen zweiten Job wirklich lohnt, den ersten zu verlieren.

▶ „Nein"

„Nein" ist eines der unerfreulichsten Worte im Leben. Es läutet → *Absagen*, Weigerungen, Zurückweisungen und Widerspruch ein – lauter Dinge, die grundsätzlich → *Ärger* und Enttäuschung mit sich bringen. Gut für die Stimmung ist so etwas nie: „Es gibt viele Gesprächs- und Verhandlungssituationen, in denen ein direktes ‚Nein' sich ungünstig auf die → *Gesprächsatmosphäre* auswirken kann. (…) Denn: Ein Nein wird überwiegend als Ablehnung erlebt. Dies kann für den Menschen, der damit konfrontiert wird, nicht nur Verunsicherung, sondern auch eine Verletzung des Selbstwertgefühls bedeuten. Damit ist meistens eine Ablehnung der Person, die das ‚Nein' gesagt hat, verbunden."[2]

Einfacher ausgedrückt: Für die → *Beziehungen* zwischen zwei Menschen ist ein Nein ein ziemlich großer Störfall. Derjenige, der es zu hören bekommt, hat immer ein → *Problem*, sich damit abzufinden. Und derjenige, der es ausgesprochen hat, hat immer ein Problem damit, dass sein Nein ihm unweigerlich erhebliche Sympathieverluste einbringt. Wichtige und ranghohe Neinsager juckt das möglicherweise nicht sehr. Sollte es aber: Auf diese Weise hat nicht nur schon so manche → *Freundschaft* einen Sprung bekommen; ein Nein kann auch der Beginn einer wunderbaren → *Feindschaft* sein.

In manchen Kulturen beißt man sich daher lieber die Zunge ab als das N-Wort zu verwenden, zum Beispiel in Japan. Dort kann man Ablehnung nur erahnen, etwa an einem Ja, das nicht ganz so begeistert formuliert ist, wie es formuliert sein könnte. Auch in den USA und England tut man sich eher schwer mit einem klaren Nein. Deutsche, die diesem Wort gegenüber erfahrungsgemäß weniger Berührungsängste haben, sind daher immer gut beraten, bei Auslandsreisen Ablehnung und Widerspruch sicherheitshalber so → *höflich* wie möglich zu verpacken.

Vor dem Nein ist es immer klug, sich kurz ein paar Gedanken über die möglichen Folgen zu machen. Zumindest im Berufsleben ist es nämlich nicht unbedingt ratsam, Nein zu sagen, auch wenn das aus vielen guten Gründen die einzig vernünftige Reaktion zu sein scheint. Zum Beispiel, wenn es um → *Arbeitsaufträge* geht, die Sie auf den Tisch bekommen. Da lautet das Motto erst mal grundsätzlich: Geht nicht gibt's nicht. Wenn Sie den Arbeitsauftrag nicht völlig perfekt erfüllen, lassen sich dafür später immer mildernde Umstände finden – aber wenn Sie ihn von vornherein kategorisch ablehnen, wird Ihr → *Chef* Ihnen das wahlweise als → *Angst* vor → *Verantwortung*, Drückebergerei oder Faulheit auslegen.[3] Alles nicht sehr schmeichelhaft. Und alles nicht sehr gut fürs → *Image*.

Andererseits ist es manchmal geradezu das Gebot der Stunde, mit einem klaren Nein → *Grenzen* zu ziehen. Ganz egal, ob es darum geht, von einem Freund zum hundertsten Mal um einen → *Gefallen* gebeten zu werden, ohne je ein → *„Danke"* zu hören, oder darum, sich auf die hundertste → *Überstunde* in diesem Monat einzulassen – irgendwann ist Schluss. Sonst kommen die anderen am Ende noch auf den Gedanken, Ihnen wirklich alles zuzumuten. Also Ja zum Nein, wenn es um Ausbeutung und Selbstausbeutung geht. Dann aber möglichst ein standfestes und entschlossenes Nein, das nicht gleich wieder umkippt, sobald der andere sich aufs → *Bitten* verlegt. Wer da auch nur einmal schwach wird, kommt in Sachen Grenzenziehen nie mehr auf einen grünen Zweig.

Neinsagen ist also manchmal einfach unumgänglich. Aber Nein allein ist ein hässliches Wort. Deshalb sollte es am besten immer schön verpackt werden, denn das macht nicht nur im Ausland, sondern auch in Deutschland auf alle Fälle einen wesentlich besseren → *Eindruck* als ein Nein, das völlig nackt und unverblümt daherkommt.

✕ **Ein Nein gut verpacken.** Dafür gibt es durchaus einige Möglichkeiten, die sowohl im Schriftverkehr (→ *Briefe*, → *Telefaxe*, → *E-Mails*) als auch am → *Telefon* und im persönlichen →
Gespräch ausgesprochen nützlich sind. Wer ein gutes Ergebnis
erreichen will, sollte **mehrere miteinander kombinieren**:

• **Nein immer mit Erklärung.** Der andere hat nämlich nur dann
eine Chance, Ihr Nein überhaupt zu verstehen, wenn Sie ihm
dafür auch eine Begründung nennen. Tun Sie das nicht, wird er
Ihr Nein für reine Schikane oder Diskriminierung halten. Wenig
geeignet sind allerdings Begründungen wie „Das kann ich nicht
machen", „Das geht nicht" oder „Da hab' ich keine Zeit", weil
die geradezu automatisch die → *Frage* nach dem „Wieso" auslösen. Und das führt oft mitten hinein in zähe → *Diskussionen*, sowohl im → *Privatleben* als auch am → *Arbeitsplatz*. Deshalb lohnt
es immer die Mühe, dem anderen gleich eine einleuchtende Erklärung zu liefern: „Ich kann das nicht machen, weil ich da zu
Hause Kindergeburtstag habe" oder „Das geht so nicht, weil die
Kollegen aus der Lagerhaltung da auch ein Wörtchen mitzureden haben". Zur Not kann die Begründung auch eine → *Notlüge*
sein. Dann aber eine gut erfundene. „Ich habe keine Zeit, weil ich
dringend zum Arzt muss", weckt immer Mitleid. Aber nur dann,
wenn Sie während Ihres „Arzttermins" nicht auf dem Tennisplatz
gesehen werden.

• **Nein immer aus sachlichen Gründen.** „Ich will diesen Job nicht
übernehmen, weil ich Dr. Meyer auf den Tod nicht ausstehen
kann" ist für Sie vielleicht ein zutiefst einleuchtender Grund für
Ihre ablehnende Haltung: Wenn zwei Leute nicht als → *Team*
zusammenarbeiten können, wird wahrscheinlich auch nicht viel
dabei herauskommen. Aber dummerweise gelten solche → *persönlichen* Gründe in jeder Lebenslage als ausgesprochen schwache → *Argumente* und werden entsprechend schwungvoll vom
Tisch gewischt: „Ihre persönliche Meinung ist in dieser Frage
nicht von Bedeutung." Wer clever ist, sucht sich daher von vornherein für alle Arten von persönlich begründetem Widerspruch
eine rein sachliche Verpackung: „Ich kann diesen Job unmöglich
übernehmen, weil ich es sonst nicht schaffe, die Adressdateien
bis zur nächsten Versandaktion zu aktualisieren." Das ist ein so-

lides Nein, gegen das kaum ein Chef ankommt. Selbst wenn er ahnt, dass in Wirklichkeit Ihre allgemein bekannte → *Abneigung* gegen Dr. Meyer dahinter steckt.

• **Nein mit Trostpflaster.** Manchmal führt an einem Nein tatsächlich kein Weg vorbei: Die Frist ist endgültig abgelaufen, die Vorschriften lassen keine → *Ausnahme* zu, ein → *Kompromiss* ist aus rein sachlichen Gründen unmöglich. In diesen Fällen ist ein kleines Trostpflaster immer eine nette → *Geste*: „Es sieht, ehrlich gesagt, ganz schlecht aus, weil (guten Grund einfügen, siehe oben). Ich werde es trotzdem mal versuchen" oder „Ich werde mich aber auf jeden Fall für Sie einsetzen". Solche Trostpflaster haben zwei Vorteile. Erstens bekommt der Bittsteller das Nein nicht auf einen Schlag serviert: Vom vermutlichen Nein bis zum endgültigen Nein vergeht nämlich → *Zeit*, und die ermöglicht es ihm, sich auf die bevorstehende Enttäuschung einzustellen. Und zweitens wird er dem Neinsager auf diese Weise am Ende für seine Bemühungen → *dankbar*, anstatt ihm für sein Nein böse sein.

• **Nein immer häppchenweise.** „Wollen wir nächsten Urlaub nicht mal mit meinen Eltern verbringen?", „Können Sie dieses Projekt übernehmen?" – Es gibt Leute, die in dieser Situation ihr klares Nein in einem zehnminütigen Redeschwall erklären. Das tun sie erfahrungsgemäß in der Hoffnung, dem anderen seine schlechte → *Idee* ein für alle Mal auszutreiben und ihn in dieser Angelegenheit endgültig mundtot zu machen. Dieses → *Ziel* erreichen sie auch oft genug. Zumindest auf den ersten Blick, weil der andere sich von dem Schwall erst mal erholen muss. Aber wenn er sich dann erholt hat, wird er über diese überfallartige Ablehnung sauer sein. Und alles noch mal in aller Ruhe und genau durchsprechen wollen. Dann lieber gleich ein ordentliches Gespräch, in dem beide Seiten eine Chance haben, auf Argumente mit Gegenargumenten zu antworten.

• **Nein als** → *Frage* **oder durch** → *Schweigen*. Beides sind Klassiker der → *Diplomatie*, die auch gerne eingesetzt werden, um → *Kritik* zu äußern. „Meinen Sie nicht, dass es sinnvoller wäre, den → *Termin* auf einen späteren Zeitpunkt zu verlegen?" deutet das Nein höflich an, ein kommentarloser Entzug des → *Blickkontakts* lässt es gerade noch erahnen. Diese Methoden haben, besonders im Umgang mit Leuten, denen man eigentlich nichts abschlagen kann, den großen Vorteil, garantiert niemandem wehzutun. Sie haben allerdings auch den Nachteil, dass längst nicht jeder hinter solchen Windungen ein Nein sieht. Oder sehen will. Es gibt schließlich keinen Grund, sich mit so unangenehmen Dingen wie Einwänden zu befassen, solange sie nicht klipp und klar ausgesprochen werden.

Nein immer freundlich. → *Körpersprache* und → *Tonfall* sind gerade beim Nein extrem → *wichtig.* Mit einem freundlichen → *Lächeln* und einem Mindestmaß an Bedauern in der Stimme verhelfen Sie dem anderen dazu, die Enttäuschung darüber einigermaßen zu verkraften. Verzichten Sie der Einfachheit halber auf diese kleinen Gesten der → *Höflichkeit*, so verhelfen Sie sich selbst möglicherweise zu einigem Ärger: Ein Nein muss man zwar schlucken – aber nicht unbedingt die Art, in der es präsentiert wird. Über die kann man sich sogar prima beschweren, immer in der Hoffnung, dass man im Zuge der fälligen → *Entschuldigung* vielleicht doch noch ein Ja herausschlagen kann.

Mit dem Nein anderer umgehen. Auch dafür gibt es Tipps und Tricks, mit denen sich ein Nein vielleicht noch ins Wanken bringen oder aber auf alle Fälle besser ertragen lässt:
• **Ein Nein aufzuspüren** ist das Gebot der Stunde, wenn der andere nur herumdruckst, anstatt klar seine Meinung zum Ausdruck zu bringen. Solange er nämlich sein Nein nicht auf den Tisch legt, geschweige denn irgendwelche Gründe dafür nennt, haben Sie keine Chance, ihn mit guten Argumenten von seiner ablehnenden Haltung abzubringen. Da hilft nur noch gezieltes Nachbohren: „Ich habe das Gefühl, Sie sind mit meinem Vorschlag nicht sehr glücklich. Was halten Sie persönlich eigentlich davon?"
• **Ein Nein ist nicht immer ein Nein.** Oft genug hat der andere nur keine Lust oder keine → *Zeit*, sich mit Ihrer Bitte oder Frage länger zu befassen, und sagt deshalb erst mal Nein. Manchmal wirkt es wahre Wunder, dieses Nein eben nicht hinzunehmen, sondern es mit Verhandlungen zu versuchen. Wenn Sie nur hartnäckig genug → *nachhaken*, bitten, erklären und → *Kompromis-*

se anbieten, kann es durchaus sein, dass Sie sich am Ende doch noch ein Ja erkämpfen. Manchmal, weil Sie so überzeugend sind. Und manchmal, weil der andere keinen anderen Weg mehr sieht, um endlich wieder seine Ruhe zu haben. Sollten Sie selbst übrigens mit dieser Taktik keinen → *Erfolg* haben, können Sie immer noch versuchen, einen Ranghöheren (Ihren Chef, ein Vorstandsmitglied, einen renommierten Freund der Firma) vorzuschicken. Wenn der Ihre Argumente vorbringt, kann der Neinsager sich ihnen viel schlechter entziehen.

• **Und wenn das Nein ein Nein bleibt** – tragen Sie's am besten mit Fassung. Ein Nein ist in den seltensten Fällen eine dramatische → *Niederlage*, die Sie für Ihr restliches Leben zeichnet. Genau genommen ist es nicht viel mehr als ein Punkt, der in dieser Runde nun mal an den anderen ging. In diesem Spiel hinter dem Nein einen persönlichen → *Angriff* zu wittern, ist zwar manchmal gar nicht so falsch. Aber es bringt Sie nun mal keinen Deut weiter, vor allem wenn der andere sein Nein hübsch sachlich verpackt, siehe oben. Es ist deshalb wesentlich klüger, auf Energie fressenden Groll zu verzichten und sich lieber sorgfältig auf die nächste Runde vorzubereiten.

▸ **Nervosität**

Dieser Begriff bezeichnet laut Wörterbuch „leichte Reizbarkeit, Überempfindlichkeit".[4] Wer unter Nervosität leidet, ist für sich selbst und seine Mitmenschen nur schwer zu ertragen: Er nimmt alles zu ernst, ist schnell irritiert, regt sich über Kleinigkeiten auf und macht jede Menge → *Fehler*, sowohl bei der Arbeit als auch im Umgang mit anderen. Und wenn er diese Fehler dann bemerkt oder gesagt bekommt, wird die Nervosität noch ein bisschen größer.

Wie Nervosität entsteht. Wie schnell man nervös wird und ob man überhaupt nervös wird, das hängt von drei Dingen ab:

• **Von der eigenen Persönlichkeit.** Es gibt tatsächlich Menschen, die die beneidenswerte Gabe haben, sich durch nichts, aber auch gar nichts aus der Ruhe bringen zu lassen. Sie werden selbst dann nicht nervös, wenn sie einen halben Tag vor dem letztmöglichen

Erledigungstermin noch nicht mal die Hälfte des → *Arbeitsauftrags* bewältigt haben, von zu Hause den Anruf bekommen, dass die Waschmaschine ausgelaufen ist, und nebenan jemand seine erste Doppelstunde Trompetenunterricht erhält. Diese Gabe hat man – oder man hat sie nicht.

• **Von der Stimmung**, in der man gerade ist. Wer sich gut, stark, ausgeglichen und selbstbewusst fühlt, wird weniger schnell nervös, wenn der → *Chef* Druck macht oder die → *Kinder* schreien, als jemand, dessen Selbstbewusstsein sowieso beim kleinsten Anlass unter die Nachweisbarkeitsgrenze sinkt.

• **Von der Situation**, in der man gerade steckt. Ist sie vertraut, dann wird sie selbst im größten → *Stress* weniger Nervosität auslösen als eine neue Situation, die man noch gar nicht einschätzen kann: Der erste → *Vortrag* vor der ganzen Firma ist noch ein richtiger Angstmacher, der zwanzigste nur noch → *Routine*. Das hängt mit der Portion Adrenalin zusammen, die bei besonderen Erlebnissen ins Blut geschickt wird – je aufregender sie scheinen, desto mehr Adrenalin, desto mehr Nervosität. Aber glücklicherweise hält das Gehirn nur neue Erlebnisse für aufregend. Was es schon kennt, ist für es irgendwann nicht mehr der Rede wert und erst recht kein Adrenalin mehr. Die Folge: Was Sie früher vor Nervosität magenkrank gemacht hat, ringt Ihnen heute gerade mal ein müdes → *Lächeln* ab.

Nervosität in den Griff bekommen. Nervosität ist wie Stress ein eigentlich völlig überflüssiges → *Gefühl*, das eine ohnehin schwierige Situation nur noch schwieriger macht und obendrein auch eine Fehlerquelle allererster Güte ist. Also sollte man alles anstellen, um sie in irgendeiner Form in den Griff zu bekommen. Und dafür gibt es **drei Wege**. Sie sind anstrengend, aber sie lohnen die Mühe:

• **Nervösmacher nicht vermeiden, sondern suchen.** Im → *Privatleben* kann man **Nervositätsauslösern** vielleicht aus dem Weg gehen, aber im Beruf ist das völlig unmöglich. Und auch letztlich gar nicht nötig, denn je mehr → *Erfahrungen* man mit ihnen sammelt, desto mehr verlieren sie von ihrem Schrecken, siehe oben. Also ist es das Mutigste und auch das Beste, was Sie tun können, wenn

Sie sich überlegen, welche Situationen Sie immer besonders nervös machen – und genau die dann gezielt suchen. So lässt sich langfristig alles → *lernen*, was am Anfang noch die Nerven zum Zittern brachte, von Verhandlungen mit launischen Topkunden über Kritikgespräche mit dem Chef bis hin zum Lampenfieber, wenn sich alle Augen auf Sie richten.

• **Auf innere** → *Distanz* **gehen.** Bei Licht betrachtet, sind die meisten Nervösmacher den Stress nicht wert, unter dem man ihretwegen leidet. Erstaunlicherweise erkennt man das auch immer selbst – aber meistens erst hinterher, wenn alles überstanden ist. Und dann hilft die Erkenntnis nur noch ziemlich wenig. Also können Sie versuchen, sie einfach vorzuziehen; alle guten → *Argumente* dafür werden Sie sowieso irgendwo im Kopf herumschwirren haben. Nur werden die von der Nervosität in der → *Regel* überdeckt. Mit Hilfe von zwei einfachen → *Fragen* können Sie die Erkenntnis, wie überflüssig Nervosität eigentlich ist, allerdings leicht wieder freischaufeln: „Wenn ich das verpatze, was mich jetzt nervös macht – was kann dann eigentlich schlimmstenfalls passieren?" und „Das, was mich jetzt nervös macht – gehört das zu den wirklich wichtigen Dingen in meinem Leben?" **Merke:** Was schlimmstenfalls passieren kann, hat aller Wahrscheinlichkeit nur wenig mit den wirklich → *wichtigen* Dingen im Leben zu tun. Also kein Grund zur Nervosität.

• **Den Blick für die anderen nicht verlieren.** Nervosität ist immer Gift für die Stimmung und auf Dauer schädlich für → *Beziehungen* aller Art. Selbst wenn Sie sich zusammenreißen und sich nervöses Rumschreien und hysterische Ausraster verkneifen, wissen die anderen genau, was mit Ihnen los ist: Sie sehen es an der → *Körpersprache*, sie hören es an dem gereizten → *Tonfall*. Und davon lassen sich unglaublich viele Menschen in Nullkommanichts einfach anstecken: Zu Hause fangen dann die Kinder an zu schreien – und am → *Arbeitsplatz* werden die → *Kollegen* und → *Mitarbeiter* unsicher und machen Fehler. Was Sie garantiert noch nervöser macht. Sie sind also gut beraten, bei aller Nervosität die Stimmung in Ihrer Umgebung nicht aus den Augen zu verlieren. Es gibt untrügliche Zeichen dafür, dass sie kippt: erstaunte Blickwechsel der anderen, beschwichtigende → *Gesten*, plötzliche → *Hektik*. Wenn Sie das spüren, ist es fünf vor zwölf, denn dann wird die Notwendigkeit unübersehbar, sich allein um der anderen willen wieder in den Griff zu bekommen.

Wenn andere nervös sind, können Sie ihnen grundsätzlich einen ganz großen → *Gefallen* tun: Verzichten Sie drauf, auf ihren gereizten Tonfall einzusteigen und ihnen wegen ihrer zickigen Stimmung Vorwürfe zu machen. Das macht nämlich alles nur schlimmer, und das muss ja nicht sein. Klüger (wenn auch nicht leicht) ist es, sich nicht anstecken zu lassen, Ruhe zu bewahren oder wenigstens nach außen auszustrahlen. Unverbesserlichen Nervenbündeln hilft so ein „Fels in der Brandung" ganz ungemein. Spätestens, wenn der Anfall vorbei und alles überstanden ist, werden sie Ihnen → *dankbar* sein. Und das → *Image*, selbst in Krisenzeiten die Nerven nicht zu verlieren, ist auch eine Menge wert.

▸ **Netikette** → *E-Mails*

▸ **Netzwerke**

Aus dem Englischen („network") übernommene Bezeichnung für ein Netz persönlicher → *Kontakte*, die man gezielt aufbaut und nutzt, um an der eigenen → *Karriere* zu arbeiten. Netzwerke können auf → *Freundschaften* beruhen, müssen aber nicht; entscheidend ist letztlich allein, dass es sich um → *Beziehungen* handelt, von denen beide Seiten glauben, dass sie sich früher oder später einmal als nutzbringend erweisen könnten: „Networking bedeutet Austausch von → *Informationen* und Gefälligkeiten."[5]

Heutzutage arbeitet kaum noch jemand zwanzig Jahre in ein und demselben Unternehmen. Und im Zeitalter der Teamarbeit sind genialische Einzelkämpfer auch nicht mehr gefragt. Netzwerke aufzubauen und zu pflegen, gilt deshalb im Berufsleben inzwischen als eine der wichtigsten menschlichen Qualitäten (sozialen → *Kompetenzen*) überhaupt: „Netze → *persönlicher* Kontakte sind so etwas wie ein persönliches Kapital. Ob wir in unseren Jobs erfolgreich sind, hängt mehr oder weniger von einem Netz von anderen ab. (...) Beziehungen aufzubauen, hat unter anderem den Vorteil, dass man sich einen Vorrat an Goodwill [Bereitschaft zum Entgegenkommen] und → *Vertrauen* schafft. Sehr erfolgreiche Manager verstehen es geschickt, solche Beziehungen zu pflegen, während weniger erfolgreiche dies generell nicht tun."[6]

Frauen und Netzwerke. Netzwerke zu knüpfen und zu nutzen, ist eine Strategie, die bis vor einiger Zeit überwiegend von Männern eingesetzt wurde. Viele Karriereratgeber für Frauen weisen darauf hin, dass Männer von Natur aus mehr Geschick an den Tag legen, wenn es um die Pflege nützlicher Beziehungen geht: Sie lassen sich längst nicht so sehr von persönlichen → *Sympathien* und → *Abneigungen* leiten wie Frauen und sind viel eher bereit, sich selbst im größten → *Stress* noch die → *Zeit* zu nehmen, mit einem vielversprechenden Kontakt auf ein Stündchen beim Italiener um die Ecke zu verschwinden. Für Frauen hingegen mit ihrem Hang zu Pflichtbewusstsein und → *Perfektionismus* geht die Erledigung anstehender → *Arbeitsaufträge* immer vor. Dabei ist genau das unterm Strich alles andere als clever: Weil sie zu hart arbeiten, um mit dem → *Team* gute Ergebnisse zu produzieren, haben sie keine Zeit, am eigenen Netzwerk zu stricken.[7]

Dieses Manko hat sich inzwischen herumgesprochen. In der Folge sind in den letzten Jahren offizielle „Women only"-Netzwerke aller Art entstanden: Unternehmensintern, branchenspezifisch, unter Wohltätigkeits-Gesichtspunkten, für Frauen in Führungspositionen.[8] Es ist sehr sinnvoll für Frauen, sich an solchen Netzwerken zu beteiligen. Genauso sinnvoll ist es allerdings zu versuchen, sich Zutritt zu traditionellen Männer-Netzwerken zu verschaffen. Das ist nämlich häufig durchaus möglich.

Formen von Netzwerken. Genau genommen ist jede gute Bekanntschaft schon eine Masche des Netzwerks. Und das gilt nicht nur für berufliche Bekanntschaften, sondern auch für private: Gerade in außergewöhnlichen Situationen können die Bekannten, an die man am wenigsten gedacht hat, oft am besten weiterhelfen. Da stellt sich dann ganz nebenbei heraus, dass der Schwiegervater der Nachbarin einen guten Draht zu dem Berater hat, der im

Arbeitsamt für Sie → *zuständig* ist. Oder dass die → *Praktikantin* einen guten Freund in Australien hat, der sich für Ihre geplante Off-Road-Tour als genau der richtige Partner vor Ort erweist.

Aufbau persönlicher Netzwerke → *Kontakte.*

Offizielle Netzwerke. Jenseits der selbst geknüpften gibt es offizielle Netzwerke wie Sand am Meer. Das fängt mit den Ehemaligen-Verbänden der Hochschulen an, die besonders in den USA die Keimzelle jedes persönlichen Netzwerks bilden, und hört mit Interessengemeinschaften aller Art auf. Jeder Berufsverband ist gleichzeitig ein Netzwerk, jedenfalls für alle, deren Engagement für den Verband sich nicht nur darauf beschränkt, den Jahresbeitrag zu zahlen. Außerordentlich nützlich und dabei noch für einen guten Zweck sind Wohltätigkeits-Netzwerke wie zum Beispiel die Rotarier. Dort kann man Leute kennen lernen, die mit der eigenen Branche rein gar nichts zu tun haben – was nicht nur eine bedeutende Ausweitung des eigenen Netzwerks mit sich bringt, sondern obendrein außerordentlich erfrischend ist.

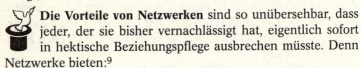 **Die Vorteile von Netzwerken** sind so unübersehbar, dass jeder, der sie bisher vernachlässigt hat, eigentlich sofort in hektische Beziehungspflege ausbrechen müsste. Denn Netzwerke bieten:[9]

• **Viele interessante** → *Informationen* durch viele lange Gespräche in der Abteilung → *Klatsch & Tratsch.*

• **Neue Kontakte** zu interessanten Menschen in interessanten Positionen.

• **Bessere Arbeitsergebnisse** durch ein Mehr an Fachinformation und ein Mehr an Kontakten.

• **Ein Podium für** → *Eigenlob* **und Selbstdarstellung** – beides unabdingbare Voraussetzungen dafür, dass man Ihre → *Leistungen* in der entscheidenden Etage überhaupt wahrnimmt und anfängt, über eine fällige → *Beförderung* nachzudenken.

• **Rat und Tat** in schwierigen Situationen, in denen Sie ohne → *Hilfe* verloren wären.

• **Einen natürlichen Schutzschild gegen** → *Intrigen* **und** → *Mobbing* – kaum jemand wird sich einen → *Mitarbeiter* als Zielscheibe aussuchen, der für seine guten Kontakte bekannt ist.

- *Vertrauliche* **Hinweise auf interessante Jobs**, die in anderen Firmenzweigen oder anderen Unternehmen demnächst frei werden.

Netzwerk-Gesetze. So viel Leistung ist natürlich nicht ohne Gegenleistung zu haben. Wer viel nimmt, muss auch viel geben. Aktives „Netzwerken" läuft also in erster Linie auf einen ständigen Austausch von → *Gefallen* hinaus: Sie rufen den Kollegen Maier zu Hilfe, wann immer Sie ein größeres Budget planen müssen? Der verlässt sich im Gegenzug darauf, dass Sie ihm für seinen Jahresbericht grundsätzlich als Ghostwriter zur Verfügung stehen. Ein Bekannter von der Konkurrenz hat Ihnen einen goldenen Tipp für Ihr nächstes Projekt gegeben? Dann müssen Sie Ihre besonderen Kontakte zu einem großen Möbelhaus spielen lassen, um ihm seine neue Einbauküche zum Einkaufspreis zu verschaffen. Sie haben einem guten Freund einen Job in Ihrer Firma verschafft? Dann dürfen Sie darauf zählen, dass er für lange Zeit zuverlässig die Buschtrommel schlägt, wenn es darum geht, im Unternehmen Ihre herausragenden Leistungen zu preisen und so den Boden für die längst überfällige → *Gehaltserhöhung* vorzubereiten.

Nutzen oder ausnutzen? Wer in einem Netzwerk immer nur nimmt und sich herausredet, wenn er auch mal geben soll, der macht einen → *Fehler*. Dieser Fehler beginnt schon in dem Moment, in dem Sie Ihre Beziehungen ausschließlich unter dem Gesichtspunkt der Nützlichkeit sehen. Denn dieser Gedanke greift zu kurz. Nicht jeder Kontakt ist zu jeder Zeit nützlich – wenn Sie sich immer nur bei denen melden, die Ihnen gerade etwas bringen, und den Rest vernachlässigen, wird dieser „Rest" das sehr wohl merken und sich über Ihr Verhalten eine → *Meinung* bilden. In der werden dann vermutlich Vorwürfe wie „Der meldet sich auch immer nur, wenn er was will" eine zentrale Rolle spielen.

Wer einmal diesen → *Eindruck* erweckt, dem nützt das schönste und größte Netzwerk nichts mehr. Also ist ganz klar angesagt, Beziehungen in Netzwerken von vornherein mit einer gewissen Sorgfalt zu behandeln und sich gelegentlich auch dann zu melden, wenn es eben nicht um eine → *Bitte* geht. Gelegenheiten dafür gibt es schließlich genug, vom Weihnachtsgruß bis zum Geburtstagsgeschenk.

▶ Niederlagen

Niederlagen gehören nun mal dazu. Kaum jemand läuft auf dem Weg nach oben von → *Erfolg* zu Erfolg, und selbst die großartigsten Karrieretypen bekommen gelegentlich eins auf die Nase: Ein → *wichtiger* Auftrag geht an die Konkurrenz, ein ehrgeiziges Projekt wird von allen anderen schon in der → *Planung* gekippt, ein schöner Posten im Aufsichtsrat wird an einen Konkurrenten vergeben.

Von Niederlagen im → *Privatleben* ganz zu schweigen – denn selbst wenn im Job alles läuft wie geschmiert, aber daheim die → *Beziehung* in die Brüche geht oder die → *Kinder* aus dem Ruder laufen, sind auch das letztlich Niederlagen. Und wer es ganz genau nimmt, der zählt wahrscheinlich auch alle → *Diskussionen* dazu, in denen er seine → *Meinung* nicht durchsetzen konnte, alle Spiele, in denen seine Lieblings-Fußballmannschaft verloren hat, und alle Kochrezepte, die ihm nicht gelungen sind.

Je nach Zählweise kommt also in einem durchschnittlichen Leben eine ganz beachtliche Anzahl Niederlagen zusammen, manche schnell vergessen, andere für immer schmerzhaft. Ein gewisses Minimum ist jedenfalls unvermeidbar, selbst in solchen vermeintlich sicheren Berufen wie Kaiser und Millionär. Da beide Jobs ohnehin eher selten sind, ist es also das Gescheiteste, von vornherein zu → *lernen*, mit Niederlagen vernünftig umzugehen. Männer scheinen da einen natürlichen Heimvorteil zu haben. Sie sehen Niederlagen in der → *Regel* eher sportlich, als ein verlorenes Spiel, auf das ein neues folgt. In dem ist dann wieder alles offen: Neues Spiel, neues Glück.[10] Obendrein können sie offenbar ganz klar trennen zwischen dem Bereich, in dem sie eine Niederlage einstecken mussten, und allen anderen Bereichen, in denen alles gut läuft.

 Niederlagen als Scheitern. Manche Leute (besonders Frauen) können genau das nicht: Sie erleben häufig eine einzelne Niederlage als völlige und endgültige Ablehnung ihrer gesamten Persönlichkeit. Wenn der → *Chef* eine sorgfältig ausgearbeitete → *Idee* ablehnt oder die erhoffte → *Gehaltserhöhung* doch nicht bewilligt, führt das gleich zu heftigen Erschütterungen des Selbstbewusstseins, nicht nur im Job, sondern obendrein auch noch im Privatleben.

Soziologen und Psychologen haben eine Menge Erklärungen für diese Schwierigkeit, mit Niederlagen fertig zu werden. Gleichzeitig ist es eine Tatsache, dass es nicht gut ist, jede Niederlage gleich als Drama anzusehen. Genau deshalb bietet der Volksmund zahlreiche Weisheiten an, die im Angesicht der Niederlage Trost bieten sollen, von „Nur aus Niederlagen kann man lernen" bis „Die Zeit heilt alle Wunden". Das ist alles schön und gut und sogar wahr und hat trotzdem einen Haken: Im Moment der Niederlage hilft es einfach nicht. Jedenfalls nicht denen, die schlechte Verlierer sind oder denen die nötige Leichtigkeit im Umgang mit Niederlagen fehlt, siehe oben. Die stecken erfahrungsgemäß viel zu tief drin in unkontrollierbaren → *Gefühlen* von → *Angst*, → *Ärger*, → *Wut* oder Scham, als dass sie ernsthaft über den Wahrheitsgehalt deutscher Sprichwörter nachdenken könnten.

Niederlagen bewerten lernen. Wenn Sie zu den Menschen gehören, die ein ernsthaftes Problem mit Niederlagen haben, gibt es für Sie eigentlich nur einen einzigen Weg hin zur rettenden inneren → *Distanz*: Die Überlegung, wie Sie diese oder jene Niederlage wohl in einem Jahr sehen. Oder in fünf Jahren. Werden Sie dann wirklich immer noch darunter leiden? Oder ist das Ganze dann vielleicht Schnee von gestern oder sogar längst vergessen?

Im Moment der größten Krise sind diese Gedankenspielchen zugegebenermaßen ziemlich anstrengend, aber es lohnt sich immer, sie zu spielen. Denn wir alle wissen aus → *Erfahrung*, dass die meisten Niederlagen im Rückblick längst nicht mehr so dramatisch sind, wie sie auf den ersten Blick zu sein schienen: Das Stipendium nicht bekommen – war damals ein schwerer Schlag, aber mit der Ausbildung hat es trotzdem noch irgendwie geklappt. Nach dem Autounfall den Prozess verloren – ärgerlich und teuer, aber letztlich abgebucht unter P wie Pech. Von dem karrieregeilen → *Kollegen* rechts überholt worden – eine große Enttäuschung. Aber auch kein Weltuntergang, die Firma hat außerdem inzwischen längst pleite gemacht. Die große Liebe an den besten Freund verloren – war richtig schmerzhaft. Das Leben ist trotzdem weitergegangen, erst mit Mühen, aber irgendwann immer besser.

Solche Geschichten kann jeder über sich selbst erzählen, wenn auch manchmal erst Jahre, nachdem sie passiert sind. Und sie sind der mit Abstand einleuchtendste Grund dafür, warum man nicht völlig am Boden zerstört sein sollte, wenn man mal wieder eine Niederlage erlebt.

▶ **Notizen**

Sie gehören immer noch zu den praktischsten Arbeitsinstrumenten überhaupt. Wer zu Papier und Stift greift, um → *wichtige* Dinge aufzuschreiben, schlägt automatisch drei Fliegen mit einer Klappe: Er erleichtert sein Gedächtnis – was irgendwo notiert ist, muss man sich nämlich nicht mehr merken. Er geht auf Nummer sicher – vor allem bei heiklen Angelegenheiten ist es immer sinnvoll, das eine oder andere durch Niederschreiben aktenkundig zu machen (→ *Aktennotizen*). Und er macht in → *persönlichen* Begegnungen zuverlässig einen guten → *Eindruck*.

Aufmerksam mitzuschreiben, wenn ein anderer → *Informationen* weitergibt, → *Arbeitsaufträge* erklärt oder → *Vorträge* hält, ist nämlich für den Sprecher immer ein ausgesprochen beruhigendes, wenn nicht sogar schmeichelhaftes Zeichen: Es zeigt ihm, dass Sie ihm → *zuhören*, ihn ernst nehmen – und das, was er sagt, sogar für so bedeutungsvoll halten, dass Sie sich die Mühe machen, es zu notieren.

Der Trick mit den Notizen. Vor allem im Gespräch mit → *Chefs* und Geschäftspartnern und auch in → *Besprechungen* aller Art bringen Notizen also für beide Seiten nur Vorteile: Sie sind gut für Ihr → *Image*. Und sie vermitteln dem Sprechenden ein gutes → *Gefühl*. Beides liegt so klar auf der Hand, dass Sie sogar dann Notizen machen sollten, wenn Sie das Gesagte für gähnend langweilig halten oder schon hundertmal gehört haben. Es müssen ja nicht unbedingt Notizen genau darüber sein – da es allein auf die → *Geste* des Mitschreibens ankommt, kommen auch Einkaufslisten oder Briefchen an den Kollegen neben Ihnen in Frage. Allerdings sollten Sie in diesem Fall darauf achten, dass niemand lesen kann, was Sie da aufschreiben, und sich vorsichtshalber auch über erste Hilfe bei → *Geistesabwesenheit* informieren.

Notiztechnik. Was genau Sie notieren, und wie Sie es notieren – Steno, selbst erfundene Abkürzungen, komplette Sätze – das bleibt völlig Ihnen überlassen. Aber worauf Sie Ihre Notizen machen, das ist eine Frage, die eine gute Antwort verdient:

• Ausgesprochen unclever ist es, sich Notizen auf **losen Blättern, Rückseiten von Briefumschlägen und Rändern von Zeitungen** zu machen. Die haben nämlich allesamt den Nachteil, irgendwann im Eifer des Gefechts in den → *Papierkorb* geworfen zu werden – ohne dass in dem Moment auch nur kurz die Erinnerung an die darauf notierten Telefonnummern, → *Adressen,* → *Namen* oder Aufgaben aufblitzt.

• Nicht viel besser sind **Haftnotizzettel.** Die leuchten zwar immer so schön und lassen sich prima an den Rand von Computerbildschirmen und → *Telefonen* kleben. Aber die meisten sind nicht viel größer als eine Briefmarke. Wer mit ihnen antritt, um sich einen komplizierten Arbeitsauftrag zu notieren, braucht mindestens vier davon und wird sich höchstwahrscheinlich irgendwann zwischen diesen vier und den zwanzig anderen, die schon am → *Arbeitsplatz* verstreut herumkleben, im wahrsten Sinne des Wortes verzetteln. So macht man keinen guten Eindruck, sondern kassiert Minuspunkte für mangelndes Organisationstalent.

• Was bleibt, ist der gute alte **Spiralblock,** möglichst DIN A4. In ihm geht nichts verloren, er bietet Platz für viel Gekritzel, veraltete oder erledigte Dinge kann man problemlos herausreißen, ohne dass einem die anderen Seiten lose entgegenflattern. Und bei Bedarf kann man sogar Seiten ohne größere Anstrengung abheften – sie sind schließlich schon vorgelocht.

▶ Notlügen

Wer → *lügt*, wird dafür geächtet. Zumindest, wenn er sich dabei erwischen lässt. Notlügen hingegen sind ein allgemein anerkanntes Übel. Keiner bekommt gerne eine angedreht – aber jeder hat selbst schon welche verwendet, um sich lästige Dinge vom Hals zu schaffen.

Das ist im → *Privatleben* so und im Beruf erst recht: Dort haben mehr → *Stress* und mehr Verpflichtungen automatisch einen größeren Bedarf an Ausreden zur Folge. Schließlich muss man ständig erklären, warum irgendetwas nicht so klappt, wie es klappen sollte.

Notlügen kommen auf allen Ebenen der → *Rangordnung* zum Einsatz. Besonders häufig werden sie jedoch von → *Mitarbeitern*, → *Praktikanten* und Assistenten verwendet. Zwangsläufig, denn die müssen nicht nur für sich selbst Ausreden finden, sondern auch für ihre Vorgesetzten: „Bis zu einem gewissen Ausmaß gehört das Lügen für den → *Chef* einfach zu Ihrem Job.“[11]

Notlügen gehören dazu. Wer aus moralischen Erwägungen grundsätzlich ein Problem damit hat, bei Bedarf die eine oder andere gefällige Notlüge zu stricken, der sollte sich frühzeitig überlegen, ob er nicht im Priesterseminar am besten aufgehoben ist. Denn überall sonst wird reichlich gelogen, nicht selten mit Wissen aller Beteiligten einschließlich des Belogenen.

Einige Notlügen sind mittlerweile so weit verbreitet, dass man sie gar nicht mehr als Not-Lüge wahrnimmt, sondern nur als → *diplomatische* Floskel für „jetzt nicht“ oder „so nicht“. So kann „Ich bin gerade in einer Besprechung“ zwar tatsächlich das heißen, was es aussagt. Aber erfahrungsgemäß ist es genauso wahrscheinlich, dass die Besprechung aus einem gemütlichen Plausch mit einem Freund besteht, der gerade auf einen Kaffee vorbeigekommen ist.

Oder dass es gar keine Besprechung gibt, aber auch keine → *Zeit* oder keine Lust, mit dem Anrufer zu sprechen. Der hat ohnehin keine Wahl. Egal, was dahinter steckt – die Geschichte mit der Besprechung heißt für ihn unterm Strich nur, dass er später noch mal anrufen muss.

✖ Kleine Notlügen-Hitliste. Ganz allgemein bietet die moderne Technik jede Menge schillernder Ausreden, weil viele Leute sie nicht komplett beherrschen und daher verständnisvoll reagieren, wenn ein anderer vorgibt, damit → *Fehler* zu machen. Typisches Beispiel: „Ich hab' aus Versehen Deine E-Mail gelöscht" als → *Entschuldigung* dafür, dass man sie unter 589 anderen Mails im Eingangsordner einfach nicht mehr wiederfindet. Darüber hinaus gibt es je nach Situation eine ganze Reihe weiterer praktischer Notlügen:

• **Am Telefon:** „Ich kriege gerade ein Gespräch auf der anderen Leitung rein", „Du, mein Chef will was von mir", „Hier kommt gerade Besuch ins Zimmer."

• **Am Mobiltelefon:** „Mein Akku ist fast leer – wir werden bestimmt gleich unterbrochen."

• **In persönlichen Begegnungen:** „Ich bin gerade im Stress/habe gerade furchtbar viel zu tun/muss gerade dringend was erledigen – lassen Sie uns später/ein anderes Mal weiterreden."

• **Um Besucher am Arbeitsplatz loszuwerden:** „Ich muss gleich zu einer Besprechung/zu einem Termin/zum Flughafen."

• **Um andere zu entschuldigen:** „Mein Chef/Kollege ist gerade in einer Sitzung/nicht am Platz/im Gespräch/außer Haus/auf Dienstreise."

• **Bei Unpünktlichkeit:** „Ich hatte noch einen dringenden Anruf auf Handy."

• **Bei unerledigten Rückrufen:** „Ich habe Herrn Schultze bisher noch nicht erreicht." Streng genommen ist das sogar keine Notlüge, denn „nicht erreicht" sagt nichts darüber aus, ob Sie es überhaupt versucht haben.

• **Wenn jemand anruft, den Sie bisher nicht zurückgerufen haben:** „Sie standen für heute ohnehin auf meiner Telefonliste" oder „Ich habe es schon ein paarmal versucht, aber die Leitung war immer besetzt". (Vorsicht, funktioniert bei ISDN-Nummern nur eingeschränkt.)

• **Um sich vorzeitig von Veranstaltungen aller Art zu verdrücken:** „Ich habe leider noch einen Termin", „Der Babysitter hat nur bis 22:00 Uhr Zeit" oder „Bei mir zu Hause wartet Besuch". Diese Art von Notlügen kommt dann am besten an, wenn sie gleich bei

Eintreffen geäußert wird. Wenn Sie erst beim Gehen damit herausrücken, sieht es nämlich immer so aus, als ob Sie sich ganz spontan zum frühzeitigen Abschied entschlossen hätten, weil Sie die Veranstaltung für so unerträglich langweilig halten.

• **Um Unerledigtes zu erklären:** „Ich brauche dafür einen Kollegen, aber der ist leider krank" oder „Die Sache ist im Großen und Ganzen fertig, aber der Chef hatte noch keine Zeit, die Angelegenheit auch abzusegnen".

Notlügen-Gebote. Auch wenn sie weit verbreitet sind – Notlügen zu verwenden, ist eine Abwimmel-Technik, die nur mit größter Sorgfalt eingesetzt werden sollte. Gefährlich wird es vor allem immer dann, wenn Sie vergessen, wem Sie welche Notlüge aufgetischt haben. Einen geschäftlichen → *Termin* mit der Begründung „Ich muss leider dringend zum Zahnarzt" abzusagen, kann ins Auge gehen, wenn Sie dann beim Ersatztermin mit erkennbarer Ratlosigkeit auf die freundliche → *Frage* reagieren, wie es denn beim Zahnarzt war.

Genauso problematisch ist es, wenn Sie Ihren Chef und Ihre → *Kollegen* nicht ausführlich über die Notlügen → *informieren*, die Sie verwenden, um sie zu → *entschuldigen*. „Dr. Maier ist den ganzen Tag außer Haus" ist nur dann eine gute Notlüge, wenn Dr. Maier weiß, dass er dann auch wirklich den ganzen Tag über nicht selbst ans → *Telefon* gehen darf. Und „Frau Schmidt ruft Sie gleich morgen zurück" ist auch nur dann wirklich praktisch, wenn Frau Schmidt überhaupt erfährt, dass da jemand auf ihren Rückruf wartet.

Schließlich ist es grundsätzlich ratsam, sich ein paar Gedanken darüber zu machen, wie viele Notlügen man eigentlich so pro Woche an den Mann bringt, sowohl für sich selbst als auch für andere. Denn sie werden zwar wohl oder übel akzeptiert, sind aber in der → *Regel* als Notlügen erkennbar – die meisten sind schließlich nicht gerade originell.

Deshalb gelten sie ab einer gewissen Menge immer als Zeichen für → *Inkompetenz* und mangelnde → *Zuverlässigkeit*. Selbst dann, wenn Sie im Wesentlichen nicht für sich, sondern für andere not-lügen.

Anmerkungen

[1] 32/S. 200

[2] 23/S. 135

[3] 7/S. 161

[4] Wahrig Deutsches Wörterbuch

[5] 7/S. 96

[6] 20/S. 254

[7] 31/S. 175

[8] Übersicht in Literaturliste Nr. 26/S. 190 ff

[9] 7/S. 99 ff

[10] 27/S. 124

[11] 4/S. 216

O

▸ **Ordnung**

Es gibt Menschen, die haben schon ein → *Problem* damit, wenn die Stifte nicht alle der Größe nach geordnet in derselben Richtung auf dem Schreibtisch liegen. Andere können nur in wild wucherndem Chaos so richtig frei atmen; Ordnung ruft bei ihnen grundsätzlich Beklemmungen hervor.

Im → *Privatleben* kann das jeder so halten, wie er will. Aber im Beruf hat nur Typ 1 eine Chance auf Erfolg. Typ 2 kann „Wer-Ordnung-hält-ist-nur-zu-faul-zum-Suchen" rufen, so lange und so laut er will – nützen wird ihm das gar nichts. Denn → *Arbeitsplätze* hinterlassen genau wie Menschen innerhalb von Sekunden einen ersten → *Eindruck,* der für die gesamte spätere → *Beziehung* zwischen dem Besitzer des Arbeitsplatzes und seinem Betrachter prägend ist. Und ein – zumindest auf den ersten Blick – aufgeräumter Arbeitsplatz wirkt nun mal viel → *Vertrauen* erweckender als einer, den man vor lauter Papierstapeln, vollen Aschenbechern, Gläserkränzen, verstaubten Disketten, Schokoladenpapierchen, angekauten Stiften und angebissenen Salamibrötchen gar nicht so recht erkennen kann.

Ordnung macht Eindruck. Sie können sich natürlich darüber aufregen, dass das eine ziemlich oberflächliche Sicht der Dinge ist. Ordnungsfanatiker sind möglicherweise nichts anderes als Psychopathen, Chaoten dafür kreative Genies – kann alles sein. Ein aufgeräumter Schreibtisch sagt schließlich nichts darüber aus, wie es in Schubladen und Schränken aussieht, und noch viel weniger darüber, ob der Ordnungsfreak seine Arbeit genauso perfekt macht, wie sein Arbeitsplatz aussieht. Stimmt auch.

Ein aufgeräumter Schreibtisch sagt aber etwas über die Klugheit seines Besitzers aus. Der weiß nämlich ganz offensichtlich, dass man die Arbeit eines bekanntermaßen ordentlichen Men-

504

schen immer automatisch höher bewertet als dieselbe Arbeit, wenn sie von einem bekannten Chaoten stammt. Ein ordentlicher Mensch erweckt grundsätzlich den Eindruck von → *Zuverlässigkeit* – im Berufsleben eine ausgesprochen wertvolle Einschätzung, siehe dort. Ein unordentlicher Mensch hingegen erweckt die schlimmsten Befürchtungen. Mangelnde Sorgfalt, Schlamperei, Fettflecken – Unordnung gehört nun mal zu den bekanntesten und berüchtigtsten Fehlerquellen überhaupt.

Unordnung weckt Misstrauen. Und es kommt noch schlimmer: Wenn der Ordnungsliebende eine → *Akte* verlegt, einen wichtigen → *Brief* nicht mehr wieder findet oder sonst einen typischen Unordnungsfehler macht, haben alle → *Verständnis* für ihn. Wenn dem Chaoten dasselbe passiert, gibt es aus dem Stand → *Ärger* nach dem Motto „War ja klar, dass das passiert, bei der Unordnung". Sobald sich jemand mit der mal ein paar Tage am Stück herumschlagen muss, zum Beispiel weil Sie → *krank* oder im → *Urlaub* sind, kann es richtig ernst für Sie werden. Und wunderbar einfach für Ihren Vertreter. Der kann nämlich jedes auftauchende Problem auf Ihre Unordnung schieben. Vor allem die Dinge, die er selbst falsch gemacht oder vergessen hat.

Sie sind also selbst schuld, wenn Sie der Abteilung → *Klatsch & Tratsch* und Ihren Feinden Angriffsfläche bieten, anstatt gelegentlich mal aufzuräumen. So unordentlich sind Sie gar nicht? Nun ja, über das, was Ordnung ist und was nicht, gehen die → *Meinungen* bekanntlich auseinander. Fragen Sie Freunde und → *Kollegen* doch spaßeshalber mal, wo sie Ihre Ordnung auf einer Skala von sehr gut bis ungenügend einordnen würden. Eine solche → *Fremdeinschätzung* kann mit falschen Vorstellungen über die eigene Ordnungsliebe im Zweifelsfalle ein für alle Mal aufräumen.

▶ **Organigramm**

Zusammensetzung aus „Organisation" und „Diagramm"; gemeint ist die schematische Darstellung des Organisationsaufbaus und der → *Rangordnung* innerhalb eines Unternehmens. An einem guten Organigramm lässt sich auf den ersten Blick alles erkennen, was für das Verstehen der Firmenstruktur und der eigenen Position im Verhältnis zu allen anderen Stellen → *wichtig* ist: **Welche Arbeitseinheiten** gibt es, wo verlaufen die → *Grenzen* zwischen den jeweiligen Verantwortungs- und Kompetenzbereichen – und wie sind sie einander zugeordnet? **Und welche Stellen** gibt es innerhalb der einzelnen Arbeitsbereiche, wie sind die → *Zuständigkeiten* verteilt – und wer hat wem was zu sagen?

Die → *Arbeitsplatzbeschreibung* steckt den Radius jeder einzelnen Stelle ab. Das Organigramm ermöglicht darüber hinaus den Blick über den eigenen Tellerrand. Deshalb ist es für Jobanfänger immer das Gebot der Stunde, sich möglichst gleich zu Beginn der → *Probezeit* gründlich mit dem Organigramm zu befassen. Wenn es denn eins gibt. In kleineren Firmen ist das nicht gesagt, weil man davon ausgeht, dass die Strukturen auch so erkennbar und durchschaubar sind. (Ob das stimmt, werden Sie dann ja merken.) In Großunternehmen hingegen gibt es oft sehr genaue Darstellungen, die zum Teil sogar über → *Internet* verfügbar sind.

Organigramme lesen und verstehen ist nicht immer einfach, vor allem, wenn man neu in der Firma ist. Aber das macht nichts, schließlich gibt es ja → *Chefs* und → *Kollegen*, denen man im Zweifelsfalle → *Fragen* stellen kann. Und diese Gelegenheit sollte man sich nicht entgehen lassen: Wer das Organigramm kennt, der kann nicht nur → *Arbeitsaufträge* besser erledigen und Außenstehende besser über die Firma informieren – er kann auch Aufgaben und Anfragen → *abwimmeln*, für die laut Organigramm ganz eindeutig ein anderer zuständig ist. Erfahrungsgemäß ist das ein → *Argument*, das sogar → *Energiesparer* dazu bringt, sich kurz über diese Übersicht zu beugen.

Was das Organigramm nicht verrät. Aus ihm geht das offizielle Machtgefüge hervor. Es zeigt, wer formal über was zu entscheiden oder zu bestimmen hat. Das schließt jedoch nicht aus, dass hinter dem schönen Organigramm auch inoffizielle Machtstrukturen existieren. Typische Beispiele: der Chef, der seinen Bereich nur im Griff hat, weil in Wirklichkeit seine → *Sekretärin* alle Strippen zieht. Oder der Kollege Maier, der sich nie traut, selbst eine Entscheidung zu fällen, sondern immer nur das tut, wozu der

Kollege Müller ihm rät. Auch der Verlauf von „kleinen → *Dienst-wegen*" sagt viel über persönliche → *Freundschaften*, Feindschaf-ten und ganz allgemein „besondere → *Beziehungen*" aus, die mit der offiziellen Rangordnung nichts zu tun haben und daher auch im Organigramm nicht berücksichtigt sind.

Das heißt für Sie: Das Organigramm Ihrer Firma zu ken-nen, ist die halbe Miete, wenn es darum geht, gute Arbeit zu leisten und einen guten → *Eindruck* zu machen. Aber nicht mehr als die halbe. Den Rest müssen Sie sich geduldig zu-sammensammeln. Durch genaues Hinschauen und → *Zuhören* – und durch gelegentliche Besuche in der Abteilung → *Klatsch & Tratsch* (als reiner → *Zuhörer*, versteht sich). Was dort an → *„In-formationen*" ausgetauscht wird, reicht in der Regel aus, um in-nerhalb kürzester Zeit ein inoffizielles neben das offizielle Orga-nigramm zeichnen zu können.

P/Q

▶ **Papierkorb**

Ort im → *PC* oder am → *Arbeitsplatz*, in dem früher oder später ein großer Teil der → *Informationen* landet, die im Laufe der → *Zeit* bei den → *Mitarbeitern* eines Unternehmens eintreffen. Dazu gehören in erster Linie Werbeprospekte, Kundenzeitschriften und Serienbriefe. Aber auch alles andere, was die Mitarbeiter für sich selbst als uninteressant oder unwichtig einstufen. Es kann zwar durchaus sein, dass sie mit dieser Einschätzung daneben liegen. Aber da sie das nur in den seltensten Fällen erfahren, wird ihnen das ziemlich egal sein.

⚒ **Der Papierkorb als Schicksal?** Ihnen als Absender ist der Wurf in den Papierkorb wahrscheinlich nicht egal, sonst würden Sie die Sachen ja gar nicht erst verschicken. Es ist daher immer eine gute → *Idee*, das, was Sie verschicken, so interessant, → *persönlich* und fehlerfrei wie möglich zu gestalten. Bei größeren → *Versandaktionen* ist das selbstverständlich – genau damit verdienen Profis wie Grafiker und Werbeagenturen schließlich ihr → *Geld*.

Bei allen gezielten Einzel-Kontaktaufnahmen ist hingegen Ihre eigene → *Initiative* gefragt. Und die sollte dazu führen, dass Sie zumindest die dicksten → *Fehler* vermeiden. Die am weitesten verbreiteten sind in diesem Buch unter den Stichwörtern → *Adressen*, → *Anlagen*, → *Betreff*, → *Briefe*, → *Deutsch*, → *E-Mails*, → *Korrekturlesen*, → *Rechtschreibung*, → *Telefaxe* beschrieben.

Lieber Antwort als Ablage. Wenn Sie ganz großes Glück haben, klingt das, was Sie schicken, vielleicht trotz einiger Fehler in diesen Bereichen direkt auf den ersten Blick (einen zweiten wird es nämlich kaum geben) so interessant, dass es nicht gleich im Papierkorb landet, sondern erst mal auf einem „zu erledigen"-Stapel oder in der → *Ablage*. Aber auch von dort ist der Weg zum Papierkorb nicht weit, besonders bei gestressten Mitarbeitern. Die sind zwar oft gutwillig, haben aber letztlich so viel zu tun, dass sie am Ende ihre Stapel nur dadurch in den Griff bekommen, dass sie sie irgendwann entnervt ausmisten und spätestens dann alles wegwerfen, was nicht wirklich → *wichtig* oder → *dringend* ist.

Es kann natürlich sein, dass das, was Sie mitteilen, garantiert sensationell ist – aber unter Umständen verstehen eben nicht alle Leute unter „Sensation" dasselbe wie Sie. Und bestimmt hoffen Sie doch auf baldige Reaktion, Antwort oder Stellungnahme. Die kriegen Sie noch am ehesten dann, wenn Sie dem Empfänger deutlich mehr bieten als das, was er sonst jeden Tag auf den Tisch bekommt (und wegwirft). Vor allem mehr Sorgfalt und mehr Originalität.

▶ Parfums und Rasierwasser

Sie gehören am → *Arbeitsplatz* ganz klar auf die Liste vermeidbarer → *Gerüche*. Im Gegensatz zu den unvermeidbaren Ausdünstungen von Fotokopierern, Laserdruckern und sonstigen riechenden Arbeitsmaterialien von Malerfarbe bis Frittierfett. Da die allein schon oft zum Himmel stinken, liegt es sehr nahe, sich bei den vermeidbaren Gerüchen grundsätzlich → *diskret* zurückzuhalten, vor allem im Winter, wenn es zu kalt ist zum Fensteraufmachen, und im Sommer, wenn zusätzlich zu allem anderen vielfältige Schweißgerüche den Dunstmix steigern bis zum Smogalarm.

„Parfums riechen doch gut!" Parfums und Rasierwasser sind zwar theoretisch immer ein angenehmer Reiz für die Nase. Aber nun mal nicht für jede Nase, und genau da liegt das → *Problem*. Allein an der gigantischen Auswahl verschiedenster „Düfte" können Sie erkennen, dass die Geschmäcker ganz offensichtlich verschieden sind. Und wenn Sie sich völlig sicher sind, dass manche Parfums und Rasierwasser nun wirklich unerträglich sind, weil sie zu süß/zu herb/zu fruchtig/zu künstlich/zu klinisch riechen, dann fehlt nicht mehr viel für die Erkenntnis, dass auch der Duft Ihrer Wahl einige Menschen möglicherweise bereits vor der → *Begrüßung* in die Flucht schlägt.

Im → *Privatleben* ist dieses Risiko vielleicht noch kalkulierbar, im Beruf hingegen nicht mehr. Der → *Erfolg*, den Sie dort haben, hängt nämlich ganz wesentlich von der Qualität der → *Beziehungen* und → *Kontakte* ab, die Sie im Laufe der → *Zeit* aufbauen. Und dafür kann „das falsche" Parfum unter Umständen genauso hinderlich sein wie → *Körpergeruch*.

Auf die Dosis kommt es an. Das heißt nicht unbedingt, dass Sie auf jeden Duftstoff verzichten und nur nach Kernseife und Weichspüler riechen sollten, um nur ja nirgends unangenehm aufzufallen. Schließlich ist ein Parfum ja auch Teil der Persönlichkeit und Teil eines gepflegten → *Erscheinungsbilds* (wobei man sich auf Parfum allein besser nicht verlassen sollte). Worauf es in dieser → *Frage* wie in so vielen anderen Dingen des Lebens ankommt, ist allein die Menge. Wer so lange sprüht und tupft, bis er sein Parfum deutlich wahrnehmen kann, der schießt eindeutig übers Ziel hinaus:

Die Nase interessiert sich nämlich nur für neue Gerüche. Altbekanntes (wie das ewige Lieblingsparfum und den eigenen Schweiß) meldet sie gar nicht erst ans Hirn weiter. Was dazu führen kann, dass anderen Leuten bei Ihrem Näherkommen eine Duftwolke den Atem verschlägt, die Sie selbst überhaupt nicht bemerken.

Es ist also unterm Strich grundsätzlich ratsam, sich nicht auf die eigene Nase zu verlassen, sondern auf streng abgezählte Dosen: Vier Tupfer oder zwei Portionen aus dem Sprüher sind völlig ausreichend, ob Sie's glauben oder nicht. Bei Flakons mit großer Öffnung oder großem Zerstäuber darf es auch gerne noch etwas weniger sein.

▶ Paten

Moderne Bezeichnung für → *Kollegen*, die Jobanfängern zur Seite gestellt werden, um ihnen sowohl ihre Aufgaben als auch → *wichtige* Zusammenhänge innerhalb des Unternehmens zu erklären. „Paten" haben innerhalb der → *Rangordnung* eine ähnliche Position wie der Neuling, aber bedeutend mehr → *Erfahrung*. Deshalb erhalten sie quasi „offiziell" den Auftrag, ihm bei der Einarbeitung behilflich zu sein.

Für Jobanfänger ist ein solcher Pate wesentlich nützlicher als die Einarbeitung nach dem Zufallsprinzip, die in vielen Firmen die Regel ist: → *Chefs* und Kollegen haben nie → *Zeit* für → *Fragen* und Erklärungen – und wenn sie mal Zeit haben, dann servieren sie wichtige → *Informationen* so bruchstückhaft und zusammenhanglos, dass sich ein ahnungsloser → *Zuhörer* kaum einen Reim darauf machen kann. In dieses Informationschaos kann und soll der Pate → *Ordnung* bringen. Freuen Sie sich, wenn Sie einen bekommen – er ist fast eine Garantie dafür, dass Sie die → *Probezeit* überstehen. Vorausgesetzt natürlich, Sie nutzen seinen → *Rat* und seine → *Hilfsbereitschaft*, anstatt sich von vornherein als Besserwisser zu outen.

▶ PC

Abkürzung für „Personal Computer". Der ist heute so selbstverständlich wie → *Telefon* und Waschmaschine. Jeder weiß, was das ist, fast jeder hat einen, und fast jeder kann mehr oder weniger gut damit umgehen. Ausführliche Erklärungen sind also nicht notwendig, wohl aber ein paar wichtige → *Ratschläge*:

• **Tastatur beherrschen.** Computer sind unglaublich schnell, Online-Verbindungen noch schneller – aber das heißt noch lange nicht, dass Sie sich beim Texteschreiben entsprechend mehr → *Zeit* lassen dürfen. Vier-Finger-Tipp-Systeme wirken immer unprofessionell, auch wenn Sie die vielleicht noch so gut beherrschen. Versuchen Sie am besten gar nicht erst, anderen Leuten mit solchen → *Argumenten* zu kommen. Investieren Sie lieber ein paar Euro in ein Übungsbuch und drei Wochen lang jeden Tag zwei Stunden ins Training. Das ist zwar ausgesprochen langweilig, aber auch ausgesprochen erfolgreich. Am Ende können Sie mit zehn Fingern tippen und in Zukunft alles, was zu schreiben ist, eine ganze Ecke schneller erledigen. Die drei Wochen Training haben Sie so in Nullkommanichts wieder herausgeholt.

• **Arbeitsprogramme beherrschen.** Im Berufsleben kann es möglicherweise von Vorteil sein, wenn man sich mit Computerspielen auskennt. Zum Beispiel, wenn man Entwickler für Play-Stations werden will. Für die überaus meisten Jobs ist jedoch letztlich eher entscheidend, dass man sich mit wenigstens einem Textverarbeitungsprogramm und wenigstens einem Rechenprogramm gut auskennt. Ob das Apple ist oder Microsoft, spielt dabei nicht unbedingt eine Rolle; Hauptsache, man beherrscht das Schema, nach dem die Programme aufgebaut sind. Wer eins kennt, kann sich die anderen bei Bedarf ziemlich schnell aneignen. Wer hingegen erst an seinem ersten → *Arbeitsplatz* mit typischen Arbeits-Programmen in Berührung kommt, der tut sich nicht nur schwer, sondern er macht auch keinen wirklich guten → *Eindruck*. Es lohnt sich daher auf jeden Fall, schon vor dem ersten Job systematisch das eine oder andere Programm zu lernen.

• **Passwort benutzen.** In vielen → *Büros* sind → *persönliche* Passwörter ein Muss. Genauso häufig kommt es vor, dass innerhalb einer Arbeitseinheit jeder jedes Passwort der → *Kollegen* kennt. Das ist insofern sinnvoll, als Krankheits- und Urlaubsvertretungen im Notfall schnellen Zugriff auf alle wichtigen Daten haben. Gleichzeitig warnen → *Datenschützer* zu Recht davor, mit Passwörtern unvorsichtig umzugehen: So manche → *Mobbing*-Aktion beginnt mit der Manipulation (Löschung, Verfälschung) persönlicher Dateien. Und darüber hinaus wird es Ihnen wahrscheinlich kaum recht sein, dass allzu neugierige Kollegen in Ihrem PC gezielt nach privaten Dateien suchen. Die hat ausnahmslos jeder irgendwo auf der Festplatte. Aber wer wirklich klug ist, hat sie gut versteckt.

• **Gelegentlich mal sauber machen.** Auch PCs werden nämlich im Laufe der Zeit ziemlich dreckig – was allerdings kaum ein Benutzer sieht. Wer nur mal kurz als Gast an Ihrem → *Arbeitsplatz* sitzt, dem springt es dafür umso deutlicher ins Auge: Der Bildschirm selbst ist zwar oft halbwegs sauber, aber die meisten Gehäuse sehen aus, als ob sie noch nie mit einem Lappen in Berührung gekommen seien. Und die Tasten bekommen mit der Zeit grau-braune Ränder. Irgendwann bleiben sie dann an den Fingern kleben. Spätestens in diesem Moment wird es höchste Zeit, sie gründlich sauber zu machen, entweder mit speziellen Reinigungstüchern oder mit Fensterklar, Küchenrolle und Ohrenstäbchen.

Und wenn Sie schon einmal dabei sind: Schauen Sie sich ruhig auch den Hörer Ihres → *Telefons* an. Der ist erfahrungsgemäß in Sachen Grundreinigung genauso überfällig.

▶ **Perfektionismus**

Perfektionismus bedeutet laut Wörterbuch „übertriebenes Streben nach Vollkommenheit".[1] Alles muss perfekt sein – sobald auch nur das kleinste → *Detail* nicht stimmt, sind echte Perfektionisten mit den Nerven restlos am Ende.

Im Berufsleben ist Perfektionismus in etwa so oft anzutreffen wie → *Workaholism*. Den Arbeitssüchtigen treibt das → *Gefühl* um, unentbehrlich zu sein – den Perfektionisten die bodenlose → *Angst* vor → *Fehlern*. Beide Verhaltensmuster sind miteinander verwandt und gehen häufig ineinander über.

Perfektionisten haben im Job ein sehr widersprüchliches → *Image*. **Einerseits** kann man sich hundertzwanzigprozentig auf sie verlassen; ihre → *Zuverlässigkeit* ist sprichwörtlich. Sie haben grundsätzlich alles so weit wie irgend möglich unter → *Kontrolle*, zeichnen sich durch ein hohes Maß an → *Job Identification* aus und haben fast immer ein Überstundenkonto, bei dem jedem → *Chef* Tränen der Rührung kommen. **Andererseits** geht ihre Pingeligkeit nicht wenigen → *Kollegen* schwer auf den Wecker. Wer regelmäßig für ein paar kleine Fehlerchen harsche → *Kritik* einstecken muss, anstatt für im Großen und Ganzen gute Arbeit auch mal gelobt zu werden, der hat irgendwann keine Lust mehr. Das gilt besonders für → *Energiesparer*, die natürlichen Feinde jedes Perfektionisten. Der enttarnt sie nämlich sofort und scheucht sie so lange und unerbittlich, bis auch sie am → *Arbeitsplatz* endlich mal ins Schwitzen geraten. Überflüssig zu sagen, dass auf diese Weise keine → *Freundschaften* entstehen.

Perfektionismus als → *Schwäche*. Nur auf den ersten Blick ist Perfektionismus eine von den Stärken, die man braucht, um es auf der Karriereleiter möglichst weit nach oben zu bringen. Klar ist es wünschenswert, grundsätzlich wenige oder keine Fehler verantworten zu müssen. Aber abgesehen davon, dass nichts dazulernt, wer nie Fehler macht, hat die Sucht nach Fehlerfreiheit eine Menge eher unangenehmer Begleiterscheinungen:

Perfektionisten setzen sich selbst unter einen riesigen Druck. Vor allem unter → *Zeitdruck*, denn es kostet viel → *Zeit*, immer alles bis zur Perfektion zu treiben. Der Zeitdruck erzeugt → *Stress* und → *Hektik* – beides keine Eigenschaften, die den Umgang mit Perfektionisten erleichtern. Sie sind schnell dabei, wenn es um Vorwürfe und Schuldzuweisungen geht, und schrecken gelegentlich auch nicht davor zurück, an „total inkompetenten Mitarbeitern" gnadenlos ihre → *Wut* auszulassen. Oft genug für nichts und wieder nichts. Viele Fehler, über die ein Perfektionist sich stundenlang aufregen könnte, werden von allen anderen gar nicht bemerkt. So kann man sich wegen unwichtiger Kleinigkeiten komplett ins Abseits katapultieren – und seine → *Karriere* ruinieren, bevor sie richtig angefangen hat. Denn ohne ein → *Netzwerk* guter → *Beziehungen* bringt man es nun mal nicht weit.

Perfektionismus in den Griff zu bekommen ist genauso schwer wie der Abschied von jeder anderen Sucht. Das liegt daran, dass die Wurzeln für Perfektionismus in der Kindheit liegen, meinen die Psychologen: Wer von klein auf Liebe nur gegen → *Leistung* (Bravsein, Klugsein, der Beste sein) erhalten hat, tyrannisiert als Erwachsener seine Umwelt nach dem gleichen Prinzip. So weit jedenfalls die Theorie. In der Praxis kann man versuchen, seinen Hang zum Perfektionismus auch ohne Zehnerkarte beim Therapeuten in den Griff zu bekommen:

• **Folgen von Fehlern beobachten.** Für Perfektionisten steht fest: Wenn sie einen Fehler machen oder übersehen, ist das todsicher eine Katastrophe. Allerdings bei genauer Beobachtung fast immer nur für sie, für sonst kaum jemanden. Sie könnten sich viele Magentabletten sparen, wenn sie genau beobachteten, wer ihre Fehler überhaupt bemerkt und welche Folgen der Fehler und sein Bemerken haben. Traurig aber wahr: Selbst Patzer, die bei Perfektionisten schon eine Herzverkrampfung auslösen, wenn sie nur daran denken, bekommt kaum jemand mit. Und wenn, dann sind die Folgen in den seltensten Fällen tatsächlich eine Katastrophe.

• **Prozentrechnung anwenden.** Für Perfektionisten sind zwei Rechenmodelle geradezu Medizin. **Erstens:** Bevor Sie anfangen, sich über Fehler aufzuregen – überschlagen Sie kurz, wie viel Prozent der Gesamtarbeit sie ausmachen.[2] Meistens ist der Löwenanteil des → *Arbeitsauftrags* ganz ordentlich erledigt worden. Es ist also nicht wirklich angebracht, sich über zehn Prozent Unvollkommenheiten aufzuregen, wenn die restlichen neunzig Prozent gut bis sehr gut sind. **Zweitens** gibt es da auch noch die 80-20-Regel.[3] Sie besagt ganz klar, dass man achtzig Prozent jeder Arbeit in nur zwanzig Prozent der zur Verfügung stehenden Zeit erledigen kann. Für die restlichen zwanzig Prozent, die nötig wären, um den Job wirklich perfekt zu machen, würde man die restlichen achtzig Prozent seiner Zeit benötigen. Achtzig Prozent, die man viel besser einsetzen kann, um eine Menge anderer Aufgaben zu erledigen. Zwar nicht perfekt – aber immerhin auch zu beachtlichen achtzig Prozent. Es liegt auf der Hand, mit welcher Methode man mehr Arbeit erledigen kann.

• → *Fragen* **stellen.** Ein bewährter Klassiker gegen Angst-Anfälle, also auch gegen die → *Angst* vor Fehlern. Wenn die Sie packt, können Sie Ihren Kopf mit etwas Übung durch ein paar einfache Überlegungen aus der Schlinge ziehen: „Was könnte im schlimmsten Fall passieren? Wie wahrscheinlich ist dieser Fall?"[4] Und vor allem die **WWW-Frage:** „Wie → *wichtig* ist diese Sache wirklich?"

Es gehört nicht viel zu der Erkenntnis, dass längst nicht alles wirklich wichtig ist. Viele Sachen sind die Aufregung einfach nicht wert. Das erkennen selbst Perfektionisten, allerdings häufig erst, wenn es zu spät ist und sie sich mal wieder wegen eines lächerlichen → *Tippfehlers* einen Mitarbeiter auf ewig zum Feind gemacht haben.

Also liegt es nahe, längst nicht alles im fünften Gang zu bearbeiten, den Briefentwurf des → *Praktikanten* ebenso wie den großen Saisonkatalog. Für Ihre eigenen und die Nerven aller anderen ist es besser, wenn Sie Ihre perfektionistische Ader – wenn Sie sie schon nicht ganz ablegen können – nur an den wirklich wichtigen Dingen ausleben. Und bei allem anderen ein Auge zudrücken. Auch wenn's schwer fällt.

▶ **„Persönlich"**

So werden → *Briefe,* → *Telefaxe* und auch → *Einladungen* gekennzeichnet, die ausdrücklich nur für den in der → *Adresse* genannten Empfänger bestimmt sind. Auf Briefen und Faxen taucht
„persönlich" fast immer gemeinsam mit → *„vertraulich"* auf. Das
soll allen Unbefugten ganz klar signalisieren, dass der Inhalt dieser Schriftstücke sie nun mal rein gar nichts angeht, auch wenn
die Neugier vielleicht noch so groß ist.

So weit jedenfalls die Theorie. Im täglichen Berufsleben ruft
kaum etwas so große Neugier hervor wie der gut sichtbare Hinweis „persönlich/vertraulich". Im Zweifelsfalle werden dann gerne mal die → *Grenzen* zur → *Indiskretion* überschritten, sowohl
bei Telefaxen als auch bei Briefen.

Das bedeutet für Sie als Versender: Falls Sie etwas wirklich Persönliches per Fax verschicken, sorgen Sie dafür, dass der Empfänger neben dem Faxgerät steht, wenn Sie das Fax senden, Anruf
genügt (→ *Telefax*). Bei Postsendungen sollten Sie den Umschlag
zusätzlich mit ein paar Zentimetern Klebeband verschließen.
Das wirkt als Mahnung, den „Persönlich"-Vermerk zu beachten. Und wenn nicht, dann erschwert es wenigstens das Öffnen
des Umschlags.

Das bedeutet für Sie als unbefugten Öffner/Leser: Hier ist eindeutig eine → *Entschuldigung* fällig, und zwar eine möglichst gute.
Und weil aber in dieser Angelegenheit keine Entschuldigung so
gut ist, dass sie zweimal zieht, sollten Sie einen zweiten → *Fehler*
in diesem Bereich möglichst vermeiden.

▶ **Personalakten**

„Personalakten (...) sind alle Urkunden und Vorgänge, die die
persönlichen und dienstlichen Verhältnisse eines Arbeitnehmers
betreffen und in einem sachlichen Zusammenhang mit dem Arbeitsverhältnis stehen."[5]

Inhalt von Personalakten. Etwas anschaulicher ausgedrückt: In
Personalakten in Aktenordern oder im → *PC* werden alle → *Informationen* über den Arbeitnehmer gesammelt, die im Zusam-

menhang mit seiner Tätigkeit für den Arbeitgeber stehen. Dazu gehören „Angaben zum Familienstand, zur beruflichen Entwicklung, zu Fähigkeiten und → *Leistungen*, Arbeitsunfällen, Darlehen, Pfändungen oder Lohn- und Gehaltsänderungen, Bewerbungsunterlagen (...), der → *Arbeitsvertrag*, → *Abmahnungen*, Betriebsstrafen, Arbeitszeugnisse, Arbeitsunfähigkeitsbescheinigungen, Personalfragebögen".[6] Außerdem Lohnsteuer- und Versicherungsunterlagen und der Schriftverkehr zwischen Arbeitnehmer und Arbeitgeber.

Personalakte als Sündenregister? Da kann im Laufe der → *Zeit* eine Menge Daten zusammenkommen. Und wenn man Pech hat, ist auch wenig Schmeichelhaftes dabei, zum Beispiel ein eher mäßiges Zwischenzeugnis oder ein Personalfragebogen, der im Rahmen einer → *Leistungsbeurteilung* ausgefüllt wurde und nicht besonders günstig ausgefallen ist. Ganz zu schweigen von Abmahnungen und der Anzahl an Krankschreibungen pro Jahr. Für die Abteilung → *Klatsch & Tratsch* wären Personalakten ein gefundenes Fressen – deshalb verpflichtet das Gesetz den Arbeitgeber in weiser Voraussicht dazu, diese heiklen Akten aus Gründen des → *Datenschutzes* nicht allgemein zugänglich aufzubewahren. Besonders schützenswerte Daten, zum Beispiel detaillierte Diagnosen vom Vertrauensarzt, müssen sogar getrennt und noch besser gesichert aufbewahrt werden.

Aber wenn ein neuer → *Chef* oder Abteilungsleiter auf die → *Idee* kommt, sich über seine zukünftigen → *Mitarbeiter* erst mal mit Hilfe der Personalakten einen → *Eindruck* zu verschaffen, dann hat er natürlich das → *Recht* dazu. Und wird sich auf der Basis von einem Haufen Papier möglicherweise vorschnell eine → *Meinung* bilden, vor allem, wenn die Personalakte mehr wie ein Sündenregister wirkt.

Recht auf Einsicht in die eigene Akte. Nicht jedes Unternehmen führt Personalakten, zumal die Arbeitgeber dazu nicht gesetzlich verpflichtet sind. Doch besonders in großen Firmen mit eigener Personalabteilung sind sie der Normalfall. Wenn es über Sie eine gibt, sollten Sie sich diese schon aus reiner Neugier einfach mal zeigen lassen – das dürfen Sie, und Sie dürfen dazu sogar ein Mitglied des → *Betriebsrats* mitnehmen, falls Sie → *Angst* haben, nicht genau beurteilen zu können, was Sie in der Akte finden.[7] Das → *Kopieren* oder Abschreiben einzelner Unterlagen kann Ihnen auch niemand verbieten.

Unterlagen aus der Personalakte entfernen lassen. Wer mit dem Arbeitgeber schon mal zusammengerumpelt ist, mit dem Chef im Dauerclinch liegt, oft → *krank* ist und vielleicht sogar schon einmal eine Abmahnung kassiert hat, sollte von seinem Recht auf Akteneinsicht auf alle Fälle Gebrauch machen; allein deshalb, weil er unter bestimmten Umständen die Möglichkeit hat, einzelne Unterlagen aus der Akte entfernen oder wenigstens → *persönliche* Stellungnahmen hinzufügen zu lassen. Besonders → *wichtig* ist das im Zusammenhang mit der → *Frage*, wie lange Abmahnungen eigentlich aufbewahrt werden dürfen, bevor sie wegen „Bewährung des Arbeitnehmers" entfernt werden sollten. Eine einheitliche Rechtsprechung gibt es in diesem Bereich allerdings nicht. Wenn Sie eine alte Abmahnung in Ihrer Personalakte loswerden wollen, sind Sie also gut beraten, Ihren Fall mal einem Arbeitsrechtler zu schildern oder wenigstens den Betriebsrat um → *Rat* zu fragen.

▸ **Planung**

Wer will, kann im → *Privatleben* alles komplett dem Zufall überlassen und ohne jeden Plan völlig spontan in den Tag hinein leben. In den meisten Berufen hingegen geht ohne ein Mindestmaß an Planung gar nichts. Erforderlich ist eine Vorstellung davon, wie in der Zukunft zu erledigende → *Arbeitsaufträge* und zu erreichende → *Ziele* am besten miteinander in Einklang gebracht werden können. Einfacher ausgedrückt: Man muss sich im Voraus überlegen, was wann wie zu tun ist und wie man all das, was man will, auch unter einen Hut bekommt. Das fängt an mit ganz praktischen Dingen wie der Abstimmung von → *Terminen* für den nächsten Tag und hört auf mit der Festlegung von Zielen für die nächsten fünf Jahre.

Planung macht Arbeit. Planung kostet viel → *Zeit* und Energie. Das liegt vor allem daran, dass sie, wenn sie solide aufgebaut ist, viele unterschiedliche Teilbereiche umfasst, die jeder für sich genau bedacht werden wollen.

- **Zeitplanung:** Man schätzt vorher ab, wie viel Zeit ein bestimmter Arbeitsauftrag in Anspruch nehmen wird, und plant von vornherein genug davon ein, anstatt sich durch einen zu voll gestopften → *Terminkalender* selbst unter Druck zu bringen.
- **Finanzplanung:** Man stellt Berechnungen darüber an, wie viel → *Geld* ein bestimmtes Vorhaben kostet, und bringt das Ergebnis in Einklang mit verfügbaren → *Informationen* darüber, wie viele Mittel wann und aus welchen Quellen (Einnahmen, Kredite, Verkäufe) für dieses Vorhaben zur Verfügung stehen.
- **Organisatorische Planung:** Man überlegt, wie viele/welche → *Mitarbeiter* für die Erledigung eines Arbeitsauftrags wohl benötigt werden, und sorgt frühzeitig dafür, dass sie auch Zeit haben.
- **Persönliche Planung:** Die gibt's natürlich auch. Im Job besteht sie hauptsächlich darin, berufliche Aufgaben und Notwendigkeiten ganz unauffällig so zu planen, dass sie zur Erfüllung höchst eigener Wünsche und Ziele beitragen oder ihr zumindest möglichst wenig im Weg stehen.
- **Gemeinsame Planung:** Die schönste persönliche Planung ist nur noch gut für den Müll, wenn diejenigen, die in sie einbezogen sind, darüber nicht rechtzeitig informiert werden, nicht um ihre → *Meinung* dazu gebeten werden oder schlicht und ergreifend dagegen sind. Wahrscheinlich, weil sie einfach andere Pläne haben.

Faustregeln für eine erfolgreiche Planung. Wer sich schon die ganze Mühe macht, sollte sicher gehen, dass seine Pläne am Ende nicht ganz platt an der Verletzung zweier einfacher Regeln scheitern:

- **Information ist alles.** In den überaus meisten Plänen spielt nicht nur der Plänemacher selbst, sondern darüber hinaus auch eine Anzahl weiterer Personen eine Rolle. Die sollten Sie schlauerweise immer über alle Ihre Pläne informieren, siehe oben. Und zwar nicht nur einmal, sondern jedes Mal, wenn sich an dem ursprünglichen Plan etwas ändert (was die → *Regel* ist, siehe unten). Eine Menge Pannen, → *Fehler* und → *Missverständnisse* entstehen nämlich alleine dadurch, dass die am Plan Beteiligten über kurzfristige Änderungen nicht informiert wurden.

• **So genau wie möglich, so** → *flexibel* **wie nötig.** Plänemachen ist grundsätzlich ein Eiertanz. **Einerseits** wollen sich alle auf sie verlassen – also müssen sie möglichst genau sein, festgeklopft werden, endgültig aussehen. Denn das weckt → *Vertrauen* und hält am Plan Beteiligte (hoffentlich) davon ab, einmal getroffene Vereinbarungen wieder rückgängig zu machen und dadurch den Plan zu erschüttern. **Andererseits** kann sich jedes einzelne → *Detail*, auf dem eine Planung beruht, von heute auf morgen ändern. Und damit die ganze schöne Vorarbeit erst mal unbrauchbar machen. In dieser Situation ist es zwar nahe liegend, aber bestimmt nicht gescheit, das geplante Vorhaben wutentbrannt abzusagen oder in Zukunft auf Planung ganz zu verzichten nach dem Motto „Bringt doch sowieso alles nichts". Pläne ändern sich nun mal, das ist fast ein Naturgesetz. Wer von vornherein damit rechnet, tut sich leichter damit, sie auch im letzten Moment noch neuen Gegebenheiten anzupassen.

Planungs-Instrumente. Es gibt zwei Arten, die **theoretischen Gedankenansätze** und das **praktische Handwerkszeug**. Beide sind in diesem Buch unter den entsprechenden Stichwörtern ausführlich beschrieben:

• Das A und O der **Planungstheorie** ist die Festlegung von → *Zielen*: Wohin soll die Reise überhaupt gehen? Ohne klare Ziele ist Planung gar nicht möglich. Mehrere sind eindeutig besser als gar keins. Wer → *Angst* hat, dass ihm die Menge seiner Ziele über den Kopf wächst, kann sie immer noch durch das Festsetzen von → *Prioritäten* in den Griff bekommen. Ob die Planung auf den richtigen Weg (und am Ende ans Ziel) führt, das kann man durch gelegentliche → *Kontrollen* feststellen. Und wenn die → *Probleme* an den Tag fördern, lässt sich durch → *Improvisieren* erfahrungsgemäß immer noch einiges retten.

• Die **Planungspraxis** besteht in erster Linie aus viel sorgfältiger Schreibarbeit: → *Terminkalender* führen, → *Checklisten* aufstellen, → *Wiedervorlagen* einrichten. Und aus → *Disziplin*: Der schönste Plan nützt gar nichts, wenn man wichtige Einzelheiten aus den Augen verliert oder sich schlicht und ergreifend nicht daran hält.

> ## Politik

Das Wort kommt aus dem Griechischen und bedeutet ursprünglich „Tätigkeit für ein Gemeinwesen". Heute wird es meistens im weiteren Sinne als Bezeichnung für „berechnendes, zielgerichtetes Handeln"[8] verwendet. Anders ausgedrückt: Politik ist alles, was mit dem Festlegen von → *Zielen* zu tun hat – sowie mit der → *Planung* und Befolgung von Strategien, durch die sich diese Ziele erreichen lassen.

Dass das „Berechnende" an Politik gelegentlich einen ziemlich fiesen Beigeschmack hat, dass über die Ziele längst nicht immer Einigkeit besteht und dass die Strategien des Öfteren eher knallhart als → *diplomatisch* sind, lässt sich täglich der Berichterstattung über die große Weltpolitik entnehmen. Ein gelangweilt-genervtes „Interessiert mich alles nicht!" ist aber trotzdem kein besonders empfehlenswerter Standpunkt. Ob Sie Artikel über Politik lesen und wählen gehen oder grundsätzlich nicht, das ist natürlich Ihre private → *Entscheidung*. Aber im Berufsleben kommen Sie um ein Mindestmaß an Beschäftigung mit dem Thema nicht herum:

• **Über die Unternehmenspolitik Ihrer Firma** sollten Sie auf jeden Fall Bescheid wissen – über die offizielle → *Corporate Identity* und so weit wie möglich auch über inoffizielle Ziele und Leitlinien, die sich zwar nirgendwo nachlesen, aber bei näherem Nachdenken erkennen lassen. Sich mit diesem Bereich vertraut zu machen, ist fast so etwas wie eine Pflicht, obwohl die wahrscheinlich nicht in Ihrer → *Arbeitsplatzbeschreibung* steht. Aber wenn Sie sich nicht richtig auskennen, können Sie sich auch keine eigene → *Meinung* bilden. Und wenn Sie die nicht haben, können Sie erstens nicht mitreden, werden zweitens irgendwann als denkfaul und uninteressiert eingestuft und deshalb drittens in diesem Leben wahrscheinlich nicht mehr befördert.

• **Politik als** → *Smalltalk*-**Thema** ist ebenso beliebt wie gefährlich. Das heißt aber noch lange nicht, dass Sie sich bei Gesprächsangeboten wie „Diese Regierung/diese Opposition ist nun wirklich das Allerletzte!" mit Ihrem völligen Desinteresse an solchen Fragen herausreden könnten. Das ist nämlich weder elegant noch diplomatisch, sondern wirkt im Zweifelsfalle eher naiv. Immerhin bestimmt Politik in irgendeiner Form fast unser ganzes Leben. Wer sich trotzdem nicht im Geringsten dafür interessiert, sollte das schlauerweise wenigstens nicht öffentlich rausposaunen. Hinterher gewinnen → *Kunden*, → *Chefs* und Geschäftspartner einen → *Eindruck* von Ihnen, der zwar vielleicht falsch ist, aber bestimmt nicht vorteilhaft.

Abhilfe. Wenn jemand versucht, Sie in eine politische → *Diskussion* zu verwickeln, sollten Sie im Kopf behalten, dass zwei Fettnäpfe drohen. Derjenige einer Meinungsverschiedenheit, die für mindestens einen Gesprächspartner peinlich bis unerträglich ist. Und der Fettnapf bornierter oder unbedarfter Ahnungslosigkeit. Beide können Sie jedoch mit etwas Geschick leicht vermeiden: durch vornehmes → *Schweigen* (besonders leicht, wenn viele Leute mitdiskutieren); durch den völligen Rückzug darauf, dem anderen → *Fragen* zu stellen und ihn erzählen zu lassen, ohne je selbst klar Stellung zu nehmen; und am Ende durch einen diskreten → *Themenwechsel*. Wenn Sie gut → *zuhören* und sich genau umschauen, finden Sie dafür Gesprächsstoff genug.

▶ **Poststelle** → *Hauspost*

▶ **Präsentationen** → *Vorträge*

▶ **Praktikum**

Das Wort bedeutet eigentlich „Übungsstunde zur praktischen Anwendung des Erlernten, → *Zeit* der praktischen Berufsausbildung".[9] Heute ist der Zusammenhang zwischen Ausbildung und Praktikum jedoch längst nicht mehr so eng umrissen: Man kann durchaus auch Praktika in Berufen machen, die wenig oder nichts mit dem ursprünglich Erlernten zu tun haben. Vorausgesetzt jedenfalls, man findet einen Arbeitgeber, der sich an mangelndem theoretischen Wissen nicht stört.

Praktikum als → *Kompromiss*. Ein Praktikum bringt beiden Seiten sowohl Vorteile als auch Nachteile. Da aber die Vorteile letztlich überwiegen, werden Praktikantenstellen immer wieder gerne ausgeschrieben und immer wieder gerne angenommen.

• **Der Arbeitgeber muss damit leben**, dass die meisten Praktikanten kaum Berufserfahrung mitbringen, eine ganze Reihe falscher Vorstellungen vom Arbeitsleben haben und entsprechend viele → *Fehler* machen. Andererseits bieten Praktikanten ihm den unübersehbaren Vorteil, dass er für wenig → *Geld* oft hoch motivierte → *Mitarbeiter* zur Verfügung hat. Die selbst noch so öde → *Routinearbeiten* ohne Murren erledigen und gleichzeitig aus dem Stand zu Hochform auflaufen können, wenn sie die Chance bekommen, durch die Erledigung eines komplizierteren → *Arbeitsauftrags* mal zu zeigen, was sie können.

• **Der Praktikant muss damit leben**, dass er für wenig Geld möglicherweise monatelang nicht mehr machen darf als Kaffee kochen und Kopierarbeiten erledigen. Oder aber so viel Arbeit auf den Tisch bekommt, dass man durchaus von Ausbeutung sprechen kann und es auch keinen Trost mehr bringt, dass einige der Aufgaben ziemlich anspruchsvoll sind. Andererseits sind Praktika heutzutage von unschätzbarem Wert. Denn nur mit ihrer Hilfe kann man nachweisen, dass man selbst als Berufsanfänger schon Arbeitserfahrung hat und sein Fachgebiet nicht nur theoretisch beherrscht. Solche Ausbildungsabsolventen gelten nämlich als völlig ahnungslos und haben deshalb größte Mühe, ihr Wissen auf Anhieb an einem regulären Arbeitsplatz durch praktische Erfahrungen zu untermauern.

Faustregeln für Praktika. Rechtliche Grundlagen für Praktika gibt es nicht allzu viele.[10] Aber dafür ein paar gute **Tipps:**

• **Die Dauer** des Praktikums sollte nicht zu knapp bemessen sein. Alles, was kürzer ist als drei Monate, bringt nicht viel: Dieser Zeitraum reicht nicht aus, um komplizierte Sachverhalte zu begreifen und vielschichtige Fähigkeiten zu erlernen. So sehen das jedenfalls zukünftige Arbeitgeber und lassen sich deshalb von kurzen Praktika nicht allzu sehr beeindrucken.

• Ein **vernünftiges** → *Zeugnis* muss her. In größeren Unternehmen mit vielen Praktikanten wird gerne nur ein einfaches Zeugnis ausgestellt. Das ist bequemer, weil darin nur die Tätigkeiten aufgelistet sind; eine → *Leistungsbeurteilung* fehlt. Genau die macht jedoch das Zeugnis erst interessant. Wer clever ist, bearbeitet also seinen Praktikumschef so lange, bis der ein qualifiziertes Zeugnis schreibt.

• Auf die **innere Einstellung** kommt es an. Praktikantenjobs haben nun mal den Nachteil, lästige, langweilige Routinearbeiten mit sich zu bringen. Die bekommen die Praktikanten aber in den meisten Fällen nicht aus reiner Bösartigkeit aufs Auge gedrückt. Sondern deshalb, weil sie als Anfänger mit komplizierteren Aufgaben am Anfang oft überfordert sind – und weil die → *Chefs* erst mal sehen wollen, wie ein Praktikant „sich so macht".

Es macht sich ausgesprochen schlecht, wer von Anfang an nur naserümpfend an Kopierer und Kaffeemaschine zugange ist und ansonsten unter Verweis auf hervorragende Abschlusszeugnisse lautstark schwierige Großprojekte für sich einfordert. Dieses → *Ziel* lässt sich viel einfacher erreichen: Indem man nämlich selbst die größten Routinejobs noch → *freundlich* und → *zuverlässig* erledigt und genau dadurch so viel → *Vertrauen* aufbaut, dass die anspruchsvolleren Aufgaben von ganz alleine folgen.

▶ Pressemitteilungen

Jeder liest gerne über sich selbst in der Zeitung. Für Unternehmen aller Art von der Feinbäckerei bis zum Elektrizitätswerk trifft das in besonderem Maße zu. Ein einziger Artikel ist nämlich mehr wert als zwanzig Anzeigen. (Richtig harte Marketing-Profis sind der Überzeugung, dass das sogar dann gilt, wenn der Artikel eher kritisch als → *freundlich* ist.)

Große Unternehmen haben eigene Presseabteilungen. Kleinere haben die nicht, möchten aber trotzdem gerne in der Zeitung stehen. Deshalb kommt heute fast niemand mehr darum herum, im Laufe seines Berufslebens irgendwann auch mal die eine oder andere Pressemitteilung zu schreiben. Das ist eigentlich eine Kunst für sich, die manche Leute monatelang → *lernen*. Für alle, die so viel → *Zeit* weder hatten noch haben und trotzdem eine verfassen müssen, hier die traurige Wahrheit zuerst:

Bis zu 95 Prozent aller Pressemitteilungen, die in den Redaktionsbüros von Zeitungen, Radio- und TV-Sendern eingehen, landen auf direktem Weg im → *Papierkorb*.

Das ist auf zwei Gründe zurückzuführen: Uninteressanter Inhalt und/oder formale Patzer. An ersterem können Sie nicht allzu viel ändern, weil das Ansichtssache ist. Aber die formalen Patzer können Sie durch die Beachtung einiger einfacher → *Regeln* in → *Grenzen* halten.

• **Keine** → *Fehler.* Pressemitteilungen, auf die weder die Rechtschreibreform noch die gängigsten Grammatik- und Zeichensetzungsregeln erkennbaren Einfluss hatten, lassen auf → *Inkompetenz* des Verfassers schließen. Also ist wahrscheinlich ihr Inhalt nicht vertrauenswürdiger als die Sprache, in der sie abgefasst sind. Also ab in den Müll damit. Also sind Sie gut beraten, Pressetexte immer von einem Kollegen → *Korrektur lesen* zu lassen.

• **Nicht länger als eine Seite.** Sonst werden sie nämlich, genau wie → *Briefe* und → *E-Mails*, erst gar nicht gelesen. Wer mehr zu erzählen hat, muss sich eben kurz fassen. Merke: für die wirklich → *wichtigen* Dinge reicht eine Seite immer aus.

• **Das Wichtigste zuerst.** Selbst wenn sie nicht im Papierkorb landen – kräftig gekürzt werden die meisten Pressemitteilungen allemal. Und zwar grundsätzlich von unten nach oben, weil man davon ausgeht, dass sie genauso geschrieben sind wie die Meldungen in der Zeitung: Das Wichtigste, die aktuelle Meldung, zuerst, und dann Absatz für Absatz genau dosiert immer ein bisschen mehr → *Information*. Je weiter unten, desto spezieller oder desto bekannter. Damit man ohne Aufwand absatzweise von unten nach oben kürzen kann. Wie klar dieser Aufbau → *strukturiert* ist, lässt sich an jedem Zeitungsartikel ablesen.

• **So sachlich wie möglich.** Vor allem ältere → *Chefs* verlangen gerne Pressemitteilungen, die in Sachen → *Eigenlob* kein Blatt vor den Mund nehmen. Das sind aber dummerweise genau die, auf die viele Redakteure besonders allergisch reagieren („Ich lass mich doch von denen nicht zum Werbeonkel machen!"). Deshalb ist es letztlich weise, auf Superlative („der Beste", „die Größte", „das Feinste") und sonstige Selbstgefälligkeiten zu verzichten. Stattdessen angesagt: so viele überprüfbare Fakten wie möglich und ein Stil, der mehr an die Tagesschau als an die „Tatsachenberichte" aus der Werbung erinnert.

• **Eine sinnvolle** → *Verteilerliste.* Das ist die größte Arbeit: für Pressemitteilungen auch eine vollständige Adressdatei zusammenzustellen. → *Energiesparer,* die ihre Meldungen grundsätzlich ohne Anschreiben oder → *Namen* an das Fax der Zentrale oder an webmaster@ schicken, sparen sich zwar → *Zeit* und Mühe. Aber der Erfolg ihrer Aktionen liegt dafür bei null. Genauso gut könnten sie ihre Texte gleich in den Müll werfen. Denn in den Zentralen der Medien laufen so unendlich viele unendlich uninteressante Nachrichten auf, dass sich garantiert niemand die Mühe macht, sie an die richtige Redaktion weiterzuleiten. Wozu auch? Wo sich doch noch nicht mal der Verfasser die Mühe gemacht hat, den richtigen Ansprechpartner oder wenigstens die richtige Redaktion herauszufinden.

• **Pressemitteilungen am besten per Mail.** Sie haben das alles Punkt für Punkt abgehakt und erledigt? Dann können Sie Ihre Chancen auf Veröffentlichung noch ein bisschen weiter steigern. Indem Sie nämlich Ihre Pressemeldungen grundsätzlich als E-Mail verschicken. Und zwar nicht etwa als E-Mail-Anschreiben plus angehängte Datei. Die macht nämlich kein Mensch auf, entweder aus Virenangst oder aus Bequemlichkeit. Am besten ist es immer noch, die Meldung als ganz einfache E-Mail zu verschicken (was nicht viel Arbeit ist, wenn man sich einmal die komplette Verteilerliste eingespeichert hat). Das ist der beste Weg, gestresste Redakteure davon zu überzeugen, Ihre Meldungen auf die Schnelle zu bearbeiten, anstatt sie gleich in den → *Papierkorb* zu stopfen – was immerhin noch ein bisschen schneller wäre.

• **Kontaktadresse angeben.** Und zwar nicht nur eine Abteilung, sondern eine Person, die tatsächlich alle Journalistenfragen beantworten kann und darf (→ *Interviews*). Und die auch wirklich leicht telefonisch oder per Mail erreichbar ist – spätestens nach dem zweiten vergeblichen Rückfrageversuch geben die meisten Journalisten nämlich entnervt auf.

▶ **Prioritäten**

Priorität bedeutet „zeitliches Vorhergehen, Vorrang, Vorrecht".[11] Im modernen Geschäftsleben ist die Redewendung „Man muss eben Prioritäten setzen" in aller Munde. Will sagen: Man muss entscheiden, welche Angelegenheiten besonders → *wichtig* und/oder besonders → *dringend* sind und daher vorrangig – also vor allen anderen – behandelt werden sollen.

Was ist wirklich wichtig? Diese → *Entscheidungen* sind an den meisten → *Arbeitsplätzen* pausenlos fällig, weil es fast überall mehr zu erledigen gibt, als ein einzelner Arbeitnehmer innerhalb seiner → *Arbeitszeit* erledigen kann. Wo also die → *Arbeitsaufträge* selbst mit → *Disziplin* und → *Überstunden* nicht mehr zu bewältigen sind, ist eine Festlegung von Prioritäten das Gebot der Stunde. Die kann unter verschiedenen Gesichtspunkten erfolgen: anstehende → *Termine* und Fristen; Angelegenheiten, bei denen es um viel → *Geld* geht oder um Ruf und → *Image*; die → *Meinung* vom → *Chef*.

Alles, was nicht dazugehört, bleibt notfalls erst mal liegen. Und genau das ist das Gute an diesem System: Es verkleinert → *Stress* und → *Hektik* wieder auf ein erträgliches Maß. Nachtschichten sind nicht mehr die einzige Möglichkeit, überbordende Arbeitsmengen in den Griff zu bekommen – stattdessen macht man nur das, was wichtig ist, und lässt den Rest so lange im „kann warten"-Stapel verschwinden, bis irgendwann mal → *Zeit* bleibt, sich auch darum zu kümmern. Und das kann unter Umständen lange dauern. (Bei manchen Leuten tritt dieser Fall nie ein, stattdessen wird der Stapel einmal im Jahr unauffällig in den → *Papierkorb* entsorgt.)

Wichtiges im „kann warten"-Stapel. Darin liegt das Risiko des Prioritätensystems: Wer ahnungslos Angelegenheiten unter „kann warten" ablegt, die dem Chef → *persönlich* am Herzen liegen – es geht um einen → *Gefallen* für einen guten Freund, um eine Anfrage des Bruders der Ehefrau, um die → *Bitte* eines Geschäftspartners aus dem Karrierenetzwerk – der kann sich schnell unbeliebt machen. Beim Chef genauso wie bei dem-

527

jenigen, den er warten lässt. Sich darauf zu verlassen, dass solche Dinge von vornherein einen „wichtig"-Vermerk in Chefhandschrift tragen, ist eher blauäugig. Oft genug erinnert sich der Vorgesetzte nämlich erst dann an die ganze Geschichte, wenn man sich bei ihm über die Nichterledigung → *beschwert*.

Aber für dieses → *Problem* gibt es glücklicherweise eine genial einfache → *Lösung*: Wann immer Sie Prioritäten setzen – informieren Sie einfach Ihren Vorgesetzten darüber. Das ist in einem Fünf-Minuten-*Gespräch* erledigt; zur Not reicht auch eine kleine → *Aktennotiz*. So ist er vorgewarnt, dass manche Dinge erst mal warten müssen. Und falls er in irgendeiner Form Bedenken dagegen hat, kann er sie ja gleich zum Ausdruck bringen. Tut er das nicht, dann kann er Ihnen jedenfalls hinterher keinen Vorwurf machen, wenn etwas liegen geblieben ist, was nicht hätte liegen bleiben dürfen.

▶ **Privatgespräche**

Sie sind den meisten Vorgesetzten ein Dorn im Auge (mit → *Ausnahme* ihrer eigenen, versteht sich). Gleichzeitig ist es nur menschlich, dass man sich nicht den ganzen langen Arbeitstag ausschließlich geschäftlichen Angelegenheiten widmet, sondern zwischendurch auch mal über Dinge reden will, die mit dem Job rein gar nichts zu tun haben. Ein bisschen → *Smalltalk* unter → *Kollegen* darüber, wie das Wochenende war; ein kleiner Besuch in der Abteilung → *Klatsch & Tratsch*, um Neues über den → *Flirt* zwischen der Prokuristin und dem Abteilungsleiter zu erfahren; ein kurzes (oder weniger kurzes) Telefonat mit dem Beziehungspartner zu der Frage, was es zum Abendessen geben soll.

Gut für die Stimmung – schlecht für die Arbeit. Solche → *Gespräche* kann selbst der strengste → *Chef* nicht völlig unterbinden. Abgesehen davon wären solche radikalen Bemühungen auch keine gute → *Idee*, sondern im Gegenteil ausgesprochen schlecht für das → *Betriebsklima*. Die Arbeit wird nämlich nur dann halbwegs gut gemacht, wenn die, die sie erledigen sollen, auch einen kleinen Spaßanteil an ihr finden. Und der entsteht längst nicht immer durch die Arbeit, sondern eher trotz der Arbeit. Zum Beispiel durch nette Kollegen und erfrischende kleine Privatgespräche.

Allerdings gibt es auch hier → *Grenzen*. Die sind ganz eindeutig überschritten, wenn komplette Arbeitseinheiten zwischendurch stundenlang nicht mehr ans → *Telefon* gehen, weil die → *Mitarbeiter* in heftige → *Diskussionen* über den Wert von Treue oder die Qualitäten der Fußball-Nationalspieler vertieft sind. Oder wenn Kunden so lange Schlange stehen müssen, bis das Personal auch das letzte → *Detail* über den → *Stress* mit der Steuererklärung ausführlich besprochen hat.

Wer auf diese Weise den Bogen überspannt (und sich dabei erwischen lässt), der muss mit der gelben Karte rechnen. Nicht nur vom Chef, sondern manchmal auch von Kollegen, die unfreiwillig → *Zuhörer* sind Es kann nämlich extrem nervtötend sein, wenn man sich auf einen dringenden → *Arbeitsauftrag* konzentrieren und gleichzeitig stundenlang den Tratsch über aktuelle Affären und Sonderangebote ertragen muss.

Private Telefonate. Lieblingsbeschäftigung der Abteilung → *Klatsch & Tratsch* und der → *Energiesparer*. Für den Arbeitgeber sind sie gleich dreifach ärgerlich: Erstens muss er die Einheiten bezahlen. Zweitens ist sein Mitarbeiter während dieser Privatgespräche für → *Kunden*, Geschäftspartner, Kollegen und Chefs telefonisch nicht zu erreichen, weil die Leitung besetzt ist oder nur der → *Anrufbeantworter* rangeht. Und drittens zahlt er seinem Mitarbeiter ein volles → *Gehalt* für eine teilweise → *Leistung*. Privatgespräche können nämlich die → *Arbeitszeit* ganz enorm verkürzen: Wer jeden Tag zwischendurch drei bis vier davon führt, gönnt sich locker eine 35-Stunden-Woche, auch wenn sein → *Arbeitsvertrag* stressreiche 38,5 Stunden vorsieht. Kein Wunder, dass die Chefs da rotsehen: Wer sich wiederholt beim unerlaubten privaten Telefonieren erwischen lässt, muss mit einer → *Abmahnung* rechnen. Spätere → *Kündigung* nicht ausgeschlossen.

Private Handys und SMS am Arbeitsplatz. Die gute Nachricht zuerst: Es ist noch nicht abschließend geklärt, ob der Gesetzgeber ein generelles Handy-Verbot für die Betriebsräumlichkeiten anordnen darf. Aber es gibt auch eine schlechte Nachricht. Sie besteht darin, dass der Arbeitgeber Privatgespräche und SMS-Verständigung am → *Arbeitsplatz* während der → *Arbeitszeit* auf jeden Fall verbieten kann. „Schließlich bezahlt er diese → *Zeit*, damit der Arbeitnehmer arbeitet."[12]

Fazit. Wenn wieder einmal ein intensiver privater Meinungsaustausch angesagt ist – egal ob mit Kollegen, Besuchern oder am Telefon – erinnern Sie sich am besten frühzeitig daran, dass Privatgespräche nicht etwa natürlicher Bestandteil der Arbeitszeit, sondern höchstens in Maßen geduldet sind. Es ist daher ausgesprochen vernünftig, längere Gespräche irgendwann → *freundlich* zu beenden und die Fortsetzung auf einen besser geeigneten Ort und Zeitpunkt zu vertagen. Nicht unbedingt wegen der Gefahr einer Abmahnung – viel eher wegen des → *Eindrucks*. Und der fällt eher schwach aus, wenn Sie sich grundsätzlich gerade über so firmenferne Dinge wie Hausmittel gegen Heuschnupfen, Geheimtipps für Surfer und Getränkepreise in deutschen Diskotheken verbreiten, wenn ein Kollege, Kunde oder Vorgesetzter reinkommt.

▶ **Privatleben**

Im Vergleich zum Berufsleben fällt es zwar relativ klein aus (und bei → *Workaholics* sogar oft ganz weg) – aber das Wenige, das es davon gibt, ist meistens außerordentlich erfrischend: Familie und Freunde anstatt → *Kunden* und → *Kollegen*, Jeans anstatt Geschäftskleidung, Entspannung auf dem Sofa anstatt → *Stress* am → *Arbeitsplatz*. Lauter angenehme Dinge, ohne die kaum jemand ein ganzes Arbeitsleben durchhalten würde. Man kann sie allerdings nur dann voll ausnutzen, wenn man Privatleben und Beruf möglichst fern voneinander hält. Grenzenziehen ist angesagt, genau.

Berufliche Angelegenheiten im Privatleben sind die Pest für alle, die Sie endlich mal wieder als Mensch und nicht als arbeitende Bevölkerung erleben wollen: Beziehungspartner, → *Kinder*, Freunde. Wenn Sie trotzdem nach Feierabend und vor allem auch am Wochenende nur den Job als Thema kennen und stundenlang am

→ (*Mobil-*)*Telefon* hängen, um → *dringende* geschäftliche Angelegenheiten zu klären, machen Sie wahrscheinlich einen → *Fehler*. Das → *Problem* dabei: Diese Fehler fliegen in der Regel erst Jahre später auf, wenn sie kaum noch wieder gutzumachen sind.

Dabei ließe sich dieses Risiko mit relativ wenig Aufwand in den Griff bekommen. Ein bewährter Klassiker sind klare → *Vereinbarungen*. So steht zum Beispiel nirgendwo geschrieben, dass Sie rund um die Uhr → *erreichbar* sein müssen. Ein genauer Zeitrahmen („am Wochenende nur zwischen 11:00 Uhr und 12:00 Uhr") reicht völlig aus; ansonsten gibt es schließlich → *Anrufbeantworter*. Und wer meint, auch nach Feierabend noch Akten bearbeiten zu müssen, der kann bei seinen Lieben viel wieder gutmachen, indem er sie (die Akten) dann im → *Urlaub* endlich mal zu Hause lässt.

Privatleben im Beruf. Das ist eine mindestens genauso schlechte Kombination. Sie kann sogar ausgesprochen gefährlich werden, wenn es um das Ausbreiten privater Probleme vor → *Kollegen* und Vorgesetzten geht (→ *Probleme*, → *Vertrauen*). Selbst auf den ersten Blick eher harmlose Einblicke („Unsere Tochter zahnt gerade") können von den Hobbypsychologen der Abteilung → *Klatsch & Tratsch* zu haarsträubenden → *Gerüchten* verwurstet werden: „Er bringt so wenig Leistung, weil er familiäre Sorgen hat."

Man sollte sich also lieber verkneifen, am → *Arbeitsplatz* Dinge aus dem Privatleben zu erzählen. Andererseits ist es fast unmöglich, das Thema völlig außen vor zu lassen. Es gibt nämlich immer Leute, die in der Hinsicht wenig oder keine Berührungsängste haben und deshalb erstens gefragt oder ungefragt jede Menge über sich selbst erzählen. Und zweitens auch Ihnen liebend gerne „private" → *Fragen* stellen, die manchmal die Grenzen der → *Diskretion* locker überschreiten, von „Bekommen Sie von Zwiebeln auch immer solche Blähungen?" bis „Wie war's eigentlich bei Ihnen beim ersten Mal?".

 Erfolgreiche Ablenkungsmanöver. In solchen Situationen hilft nur noch ein geschickter Eiertanz. Wenn Sie sich erkennbar nicht für die privaten Geschichten der Kollegen interessieren, haben Sie in Windeseile den Ruf weg, → *arrogant* zu sein. Also ist ein Mindestmaß an → *Zuhören* angesagt. Anekdoten aus Ihrem eigenen Privatleben müssen Sie allerdings nicht unbedingt beisteuern. Selbst wenn Sie ausdrücklich danach gefragt werden, können Sie sich meistens → *diplomatisch* aus der Affäre ziehen, indem Sie die Frage einfach an einen anderen Anwesenden weitergeben. Oder – falls für dieses Abwimmelmanöver kein anderer zur Verfügung steht – indem Sie in drei Sätzen ein kurzes, garantiert harmloses, garantiert jugendfreies, garantiert zehn Jahre altes Geschichtchen erzählen und gleich eine lange Frage hinterherschießen. Die wird Ihr Gegenüber für die nächsten zehn Minuten voll beschäftigen und Ihre Erzählungen innerhalb kürzester Zeit in Vergessenheit geraten lassen. So kann man prima auch die persönlichsten Gespräche führen, ohne allzu viel über sein Privatleben preiszugeben.

Die Vermischung von Privatleben und Beruf ist in manchen Jobs trotzdem fast unvermeidlich. Besonders in denjenigen, die einem vor lauter Arbeit gar keine → *Zeit* dazu lassen, außerhalb des Berufsumfelds → *Freundschaften* aufzubauen. Und natürlich haben Geschäfts-Freunde auch ihre Vorteile. Sie maulen zum Beispiel nicht, wenn mal wieder nur von geschäftlichen Dingen die Rede ist, im Gegenteil: Durch sie werden aus ohnehin fälligen → *Sitzungen* und Geschäftsessen freundschaftlich-angenehme Treffen, bei denen sich berufliche und private Interessen auf das Praktischste verknüpfen lassen. So entsteht auf Dauer ein Treibhausklima, das für den Aufbau Karriere fördernder → *Netzwerke* geradezu ideal geeignet ist.

Private Gespräche mit geschäftlichen Folgen. Es gibt immer auch Leute, die an solchen Netzwerken nicht beteiligt sind. Und abgesehen von Eifersüchteleien aller Art können sich genau daraus auch handfeste organisatorische Probleme ergeben. Typisches Beispiel: Der Chef erfährt oder vereinbart bei einer Party unter Geschäftsfreunden ganz nebenbei etwas Geschäftliches – ein → *Termin* wurde vorverlegt, ein Angebot wird noch ein bisschen billiger gemacht. Der Rahmen für diese → *Information* war privat – also wird er sie geistig unter „privat" ablegen und da vergessen. Aber ihre Folgen sind nicht privat, sondern betreffen auch andere in der Arbeitseinheit. Und die werden zuverlässig sauer reagieren, wenn sie zu spät davon erfahren.

Wer sich das entsprechende Gezänk ersparen und trotzdem auf sein Geschäftsfreundetreibhaus nicht verzichten will, der ist gut beraten, sich dann eben auch dort ganz professionell ein paar → Notizen zu machen. Wo es um geschäftliche Angelegenheiten geht, ist schließlich auch geschäftsmäßiges → Auftreten angesagt. Selbst wenn es eigentlich gar nicht ums Geschäft geht, sondern um ein „rein privates" Fest unter Freunden.

▶ Probezeit

„Die Probezeit soll in der Anfangszeit eines neu geschlossenen Arbeitsverhältnisses dazu dienen, dass einerseits der → Chef einen ersten → Eindruck gewinnen kann, wie Sie sich auf der Stelle machen, und andererseits Sie die Möglichkeit haben festzustellen, ob Sie sich in dem neuen Job wohlfühlen."[13] In der → Regel dauert die Probezeit zwischen drei und sechs Monaten. Sie darf einmal verlängert werden, aber im Normalfall nicht über insgesamt sechs Monate hinaus.

Probezeit aus rechtlicher Sicht. Hier gibt es eine ganze Reihe von Dingen zu beachten. Wer nach einer erfolgreichen → Bewerbung einen → Arbeitsvertrag unterschreibt, und auch wer das ungute → Gefühl hat, dass er die Probezeit eventuell nicht übersteht, der sollte sich unbedingt ein Fachbuch zum Thema Arbeitsrecht[14] gönnen. In dem wird ausführlich erklärt, was hier nur kurz erwähnt werden kann:

• **Kündigung während einer vereinbarten Probezeit von maximal sechs Monaten.** „Während der Probezeit, längstens aber für die Dauer von sechs Monaten, können beide Seiten den Vertrag mit einer Frist von zwei Wochen kündigen. Gründe müssen dafür nicht angegeben werden."[15] Problematisch ist es, wenn Ihre Probezeit im Vertrag als „befristetes Arbeitsverhältnis" definiert wird. Das kann nämlich, wenn Sie großes Pech haben, am letzten Tag der Probezeit sang- und klanglos zu Ende sein. Ganz ohne → Kündigung.[16] Wenn man Ihnen nur einen solchen Vertrag anbietet, werden Sie daran wenig ändern können – aber Sie können sich immerhin überlegen, ob es unter diesen Umständen überhaupt sinnvoll ist, in dem Unternehmen anzufangen.

- → *Urlaub* **während der Probezeit.** Sie haben einen Anspruch darauf, der sich anteilsmäßig nach der vertraglich vereinbarten Anzahl jährlicher Urlaubstage richtet – aber oft genug dürfen Sie erst nach Ende der Probezeit Urlaub nehmen. Wenn Sie die Probezeit nicht beenden, können Sie sich Ihre Urlaubstage auszahlen lassen. Und wenn Ihr Chef Sie schon während der Probezeit in Urlaub fahren lässt, können Sie sich freuen: Das können Sie nämlich durchaus als Zeichen dafür werten, dass man Sie übernehmen möchte.

- → *Krankheit* **während der Probezeit** ist nun mal nicht auszuschließen. Niemand erwartet von Ihnen, dass Sie auch mit Magen-Darm-Grippe oder Lungenentzündung noch zur Arbeit kommen, nur um wirklich und garantiert einen guten → *Eindruck* zu machen. Wenn Sie länger krank sind, kann es allerdings sein, dass Ihr Chef die Probezeit entsprechend verlängern will.

- **Schwangerschaft während der Probezeit** → *Schwangerschaft.*

Probezeit aus finanzieller Sicht. In Unternehmen ohne Bindung an Tarifverträge ist es üblich, während der Probezeit weniger → *Gehalt* zu zahlen nach dem Motto: „Sie müssen ja erst mal → *lernen* und können deshalb noch gar nicht die volle → *Leistung* bringen – also gibt es auch noch kein volles Gehalt." Dagegen ist dummerweise wenig einzuwenden. Aber wer clever ist, verlässt sich nicht auf mündliche → *Versprechungen* wie „Nach der Probezeit werden wir Ihr Gehalt selbstverständlich anheben". Besser ist es, eine in Aussicht gestellte Gehaltserhöhung und möglichst auch ihren genauen Umfang im Arbeitsvertrag schriftlich festhalten zu lassen.

Probezeit aus fachlicher Sicht. Während der Probezeit müssen Sie beweisen, dass Sie den Job, den man Ihnen gegeben hat, auch fachlich beherrschen – das ist klar. Genauso klar ist allerdings, dass Sie höchstwahrscheinlich genau das nicht von Anfang an können. Weil Sie die Unternehmensstrukturen, die → *Kollegen*, die Geschäftspartner noch nicht kennen, weil Sie noch gar nicht wissen können, was man eigentlich von Ihnen erwartet – und weil es Ihnen schlicht an → *Erfahrung* und → *Routine* fehlt.

Das alles ist kein Beinbruch: Jeder war mal → *Anfänger*, kann sich (mit etwas Glück) noch daran erinnern, wie mühsam das war, und wird entsprechend geduldig auf all die → *Fragen* antworten, die Sie stellen. Vorausgesetzt, Sie stellen sie auch. Und das sollten Sie unbedingt tun. Erstens, weil Sie während der Probezeit garantiert keine → *Angst* davor haben müssen, „dumme Fragen" zu stellen. Und zweitens, weil Jobanfänger, die keine Fragen stellen, nur selten als Überflieger bewundert werden. Viel eher wecken sie den Verdacht, dass sie längst nicht alles verstehen und sich nur nicht zu fragen trauen. Für das → *Vertrauen*, das Ihr Vorgesetzter braucht, um Ihnen auch anspruchsvollere Arbeitsaufträge zu geben, ist das nicht unbedingt eine gute Voraussetzung.

Also trauen Sie sich – wenn Sie besonders nett zu Ihrem Chef und Ihren → *Kollegen* sein wollen, dann am besten in regelmäßigen → *Besprechungen* und Fragestunden. Die sind besonders für gestresste Leute wesentlich besser zu ertragen als alle zehn Minuten eine spontane Rück-, Sinn- oder Nachfrage.

Probezeit aus psychologischer Sicht. Für Ihren neuen Chef ist nicht allein Ihre fachliche → *Kompetenz* von Bedeutung. Mindestens genauso wichtig ist es, dass Sie in der Lage sind, zu ihm und zu den anderen Menschen in Ihrem Arbeitsumfeld gute → *Beziehungen* aufzubauen. Eine Probezeit dient unter anderem dazu, genau das festzustellen. Deshalb ist es nie verkehrt, sich auch auf der menschlichen Ebene um einen guten Eindruck zu bemühen. Und diese Bemühungen nicht etwa mit Ende der Probezeit schlagartig einzustellen.

Probezeit aus der Sicht des Arbeitgebers. „Unternehmen sind grundsätzlich eher zögerlich, ein Arbeitsverhältnis bereits während der Probezeit zu beenden. (…) Sie nehmen den ganzen Aufwand der Kündigung und, was noch viel schlimmer ist, der Neubesetzung der Stelle nur dann auf sich, wenn es wirklich zu gravierenden [ernsten] Spannungen kommt oder der Mitarbeiter den gesteckten Erwartungen nicht gerecht werden kann."[17] Erschwerend kommt hinzu, dass eine Entlassung während der Probezeit letztlich auf den Chef zurückfällt: „Häufig ist damit das Eingeständnis verbunden, bei der Auswahlentscheidung einen → *Fehler* gemacht zu haben – und wer gibt schon gerne Fehler zu?"[18]

Tipp: Wer sich auf solche Spekulationen nicht verlassen will, der kann sich von Anfang an um Klarheit bemühen. Ganz einfach, indem er seinen Vorgesetzten spätestens zur Halbzeit der Probezeit (wenn nicht schon früher) um eine → *Manöverkritik* oder um ein → *Feedback* bittet. Und möglichst genau → *zuhört* – nicht nur in Sachen → *Lob*, sondern auch in Sachen → *Kritik*. Die ist nämlich immer als ziemlich ernst gemeinte Anregung zu verstehen. Und wer die aufnimmt, kann selbst nach einem eher durchwachsenen Start das Steuer noch herumwerfen.

▶ **Probleme**

Probleme sind „schwierige, noch nicht gelöste Aufgaben".[19] Wobei es sehr stark von der eigenen Lebenssituation und vom eigenen Blickwinkel abhängt, was man als „schwierig" empfindet und was nicht: Für den einen ist es ein großes Problem, dass er immer noch auf die längst fällige → *Beförderung* warten muss; der andere hingegen leidet unter dem Problem, es nie über das erste Bewerbungsgespräch hinaus zu bringen. Und während die einen unter dem Problem leiden, ob sie ihr Biobrötchen nun mit Parmaschinken, Räucherlachs oder vielleicht doch lieber mit einem Scheibchen Trüffelkäse belegen sollen, haben die anderen eher das Problem, wie sie überhaupt an ein Stück Brot herankommen.

Eine groß angelegte Problem-Umfrage würde wahrscheinlich zutage fördern, dass alle Menschen irgendwelche haben. Ob es sich um „echte Probleme" oder um „eingebildete Probleme" handelt, darüber kann sich nun mal kein Außenstehender ein Urteil erlauben – also ist diese → *Frage* völlig unerheblich. Entscheidend ist vielmehr, wie man mit seinen Problemen umgeht. Das Sinnvollste ist natürlich immer, sie tatkräftig in → *Angriff* zu nehmen: „Probleme sind dazu da, um gelöst zu werden" (→ *Lösungen*). Aber so einfach und schnell geht das nun mal nicht immer. Wer mit Problemen ein Problem hat, kann sich im → *Privatleben* viel Zeit für alle möglichen Lösungsversuche lassen, vom energischen Nägelkauen bis zum Abo beim Analytiker. Im Beruf hingegen sieht die Sache anders aus.

Fachliche Probleme am → *Arbeitsplatz* sind unangenehm, keine Frage. Niemand gibt gerne → *Fehler* zu, niemand lässt gerne → *Kritik* über sich ergehen. Da ist die Versuchung groß, fachliche Probleme so lange wie möglich zu vertuschen und bei Entdeckung die → *Verantwortung* grundsätzlich anderen in die Schuhe zu schieben. Wer sich so verhält, macht allerdings alles nur schlimmer: Irgendwann ist es für jede Form der Problemlösung einfach zu spät, der Ernstfall ist ausgebrochen und das → *Image* des Vertuschers ein für alle Mal im Keller. Unterm Strich ist es also eindeutig klüger, fachliche Probleme frühzeitig auf den Tisch zu legen. Gut möglich, dass es dann erst mal Vorwürfe hagelt – aber genauso gut möglich, dass → *Kollegen* und → *Chefs* am Ende auch mit → *Ideen* kommen, wie man die Situation noch retten kann. Und das gelingt immer noch am besten, wenn alle Beteiligten sich nicht lange mit → *Jammern*, Lamentieren und der Suche nach Schuldigen aufhalten, sondern gleich mit der Suche nach Lösungen beginnen.

Tipp: Es ist zwar immer sinnvoll, ein fachliches Problem mit den Kollegen zu besprechen. Aber das heißt noch lange nicht, dass Sie ihnen gleich mit dem ersten Satz einen Adrenalinschock versetzen. Einleitungen wie „Ich hab' da ein Riesenproblem!", womöglich noch mit schreckgeweiteten Augen ausgesprochen, sind daher eher ungeschickt, weil sie selbst gelassene Mitmenschen erst mal aus der Ruhe bringen können, und das hilft Ihnen überhaupt nicht weiter. Klüger sind kleine Nebenbei-Bemerkungen, in denen grundsätzlich von „kleinen Problemen" die Rede sein sollte.

Persönliche Probleme am Arbeitsplatz zu erwähnen, ist ungeschickt bis → *tabu*: **Ungeschickt** ist es, wenn sie als Begründung für die Ablehnung von → *Arbeitsaufträgen* herhalten müssen. Wer seinen Unwillen gegen einen bestimmten Job mit „Da müsste ich ja mit dem Müller zusammenarbeiten, und der ist ein unerträglicher Kotzbrocken!" oder mit „Ich kann an dem Tag nicht länger bleiben, weil ich da doch immer Salsakurs habe" begründet, ist selber schuld. Solche „persönlichen Probleme" rufen nämlich höchstens Befremden, aber bestimmt kein → *Verständnis* hervor (→ *„Nein"*).

Völlig **tabu** ist es, → *Chefs*, → *Kollegen* und → *Mitarbeitern* einfach so von persönlichen Problemen zu erzählen. Ganz egal, wie freundschaftlich die → *Beziehungen* sind – → *Vertraulichkeiten* über Geldprobleme, Alkoholprobleme, Gesundheitsprobleme oder Potenzprobleme sind immer ein Risiko. Man kann schließlich nie sicher sein, dass die Beziehungen auch morgen noch freundschaftlich sind. Und was anwesende Vertreter der Abteilung → *Klatsch & Tratsch* aus den Bekenntnissen machen, kann man auch nicht wissen.

▶ Protokoll

Oberbegriff für die „Gesamtheit der → *Regeln* für → *Höflichkeit* und angemessene Form im → *diplomatischen* Verkehr".[20] Mit anderen Worten: Sobald es um hochoffizielle Begegnungen zwischen Politikern, gekrönten Häuptern und anderen Würdenträgern geht, regelt das Protokoll so wichtige → *Fragen* wie „Wer darf auf dem roten Teppich vor dem anderen gehen?", „Wer darf bei gesetzten → *Essen* näher am Gastgeber sitzen?", „Wer wird als erster → *begrüßt*?" und „Wer darf wo standesgemäß logieren?".

Solche Protokollfragen sind ein Gestrüpp, in dem sich Ungeübte ganz schnell rettungslos verfangen können. Spätestens dann, wenn der Außenminister von Brasilien und der Präsident von Togo zufällig gleichzeitig auf Staatsbesuch sind. Wenn da einer weniger Ehrungen abbekommt, als ihm protokollarisch zustehen, kann das schnell zu ernsthaften diplomatischen Verwicklungen führen.

Nun haben die meisten Berufe eher wenig mit der Betreuung von Regierungsmitgliedern und Staatsoberhäuptern zu tun. Aber Diplomatie ist auch außerhalb des diplomatischen Dienstes gefragt. So haben große Organisationen, die regelmäßig viele hochrangige → *Gäste* gleichzeitig betreuen (zum Beispiel bei → *Mes-*

sen, Kongressen, Festivals, exklusiven Abendveranstaltungen), eine eigene Protokollabteilung. Die kümmert sich darum, dass jeder Gast auch standesgemäß behandelt wird. Von komplizierten Sitz- und → *Tischordnungen* bis hin zu der Frage, wer Champagner aufs Zimmer bekommt und wer nur eine Flasche Mineralwasser.

Falls Sie weder in einer Botschaft noch in einer Protokollabteilung arbeiten, können Sie sich natürlich jede intensivere Beschäftigung mit dem Thema schenken. Trotzdem ist es empfehlenswert, nicht ganz aus den Augen zu verlieren, dass gerade in diesem Bereich eine ganz beachtliche Sammlung ziemlich tiefer → *Fettnäpfe* lauert. In die könnten Sie schneller fallen, als Sie sich vorstellen können – zum Beispiel, wenn Sie beim Firmenjubiläum nicht wissen, ob Sie zuerst den Bürgermeister oder zuerst den Oppositionsführer im Landtag begrüßen sollen. Auch das ist eine typische Protokollfrage. Und zwar eine kniffelige, in der es letztlich ganz auf den Anlass ankommt. Aber glücklicherweise gibt es für solche Fälle die **Protokollabteilung des Bundesinnenministeriums**. Und da können Sie ganz einfach anrufen und nachfragen (Telefon-Nr. 01888-6810, mit der Protokollabteilung verbinden lassen). Die Damen und Herren geben Ihnen, was offizielle und große geschäftliche Anlässe betrifft, Antwort auf jede noch so spezielle Protokoll-Frage. Und ab Frühsommer 2004 stellen sie sogar eine Menge wichtiger Basisinformationen ins Internet, sodass Sie sich noch ein bisschen schneller kundig machen können – unter **www.protokoll-inland.de**.

▶ **Protokolle schreiben**

Mit Protokollen ist es ähnlich wie mit → *Berichten*: Niemand schreibt sie gerne, die wenigsten Leute lesen mehr als das, was sie selbst gesagt haben – und trotzdem sind sie in vielen Berufen ein Muss. Keine → *Besprechung* und erst recht keine offizielle → *Sitzung* oder Konferenz, bei der nicht jemand protokollieren muss. Häufig trifft dieser ungeliebte Arbeitsauftrag → *Sekretärinnen*, Assistenten und → *Praktikanten*. Bei besonders langen Sitzungen dürfen sich schon mal zwei abwechseln – was auch nötig ist, denn der Protokollführer ist auch nur ein Mensch, und die wenigsten Menschen können über Stunden hinweg mit immer derselben Konzentration → *zuhören* und sich → *Notizen* machen.

Zur Rolle von Protokollen. Genau das wird aber von einem Protokollführer erwartet. Es ist seine Aufgabe festzuhalten, was besprochen wurde, und das aus einem einfachen Grund: Ohne Protokoll könnte sich spätestens drei Wochen nach der Besprechung kein Mensch mehr daran erinnern, was eigentlich besprochen und beschlossen wurde. Und – noch → *wichtiger* – wer eigentlich was bis wann erledigen muss. Denn auch das wird im Protokoll festgehalten. Es dient also als → *Information* und als Gedächtnisstütze. Nicht nur für die Teilnehmer der Besprechung, sondern auch für Leute, die zwar nicht teilgenommen haben, aber von den Ergebnissen in irgendeiner Form betroffen sind (→ *Mitarbeiter*, → *Kunden*, Partner).

Was schwarz auf weiß in offiziellen Protokollen steht, ist bindend, sozusagen „amtlich". Deshalb achten viele Teilnehmer penibel genau darauf, dass das, was sie gesagt haben, auch richtig wiedergegeben ist. Und deshalb ist Protokollschreiben nicht nur eine mühsame, sondern auch eine heikle und verantwortungsvolle Arbeit.

Protokoll-Arten. Man unterscheidet drei unterschiedliche Formen. Wenn → *Anfänger* zum ersten Mal ein Protokoll führen müssen, sollten sie sich schlauerweise vorher erkundigen, welche Form gewünscht ist. Das macht immer einen guten → *Eindruck* und bewahrt davor, sich zu viel Arbeit zu machen. Oder zu wenig.

• Das **Verlaufsprotokoll** ist das anstrengendste von allen, denn hier muss mehr oder weniger genau mitgeschrieben werden, wer was gesagt hat, damit der Verlauf der → *Diskussionen* erkennbar bleibt. Auf diese Weise können nämlich selbst Leser, die bei der Besprechung nicht dabei waren, nachvollziehen, wieso welche Ergebnisse zustande gekommen sind. Wer ein gutes Verlaufsprotokoll schreiben will, muss genau genommen erst mal fast alles mitschreiben und obendrein aufmerksam zuhören, um den roten → *Faden* des Gesprächsverlaufs nicht aus den Augen zu verlieren. Erst beim Schreiben kann man sich dann erlauben, die eine oder andere Bemerkung aus dem Protokoll zu werfen, zum Beispiel wenn sich die → *Diskussion* für alle ersichtlich zum zweiten Mal im Kreis dreht oder Dr. Schmidt ebenfalls für alle ersichtlich zum fünften Mal dasselbe sagt.

• Das **Ergebnisprotokoll** ist eine ganze Ecke einfacher zu schreiben, weil in ihm, wie der Name schon sagt, nur die Ergebnisse festgehalten werden müssen: Meistens geht es um Aufgabenverteilungen, Beschlüsse und → *Termine*. Bei kleineren Besprechungen, zum Beispiel wöchentlichen Abteilungs- oder Teambesprechungen, reicht ein Ergebnisprotokoll oft völlig aus. Allerdings ist es nie verkehrt, bei hitzigen Diskussionen und umstrittenen Ergebnissen zusätzlich auch den groben Verlauf des Meinungsaustauschs aufzunehmen.

• **Gedächtnisprotokolle.** Hier kann (oder darf) man während der Besprechung keine → *Notizen* und Tonaufzeichnungen machen. Also muss man das Protokoll aus dem Gedächtnis schreiben – und zwar am besten unmittelbar nach dem Ereignis. Sonst ist nicht gesagt, dass man sich an alles richtig erinnert. Weil Gedächtnisprotokolle so sehr auf der eigenen Erinnerung basieren, werden sie ähnlich eingesetzt wie → *Aktennotizen*, die man für sich selbst schreibt, um bestimmte Dinge aktenkundig zu machen.

Protokoll-Technik. In modernen Großunternehmen läuft bei großen Sitzungen häufig ein Tonband oder digitales Tonaufzeichnungsgerät mit. Nach vorheriger Ankündigung, versteht sich – heimliche Aufzeichnungen sind offiziell verboten. Die Mitschnitte dienen nicht unbedingt dazu, dem Protokollführer die Notizen zu ersparen – vielmehr soll so verhindert werden, dass Teilnehmer sich hinterher „nicht mehr erinnern können", bestimmte Dinge auf eine bestimmte Weise ausgedrückt zu haben. Oder dass sie versuchen, ihre eigenen oder andere Äußerungen nachträglich im Protokoll zu fälschen. Denn auch das gibt's. Bei einfachen Mitarbeiterbesprechungen ist die Gefahr zwar relativ klein – aber dafür bei Jahreshauptversammlungen von Großkonzernen, wenn es um viel → *Geld* und Macht geht, möglicherweise umso größer.

Tücken der Technik. Natürlich haben solche Tonaufzeichnungen für den Protokollführer den angenehmen Nebeneffekt, dass er sich Stellen, die er nicht genau verstanden hat, später noch mal anhören kann. Aber deshalb gleich ganz auf Notizen zu verzichten, ist keine gute → *Idee*. Wer nämlich nicht mitschreibt, konzentriert sich längst nicht so sehr auf den Sitzungsverlauf, ist zwischendurch mit den Gedanken ganz woanders – und hat bei Sitzungsende erfahrungsgemäß nur eine vage Vorstellung von dem, was überhaupt besprochen wurde.

Die Folge: Anstatt gleich mit dem Protokoll loslegen zu können und das Tonband nur da zu Hilfe zu nehmen, wo er wirklich nichts verstanden hat, muss der Protokollant sich die ganze Sitzung ein zweites Mal antun. Was nicht nur langweilig ist, sondern auch anstrengend – nicht selten reden nämlich mehrere Leute gleichzeitig. Und richtig unangenehm wird es dann, wenn die Tonaufzeichnung aus technischen Gründen unvollständig ist. Ungerecht, aber wahr: Solche Pannen fallen nie allein auf das Tonband zurück, sondern immer auch auf den Protokollführer. Der hätte sich ja schließlich zur Sicherheit zusätzlich Notizen machen können.

Protokoll-Regeln. Wer des Öfteren Protokolle schreiben muss, lernt irgendwann von alleine, was zu beachten ist. Für alle anderen hier die wichtigsten Tipps und → *Regeln*:
• Die → *Namen* **der Teilnehmer** sind ein großes Problem für all diejenigen Protokollführer, die kaum jemanden der am Sitzungstisch versammelten Personen kennen. Da hilft nur eins: ein Schema der Sitzordnung zeichnen und alle Namen genau eintragen. Glücklichweise reden die meisten Besprechungsteilnehmer so lange, dass Ihnen → *Zeit* genug bleibt, ihren Namen auf der Zeichnung wiederzufinden.
• Während der Besprechung erwähnte **Daten, Namen, Zahlen** sind ein zweites großes Problem. Hier kann sich tatsächlich freuen, wer im Zweifelsfall ein Tonband zur Verfügung hat. Allen anderen bleibt nur, bei erkennbar wichtigen Dingen sofort und → *höflich* nachzufragen. Das wird jeder verstehen; schließlich haben die meisten Leute schon mal irgendwann Protokoll geführt

und wissen, wie schwer das sein kann. Außerdem ist es immer besser, einen Protokollfehler durch Nachfragen zu vermeiden, als ihn hinterher korrigieren zu müssen.

• → *Abkürzungen* sind eine große Hilfe. Niemand muss Stenografie beherrschen, um ein vernünftiges Protokoll schreiben zu können. Aber wer in Schönschrift ganze Sätze malt, wird es trotzdem als Protokollführer nicht weit bringen. Schlauer ist es, sich ein für alle Mal ein kleines Abkürzungssystem zurechtzulegen. Dafür eignen sich besonders die Namen der Teilnehmer, bestimmte feststehende Begriffe der Firmensprache und die Punkte der Tagesordnung.

• Protokolle werden im **Konjunktiv** geschrieben, also in der Möglichkeitsform des Verbs. Denn das Protokoll muss immer strikt neutral bleiben – das heißt, es kennzeichnet jede Äußerung durch den Konjunktiv als Meinung, anstatt sie durch den Indikativ (die Wirklichkeitsform) als Tatsache zu akzeptieren. Es darf also nicht heißen „Der Vorschlag ist in dieser Form völlig ungeeignet, das sagt auch Dr. Müller". Stattdessen ist richtig: „Der Vorschlag sei, so Dr. Müller, in dieser Form völlig ungeeignet" oder „Dr. Müller ist der Meinung, dass der Vorschlag in dieser Form völlig ungeeignet sei".

Sei, habe, könne, wäre, hätte, könnte – wer sich da nicht auskennt und trotzdem Protokolle schreiben muss, der tut gut daran, sich mit diesen sprachlichen Feinheiten mal gründlich zu befassen. Dafür müssen Sie sich nicht unbedingt in ein Schulbuch vertiefen; die regelmäßige Lektüre von Zeitungen und täglich einmal Nachrichten im Fernsehen reichen auch aus. Die sind nämlich fast alle im Konjunktiv verfasst. Falls Ihnen das zu viel Mühe ist, können Sie es natürlich auch bleiben lassen. Sie müssen dann aber damit rechnen, dass Sie mit Ihrem Protokollentwurf sangund klanglos zurück an den Start geschickt werden.

☠ **Protokolle „frisieren" ist** → *tabu*. Protokolle müssen so genau wie möglich dem Besprechungsverlauf und seinen Ergebnissen entsprechen, denn was in ihnen steht, ist offiziell bindend, siehe oben. Trotzdem (oder gerade deshalb) kommt es immer wieder vor, dass Teilnehmer versuchen, im Nachhinein noch an Protokollen herumzufrisieren. Da sie einmal getroffene Aussagen jedoch nicht ohne weiteres in ihr Gegenteil verkehren können, versuchen sie gerne, wichtige → *Details* einfach herauszustreichen oder umgekehrt nie Gesagtes hinzuzufügen. Wenn ausgerechnet Ihr → *Chef* sich als Ober-Friseur erweist, kann das für Sie problematisch werden. Denn er verlangt dann etwas von Ihnen, was Sie als Protokollführer nicht dürfen. Es hat allerdings wenig Sinn, dagegen zu protestieren, weil Sie sich so nur unbeliebt machen. In dieser Situation bleibt Ihnen also wenig mehr als die Hoffnung, dass die anderen Sitzungsteilnehmer bei Durchsicht des Protokolls merken, was los ist. Deren Protest hat deutlich mehr Gewicht als Ihrer.

Protokolle müssen angenommen werden. Das ist das Gute zumindest an offiziellen Protokollen: Sie müssen von allen Teilnehmern akzeptiert werden. Das heißt, dass jeder einen Entwurf vorgelegt bekommt, um prüfen zu können, ob seine Aussagen und die der anderen auch richtig wiedergegeben sind. Etwaige Korrektur- und Ergänzungswünsche müssen in eine neue Fassung aufgenommen werden; größere Einwände werden bei der darauf folgenden Sitzung ausführlich erörtert.

Da die Sitzungsteilnehmer auch noch andere Sachen im Kopf haben müssen als nur die Erinnerung an das, was alle gesagt und beschlossen haben, sollte ihnen das Protokoll möglichst schnell vorgelegt werden. Das ist jedoch längst nicht immer der Fall. Manchmal liegt das daran, dass der Protokollführer einfach nicht dazu kommt. Und manchmal liegt es daran, dass er es längst geschrieben hat, aber noch nicht abschicken darf. Denn auch das Liegenlassen von Protokollen, bis sich kein Mensch mehr an alles erinnern kann, gehört zu den gängigen Methoden, ein Protokoll zu frisieren.

Sprachregelungen. „Fürs Protokoll" oder → *denglisch* „for the record" – wenn jemand das ankündigt, ist → *aufmerksames* Zuhören und Mitschreiben das Gebot der Stunde. Denn der Sprecher signalisiert von vornherein, dass er großen Wert darauf legt, die auf diese Ankündigung folgenden Ausführungen auch möglichst genau im Protokoll wieder zu finden.

„Außer Protokoll" oder denglisch „off the record" – in diesem Moment können Sie erst mal den Griffel fallen lassen, und auch Tonbänder müssen eigentlich abgeschaltet werden. Was nicht heißt, dass Sie nicht zuhören sollten. Erfahrungsgemäß ist nämlich gerade das, was „außer Protokoll" gesagt wird, immer ganz besonders interessant.

▸ Provozieren

Das bedeutet „jemanden zu einer unbedachten Handlung veranlassen, jemanden herausfordern".[21] Das klingt nach → *Angriff* und ist es auch: Wer provoziert, tut das in den seltensten Fällen „aus Versehen", sondern meistens mit voller Absicht.

Mit Provokationen muss man leben – es kommt in → *Privatleben* und Beruf immer wieder einmal vor, dass jemand auf diese Weise eine Runde Machtkampf mit Ihnen austragen will. Er setzt Provokationen ein, um herauszufinden, wo Sie Ihre → *Grenzen* erreichen, oder noch schlimmer: um Sie mit dem Holzhammer auf diese Grenzen → *aufmerksam* zu machen. Die absoluten Weltmeister darin sind Kleinkinder in der Trotzphase. Und nicht wenige haben diese Kunst auch als Erwachsene ganz offensichtlich nicht verlernt.

Formen von Provokation. Sie sind mit Absicht so gestaltet, dass sie ihr Opfer dazu bringen, die → *Kontrolle* zu verlieren. Also zielen sie fast immer voll aufs Eingemachte: → *Kränkungen*, Beleidigungen, Unterstellungen, → *Bloßstellungen*, → *Mobbing*, Missachtung von Geboten. Typische Beispiele: Der kleine Junge, der zum dritten Mal mit Wonne seinen Teller auf den Boden wirft; der Vorgesetzte, der einem ungeliebten → *Mitarbeiter* lautstark Unzuverlässigkeit zum Vorwurf macht; die Frau, die vor den Augen eines Verehrers mit einem anderen → *flirtet*; der Rassist, der dem Afrikaner Negerwitze erzählt.

Ausschlaggebend für die Form der Provokation ist dabei einzig und allein, was dem Angreifer in Anbetracht der Persönlichkeit und der Situation des Opfers als möglichst gute Waffe erscheint oder sich vielleicht sogar schon einmal bewährt hat. So wirft der kleine Junge seinen Teller nur deshalb auf den Boden, weil er weiß, dass andere Spielchen seine Mutter mittlerweile völlig kalt lassen und dass er sie nur noch durch gezielten Abendessen-Weitwurf so richtig auf die Palme bringen kann.

Mit Provokationen umgehen ist nicht leicht. Schließlich ist es ihr einziger Sinn und Zweck, den anderen durch alle Verteidigungslinien hindurch im Innersten zu treffen. Aber allein das Wissen darüber, dass das alles eigentlich „nur" ein Macht-Spiel ist, hilft manchmal schon weiter. Denn jedes Spiel hat → *Regeln*, und wer die kennt, hat die Wahl: mitmachen – oder aussteigen.

Mitmachen tun Sie in dem Moment, in dem Sie dem Provokateur den → *Gefallen* tun, sich tatsächlich provozieren zu lassen. Das macht ihm Spaß, er hat sein → *Ziel* erreicht und wird es bestimmt bald wieder tun, weil es so herrlich einfach war. Treffer – versenkt.

Deutlich weniger Spaß hingegen wird es ihm machen, wenn Sie ruhig und gelassen bleiben (oder zumindest so wirken) und ihm dadurch zeigen, dass er trotz aller Mühe danebengeschossen hat. Oder sogar in aller Ruhe mal eine → *Aussprache* herbeiführen (am besten in Anwesenheit neutraler Zeugen) und den Provokateur fragen, was eigentlich wirklich los ist. Ohne eine kleine Portion innere → *Distanz* ist das zugegebenermaßen kaum möglich. Und die ausgerechnet in einer Situation aufzubauen, die darauf abzielt, sie komplett zu demolieren, erfordert einige Übung, besonders wenn man in Sachen Selbstbewusstsein sowieso kein Überflieger ist.

Aber diese rettende innere Distanz ist das einzige wirksame Mittel gegen Provokationen. Alle anderen denkbaren Reaktionen – → *Wutanfälle*, → *Tränen*, im Job auch → *Beschwerden* beim Chef – sind hingegen völlig unbrauchbar. Denn sie liefern dem Angreifer den sichtbaren Beweis dafür, dass Sie sich haben provozieren lassen.

Ruhe bewahren ist zwar das beste Rezept, um Provokationen ein für alle Mal das Wasser abzugraben. Schließlich sind sie nur dann sinnvoll, wenn der andere sich auch provozieren lässt. Es gibt allerdings Provokateure, die nicht gleich aufgeben, sondern lieber noch ein bisschen was draufsatteln, die Schraube noch etwas andrehen nach dem Motto „Ich werd' den Punkt schon finden, an dem er zusammenbricht". Wer in einem solchen Kreislauf steckt, der muss schon Gandhi heißen, um gelassen zu bleiben. Alle anderen haben zumindest im Berufsleben die Möglichkeit, sich mit juristischen Mitteln gegen → *Mobbing* zu wehren – denn um nichts anderes handelt es sich bei fortgesetzten Provokationen am → *Arbeitsplatz*.

▶ Pünktlichkeit

Pünktlichkeit am → *Arbeitsplatz* und bei → *Terminen* ist – zumindest in Deutschland – ein Muss für alle, die einen guten → *Eindruck* machen wollen.

Pünktlichkeit am Arbeitsplatz ist besonders → *wichtig* in den ersten Monaten in einem neuen Job, wenn → *Chefs* und → *Kollegen* noch recht genau registrieren, wann der/die Neue so kommt und geht. Wer öfter mal zu spät dran ist und sich dafür gegen Feierabend meistens überpünktlich verdrückt, kann sich ziemlich schnell ziemlich unbeliebt machen, vor allem in Unternehmen, in denen → *Überstunden* für alle der Normalfall sind.

Pünktlichkeit bei → *Terminen* ist genauso unabdingbar. Allerdings nicht für jeden: Je weiter man es auf der Karriereleiter bringt, desto häufiger nimmt man sich gewöhnlich das Recht heraus, zu spät kommen. Die anderen warten zu lassen, ist zwar auch dann noch unhöflich, aber als kleine Demonstration von Macht durchaus verbreitet.

Für alle anderen gilt: Wenn Sie schon zu spät kommen, dann wenigstens mit einer guten Begründung. Keine guten Begründungen sind beispielsweise „Es war ein furchtbarer Verkehr" und „Ich habe keinen Parkplatz gefunden". Staus und Parkplatzprobleme sind Alltag, und wer halbwegs clever ist, plant genug Zeitreserven für solche → *Probleme* ein. Auch alle → *Notlügen*, die schon in Schulzeiten zum bekannten Standard gehörten („Mein Wecker hat nicht geklingelt"), sind grundsätzlich nicht überzeugend.

Nun gibt es natürlich auch so etwas wie höhere Gewalt – und damit Verspätungen, die einfach nicht zu vermeiden sind. Wenn Ihnen so etwas passiert, haben Sie immer noch eine Möglichkeit, sich viel → *Stress* und den Zorn der Wartenden zu ersparen: Indem Sie einfach anrufen, (möglichst glaubhaft) erklären, warum Sie zu spät dran sind, und (möglichst genau) ankündigen, wann Sie in etwa eintreffen werden. Allein das ist einer der besten Gründe, immer sein → *Mobiltelefon* dabei zu haben – und auch alle wichtigen Telefonnummern.

Überpünktlichkeit bei wichtigen eigenen Terminen ist immer klug. Eine Viertelstunde früher da zu sein als die anderen, lässt → *Zeit* zu prüfen, ob alles in → *Ordnung* ist und funktioniert, von der Technik für die → *Sitzung* bis zur Getränkeversorgung für den → *Empfang*.

Überpünktlichkeit bei Terminen anderer hingegen gilt als unhöflich, weil man sie meistens mitten in der heißen Phase der Vorbereitung aufschreckt. Das gilt im Berufsleben genau wie bei privaten → *Einladungen*. Wer zu früh dran ist, sollte also lieber noch eine Runde spazieren gehen oder im Café Zeitung lesen, um sich mit Themen für die unvermeidliche Runde → *Smalltalk* zu versorgen.

→ *Abkürzungen* **und Sprachregelungen für das geforderte Maß an Pünktlichkeit. s. t.:** sine tempore (Latein). Gemeint ist ein absolut pünktlicher Beginn. **c. t.:** cum tempore, hier geht's erst nach einem „akademischen Viertelstündchen" Wartezeit los. „Um 20:00 Uhr" bedeutet, dass Sie wirklich genau um diese Zeit erwartet werden und garantiert im Fettnapf landen, wenn Sie mehr als maximal eine Viertelstunde zu spät kommen. „Ab 20:00 Uhr" hingegen überlässt die Ankunftszeit so eindeutig den Gästen, dass bei solchen Formulierungen vor 21:00 Uhr oft noch kein Mensch da ist.

Und dann gibt es auch noch **asap**. Wenn es um Liefer- und Terminvereinbarungen geht, wird diese Abkürzung immer häufiger verwendet. Sie steht für „as soon as possible". Man könnte auch „so schnell wie möglich" sagen, aber asap klingt offensichtlich einfach besser.

Anmerkungen

[1] Wahrig Deutsches Wörterbuch
[2] 6/190 f
[3] 28/S. 112 f
[4] 6/S. 191
[5] 32/S. 404
[6] 35/S. 124
[7] 33/S. 684
[8] Reclams Kleines Fremdwörterbuch
[9] Reclams Kleines Fremdwörterbuch
[10] Siehe dazu 34/S. 171 ff
[11] Reclams Kleines Fremdwörterbuch
[12] 32/S. 352 f
[13] 34/S. 175
[14] Zum Beispiel Literaturliste Nr. 32, 33, 34, 35
[15] 35/S. 39
[16] 32/S. 186
[17] 12/S. 94
[18] 12/S. 94
[19] Reclams Kleines Fremdwörterbuch
[20] Wahrig Deutsches Wörterbuch
[21] Wahrig Deutsches Wörterbuch

R

▶ Rache

Rache ist „Vergeltung für erlittenes Unrecht".[1] Der eine straft den anderen dafür, was der ihm angetan hat. Aus solchen Gründen geht es schon in der Schule rund: Wer petzt, wird verhauen und umgekehrt. Unter Erwachsenen mündet Rachedurst in eine Vielzahl von Aktionen, über die man hinterher aus der Zeitung erfährt, vom Telefonterror für die Exfrau über die Baggerfahrt auf Nachbars Rasen bis hin zu Mord und Totschlag.

Die Sache mit der Rache hat eine lange Tradition. Mindestens genauso alt ist jedoch die → *Frage*, ob und wann Rache eigentlich moralisch vertretbar ist. Und mindestens genauso → *wichtig* ist die Frage, ob derjenige, an dem Rache genommen wird, wirklich schuld ist an dem, was ihm vorgeworfen wird – gerade bei typischen Rache-Schnellschlüssen sind Irrtümer nie ausgeschlossen. Beide Fragen interessieren Menschen mit akuter Rachelust im Bauch allerdings herzlich wenig. Sie denken einzig und allein darüber nach, wie sie nun am besten Rache nehmen könnten. Und in diesem Stadium bleiben viele Leute einfach stecken.

Rache planen. Wer kennt dieses → *Gefühl* nicht? Nach einer erlittenen → *Kränkung* oder → *Niederlage* schmiedet man tage- und wochenlang die fiesesten Rachepläne. Man kann an nichts anderes mehr denken außer an das, was der andere getan hat, und das, womit man es ihm heimzahlen will. Solche Gedanken können natürlich ein Genuss sein, besonders für Leute mit einem bunten Vorstellungsvermögen. Aber meistens sind sie, genau wie → *Ärger*, nichts weiter als ein Energiefresser allererster Güte. Sie blockieren nämlich sämtliche verfügbaren Kräfte, obwohl man doch zumindest ein bisschen was davon für andere Dinge braucht, für anstehende → *Arbeitsaufträge*, Hobbys und ein Mindestmaß an → *Freundlichkeit* zum Beispiel.

Gleichzeitig bringen Rachegedanken rein gar nichts – allein dadurch ist noch niemand tot umgefallen. Die einzigen garantierten Ergebnisse von Racheplänen sind schlechte → *Laune* und Schlaflosigkeit. Bevor Sie sich also in finsteren Fantasien verlieren, sollten Sie sich grundsätzlich überlegen, ob das, was passiert ist, die ganze → *Wut* wirklich wert ist. Und ob das Opfer Ihrer Rachegedanken tatsächlich schuld ist und in böser Absicht gehandelt hat. Nicht jeder, der Ihnen die Vorfahrt nimmt, sich an der Kasse im Supermarkt vordrängelt oder Ihnen einen → *Kunden* abspenstig macht, will Sie → *persönlich* demütigen – und wirklich wichtig sind solche Angelegenheiten eigentlich auch nicht.

Zugegebenermaßen gibt es allerdings auch Situationen, in denen Rachedurst erst mal verständlich ist: Der Freund klaut Ihnen die Freundin, der → *Kollege* klaut Ihnen eine → *Idee* und wird dafür auch noch → *befördert*. So etwas ist ziemlich unerträglich – und trotzdem noch lange kein Grund, Rachepläne auch in die Tat umzusetzen.

Rache üben ist vielleicht in dem Moment selbst ein großartiges Gefühl: Der Freund ärgert sich über die Kratzer auf seinem neuen Auto, der Kollege wird aufgrund Ihrer → *diskreten* Hinweise auf seine getürkten → *Spesenabrechnungen* entlassen. Und den → *Chef*, der Sie immer anschreit, haben Sie auf der letzten → *Sitzung* mal vor allen anderen so richtig schön → *bloßgestellt*.

Auf solche Gelegenheiten wartet manch einer lange, und wenn sie sich dann bieten, kostet er sie voll aus. Doch die Freude dauert meistens nicht lange: Rache ist zwar süß, hinterlässt aber einen ziemlich bitteren Nachgeschmack. Zu allererst bei demjenigen, an dem Sie sich rächen: Er hat möglicherweise gar keine Ahnung, warum Sie das tun, vielleicht hat er auch eine ganz andere → *Meinung* zur Schuldfrage – auf jeden Fall wird er mit Ihnen garantiert nichts mehr zu tun haben wollen. Das ist Ihnen vielleicht in dem Augenblick nur recht, aber früher oder später könnten Sie ein ziemliches → *Problem* damit bekommen, dass Sie genau diese → *Beziehung* in Schutt und Asche gelegt haben.

Auch den Zeugen Ihrer Aktion wird das, was sie mitbekommen, eher bitter aufstoßen. Die wenigsten werden genau wissen und/oder verstehen, warum Sie mit dem anderen so umspringen. Also hinterlassen Sie mit Ihrer Aktion zwangsläufig einen unguten → *Eindruck*, der sich wahrscheinlich irgendwo zwischen „kindisch" und „gemein" einpendeln wird. Rache ist nun mal immer Tor und Eigentor zugleich.

Besser als Rache. Rache zu planen, kostet viel zu viel Energie, Rache zu üben, bringt unterm Strich auch keine wirklich befriedigenden Ergebnisse. Da ist es letztlich sinnvoller, der Wahrheit ins Auge zu blicken: Sie werden immer wieder Menschen begegnen, die Sie – bewusst oder unbewusst – in die Pfanne hauen. Und höchstwahrscheinlich werden auch Sie, wenn Sie → *ehrlich* sind, dieser Versuchung immer mal wieder erliegen. Da liegt es nahe, sich um ein bisschen rettende innere → *Distanz* zu bemühen und das Ganze sportlich zu sehen: Dieser Punkt ging an einen anderen, der nächste vielleicht an Sie. Und wenn Sie so lange nicht warten wollen, haben Sie immer noch die Möglichkeit, den anderen in einem klärenden → *Gespräch* schlicht und ergreifend auf angemessene Gegenleistungen festzunageln: „So richtig fair haben Sie sich ja nicht verhalten, als Sie … (passenden Tathergang einfügen). Schwamm drüber. Aber Sie könnten mir jetzt zur Abwechslung mal einen Gefallen tun!"

Das funktioniert immer dann überraschend gut, wenn der andere genau weiß, was los ist, und ein ordentlich schlechtes Gewissen hat. Und auf alle Fälle ist es besser, als im stillen Kämmerlein Racheideen auszubrüten.

▶ Rangordnung (Hierarchie)

Unter „Rang" versteht man die Stellung des Einzelnen innerhalb eines Unternehmens oder innerhalb einer bestimmten gesellschaftlichen Gruppe. Ausschlaggebend für den Rang sind im Berufsleben im Wesentlichen das Ausmaß an Macht und → *Verantwortung*, außerdem das → *persönliche* Ansehen. Im Privatleben kommt das Geschlecht dazu, denn da gilt fast überall immer noch „Ladies First" (siehe unten).

Aus der Art und Weise, wie sich die Ränge der Einzelnen zueinander verhalten, ergibt sich die Rangordnung. Und die sieht unweigerlich aus wie eine Pyramide: unten bestehend aus einem breiten Fundament machtloser, „unwichtiger" Gruppenmitglieder und oben ziemlich spitz zulaufend auf einige wenige „Alphatierchen", also diejenigen, die in der Gruppe das Sagen haben.

Rangordnungen im Berufsleben. „Oben die Würdenträger, in der Mitte die Bedenkenträger, unten die Wertschöpfungsträger [diejenigen, die wirklich arbeiten]."[2] So sieht das Karriere-Ratgeber Reinhard K. Sprenger. Und je nachdem, wo man arbeitet, kann man ihm da wahrscheinlich mehr oder weniger vorbehaltlos zustimmen. Da solche Rangordnungen jedoch aus betriebswirtschaftlicher Sicht nur selten erfolgreich sind, hat man sich in den letzten Jahren darum bemüht, sie auszudünnen und Pöstchenwirtschaft und Privilegien einzumotten. „Flache Hierarchie" ist das Zauberwort: Besonders in modernen Branchen werden → *Dienstwege* verkürzt und vereinfacht, Verantwortungs- und Zuständigkeitsbereiche werden klarer gestaltet, und die → *Corporate Identity* (Unternehmensphilosophie) legt Wert darauf, dass das → *Betriebsklima* mehr an eine glückliche Großfamilie erinnert als an das Klischee von der ewigen → *Feindschaft* zwischen Ausbeutern und Ausgebeuteten.

Das → *Problem* dabei: Selbst wenn sich alle → *duzen* und die Atmosphäre noch so locker ist, geht ohne ein Mindestmaß an Rangordnung auf die Dauer gar nichts. Nicht unbedingt, weil irgendjemand schließlich → *Ziele* festlegen und → *Entscheidungen* fällen muss – hier gibt es begründete Zweifel an der Behauptung, dass das nur die Leute an der Spitze von Rangordnungen auch wirklich können.

Ganz ohne Rangordnung geht's nicht. Denn in dem Fall könnte der normale Arbeitsalltag aus dem Ruder laufen. Es gibt nämlich nicht nur angenehme → *Arbeitsaufträge* zu erledigen, sondern auch ziemlich unangenehme, die keiner machte, wenn er nicht von einem Vorgesetzten damit beauftragt würde. Es gibt nicht nur selbstverantwortlich handelnde, zuverlässige und disziplinierte → *Mitarbeiter*, auf die man sich blind verlassen kann, sondern es gibt auch gnadenlose → *Energiesparer*, die nichts machen außer sich am Bauch zu kratzen, wenn nicht regelmäßig ein → *Chef* daherkommt, der das Recht hat, ihre Arbeit zu kontrollieren. Und schließlich gibt es nicht nur → *Lob*, sondern auch → *Kritik* zu verteilen. Und die schluckt keiner gerne – aber wenn sie vom Chef kommt, muss man sie sich wenigstens anhören.

Das heißt für Sie: Jeder → *Ärger* über „Zustände wie im Mittelalter" und „verkrustete Hierarchien" ist reine Zeitverschwendung. Solche → *Gefühle* kochen zwar gerade bei Anfängern, die noch keine → *Erfahrung* mit Rangordnungen haben, gerne hoch. Und sie sind auch nicht immer völlig unberechtigt, zum Beispiel bei besonders umständlichen Dienstwegen und detaillierten Vorschriften darüber, wer in welcher Farbe unterschreiben darf. Da jedoch gerade solche Reste aus der Steinzeit besonders schwer abzuschaffen sind, ist es das Klügste, sie mit Fassung und Humor zu tragen. Und seine Energie anstatt in → *Wutanfälle* lieber in das aufmerksame Studium des Organigramms zu stecken: Nur wer die Rangordnung (die offizielle und die inoffizielle, → *Organigramm*) und seinen eigenen Platz in ihr wirklich kennt, kann sich in ihr bewegen, ohne sich eine blaue Nase zu holen.

Falls Ihnen das zu mühsam ist, können Sie sich einfach zurücklehnen und es sich auf einem unbestreitbaren Vorteil von Rangordnungen bequem machen: Wo es immer noch einen über Ihnen gibt, der mehr Verantwortung hat, gibt es also auch immer einen, auf den Sie Ihre Verantwortung abschieben können. Das ist zwar aus moralischer Sicht ziemlich fies, aber trotzdem erstaunlich weit verbreitet.

Rangordnung bei gesellschaftlichen Anlässen. Wo Minister und Könige zusammentreffen, gibt es ein offizielles → *Protokoll*, das klar regelt, wer zuerst auf den roten Teppich darf, wer wen zuerst → *grüßen* muss und wer wem zuerst die Hand reicht. Das Problem mit dem roten Teppich stellt sich bei Anlässen im privaten Kreis nicht – aber alles andere kann auf Partys, → *Empfängen* und selbst bei größeren Abendessen durchaus im → *Fettnapf* enden, wenn man nicht richtig Bescheid weiß.

Für **Frauen** gibt es in diesem Zusammenhang endlich mal eine gute Nachricht: Sie stehen bei gesellschaftlichen Anlässen in der Rangordnung eindeutig höher als die Männer und können sich deshalb über eine ganze Reihe von Vorrechten freuen. So müssen sie zuerst → *begrüßt* werden, selbst wenn ihr Mann im Berufsleben eine noch so große Nummer ist. Sie dürfen sitzen bleiben, wenn ein Mann sie begrüßt; andererseits müssen die Männer sich – wenigstens andeutungsweise – erheben, wenn Frauen aufstehen oder Anstalten machen, sich wieder hinzusetzen. Und beim gegenseitigen → *Vorstellen* haben sie das Recht, als Erste zu erfahren, wer ihnen gegenübersteht: „Im gesellschaftlichen Leben wird bei offiziellen Anlässen der Herr der Dame vorgestellt."[3]

Weitere Rang-Regeln: Ältere Personen haben einen höheren Rang als jüngere, Gäste haben einen höheren Rang als Verwandte, und bei formal ähnlichen Positionen haben Ausländer einen höheren Rang als Inländer. Das alles zusammen kann für Ungeübte ziemlich verwirrend sein und dazu führen, dass man vor lauter → *Angst* vor → *Fehlern* am liebsten durch den Hinterausgang verschwinden würde, anstatt den Anlass zu genießen. Wer sich unsicher fühlt und weiß, dass in der Richtung ein Abenteuer auf ihn zukommt, sollte daher nicht davor zurückschrecken, ein paar Euro in ein Fachbuch[4] zu investieren und eventuell sogar im kleinen Kreis ein bisschen zu proben.

Zum Wert von Rangordnungen. Sie haben geschichtliche Wurzeln, organisatorische Gründe und vor allem ein grundsolides Fundament, das selbst Revolutionen in den seltensten Fällen komplett sprengen können. Man kommt also nicht daran vorbei, sich mit ihnen auseinander zu setzen. Das heißt: Man sollte lernen, wie sie funktionieren und wie man am besten mit ihnen umgeht. Das heißt aber nicht, dass der auf den ersten Blick erkennbare Rang eines Menschen für Sie zum Maß aller Dinge werden darf.

Der Hausmeister ist nun mal nicht „nur" Hausmeister und damit in der Firmenrangordnung ziemlich weit unten, sondern im Privatleben vielleicht Schützenkönig und damit in einer anderen Rangordnung ziemlich weit oben. Und wenn nicht, dann ist er möglicherweise allseits bekannt und beliebt als → *freundlicher* und → *hilfsbereiter* Mensch. Und damit auf der internen Charakter-Rangordnung einiger Menschen wesentlich weiter oben als der Abteilungsleiter, der zwar formal gesehen „wichtiger" ist, aber innerhalb seines → *Netzwerks* als Weichei gilt. Und damit letztlich einen unbedeutenden Platz innerhalb dieser Rangordnung hat.

So gesehen ist der Aussagewert von Rangordnungen ziemlich klein, was den einzelnen Menschen und seine persönlichen Qualitäten betrifft. Allein deshalb, weil es so viele verschiedene gibt, die Sie gar nicht alle kennen und erkennen können. Und aus genau diesem Grunde ist es völlig daneben, seine Zeitgenossen allein nach ihrem erkennbaren Rang zu behandeln. Also den Hausmeister grundsätzlich zu übersehen und dem Abteilungsleiter dafür auf einer Schleimspur hinterherzukriechen. Das scheint zwar für viele der nächstliegende Weg zu sein – aber man kann auf ihm ziemlich schnell ausrutschen.

▸ Ratschläge

Sie lassen sich grundsätzlich in zwei Gruppen einteilen. Die → *dringend* **benötigten**, ohne die die Datei ein für alle Mal verloren ist, der Fleck nie mehr aus dem Sofa verschwindet und der → *Arbeitsauftrag* rettungslos Richtung Katastrophe schliddert. Und die **ungebetenen**, die meistens von älteren Verwandten und → *Kollegen* stammen und sich allesamt um Dinge drehen, die man schon kennt, weiß oder für herzlich überflüssig hält.

Ratschläge bekommen ist folglich eine zweischneidige Angelegenheit. Je nachdem, wie nützlich oder nutzlos sie scheinen, sind sie entweder ein Segen oder nur nervtötend. Entsprechend fallen die Reaktionen aus: Von ehrlicher → *Dankbarkeit* und sofortiger Umsetzung des Ratschlags über → *höfliche* Anerkennung („Ach wirklich? Das ist aber interessant!") bis hin zu drastischen Kommentaren wie „Weiß ich doch längst" oder, noch ein bisschen deutlicher, „Ich habe Sie nicht um Ihren Rat gebeten".

💣 Wer der → *Meinung* ist, dass → *Diplomatie* letztlich eine Form von persönlichkeitsverbiegender Heuchelei ist, der kann natürlich immer geradeheraus sagen, was er von einem Ratschlag hält oder nicht hält. Das ist dann → *ehrlich*. Aber klug ist es nicht. Denn derjenige, der Ihnen einen Rat gibt, ob nun gefragt oder ungefragt, der hat sich immerhin die Mühe gemacht, über Sie und Ihre Situation nachzudenken. Und er ist zu dem Schluss gekommen, dass er Ihnen möglicherweise weiterhelfen kann.

Dieser Wille zur → *Hilfsbereitschaft* ist erst mal nett, im wahrsten Sinne des Wortes, und im Übrigen absolut nicht selbstverständlich. Genau deshalb haben Ratschläge, die Sie bekommen, nun wirklich nie eine pampige Reaktion verdient, selbst wenn sie Ihnen noch so überflüssig vorkommen. Denn abgesehen davon, dass Sie sich auch täuschen können, haben die Ratgeber ein sehr gutes Gedächtnis für Unhöflichkeiten dieser Art. Und werden sich in Zukunft diese Mühe nicht mehr machen. Pech für Sie, wenn Sie dann zur Abwechslung mal dringend auf ihren Rat angewiesen sind.

Ratschläge erbitten. Das machen manche Leute gar nicht gerne, weil es so aussehen könnte, als ob sie nicht alleine klarkämen. Sie haben → *Angst* davor, einen schlechten → *Eindruck* zu erwecken – dabei ist genau das Gegenteil der Fall. Wer einen anderen um Rat fragt, signalisiert ihm damit lauter erfreuliche Dinge – dass er ihn ernst nimmt, auf seine Meinung Wert legt, seine → *Erfahrung* schätzt. So gesehen sind → *Fragen* um Rat fast ein → *Kompliment*. Und genau deshalb ist es immer clever, andere um Rat zu bitten:

• **In schwierigen Situationen** ist zwar längst nicht jeder Rat Gold wert, aber in ihrer Gesamtheit sind Ratschläge gerade in Krisen unverzichtbar. Sie haben nämlich garantiert immer mehr gute → *Ideen* zur Folge als alles einsame Brüten auf der Suche nach irgendwelchen → *Lösungen* (→ *Teams*).

• **In Alltagssituationen** sind Fragen um Rat in jeder Lebenslage ein → *Smalltalk*-Thema von geradezu unschätzbarem Wert. (Gilt übrigens auch für → *Chefs* im Gespräch mit ihren → *Mitarbeitern*). Damit ehren Sie den anderen, nehmen ihn für sich ein und müssen die nächsten fünf bis zehn Minuten nichts anderes mehr machen als einfach nur → *zuhören*. Vielleicht fällt Ihnen das schwer, weil Sie tatsächlich alles schon wissen, was Ihnen als guter Rat präsentiert wird. Aber vielleicht wird es auch richtig spannend, und Sie können in kürzester → *Zeit* eine Menge → *lernen*.

▶ Rauchen

Dass Raucher längst nicht überall beliebt sind, ist eigentlich keine eigene Erwähnung wert. Inzwischen ernten sie selbst im Freundeskreis überwiegend vorwurfsvolle Blicke bis Raumverweise („Du, entschuldige bitte, aber bei uns wird nicht geraucht!"). Das liegt in erster Linie an den gesundheitlichen Risiken, die mit dem Passivrauchen verbunden sind.

Darüber hinaus gibt es jedoch ein paar Folgeerscheinungen des Rauchens, die gelegentlich selbst Rauchern unangenehm sind: Nikotingelbe Finger sind kein wirklich attraktiver Anblick, und der → *Geruch* von warmem Rauch aus dem Mund ist an Gewöhnungsbedürftigkeit nur noch zu überbieten durch den von kaltem Rauch in der → *Kleidung* und aus überquellenden Aschenbechern.

Rauchen im Berufsleben. Seit Oktober 2002 sind die Arbeitgeber gesetzlich verpflichtet, Nichtraucher im Unternehmen vor den Gefahren des Passivrauchens zu schützen.[5] Das war das amtliche Ende aller → *Diskussionen* zwischen Rauchern und Nichtrauchern, wer wann wie viele Zigaretten anstecken darf, am → *Arbeitsplatz*, bei → *Besprechungen* und → *Sitzungen*.

Vorher kam es immer ein wenig auf die Vorgesetzten an. Wenn die rauchten, hatten die Nichtraucher unter den → *Mitarbeitern* schlechte Karten. Umgekehrt gab es schon immer Nichtraucher-Chefs, bei denen ein Bewerber im Vorstellungsgespräch gleich wieder einpacken konnte, sobald er die Schachtel Zigaretten ausgepackt hatte. Und das, obwohl vielleicht tatsächlich ein Aschenbecher auf dem Tisch stand.

Jetzt gibt es also strenge offizielle Vorschriften, in denen höchstens noch abgetrennte und gut belüftete Raucherzonen denkbar sind, aber keine Raucherpausen mehr auf Gängen, Toiletten und sonstigen öffentlichen Orten. Diese Pausen sind den Nichtrauchern sowieso ein gewaltiger Dorn im Auge. Wer am Tag sechs mal zehn Minuten für eine inoffizielle Raucherpause aus dem Büro verschwindet, spart sich nämlich im Monat locker bis zu zwanzig Stunden Arbeitszeit.

Raucher-Benimm im Beruf. Immerhin ist Rauchen im Beruf an manchen Orten theoretisch noch möglich. Zum Beispiel im eigenen → *Büro*, bei Geschäftsessen, bei Besprechungen an Orten mit Raucherzone und bei → *Dienstreisen* ins Ausland. (In manchen Ländern ist Rauchen immer noch das Normalste von der Welt.) Trotzdem ist es auch dann nicht verkehrt, erst einen Hauch von → *Benehmen* zu zeigen, bevor man sich die erste ansteckt, auch wenn es „nur" um Besucher im **eigenen Büro** geht. Ein bewährter Klassiker ist die freundliche → *Frage*: „Stört es Sie, wenn ich rauche?" Für den Fall, dass auch nur einer der Anwesenden das zugibt, ist bereitwilliges Wegpacken des Raucherbestecks angesagt. Und zwar möglichst ohne mürrischen Gesichtsausdruck.

Bei offiziellen Essen nützt Ihnen diese Frage ohnehin nicht viel. Im Gegenteil. Wenn es etwas vornehmer zugeht, outen Sie sich damit als Trottel in Sachen → *Tischmanieren*: „Rauchen während des Essens ist ein absoluter Verstoß gegen die → *Etikette*."[6] Erst nach dem Dessert darf wieder Tabak auf den Tisch.

Es kann natürlich sein, dass die Anwesenden sich – Etikette hin oder her – darauf einigen, zwischen den einzelnen Gängen zu rauchen. Das ist zwar eigentlich genauso → *tabu*, wird aber häufig so gemacht. Besonders dann, wenn zwischen den Gängen endlos lange Pausen liegen. Ob Sie als Raucher solche Pausen mit oder ohne den beruhigenden Einfluss von Nikotin erdulden müssen, ist allerdings keinesfalls Ihre Entscheidung: „Diese Erlaubnis muss immer vom Gastgeber oder der Gastgeberin ausgehen."[7]

Zu dumm. Und auch nicht dadurch zu umgehen, dass Sie mit entschuldigendem → *Lächeln* trotzdem zur Zigarette greifen: „Sie haben doch bestimmt nichts dagegen, wenn ich rauche?" Mit solchen Manövern kommen Sie zwar zu den ersehnten Zügen, aber unter Umständen auch zu einem Ehrenplatz im → *Fettnapf*. Denn Ihre nicht rauchenden Nachbarn haben zwar vielleicht keine → *Angst* um ihre Gesundheit, machen sich aber den einen oder anderen kritischen Gedanken über Ihr → *Auftreten* und Ihren Grad an Selbstbeherrschung.

▶ Recht haben

Recht haben heißt leider längst nicht immer auch Recht bekommen. Das weiß jeder aus Kindertagen – und im Berufsleben sieht die Sache gelegentlich ganz ähnlich aus, obwohl man da doch unter Erwachsenen ist. Dafür gibt es mehrere Gründe, die sich oft gar nicht klar voneinander trennen lassen:

• In → *Rangordnungen* ist es nun mal nicht ausgeschlossen, dass **der** → *Chef* **schlicht und ergreifend deshalb Recht bekommt, weil er der Chef ist**, und nicht etwa, weil er die besseren → *Argumente* hat. Wenn er aus der Sicht seiner → *Mitarbeiter* nicht Recht hat, es sich aber „nimmt", nutzt er – im weitesten Sinne – sein Vorrecht aus, → *Entscheidungen* auch gegen die Überzeugung seiner → *Mitarbeiter* durchzusetzen.

• Wer nun Recht hat und wer nicht, das ist **bei vielen komplizierten** → *Fragen* **gar nicht eindeutig festzustellen**. Kolumbus hatte es noch vergleichsweise leicht. Aber wenn heute die Experten einzelner Abteilungen mit der Geschäftsführung darüber streiten, ob für die neue Produktpalette nun blau oder grün als Grundfarbe besser geeignet ist, ob man junge Leute eher mit Hilfe von Dieter Bohlen oder von Daniel Küblböck erreicht und ob es aus betriebswirtschaftlicher Sicht nun sinnvoller ist, weniger Produkte zu höheren Preisen zu verkaufen als mehr Produkte zu tieferen Preisen – dann lässt sich selbst durch zäheste → *Diskussionen* selten schon im Vorfeld feststellen, wer jetzt eigentlich Recht hat. Meistens stellt sich das erst im Nachhinein heraus. Und dann ist es meistens zu spät.

• Und dann gibt es auch das, was man in der → *Politik* als „**Staatsräson**" bezeichnet. Dieses Wort wird immer dann benutzt, wenn es gar nicht darum geht, wer Recht hat und wer nicht, sondern nur um das, was aus einem übergeordneten Blickwinkel (dem der Regierung zum Beispiel) für strategisch sinnvoll und wünschenswert gehalten wird. Einfaches Beispiel: Bei der Diskussion um die Schädlichkeit von Zigaretten geht es den Politikern nicht unbedingt darum, wer Recht hat, sondern letztlich um die Steuereinnahmen, die dem Staat bei einem Verbot von Tabakwaren durch die Lappen gingen.

Besonders in größeren Unternehmen kann es ähnlich laufen: Es ist vielleicht sogar feststellbar, wer Recht hat und wer nicht – aber wer letztlich Recht bekommt, darüber entscheiden im Zweifel die → *Ziele* und → *Regeln* der Firmenpolitik. Wobei erschwerend hinzukommt, dass sich hinter offiziellen auch top-vertrauliche Ziele verbergen können, die manchmal rein gar nichts mit dem zu tun haben, was in der Öffentlichkeit verkündet wird. Pech für alle, die nicht Bescheid wissen: Selbst wenn sie noch so sehr Recht haben, werden sie es aus diesem Grunde möglicherweise nicht bekommen.

Streit ums Recht haben lohnt sich nicht. Schon allein deshalb, weil es fast immer um Themen geht, bei denen die genaue Lage von Recht und Un-Recht undurchschaubar ist, siehe oben. Außer vielleicht, wenn es um so simple Fragen geht wie die, ob die Hauptstadt von Kanada Vancouver oder Ottawa heißt, und ob Miss Sophie in „Dinner for One" nun Mulligatawny-Suppe oder Hulligatawny-Suppe isst. So was lässt sich am besten im Rahmen einer einfachen Wette klären. Die hat den Vorteil, dass der Gewinner nicht nur Recht, sondern auch noch etwas geschenkt bekommt.

Recht oder Ruhe? Wenn sich abzeichnet, dass es in Sachen Rechthaben nicht zu einer friedlichen Einigung kommt, dann sind Einlenkmanöver das Gebot der Stunde. Alles andere kostet nämlich einfach zu viel Kraft und Nerven – ein hoher Preis dafür, dass man bei Meinungsverschiedenheiten mit Chefs und anderen Recht-Habern am Ende möglicherweise trotzdem als Verlierer dasteht. Bewährte Klassiker: Die Vertagung der Diskussion auf einen späteren Zeitpunkt (der schlauerweise nie eintrifft), ein diplomatischer → *Themenwechsel* – oder aber kurzerhand eine Siegerehrung für den anderen nach dem Motto „Der Klügere gibt nach".

Zugegebenermaßen ist das nur möglich, wenn es um Dinge geht, bei denen es nicht schwer fällt, „klüger" zu sein, weil sie nicht wirklich → *wichtig* sind, keine Herzensangelegenheiten und vor allem keine Frage persönlicher politischer und religiöser Überzeugungen. Aber sieht man von diesen → *Ausnahmen* einmal ab, ist Nachgeben nicht nur eine elegante, sondern auch eine ausgesprochen clevere → *Lösung*: Der andere fühlt sich geehrt, denn er „hat Recht". Und Sie, sie haben dafür etwas anderes – nämlich endlich Ihre Ruhe.

▶ Rechtschreibung

Für nicht wenige Leute ein Buch mit relativ vielen Siegeln. Besonders seit der Rechtschreibreform blickt kaum noch jemand wirklich durch, der sich nicht mit dem Thema in der Ausbildung oder im Beruf systematisch auseinander setzen muss. Groß oder klein, zusammen oder getrennt, ss oder ß – die Unsicherheit auf diesem Gebiet ist vielen ein Gräuel (oder vielleicht Greuel?).

Reform oder gegen Reform? Diese unklare Situation, in der sich noch nicht einmal alle Bücher und Zeitungen an dieselben → *Regeln* halten, hat zumindest auf den ersten Blick etwas Tröstliches: Wo keiner so richtig Bescheid weiß, bleibt mit etwas Glück so mancher → *Fehler* unentdeckt. Aber dummerweise kann man – wenn überhaupt – nur die eigenen Rechtschreibkenntnisse einschätzen. Ob der Empfänger es bemerkt, wenn Sie sich immer noch an die alten Rechtschreibregeln halten oder doch an die neuen, wenn Sie einen fröhlichen Mix aus beiden zum Einsatz bringen oder vielleicht Schreibweisen, die weder mit den einen noch mit den anderen zu vereinbaren sind, das können Sie nicht wissen.

Und genau da liegt das → *Problem*. Vor allem für diejenigen, die beruflich viel mit Schriftsprache zu tun haben und ständig → *Briefe*, → *E-Mails*, → *Berichte*, → *Protokolle* und Artikel schreiben müssen. Aber auch für alle anderen. Denn selbst wer sich im Job lästigen Schreibkram weitgehend ersparen kann, kommt wahrscheinlich im → *Privatleben* immer mal wieder in die Situation, einen ordentlichen Brief schreiben zu müssen. Zum Beispiel an eine Behörde, an einen Rechtsanwalt, an eine Hausverwaltung oder an einen Finanzbeamten. Spätestens dann gilt, was für Schreib-Profis ohnehin die wichtigste Faustregel ist: Je weniger Fehler, desto besser der → *Eindruck*. Vertrauen Sie also lieber nicht darauf, dass der Empfänger Ihrer Texte von Rechtschreibung genauso wenig Ahnung hat wie Sie oder auf alle Fälle bestimmt nicht mehr. Das kann nämlich ins Auge gehen.

Wenige Fehler – viel Eindruck. Zumal Rechtschreibfehler auf die Dauer fürs eigene → *Image* eine Ecke schlimmer sind als → *Tippfehler*. Die gelten „nur" als schlampig. Mit Rechtschreib- und auch Zeichensetzungsfehlern hingegen bringt man sich ganz schnell in den Verdacht, nicht nur schlampig zu arbeiten (sonst hätte man ja zweifellos Korrektur gelesen und die Fehler entdeckt), sondern sich in Sachen Schriftsprache ganz offensichtlich gar nicht auszukennen. In Berufen wie Dachdecker oder Tierpfleger macht das vielleicht nicht viel aus – aber selbst auf die muss man sich oft genug schriftlich bewerben. Und was mit → *Bewerbungen* passiert, bei denen die fachliche → *Kompetenz* des Bewerbers weniger ins Auge springt als seine → *Inkompetenz* in Sachen Rechtschreibung, das weiß nun wirklich jeder: Weg damit in den Absage-Stapel.

Erste Hilfe. Keine → *Angst*, → *Regeln* pauken und Abendkurse belegen müssen Sie deshalb trotzdem nicht. Es reicht,
• wenn Sie mit dem Korrekturprogramm Ihres Computers → *Freundschaft* schließen. Das heißt: es aktivieren und die kleinen roten oder grünen Schlängel unter manchen Wörtern nicht etwa als grafische Verzierungen ansehen, sondern als Hinweis auf mögliche Fehler;
• wenn Sie sich ein Wörterbuch zulegen und grundsätzlich kurz nachschauen, sobald Sie sich nicht sicher sind oder der Computer Schlängel produziert. Wer keine Lust hat, ständig zu blättern, kann es sich auch auf CD-ROM kaufen;
• wenn Sie es sich angewöhnen, systematisch → *Korrektur zu lesen* und → *wichtige* Texte auch von einer zweiten Person auf Fehler prüfen lassen.

Darüber hinaus sollten Sie auf → *Kritik* an Ihrem Fehlerniveau am besten nicht mehr mit einem verlegen gemurmelten „Ich hab' die Rechtschreibreform eben noch nicht richtig drauf" reagieren. Denn erstens zieht diese → *Notlüge* einfach nicht mehr – die Rechtschreibreform ist immerhin schon fast sechs Jahre alt.

eUnd wenn Sie damit Fehler wie „Briefmarcke" erklären, könnte sich spätestens dadurch herausstellen, dass Sie von geschriebener Sprache wirklich keinen Schimmer haben. Denn die wurde weder vor noch nach der Rechtschreibreform mit c geschrieben.

▶ Regeln

Verkehrsregeln, Spielregeln, Benimmregeln, Rechtschreibregeln – sie alle haben ganz klar einen großen Vorteil: Sie legen fest, was als richtig gilt und was als falsch, und sie sagen, was man darf und was nicht. So gesehen sind sie wie Wegweiser. An ihnen kann man ablesen, wo man sich gefahrlos bewegen kann. Und wo dicke → *Fehler* und tiefe → *Fettnäpfe* lauern. Deshalb muss man von klein auf reichlich Regeln → *lernen*, und obendrein zu jeder Regel alle → *Ausnahmen*. Und wenn sich die Regeln ändern, tja, dann ist wieder Lernen angesagt, denn was bisher als richtig galt, ist im Zweifel nur noch gut für den Müll. Es gibt Leute, die damit überhaupt kein → *Problem* haben. Sie sind → *dankbar* dafür, dass es überhaupt Regeln gibt, an die man sich halten kann. Das erscheint ihnen als die klügste Methode, Fehler zu vermeiden und sich innerhalb dessen, was die Regeln erlauben, frei und selbstsicher zu bewegen.

Regeln brechen. Andere Menschen hingegen halten Regeln nicht für eine unabdingbare Orientierungshilfe, sondern für eine unerträgliche Zwangsjacke. Also setzen sie sich mit dem größten Vergnügen darüber hinweg. Manchmal, um gezielt ihre Umwelt zu → *provozieren*, aber häufiger, weil sie sich dagegen wehren, dass Regeln ihre → *persönliche* Freiheit in irgendeiner Form einschränken. Ob sie das dürfen oder nicht, darüber streitet sich die Menschheit, seit es Regeln gibt. Die klügste Antwort auf diese Frage lautet immer noch: „Warum nicht? Solange sie mit ihren Regelbrüchen die Freiheit der anderen nicht einschränken."

Wer aus Protest gegen Rechtschreibregeln grundsätzlich nur Kleinbuchstaben verwendet, tut das wohl kaum. Wer beim Abendessen ganz ungeniert seinen Blähungen Luft macht, schon eher (nicht unbedingt wegen des Verstoßes gegen die Benimmregeln, sondern wegen der Geruchsentwicklung). Und wer auf der Autobahn drängelt und rechts überholt, wird dafür möglicherweise zur Rechenschaft gezogen, auch wenn er keinen Unfall verursacht.

Nicht ohne Grund haben nämlich manche Regeln den Stellenwert von Gesetzen und Vorschriften. Wer sich über die hinwegsetzt, überschreitet klare → *Grenzen* und darf nicht mit Verständnis rechnen. Zumindest nicht mit dem Verständnis derjenigen, die sie gezogen haben.

Regeln clever brechen. Lässt man das Thema Gesetze mal außen vor (ob die immer gerechtfertigt oder sinnvoll sind, darüber lässt sich nämlich endlos streiten), dann können Regelverstöße durchaus etwas Erfrischendes haben, Anregungen geben, überalterte Traditionen als hohl entlarven. So mancher Künstler baut genau darauf seinen Ruhm auf. Das funktioniert aber nur dann so richtig, wenn er genau weiß, was er tut, und warum er es tut. Der gezielte Regelbruch ist nämlich ein Thema, das durchaus für ernst zu nehmende → *Diskussionen* taugt. Dazu muss es noch nicht einmal unbedingt ein Huhn sein, das auf einer Theaterbühne live geschlachtet wird, und auch nicht echtes Blut in der roten Farbe eines Kunstmalers.

Wer Regeln aus reiner Unwissenheit bricht, der geht in den seltensten Fällen als Regel-Revolutionär in die Geschichte ein, sondern eher als Dummkopf. Für jeden Regelkenner (und davon gibt es nun mal unglaublich viele) ist die Nichtbeherrschung von Regeln nämlich auf den ersten Blick zu erkennen. Schlicht und ergreifend deshalb, weil Regeln fast nie einzeln stehen, sondern immer zu einem großen, festen Regelwerk verbunden sind. Wer sich bewusst über einzelne Regeln hinwegsetzt, beachtet dafür die anderen umso genauer, schon um seinem Publikum zu zeigen, dass er sie zwar beherrscht, aber nun mal nicht anwenden will. Wer hingegen die Regeln nicht beherrscht, trampelt durch das Regelwerk wie der Elefant durch den Porzellanladen. Jeder Tritt ein Fettnapf, nur unterbrochen von dem einen oder anderen glücklichen Zufall.

Merken tun das meistens nur die anderen. Und denken sich ihr

Teil: Wenn Sie bei Tisch Ihre Spaghetti kurz und klein schneiden, Ihr Messer ablecken und um Eiswürfel für Ihren Weißwein bitten, sind Sie dem Banausen-Image rettungslos ausgeliefert, auch wenn Sie sonst eine Menge richtig machen und sogar als ganz bewussten Protest gegen herrschende Traditionen Rotwein zur Seezunge in Champagnersauce bestellt haben.

Daraus folgt: Im → *Privatleben* können Ihnen Regelwerke aller Art völlig egal sein. Sie können nach Herzenslust Regeln brechen, neue aufstellen und wieder brechen. Jedenfalls so lange, wie Ihre Familie, Ihre Freunde und Ihr Anwalt das mitmachen. Aber im Berufsleben ist es aus nahe liegenden Gründen empfehlenswert, dass Sie sich mit den Regeln erst gründlich vertraut machen, ehe Sie sich über sie hinwegsetzen. Damit Sie auch wissen, was Sie tun – und damit die anderen wenigstens den → *Eindruck* gewinnen, dass Sie wissen, was Sie tun.

▸ Reklamationen

Reklamation bedeutet „Beanstandung". Und sie ist der Ernstfall für jeden, der auf die Zufriedenheit von → *Kunden* angewiesen ist, vom Koch bis zum Handwerker, von Händlern und modernen Dienstleistungsunternehmen ganz zu schweigen. Denn eine Reklamation bedeutet immer: Hier ist ein Kunde unzufrieden. Und zwar richtig unzufrieden. Sonst würde er vermutlich ein Auge zudrücken, anstatt sich die Mühe zu machen, sich zu einer offiziellen Reklamation aufzuraffen.

Natürlich kann es sein, dass hinter einer Reklamation nichts anderes steckt als die Hoffnung, dadurch den Preis drücken oder wenigstens „aus Kulanzgründen" ein kleines Besänftigungsgeschenk rauszuschlagen. Und weil genau dieser Fall nicht völlig auszuschließen ist (und auch immer wieder mal vorkommt), werden Kunden mit Reklamationen gelegentlich von vornherein als mögliche Schnorrer und → *Betrüger* betrachtet und entsprechend schief angesehen. Nicht selten behandelt man sie aber auch ohne solche Verdächtigungen mit ausgesuchter Unfreundlichkeit, einfach weil Reklamationen lästig sind und → *Ärger* mit sich bringen.

☠ **Abwimmeln ist** → *tabu.* Es ist eindeutig ein → *Fehler,* Kunden mit Reklamationen → *abzuwimmeln* oder vor den Kopf zu stoßen. Immerhin sind sie so nett, dem Unternehmen eine zweite Chance zu geben, anstatt kommentarlos die Zahlung zu verweigern, den Fall im örtlichen Käseblatt auszubreiten und in Zukunft zur Konkurrenz zu gehen. Was für sie alles umso näher liegend ist, je muffiger die Reaktionen auf ihre Reklamation sind.

Wer eine Reklamation entgegennimmt, handelt also nicht nur → *höflich,* sondern auch ausgesprochen klug, wenn er darauf mit einem Mindestmaß an → *Aufmerksamkeit* und Freundlichkeit reagiert, anstatt dem Kunden so abgestandene Sprüche wie „Sie sind der Erste, der sich darüber beschwert" zu servieren. Durch plumpes Abwiegeln schafft man sich zwar vielleicht die Reklamation vom Hals, ist aber genauso schnell den Kunden ganz los. Zugegebenermaßen anstrengender, aber eindeutig sinnvoller ist es, → *zuzuhören* und → *Lösungen* zu suchen. Wie man das im Reklamationsfall am besten macht, dafür gibt es eine ganze Reihe praktischer Tipps. Sie finden sie unter dem Stichwort → *Beschwerden.*

▶ **Routine**

So bezeichnet man das „gewohnheitsmäßige Ausführen einer Arbeit".[8] Routine ist das Ergebnis von → *Erfahrung:* Wer jahrelang denselben Job macht, erledigt irgendwann selbst komplizierte → *Arbeitsaufträge* wie im Schlaf. Er weiß, worum es geht, was wirklich → *wichtig* ist und was weniger wichtig, er kennt die Leute, mit denen er zu tun hat, und er kann Anfängerfehlern und → *Fettnäpfen* zielsicher aus dem Weg gehen. So lassen sich → *Zeit* und Energie sparen, die dann für andere Dinge frei werden. Für die Erledigung zusätzlicher Aufgaben zum Beispiel. Oder fürs Privatleben.

Routine ist also auf den ersten Blick ein ziemlich erstrebenswerter Zustand. Sie ist das beste Mittel gegen → *Nervosität* und Lampenfieber, gegen lähmende → *Angst* vor → *Fehlern* und wackeliges Selbstbewusstsein. Obendrein wird, wer die nötige Routine hat, auch viel besser mit plötzlichen → *Problemen* aller Art fertig. Routine sorgt nämlich dafür, dass man nicht gleich in Panik gerät, sondern in der Lage ist, halbwegs gelassen nach → *Lösungen* zu fahnden, ohne vor Druck und → *Hektik* die → *Kontrolle* über alles andere zu verlieren.

Zu viel Routine, zu wenig Einsatz. Dummerweise hat Routine auch einen ordentlich großen Haken: Sie verführt dazu, dass man sich über seine Arbeit nicht mehr allzu viele Gedanken macht. Wozu auch? Man beherrscht sie schließlich mit links. Aber genau das macht die ganze Sache irgendwann langweilig. Wo sich Langeweile breit macht, da ist es mit → *Motivation* und → *Job Identification* nicht mehr weit her. Und obwohl sich bekanntlich alles noch irgendwie verbessern lässt, sind gute → *Ideen* für den eigenen Arbeitsbereich in dieser Grundstimmung so selten wie Perlen in einer Miesmuschel.

Stattdessen werden Routiniers oft nachlässig nach dem Motto: „Warum sollte ausgerechnet diesmal irgendwas schief gehen? – Und wenn doch, dann wird mir schon was einfallen." Und das stimmt auch meistens. Aber längst nicht immer. Denn die Tücke liegt bekanntlich im → *Detail.* Da kann eine vergessene Kleinigkeit manchmal schon eine zu viel sein, von der → *Einladung,* die nicht frühzeitig genug an den Top-Kunden geschickt wird, bis zum Tupfer, den der Chirurg im Oberbauch des Patienten vergisst.

Es ist also nicht verkehrt, die eigene Routine kritisch im Auge zu behalten. Haben Sie einmal ein gewisses Maß erreicht, ist das nicht wirklich ein Grund, diese Tatsache als vorgezogenen Ruhe-Stand anzusehen, durch den sich ein Maximum an Arbeit bequem mit einem Minimum an Aufwand erledigen lässt. Es sei denn, Sie sind → *Energiesparer* und haben bis zur Rente sowieso nichts anderes mehr vor, vor allem keine → *Karriere.* Alle anderen sind gut beraten, (zu) viel Routine als Alarmsignal zu sehen. Und aus diesem Grund nicht nur ihre → *Checklisten* mit besonderer Sorgfalt zu führen. Sondern sich auch möglichst bald um neue, schwierigere, anspruchsvollere Aufgaben zu bemühen, bei denen die bisherige Routine zwar ein guter Ausgangspunkt, aber kein Ruhekissen mehr ist.

▶ **Routinearbeiten**

Sie machen überall einen mehr oder weniger großen Anteil des Berufslebens aus. Ständig neue und aufregende Sachen bekommt höchstens James Bond auf den Tisch. Und selbst der wird sich gelegentlich über → *Akten* beugen und → *Berichte* schreiben müssen. Allerdings wahrscheinlich nur selten: Wenn es um lästige Routinearbeiten wie → *Versandaktionen*, → *Kopierarbeiten*, → *Ablage* und das Aktualisieren von → *Adressen* geht, müssen meistens rangniedrigere → *Mitarbeiter* und → *Praktikanten* dran glauben.

Umgang mit Routinearbeiten. Hier gibt es nur eins: Bloß nicht unterschätzen! Das gilt sowohl für die Glücklichen, die sie an andere → *delegieren* dürfen, als auch für die Genervten, die sie erledigen müssen:

Wenn Sie Routinearbeiten erledigen müssen, sind Sie oft gut beraten, genau das mit Fassung zu tragen. Denn **erstens** müssen die nun mal erledigt werden. Manche Mitarbeiter werden nur dafür bezahlt, wenn auch zugegebenermaßen selten gut. Aber wenn Sie ernsthaft mehr → *Verantwortung* (und mehr → *Geld*) wollen, ist → *Zuverlässigkeit* in diesen Jobs ein gutes Sprungbrett dafür, sich erfolgreich um eine bessere Position zu bewerben.

Und **zweitens** können Routinearbeiten gerade in der → *Probezeit* oder im Umgang mit Praktikanten ein Test vom → *Chef* sein. **Merke:** Wer auch solche Jobs gewissenhaft erledigt, anstatt vor Unlust typische Schlamperei-Fehler zu begehen, der macht genau den guten → *Eindruck*, der die Voraussetzung dafür ist, anspruchsvolle Arbeiten anvertraut zu bekommen. Wenn von denen allerdings auch nach Monaten noch keine Rede ist, sollte selbst der Geduldigste nicht vor einem → *Feedback*-Gespräch zurückschrecken. Ein Dasein zwischen Kopierer und Kaffeemaschine ist nicht unbedingt das, was man sich von seinem Job erträumt. Das wird selbst Ihr Chef einsehen. Und wenn nicht, dann ist es an der → *Zeit*, sich nach einem neuen umzusehen.

Wenn Sie Routinearbeiten delegieren, erinnern Sie sich am besten an die Zeiten, in denen Sie sie noch selbst erledigen mussten. Das wird Ihnen helfen, die größten

Fehler zu vermeiden. **Fehler 1:** Andere mit Routinearbeiten zumüllen, ohne ihnen jemals zwischendurch auch anspruchsvollere Arbeiten zu übertragen. Damit sie sich ernst genommen fühlen und eine Chance sehen, sich für größere Herausforderungen zu bewähren. **Fehler 2:** Routinearbeiten für so leicht und für so nebensächlich halten, dass Sie an ihre Erledigung keinen Gedanken verschwenden. Ein bisschen → *Kontrolle* ist gerade in diesem Bereich das Gebot der Stunde, wenn Sie sich überflüssigen → *Ärger* um unlesbare Kopien, undurchschaubare → *Ablagen* und unbekannt verzogene Empfänger ersparen wollen. Solche Patzer fallen nämlich nie nur auf den zurück, der die Routinearbeit schlampig erledigt, sondern auch auf den, der sie in Auftrag gegeben hat.

▶ **Rückfragen** → *Fragen*

▶ **Rückrufe**

Mit → *Telefonen* sind die meisten Leute heute reich gesegnet: Privatanschluss, Firmentelefon, privates → *Mobiltelefon* und Firmenhandy. Trotzdem ist deswegen noch lange nicht jeder ständig → *erreichbar.* Im schlechtesten Fall werden Anrufer mit Freizeichen oder automatischen Ansagen („Der gewünschte Gesprächspartner ist im Augenblick nicht zu erreichen") abgespeist. Im besten Fall können sie auf einem → *Anrufbeantworter* oder bei einer dritten Person, die vertretungsweise ans Telefon geht, eine Nachricht hinterlassen. Die mit Abstand kürzeste und am weitesten verbreitete ist die → *Bitte* um Rückruf.

Rückrufe erbitten. Wer um einen Rückruf bittet, tut das in der → *Regel* in der Hoffnung, innerhalb der nächsten zwei Tage auch wirklich einen zu bekommen. Schöner wäre es natürlich, noch am selben Tag zurückgerufen zu werden, aber damit kann eigentlich nur rechnen, wer so → *wichtig* ist, dass man ihn unmöglich länger warten lassen kann. Wenn Sie so wichtig nicht sind, müssen Sie eher damit rechnen, dass der erhoffte Rückruf erst nach drei Tagen erfolgt. Oder nach einer Woche. Je nachdem, wie unwichtig Sie für den Rückrufer sind – traurig, aber wahr.

Trotzdem haben Sie zwei Möglichkeiten, den Zeitpunkt des Rückrufs wenigstens ein bisschen zu beeinflussen:

• **Sie teilen grundsätzlich alle Nummern mit**, unter denen man Sie erreichen kann. Die hat der andere zwar vielleicht. Aber vielleicht hat er keine → *Zeit* oder Lust, sie auch herauszusuchen. Wenn Sie Ihre Nummern sicherheitshalber noch mal angeben (und zwar in Einzelzahlen, langsam und zum Mitschreiben), haben Sie zumindest dieses Hindernis erfolgreich umschifft.

• Sie **kündigen kurz an** (oder lassen ausrichten), **worum es bei dem erbetenen Rückruf gehen soll**, und wie viel Zeit das → *Gespräch* voraussichtlich in Anspruch nimmt. Bedingungslose → *Ehrlichkeit* ist hier allerdings nicht unbedingt angebracht. Wer mit „Ich würde mich gerne mal ausführlich mit Ihnen über die Mängel bei Ihrem Kundenservice unterhalten" um einen Rückruf wirbt, kann lange warten. Schlauer ist es, grundsätzlich um kurze Gespräche zu bitten („Wenn Sie mal fünf Minuten Zeit für mich haben …") und das Thema möglichst harmlos zu verpacken, zur Not unter Verwendung einer kleinen → *Notlüge*. Es ist schließlich nicht ausgeschlossen, dass harmlose Themen „ganz zufällig" dahin führen, worüber Sie eigentlich reden wollen.

Um Rückruf gebeten werden ist, rein statistisch gesehen, wesentlich häufiger lästig als lustig. Es kommt eben viel zu selten vor, dass die große Liebe oder die Lottozentrale um Rückruf bittet. Wahrscheinlicher sind Rückruf-Bitten, die Arbeit, → *Stress* oder → *Ärger* mit sich bringen. Oder Zeit kosten, die man nicht hat. Das alles ist aber noch lange kein Grund, Rückrufwünsche grundsätzlich erst mal liegen zu lassen und sich erst auf das zweite oder dritte → *Nachhaken* des Anrufers zu rühren. Wer das tut, handelt sich in Nullkommanichts den Ruf ein, unhöflich, unzuverlässig und → *arrogant* zu sein. Alles Eigenschaften, mit denen man sich nicht gerade beliebt macht und es karrieremäßig auch nicht sonderlich weit bringt. Es sei denn, Sie haben schon → *Karriere* gemacht. Dann können Sie andere natürlich so lange warten lassen, wie Sie wollen. Aber so weit müssen Sie es erst mal bringen.

Für alle, die noch auf dem Weg nach oben sind, ist es empfehlenswerter, innerhalb der Zwei-Tage-Standardfrist zurückzurufen und sich erst mal anzuhören, worum es eigentlich geht. Vielleicht lässt sich der Anrufer ja mit einem → *Zwischenbescheid* vertrösten, vielleicht hat er sogar gute Nachrichten. Und wenn nicht, dann kann man ihn immer noch relativ einfach → *abwimmeln*: „Ich muss leider Schluss machen, weil ich einen Anruf auf der anderen Leitung habe." Ob Sie im Anschluss an solche Notlügen einen Rückruf erbitten oder einen ankündigen, bleibt ganz Ihnen überlassen.

Rückrufe erledigen. Damit sollte sich nicht allzu viel Zeit lassen, wer vermeiden will, im Wettbewerb um den schlechtesten → *Eindruck* auf den vorderen Plätzen zu landen, siehe oben. Gleichzeitig wird man in manchen Jobs mit Bitten um Rückrufe geradezu überschüttet und müsste die eigentliche Arbeit liegen lassen, um sie alle prompt zu erledigen. In solchen Fällen ist das Anlegen einer **Telefonliste** das Gebot der Stunde. Darauf ist mit Datum jeder notiert, der um Rückruf gebeten hat. Und zwar in drei Spalten: → *„dringend"*, → *„wichtig"* und „kann warten". Eine solche Festlegung von → *Prioritäten* bewahrt zuverlässig davor, sich wider Willen in ein stundenlanges Gespräch aus der „kann warten"-Spalte zu verstricken, das so viel Zeit kostet wie drei Gespräche aus der „dringend"-Ecke zusammen.

Das → *Problem* an dieser Logik: → *Energiesparer* und → *Workaholics* berufen sich auf sie, um zu erklären, warum sie die „kann warten"-Spalte so gut wie nie in → *Angriff* nehmen. Aber für diese Unhöflichkeit gibt es keine glaubhafte → *Entschuldigung*: Für drei Minuten Telefonieren ist immer Zeit. Und wenn Sie nur sagen, dass Sie leider gerade gar keine Zeit haben, aber bestimmt spätestens in ein paar Tagen wieder anrufen.

Anmerkungen

[1] Wahrig Deutsches Wörterbuch
[2] 10/S. 25
[3] 3/S. 89
[4] Zum Beispiel Literaturliste Nr. 2
[5] 32/S. 339 ff

[6] 2/S. 23
[7] 3/S. 145
[8] Reclams Kleines Fremdwörterbuch

S

▶ **Sachzwang**

Das bedeutet laut Wörterbuch „durch einen Sachverhalt, nicht durch einen Willensakt ausgelöster Zwang".[1] Einfacher ausgedrückt: „Es geht nicht, aber nicht etwa, weil ich nicht will, sondern weil ich nicht kann oder darf." Damit ist das Wort, besonders im → *Amtsdeutschen*, eine der beliebtesten → *Entschuldigungen* für → *Ablehnungen*, → *Absagen* und → *Probleme* aller Art. Es erlaubt nämlich, von möglicherweise sehr wohl vorhandenen → *persönlichen* Gründen für solche unangenehmen Bescheide abzulenken. Und persönliche Gründe könnte es allen anders lautenden Behauptungen zum Trotz eine ganze Menge geben: persönliche Vorlieben und → *Abneigungen*, → *Meinungen*, → *Ziele* und → *Pläne*. Und persönlich gemachte → *Fehler* natürlich auch.

„Wir stehen in dieser Angelegenheit unter Sachzwang", „Diverse Sachzwänge erlauben es uns nicht, ...", „Ich kann mich über Sachzwänge leider nicht hinwegsetzen", „Das Projekt ist gleich mehreren Sachzwängen zum Opfer gefallen." Solche Begründungen klingen sehr sachlich, sehr ernst zu nehmend und sehr unabänderlich. Und vor allem klingen sie viel besser als „Wir sehen gar nicht ein, warum wir ausgerechnet mit Ihnen ...", „Ich habe keine Lust, mich für Sie anzustrengen", „Dafür bin ich persönlich verantwortlich" und „Wir haben Fehler gemacht".

Sachzwänge erforschen. Wenn Ihnen in einem → *Gespräch* „Sachzwänge" präsentiert werden, lohnt es sich eigentlich immer, einmal nachzufragen, was genau sich hinter diesem Wort verbirgt. Möglicherweise wird es tatsächlich nur als Sammelbegriff für diverse unbestreitbar vorhandene Probleme verwendet. Aber vielleicht stellt sich durch intensives Nachbohren auch heraus, dass sich hinter dem „Sachzwang" nichts anderes verbirgt als ein verschlampter → *Termin*, ein Rückzieher nach einer zu leichtsinnig getroffen → *Zusage* oder eine persönliche Urlaubsplanung, die sich nun mal einfach nicht mit Ihrem Projekt in Einklang bringen lässt.

Der „Sachzwang" ist also unter Umständen nichts anderes als eine → *Notlüge.* Und zwar eine ziemlich platte, wenn der Verwender sich nicht die Mühe macht, sie bei Bedarf mit weiteren Notlügen zu erklären. Deshalb ist es letztlich besser, die Finger ganz von diesem Wort zu lassen; es riecht einfach zu sehr nach Bürokratie und Ausrede. Wenn Sie unter echtem Sachzwang stehen, können Sie ihn schließlich gleich erklären – und wenn nicht, dann lassen Sie sich am besten von vornherein eine gescheite Notlüge einfallen, die garantiert keine peinlichen Rückfragen nach sich zieht.

▶ Sauberkeit

Es gibt Berufe, in denen man keine Chance hat, sauber zu bleiben. Gärtner, Bauarbeiter, Kohlenhändler, Automechaniker – alles Leute, die bekanntermaßen harte körperliche Arbeit leisten und deshalb keine schiefen Blicke ernten, wenn der Zustand ihrer Kleidung, Haare und Hände zu wünschen übrig lässt.

Überall sonst im Berufsleben gehört Sauberkeit jedoch ganz klar zu den wichtigsten Eigenschaften, genau wie → *Ordnung,* → *Pünktlichkeit* und → *Zuverlässigkeit.* Und im Vergleich zu diesen dreien, die alle eine gewisse Anstrengung erfordern, ist Sauberkeit im Zeitalter von Waschmaschinen und Warmwasserversorgung auch noch extrem einfach zu haben. Das → *Verständnis* für Schmuddel in jeder Form ist also heute mehr oder weniger gleich null. Es gilt als selbstverständlich, dass jeder weiß, wie entscheidend Sauberkeit für den → *Eindruck* ist, den man hinterlässt. Sie wird vor allem in **drei Bereichen** erwartet:

• **Körper.** Dreckige Fingernägel und fettige Haare sind für so viele Leute der Alptraum schlechthin, dass es die Mühe lohnt, regelmäßig einen prüfenden Blick darauf zu werfen, auf die Fingernägel gerne mehrfach am Tag. Welchen Sauberkeitsgrad der Rest des Körpers hat, lässt sich zwar (glücklicherweise) nicht sehen, aber im Zweifelsfall erriechen. Mit Schweißfahne und Mundgeruch macht kaum jemand → *Karriere* – ordentliche Körperpflege kann also garantiert nicht schaden (→ *Körpergeruch*).

• → *Kleidung*. Flecken sind immer schlecht, und die Ausrede „Das ist mir heute erst passiert" zieht auch nur ganz selten. Optisch saubere, aber verschwitzt riechende Kleidung ist mindestens genauso schlecht. Da hilft nur eins: So oft wie möglich in die Waschmaschine oder in die Reinigung damit. Auch wenn die Teile „noch ganz sauber aussehen", Waschpulver die Umwelt belastet und die Reinigung ordentlich teuer ist. Denn wer hier spart, der spart am falschen Ende.

• → *Arbeitsplatz*. Wo gearbeitet wird, wird's nun mal oft dreckig. Selbst in Bürojobs: Radiergummifussel, Haare, Staub, Kekskrümel und Gläserkränze lassen sich kaum vermeiden. Deshalb gibt es in vielen Unternehmen einen Reinigungsservice, der ein gewisses Maß an Sauberkeit garantieren soll. Aber erstens müssen sich Putzfrauen nicht um jeden Dreck an Ihrem Arbeitsplatz kümmern. Sie können sich ja mal spaßeshalber erkundigen, was alles zu ihrer Arbeit gehört und was nicht. Zweitens gibt es auch unter Putzfrauen → *Energiesparer*, die es mit ihren Pflichten nicht ganz so genau nehmen. Und drittens sind letztlich Sie für den Zustand Ihres Arbeitsplatzes verantwortlich.

Es ist also ausgesprochen clever, offen-sichtlichen Schmutz rechtzeitig selbst zu beseitigen, anstatt alles auf die Putzfrau zu schieben, wenn jemand mit den Fingern an Ihrer Tastatur kleben bleibt oder beim Anblick der Dreckschicht auf den Muscheln Ihres Telefonhörers vom Brechreiz gepackt wird. Vielleicht ist daran ja tatsächlich die Putzfrau schuld – aber dass Sie so viel Schmuddel entweder gar nicht sehen oder aber prima damit leben können, lässt darauf schließen, dass Sie sich auch nicht allzu viel aus Sauberkeit machen. Und eine solche Schlussfolgerung ist weder schmeichelhaft noch gut fürs → *Image*.

▶ **Schimpfen** → *Fluchen*

▶ **Schreien**

 „Wer schreit, hat Unrecht." Mehr ist zu diesem Thema eigentlich nicht zu sagen, zumal das Sprichwort allgemein bekannt ist. Aber „kennen" ist nun mal nicht dasselbe wie

„verstehen". Anders ist nicht zu erklären, warum so unglaublich viele Leute bei jeder passenden und unpassenden Gelegenheit in Geschrei ausbrechen: Wenn der Beziehungspartner zu spät nach Hause kommt, das Kind ein Glas hat fallen lassen oder der → *Mitarbeiter* mal wieder Mist gebaut hat. Genauso beliebt ist Brüllen als letzte Waffe, wenn man sich angegriffen fühlt, wenn der andere rein sachlich gesehen die besseren → *Argumente* hat oder seinerseits immer lauter wird.

Es wird also reichlich rumgeschrien. Fast immer in der Annahme, damit „Dampf ablassen" zu können und so gereizten Organen von Magen bis Gehirn etwas Gutes zu tun. Inzwischen ist zwar nachgewiesen, dass diese Annahme in der Form falsch ist,[2] aber das scheint niemanden weiter zu stören. Deshalb hier für alle Schreier noch mal schwarz auf weiß alle Gründe dafür, warum Schreien → *tabu* ist:

• **Brüllen** ist zwar vielleicht ein Ventil für starke Anspannung und schwache Nerven. Aber es **verschafft nur auf den ersten Blick Erleichterung**. Spätestens, wenn der Anfall vorbei ist, starrt man erfahrungsgemäß auf Beziehungstrümmer und bereut bitter, was man alles gesagt hat. Und in welchem Ton.

• **Durch Schreien stößt man nicht nur den Angeschrienen vor den Kopf, sondern auch alle Zeugen solcher Ausbrüche.** Die werden sich zwar meistens hüten, den Schreier zurechtzuweisen – aber sie denken sich ihr Teil. Und die Ergebnisse, zu denen sie kommen, fallen garantiert nicht schmeichelhaft aus. Genau aus diesem Grund sind viele → *Chefs* so bodenlos unbeliebt – spätestens beim zweiten Wutanfall einem Mitarbeiter gegenüber sind sie unten durch. Das besondere → *Problem* daran: Es geht schnell, sein → *Image* auf diese Weise zu ruinieren. Aber es dauert sehr lange, es wieder zu reparieren.

• **Wer Recht hat, setzt sich durch Schreien ins Unrecht.** Sie können noch so sehr → *Recht* haben – wenn Sie dem anderen das lautstark brüllend mitteilen, sind Sie trotzdem der Verlierer. Denn Ihr Gesprächspartner wird sich (wenn er clever ist, siehe unten) kaum die Chance entgehen lassen, sich vor der Anerkennung Ihrer → *Argumente* zu drücken und stattdessen auf Ihrem → *Tonfall* rumzuhacken.

Wenn Sie zu den Schreiern gehören, lesen Sie doch spaßeshalber mal unter dem Stichwort → *Wut* nach, wie man solche Gefühle wieder in den Griff bekommt, ohne größeren Schaden anzurichten. Und um ganz sicher zu gehen, könnten Sie zusätzlich über ein paar Dinge nachdenken. Zum Beispiel darüber, ob es wirklich nötig ist, jemandem den Tag zu verderben, der es doch vielleicht gar nicht so gemeint hat, oder die Stimmung in einem → *Team* auf den Nullpunkt zu bringen, bloß weil einer irgendetwas falsch gemacht hat, wahrscheinlich noch nicht einmal aus bösem Willen.

Sie könnten auch versuchen, mildernde Umstände für denjenigen zu finden, der gerade Ihren Zorn auf sich zieht: Vermutlich hat er Sie nicht etwa verärgert, weil er ein schlechter oder dummer Mensch ist, sondern weil er nicht richtig nachgedacht, es nicht besser gewusst hat. Oder weil er → *Angst* vor Ihnen hat.[3] Was Ihnen ganz besonders zu denken geben sollte. Und noch was: „Ich hab' schließlich nicht angefangen!" ist für Brüllen eine ganz schwache → *Entschuldigung*. Nur weil jemand meint, Sie anschreien zu müssen, müssen Sie schließlich noch lange nicht zurückschreien.

Wenn Sie angeschrien werden, ist das im ersten Moment zugegebenermaßen immer extrem schlecht zu ertragen. So etwas ist ärgerlich, peinlich und → *kränkend*, es macht die rettende innere → *Distanz* kaputt und ruft spontane Reaktionen hervor, die man hinterher bereut, vom Zurückbrüllen bis zum → *Tränenausbruch*.

Dabei haben Sie in dieser Situation, bei Licht betrachtet, eigentlich immer die besseren Karten. Denn wer schreit, hat Unrecht, siehe oben. Und daraus folgt, dass Sie Vorwürfe aller Art, selbst wenn sie noch so gerechtfertigt sind, grundsätzlich seelenruhig abschmettern können mit Zauberformeln wie „Finden Sie nicht auch, dass wir in einem anderen Ton miteinander reden sollten?" (→ *Kritik*)

So gesehen müsste es Ihnen gleich viel leichter fallen, auf Gebrüll mit einer gewissen Gelassenheit zu reagieren, sich hinter einem freundlichen → *Lächeln* zu verschanzen und ansonsten nicht viel zu sagen, bis der Anfall vorbei ist – wenn der andere so richtig in Rage ist, können Sie mit Argumenten ohnehin nichts ausrichten. Also heben Sie sich die am besten für später auf, wenn Ihr Gegenüber wieder zurechnungsfähig ist. Es lohnt sich immer, auf diesen Moment zu warten – denn dann sorgt eine ordentliche Portion schlechtes Gewissen dafür, dass der Schreier endlich mal bereit ist, Ihnen richtig → *zuzuhören* und vielleicht sogar auf Sie einzugehen. Und wenn nicht – dann wird es höchste Zeit, den endgültigen Abflug ins Auge zu fassen.

▶ Schwächen

Schwächen hat jeder. Es ist nun mal unmöglich, auf jedem Gebiet stark zu sein. Das gelingt nur, wenn ein paar → *wichtige* Dinge zusammentreffen: natürliches Talent, → *persönliche* Vorlieben, Gelegenheit zum → *Lernen*, Lernbereitschaft. Die vier müssen nicht immer zu gleichen Teilen vorhanden sein – aber fehlt ein Bereich ganz, dann wird's schwer, ganz egal, ob es um Kochkunst oder Klavierspiel, um → *Geduld* oder Kopfrechnen geht.

Mit den eigenen Schwächen umgehen. Es gibt Leute, die kennen ihre eigenen Schwächen so quälend genau, dass ihr Selbstbewusstsein noch ein paar Grad unter dem von Woody Allen liegt. Und es gibt Leute, die kennen nur die Schwächen der anderen (Verwandte, → *Chefs*, → *Kollegen*) genau. Dass sie selbst auch welche haben könnten, kommt ihnen nicht in den Sinn. Oder sie vermeiden es erfolgreich, sich mit der → *Frage* näher zu befassen.

Beide Verhaltensweisen sind als Faustregel für dem Umgang mit den eigenen Schwächen nicht wirklich geeignet: Die eine kann bis zur völligen Lähmung führen, die andere zu einer Selbsteinschätzung, die mit der Wirklichkeit nicht mehr das Geringste zu tun hat (→ *Fremdeinschätzung*). Es gibt allerdings einen klaren Unterschied: Wer seine eigenen Schwächen überhaupt nicht wahrnimmt, der belastet wahrscheinlich irgendwann seine Mitmenschen. Wer übermäßig unter seinen eigenen Schwächen leidet, der belastet nur sich selbst und schafft sich damit ein Riesenproblem.

Selbstkritik bis zur Selbstaufgabe? Manchmal ist dieses → *Problem* nur mit fachkundiger Hilfe durch Psychotherapeuten und Psychologen in den Griff zu bekommen. In weniger schweren Fällen jedoch lässt sich mit ein paar → *Tricks* schon eine ganze Menge erreichen:

• **Wo Schwächen sind, sind auch Stärken.** Wenn Sie immer nur über Ihren vielen Schwächen brüten, sollten Sie mal – nur der Vollständigkeit halber – in Ihre Bilanz auch die „Haben"-Seite einbeziehen. Und da nicht nur die Dinge berücksichtigen, für die Sie sich selbst schätzen (so viele werden das nämlich nicht sein). Sondern auch sammeln, wofür Ihre Freunde, → *Kunden*, Kollegen und die Nachbarskinder Sie schätzen. Danach suchen müssen Sie auch nicht lange – Sie sollten nur → *zuhören*, wenn man Ihnen mal wieder etwas Nettes sagt. Da kommt garantiert eine ganze Reihe von Pluspunkten zusammen – und die Gesamtbilanz sieht gleich viel besser aus.

• **Stärken stärken.** Man kann sein ganzes Leben damit verbringen, gegen seine Schwächen zu kämpfen. Aber man kann es sehr viel angenehmer damit verbringen, seine Stärken auszubauen und allein dadurch die Schwächen zur Nebensache werden zu lassen. Gegen Schwächen zu kämpfen, kostet Nerven und Energie. Stärken zu stärken macht Spaß: Aus einem schüchternen Koch wird wahrscheinlich nur schwer ein schlagfertiger Koch, aber dafür umso leichter ein schüchterner Spitzenkoch; ein Manager mit Rechtschreibschwäche wird zwar wohl kaum je lernen, begnadete → *Briefe* zu schreiben – aber er könnte begnadete → *Ideen* entwickeln. Jedenfalls dann, wenn er sich auf das konzentriert, was er am besten kann, anstatt seine → *Zeit* mit dem Kampf gegen seine Schwäche zu vergeuden.

• **Schwächen unter Kontrolle halten.** „Selbsterkenntnis ist der erste Weg zur Besserung" – das ist ein ziemlich gutes Motto für all die Schwächen, mit denen man sich nicht etwa im stillen Kämmerlein rumschlägt (Schwäche für Süßes, mangelnde Schlagfertigkeit, Bindungsunfähigkeit, ein paar Gramm zu viel um den Bauch), sondern mit denen man seinen Mitmenschen gehörig auf den Wecker geht. Ungeduld, Wutanfälle, Unordnung, Unzuverlässigkeit und wie sie alle heißen – wer hier Schwächen hat, der muss sich schon ein bisschen mehr anstrengen. Stärken stärken reicht in dem Fall leider nicht; etwas mehr → *Disziplin* im Umgang mit den wirklich schwachen Seiten darf es schon auch sein.

Über Schwächen reden. Was die **eigenen Schwächen** betrifft, so kann es ziemlich spannend sein, unter guten Freunden mal offen darüber zu reden. Spannend deshalb, weil die Freunde das manchmal völlig anders sehen als Sie selbst und unter Umständen ganz andere Schwächen für wichtig halten als diejenigen, unter denen Sie am meisten leiden. Gute Kollegen könnten vielleicht genauso erhellende Kommentare abgegeben – aber hier gilt die Devise: Im Beruf ist Selbstkritik dieser Art tabu. Man kann nämlich nie ausschließen, dass irgendein weniger „guter" Kollege Ihnen am Ende einen Strick aus dem dreht, was Sie ihm im → *Vertrauen* erzählt haben. In der Abteilung → *Klatsch & Tratsch* gibt es dafür Gelegenheiten genug.

Für alle, die gerne die **Schwächen anderer Leute** zum Gesprächsthema machen, gilt das berühmte Sprichwort vom Glashaus. Und wer meint, dass er nicht drin sitzt, der sollte sich wenigstens gelegentlich daran erinnern, dass → *Lästern* zwar oft genug zu Lachern führt, aber letztlich nur selten die Beliebtheit steigert. Schließlich müssen sich die → *Zuhörer* immer fragen, wann wohl ihre Schwächen auf die Schlachtbank kommen.

Mit den Schwächen anderer Leute umgehen. Das müsste eigentlich ganz einfach sein: Wenn keiner ohne Schwächen ist, siehe oben, dann müsste man in der Lage sein, seinen Mitmenschen eine ganze Reihe davon zu verzeihen oder sich zumindest nicht darüber aufzuregen. Dass das aber nicht so ist, lässt sich gerade im Berufsleben immer wieder prima beobachten: So mancher hackt mit Vorliebe auf den Schwächen von → *Mitarbeitern*, Chefs und Kollegen herum, anstatt ihnen aufgrund ihrer ebenfalls vorhandenen Stärken mildernde Umstände einzuräumen. Jeder macht → *Fehler*, jeder stellt sich mal dumm an – da ist es viel Energie sparender und beziehungsfreundlicher, sich mit dem Blick auf die Stärken zu trösten, als über die Schwächen zu geifern.

Zumal die Stärken ja auch meistens klar auf der Hand liegen: Die → *Praktikantin* braucht zwar zwei Stunden, um zwanzig →

Briefe zu frankieren, aber sie kann als einzige in der Abteilung mit dem Bildbearbeitungsprogramm umgehen. Der Kollege ist zwar grauenhaft klatschsüchtig, aber immer → *hilfsbereit*, wenn es um die lästigen Quartalsabrechnungen geht. Und der Chef ist zwar ein Chaot, wie er im Buche steht – aber bei → *Beschwerden* stellt er sich prinzipiell vor seine Mitarbeiter, anstatt sie → *bloßzustellen*.

Warnung. Für alle, denen es nicht gelingt, sich durch solche → *Argumente* milde zu stimmen, hier zwei freundliche Hinweise:

• Wenn Sie mal wieder dazu anheben, sich über irgendwelche Schwächen anderer Leute aufzuregen, sollten Sie sich als Crash-Kur ganz schnell ein paar ganz eigene Schwächen ins Gedächtnis rufen. Das schützt zuverlässig vorm endgültigen Abheben.

• Je mehr Sie auf anderer Leute Schwächen rumhacken, desto unfehlbarer müssen Sie selbst dummerweise sein. Die anderen warten nämlich nur darauf, es Ihnen irgendwann heimzuzahlen.

▶ **Schwangerschaft**

In der Arbeitswelt stehen Frauen vom ersten Tag der Schwangerschaft an unter besonderem gesetzlichen Schutz. Eigentlich fängt der sogar noch wesentlich früher an – nämlich damit, dass in Bewerbungsgesprächen die → *Frage* nach Kinderwunsch und Schwangerschaft unzulässig ist.[4] (Es sei denn, es geht um so extreme Situationen wie die → *Bewerbung* eines Models, das angestellt werden soll, um sechs Monate später Bikinimoden vorzuführen.) Das heißt für Sie, dass Sie die Antwort verweigern oder aber – strategisch geschickter – → *lügen* dürfen.

Kündigungsschutz. Wenn Sie schwanger sind, dürfen Sie in der → *Regel* nicht mehr gekündigt werden. Das gilt sogar für eine Schwangerschaft während der → *Probezeit*. Darüber ist zwar kein → *Chef* der Welt begeistert, weil er die → *Mitarbeiterin*, die er gerade erst einarbeitet, nach kurzer → *Zeit* schon wieder verliert, trotzdem weiter zahlen und ihr obendrein auch noch eine vergleichbare Stelle freihalten muss. Er könnte also versuchen, Ihnen → *Ärger* zu machen. Wenn Sie den → *Eindruck* haben, dass genau das passiert, sind Sie gut beraten, sich in dieser Situation Rat von einem Profi zu holen, zum Beispiel vom → *Betriebsrat* oder von einem Arbeitsrechtler.

💣 Ihr Job ist Ihnen also erst mal sicher, und das – die neuen Gesetze zur Elternzeit machen's möglich – sogar für eine ganz schön lange Zeit. Von dieser paradiesischen → *Regel* gibt es allerdings eine → *Ausnahme*: Wenn Sie während eines befristeten Beschäftigungsverhältnisses (also auch während einer Probezeit, die als befristetes Arbeitsverhältnis gilt!) schwanger werden, endet Ihr Arbeitsverhältnis trotz Schwangerschaft zum vereinbarten → *Termin*. Es sei denn, Ihr Chef ist so ungeschickt, Ihnen vor Zeugen zu sagen, dass er das Probearbeitsverhältnis mit Ihnen nur wegen Ihrer Schwangerschaft nicht fortsetzt. In dem Fall können Sie möglicherweise ein Recht auf Weiterbeschäftigung einklagen.[5]

⚒ **Mutterschutz und Elternzeit.** Ein Kind zu bekommen, ist eine Entscheidung fürs Leben. Da versteht es sich fast von selbst, dass berufstätige werdende Eltern sich so schnell und so gründlich wie möglich einen Überblick über alle existierenden gesetzlichen und auch firmeninternen Regelungen verschaffen. Immerhin geht es um so → *wichtige* Dinge wie die Arbeitsbedingungen während der Schwangerschaft, um Mutterschaftsgeld, um eine Menge Fristen und vor allem darum, wie es nach der Schwangerschaft am → *Arbeitsplatz* weitergeht. Wer das alles genau wissen will, sollte sich in ein Fachbuch zum Thema Arbeitsrecht vertiefen – dort wird der gesamte Themenkomplex gleich kapitelweise erklärt.[6] Auch die Schwangeren-Beratungsstellen, die es in allen größeren Städten gibt, haben oft einen guten Ruf und bieten, in der Regel kostenlos, ausführliche mündliche und schriftliche → *Informationen*.

▶ **Schweigen**

Schweigen gehört zum Sprechen wie Essen zum Trinken. Trotzdem haben viele Leute ein Problem damit. Schweigen wird als unangenehm bis peinlich empfunden – mit dem Ergebnis, dass sich so mancher um Kopf und Kragen redet, nur um zu verhindern, dass sich lähmende Stille über ein → *Gespräch* legt. Es gibt vier **Hauptgründe** dafür, dass Leute schweigen:

Zufällig stockende Gespräche sind zwar oft nur schwer erträglich, aber letztlich harmlos. Zumal sie sich mit ein paar Tricks sehr leicht in den Griff bekommen lassen (→ *Gesprächspausen*).

Schweigen als Meinungsäußerung ist besonders unter schüchternen und → *diplomatischen* Menschen verbreitet. Sie ziehen es vor, lieber gar nichts zu sagen, als sich in irgendeiner Form kritisch oder ablehnend zu äußern. Das → *Problem* an dieser Form von → *„Nein"*: Es ist so → *diskret*, dass man es kaum bemerkt. Vor allem, wenn man es nicht bemerken will, weil man keine Lust hat, dem Schweigenden seine Einwände mühsam aus der Nase zu ziehen.

Aber genau das sollten Sie schlauerweise tun, wenn Ihnen ein solches Schweige-Nein begegnet. Denn **erstens** ist das ausgesprochen nett dem anderen gegenüber: Er wird sich über die → *Aufmerksamkeit* freuen, mit der Sie seine Reaktion registrieren, und er wird Ihnen dankbar sein, wenn Sie ihm die → *Angst* davor nehmen, offen seine → *Meinung* zu sagen. Jedenfalls dann, wenn Sie ihm auch → *zuhören* und das, was er dann sagt, nicht gleich in der Luft zerreißen. (Gilt besonders für → *Chefs* im Umgang mit → *Mitarbeitern*.) Und **zweitens** könnte das, was sich hinter dem Schweigen verbirgt, für Sie ausgesprochen → *wichtig* oder interessant sein – ein unwiderlegbares → *Argument* dafür, ein Schweige-Nein wenigstens aus reinem Egoismus näher zu erforschen.

Schweigen als Machtinstrument. Auch das gibt's: In heiklen Gesprächen und schwierigen Verhandlungen kann es vorkommen, dass jemand Schweigen ganz bewusst einsetzt, um mehr von Ihnen zu erfahren, als Sie eigentlich preisgeben wollen. Die meisten Menschen reagieren nämlich auf zu lange Gesprächspausen mit leichter Panik. Um das Schweigen zu brechen, sprechen sie häufig unüberlegt und spontan das aus, was ihnen gerade durch den Kopf geht. Damit brechen sie zwar das Schweigen, plaudern aber nicht selten Dinge aus, die sie besser für sich behalten hätten – eine Taktik, die Sie auch als Anfän-

ger leicht selbst in jeder längeren Beziehungsdiskussion ausprobieren können.

Wer sowieso schon → *nervös* und unsicher ist, fällt diesem
Spielchen schnell zum Opfer. Aber Schweigen auszuhalten ist
eine Kunst, die man → *lernen* kann: Es ist ausgesprochen lohnend, bei jeder sich bietenden Gelegenheit zu üben, in dieser Situation die Nerven zu behalten. Profis schweigen so lange zurück,
bis der andere schließlich wieder etwas sagt. Und wenn Sie das
auf Anhieb so gut nicht hinbekommen, haben Sie immer noch
die Möglichkeit, in aller Unschuld einen → *Themenwechsel* vorzunehmen. Oder aber durch eine gute → *Frage* (also keine, die
sich mit Ja oder Nein beantworten lässt) den Ball wieder ins gegnerische Feld zu schießen.

☠ **Schweigen als Form von Mobbing.** In der Schule hieß das
„jemanden schneiden". Man weigerte sich einfach, mit ihm
zu sprechen, je länger desto besser. Das ist immer furchtbar
für den, der geschnitten wird – aber bei Kindern ist dieses Verhalten im Zweifelsfalle irgendwie nachvollziehbar, weil sie noch so
wenige Möglichkeiten kennen, mit → *Abneigung* und Auseinandersetzungen umzugehen. Erwachsene hingegen dürfen nicht mit
mildernden Umständen rechnen. Einen anderen (den Kollegen,
den Nachbarn, den Praktikanten) systematisch abzublocken, das
ist nichts anderes als → *Mobbing*, basta. Darüber muss sich im
Klaren sein, wer seine Schweigeblockaden ungeliebten Mitmenschen gegenüber ganz niedlich mit → *Entschuldigungen* wie „Man
wird doch wohl nicht immer reden müssen wie ein Wasserfall"
oder „Mir is' eben nicht immer nach Gesprächen" abtut. Das sind
nämlich keine Entschuldigungen. Das sind Armutszeugnisse.

▶ Sekretärinnen

Der Beruf der Sekretärin (Sekretäre gibt es fast gar nicht mehr,
höchstens Generalsekretäre, und das ist etwas ganz anderes) hat
kein sonderlich attraktives → *Image*: Im besten Fall denkt man an
„dienstbare Geister", die von morgens bis abends adrett gekleidet
auf ihrer Tastatur klimpern und auf Zuruf köstlichen Kaffee kochen, ohne jemals ihr → *Lächeln* abzusetzen. Und im schlechtes-

ten Fall denkt man an misslaunige Zicken, die wenig mehr tun als Tür und → *Telefon* ihres → *Chefs* zu bewachen und gnadenlos alle → *abzuwimmeln*, die sie aus irgendeinem Grund nicht leiden können. So richtig angenehm sind beide Vorstellungen nicht. Genau deshalb werden inzwischen kaum mehr reine Sekretärinnenstellen angeboten, sondern fast nur noch „AssistentInnen/SekretärInnen" gesucht: „Team-Assistent", das klingt nun mal nach mehr → *Verantwortung* als die reine „Tippsenarbeit".

Sekretärinnen zu unterschätzen, ist ein weit verbreiteter → *Fehler*. Die Damen haben nämlich in der → *Regel* viel mehr, als man sich vorstellen kann: **mehr Macht** (so mancher „dienstbare Geist" zieht für schwache Chefs die Strippen), **mehr Kenntnisse** (was sie über Text- und Tabellenprogramme wissen, werden Sie wahrscheinlich im Leben nicht → *lernen*), **mehr** → *Herrschaftswissen* (wer jahrelang in den Topetagen → *Ablage* macht und wenigstens überfliegt, was er ablegt, kennt jedes Firmengeheimnis) und **mehr Kontakte** (Sekretärinnen sind Anlaufstellen und kennen alle vom Hausmeister bis zum Generaldirektor der Mutterfirma).

All das ist eigentlich unübersehbar. Jedenfalls für alle, die die Augen aufmachen und der Sekretärin ein Mindestmaß an → *Aufmerksamkeit* widmen. Anstatt aus → *Arroganz* oder Bequemlichkeit darauf zu verzichten, sie zu → *grüßen*, sich ihren → *Namen* zu merken oder sich sonst irgendwie für sie zu interessieren. Die Damen haben ein sehr gutes Gedächtnis für Leute, die sie nur als lästiges Hindernis in der Kommunikation mit den „wirklich Wichtigen" betrachten und entsprechend behandeln. Wer das tut, darf sich nicht wundern, wenn sie auf ihre Weise → *Rache* nehmen. Möglichkeiten dafür haben sie eine ganze Menge. Das fängt damit an, dass sie für unangenehme Zeitgenossen keinen Finger mehr krumm machen, sobald sie zwar könnten, aber nicht müssen. Und es hört damit auf, dass sie sich ihrem Chef gegenüber bei jeder passenden Gelegenheit ganz nebenbei recht kritisch über Sekretärinnenverachter äußern. Was eine ausgesprochen gefährliche Waffe ist, denn die meisten Chefs halten viel von der → *Meinung* ihrer engsten Mitarbeiterin.

Sekretärinnen zu schätzen wissen, ist deshalb grundsätzlich das Gebot der Stunde, und zwar bitteschön nicht nur aus rein sachlichen Erwägungen („immer hübsch nett sein zu Leuten, die nützlich sind"). Sondern weil Sekretärinnen in erster Linie ganz einfach → *Kolleginnen* sind. Obwohl → *Anfänger* mit Universitätsabschluss und dynamische Jungmanager das oft ganz anders sehen: Arroganz gegenüber Sekretärinnen, Assistenten und → *Praktikanten* gilt als typischer Fehler von studierten Berufsanfängern. Dabei sind gerade die gut beraten, zu den Sekretärinnen ihrer Vorgesetzten eine möglichst gute → *Beziehung* aufzubauen. Kaum jemand sonst ist so gut in der Lage, ihnen → *Informationen* und → *Ratschläge* zu geben („Sprechen Sie doch mal den Schmitz aus der dritten Etage an, der kann Ihnen das bestimmt erklären!") und ihnen zu helfen, ihr Unternehmen, ihre unmittelbare Arbeitsumgebung und ihre eigene Rolle darin zu verstehen.

Und außerdem können offene und freundschaftliche → *Beziehungen* zu Sekretärinnen eine Erfahrung fürs Leben vermitteln: Dass nämlich die Position innerhalb einer offiziellen → *Rangordnung* nicht das Geringste über die menschlichen Qualitäten (sozialen → *Kompetenzen*) des Inhabers dieser Position aussagt. Und dass es neben der offiziellen noch ganz andere Rangordnungen gibt – zum Beispiel für Beliebtheit oder → *Hilfsbereitschaft* – auf der die Sekretärin möglicherweise ganz oben steht.

▶ **Selbstdarstellung** → *Eigenlob*

▶ **Selbsteinschätzung** → *Fremdeinschätzung*

▶ **Selbstkritik** → *Schwächen*

▶ **Serienbriefe** → *Briefe*

▶ **Sex** → *Beziehungen, erotische*

▶ **Siezen** → *Duzen*

▸ Sitzungen

Eine Sitzung ist eine offizielle Besprechung. Also gelten alle Faustregeln, die auch auf → *Besprechungen* und → *Diskussionen* zutreffen. Darüber hinaus kann es aber auch sein, dass ein paar **Besonderheiten** zu beachten sind, weil es bei Sitzungen eben meistens eher förmlich zugeht.

• **Kleidung.** Bei offiziellen und → *wichtigen* Sitzungen schadet es nichts, mal etwas anderes anzuziehen als die Jobklamotten für jeden Tag. Wo normalerweise lässige Pulloverkultur herrscht, wäre zum Beispiel ein Jackett oder ein Anzug bestimmt nicht verkehrt.

• **Vorbereitung.** In der → *Regel* ist vor großen Sitzungen ernsthafte Vorbereitung angesagt: Die Teilnehmer erhalten schon im Vorfeld mehr oder weniger hohe Papierstapel und sollten vor Sitzungsbeginn möglichst mehr als nur einen kurzen Blick darauf geworfen haben. Denn die Diskussionen gehen oft bis ins letzte → *Detail*. Wer da nur → *hektisch* in seinen Unterlagen blättert, anstatt (möglichst) gescheite Stellungnahmen abzugeben, macht nicht unbedingt einen guten → *Eindruck*.

• **Tischvorlagen.** Die einzigen Unterlagen, die noch niemand kennen kann, weil sie erst zur Sitzung auf den Tisch kommen, daher der Name. Entweder geht das nicht anders, weil sie erst so spät angeliefert oder fertig gestellt werden. Oder es steckt eine kleine böse Absicht dahinter: Da zwangsläufig keiner die Gelegenheit hat, sich mit Tischvorlagen richtig gründlich auseinander zu setzen, eignen sie sich prima für den Versuch, heikle oder nur auf den ersten Blick eindeutige Angelegenheiten absegnen zu lassen. Zumal sie oft unter großem → *Zeitdruck* besprochen werden; es gibt schließlich auch eine Tagesordnung abzuarbeiten. Wenn Ihnen also eine Tischvorlage begegnet, gönnen Sie sich die → *Zeit*, sie zehn Minuten genau unter die Lupe zu nehmen. Man weiß ja nie.

• **Rede-Regeln.** Es kann sein, dass es geschriebene oder ungeschriebene Gesetze darüber gibt, in welcher Reihenfolge die Sitzungsteilnehmer reden dürfen (zum Beispiel: „Der Ranghöchste immer zuerst"). Es ist daher immer eine gute → *Idee*, sich bei den → *Kollegen* nach solchen Gesetzen zu erkundigen, bevor Sie das erste Mal an einer großen Sitzung teilnehmen. Ob auch eine maximale Rededauer festgelegt ist, das erfahren Sie normalerweise bei der Sitzung selbst, weil am Anfang alle darauf aufmerksam gemacht werden.

• **Sprachniveau.** In Sachen → *Wortwahl* und → *Tonfall* ist etwas mehr Sorgfalt angesagt als im lockeren Umgang unter Freunden. Falls Sie sich eigentlich immer nur auf demselben (eher lässigen) Sprachniveau bewegen, sind Sie gut beraten, vor wichtigen Sitzungen schon mal ein bisschen zu üben. Manche Beiträge werden nämlich nur deshalb nicht ernst genommen, weil die Sprache, in der sie präsentiert werden, nicht ernst zu nehmen ist. Auch → *Fluchen*, → *Lästern* und Gefühlsausbrüche kommen nur selten gut an.

• **Teilnehmer-Disziplin.** Ein ausgesprochen lästiges Thema für selbst ernannte Querdenker und andere Nervensägen. Denn zur Teilnehmer-Disziplin gehören lauter Dinge, an die sich solche Leute am liebsten überhaupt nicht halten würden. Zum Beispiel, dass sie sich an die Rednerliste halten müssen, die vom Sitzungsleiter geführt wird, anstatt spontan in die Runde zu plärren, was ihnen in den Sinn kommt.

Dass sie es akzeptieren müssen, wenn ein Thema von der Mehrheit der Teilnehmer als „ausdiskutiert" betrachtet wird, und deshalb aufhören sollten, immer wieder von vorne damit anzufangen. Und vor allem, dass sie es sich unter allen Umständen verkneifen sollten, unangemeldet eine Tischvorlage aus der Tasche zu zaubern, die obendrein womöglich mit der eigentlichen Tagesordnung nichts zu tun hat. Das ist dann zwar ein gelungenes Überraschungsmanöver – aber vor allem die Vorgesetzten, die davon überrascht werden, reagieren auf solche Aktionen ausgesprochen allergisch.

• **Protokoll.** Bei besonders wichtigen Sitzungen spielt es eine besonders große Rolle, nicht nur für den armen Protokollschreiber, sondern für alle Teilnehmer. Was drinsteht, „ist aktenkundig", was nicht drinsteht, ist nichts als Schall und Rauch. Wer clever ist, prüft darum wenigstens all das genau nach, was ihm persönlich am Herzen liegt (→ *Protokoll*).

▶ Smalltalk

Englisches Wort, das sich auch im Deutschen als Bezeichnung für „unverbindliches Geplauder"[7] durchgesetzt hat. Wobei es häufig wertend als hämische Umschreibung für „hohles Gelaber" verwendet wird. Und tatsächlich kann Smalltalk zu langatmigen → *Gesprächen* über das Wetter und die Wonnen wollener Unterwäsche im Winter führen. Das passiert aber nur, wenn kein einziger der Gesprächsteilnehmer die blasseste Ahnung davon hat, wie Smalltalk eigentlich funktioniert. Denn das ist eine wahre Kunst. Wer ihre → *Regeln* beherrscht, der holt aus Smalltalk das genaue Gegenteil vom dem heraus, was man normalerweise über ihn denkt: Er macht aus eigentlich gähnend langweiligen Pflichtterminen (Familienfeiern, Geschäftsessen, → *Empfänge*, Jahreshauptversammlungen) eine Kette interessanter und spannender Begegnungen.

Smalltalk als berufliches Muss. Auf andere zuzugehen, sich aufgeschlossen und neugierig zu zeigen, das gehört heutzutage zu den menschlichen Qualitäten (sozialen → *Kompetenzen*), die im Berufsleben als vorhanden vorausgesetzt werden. Besonders in Jobs, in denen man viel mit anderen Menschen zu tun hat. Und das sind eine ganze Menge, sieht man von Übersetzern, Schriftstellern und Leuchtturmwärtern einmal ab.

Das heißt für Sie: Man erwartet von Ihnen nicht mehr nur, dass Sie fehlerlose Arbeit leisten und tolle → *Ideen* entwickeln, sondern auch, dass Sie dazu in der Lage sind, auf Anhieb gute Beziehungen zu → *Kunden* und → *Kollegen* aufzubauen, grundsätzlich eine angenehme → *Gesprächsatmosphäre* herzustellen und sich bei Bedarf auch auf einer Veranstaltung erfolgreich durchzuschlagen, auf der Sie keinen Menschen kennen. All das ist nicht immer leicht – aber mit gutem Smalltalk ist es zu schaffen.

Smalltalk-Tipps. Ganze Bücher drehen sich um nichts anderes, und wenn Sie zu den ganz Schüchternen gehören, sollten Sie sich so ein Buch wahrscheinlich gönnen. Jede Buchhandlung hat mindestens ein Dutzend Titel im Angebot, für jeden Lesegeschmack etwas. Ansonsten kommen Sie aber mit den folgenden Faustregeln auch schon eine ganze Ecke weiter:

Aufwärm-Techniken. Bewährte Klassiker für die Aufwärmphase sind → *Fragen* **und** → *Komplimente*. **Fragen** deshalb, weil der andere erst mal antworten muss und das bestimmt auch gerne tut, um das Gespräch in Schwung zu bringen. Es sollten allerdings schlauerweise keine Fragen sein, auf die man mit „Ja" oder → „*Nein*" antworten kann. Besser sind Aufforderungen zum Erzählen wie „Welche von den anderen Gästen kennen Sie denn?" und Fragen, die zum Anlass passen, wie zum Beispiel „Und was ist Ihr Hochzeitsgeschenk?".

Komplimente sind als Ansporn zum Erzählen mindestens genauso gut geeignet. Bemerkungen wie „Das ist aber ein wunderbares Seidentuch, das Sie da tragen" schmeicheln nicht nur ungemein, sondern regen immer dazu an, die Geschichte des Teils zu erzählen, für das es das Kompliment gab. **Merke:** Jeder Mensch erzählt gerne über sich selbst. Man muss ihm nur das passende Stichwort geben, und schon sind die ersten fünf Minuten Smalltalk geschafft.

Smalltalk-Themen, die zu spannenden Gesprächen werden können, gibt es wie Sand am Meer. Und je länger der Smalltalk dauert, desto genauer können Sie erkennen, welche davon für Ihr Gegenüber besonders anregend sind: Die besten – oder schlechtesten – Restaurants der Stadt, die schönsten Urlaubsorte, Sport (für irgendeinen interessiert sich jeder), das kulturelle Leben von Kleinkunst bis Kunstmuseum und natürlich die eine oder andere Anekdote aus der Arbeitswelt.

Smalltalk-Tabus. Die gibt's auch. Aber erstens sind es so wenige, dass man die Liste ganz schnell auswendig gelernt hat. Und zweitens werden Sie zumindest einige davon schon kennen, weil sie auch für Gespräche mit Eltern und Schwiegereltern völlig ungeeignet sind. Zu dieser Gruppe gehören vor allem → *Politik*, Sex und Religion. Darüber hinaus ebenfalls vermeiden: → *Geld*, → *Krankheit*, Tod und vor allem persönliche → *Probleme*.

Smalltalk-Rettungsmanöver. Selbst wenn Sie noch so diskret vorgehen – es ist nie auszuschließen, dass Sie → *Fettnäpfe* erst bemerken, wenn Sie ihnen schon bedrohlich nahe sind. Das passiert besonders schnell, wenn eine Runde anfängt, sich über die Schlagzeilen (der Zeitung, der Nachrichtensendungen) zu unterhalten. Als Gesprächsstoff liegt das sehr nahe, kann aber dazu führen, dass man ziemlich schnell da hineinschlittert, wo man nicht hin will: in politische → *Diskussionen* zum Beispiel. In dem Fall haben Sie drei Möglichkeiten: Engagiert mitdiskutieren – was Ihnen die → *Sympathie* einiger, aber die → *Abneigung* anderer einbringt. Sich durch → *Schweigen* aus der Affäre ziehen – was → *diplomatisch* ist, aber auch schnell als Ahnungs- oder Interesselosigkeit ausgelegt werden kann. Oder aber: → *Themenwechsel* vornehmen. Das ist mit ein bisschen Übung nicht nur ziemlich einfach, sondern wird von den anderen oft mit großer → *Dankbarkeit* aufgenommen. Denn wenn das keiner schafft, kann aus gepflegtem Smalltalk schon mal ein hässlicher → *Streit* werden.

Goldene Smalltalk-Regel: Wer über Dinge redet, von denen er keine Ahnung hat, ist selber schuld. Gespräche über Bücher, die Sie noch nicht gelesen und Filme, die Sie noch nicht gesehen haben, enden in einer Imagekatastrophe, sobald Sie irgendwann zugeben müssen, dass Sie mitgeredet haben, ohne wirklich Bescheid zu wissen. Und tief schürfende Diskussionen über das Fachgebiet Ihres Gegenüber sind auch nur dann eine gute Idee, wenn Sie sich selbst darin auskennen. Sonst wird der andere Sie ziemlich schnell als Dummschwätzer outen.

▶ Spesen

Spesen sind laut Wörterbuch „Nebenausgaben bei der Besorgung eines Geschäfts, die vom Auftraggeber zu erstatten sind".[8] Zu diesen Nebenausgaben gehören – je nach Auftraggeber und → *Arbeitsauftrag* – eine ganze Menge Dinge, von → *Telefon*- und Taxikosten bis zu Aufwendungen für Reise und Unterbringung.

Spesenregelungen. In größeren Unternehmen finden sich dazu tarifvertragliche Vorschriften oder Betriebsvereinbarungen. In kleineren Firmen hingegen gibt es oft keine offizielle Regelung, weil anfallende Spesen nur im Ausnahmefall anerkannt werden (und dann vielleicht nur nach vorheriger Genehmigung). Aber Unternehmen mit → *Mitarbeitern*, die viel unterwegs sind, haben die Spesenfrage alle mehr oder weniger klar geregelt. Wobei großzügige und sehr allgemein formulierte Regelungen (inzwischen wieder) die → *Ausnahme* sind – es ist nämlich auf Dauer ziemlich teuer, wenn man jeden Taxibeleg, jede Benzinquittung und jede Restaurantrechnung erstattet, ohne groß → *Fragen* nach dem Sinn der Sache zu stellen.

Erstattungsfragen. Spesenerstattung kostet den Arbeitgeber nun mal → *Geld*. Wenn er häufig mit diesem Thema zu tun hat, legt er in der → *Regel* recht strenge Leitlinien für die Erstattung fest: Wann muss man für eine → *Dienstreise* den Zug nehmen, ab wann wird auch ein Flugzeug genehmigt? Sind Taxis okay, oder sind öffentliche Verkehrsmittel angesagt? Wie teuer darf das Hotel sein, wie teuer das Geschäftsessen mit → *Kunden*? Und wer darf dazu eingeladen werden? Hat man Anrecht auf Übernachtungsgeld, wenn man privat bei Freunden schläft, denen man aber als → *Dankeschön* ein → *Geschenk* mitbringen muss und deshalb Kosten hat? Bleibt das Tagegeld immer gleich, auch wann man mal zum Essen eingeladen wird? Gibt es überhaupt ein Tagegeld? Wenn eine Begleitung mitkommt – braucht sie dann im Hotel nur den Doppelzimmerzuschlag zu zahlen, oder muss sie die Hälfte der Zimmerkosten übernehmen? Und was ist, wenn man im Anschluss an eine Dienstreise an einen schönen Ort noch ein paar Tage → *Urlaub* dranhängt?

Fragen über Fragen. Und zum Teil eher traurige Antworten. Denn richtig strenge Spesenregelungen schreiben nicht nur vor, dass das Tagegeld bei → *Einladungen* zum Essen verringert werden und das Zimmer zur Hälfte von der Begleitung bezahlt werden muss. Sondern auch, dass die Hälfte der Reisekosten zu übernehmen hat, wer sich am Ort der Dienstreise noch ein paar schöne Tage machen will. Das ist zwar nicht ganz logisch – die Firma hätte ohne die Begleitung schließlich ganz normal ein Einzelzimmer zahlen und ohne angehängte Urlaubstage das Ticket komplett übernehmen müssen – aber → *Diskussionen* sind in dem Fall trotzdem zwecklos.

 Spesenregelungen kennen. Wer clever ist, verschafft sich einen genauen Überblick, bevor er das erste Mal mit seinem

Arbeitgeber Spesen abrechnen will oder muss. Es gibt immer →
Kollegen, die sich hervorragend auskennen; in großen Unternehmen gibt es dafür sogar eigenes Personal. Jede rechtzeitig gestellte Frage bedeutet im Zweifelsfalle bares Geld für Sie. Geld, das Sie zurückbekommen können (zum Beispiel, wenn die Firma Kosten für Getränke bei → *Besprechungen* erstattet). Und Geld, das Sie gar nicht erst ausgeben, wenn Sie wissen, dass Sie es niemals wieder sehen (typischstes Beispiel: Taxikosten, die nicht erstattet werden). Aber Achtung – nicht jeder weiß so gut Bescheid, wie er glaubt. Deshalb ist es nie verkehrt, sich manche → *Informationen* doppelt zu beschaffen. Sonst stehen Sie hinterher mit einer dicken Restaurantrechnung im Regen, bloß weil sich der Kollege Müller ganz sicher war, dass solche Spesen im Rahmen von → *Messebesuchen* erstattet werden.

☠ **Spesen abrechnen.** Je nach Großzügigkeit (oder Nachlässigkeit) derjenigen, die die Abrechnung prüfen, ist die Versuchung ziemlich groß, sich ein paar Extra-Euro zu verdienen. Oder der Firma zumindest ein paar Privatausgaben unterzujubeln. Wer kann schon wirklich nachweisen, ob das Geschäftsessen nun mit Kunden oder mit Freunden stattgefunden hat, ob die Tankfüllung wirklich komplett für die Firma verfahren wurde und ob man am letzten Tag der Dienstreise wirklich bis spät abends im Dienst war und deshalb auch ein Anrecht auf das volle Tagegeld hat.

Wo es Spesenregelungen gibt, gibt es auch immer Tricks, sie zu umgehen. Und die werden Sie höchstwahrscheinlich irgendwann herausfinden. Aber Sie sollten trotzdem nie auch nur im Entferntesten auf die → *Idee* kommen, sie selber auszuprobieren. Denn das ist → *Betrug*, basta. Und der fliegt erstens oft unglaublich schnell auf. Zum Beispiel, wenn jemand Sie mit Ihren „Kunden" beim Essen oder an ihrem angeblichen Arbeitstag im Liegestuhl gesehen hat und genau das brühwarm weitererzählt. Zweitens führt diese Art von Betrug, ist er erst mal aufgeflogen, unglaublich schnell zur → *Kündigung*. Und die kostet Sie viel mehr Geld, als Sie durch lächerliche kleine Spesenbetrügereien jemals beiseite schaffen können.

▶ Spitznamen

💣 Manchmal sind sie niedlich und nett gemeint – aber in der → *Regel* steckt eher Spott dahinter. Die dicke Annette nennt jeder Bulette, an Thomas Schinkelmann klebt seit ewigen Zeiten der Pinkelmann, der Kleine aus der Buchhaltung muss damit leben, dass man ihn aus offensichtlichen Gründen Zwerg Nase nennt, und Frau Abteilungsleiterin Schulze-Ottenfeld wird es sicherlich gar nicht gerne hören, dass ihre Mitarbeiter „Otte-Schulzenfeld" viel schöner finden.

Spitznamen werden abgeleitet von hervorstechenden Charaktereigenschaften oder Körpermerkmalen, manchmal auch einfach nur von Namen, die sich besonders für Verballhornungen eignen. Es ist fast so etwas wie ein kleines Spiel, sich für die Menschen in seiner Umgebung Spitznamen einfallen zu lassen. „Das machen doch alle", meistens schon seit Schultagen. Man klebt anderen Leuten Spitznamen an und arrangiert sich damit, selbst welche angeklebt zu bekommen. Im Berufsleben sind Spitznamen allerdings mit Vorsicht zu genießen. Aus zwei Gründen:

• **Man gewöhnt sich so sehr an sie, dass sie garantiert irgendwann im unpassendsten Moment rausrutschen.** Wer jahrelang „Otte-Schulzenfeld" gesagt hat, wird den Namen seiner → *Chefin* in der feierlichen Geburtstagsrede für sie bestimmt nicht richtig rausbringen. Und im Eifer des Gefechts ist auch ein freundliches „Darf ich Sie Herrn Pinkelmann vorstellen?" so gedankenlos ausgesprochen, dass man den → *Fettnapf* erst bemerkt, wenn man schon drinsitzt.

• **Spitznamen können ziemlich** → *kränkend* **sein.** Vielleicht sieht die dicke Annette es ganz locker, dass sie Bulette genannt wird. Aber vielleicht auch nicht. Wenn Sie sich mal ein bisschen umhören, können Sie leicht feststellen, dass nicht wenige Leute unter den Spitznamen leiden, die man ihnen irgendwann mal angeklebt hat. Wobei erschwerend hinzukommt, dass es fast unmöglich ist, Spitznamen wieder loszuwerden. Besonders, wenn sie im wahrsten Sinne des Wortes treffend sind.

Und genau bei diesen Spitznamen hat das Spiel mit ihnen seine → *Grenzen*: Sobald Spitznamen den anderen treffen, wird aus einer unschuldigen Neckerei der Anfang von → *Mobbing*. Das glauben Sie nicht? → *Fragen* Sie die dicke Annette unter Ihren → *Kollegen* doch einfach mal, wie es für sie ist, für alle Leute nur „die Bulette" zu sein. Oder machen Sie sich wenigstens ein paar Gedanken darüber. Das könnte Sie davor bewahren, Dinge zu tun, die Sie eigentlich gar nicht tun wollten. Denn ab einem gewissen Moment nützen hilflose → *Entschuldigungen* wie „Das war doch alles gar nicht so gemeint" nun mal nur noch herzlich wenig.

▸ Sponsoren

Je nachdem, in welcher Branche man arbeitet, geht ohne Sponsoren heutzutage fast gar nichts mehr. Wenn sich nicht am besten gleich mehrere Unternehmen finden, die ein bestimmtes Projekt (eine Sportveranstaltung, eine Kunstausstellung, ein Förderprogramm, einen Wettbewerb) großzügig unterstützen, dann kann es oft entweder nur noch als Miniaturausgabe stattfinden – oder es wird gleich ganz gestrichen.

Die Ziele des Sponsors. Sponsoren handeln nie uneigennützig oder „für die gute Sache". Stattdessen haben sie klare → *Ziele* vor Augen, und die lassen sich unter den Stichwörtern „Werbung" und „Imagepflege" zusammenfassen. Deshalb gibt es in allen größeren Unternehmen klare Sponsoring-Richtlinien, die genau festlegen, welche Bereiche überhaupt gefördert werden: Für einen Turnschuhhersteller bringt es zum Beispiel imagemäßig ziemlich wenig, klassische Konzerte zu fördern, weil er so seine Zielgruppe nicht erreicht. Es ist also immer sinnvoll, sich über solche Richtlinien gründlich zu informieren, ehe man für einen internationalen Boccia-Wettbewerb querbeet Dutzende von Firmen anschreibt, vom örtlichen Baumarkt bis zum landesgrößten Hersteller für Babynahrung.

Wie Sponsoring funktioniert. Sponsoring ist Austausch von → *Leistungen*: Der **Sponsoringnehmer** bietet seinem Sponsor in erster Linie ein interessantes, Aufsehen erregendes Projekt, das sich in den Medien wahrscheinlich gut macht und außerdem zur → *Corporate Identity* des Sponsors passt. Darüber hinaus kann er ihm je nach Höhe der Unterstützung eine ganze Palette an Werbeleistungen anbieten, vom Logo auf Plakaten und Broschüren über eigene Präsentationsmöglichkeiten in den Medien bis hin zu → *VIP*-Partys für → *wichtige* Kunden. Der **Sponsor** bietet dafür → *Geld*, Sachleistungen (Freiflüge, Freibier), Vergünstigungen (Preisnachlässe auf eigene Leistungen) und fachliche Unterstützung, zum Beispiel durch → *Mitarbeiter*, die einen Teil der Organisation übernehmen.

Wie es gelingt, das Interesse eines Sponsors zu wecken, und wie man das System Leistung – Gegenleistung so aufbaut, dass es für beide Seiten attraktiv ist, darüber gibt es inzwischen einige (wenige) gute Fachbücher.[9] Wer mit Sponsoren arbeiten muss, sollte sich unbedingt eines davon zulegen, denn mit schlichten Bettelbriefen („Hiermit bitten wir Sie um Sponsoring für unser o. a. Projekt") ist es heute längst nicht mehr getan. Die Erwartungen möglicher Sponsoren sind hoch, ihre Mittel beschränkt, und das Angebot an Projekten ist riesig groß. Da muss sich richtig ins Zeug legen, wer mehr erreichen will als eine Standardabsage.

Goldene Sponsor-Gebote. Über die vielen nützlichen Tipps eines Sponsoring-Fachbuchs hinaus gibt es im Umgang mit Sponsoren zwei goldene Regeln, die man nie aus den Augen verlieren sollte:

• **Vereinbarungen ernst nehmen.** Sponsoren gehören zu den wichtigsten Geschäftspartnern überhaupt. Und genauso muss man sie auch behandeln. Das heißt: Größtmögliche → *Freundlichkeit*, → *Hilfsbereitschaft* und → *Zuverlässigkeit* sind angesagt. → *Vertrösten* und → *Abwimmeln* sind → *tabu*. Und zwar nicht nur so lange, wie der Sponsoring-Vertrag noch in der Schwebe ist. Sondern vor allem danach. Wer Sponsor-Logos vergisst, Planungsänderungen nicht mehr weitergibt, Vereinbarungen bricht und seinen Sponsor am Ende nicht besser behandelt als jeden x-beliebigen Veranstaltungsteilnehmer, der macht einen → *Fehler*. Wie groß der ist, wird er allerdings erst merken, wenn seine → *Bitte* um weitere Unterstützung in Bausch und Bogen abgelehnt wird. Oder wenn der Sponsor seinen Verpflichtungen nicht nachkommt. Er hat schließlich nicht den geringsten Grund, etwas zu tun, was sein Sponsoring-Nehmer seit längerem lässt.

- **Sponsoren verwöhnen.** Sponsoren sind auch nur Menschen. Deshalb werden sie es wahrscheinlich nicht verstehen, wenn sie auf der gesponserten Veranstaltung für ihren lauwarmen Sekt Schlange stehen und ihn auch noch selbst bezahlen müssen. Obwohl sie Ihnen schließlich für Ihr Projekt Tausende von Euro rübergeschoben haben. Diese Rechnung ist zwar vielleicht nicht ganz gerecht, aber sie ist schnell aufgemacht. So schnell, dass Sie ihr lieber gleich zuvorkommen sollten, indem Sie Ihrem Sponsor auch etwas bieten. Champagner, eine → *Einladung* zum → *Essen*, ein angemessenes → *Geschenk*, vielleicht sogar die Übernahme von Reise- und Aufenthaltskosten. Die volle VIP-Behandlung eben. Mit → *Bestechung* hat das in diesem Fall – jedenfalls innerhalb gewisser → *Grenzen* – nichts zu tun.

Es stimmt natürlich, dass nicht etwa Ihr Ansprechpartner selbst, sondern das Unternehmen die Sponsoring-Leistung erbringt. Aber wenn Ihr Ansprechpartner Ihr Projekt nicht befürwortet hätte, wäre das Sponsoring vermutlich gar nicht erst zustande gekommen. Profis investieren deshalb, ohne mit der Wimper zu zucken, mindestens fünf Prozent der Sponsorleistung in die Sponsorpflege. Als Investition in die Zukunft. Für die kann es nämlich nie genug Sponsoren geben.

▸ Sprechangst

Der größte Feind des Redners ist nicht etwa der → *Zuhörer*. Es ist seine eigene → *Angst*. Angst vor Versprechern, Angst vorm Rotwerden, Angst vor dem Verlust des roten → *Fadens*, Angst vor Störern, Angst vor → *Fragen*, die man nicht beantworten kann. Angst ist eines der ältesten und intensivsten → *Gefühle* der Menschen; entsprechend schwer ist es, sich davon frei zu machen. Wer sehr stark darunter leidet, kommt auf Dauer kaum darum herum, bei Fachleuten Hilfe zu suchen. Für alle anderen gibt es ein paar Tricks, durch die sich kleinere Angstschübe mit etwas Übung unter → *Kontrolle* bringen lassen (→ *Angst*).

 Auch bei Sprechangst kann der Griff in die Trickkiste weiterhelfen:

- **Angst vorm Rotwerden?** Sie sind wahrlich nicht der Einzige, der darunter leidet. Andere trifft es sogar noch schlimmer: Sie werden in schwierigen Situationen nicht nur rot, sondern fangen auch an zu stottern oder stark zu schwitzen. Alles körperliche Reaktionen, die sich kaum abstellen lassen. Traurig aber wahr: Mit dem Hang zum Rotwerden muss man leben. Je früher Sie das einsehen und sich damit abfinden, desto kürzer werden übrigens Ihre Rot-Phasen werden, weil das Rot-Bleiben im Wesentlichen von der Aufregung über das Rot-Werden kommt.
- **Angst vorm Verlust des roten Fadens?** Das kann passieren, aber deshalb tut sich noch lange nicht der Erdboden auf und verschluckt Sie. Mit etwas Glück wird es sogar kaum jemand merken, wenn Sie nur clever genug reagieren (→ *Faden*, roter).
- **Angst vor Versprechern?** Solche → *Fehler* kommen in jedem → *Gespräch* in allen möglichen Schattierungen vor, von harmlos über lästig bis abgrundpeinlich. Weil es aber garantiert jedem passiert, regt sich garantiert niemand darüber so sehr auf, wie Sie das selber tun.
- **Angst vor Fragen?** Selbst die größten Experten haben ihr Fachwissen nie bis in die letzte Verästelung auf Abruf parat. Aber sie können sich in kürzester Zeit schlau machen. Und das können Sie auch. Besonders bei längeren Vorträgen werden Ihre Zuhörer → *Verständnis* dafür haben, wenn Sie einige Fragen nicht spontan beantworten können, aber versprechen, die Antwort nachzuliefern: „Ich kann diese Frage im Augenblick nicht vollständig beantworten. Aber ich notiere sie mir und schicke Ihnen morgen eine ausführliche Antwort per → *E-Mail.*" Es wäre allerdings gut für Ihr → *Image*, wenn Sie dieses → *Versprechen* auch hielten.
- **Angst vor der Angst?** Die kann ziemlich lähmend sein. Doch auch dagegen gibt es ein Hausmittel: die gute alte **WWW-Frage**. „Was ist wirklich → *wichtig*?" Wer es schafft, sich in einem panikfreien Moment mal ein paar Gedanken über Wahrscheinlichkeiten und Wichtigkeit zu machen, schafft sich damit meistens eine große Portion Angst vom Hals. Denn für den Job, das berufliche Fortkommen, das private Glück hat es höchstwahrscheinlich kaum katastrophale Folgen, wenn Ihnen in einem Gespräch oder in einer Rede ein Patzer unterläuft. Den haben zwar viel-

leicht nicht Sie, mit Sicherheit aber die Zuhörer schon kurze → *Zeit* später vergessen. Und wenn nicht – dann wird in der Abteilung → *Klatsch & Tratsch* eben so lange darüber gelästert, bis sich der Nächste einen Patzer leistet. Auch kein wirkliches Drama. Zumal der Nächste bestimmt nicht lange auf sich warten lässt.

▸ **s. t.** → *Pünktlichkeit*

▸ **Stärken** → *Schwächen*

▸ **Störungen**

Störungen sind, wie der Name schon sagt, außerordentlich lästig, besonders im Berufsleben: Immer dann, wenn man sowieso im größten → *Stress* ist, klingelt pausenlos das → *Telefon*, kommen unangemeldete Besucher vorbei, der neue → *Kollege* weiß ohne Hilfe nicht weiter, und der → *Chef* braucht auf einmal ganz → *dringend* einen → *Bericht*, der natürlich prompt unauffindbar ist. Bei einem solchen Begleitprogramm ist es fast unmöglich, → *Arbeitsaufträge* zu erledigen, die mehr Konzentration erfordern als Kreuzworträtsel. Manche Leute sind ohne eine gewisse Ruhe noch nicht einmal in der Lage, einen längeren → *Brief* zu schreiben, und wenn es um so schwierige und verantwortungsvolle Dinge wie Kalkulieren und → *Korrekturlesen* geht, geht bei zu vielen Störungen gar nichts mehr.

Störungen vermeiden. Chefs haben es in dieser Situation noch am besten: Sie dürfen das Telefon ohne weiteres auf ihre → *Sekretärin* umschalten und sie bitten, ihnen in der nächsten Stunde alle Störungen vom Hals zu halten. Aber auch wer ohne eigene → *Mitarbeiter* auskommen muss, kann Störungen zumindest teilweise vermeiden. Jedenfalls, wenn er gute → *Kontakte* zu den Kollegen hat. Denn innerhalb eines → *Teams* oder einer Arbeitseinheit hat erfahrungsgemäß jeder Phasen, in denen der Stress besonders groß ist und Störungen deshalb besonders schlecht zu ertragen sind. Diese Phasen finden aber nicht immer unbedingt gleichzeitig statt – was die beste Voraussetzung dafür ist, sich ein kleines System der **Kollegenhilfe** aufzubauen:

• Wer gerade weniger unter Druck ist, übernimmt stundenweise das → *Telefon* für den anderen (und sei es nur, um Nachrichten entgegenzunehmen, die der andere dann später abarbeiten kann).

• Er vertritt den anderen halbe Tage dem Chef gegenüber, damit der für die üblichen plötzlichen Katastrophen wenigstens einen Ansprechpartner hat. Wenn man es ihnen erklärt, haben Chefs normalerweise kein → *Problem* damit, dass einer ihrer Mitarbeiter zwar im Haus ist, ihnen aber ausnahmsweise mal nicht zur Verfügung steht, weil er gerade in Ruhe an einer wichtigen Sache arbeiten muss.

• Er sorgt – gemeinsam mit anderen Kollegen und dem Chef – vielleicht sogar dafür, dass der Kollege, der gerade besonders unter → *Zeitdruck* steht, einen ruhigen → *Arbeitsplatz* findet, zum Beispiel in einem → *Büro*, das gerade frei ist, oder im Konferenzraum. Dieses System funktioniert ab zwei Personen wunderbar – sofern allen Beteiligten auch klar ist, dass es sich um einen Service auf Gegenseitigkeit handelt. Sobald einer zwar die Hilfe seiner Kollegen in Anspruch nimmt, sich aber selber drückt, wenn er auch mal helfen muss, ist Schluss mit lustig. Ausreden wie „Ich hab' einfach zu viel zu tun" bringen da rein gar nichts, denn schließlich haben alle immer zu viel zu tun. Wer seine Kollegen mit so billigen → *Argumenten* im Stich lässt, der muss in Zukunft eben wieder alleine mit seinen Störungen fertig werden.

Mit Störungen umgehen. Manchmal sind Störungen trotz bester Kollegenhilfe nicht zu vermeiden. In dem Fall steht man fast immer vor der Wahl: mit innerlichem Zähneknirschen erdulden – oder → *Klartext* reden? Wer → *Angst* vor → *Streit* hat oder nicht unhöflich sein will, entscheidet sich häufig fürs innerliche Zähneknirschen und führt selbst die überflüssigsten → *Gespräche* mit scheinbarer → *Geduld* bis zum bitteren Ende. Ganz zu schweigen von all den Dingen, die von anderen (Chefs, → *Kunden*, Kollegen) als dringend oder → *wichtig* präsentiert werden – um die kümmern sich solche Mitarbeiter immer sofort, auch wenn ihre eigenen dringenden Aufgaben dadurch liegen bleiben. Wahrscheinlich bis lange nach Feierabend. Aber dann ist es sowieso so ruhig, dass man sie mit Hilfe einiger → *Überstunden* endlich erledigen kann.

Dieser Weg, mit Störungen umzugehen, ist zwar freundlich und zuvorkommend. Aber nur für die Störer. Für die Gestörten ist er verstörend, nervtötend und Energie fressend, und langfristig kann er direkt zum → *Burn-out* führen.

Störungen einschätzen. Deshalb ist es letztlich immer eine bessere → *Idee*, Störungen gleich zu Beginn kurz einzuschätzen: Ist die Angelegenheit wirklich und tatsächlich dringend? Nur ein bisschen dringend – oder so dringend, dass sie gleich erledigt werden muss? Ist sie vielleicht „nur" wichtig und kann getrost noch einen Tag liegen bleiben? Oder ist sie zwar nett gemeint, aber im Augenblick gerade völlig unpassend? Oder ist sie vielleicht einfach nur von A bis Z überflüssig?

Mit etwas Übung weiß man auf diese → *Fragen* innerhalb von zwei Minuten eine Antwort. Und wenn die nicht „wirklich und tatsächlich dringend" lautet – dann ist eine kleine Abwimmelaktion angesagt. Entweder durch eine klug gewählte → *Notlüge* oder durch sehr freundliches → *Vertrösten* nach dem Motto „Ich habe jetzt keine → *Zeit*, weil … (passenden Grund einfügen), aber morgen werde ich mich bestimmt darum kümmern". Die meisten Leute haben dafür → *Verständnis*, jedenfalls wenn Sie den richtigen → *Tonfall* treffen.

Das gilt im Zweifelsfalle sogar für Ihren Chef. Er spielt nun mal die größte Rolle in diesem Spiel, sowohl, was die normalen Arbeitsaufträge betrifft, als auch in Sachen Störungen. Ihm sollten Sie zwar schlauerweise keine Notlüge auftischen – aber eine freundliche (!) Erklärung, dass Sie nur entweder die angekündigte dringende Sache oder die plötzliche dringende Sache erledigen können, wird ihm wahrscheinlich einleuchten. So etwas nennt man → *„Grenzen* ziehen", und es ist bei zu vielen Störungen durch den Chef immer das Gebot der Stunde. Er kann Ihnen deswegen noch nicht einmal böse sein. Er darf nämlich immerhin bestimmen, was nun zuerst erledigt wird.

Merken, wenn man stört. Wer sich nicht traut, das offen auszusprechen, sendet meistens über → *Tonfall* und → *Körpersprache* trotzdem unbewusst Signale aus. Augen und Stimme bringen es an den Tag, wenn Ihr Gegenüber sich nicht auf Sie konzentrieren kann oder will: Es gibt kaum → *Blickkontakt,* das → *Gespräch* verläuft eher abgehackt, der andere ist sozusagen geistig und körperlich „immer auf dem Sprung". Und das sollten Sie sich nie lange anschauen. Selbst wenn der andere auf Rückfragen versichert: „Nein, Sie stören überhaupt nicht" und dabei aber weiterhin gehetzt wirkt, ist es immer klüger, den Spuk möglichst schnell zu beenden. Gespräche, die in dieser Atmosphäre geführt werden, bringen nämlich rein gar nichts außer Zeitverschwendung. Da ist es eindeutig die bessere → *Lösung,* sie einfach auf einen geeigneteren Moment zu verschieben.

▶ Streit

Vornehmere Umschreibungen dafür sind „Auseinandersetzung" und „Konflikt". Das klingt beides eher nach einem sachlichen Austausch von → *Meinungen* und → *Argumenten.* In Wirklichkeit aber beginnen die meisten Streitigkeiten vielleicht noch ruhig und diszipliniert – doch spätestens in dem Moment, in dem zu viele → *Gefühle* ins Spiel kommen, ist es mit der coolen Sachlichkeit vorbei, und das → *Gespräch* wird zum Geschrei. Das bringt allerdings nur selten mehr als mehr oder weniger große Beziehungsschäden. Gleichzeitig gibt es in → *Privatleben* und Beruf jeden Tag unendlich viele Streitpunkte. Es ist also nur vernünftig, Streiten regelrecht zu → *lernen.* Anstatt Streit zu vermeiden und sich dadurch auf Dauer ein Magengeschwür heranzuzüchten. Oder Streitigkeiten grundsätzlich mit der Brechstange zu führen und früher oder später in einer Trümmerlandschaft zu stehen.

Wie entsteht Streit? „Wenn einer nicht will, können zwei nicht miteinander streiten. Niemand kann Ihnen einen Konflikt aufzwingen. Sie wählen den Streit. Sie könnten ihn auch abwählen nach dem Motto ‚Unrat lässt man vorbeifließen'."[10]
Einfacher ausgedrückt: **Zum Streit gehören immer zwei.** Nie ist nur der eine an allem schuld und der andere völlig unschuldig. Selbst wenn der eine ganz eindeutig einen → *Angriff* fliegt,

kann der andere ihm zwar in seinem Gegenangriff ein hämisches „Ich hab' schließlich nicht angefangen!" unter die Nase reiben. Mitverantwortlich für den Streit ist er trotzdem. Denn erstens ist er auf das Angriffsspielchen eingestiegen. Und zweitens verbirgt sich hinter dem „Angriff" oft nicht nur die schiere Gemeinheit, sondern irgendwo auch ein Stückchen ernst zu nehmende → *Kritik*, eine → *Grenze*, die übertreten wurde, oder eine Meinung, die nicht genug Beachtung fand.

Zum Streit in seiner unangenehmen Form kommt es jedoch erst, wenn beide obendrein **ihre Gefühle nicht unter** → *Kontrolle* haben. Wo → *Ärger* und → *Wut*, Frust und Enttäuschung hochkochen, ist jede sachliche → *Diskussion* am Ende. Man schenkt sich alle weiteren Bemühungen um eine → *diplomatische* Lösung und gönnt sich in Sachen → *Tonfall* und → *Wortwahl* eine Klarheit, die gelegentlich durchaus zu körperlichen Auseinandersetzungen führen kann. „Du bist so was von blöd!", „Sagen Sie mal: Sind Sie so begriffsstutzig, oder tun Sie nur so?" – → *Killersätze* und → *Kränkungen* dieser Art führen vom Streit direkt in den Krieg. Genauso schnell wie die Ausweitung der Kampfzone auf immer dieselben altbekannten Schlachtfelder.

Streit ohne Ende? Friedrich Ulrich nennt diesen Klassiker unter den Streittreibern „**SOS = Same Old Story**".[11] Auf Deutsch: das alte Lied. „SOS-Konstellationen sind daran zu erkennen, dass (1) eine bestimmte Konflikt- oder Problemsituation sich trotz wiederholter Anstrengungen nicht nachhaltig auflöst; dass (2) die beteiligten Parteien versuchen, den Konflikt immer wieder mit den gleichen Mitteln zu lösen; dass (3) die Beteiligten irgendwann keine Chance mehr sehen, den Konflikt zu lösen."[12]
  Der eine Beziehungspartner will → *Kinder*, der andere nicht. Der eine legt Wert auf Treue, der andere glaubt nicht daran. Ein → *Mitarbeiter* will nach oben, sein → *Chef* hält ihn unten. Der eine Aufsichtsrat will für die Firma möglichst viel Gewinn, der andere will Umweltschutz um jeden Preis. So entstehen Grabenkämpfe, die jahrzehntelang mit derselben Leidenschaft ausgetragen werden. Und mit derselben Ergebnislosigkeit. Die eine Seite hockt stur im Bunker, die andere Seite feuert genauso stur aus allen Ka-

nonen – bis irgendwann einer entnervt aufgibt. So scheitern Beziehungen. Und deshalb schmeißen Mitarbeiter ihren Chefs urplötzlich den Job vor die Füße.

Konfliktangst. Es gibt auch Leute, mit denen man sich einfach nicht streiten kann. Das heißt aber nur selten, dass sie besonders weise sind. Häufig haben sie nur besonders viel → *Angst* vor Auseinandersetzungen und ihren Folgen. Deshalb unterdrücken sie die Widerworte, die ihnen auf der Zunge liegen. Dass der andere sie nicht zu hören bekommt, heißt jedoch noch lange nicht, dass sie ihm → *Recht* geben. Stattdessen fressen sie Frust und Ärger über ihren unausgesprochenen Protest in sich hinein, bis das Maß irgendwann voll ist. Und dann knallt's erst so richtig.

Streit vermeiden ist bei aller Angst davor letztlich weder möglich, noch ist es wirklich sinnvoll, das überhaupt zu versuchen. Wer „um des lieben Friedens willen" jahrelang seine eigene Meinung unter den Tisch kehrt und widerspruchslos selbst Dinge schluckt, die er innerlich als Zumutung empfindet, der muss damit rechnen, dass er auf diese Weise irgendwann ein Eigentor schießt. Denn wenn das Maß endgültig voll ist, siehe oben, dann höchstwahrscheinlich bei einem eher unbedeutenden Anlass. Der andere wird nicht verstehen, dass Sie ausgerechnet bei einer solchen Kleinigkeit völlig ausrasten. Und dann sind Sie schuld am Streit. Wer sonst. Der andere kann ja nicht wissen, dass die „Kleinigkeit" nur die Spitze des Eisbergs ist. Deshalb ist es letztlich klüger, immer gleich freundlich aber bestimmt zu sagen, was man denkt. Schließlich muss nicht jeder Streit im Clinch enden.

Clever streiten. Unglaublich, aber wahr: Man kann durchaus vernünftig streiten. Schlicht und ergreifend,
• indem man die unangenehmen Folgen eines gefühlsbeladenen Meinungsaustauschs möglichst klein hält. Und zwar durch **weitgehenden Verzicht auf** → *Tränen*, Wutanfälle, Schreiereien, → *Killersätze*, Vorwürfe, Unterstellungen, kränkende → *Kritik*, → *Bloßstellungen* und sonstige → *Angriffe* **unterhalb der Gürtellinie**;
• indem man möglichst **gut vorbereitet in ein Streitgespräch geht**. Längst nicht jeder Streit fällt völlig überraschend vom Himmel. Wer → *aufmerksam* genug ist, kann ihn kommen sehen. Und so

lange rauszögern, bis überbordende Gefühle wieder halbwegs unter Kontrolle sind und eine sachliche Argumentationsführung geistig lange genug eingeübt ist. Die endlosen stummen Streitgespräche mit dem → *Kollegen*, dem Chef oder dem Beziehungspartner kennt schließlich jeder. Sie sind nicht etwa eine lästige Macke, sondern eine ausgezeichnete Übung dafür, einen Streit nicht → *entgleisen* zu lassen;

• indem man konsequent **beim Thema bleibt**. Die Versuchung ist zwar groß, einen kleinen Streit im Eifer des Gefechts zu einer Generalabrechnung aller Jugendsünden zu machen. Aber wer das tut, will ganz eindeutig richtig Zoff – und bekommt ihn dann auch;

• indem man für sich selbst ein **gesundes Mittelmaß** findet. Nicht jede Meinungsverschiedenheit lohnt einen Streit. Aber zu viel Runterschlucken ist auch ungesund.

Streit in den Griff bekommen. Sie haben sich zwar darum bemüht, clever zu streiten. Aber Sie haben es nicht geschafft, und allmählich stehen jetzt alle Zeichen auf Sturm. Das kommt vor, oft sogar. Es heißt aber noch lange nicht, dass der Kriegsausbruch unvermeidbar ist. Ihnen stehen immer noch ein paar **Einlenkmanöver** zur Verfügung:

• Wenn Sie sich die Mühe geben, sich → *ehrlich* einzugestehen, wo **Ihr Teil der** → *Verantwortung* für den Streit liegt, wird das Ihren Ärger über den anderen um einiges verkleinern.

• Wenn Sie sich obendrein die Mühe geben, sich wenigstens probeweise mal kurz **in die Sicht des anderen hineinzuversetzen** (→ *Verständnis*), werden Sie mit Sicherheit gleich eine Ecke versöhnlicher. Oft verbirgt sich übrigens hinter dem Streit um ein eher belangloses Thema ein unterdrückter Streit um eine ganz andere Sache, die aber so unangenehm oder so → *tabu* ist, dass sie nie offen zum Ausdruck kommt. Typisches Beispiel: Sie beschwert sich darüber, dass er immer zu spät zum Essen kommt. Hinter dem Vorwurf der Unpünktlichkeit steckt jedoch der viel ernstere Vorwurf, in jeder Hinsicht vernachlässigt zu werden. Erst wenn er das erkennt, hat er eine Chance, den Streit über die Unpünktlichkeit aus der Welt zu schaffen.

• Wenn Ihnen das zu anstrengend ist, können sie **einen neutralen Dritten um Vermittlung bitten.** Darüber wird der wahrscheinlich nicht unbedingt erfreut sein, weil das eine undankbare Aufgabe ist. Aber wenn er das „Gerichtssaal-Spiel"[13] gut genug beherrscht, wird er Ihnen (beiden) trotzdem helfen können.

• Sie können schlicht und ergreifend das **Thema wechseln.** Das ist zwar eine ziemlich platte Streit-Beendigungs-Strategie, aber sie funktioniert nicht selten überraschend gut. Zumindest dann, wenn beide Seiten insgeheim wissen, dass sie eigentlich gerade wieder eine Runde SOS-Spielchen spielen (siehe oben).

• Kraft raubend, aber sinnvoll: Die **Suche nach** → *Lösungen.* Der befriedigendste Schlusspunkt unter einen Streit ist immer noch ein → *Kompromiss*, mit dem beide leben können.

▶ **Stress**

Stress bedeutet „körperliche und seelische Überlastung, Anspannung".[14] Heute leidet – zumindest in der westlichen Welt – fast jeder mehr oder weniger stark unter Stress, und in der Arbeitswelt gehören Kommentare wie „Ich bin total im Stress" schon fast zum guten Ton. Das Wort wird oft als bedeutungsgleich mit → *„Hektik"* und → *„Zeitdruck"* verwendet und beschreibt dann ganz allgemein einen unangenehmen Zustand der Hetze.

Stress aus biologischer Sicht ist hingegen eine geradezu lebenswichtige Angelegenheit. Denn er geht zurück auf ein entwicklungsgeschichtlich gesehen schon sehr altes Katastrophenschutzprogramm des Gehirns. Bei akuten Bedrohungen wird das nämlich durch Hormone quasi auf „Notstromaggregat" umgeschaltet. Alle komplizierten Gedankengänge werden abgebrochen, weil alle verfügbare Energie in eine von zwei hoffentlich lebensrettenden Handlungen fließen muss: Angriff oder Flucht.[15]

Die Hormone, die das steuern, werden in Sekundenbruchteilen ausgeschüttet – der berühmte „Adrenalinstoß", der einen durchfährt, wenn man schlagartig merkt, dass man durch einen Rechenfehler sein Budget um 10.000 Euro überzogen oder zu Hause den Herd angelassen hat. Einmal ausgeschüttet, bleiben die Hormone „stundenlang im Körper, und jede weitere Aufregung erhöht den schon vorhandenen Bestand an Stresshormonen".[16] Was bedeutet, dass Stress quasi automatisch nur zu noch mehr Stress führt, wenn man nicht sofort aus dem Teufelskreis aussteigt. Das ist aber schwer, denn unter Stress macht man obendrein besonders viel falsch: „Bei hohem Kortisolspiegel machen wir mehr → *Fehler*, sind zerstreuter und können uns nicht so gut erinnern, nicht einmal an etwas, was wir gerade erst getan haben. Nicht zur Sache gehörige Gedanken mischen sich ein, und die Informationsverarbeitung ist erschwert."[17]

Lästig oder lebensrettend? Was in Körper und Gehirn bei Stress passiert, beruht auf einem ziemlich raffinierten biologischen Programm, das heutzutage allerdings eher lästig ist als lebensrettend. Immerhin ist der Mechanismus dieses Programms inzwischen weitgehend bekannt. Und so hat es letztlich etwas ungeheuer Beruhigendes, dass Stress nicht etwa ein so unabwendbares Schicksal ist wie immer wieder nachwachsende Bartstoppeln – sondern letztlich „nur" eine chemische Reaktion im Hirn, die man mit etwas Übung durchaus beeinflussen kann und alles daran setzen sollte, das auch zu → *lernen*.

Stress und die Folgen. Kurzfristig bemerkt man sie sofort: mehr Fehler, weniger Konzentrationsfähigkeit, siehe oben. Das scheint zunächst überschaubar und letztlich immer irgendwie erträglich zu sein. Aber langfristig sind die Folgen nicht selten ernst und obendrein erst dann unübersehbar, wenn es zu spät ist. Typische Stresskrankheiten von → *Burn-out* bis Herzinfarkt sind nur die Spitze des Eisbergs.

Stressauslöser. Obwohl sie letztlich für jeden je nach Charakter und aktueller Situation verschieden sind, lassen sie sich unter ein paar Sammelbegriffen zusammenfassen. An erster Stelle steht wohl nach wie vor die → *Angst* – wenn auch nicht mehr unbedingt die Angst um das eigene Leben, sondern die Angst vor Fehlern und vor → *Verantwortung*. Hinzu kommen Überforderung und Überlastung und ein allgemeines → *Gefühl* von „Das schaff' ich nicht". Was letztlich auch wieder in Angst mündet, sich lähmend auf den Verstand legt – und genau deshalb oft zu einer sich selbst erfüllenden Prophezeiung wird.

In der modernen Geschäftswelt kommt erschwerend das hinzu, was in der Psychologie als „die fünf Antreiber" bezeichnet wird: „Sei perfekt!", „Beeil' Dich!", „Mach's den anderen recht!", „Streng' Dich an!" und „Sei stark!"[18] Auf diese Weise überfluten besonders → *Perfektionisten* und → *Workaholics* ihr Arbeitsleben mit Stress. Stress, der gar nicht sein müsste – denn die fünf Antreiber schwingen die Peitsche ja nur in ihrem Kopf.

Stress als → *persönliche* **Angelegenheit.** Stress hat man nicht – Stress macht man sich. Manche Leute fühlen sich schon unter Stress, wenn sie ausnahmsweise eine halbe → *Überstunde* machen müssen. Andere lassen sich selbst dadurch nicht aus der Ruhe bringen, dass mitten in der größten Hektik der → *PC* abstürzt, das → *Telefon* pausenlos klingelt und der → *Chef* mit einer Angelegenheit ankommt, die keine Minute warten kann. Stress ist also offenbar ein Problem, das im Wesentlichen hausgemacht ist.

Ganz sachlich betrachtet, kann man eine bestimmte Situation nämlich als Tropfen sehen, der das Fass zum Überlaufen bringt (und das Stressprogramm im Hirn auslöst). Oder als sportliche Herausforderung nach dem Motto „Das werd' ich schon schaffen – und wenn nicht, ist es auch kein Drama". Nicht alles, was nach Stress aussieht, muss also auch zum Stress werden. Ob es so kommt oder nicht, hängt von Ihnen ab. Eine tröstliche Erkenntnis. Manchmal ist allein sie schon ausreichend, um aufsteigenden Stress rechtzeitig in den Griff zu bekommen. Denn wenn andere sich in einer bestimmten Situation nicht aufregen – warum sollten Sie das dann tun?

Anti-Stress-Programme. Ratgeber zum Thema verkaufen sich wie warme Semmeln, deshalb gibt es auch so viele davon. Wenn Sie wirklich unter Stress leiden, dann sollten Sie nicht davor zurückschrecken, ein paar Euro in ein gutes Buch zu investieren. Es ist allerdings in diesem Bereich ratsam, mal eine Stunde in einem gut sortierten Laden zu verbringen und sich genauer anzuschauen, was im Angebot ist. Inhaltlich und sprachlich gibt es nämlich sehr viele verschiedene Ansätze. Bei gelegentlichen Stressanfällen können die folgenden **Tricks** sich aber auch schon als nützlich erweisen:

• **Bei chronischem Stress** (also einem dauerhaften Grundgefühl der Überlastung) gibt es eine einfache Methode, die Nerven zu streicheln und dadurch zu verhindern, dass Stress automatisch nur zu noch mehr Stress führt: Tun Sie sich was Gutes. Und zwar jeden Tag. Das klingt nach Psychogeschwafel, funktioniert aber unglaublich gut. Und zwar am → *Arbeitsplatz* je nach Geschmack zum Beispiel durch Musik (so dosiert, dass sie für die Kollegen nicht zum Stress wird), ein paar Blumen auf der Fensterbank, Fotos von der letzten Urlaubsreise oder reichlich Schokolade in Griffweite. Oder durch ein rituelles Verwöhnprogramm vor der Arbeit (Joggen, in Ruhe Zeitunglesen) und nach der Arbeit (Sport, Sauna, Badewanne, Happy Hour).

• **Bei akutem Stress** (also wenn ganz plötzlich ein Angstmacher auftaucht) lohnt es sich immer, sich mit dem Rest an Energie, den die Stresshormon-Dusche noch übrig lässt, ein paar → *Fragen* zu stellen. Zum Beispiel „Ist das jetzt wirklich so → *wichtig*, dass es den ganzen Stress wert ist?", „Was könnte eigentlich schlimmstenfalls passieren, wenn die Sache schief geht?" und „Lässt sich der Stressauslöser vielleicht aufdröseln in Teilbereiche, die, jeder für sich betrachtet, gar nicht mehr so schlimm aussehen?". Es ist nicht leicht, auf diese Fragen auch Antworten zu finden, weil man sich unter Stress eben so schlecht konzentrieren kann. Aber es ist möglich, sich diese Fragen anzutrainieren, so dass sie in Stresssituationen automatisch hochkommen und das Hirn dann auch automatisch das signalisiert, was Sie in stressfreien Zeiten längst irgendwo als richtige Antwort gespeichert haben: „Nein, der meiste Stress ist die Aufregung nicht wert" und „Nein, viel wirklich Schlimmes kann eigentlich gar nicht passieren".

• **„Wie bin ich unter Stress?"** Noch eine von den wichtigen Fragen. Sie erhalten eine erschreckend klare Antwort, sobald Sie sich nur einen Moment lang „neben sich stellen" und sich selbst beobachten: Im Hirn Gedankenchaos, in den Augen ein gehetzter Blick, ein genervter Tonfall und dazu ein Laufschritt, der mehr an gejagtes Großwild als an eine souveräne Arbeitskraft erinnert. Alles in allem ein so erschütternder Anblick, dass Körper und Geist quasi automatisch sofort mindestens einen Gang runterschalten.

- **„Wie wirke ich unter Stress auf andere?"** Wenn es Ihnen gelingt, sich auch noch mit dieser Frage zu befassen, dann sind Sie eigentlich schon auf dem besten Weg, sich allzu überstürzte Stresshormon-Attacken in Zukunft zu ersparen. Denn auch die Antwort darauf fällt ernüchternd aus: Wer offensichtlich gestresst ist, lässt häufig die Grundregeln für gutes → *Benehmen* außer Acht und stößt die anderen allein dadurch vor den Kopf; sie reagieren peinlich berührt bis verärgert. Wenn sie das sogar mit Bemerkungen wie „Sie scheinen aber gerade sehr im Stress zu sein" zum Ausdruck bringen, ist das für alle Beteiligten ziemlich unerfreulich, und es macht die Situation als solche garantiert nicht besser. **Merke:** Durch Stress fällt man letztlich viel unangenehmer auf als dadurch, sich rechtzeitig gegen Stress zu wehren. Was durchaus machbar ist.

- → *Grenzen* **ziehen und** → *Prioritäten* **setzen.** Das sind Zauberformeln gegen Überlastung im Job. Vorausgesetzt, man wendet sie frühzeitig genug an, und nicht erst, wenn der Nervenzusammenbruch in greifbarer Nähe ist.

Wenn andere im Stress sind, ist es immer das Klügste und bei weitem Menschenfreundlichste, möglichst verständnisvoll zu reagieren. Schließlich wissen Sie doch bestimmt aus eigener Erfahrung, was für ein unangenehmes Gefühl das ist, bis zum Hals im Stress zu stecken. Grund genug, sich Vorwürfe wie „Mein Gott, bist du wieder mal gestresst" zu verkneifen. Und alles, was nicht wirklich und wahrhaftig absolut dringend ist, auf einen geeigneteren Zeitpunkt zu verschieben.

▶ Strukturieren

Die Struktur, das ist das System, nach dem etwas aufgebaut ist, die Art und Weise, in der etwas in sich gegliedert ist. Eine einmal ausgewählte Struktur bringt → *Ordnung* und Zusammenhalt in Dinge, die sonst nur ein Haufen Einzelteile wären. Größere → *Listen* zum Beispiel sind ohne Struktur – Datum, → *Alphabet*, Liefermengen, Kundennummern – nichts anderes als ein großer Datensalat, aus dem kein Mensch irgendeine sinnvolle → *Information* ziehen kann.

Strukturen ermöglichen es auch, sich und anderen schneller einen Überblick zu verschaffen: Die Struktur begreift man schneller als die vielen Einzelteile, die an ihr dranhängen. Am → *Arbeitsplatz*, wo ständig → *Zeitdruck* herrscht, sind Strukturen besonders → *wichtig*. Und normalerweise gibt es auch eine ganze Menge davon, zum Beispiel über traditionelle Arbeitsabläufe, → *Arbeitsplatzbeschreibungen*, → *Organigramme* und vorgeschriebene → *Dienstwege*.

Solche Strukturen betreffen die großen Themen: Herstellungsprozesse, → *Entscheidungen*, → *Zuständigkeit*, → *Verantwortung*. Was hingegen die unzähligen Kleinigkeiten des Arbeitsalltags betrifft, so bleibt es häufig jedem selbst überlassen, ob und wie er seine Aufgaben und → *Arbeitsaufträge* strukturiert. Entscheidend ist heute im Wesentlichen, dass man sie erledigt. Wie man sie erledigt, ist Nebensache. Aber nicht ganz. Denn wer Arbeitsaufträge, Briefe, E-Mails und Gespräche strukturiert, erledigt seine Aufgaben eindeutig schneller und besser als jemand, der sich diese Mühe nicht macht. Es lohnt sich also, anstehende Arbeiten kurz im Hinblick auf eine sinnvolle Struktur anzuschauen, anstatt sich kopflos einfach in die Arbeit zu stürzen.

• **In** → *Briefen* **und** → *E-Mails* ist eine Grundstruktur sowieso immer vorgegeben: Einleitung, Hauptteil, Schluss. Aber das, was Sie im Hauptteil an wirklich wichtigen Dingen zu sagen haben, können Sie durchaus noch mal in sich übersichtlich nach Themen ordnen, um es möglichst leicht verständlich und verdaulich zu machen.

• **Berichte und Vorträge** sind in der → *Regel* so lang, dass Sie ohne klare Struktur Ihren Lesern und → *Zuhörern* unglaublich auf die Nerven und am Ende baden gehen. Da ist es eindeutig besser, sich rechtzeitig ein paar Gedanken über eine sinnvolle Gliederung zu machen (→ *Berichte*, → *Vorträge*). Das kostet zwar viel → *Zeit* – aber Profis wissen, dass sich diese Mühe immer lohnt. Denn wenn die Struktur steht, schreibt und erzählt sich der Rest mehr oder weniger von alleine.

• **In schwierigen** → *Gesprächen* (Gehaltsverhandlungen, → *Diskussionen*, → *Feedback-Gespräche*) sind Sie gut beraten, wenn Sie das, was Sie sagen wollen, schon vorher strukturieren: Welche

Punkte sind mir besonders wichtig? Kann ich einzelne davon zu Grüppchen zusammenfassen und auf einmal ansprechen? Welche kann ich zur Not weglassen, um → *Zeit* zu gewinnen? Wie könnte die beste Reihenfolge aussehen – alle wichtigen Punkte am Schluss? Oder am Anfang? Oder vielleicht doch am besten abwechselnd wichtigere und weniger wichtige? Mit einem gut strukturierten Gespräch verschaffen Sie sich immer gute Karten für erfreuliche Verhandlungsergebnisse. Sie können Ihrem Gegenüber dann sogar durchaus auch ein paar weniger angenehme Dinge sagen, ohne dass das zum → *Problem* wird. In einem schlecht strukturierten Gespräch erreichen Sie im Zweifelsfall nicht viel mehr als einen schlechten → *Eindruck*.

• **Arbeitstag strukturieren.** Das ist ein idealer Weg, um → *Hektik* zu vermeiden und die zur Verfügung stehende Zeit so sinnvoll wie möglich auszunutzen. Die Grundidee ist denkbar einfach: Sie schauen sich jeden Morgen an, was anliegt, ordnen grob ein in → *„dringend"*, → *„wichtig"* und „kann warten" – und zimmern sich so fast automatisch eine → *Prioritätenliste*. Die arbeiten Sie dann der Reihe nach ab. Diese Methode hat gleich zwei Vorteile: Sie können nichts vergessen, weil Sie sich regelmäßig einen Überblick verschaffen. Und es wird Ihnen nie passieren, dass Sie sich morgens über unwichtigem Kram verzetteln und nachmittags feststellen, dass Ihnen für ein paar wirklich dringende Dinge keine Zeit mehr bleibt. Struktur-Profis bauen sich übrigens in ihre Arbeitstage auch immer etwas freie Zeit für „Unvorhergesehenes" ein. Das kann eine plötzliche Katastrophe sein – aber auch endlich mal ein entspanntes Gespräch mit dem Kollegen aus der Buchhaltung.

• **Arbeitsaufträge strukturieren.** Das funktioniert genauso wie die Struktur für die Arbeitstage, nur im Kleinen. Die entscheidende Voraussetzung dafür ist eine möglichst detaillierte → *Checkliste*. In Sachen Struktur ist sie die halbe Miete, weil in ihr alle Einzelteile in sich zusammenhängend aufgelistet sind. Sie müssen nur noch entscheiden, was wann (und durch wen, wenn Sie → *Mitarbeiter* haben) zu tun ist.

Diese ganze Strukturiererei ist Ihnen zu mühsam? Dann können Sie natürlich nach der guten alten Sachbearbeiterweisheit

„immer hübsch der Reihe nach" vorgehen und grundsätzlich alles so angehen, wie es Ihnen auf den Tisch, durchs → *Telefon* oder in den Kopf kommt. So richtig weit werden Sie es mit dieser Methode karrieremäßig allerdings nicht bringen. Dazu ist sie zu Zeit raubend, zu umständlich, zu wenig erfolgsorientiert – und für das heutige Berufsleben letztlich schlicht und ergreifend ein bisschen zu naiv.

▶ **Surfen** → *Internet*

▶ **Sympathie**

Sympathie ist genau wie → *Abneigung* ausschlaggebend dafür, welche → *Beziehung* man zu seinen Mitmenschen hat. Und ob sich überhaupt eine entwickelt. Im → *Privatleben* ist es möglich, grundsätzlich nur zu sympathischen Leuten → *Kontakte* zu pflegen (sieht man von Hausmeistern, Beziehungspartnern der besten Freunde und angeheirateten Verwandten mal ab). Am → *Arbeitsplatz* hingegen kann man von Glück sagen, wenn man → *Chefs*, → *Kunden*, → *Kollegen* und Geschäftspartner für sympathisch hält. Denn man muss in jedem Fall mit ihnen zusammenarbeiten, auch wenn sie noch so unsympathisch wirken.

Mit dieser nüchternen Feststellung haben besonders Frauen ein Problem: „Frauen orientieren sich meist an Sympathien und → *Gefühlen* und nicht daran, was ihnen nützt."[19] Für Leute, die sie gut leiden können, reißen sie sich ein Bein aus, ganz egal, ob es um den Abteilungsleiter oder die → *Praktikantin* geht. Vom Schielen nach der Nützlichkeit von Kontakten, nach den Positionen auf der → *Rangordnung*, findet sich bei Frauen nur selten eine Spur. Ihre Orientierung an spontaner Sympathie als Richtschnur für Beziehungen ist eigentlich ausgesprochen liebenswert. Eigentlich. Wenn da nicht ein paar gewaltige **Nachteile** wären:

Die Kehrseite des Sympathie-Maßstabs. Wer ausschließlich nach persönlicher Sympathie geht, bringt Leuten, die er nicht leiden kann, nur mit großer Mühe ein Mindestmaß an → *Freundlichkeit* und → *Aufmerksamkeit* entgegen. Dieses Verhalten ist für die Betroffenen schnell als Abneigung erkennbar, vor allem, wenn viele andere eben nicht die kalte Schulter, sondern warmherzige Streicheleinheiten bekommen. So ruiniert man Beziehungen, noch ehe sie begonnen haben. Und das ist nicht nur ungerecht, sondern im Berufsleben regelrecht geschäftsschädigend.

Überbewertung von Sympathie. Wer in Privatleben und Beruf seine persönlichen Sympathien zum Maß aller Dinge macht, für den ist es kaum zu ertragen, wenn ihm mal irgendwann offene Abneigung entgegenschlägt. Das ist zwar nicht logisch, aber immer wieder zu beobachten: Man geht ganz nach seinem Gefühl, teilt in Sachen Abneigung auch bedenkenlos aus – und leidet trotzdem an geknicktem Selbstbewusstsein, sobald man selbst nicht nur Sympathie hervorruft. Diese „Keiner-liebt-mich"-Sorgen sind erstens hausgemacht, zweitens kosten sie sehr viel Energie, die man eigentlich für → *dringendere* Dinge braucht, und drittens sind sie im Job grundsätzlich fehl am Platz. Denn darum geht's dort nicht. → *Wichtig* ist, dass man miteinander auskommt, eine „gemeinsame Arbeitsebene aufbaut", wie es so schön heißt, und gemeinsam eine gute → *Leistung* erbringt. Große Gefühle – egal in welcher Richtung – sind da weder gefragt noch sinnvoll.

Sympathie und Gerechtigkeit. Dass Sympathie wenig mit Gerechtigkeit zu tun hat, lernt man meistens schon in der Schule, wenn der Lehrer Noten verteilt, die mit der eigentlichen Leistung eher wenig zu tun haben. Und wenn Sie das sowieso wissen, dann könnten Sie sich ruhig angewöhnen, aufsteigende Sympathie – und auch Abneigung – kurz aufzudröseln in das, was alles dahinter steckt: Feststellungen (tatsächliche Stärken, tatsächliche → *Schwächen*), aber auch Vorurteile (vermutliche Stärken, vermutliche Schwächen), für die es keine sachliche Begründung gibt. Ein klarer Überblick über das bunte Durcheinander von → *Meinungen*, → *Erfahrungen*, Vorurteilen und Bauchgefühlen verhilft von alleine dazu, die eigenen Sympathien und Antipathien ein bisschen weniger spontan zu verteilen.

 Sympathie und → *Netzwerke*. Ein gutes Netzwerk braucht jeder. Aber es besteht nicht unbedingt nur aus Leuten, die auch für eine persönliche → *Freundschaft* in → *Frage* kämen. Das sind nämlich im Zweifelsfalle immer zu wenige. Wesentlich sinnvoller ist es, das Sympathie-Thema beim Netzwerkbauen außen vor zu lassen und die Leute, die man im Job so kennen lernt, als das anzusehen, was sie sind: Kontakte, jeder für sich mit Stärken und Schwächen, aus denen gute Kontakte werden könnten. Und für gute Kontakte ist gegenseitige Sympathie zwar wunderbar, aber wahrhaftig nicht unentbehrlich. Viel wichtiger sind Offenheit und ehrliches Interesse am anderen. Übrigens: Mit dem Interesse kommt die Sympathie oft von ganz allein.

Anmerkungen

[1] Wahrig Deutsches Wörterbuch
[2] 31/S. 60
[3] 28/S. 166 ff
[4] 32/S. 61
[5] 32/S. 187
[6] Zum Beispiel Literaturliste Nr. 32, 33, 35
[7] Reclams Kleines Fremdwörterbuch
[8] Wahrig Deutsches Wörterbuch
[9] Zum Beispiel Literaturliste Nr. 39
[10] 10/S. 45
[11] 5/S. 188
[12] 5/S. 188
[13] 6/S. 101 f
[14] Reclams Kleines Fremdwörterbuch
[15] 20/S. 95 ff
[16] 20/S. 96
[17] 20/S. 97
[18] 6/S. 182
[19] 26/S. 143

T

▶ **Tabu**

Das Wort kommt ursprünglich aus der polynesischen Sprache, in der es „heilig, unantastbar, verboten" bedeutet.[1] Heutzutage wird es ganz allgemein im Sinne von „unausgesprochenes Verbot, bestimmte Dinge zu tun oder über sie zu sprechen" verwendet.

Das → *Problem* an Tabus ist, dass es eine ganze Menge von ihnen gibt – und dass sie nur selten klar erkennbar und vermeidbar sind. Denn über Tabus spricht man nicht, siehe oben, also wird eher selten laut und deutlich vor ihnen gewarnt. Wer das Pech hat, sich nicht genau mit den Tabus in seiner Umgebung auszukennen, bricht möglicherweise eins. Bei Abenteuerurlauben unter Indios im Dschungel kann das schon mal ins Auge gehen.

Auch im Berufsleben gibt es reichlich Tabus. Die Folgen eines Tabubruchs sind dort kaum lebensbedrohlich – aber fast immer gleichbedeutend mit einem ausgiebigen Bad im → *Fettnapf* und einem ziemlichen Schlag für → *Image* und Selbstbewusstsein. Nicht gerade gemütliche Aussichten. Da lohnt es sich glatt, sich mit dem Thema vorsichtshalber von vornherein einmal gründlich zu befassen. Dieses Buch hilft Ihnen dabei.

• Unter zahlreichen **Stichwörtern** werden die dazugehörigen Tabus ausdrücklich im Text erwähnt. Zum Beispiel → *Alkohol* und → *Drogen* am → *Arbeitsplatz*, → *fluchen*, Beschwerden → *abwimmeln*, den Chef → *bloßstellen*, → *Gerüchte* in die Welt setzen, andere mit → *Killersätzen* fertig machen, → *Tränen*, → *Mobbing*, → *Lügen*, → *Lob* einstecken, das anderen gebührt, von privaten Problemen erzählen, → *Smalltalk* über → *Geld*, → *Politik*, Tod und → *Krankheiten*, am → *Telefon* andere in der Leitung hängen lassen, Schlabbernschmatzenschlürfen und sonstige Todsünden in Sachen → *Tischmanieren*, nicht → *zuhören*, → *schreien*, → *Wutanfälle*, sexuelle → *Belästigung*.

Diese und weitere Tabus sind zusätzlich durch das **Icon** gekennzeichnet, damit selbst Schnellleser und → *Energiesparer* auf den ersten Blick erkennen können, was sie sich zumindest während der → *Arbeitszeit* auf jeden Fall verkneifen sollten.

▸ **Tageskopien** → *Kopien*

▸ **Taktgefühl** → *Diskretion*

▸ **Tarifverträge** → *Gewerkschaften*

▸ **Teams**

Die Zeit der genialischen Einzelkämpfer ist vorbei; heutzutage ist in vielen Berufen Teamarbeit angesagt. Denn „es ist eine grundlegende Tatsache der heutigen Arbeitswelt, dass jeder nur einen Bruchteil des Wissens und Könnens besitzt, das für die Bewältigung unserer Aufgaben erforderlich ist".[2] Mit anderen Worten: Heute kann keiner mehr alles wissen. Deshalb ist man nur gemeinsam klug und stark. Entsprechend häufig wünschen sich → *Chefs* von ihren → *Mitarbeitern* „Teamfähigkeit" – also die Bereitschaft, sich auf Gruppenstrukturen einzulassen, andere am eigenen Wissen teilhaben zu lassen und mit ihnen gemeinsam und gleichberechtigt auf das Erreichen von → *Zielen* hinzuarbeiten.

Vorteile von Teamarbeit. Gruppen haben, auf ihre Teammitglieder verteilt, mehr Fachwissen, mehr → *Ideen* und mehr Erinnerungen zur Verfügung, als ein einzelner Mensch haben kann. Obendrein ist die → *Leistung* des Teams im Idealfall eindeutig größer als die Summe der Leistungen seiner einzelnen Mitglieder: „Die besten Fähigkeiten des einen locken (…) bei einem anderen und noch einem anderen die besten Ergebnisse hervor, und was insgesamt herauskommt, übertrifft bei weitem alles, was jeder einzelne geschafft hätte."[3]

Teamarbeit verleiht also Flügel. Jedenfalls immer dann, wenn zwei wesentliche Voraussetzungen erfüllt sind.

Erstens: Alle Teammitglieder sind auch wirklich teamfähig. Das heißt, dass sie nicht nur die nötige Fachkompetenz haben, sondern auch ein paar soziale → *Kompetenzen,* die für die Teamarbeit unabdingbar sind. Zum Beispiel → *Kollegialität,* → *Zuverlässigkeit,* Kritikfähigkeit, Kontaktfähigkeit und Einfühlungsvermögen.

Zweitens: Das Team hat einen guten Leiter, der für jedes einzelne Teammitglied Vaterfigur und Trainer gleichzeitig ist, dem Team durch Krisen und Durchhänger hindurchhilft und sich auch nach außen tatkräftig für bestmögliche Arbeitsbedingungen einsetzt.[4]

💣 **Nachteile von Teamarbeit.** Sie machen sich spätestens dann bemerkbar, wenn eben nicht alle Teammitglieder in gleicher Weise selbstlos und kompetent an einem Strang ziehen. Ist obendrein der Teamleiter → *eitel,* → *arrogant,* → *inkompetent* oder alles zusammen, dann sehen selbst die Ergebnisse der vielversprechendsten Teams am Ende wahrscheinlich eher mager aus. Das Dumme daran: Wer im Team arbeiten muss, wird sich kaum von dieser Pflicht befreien lassen können mit dem schlichten Hinweis darauf, dass die Teamkollegen nun mal nicht die nötigen menschlichen Qualitäten haben. Die einzig praktische → *Lösung* in dieser Situation ist es, sich mit dem Umständen zu arrangieren.

🔧 **Unbefriedigende Teamarbeit zu überleben,** ist nicht immer leicht, aber ein paar Möglichkeiten gibt es schon:
• **Bei** → *Ideenklau* **und Eitelkeit** einzelner Teammitglieder ist es immer eine gute Vorsichtsmaßnahme, regelmäßig kleine → *Aktennotizen* zu schreiben, aus denen hervorgeht, welchen Anteil Sie persönlich an den Ergebnissen der Teamarbeit haben. Oder dafür zu sorgen, dass Ihre Arbeit in den Teamsitzungs-Protokollen auch gebührend erwähnt wird. Nur für den Fall, dass ein → *„Ich"*-Darsteller auf das demokratische „wir" verzichtet und gemeinsame Ergebnisse als brillante Eigenleistung ausgibt.
• **Bei menschlich oder fachlich inkompetenten Leitern** könnten Sie sich möglicherweise erfolgreich als inoffizieller Teamchef etablieren und dadurch sich selbst und den anderen zu mehr Freude an der Arbeit verhelfen. Das setzt allerdings so viele Qualitäten

voraus – → *Diplomatie*, fachlich herausragendes Wissen, menschlich tadelloses → *Auftreten*, → *Sympathien* von allen Seiten – dass Sie diesen Weg nur wählen sollten, wenn Sie sich Ihrer selbst völlig sicher sind.

• **Ganz offensichtlich unmotivierte, lustlose Teams** bringen nichts. Das merken irgendwann auch die hoffnungsvollsten Vorgesetzten. Und zwar möglichst von selbst, denn wenn Sie sie direkt darauf ansprechen, haben nicht etwa die schlaffen Teammitglieder, sondern Sie allein den schwarzen Peter: Beim Chef, weil Sie der Überbringer schlechter → *Nachrichten* sind. Und bei Ihren Teamkollegen, weil Sie sie beim Chef kritisiert und → *bloßgestellt* haben. Beliebt macht man sich so nicht. Da ist es schon besser, ganz geduldig und zumindest mit dem Anschein von Arbeitseifer so lange seine → *Zeit* abzusitzen, bis das Team auch offiziell aufgelöst wird.

• **Ein unbefriedigendes Team wird einfach nicht aufgelöst?** Dann bleibt Ihnen nur noch eins: Bleiben Sie drin, aber gehen Sie raus. Zum Beispiel, indem Sie spezielle oder schwierige Detailaufgaben übernehmen, die am besten einer alleine erledigt. Damit halsen Sie sich zwar unter Umständen viel Arbeit auf – aber das ist möglicherweise immer noch besser als ständiger → *Ärger* über unfähige oder ganz einfach unsympathische Teamkollegen.

▶ **Telefax**

Bis vor ein paar Jahren war dieses auch Fernkopierer genannte Gerät unentbehrlich, um Unterlagen, deren Postversand mindestens einen Tag gedauert hätte, innerhalb von Minuten von einem Ort zum anderen zu schicken.

Inzwischen werden die meisten Unterlagen per → *E-Mail* verschickt, weil das noch einfacher und schneller ist. Faxgeräte sind häufig nur noch im Einsatz, wenn es um den Versand von Schriftstücken geht, die man nicht selbst geschrieben hat (→ *Kopien* von Druckerzeugnissen, → *Briefe* und → *Berichte* Dritter). Und sogar das lässt sich heute eigentlich per E-Mail erledigen. Alles, was man dazu braucht, ist ein Scanner, ein paar Programme und ein bisschen Ahnung. Und natürlich das → *Vertrauen* darein, dass der

Empfänger elektronische → *Anlagen* trotz Virusangst aufmacht oder überhaupt aufmachen kann.

Tipps fürs Fax. Die Online-Verständigung hat das Telefax noch nicht ganz aus den → *Büros* verdrängt. Deshalb hier für → *Anfänger* drei kleine Tipps für dem Umgang damit:

• Ältere Faxgeräte benötigen **Thermopapier** auf Rollen (im Gegensatz zu Normalpapier auf Rollen oder als Einzelblätter). Und Faxe auf Thermopapier haben die lästige Eigenschaft, im Laufe der → *Zeit* immer mehr zu verblassen. So lange, bis rein gar nichts mehr lesbar ist. Da kann Ihre → *Ablage* noch so perfekt organisiert sein – wenn Sie Thermofaxe nicht gleich als → *Kopie* abheften, kann es sein, dass das Original nach ein paar Jahren zwar in der → *Akte* abgeheftet, aber das, was drin stand, trotzdem auf nimmer Wiedersehen verschwunden ist.

• Manchmal ist es unumgänglich, dass ein → *vertrauliches* Schriftstück per Fax verschickt werden muss. Wer in diesem Fall in der Hoffnung auf das Gute im Menschen das Deckblatt oder das Fax selbst mit dem Hinweis **„vertraulich"** dekoriert, hofft in der → *Regel* vergebens: Kaum etwas bringt so viel Abwechslung in einen langweiligen Arbeitsalltag wie ein vertrauliches Fax. Es wird garantiert von ganzen Abteilungen mit größter → *Aufmerksamkeit* gelesen, denn: Wo „vertraulich" drauf steht, muss doch einfach was Interessantes drin stehen. Angesichts dieser weit verbreiteten Freude an kleinen → *Indiskretionen* ist es letztlich klüger, auf das „vertraulich" zu verzichten und stattdessen den Empfänger telefonisch zu bitten, sich an das Gerät zu stellen und das Fax gleich selbst in Empfang zu nehmen.

• **Fax-Deckblätter** mit der fettgedruckten Überschrift TELEFAX gehören zu den Überbleibseln aus der alten Zeit, in der noch kaum jemand wusste, dass es Fernkopierer gibt, und deshalb immer erst erklärt bekommen musste, dass er ein Fax und keinen → *Brief* in der Hand hält. Heute weiß das jeder. Deshalb sind Deckblätter eigentlich nur noch lästig und Papierverschwendung. Ein ganz normaler Briefbogen, auf dem statt der Postadresse die Faxnummer steht, tut's auch, jedenfalls wenn das Logo beim Faxversand erkennbar bleibt.

▶ **Telefonieren**

Viele Leute fühlen sich schon nackt, wenn sie mal ihr → *Mobiltelefon* vergessen haben – und ein Leben ganz ohne Telefon scheint heute absolut unvorstellbar. Ohne Telefon keine → *Erreichbarkeit,* und wer nicht erreichbar ist, der könnte ja etwas verpassen. Das Telefon ist also fast überall das wichtigste Verständigungsmittel, sowohl im → *Privatleben* als auch im Beruf. Am → *Arbeitsplatz* hat inzwischen so mancher Mitarbeiter drei Telefone vor sich: seinen Dienstanschluss, sein Diensthandy und sein Privathandy. Gut, dass es so viele verschiedene Klingeltöne gibt. Und noch besser, dass man inzwischen auch genau weiß, wie schnell sich selbst am Telefon ein → *Eindruck* herausbildet: Nur sieben Sekunden (!) braucht Ihr Gesprächspartner bei einem ersten Gespräch mit Ihnen, um sich zu entscheiden, ob er Sie sympathisch oder unsympathisch findet.[5] Und das, obwohl alle anderen Umstände wegfallen, die sonst für den ersten Eindruck so → *wichtig* sind: → *Kleidung*, Aussehen, → *Körperhaltung*, kurz: das → *Erscheinungsbild.*

Stattdessen hat Ihr Gesprächspartner nur Ihre Stimme im Ohr. Alle seine Sinne sind aufs Hören beschränkt – und deshalb hört er ganz genau hin. Und bekommt so eine Menge mehr mit, als Sie mit Worten sagen: Der Eindruck, den er von Ihnen hat, entsteht nur zu zehn Prozent durch das, was Sie sagen, und zu neunzig Prozent dadurch, wie Sie es sagen.[6]

💣 **Große Gefühle und kleine Nebengeräusche.** Das kennt jeder von Telefonaten mit Eltern und Freunden: Man hört aus der Stimme sofort raus, ob der andere gerade im → *Stress* ist, ob er → *Ärger* hat oder → *Probleme.* Vor allem starke → *Gefühle* von Glück bis Unglück sind für geübte Ohren sofort in der Stimme spürbar, auch wenn der Sprechende sich noch so viel Mühe gibt, sie zu verbergen.

Und dann gibt es auch noch diese verräterischen Nebengeräusche. Die Mikrofone in modernen Telefonen sind unglaublich gut. Man hört sogar noch, wenn der andere zwischendurch Fingernägel kaut. Ganz zu schweigen von den ziemlich eindeutigen Geräuschen, die entstehen, wenn jemand nebenbei die Post durchsieht, am Computer herumspielt oder in der Zeitung blättert. Das stößt Ihren Gesprächspartner vor den Kopf und ist deshalb vor allem am Arbeitsplatz nicht empfehlenswert. Auch wenn Sie sich mit Ihrem Gesprächspartner noch so sehr langweilen, auch wenn Sie noch so sehr in Eile sind: Seien Sie lieber gleich → *ehrlich* und bitten Sie den anderen, später noch mal anzurufen. Höflichen → *Klartext* wird er in dieser Situation zu schätzen wissen – einen unangenehm unkonzentrierten Gesprächspartner hingegen kaum.

Umgekehrt können Sie Gesprächspartner, die ganz offensichtlich neben dem Telefonieren noch ganz andere Dinge erledigen, schlicht und ergreifend → *fragen*, ob Sie nicht besser zu einem späteren Zeitpunkt noch einmal anrufen sollten.

Telefon-Tipps. Zum Telefonieren gehört mehr als nur das Wählen der richtigen Nummer und eine freie Leitung. Ganz entscheidend ist es, auch menschlich eine gute Verbindung herzustellen und – gerade am → *Arbeitsplatz* – einen Eindruck von Professionalität zu hinterlassen. Für beides gibt es eine Reihe nützlicher Tipps:

• **Nachfragen, ob der Angerufene auch Zeit hat.** „Stör' ich Sie gerade?" – diese → *Frage* ist bei Handygesprächen ein Muss, weil man nie weiß, wo man den Angerufenen gerade stört. Es kann ja sein, dass er gerade auf der Toilette sitzt oder im Supermarkt in der Schlange an der Käsetheke steht. Aber auch im Festnetz ist es nie verkehrt, diese Frage von vornherein zu stellen: Lieber später noch mal anrufen als jetzt mit tausend Worten nichts zu erreichen.

• **Den** → *Namen* **der Person aufschreiben, mit der Sie gesprochen haben.** Das ist ausgesprochen nützlich, wenn Sie telefonisch → *Informationen* erfragen oder Aufträge und Bestellungen vergeben. Sonst können Sie sich im Zweifelsfalle nicht auf einen bestimmten Gesprächspartner berufen und den zur Not festnageln – und stehen dumm da, wenn zum Beispiel ein wichtiges Antragsverfahren bei einer Behörde doch ganz anders funktioniert, als es Ihnen „jemand" am Telefon erklärt hat. Oder wenn im Restaurant trotz telefonischer Reservierung „bei dem Kellner mit der netten Stimme" kein Tisch für Sie und Ihre → *Gäste* freigehalten wurde.

- **Nicht gleich mit der Tür ins Haus fallen.** Auch für Telefonate gelten die → *Regeln* des klassischen Gesprächsaufbaus (→ *Gespräche*). Das heißt, Sie sollten sich und dem anderen aus Gründen der Beziehungspflege erst mal eine „Aufwärmphase" gönnen, bevor Sie ihm sagen, worum es Ihnen eigentlich geht. Wenn Sie bei der Feuerwehr anrufen und es darum geht, dass Ihr Haus brennt, ist das natürlich was anderes.

- **Schreibzeug in der Nähe haben.** „Ich muss mir kurz einen Stift suchen" ist eine Bemerkung, die ausgesprochen schlecht fürs → *Image* ist. Vor allem dann, wenn der andere genau weiß, dass Sie in einem Büro am Schreibtisch sitzen.

- **Genaue → *Notizen* machen.** Das ist besonders wichtig bei Namen, → *Adressen* und Zahlen: Wenn Sie einen Namen oder eine Adresse nicht genau verstehen, fragen Sie lieber noch mal nach. Das ist dem, den Sie fragen, zwar vielleicht lästig. Aber noch lästiger wird es ihm sein, wenn Sie Sachen falsch ausrichten oder verschicken, nur weil Sie nicht alles richtig verstanden haben.

- **Zahlen → *wiederholen*.** Und zwar ganz egal, ob es nun um Beträge, → *Termine* oder Telefonnummern geht. Letztere sind übrigens als Einzelzahlen mit Abstand am leichtesten zu verdauen: Schnelle Mitschreiber notieren gleich eine Neun, wenn Sie eigentlich „neun … undsechzig" meinen, und müssen dann die sechs irgendwo vor die neun quetschen. Dann lieber gleich „sechs neun" – das spart im Zweifel → *Fehler* und → *Missverständnisse*.

- **Die Technik beherrschen.** Unglaublich, was moderne Telefonanlagen so alles können: Weiterleiten, Halten, → *Anrufbeantworter-Funktion*, Lautsprecher, Makeln, Anklopfen, Konferenzgespräche. Das ist alles wunderbar und unglaublich praktisch. Jedenfalls, wenn Sie damit auch umgehen können. Wenn nicht, kann es schnell peinlich werden. Zum Beispiel für → *Anfänger*, die nach zwei Tagen immer noch nicht wissen, wie man Anrufe weiterleitet. Mit der Telefonanlage ist es wie mit dem → *Kopierer*: Je schneller man sich damit vertraut macht, desto besser. Je mehr Feinheiten man beherrscht, desto größer die Bewunderung unter den Kollegen. Und je → *hilfsbereiter* man sein Wissen zur Verfügung stellt, desto größer die Beliebtheit.

Lautsprecher nur nach Ankündigung einschalten. Sie möchten gerne, dass Ihr → *Kollege,* → *Chef* oder → *Mitarbeiter* ein Telefonat mithört? Kein Problem, dafür gibt es ja den Lautsprecher. Den sollten Sie allerdings erst einschalten, nachdem Sie Ihren Gesprächspartner gefragt haben, ob ihm das auch recht ist. Denn erstens ist es ihm vielleicht nicht recht, weil er das Gesprächsthema lieber nur → *vertraulich* behandeln möchte. Und zweitens könnte er, wenn er nicht weiß, dass da noch jemand zuhört, Dinge zur Sprache bringen, die für diesen Jemand sehr unangenehm sein könnten. „Ihr Praktikant ist aber auch wirklich ein Volltrottel!" zum Beispiel. Oder „Ich hab' Ihre Frau Maier immer schon für völlig inkompetent gehalten." Solche Äußerungen werden weder den Praktikanten noch Frau Maier glücklich machen. Und wenn Ihr Gesprächspartner am Ende Ihnen vor Ihren → *Zuhörern* sagt, was er so von Ihnen oder Ihrer Arbeit hält, könnten Sie bitter bereuen, ihn in Sachen Lautsprecher nicht vorgewarnt zu haben.

Richtig auflegen. Es kommt vor, dass man sich nach einem besonders ärgerlichen Telefonat erst mal so richtig Luft machen und zehn Minuten → *fluchen* muss. Es kommt dummerweise aber auch vor, dass man in seiner → *Wut* nicht richtig auflegt und der andere deshalb live alles mitbekommt, was Sie so über ihn denken. (Dasselbe kann übrigens auch passieren, wenn Sie die „Halte"-Funktion nicht richtig gedrückt haben.) Eine gute Voraussetzung für eine baldige Verbesserung der → *Gesprächsatmosphäre* ist das eher nicht.

Telefon-Tabus. Durch ungeschicktes oder unhöfliches Verhalten am Telefon kann man sich in Nullkommanichts ins Reich uferloser → *Fettnäpfe* katapultieren. Dafür reicht oft eine einzige telefonische Begegnung schon aus, siehe oben. Es ist daher äußerst ratsam, ein paar Dinge möglichst zu vermeiden, die ganz allgemein als schlechtes → *Benehmen* gelten:
• **Sich nicht mit Namen melden, wenn man angerufen wird.** Jemand, der eine andere Person telefonisch erreichen will, möchte sofort wissen, mit wem er spricht. Schon um sicher zu sein, dass er sich nicht verwählt hat oder seine Angelegenheit dem Falschen

erzählt. Deshalb gelten zumindest in Deutschland Leute, die Anrufe grundsätzlich mit „Hallo" entgegennehmen, als unhöflich. Sie müssen ja nicht gleich das ganze lange „Gutentaghierfirmaschulzemeinnameistschmitzwaskannichfürsietun?" runterbeten, das einem die Lehrer in den Telefon-Seminaren beibringen. Aber wenn Sie Ihre Firma und Ihren Namen nennen, gibt es dafür allein schon Pluspunkte. Und wenn Sie das so tun, dass der Anrufer Sie auch versteht, noch mehr.

• **Sich nicht mit Namen melden, wenn man anruft.** Anrufer, die sich auf ein knappes „Verbinden Sie mich bitte mit Dr. Müller" beschränken, landen unter Assistenten und → *Sekretärinnen* in Unbeliebtheitswettbewerben regelmäßig auf den vorderen Plätzen. Die werden nämlich dadurch immer so deutlich daran erinnert, wie unwichtig sie doch sind. Kein schönes → *Gefühl.* Deshalb ist es das Mindeste, in solchen Situationen seinen Namen zu nennen und vielleicht sogar zwei Sätzchen mit dem Mitarbeiter zu wechseln, ehe man sich durchstellen lässt. Wenn schon nicht aus reiner Menschenfreundlichkeit, dann wenigstens aus strategischen Gründen: Feinde im Vorzimmer kann sich kaum jemand leisten.

• **Tuscheln hinter zugehaltenem Hörer.** Ganz egal, wie gut Sie die Muschel zuhalten – der Anrufer kriegt immer irgendetwas von dem mit, was Sie sagen. Soll er aber wahrscheinlich nicht, sonst würden Sie die Muschel ja nicht zuhalten. Wesentlicher cleverer ist es deshalb, die „Halte"-Funktion zu verwenden, die heutzutage jedes moderne Bürotelefon bietet. Vorausgesetzt, Sie wissen, wie man sie richtig aktiviert, denn wenn Sie das nicht wissen, könnte es unangenehm für Sie werden (siehe oben, richtig auflegen). In dem Fall rufen Sie lieber zurück. Und werfen am besten möglichst schnell mal einen Blick in die Gebrauchsanweisung Ihres Telefons.

• **Den Anrufer in der Leitung hängen lassen.** Denn das steht ganz oben auf der Hitliste der Verhaltensweisen, mit denen man sich bei Anrufern am schnellsten unbeliebt macht. Ausnahmslos jeder Mensch hasst es, endlos in Warteschleifen festzuhängen oder kommentarlos immer wieder an eine Durchwahl verbunden zu werden, unter der sich ganz offensichtlich keiner meldet. Das kann Ihnen natürlich völlig egal sein – Hauptsache, Sie sind einen lästigen Anrufer los. Langfristig gesehen ist es für Ihr → *Image* allerdings um einiges besser, wenn Sie Anrufern vernünftig weiterhelfen, anstatt sie so lange in der Leitung hängen zu lassen, bis sie irgendwann von alleine Ihren Chef erwischen. Und die Gelegenheit gleich nutzen, um sich über Sie zu beschweren.

• **Spontane Wutanrufe.** „Ich hab' gerade Ihren unverschämten Brief reinbekommen – sagen Sie mal, was haben Sie sich eigentlich dabei gedacht?" Solche Aktionen empfindet so mancher als ungeheuer entspannend, weil er dabei so schön Dampf ablassen und dem anderen mal so richtig die → *Meinung* sagen kann. Dummerweise zerschlägt er dabei aber erfahrungsgemäß auch viel Porzellan und womöglich die → *Beziehung* gleich mit, weil er höchstwahrscheinlich ein paar Dinge sagt, die er hinterher bereut. Und die er auch bestimmt nicht gesagt hätte, wenn er sich mit dem Anruf Zeit gelassen hätte, bis die erste → *Wut* verraucht ist.

Anrufe für andere entgegennehmen. Unglaublich aber wahr: Selbst bei dieser einfachen Aufgabe kann man eine Menge → *Fehler* machen. Oder aber vermeiden. Dazu reicht es, mitzudenken – oder aber die folgenden **Tipps** nach dem Lesen nicht gleich wieder zu vergessen:

• **Nicht kommentarlos weiterverbinden.** „Was soll ich dem groß erzählen, wenn er sowieso Dr. Müller sprechen will?" ist natürlich eine gerechtfertigte Frage. Solche Energiesparer-Überlegungen sind aber noch lange kein Grund dafür, den Anrufer ohne jeden weiteren Kommentar weiterzudrücken. So anstrengend und Zeit raubend sind kleine Kommentare wie „einen Augenblick bitte" oder „Ich stell' Sie durch" nun auch wieder nicht. Das sind zwar „nur" Höflichkeitsfloskeln – aber auf sie zu verzichten, ist ziemlich unhöflich.

• **Nachrichten ausführlich ausrichten.** „Da hat jemand für Sie angerufen" ist ein bisschen dürftig. Es könnte sein, dass Ihr Vorgesetzter oder Kollege sich auch für den Namen und sogar für die Telefonnummer interessiert, um zurückrufen zu können. Wenn Sie die nicht aufgeschrieben haben, wird er wahrscheinlich sauer reagieren. Und wenn Sie des Öfteren vergessen, die Nummern zu notieren, haben Sie gute Chancen, die → *Probezeit* nicht zu überstehen.

• **Namen von Anrufern buchstabieren lassen.** Wenn in den Notizen ständig die Namen falsch geschrieben sind, vermuten die anderen Schwerhörigkeit. Oder Schlimmeres.

• **Sprachregelungen lernen.** „Dr. Müller? Der ist gerade auf'm Klo" entspricht zwar vielleicht der Wahrheit. Aber für solche Wahrheiten gibt es ein paar elegantere Formulierungen. „Dr. Müller ist gerade nicht am Platz" zum Beispiel.

• → *Notlügen* **lernen.** Wer aus Gewissensgründen nicht lügen will, der muss Theologie studieren und Pfarrer werden. Alle anderen kommen gerade am Telefon um Notlügen nicht herum, ganz egal, ob es um sie selbst oder um ihre Vorgesetzten geht. Wenn Dr. Müller nun mal keine Lust hat, einen Anruf von Herrn Maier anzunehmen, werden Sie das Herrn Maier kaum so sagen können. → *Diplomatischer* sind bewährte Ausreden wie „Dr. Müller ist in einer Besprechung" oder „Er telefoniert gerade, kann er Sie zurückrufen?"

• → *Bloßstellungen* **vermeiden.** „Dr. Müller? Der ist seit über zwei Stunden zu Tisch!" oder „Keine Ahnung, wo der wieder steckt, ich habe ihn den ganzen Vormittag noch nicht gesehen". So rächt man sich an ungeliebten Kollegen und Vorgesetzten. Wer das regelmäßig tut, hinterlässt allerdings auf die Dauer selber keinen guten Eindruck.

→ *Privatgespräche* sind ein so wichtiges Thema, dass es in diesem Buch ein eigenes Stichwort dazu gibt.

▶ **Termine**

Sie machen in vielen Berufen einen bedeutenden Teil der → *Arbeitszeit* aus und spielen auch im → *Privatleben* eine große Rolle. Liefertermine werden ausgehandelt und müssen eingehalten werden, Fristen und Abgabetermine schweben als Drohung nicht nur über freiberuflichen → *Dienstleistern*, sondern auch über Steuerzahlern und Leistungsempfängern aller Art (→ *Terminvorgaben*). In anderen Jobs geht es im Wesentlichen um → *persönliche* Termine: Die Friseurin hangelt sich genauso von Termin zu

Termin wie der Elektriker, der Versicherungsvertreter und der Beamte im Arbeitsamt.

Termine sind immer Verpflichtungen. Und persönliche Termine sind besonders verpflichtend. Wartenmüssen auf jemanden, der es mit der → *Pünktlichkeit* nicht ganz so genau nimmt oder den Termin vielleicht völlig verschwitzt hat, ist für die meisten Leute schier unerträglich – weil heutzutage fast jeder unter → *Zeitdruck* steht und schon deshalb nur relativ wenig → *Geduld* aufbringen kann.

Aber abgesehen davon wird das Nichteinhalten von Terminen generell als schlechtes → *Benehmen* angesehen („Der Kerl verschwendet meine Zeit!"). Entsprechend schlecht ist der → *Eindruck*, den ein Wiederholungstäter hinterlässt. Besonders, wenn es sich um einen Jobanfänger handelt, der tatsächlich die Dreistigkeit besitzt, „wichtigere" Leute warten zu lassen. Da muss schon eine ziemlich glaubwürdige → *Entschuldigung* her – oder es gibt richtig → *Ärger*. Wer den vermeiden will, ist gut beraten, mit Terminen von vornherein verantwortungsvoll umzugehen. Und dazu gehört eine Menge mehr als nur ihre Einhaltung.

Termine planen. Wer viele Termine zu bewältigen hat und trotzdem glaubt, ohne → *Terminkalender* auszukommen, muss schon ein Gedächtniskünstler sein. Oder – was wahrscheinlicher ist – ein Chaot, der andere Leute zur Weißglut treibt und deshalb zumindest in einem Terminberuf kaum mit einer größeren → *Karriere* rechnen darf. Das Notieren von Terminen allein reicht jedoch nicht aus. Wer sich nicht obendrein ein paar Gedanken über eine vernünftige → *Planung* macht, der versinkt trotzdem im Chaos. Es ist also von Vorteil, nie ein paar goldene **Faustregeln** aus den Augen zu verlieren:

• Die **Abstände zwischen den einzelnen Terminen nicht zu knapp berechnen.** Besonders dann, wenn die Termine an verschiedenen Orten stattfinden und man Fahrtzeiten, Staus und hektisches Suchen nach dem Ort des Treffens einkalkulieren muss. Wer das nicht tut, bringt sich selbst unter einen → *Zeitdruck*, den er sich durch etwas Mitdenken (und vielleicht einen Blick in den Stadtplan) prima hätte ersparen können.

- **Kleine Freiräume lassen.** Wenn ein Termin den nächsten jagt, ist ein Viertelstündchen ohne Zeitdruck der reinste Segen. Zum Beispiel, um in Ruhe eine Tasse Kaffee zu trinken, um ein kurzes → *Privatgespräch* zu führen, um sein → *Make-up* zu erneuern oder, als alter → *Perfektionist*, um noch mal einen Blick in die Unterlagen für den nächsten Termin zu werfen. **Merke:** Auch in stressreichen Zeiten erwartet niemand von Ihnen, dass Sie pausenlos im Einsatz sind (außer vielleicht, wenn Sie als Notarzt oder Feuerwehrmann unterwegs sind). Deshalb ist es sowohl für Sie selbst als auch für die anderen eine ganze Ecke angenehmer, wenn Sie zwar vielleicht insgesamt gesehen etwas weniger Zeit haben, dafür aber nicht gestresst, sondern einigermaßen entspannt und konzentriert bei der Sache sind.
- **Schon im Vorfeld die Dauer des Termins festlegen.** „Ich habe eine halbe Stunde Zeit bis zum nächsten Termin – wird das reichen?" oder „Ich muss leider um 16:15 Uhr wieder aufbrechen". Der andere wird das nicht etwa als unhöflich empfinden, sondern Ihnen sehr dankbar für den Hinweis darauf sein, wie er das → *Gespräch* am besten strukturiert: Wenn er weiß, dass die Zeit knapp ist, wird er sich kaum lange mit Aufwärm-Smalltalk abgeben, sondern schnell zur Sache kommen. Was möglicherweise genau in Ihrem Sinne ist.

Das Arbeitsumfeld über Termine informieren. Auch das gehört zu einem verantwortungsvollen Umgang mit Terminen. Denn gerade in größeren Unternehmen interessieren sich häufig auch Ihre → *Chefs*, → *Kollegen* und → *Mitarbeiter* für Ihre Termine. **Erstens**, weil sie, besonders wenn Sie häufig unterwegs sind, immer gerne wissen, wann Sie denn wieder mal an Ihrem → *Arbeitsplatz* erreichbar sind und wie man Sie in → *dringenden* Fällen erreichen kann. Vorgesetzte, die fast nie im → *Büro* sind, können ihren Mitarbeitern durch solche → *Informationen* eine Menge Frust ersparen.

Zweitens kann es durchaus sein, dass der Termin, den Sie ausgemacht haben, auch für den einen oder anderen Kollegen interessant ist und er gerne teilnehmen würde. Oder sich zumindest übergangen fühlt, wenn er von dem Termin nichts erfährt. Also ist es sowohl auf der sachlichen als auch auf der menschlichen Ebene nur sinnvoll, all diejenigen über einen Termin zu informieren, die daran ein begründetes Interesse haben könnten. Auf der sachlichen Ebene, weil das Thema des Termins ja vielleicht tatsächlich auch den Verantwortungs- oder → *Zuständigkeitsbereich* von Kollegen berührt. Auf der menschlichen Ebene, weil → *Kollegialität* und Teamgeist nie verkehrt sind. Und weil zumindest Ihr Vorgesetzter bei wichtigen Terminen möglicherweise aus Prinzip dabei sein möchte. Nicht so sehr aus fachlichem Interesse, sondern eher aus → *Eitelkeit* – besonders, wenn Sie sich mit einer Person verabredet haben, die er als → *VIP* betrachtet.

Über die Ergebnisse der Termine informieren ist dann eigentlich nur der nächste logische Schritt. Schließlich wird in solchen Gesprächen oft etwas beschlossen, das auch für Ihr Arbeitsumfeld interessant ist. Also können Sie sich viele Pluspunkte holen, wenn Sie die Ergebnisse des Termins nicht etwa als → *Herrschaftswissen* bunkern, sondern in einer → *Besprechung*, über ein kurzes → *Protokoll* oder eine → *Aktennotiz* für alle zugänglich machen. Genauso viele Minuspunkte müssen Sie übrigens einstecken, wenn Sie genau das nicht tun. Wenn man sie nicht über wichtige → *Vereinbarungen* informiert, die ihr Arbeitsgebiet betreffen, reagieren die meisten Mitarbeiter nämlich ausgesprochen allergisch.

▶ Terminkalender

Genau wie → *Checklisten* ein Muss für alle, die sicher sein wollen, ihren Job so gut wie möglich im Griff zu haben und selbst im größten → *Stress* keine → *wichtige* Kleinigkeit zu vergessen. In einem Terminkalender kann man nämlich eine Menge mehr Dinge notieren als nur → *Termine*: Fällige → *Rückrufe* zum Beispiel (mit Telefonnummern), → *Wiedervorlagen*, zu schreibende → *Briefe*, → *E-Mails*, → *Berichte* und → *Protokolle*, Nachhak-Kandidaten („Hat Müller inzwischen geantwortet?") und Fristen aller Art.

Dieses Gestrüpp an Verpflichtungen, Aufgaben und → *Informationen* kann sich kein Mensch immer und vollständig merken. Und das ist auch gar nicht sinnvoll. Denn abgesehen davon, dass solche Gedächtnisübungen mit einem gewissen Fehlerrisiko behaftet sind, das in hektischen oder gefühlsbeladenen Zeiten ganz schnell ziemlich groß werden kann, belegen sie im Gehirn einfach zu viel Speicherplatz. Der viel sinnvoller für die Erledigung schwieriger → *Arbeitsaufträge* und die Entwicklung guter → *Ideen* verwendet werden könnte.

Terminkalender ja – aber wie? Eins steht fest: Bitte nicht auf kleinen gelben Zettelchen oder auf der Rückseite von alten Briefumschlägen, sondern mit System. Ob man lieber einen Kalender aus Papier oder einen im → *PC* führt, das ist Geschmackssache. Kalenderprogramme sind inzwischen sehr ausgereift, erinnern bei Bedarf lautstark an Termine und sehen viel ordentlicher aus als das wilde Gekritzel, das oft in Papierkalendern regiert. Andererseits muss man sich bei einer Computer-Terminverwaltung extra darum kümmern, auch unterwegs immer alles dabei zu haben, entweder als Ausdruck oder überspielt auf einen kleinen Taschencomputer (→ *denglisch:* hand-held). Und Papierkalender haben den großen Vorteil, dass sie nicht abstürzen können. Unabhängig davon gibt es in Sachen Terminkalender ein paar klare **Faustregeln**:

• **Hauptsache groß.** Dünne Kalenderchen im Postkartenformat, in denen die Woche auf einer Seite Platz hat, passen in Jacketts und Abendtäschchen. Das ist natürlich praktisch. Aber nur für Leute, die am Tag nicht mehr als einen Termin haben, und das ist unter Berufstätigen eher selten der Fall. Für Fans unauffälliger Lösungen sind Terminkalender in Taschencomputern eine gute → *Idee*, weil man in ihnen trotz ihrer geringen Größe so viele Daten speichern kann. Voraussetzung dafür ist allerdings, dass man das Gefummel mit Bonsai-Tastaturen oder speziell zu lernenden Schrifttechniken beherrscht. Wer das nicht kann oder will, sollte lieber zu einem ordentlich großen Papierkalender (am besten eine Seite für einen Tag) greifen. Denn er wird sonst im Zweifelsfalle schon aus Bequemlichkeit letztlich immer lieber sein Gedächtnis bemühen als die Technik.

• **Hauptsache nur einer.** Es gibt zwar Leute, die zwei Terminkalender führen, einen für private Termine und einen für berufliche. Aber das sind genau diejenigen, die des Öfteren beruflich irgendetwas ausmachen, weil der Termin ja noch frei ist – und dann eine halbe Stunde später anrufen und → *absagen*, weil im privaten Kalender (den sie jetzt erst rauskramen) dummerweise doch schon etwas eingetragen ist.

• **Hauptsache, alles steht drin.** Halbherzig geführte Terminkalender sind Fehlerquellen vom Feinsten: Man schenkt sich aus → *Stress* oder Bequemlichkeit den einen oder anderen Eintrag („Das werd' ich bestimmt nicht vergessen") und verlässt sich gleichzeitig darauf, dass garantiert alles im Kalender steht. Wenn sich dann herausstellt, dass das nicht so ist, ist es meistens zu spät. Wer sich nicht näher mit dem Krisenmanagement beschäftigen will, das in diesen Situationen angesagt ist (→ *Notlügen* und → *Entschuldigungen* vorbringen, → *Kritik* akzeptieren, aus dem → *Fettnapf* klettern) – der sollte die Mühe aufbringen, wirklich alles zu notieren, was irgendwann fällig ist. Merke: Je weiter weg die Verpflichtung, desto wichtiger der Eintrag.

• **Hauptsache, alles ist aktuell.** Termine haben nun mal die lästige Eigenschaft, sich häufiger zu ändern. Daraus folgt, dass die Brauchbarkeit Ihres Terminkalenders einzig und allein von Ihrer → *Disziplin* in Sachen Aktualisierung abhängt. Schließlich nützt Ihnen → *pünktliches* Erscheinen zu einer wichtigen → *Sitzung* rein gar nichts, wenn die Sitzung schon drei Tage vorher stattgefunden hat. Bloß weil Sie vergessen haben, die Terminänderung, die Ihnen neulich als → *Aktennotiz* auf den Tisch flatterte, in Ihren Kalender zu übertragen.

▸ **Terminvorgaben**

Heute sagt man auf → *Denglisch* meistens „deadlines", wenn man von Terminvorgaben und Fristen spricht. Sie legen den spätestmöglichen Zeitpunkt fest, zu dem etwas erledigt, abgegeben, geliefert werden muss. Fristen und Terminvorgaben sind geradezu unentbehrlich für das reibungslose Miteinander von Lieferanten und → *Kunden*, → *Dienstleistern* und Kunden, Künstlern und Kunden, Behörden und Bürgern. Es gibt eine Frist, und spätestens am letzten Tag wird erledigt, was zu erledigen ist. So weit jedenfalls die Theorie.

💣 **Verbindlichkeit von Terminvorgaben.** In der Praxis werden viele Fristen und → *Zusagen* eher als unverbindliche Absichtserklärung denn als feste Verpflichtung gesehen. Das fängt mit dem Möbelhaus an, das die Kinderzimmerschrankwand Billikid erst zwei Wochen nach dem vereinbarten Termin liefert, und hört bei dem Fachautor auf, der bis zur Abgabe seines Beitrags für die Firmenzeitschrift nicht nur den → *Termin*, sondern auch zwei Verlängerungen verstreichen lässt. Dass Rechnungen heute nicht mehr bis zum angegebenen Termin, sondern erst nach der ersten Mahnung bezahlt werden, ist nicht mehr die → *Ausnahme*, sondern der Normalfall.

Sicherheitsspielräume. Dass Terminvorgaben immer seltener eingehalten werden, liegt an einem Teufelskreis: Jeder geht davon aus, dass der andere in seine Terminvorgabe noch einen Sicherheitsspielraum eingebaut hat: „Wenn er sagt, dass er die Lieferung spätestens in zehn Tagen benötigt, dann hat er bestimmt noch ein bisschen Luft. Es reicht also, wenn wir in zwölf Tagen liefern."

Diese Vermutung ist auch oft richtig, denn fast jeder baut heute Sicherheitsmargen ein, um zu vermeiden, dass es direkt eine Katastrophe gibt, wenn ein Termin platzt. Das Problem ist nur, dass ein Sicherheitsspielraum, der als Terminspielraum interpretiert wird, keine Sicherheit mehr bietet. Und genau das ist inzwischen die Regel: Mit ein bisschen → *Erfahrung* kann man sich die Sicherheitsspielräume des anderen tatsächlich ausrechnen und sich trotz aller vereinbarten Termine entsprechend → *Zeit* lassen. Wenn der andere das merkt, wird er noch größere Sicherheitsmargen einbauen, die die anderen noch weniger ernst nehmen.

⚒ **Eigene Terminvorgaben.** Wenn Sie selbst Terminvorgaben machen oder Fristen vereinbaren, haben Sie zwei Möglichkeiten, auf deren Einhaltung Einfluss zu nehmen:
• Wer daran glaubt, dass andere Leute Termine einhalten, und Terminangelegenheiten deshalb bis zu dem Tag vergisst, an dem sie fällig werden, ist selber schuld. Denn an diesem Tag wird im Zweifel wenig oder gar nichts passieren. Deshalb ist es ausgesprochen clever, **schon ein paar Tage vor Ablauf der Frist mal anzurufen und** → *nachzuhaken*, wie es denn so aussieht und ob der Ter-

min eingehalten werden kann. Nicht selten erinnert man sich am anderen Ende der Leitung erst in diesem Moment daran, dass überhaupt ein Termin vereinbart wurde, besonders, wenn die → *Vereinbarung* selbst schon Monate zurück liegt.

• Machen Sie den anderen nicht die Mühe, lange (und womöglich falsch) über Ihren Sicherheitsabstand zu spekulieren – **reden Sie drüber**. „Klar haben wir noch ein bisschen Luft, für den Fall, dass Sie nicht pünktlich liefern können, aber viel ist es nicht. Spätestens Montag in einer Woche muss alles über die Bühne sein, oder wir bekommen beide ein Problem."

Fremde Terminvorgaben. Man sollte immer selbst mit gutem Beispiel vorangehen. Außerdem macht es einen guten → *Eindruck*, wenn sich ausnahmsweise mal jemand an Termine hält. Das sind zwei gute Gründe, fremde Terminvorgaben einzuhalten. Und diesen guten Vorsatz möglichst nicht erst am letzten Tag vor Ablauf der Frist in die Tat umzusetzen. Das ist die unschlagbarste Methode, überflüssigen → *Stress* zu produzieren, denn dann kommt garantiert immer etwas Unvorhergesehenes dazwischen.

Wenn es Ihnen beim besten Willen voraussichtlich nicht gelingt, eine Terminvorgabe einzuhalten: Warten Sie nicht bis zum letzten Tag, um dem anderen zu beichten, dass Sie es nicht schaffen werden. Mit schlechten → *Nachrichten* muss man leben, aber das ist wesentlich einfacher, wenn man möglichst frühzeitig davon erfährt. Außerdem ist nicht ausgeschlossen, dass selbst diese schlechte Nachricht für Sie noch ausgesprochen glückliche Folgen hat. Dann nämlich, wenn der andere beruhigend abwinkt und erklärt, dass er noch zwei Wochen Luft hat und deshalb noch ein bisschen warten kann. Typischer Fall von zu großem Sicherheitsspielraum. Beim nächsten Mal werden Sie dann auch zu denen gehören, die auf vereinbarte Termine mit diesem Partner automatisch gleich noch eine Woche draufrechnen.

▶ **Themenwechsel**

Themenwechsel kommen in fast jedem → *Gespräch* vor. Das ist an sich nichts Außergewöhnliches – es passiert eben, wenn ein Thema so erschöpfend besprochen wurde, dass nun ein neues an die Reihe kommt. So könnte man jedenfalls meinen. Tatsache ist aber, dass Themenwechsel noch eine Menge anderer Ursachen haben. Die unter Umständen viel aussagen über die → *Gesprächsatmosphäre* und über die Stimmung der Person, die das Thema wechselt. Es lohnt sich also immer, einen allzu plötzlichen Themenwechsel etwas genauer unter die Lupe zu nehmen.

Ihr Gesprächspartner nimmt einen Themenwechsel vor. Vielleicht, weil ihm das Thema unangenehm, peinlich oder lästig ist – bei → *Diskussionen* um politische → *Meinungen*, Geldfragen, → *Krankheiten* und erotische → *Probleme* passiert das öfter, als man denkt. Vielleicht will er zu dem Thema auch deshalb nichts sagen, weil er nicht → *indiskret* sein möchte, → *Angst* hat, sich zu verplappern, → *Lästern* aus Prinzip ablehnt oder sich schlicht und ergreifend nicht traut, Ihnen zu widersprechen.

Möglicherweise kann er sich auch einfach nicht mehr konzentrieren, ist im → *Stress* und deshalb abgelenkt: In solchen Situationen ist es typisch, durch einen Themenwechsel elegant zu verbergen zu versuchen, dass man die letzte halbe Stunde nicht → *zugehört* und deshalb überhaupt keine Ahnung hat, worum es gerade geht.

Warum Ihr Gesprächspartner das Thema wechselt, können Sie mit etwas Beobachtungsgabe an seiner → *Körpersprache* erkennen, vor allem an seinen Augen und an der Art, wie (und ob) er → *Blickkontakt* hält. Was Sie da sehen – Missbilligung, Verlegenheit, Enttäuschung, Ratlosigkeit – gibt Ihnen vielleicht ein paar nützliche Hinweise darauf, in welcher Form Sie das Gespräch weiterführen sollten.

Auf einen Themenwechsel reagieren. Viele Möglichkeiten haben Sie nicht. Entweder, Sie gehen darauf ein – oder Sie holen den anderen hartnäckig zum eigentlichen Thema zurück. Was sinnvoller ist, hängt **erstens** von Ihrem Einfühlungsvermögen ab. Wenn das nicht allzu ausgeprägt ist, könnte es sein, dass Sie die entscheidende Viertelstunde zu lange nachbohren, wie das damals war, als nach der Chemotherapie der zweite Krebs festgestellt wurde. Mit der möglichen Folge, dass Sie nicht etwa durch

→ *Aufmerksamkeit* und Anteilnahme auffallen, sondern durch unerträgliche Neugier und taktloses → *Benehmen*.

Wie Sie überhaupt reagieren können, das hängt **zweitens** auch von Ihrer Position und der Ihres Gesprächspartners ab. Sind Sie in dieser Situation der „Stärkere" von beiden, dann können Sie durchaus versuchen, den anderen immer wieder von seinen kleinen Abstechern zurück zum eigentlichen Thema zu bringen. Jedenfalls, wenn Sie dabei möglichst diplomatisch vorgehen und sich → *Killersätze* wie „Warum lenken Sie eigentlich andauernd ab?" oder „Kannst Du Dich nicht mal für fünf Minuten auf das konzentrieren, was ich sage?" verkneifen. Ist der andere hingegen wichtiger, mächtiger, einflussreicher als Sie, dann sind Sie ziemlich gut beraten, ihm den → *Gefallen* zu tun und auf ein neues Thema einzusteigen. Es sei denn, Sie wollen mal wieder testen, wie viel → *Ärger* und Missstimmung eine → *Beziehung* eigentlich verträgt.

Selbst das Thema wechseln ist natürlich auch eine Möglichkeit. Und zwar möglicherweise die einzig richtige. Zum Beispiel immer dann, wenn Sie merken, dass ein wichtiger Gesprächspartner kein Interesse (mehr) an „Ihrem" Thema hat und bereits verdächtig lange einsilbige Antworten gibt oder Sie nur noch anschweigt. (Was immer ein sehr schlechtes Zeichen ist.) In dem Fall können Sie ihm mit einem Themenwechsel zuvorkommen und dadurch Pluspunkte für besondere Aufmerksamkeit sammeln. Oder wenigstens Minuspunkte für schlechte Gesprächsführung wettmachen.

Und wenn Sie merken, dass ein Gesprächspartner, der Ihnen persönlich wichtig ist, sich mit einem bestimmten Thema nicht wohl fühlt, ist eine behutsame Überleitung zu einem anderen Gesprächsstoff erst recht das Gebot der Stunde. Und zwar nicht etwa aus strategischen Erwägungen. Sondern schlicht aus → *Sympathie*, → *Hilfsbereitschaft* und Einfühlungsvermögen.

▶ **Tippfehler**

Tippfehler passieren. Noch nicht einmal die Profis in den Zeitungsredaktionen können sie ganz ausschließen – und für alle

ganz normalen → *Brief-*, → *Bericht-* und → *E-Mail*-Schreiber gehören sie mehr oder weniger zum Alltag, zwar ungewollt, aber unvermeidlich. Besonders in hektischen und stressreichen Phasen,
in denen man sich nicht die → *Zeit* nimmt (oder nehmen kann),
vernünftig → *Korrektur zu lesen.*

Die Tücken des Korrekturprogramms. Die Suche nach
Tippfehlern kann bei modernen → *PCs* in großen Teilen
das Korrekturprogramm übernehmen. Es tauscht zum Beispiel
viele Buchstabendreher einfach aus, ohne dass Sie überhaupt
etwas machen müssen. Vorausgesetzt natürlich, Sie haben Ihr
Korrekturprogramm aktiviert. Und Sie verlassen sich nicht völlig
auf dessen Selbstheilungskräfte, sondern machen sich auch die
Mühe, sich genauer anzuschauen, was es in Ihrem Text eigentlich alles rot oder grün unterschlängelt. Das sind nämlich Dinge,
die der Computer als → *Fehler* ansieht und markiert, aber nicht
selbständig korrigiert. Er gibt Ihnen nur den Hinweis, dass hier
irgendetwas seiner → *Meinung* nach nicht stimmt.

Damit hat er zwar nicht immer Recht, was → *Rechtschreibung*
und Zeichensetzung angeht. Aber in Sachen Tippfehler ist er extrem zuverlässig und spürt sie alle auf. (Es sei denn, durch den
Tippfehler entsteht ein neues Wort, das zwar nicht zum Inhalt
passt, aber an sich richtig geschrieben ist.) Theoretisch könnte also alles, was Sie schreiben, zumindest tippfehlerfrei Ihren
Schreibtisch verlassen. Und es gibt auch ein paar **gute Gründe**
dafür, warum das möglichst immer so sein sollte:

• Wenn Sie (wie die meisten Leute) in Sachen Rechtschreibung
und Zeichensetzung weder hundertprozentig fit sind noch permanent im Duden nachschlagen, ist es gut möglich, dass sich in
Ihren Texten noch weitere Fehler finden. Und zwar solche, bei
denen auch das Korrekturprogramm keine richtige Hilfe ist. Da
liegt es auf der Hand, **die Gesamtfehlerzahl dadurch zu verkleinern**, dass Sie wenigstens die Tippfehler komplett beseitigen.

• Tippfehler sind zwar kein Drama. Aber gerade weil sie heute so
leicht zu entdecken und zu korrigieren sind, hinterlassen sie immer einen eher schlechten → *Eindruck.* Der Verfasser wird, vor allem wenn er regelmäßig durch Tippfehler auffällt, in die **Schlam-**

perschublade gesteckt. Und das nicht nur von den → *Perfektio-nisten*: Auch wer es nicht so supergenau nimmt, wird sich früher oder später ein paar → *Fragen* stellen. Zum Beispiel darüber, wie es mit der Konzentrationsfähigkeit des Verfassers aussieht. Oder mit seiner Gründlichkeit. Oder mit seiner Lust am Job. Und die Antworten auf diese Fragen könnten so wenig schmeichelhaft ausfallen, dass es unterm Strich wahrscheinlich doch besser ist, sich mit der Kunst des Korrekturlesens vertraut zu machen. Oder wenigstens mit dem Korrekturprogramm.

▶ Tischherr/Tischdame

So nennt man die Paare, zu denen die Teilnehmer eines offizi-ellen → *Essens* für die Dauer der Mahlzeit gruppiert werden. Die zeitweiligen Paarungen ergeben sich durch zwei der wichtigsten → *Regeln* für die Erstellung einer → *Tischordnung* – nämlich dass privat zusammengehörende Paare bei gesetzten Essen getrennt werden und dass möglichst immer abwechselnd ein Mann und eine Frau am Tisch sitzen sollten.

In einer solchen bunten Reihe ist in Deutschland – für Sie als Mann – „Ihre" Tischdame die Frau, die rechts von Ihnen sitzt (also da, wo Ihre Messer liegen, falls Sie eine Eselsbrücke brau-chen). Das sollten Sie nie ganz aus den Augen verlieren, selbst wenn die Dame links von Ihnen wesentlich unterhaltsamer/at-traktiver/klüger/interessanter/jünger ist. Wenn Sie sich nämlich regelwidrig nur um die kümmern, machen Sie sich gleich doppelt unbeliebt: Beim Tischherrn der ansehnlichen Dame links von Ih-nen und bei Ihrer eigentlichen Tischdame rechts von Ihnen. Dem einen stehlen Sie die Gesprächspartnerin, die andere bringen Sie um die → *Aufmerksamkeit*, die Sie als Tischherr ihr eigentlich wid-men müssen. Schließlich fordert die → *Etikette* vom Tischherrn eine ganze Reihe kleiner → *Gesten*:
• Der Tischherr muss seine Tischdame vor allem unterhalten, also immer genug → *Smalltalk*-Themen parat haben und ausrei-chend → *Höflichkeit* und Charme versprühen, auch wenn über das Gesicht der Dame erkennbar seit Jahren kein → *Lächeln* mehr ge-glitten ist.

• Er muss sich als Zeichen des Respekts erheben oder wenigstens eine kleine Andeutung in dieser Richtung machen, wenn sie vom Tisch aufsteht.

• Wenn sie zurückkommt (und sowieso, wenn sie das erste Mal Platz nimmt), muss er ihr den Stuhl zurecht rücken.

• Er muss ihr, sofern dafür nicht Personal bereitsteht, Getränke nachschenken und Speisen weiterreichen, vielleicht sogar auflegen.

• Er zündet ihr nach dem Essen bei Bedarf die Zigarette an.

Keine → *Frage*, in dem Spielchen „Tischherr – Tischdame" hat die Dame ganz eindeutig die besseren Karten. Denn sie muss ihrem Tischherrn streng genommen fast gar nichts bieten außer vielleicht dem einen oder anderen → *„Danke"* und der Beachtung der wichtigsten → *Tischmanieren*. Und wenn sie das Essen zu schlecht oder ihren Tischherrn zu langweilig findet, kann sie sogar gleich nach dem Hauptgericht unter Verweis auf einen akuten Migräneanfall ganz formvollendet das Weite suchen.

▸ **Tischmanieren**

„Essmanieren gelten als → *Maßstab* für → *Manieren* überhaupt".[7] Umgekehrt haben mangelnde Tischmanieren auf der Hitliste der schlimmsten Benimmfehler einen Platz ganz weit oben. Das ist natürlich nicht weiter tragisch, sofern man all seine Mahlzeiten mit Leuten einnimmt, denen Tischmanieren entweder egal oder unbekannt sind. Aber wer kann schon mit Sicherheit ausschließen, dass nicht doch irgendwann ein runder → *Geburtstag*, eine Hochzeit oder ein Firmenjubiläum ansteht – also eine feierliche Veranstaltung, bei der man möglichst den → *Eindruck* vermeiden sollte, zum ersten Mal mit Messer und Gabel in Berührung zu kommen.

Ohne geht's nicht. Es ist auf jeden Fall ratsam, sich mit dem Thema Tischmanieren gründlich auseinander zu setzen. Und zwar nicht nur einmal und nicht nur theoretisch. Denn beides reicht mit Sicherheit nicht aus, um im Ernstfall jeden drohenden → *Fettnapf* rechtzeitig zu erkennen und großräumig zu umfahren. Andererseits ist ein teures Seminar mit Knigge persönlich und einem siebengängigen Menü quer durch alle Tücken von Artischocke bis Hummerschere an einer Tafel, die aussieht wie ein Glas- und Besteckladen, nun auch nicht unbedingt erforderlich. Höchstens für diejenigen, die als Kinder von Tischmanieren rein gar nichts gehört haben, aber als Erwachsene in einem Beruf arbeiten, in dem sie dummerweise genau damit regelmäßig punkten müssen.

Das kommt allerdings nicht so oft vor. Alle anderen können in der Regel schon dadurch auf Nummer sicher gehen, dass sie sich einmal ein Fachbuch zum Thema[8] leisten – das ist genau wie ein Wörterbuch eine Anschaffung fürs Leben, weil es nie veraltet und dabei extrem nützlich ist. Vorausgesetzt natürlich, man stellt es nicht nur ins Regal, sondern schlägt auch regelmäßig darin nach. Eine weitere gute → *Idee* ist es, mit Freunden gelegentlich übungshalber „festliches Abendessen" zu spielen und sich gemeinsam durch alle Vorschriften zu kämpfen, die es so gibt. Aus jedem → *Fehler*, den der eine macht oder erkennt, können die anderen unglaublich viel → *lernen*. Und es so vermeiden, aus der Übung zu kommen.

Wie isst man was? Das ist gar nicht unbedingt die alles entscheidende → *Frage*. Wenn Sie das nämlich nicht schon in Kindertagen beigebracht bekommen haben, nicht mit einem Benimmexperten liiert sind oder nicht regelmäßig alle → *Regeln* pauken, werden Sie sowieso niemals alles auf Anhieb perfekt machen können. Aber meistens gibt es am Tisch **zumindest eine Person in Sichtweite, die sich erkennbar besser auskennt als Sie.** Und bei der können Sie dann unauffällig beobachten, wie sie mit Gambas, Hühnerflügeln, Spargelstangen, Weißwürsten, Seezungen, Feigen, Sushi, Spaghetti und allen anderen Speisen fertig wird, die man nicht einfach löffeln, aufgabeln oder klein schneiden kann – oder darf.

Was ein nicht unwichtiger Unterschied sein kann: Im kleinen Kreis, mit Freunden oder in rustikalen Lokalen findet meistens keiner etwas dabei, wenn Sie Nudeln und Salatblätter mit dem Messer schneiden, Kotelett-Knochen ausgiebig abnagen, hingebungsvoll die Sauce auf dem Teller mit Brot auftunken und widerspenstige Kuchenstücke mit Handeinsatz auf die Gabel bugsieren. Bei hochoffiziellen Gelegenheiten schießen Sie sich damit jedoch leicht ins Abseits. Verstohlene Beobachtungen darüber, wie streng die anderen Anwesenden die Tischmanieren anwenden, sind also grundsätzlich nie verkehrt.

In Restaurants können Sie übrigens viele → *Probleme* von vornherein vermeiden, indem Sie **„komplizierte" Speisen gar nicht erst bestellen**. Und als kompliziert können sich nicht nur Gerichte erweisen, die Sie vorher noch nie gegessen haben, sondern auch eher schlichte Speisen, die aber ihre Tücken haben. Alles, was mit Käse überbacken ist und endlos Fäden zieht, zum Beispiel. Oder Blattsalate, die so sperrig sind, dass sie beim Verzehr rechts und links für längere Zeit aus dem Mund quillen. Oder Karpfen, die Sie zum mümmelnden Kampf mit Dutzenden von Gräten zwingen. Auch von Spaghetti in Tomatensauce ist abzuraten, sofern Sie und Ihre Umgebung nicht ausnahmslos dunkel und waschmaschinenfest gekleidet sind.

Die Todsünden. Wie gesagt, Sie müssen nicht unbedingt hundertprozentig genau wissen, wie man was isst, weil Sie das oft genug von irgendjemand abschauen können. Aber die acht Todsünden bei Tisch, die sollten Sie möglichst nicht begehen, wenn Sie vermeiden wollen, dass Sie im Laufe nur eines offiziellen → *Essens* ein für alle Mal durch den Rost fallen:

• **SchlabbernSchmatzenSchlürfen** ist zumindest im westlichen Kulturkreis immer und überall voll daneben. Also hören Sie sich selbst am besten immer mal wieder probeweise zu – wer nämlich jahrelang gedankenverloren schmatzt und schlürft, wenn er allein oder „nur mit Freunden" isst, der merkt oft gar nicht mehr, welche Geräuschkulisse er verbreitet.

• **Mit vollem Mund reden.** Jeder weiß, dass er das nicht darf, denn „mit vollem Munde spricht man nicht" gehört zu den wenigen Weisheiten, die ausnahmslos jeder schon als Kind lernen musste. Und die meisten Leute sind auch der Überzeugung, dass sie garantiert nie mit vollem Mund reden. Tun sie aber doch – spätestens bei hitzigen → *Diskussionen*, in denen umständehalber einfach keine → *Zeit* bleibt, erst das Stück Schnitzel zu Ende zu kauen, runterzuschlucken und dann erst seine → *Meinung* zu äußern. Versuchen Sie es: Ein einfacher Selbsttest zeigt, ob Sie auch zu denen gehören, die Halbgekautes zwischendurch in der rechten (oder linken) Backe deponieren, um auch mit vollem Mund schnell mal was sagen zu können.

- **Speisereste aus den Zähnen pulen** ist häufig ein ausgesprochen dringendes Bedürfnis für Leute, die unter einer Fleischfaser oder einem Stück Salat im Gebiss leiden. Aber diejenigen, die unfreiwillig Zeugen solcher Verrenkungen (und der dabei entstehenden saugenden Geräusche) werden, entwickeln daraufhin oft ein dringendes Bedürfnis, vom Tisch aufzuspringen und den Zahnpuler auf immer und ewig allein dort sitzen zu lassen.

- **Schlampige Körperhaltung.** Dass der Ellenbogen nicht auf den Tisch gehört, ist keinesfalls eine Benimmregel aus dem Mittelalter, sondern auch heute noch ein eisernes Gebot. Dasselbe gilt für den schönen Spruch „Man führt die Speise zum Mund und nicht den Mund zur Speise". Eine Ausnahme können Sie machen, wenn Sie beim Chinesen oder Japaner essen – aber ansonsten ist kleckerfreies Balancieren der Speisen angesagt, auch wenn bei geradem Rücken der Weg zwischen Teller und Mund je nach Körpergröße ziemlich weit ist.

- **Hilfloses Hantieren mit Messer & Gabel.** Messer ablecken ist nicht nur für Ihre Zunge, sondern auch für Ihr → *Image* ein untragbares Risiko. Je nachdem, wo und mit wem Sie essen, kann es für die mangelnde Kenntnis der Bestecksprache[9] saftige Minuspunkte hageln. Zumindest die Basics sollten Sie also unbedingt beherrschen. **Erstens:** Bei mehrgängigen Essen mit vielen Bestecken wird das Besteck von außen nach innen verwendet. Für den ersten Gang kommt also das zum Einsatz, was ganz außen liegt. **Zweitens:** Während des Essens hat das Besteck nichts auf dem Tisch zu suchen. Die Methode, Messer und Gabel zwischendurch halb auf dem Teller und halb auf dem Tisch abzulegen, ist zwar weit verbreitet, aber dummerweise trotzdem ein Benimmfehler: Das Besteck gehört während des Essens über Kreuz auf den Teller. **Drittens:** Messer und Gabel werden parallel auf den Teller gelegt, wenn Sie aufgegessen haben oder nicht mehr weiter essen wollen. Gekreuztes Besteck heißt nämlich „Ich bin noch nicht fertig" oder „Ich will mehr". **Viertens:** Löffel dürfen zwischendurch nicht etwa in dem Eisbecher oder Suppenteller deponiert werden, aus dem Sie gerade essen. Sondern sie gehören auf den Unterteller. Jedenfalls, wenn einer da ist.

• **Zu essen anfangen, bevor die anderen ihre Speisen vor sich haben.** Dass Ihr Steak kalt wird, wenn Sie warten müssen, bis die anderen zwanzig Gäste ihr Essen bekommen, ist keine → *Entschuldigung*. Angefangen wird erst, wenn alle loslegen können – und wenn die Gastgeberin anfängt zu essen. Alles andere ist gut für einen ziemlich schlechten Eindruck. Das gilt übrigens auch für Getränke. Wer schon trinkt, bevor die anderen ein Glas vor sich stehen haben und bevor der Gastgeber trinkt, gilt nicht nur als Rüpel, er ist wahrscheinlich auch einer.

• **Zu viel Alkohol.** Zu fast allen offiziellen Essen wird → *Alkohol* serviert und getrunken. Meistens Wein, bei guten Essen für jeden Gang ein anderer. Da kann, insbesondere bei längeren Essen, eine ganze Menge Alkohol zusammenkommen. Zumindest dann, wenn Sie immer wacker nachschenken (lassen), ohne → *Grenzen* zu beachten. Nicht nur die Grenzen dessen, was Sie vertragen oder zu vertragen glauben. Sondern auch die Grenzen dessen, was für den Anlass angemessen ist. Bei einer Feier darf es schon mal ein Glas mehr sein, aber bei einem offiziellen Geschäftsessen, wo bis zum Schluss auch über Geschäfte geredet wird, ist zu viel Alkohol das sichere Ende. Zumindest Ihres guten Rufs.

• **Ohne Erlaubnis rauchen.** Früher wurde während des Essens nicht geraucht, basta. Heute ist zwar die → *Frage* „Stört es Sie, wenn ich zwischen den Gängen rauche" erlaubt. Aber sobald auch nur einer der Anwesenden den leisesten Hauch von Missbilligung ausstrahlt, ist Rauchen erst nach dem Essen angesagt. Und während der einzelnen Gänge erübrigt sich sowieso jede → *Bitte* um eine Raucherlaubnis – während dieser → *Zeit* ist → *Rauchen* nämlich völlig tabu.

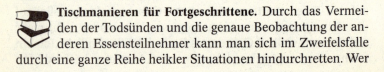 **Tischmanieren für Fortgeschrittene.** Durch das Vermeiden der Todsünden und die genaue Beobachtung der anderen Essensteilnehmer kann man sich im Zweifelsfalle durch eine ganze Reihe heikler Situationen hindurchretten. Wer

jedoch des Öfteren an hochoffiziellen Essen teilnehmen muss und sich damit nicht richtig auskennt, der wird nicht darum herum kommen, sich gründlicher mit dem Thema zu befassen. Es gibt nämlich noch eine ganze Reihe kleiner tückischer Anzeichen, an denen ein Benimmprofi auf den ersten Blick erkennt, ob Sie sich in Sachen Tischmanieren auskennen oder nicht. Hier ein paar ausgesuchte Beispiele für Dinge, die immer wieder gerne falsch gemacht werden:

• Die **Serviette** dient nicht etwa bis zum Ende der Mahlzeit als Tischdekoration, sondern sollte vor dem Beginn des Essens entfaltet und auf den Schoß gelegt werden. Aber wer sie da bis nach dem Nachtisch liegen lässt, macht auch etwas falsch. Denn die Serviette ist nicht nur dazu da, Kleidungsstücke vor Flecken zu schützen, sondern sie dient in erster Linie dazu, dass Sie sich mit ihr gelegentlich den Mund abtupfen. Zumindest immer dann, wenn Sie einen Schluck Getränk zu sich nehmen und vermeiden wollen, das Glas dabei am Rand mit dicken Fetträndern zu verzieren.

• Wenn „Sie" während des Essens aufsteht, muss der „Er" links von ihr als ihr Tischherr sich aus Respekt wenigstens andeutungsweise erheben.

• **Ihr Brotteller** ist nicht etwa der rechts von Ihnen, sondern der links von Ihnen. Das ist zwar vor allem für Rechtshänder nicht wirklich logisch, aber trotzdem eine eiserne Regel, die Sie einhalten sollten, wenn Sie nicht durch einen einzigen Fehlgriff die ganze Runde dazu zwingen wollen, ebenfalls den rechten Teller zu benutzen.

• **Brötchen aufzuschneiden und gemächlich mit Butter zu bestreichen**, ist zu Hause okay aber bei vornehmen Essen ein Klassiker unter den Fettnäpfen. Brot und Brötchen werden nämlich wie schon in der Bibel mit der Hand gebrochen.

• **Runtergefallenes Besteck** müssen (und dürfen) Sie nicht etwa zehn Minuten lang zwischen zwanzig Beinen unter dem Tisch suchen, selbst wenn Sie es selbst fallen gelassen haben. Stattdessen können Sie der Bedienung einen diskreten Wink geben – die kennt das Problem und löst es unauffällig. Sie sind schließlich nicht der Erste, dem das passiert.

▶ Tischordnung

Sie ist die Voraussetzung für jedes gesetzte → *Essen*. Von dem spricht man, wenn die Teilnehmer vom Gastgeber „hingesetzt", also einer vorher festgelegten Tischordnung entsprechend platziert werden. Deshalb lautet der vornehme Ausdruck für Tischordnung und darüber hinaus für genau geplante Sitzordnungen aller Art „Placement".

Eine Tischordnung auszuarbeiten, ist eine ziemlich mühsame Arbeit. Die Mühen fangen damit an, dass von jedem eingeladenen Gast eine klare → *Zusage* oder aber → *Absage* vorliegen muss, denn ohne genaue Übersicht darüber, wer nun kommt und wer nicht, braucht man mit den Planspielen für die Tischordnung gar nicht erst anzufangen. Und so richtig anstrengend wird es, wenn die strategischen Überlegungen beginnen. An denen kommt niemand vorbei, der sich nicht allein auf die Qualität des Essens verlassen, sondern von vornherein sicher sein will, dass seine → *Gäste* sich auch sonst wohlfühlen. Deshalb bemüht sich eine gute Tischordnung darum,[10]

- dass in Sachen Arbeitsgebiet, → *Rangordnung* und Interessen immer möglichst zueinander passende Leute nebeneinander sitzen;
- dass nur ja keine Feinde nebeneinander platziert werden;
- dass Ehepaare voneinander getrennt werden (damit sie beim Essen endlich mal einen anderen Gesprächspartner und andere → *Gesprächsthemen* als sonst genießen können);
- dass immer hübsch abwechselnd Männer und Frauen platziert werden;
- dass Gäste mit einer anderen Muttersprache immer wenigstens einen Menschen an ihrem Tisch sitzen haben, mit dem sie sich verständigen können;
- dass die berüchtigten Langweiler genau wie die zuverlässigen Kommunikationstalente gleichmäßig auf alle Tische verteilt sind.

 Tabu Tischkartentausch. Wer alle diese Punkte berücksichtigen will, muss lange nachdenken. Schon deshalb ist eine Tischordnung, wenn sich tatsächlich jemand diese ganze

Arbeit gemacht hat, ein absolutes Muss. „Unauffällig Tischkarten austauschen" ist daher völlig → *tabu*. Erstens, weil das unauffällig gar nicht zu machen ist. Den Augen der Gastgeber entgeht nämlich selbst bei großen Essen nichts, schließlich haben sie sich lange genug mit dem Thema befasst. Und zweitens, weil jeder Tischkartentausch als ausgesprochen unhöfliches → *Benehmen* gewertet wird und einen entsprechend miserablen → *Eindruck* macht. Da drängt sich zwingend die → *Frage* auf, ob es sich wirklich lohnt, wegen gerade mal zwei Stündchen neben einem ungeliebten Tischnachbarn das Tischkartentabu zu brechen und den Zorn der Gastgeber auf sich zu ziehen.

▸ **Tischvorlagen** → *Sitzungen*

▸ **Titel** → *Anrede*, → *Vorstellen*

▸ **Toiletten** → *Gesprächsorte*

▸ **Tonfall**

Jeder kennt das Sprichwort „Der Ton macht die Musik!". Aber kaum jemand ist sich wirklich darüber im Klaren, wie wenig es in Gesprächen letztlich darauf ankommt, was man sagt – und wie sehr darauf, wie man es sagt.

Am → *Telefon* ist das ganz extrem so, weil alle Sinne des Gesprächspartners auf das → *Zuhören* beschränkt sind und er deshalb aus Ihrem Tonfall und Ihrer → *Wortwahl* weit mehr Rückschlüsse zieht, als er das in einem → *Gespräch* von Angesicht zu Angesicht täte. Aber auch in → *persönlichen* Gesprächen spielt der Tonfall eine sehr große Rolle.

Wer zu Gefühlswallungen neigt und sich des Öfteren in hitzigen → *Diskussionen* verliert, merkt das nicht selten erst, wenn sein Gegenüber ihm die rote Karte zeigt. „Nicht in diesem Ton!" ist ein bewährter Klassiker, mit dem sich sogar inhaltlich völlig gerechtfertigte → *Kritik* mühelos → *abwimmeln* lässt. Denn „Wer schreit, hat Unrecht" – auch wenn er rein sachlich gesehen noch so sehr im → *Recht* ist. So schnell kann man unter Umständen vom Gewinner zum Verlierer werden. Es lohnt sich also immer, selbst die größte → *Wut*, den größten → *Ärger* so weit in den Griff zu bekommen, dass der Tonfall davon nicht mehr allzu viel durchscheinen lässt.

Was der Ton verrät. Die Stimmführung verrät genau wie → *Körpersprache* und → *Blickkontakt* ein noch viel größeres Spektrum an Gefühlen als nur Wut und Ärger. Am Tonfall lassen sich auch Freude, → *Sympathie* und Wohlwollen ablesen. Was meistens für Ihr Gegenüber angenehm ist und auch für Sie kein Problem – außer vielleicht in Verhandlungen. In denen bringt man es manchmal wesentlich weiter, wenn man den anderen im Unklaren darüber lässt, ob man schon überzeugt ist oder noch weiter überzeugt werden muss.

Wenn Ihr Tonfall allerdings → *Angst*, → *Abneigung*, Missbilligung, Zögern, Spott oder → *Arroganz* verrät, dann kann es durchaus sein, dass das Gespräch einen weniger befriedigenden Verlauf nimmt, als Sie sich das wünschen. Eine an sich sachliche Feststellung wie „Ich weiß nicht, ob das wirklich eine gute Idee ist" kann zum → *Killersatz* geraten oder bei Ihrem Gegenüber als Generalangriff ankommen, wenn Sie auch nur einen Hauch von Überheblichkeit hineinlegen. Oder aber Sie outen sich mit dieser Äußerung wider Willen als unglaublich rat- und hilflos, einfach weil aus Ihrer Stimme zu viel Unsicherheit herausklingt.

Der gute Ton. Eindeutig am besten sind daher diejenigen dran, die von Natur aus einen diplomatisch-freundlichen Tonfall haben, der sie auch in Momenten höchster Aufregung nicht verlässt. Allen anderen bleibt nur eins: üben üben üben. Und das ist mühsam. Aber es ist unterm Strich auch ziemlich erfolgreich.

Das werden Sie spätestens dann merken, wenn es Ihnen zum ersten Mal gelingt, bei einem schwierigen Gespräch – Beziehungsdiskussion, Kritik vom → *Chef*, Kritik am Chef, politische Meinungsverschiedenheit mit den Schwiegereltern – Ihren Tonfall im Griff zu behalten. Und das Gespräch allein dadurch vor der sonst üblichen → *Entgleisung* in Richtung Schlagabtausch, → *Tränen* oder allgemeine Frustration zu bewahren.

> ### Tränen

Tränen sind eigentlich nichts anderes als eine Reaktion des Körpers auf überwältigende → *Gefühle*. Freudentränen, Glückstränen, aber auch Tränen der → *Wut*, der Verzweiflung, der Trauer. Diese Reaktion des Körpers tritt – aus welchen Gründen auch immer – bei Frauen wesentlich häufiger auf als bei Männern. Frauen weinen also öfter. Das ist nicht weiter problematisch oder manchmal sogar richtig rührend, wenn es um Freuden- oder Glückstränen geht.

Mit der dunklen Seite des Spektrums sieht es hingegen radikal anders aus – und zwar deshalb, weil eine große Mehrheit der Männer mit Unglückstränen von Frauen überhaupt nicht umgehen kann. Der Durchschnittsmann reagiert auf eine weinende Frau erfahrungsgemäß hilflos bis peinlich berührt. Nicht selten wittert er hinter den Tränen einen → *Angriff* auf seine Persönlichkeit oder vermutet, dass sie ganz bewusst fließen, um sein Mitleid zu erregen und ihn gefügig zu machen.

Tränen im Job. Die Tränen von Frauen und die Reaktionen der Männer darauf sind schon im → *Privatleben* ein heikles Thema. Und im Berufsleben sind Tränen streng genommen völlig → *tabu*. Nicht nur, weil sie auf männliche Zeugen so unkontrollierbare Folgen haben können. Sondern vor allem, weil es eine eiserne → *Regel* ist, dass man am → *Arbeitsplatz* seine Gefühle im Griff haben muss, zumindest so sehr, dass man im Zweifelsfalle nicht gleich in Tränen ausbricht.

So weit jedenfalls die Theorie. In der Praxis sind Tränen im Job trotzdem gar nicht so selten. Wobei dahinter kaum je kühle Berechnung steht („Wenn ich jammere und weine, wird mein Chef die → *Abmahnung* vielleicht doch noch zurücknehmen"), sondern meistens eine akute Gefühlswallung, die gegen jeden Willen die Schleusen öffnet: Wut über ungerechtfertigte → *Kritik* oder → *Bloßstellungen*, Enttäuschung darüber, dass es mit der → *Beförderung* doch nicht geklappt hat, Verzweiflung über die → *Kündigung*.

Wenn Sie die Tränen nicht zurückhalten können, spüren Sie das wahrscheinlich schon, bevor die Augen nass werden. Spätestens dann sollten Sie sich zumindest bei persönlichen → *Gesprächen* um jeden Preis einen halbwegs aufrechten Abgang verschaffen, um noch rechtzeitig einen geschützten Ort (das Nachbarzimmer, die Toilette, Ihr → *Büro*, den Hof) zu erreichen. Und dafür ist jede noch so schlichte → *Notlüge* recht: „Ich sehe gerade, dass ich einen dringenden Anruf auf dem Handy habe; ich geh kurz raus, um ihn zu beantworten", „Mit meinen Kontaktlinsen stimmt etwas nicht" oder, auch privat gut geeignet, „Ich hol mir gerade mal was zu trinken".

Rechtzeitig den Absprung schaffen. Diese Flucht ist das Klügste, was Sie tun können, denn Ihre Tränen werden die meisten Anwesenden höchstwahrscheinlich als klare Schwäche auslegen – und Sie selbst werden das vermutlich ähnlich sehen und sich entsprechend schämen. Also ist es eindeutig besser, das Risiko einzugehen, dass die anderen hinter Ihrer Notlüge einen unmittelbar bevorstehenden Tränenausbruch vermuten, als noch länger im Raum zu bleiben und ihnen den Tränenausbruch live zu präsentieren.

Zumal ein kurzer Ausflug vor die Tür ja nicht gleich den völligen Abbruch des Gesprächs bedeuten muss. Häufig helfen schon unverdächtige zehn Minuten Pause, um tobende Gefühle wieder unter → *Kontrolle* zu bekommen und die Tränen runterzuschlucken. Und wenn nicht: Lassen Sie die anderen denken, was sie wollen, beenden Sie das Gespräch („Ich muss leider dringend weg, weil meine Kollegin mich für eine Krisenmanagement-Sitzung braucht/weil offenbar unangemeldet wichtiger Besuch im Rahmen steht/weil mein Hund einen Unfall hatte"), und verschaffen Sie sich genug → *Zeit* zum Runterkommen. Das gilt übrigens genauso für Telefongespräche. Die Person am anderen Ende der Leitung bekommt nämlich nicht nur offensichtliches Schluchzen mit, sondern auch jenen verräterisch zittrigen → *Tonfall*, der den Tränen unmittelbar vorausgeht.

Tränen passieren. Falls Sie am → *Telefon* oder im direkten Gespräch den richtigen Fluchtmoment verpassen und nasse Augen bekommen: Das ist zwar immer ein bohrendes Gefühl der → *Niederlage*. Aber ein Drama oder ein Weltuntergang ist es garantiert nicht. Dazu passiert es nämlich auch anderen Leuten (= Frauen) viel zu oft. Wenn Sie Ihren Tränenzeugen wieder begegnen, ist das Klügste, was Sie tun können, mit keinem Wort auf das Ereignis zurückzukommen, anstatt sich wortreich zu rechtfertigen. Worüber keiner (mehr) redet, das ist meistens erstaunlich schnell vergessen. Oder zumindest durch aktuellere Anlässe für → *Klatsch & Tratsch* über ganz andere Leute aus den Läster-Schlagzeilen verdrängt.

Wenn andere die Tränen nicht zurückhalten können, dann wollen, so das Klischee, alle anwesenden Frauen zu Hilfe eilen und trösten; alle anwesenden Männer hingegen wollen so schnell wie möglich die Flucht ergreifen. Beides ist als Reaktion auf die Tränen anderer nicht unbedingt falsch, aber auch nicht unbedingt richtig. Es kommt eben auf die Situation an und auf das Innenleben des Menschen, der da weint.

Den anderen tröstend auf seine Tränen anzusprechen nach dem Motto „Das ist doch kein Grund, gleich in Tränen auszubrechen" kann unter Umständen erst recht die Schleusen öffnen. Da ist es manchmal schon besser, das typische Glitzern in den Augen des anderen ein Weilchen bewusst zu übersehen, um ihm die Chance zu geben, sich von alleine wieder zu beruhigen. Falls ihm das nicht gelingt, bieten sich für Sie als Zeugen oder Tränen-Auslöser mehrere **Handlungsmöglichkeiten** an:

• **Sie bieten über die** → *Körpersprache* **Trost an.** Einfacher ausgedrückt: Sie nehmen den anderen erst mal in den Arm. Die → *Geste* löst ein ebenso einfaches wie wirksames Beruhigungsprogramm aus (auch wenn die Tränen vielleicht am Anfang noch ein bisschen stärker fließen). Es funktioniert genau wie bei Kindern, ohne deshalb Kinderkram zu sein.

• Sie verzichten auf den → *Körperkontakt*, aber **reden beruhigend auf Ihr Gegenüber ein.** Allerdings möglichst ohne die Tränen direkt anzusprechen, siehe oben. Besser geeignet sind unauffällige → *Themenwechsel* hin zu weniger tränentreibenden Gesprächsstoffen. Keine → *Angst* vor plumpen Überleitungen („Wie geht es, äh, eigentlich Ihrer Tochter?") – selbst die werden voller → *Dankbarkeit* aufgenommen, damit nur ja endlich die Tränen versiegen.

- Falls Ihnen Umarmungen und tröstende Worte als nicht angemessen erscheinen, oder wenn Sie beides nicht über sich bringen (weil Sie selbst zu wütend sind, zum Beispiel), können Sie immerhin **für ein Taschentuch sorgen** und sich danach → *diskret* abwenden oder den Raum verlassen.

Nur eines sollten Sie nicht tun: Im Raum bleiben und Ihrem Gegenüber einen wütenden Kurzvortrag darüber halten, wie sehr Ihnen diese ganze Heulerei auf den Geist geht. Denn damit lassen Sie zwar vielleicht erfolgreich Dampf ab – aber die Situation, die überhaupt erst zu den Tränen geführt hat, die machen Sie damit garantiert keinen Deut besser.

▸ Trinkgeld

Ob Sie privat Trinkgeld geben oder nicht, ist Ihre Sache. Aber sobald Sie im Beruf vor anderen (→ *Kollegen*, → *Kunden*, Geschäftspartnern) die Geldbörse zücken, um in Restaurants, Bars, Taxis oder Hotels eine Rechnung zu begleichen, haben Sie nicht mehr die Wahl: Wenn Sie vermeiden wollen, dass alle Anwesenden Sie in Sekundenschnelle und ein für alle Mal unter „elender Geizhals" abspeichern, müssen Sie ein Trinkgeld geben. Und zwar nicht etwa ein symbolisches. Wer 59 Euro 80 gönnerhaft auf 60 Euro aufrundet, erkauft sich damit keinesfalls ein → *Image* von Großzügigkeit, sondern outet sich als Groschen zählende Krämerseele. Ausgesprochen peinlich, so was.

Sparen an der falschen Stelle. Nichts gegen Sparsamkeit. Aber wer in „offiziellen" Situationen am Trinkgeld spart, der spart an der falschen Stelle. Denn das gehört zu den kleinen → *Gesten* mit großer Wirkung. Gemessen an dem Wert, den der gute → *Eindruck* hat, den man durch ein gutes Trinkgeld erzielt, sind die Kosten für das Trinkgeld selbst geradezu lachhaft klein. Umgekehrt lässt sich ein schlechter Eindruck, der durch offensichtlichen → *Geiz* entsteht, auf Dauer selbst mit kostspieligen Aktionen kaum je wieder aus der Welt schaffen.

Deshalb sind vor allem Führungspersönlichkeiten aller Art gut beraten, eine eventuell vorhandene persönliche → *Abneigung* gegen „überflüssige" Geldausgaben zumindest in Trinkgeld-Fragen einigermaßen im Zaum zu halten. Denn ihnen verzeiht man Geiz deutlich weniger als Jobanfängern, die in diesem Bereich noch unsicher sind oder aber schlicht und ergreifend kein → *Geld* haben.

Trinkgeld-Regeln. Sie sind je nach Land verschieden, aber ein paar Grundsätze gelten mehr oder weniger überall:

• In den USA wird man nicht selten als unzufrieden oder geizig eingestuft, wenn man in **Bars und Restaurants** weniger als zehn bis fünfzehn Prozent des Rechnungsbetrags liegen lässt (was daran liegt, dass darin anders als bei uns der Service nicht inbegriffen ist.) In Deutschland hingegen gelten zehn Prozent als gutes Trinkgeld. Unter fünf bis sechs Prozent sollten es aber nicht sein. Einzige Ausnahme: Die Gesamtrechnung ist – zum Beispiel bei großen Geschäftsessen – so groß, dass Sie als Trinkgeld einen größeren Pauschalbetrag geben, der aber auch etwas weniger als fünf Prozent ausmachen kann.

• Im **Taxi** rundet man auf den nächsten oder (wenn das nur ein paar Cent ausmacht) übernächsten vollen Euro auf. Wenn der Taxifahrer schnell und freundlich war und der Betrag auf dem Taxameter relativ hoch ist, legt man auch schon mal ein paar Euro drauf.

• Im **Hotel** ist es üblich, dem Personal (Zimmermädchen, Kellner, Rezeptionsservice) spätestens bei der Abreise ein Trinkgeld zu hinterlassen. Entweder im Zimmer oder an der Rezeption – was gerechter ist, weil so alle etwas davon haben, nicht nur das Zimmerpersonal. Für die Höhe des Trinkgelds gibt es keine genauen Vorschriften. Trotzdem sollten Sie sich nicht knickrig zeigen und allein für das eigentliche Hotelpersonal mindestens drei Euro am Tag kalkulieren. Falls Sie viel im Hotelrestaurant oder in der Bar zu Gast waren und alles „aufs Zimmer" haben schreiben lassen, anstatt gleich und mit einem Trinkgeld zu bezahlen, ist zusätzlich eine ordentliche Summe für die Kellner fällig.

Vielleicht würden Sie sich gerade diese Ausgabe liebend gerne ersparen nach dem Motto: „Hier komm' ich doch nie wieder hin, die seh' ich doch sowieso alle nie wieder." Aber gerade bei → *Dienstreisen* kann man das nie wissen. Und wenn es dann doch ein nächstes Mal gibt, wäre Ihnen ein schlechtes Zimmer als → *Rache* für schlechtes Trinkgeld bestimmt ausgesprochen unangenehm.

Anmerkungen

[1] Wahrig Deutsches Wörterbuch
[2] 20/S. 247
[3] 20/S. 247
[4] 20/S. 271
[5] 19/S. 50
[6] 4/S. 200 f
[7] 3/S. 141
[8] Zum Beispiel Literaturliste Nr. 2
[9] Siehe dazu 2/S. 109 f
[10] Siehe dazu 3/S. 215 ff

U

> ## Überstunden

Es gibt heute fast keinen Job, der, auf Dauer gesehen, innerhalb der → *Arbeitszeit* zu bewältigen ist, die im → *Arbeitsvertrag* steht. Zu dem, was in der → *Arbeitsplatzbeschreibung* aufgelistet ist, kommt regelmäßig eine Menge Zeit raubender Aufgaben hinzu: Urlaubs- und Krankheitsvertretungen, die Einarbeitung neuer → *Mitarbeiter* und ständig die Bewältigung unvorhergesehener → *Probleme*. Wie zum Beispiel die neue Firmensoftware, mit der wochenlang kein Mensch klarkommt.

Überstunden sind also unvermeidbar. Der Arbeitgeber kann sie zwar – außer bei betrieblichen Notfällen – nicht einfach in rauen Mengen anordnen, wie es ihm passt. Stattdessen müssen typische → *Fragen* wie gerechtfertigte Anlässe, zumutbare Höchstzahl und vor allem die Art und Weise eines angemessenen Überstundenausgleichs eigentlich im Arbeitsvertrag genau geregelt sein. Aber klare Vorschriften darüber, wer nun aus welchem Grund wie viele Überstunden anordnen darf, und ob man dafür mit einer finanziellen Entlohnung, mit Freizeitausgleich oder mit einer Mischung aus beidem rechnen darf, suchen Mitarbeiter kleiner Unternehmen im Arbeitsvertrag nicht selten vergeblich. Was aber garantiert nicht bedeutet, dass sie keine machen müssen. Rechtlich gesehen kann man Überstunden natürlich einfach verweigern, wenn es keine vertragliche Überstundenregelung gibt – aber ob das wirklich eine gute → *Idee* ist, sollte man sich lieber vorher überlegen.[1]

Vergütung von Überstunden. Rein theoretisch ist es natürlich das Schönste, für seine Mehrarbeit im Unternehmen entsprechendes → *Geld* zu sehen. Einige Arbeitgeber bieten diese Möglichkeit auch an. Allerdings frisst das Finanzamt am Ende einen so großen Anteil dieser Mehreinnahmen auf, dass nicht wenige Arbeitnehmer sich ihre Überstunden lieber durch zusätzliche Freizeit ausgleichen lassen. Sie haben also mehr Urlaubstage zur Verfügung, dürfen früher gehen oder später kommen – und können die Arbeit, die dadurch liegen bleibt, in der Regel nur durch viele weitere Überstunden erledigen. Aber das ist ein anderes Kapitel.

Wer in kleinen und mittelständischen Betrieben arbeitet, hat nur selten das Glück, in den Genuss einer offiziellen Überstundenregelung zu kommen, siehe oben. Hier entscheidet allein der → *Chef*, ob er für ein fettes Überstundenkonto mal einen halben Tag → *Urlaub* spendiert oder eine einmalige → *Gratifikation* in Höhe von ein paar Hundert Euro rausrückt. Ob er sich zu einer Überstundenvergütung durchringt und wie genau die aussieht, ist oft reine Verhandlungssache: Von allein öffnet heute kaum ein Arbeitgeber seine Schatulle, um einem fleißigen Arbeitnehmer etwas Gutes zu tun.

Wer also das → *Gefühl* hat, dass das erwartete Maß an Überstunden die → *Grenze* zur Ausbeutung überschreitet, der sollte keine → *Angst* vor ein paar zähen → *Diskussionen* haben und sich mit guten → *Argumenten* wappnen. Wozu in erster Linie eine kleine Statistik der in den letzten zwölf Monaten geleisteten Überstunden zählt. Und er sollte genügend → *Kompromissvorschläge* in der Hinterhand haben: Für den Fall, dass der Chef sich in Sachen Überstundenvergütung als geizig erweist, bietet es sich zum Beispiel an, ihm das Recht auf einen → *Praktikanten* abzuringen, der durch seinen ebenso tatkräftigen wie preiswerten Einsatz wenigstens für die Zukunft die Menge fälliger Überstunden bedeutend verkleinern kann.

Erwartete Überstunden. Hier gelten zwei klare Gesetze: „Bei Anfängern sind Überstunden selbstverständlich" – damit dürfen sie nämlich beweisen, dass sie genug → *Job Identification* mitbringen. Und „Ab einem gewissen Gehaltsniveau sind Überstunden selbstverständlich" – wer also gut verdient, weil er anspruchsvolle, verantwortungsvolle und vor allem viele → *Arbeitsaufträge* zu erledigen hat, der muss schon aufgrund seiner Position mit noch mehr Arbeit rechnen. Das heißt, dass eigentlich keiner so richtig um Überstunden herum kommt, weder die Anfänger noch die Fortgeschrittenen. Der Weg nach oben ist nämlich an reichlich Fleiß gebunden: „Wer mit dem Gedanken an eine → *Karriere* liebäugelt, sollte sich beizeiten auf eine nicht nach Stechuhr und Zeitvorgaben zu beendende Arbeitszeit einstellen. Man fällt nicht auf durch Normalität."[2] Tja.

Energiesparer wollen ganz offensichtlich gar nicht auffallen, weil das nur mehr Arbeit macht. Andere Leute haben nicht die Möglichkeit, mehr zu leisten als die Regelarbeitszeit, weil sie daheim → *Kinder* zu versorgen haben, nebenbei studieren oder noch einen → *Nebenjob* machen müssen, um die Miete zu bezahlen. Und trotzdem laufen sie Gefahr, mit den Energiesparern in eine Schublade gesteckt und schief angeguckt zu werden. Wer also aufgrund privater Verpflichtungen keine Überstunden machen kann, der tut gut daran, dem Chef und den → *Kollegen* in regelmäßigen Abständen genau das zu erklären. Wobei allerdings Tennisstunden und Töpferkurse als → *dringende* private Verpflichtung nicht wirklich überzeugend sind.

Viele Überstunden gehören bei allen zum guten Ton, die beruflich nach oben wollen, siehe oben. Zumal nicht wenige Vorgesetzte die → *Leistung* ihrer Mitarbeiter nicht etwa danach beurteilen, wie schnell sie arbeiten, sondern danach, wie viel → *Zeit* sie an ihrem → *Arbeitsplatz* verbringen. Wer viele Überstunden macht, grundsätzlich nach allen anderen nach Hause geht und auch am Wochenende ins → *Büro* kommt, erweckt → *zuverlässig* einen hervorragenden → *Eindruck*. Zumindest, wenn er diese Anstrengungen in kleinen → *Eigenlob*-Initiativen gelegentlich nebenbei im → *Gespräch* erwähnt („Gestern hab ich wieder bis spät abends am Computer gesessen …"). Das ist nicht unwichtig, weil sonst diejenigen unter den Chefs und Kollegen, die ihre Abende und Wochenenden lieber im Kreise ihrer Lieben verbringen, kaum etwas von dem ganzen Arbeitseifer mitbekommen würden.

Zu viele Überstunden hingegen sind rein rechtlich gesehen verboten; es gibt schließlich Vorschriften über die gesetzlich zulässige Höchstarbeitszeit.[3] Davon unabhängig sind zu viele Überstunden auf Dauer einfach nicht empfehlenswert. Schon allein deshalb, weil Sie sich bei den Energiesparern unter

Ihren Kollegen so nicht unbedingt beliebt machen: Je mehr Sie sich aufopfern, desto klarer fällt schließlich ins Auge, dass deren Aufopferungsbereitschaft auf die Minute genau mit dem offiziellen Feierabend aufhört. Und je mehr Zeit Sie investieren, um gute Arbeitsergebnisse zu erzielen, desto unzufriedener werden Sie höchstwahrscheinlich mit dem sein, was einige Ihrer Kollegen im Rahmen der Regelarbeitszeit so an Leistung bringen. Da stellt sich dann gerne irgendwann Verbitterung ein, die zu heftigen Entladungen führen kann („Ich acker' hier bis zum Umfallen, und Ihr kriegt den Hintern nicht hoch!"). Erfahrungsgemäß führen solche Vorwürfe eher selten zu guten → *Beziehungen*, auch wenn sie → *diplomatisch* hinter kleinen → *Andeutungen* versteckt werden oder sicherheitshalber unausgesprochen bleiben.

Viel schlimmer ist jedoch die Tatsache, dass ein ständiges Zuviel an Überstunden über Jahre hinweg zwar möglicherweise die erträumte Karriere bringt, aber genauso möglicherweise auch den → *Burn-out*, also diesen chronischen Erschöpfungszustand, der weder gut für die Gesundheit ist noch gut fürs Gemüt. Wer da einmal drinsteckt, schafft plötzlich die einfachsten Arbeiten nicht mehr, geschweige denn die üblichen Überstunden im fünften Gang. Also ist es, an einem ganzen Berufsleben gemessen, unterm Strich letztlich klüger, in Sachen Arbeitszeit nicht immer nur Vollgas fahren.

▶ **Umgangsformen** → *Manieren*

▶ **Umlaufverfahren**

So nennt man es, wenn ein Schriftstück aus bestimmten Gründen nicht als → *Kopie* an alle Empfänger gleichzeitig geschickt werden kann, sondern vom einen zum nächsten weitergereicht wird. Typische Beispiele: Fachzeitschriften, die der Firma oder Arbeitseinheit nur in einem einzigen Exemplar zu Verfügung stehen, aber von allen gelesen werden wollen (oder sollen); Rundschreiben und → *Aktennotizen*, die abteilungsweise abgezeichnet werden müssen, → *Briefe*, → *Berichte* und → *Protokolle*, die zwar nicht so → *wichtig* sind, dass jeder eine eigene Kopie davon haben muss, aber doch immerhin so interessant, dass jeder zumindest die Chance haben sollte, sie zu lesen. Damit das Schriftstück auch wirklich jede Person erreicht, die erreicht werden soll, hat es meistens ein Deckblatt oder steckt in einer Mappe, auf der eine genaue → *Verteilerliste* steht.

Darüber hinaus gibt es auch → *Entscheidungen* **im Umlaufverfahren**. Die sind immer dann angesagt, wenn mehrere Personen, die womöglich auch noch in verschiedenen Unternehmen an verschiedenen Orten arbeiten, über eine Angelegenheit entscheiden müssen, die zwar wichtig ist (sonst wären nicht so viele Leute an der Entscheidung beteiligt) – aber nicht so wichtig oder → *dringend*, dass deswegen extra eine gemeinsame → *Sitzung* anberaumt werden müsste. Stattdessen reicht es, wenn schriftlich oder telefonisch jeder Einzelne um seine → *Meinung* gebeten wird. Da das aber nicht gleichzeitig mit jedem gemacht werden kann, spricht man auch in diesem Fall von einem Umlaufverfahren.

Vorteile des Umlaufverfahrens. Als einfacher Weg der Informationsverbreitung ist es zumindest theoretisch gar nicht so schlecht: Sobald man etwas auf den Tisch bekommt, das für alle interessant sein könnte, kann man auch ohne mühsame Kopieraktion eine Menge Leute davon in Kenntnis setzen. Wenn auch nicht gleichzeitig, sondern nacheinander. Besonders für → *Anfänger*, die noch nicht genug → *Erfahrung* haben, um eingehende Korrespondenz auf den ersten Blick einordnen zu können, ist das eine prima Möglichkeit, unauffällig sicherzustellen, dass eine möglicherweise wichtige Information auch wirklich jeden erreicht.

Und auch die → *Energiesparer* wissen das Umlaufverfahren zu schätzen: Sobald eine Angelegenheit nicht ganz genau in ihren Aufgabenbereich oder zu ihrer → *Arbeitsplatzbeschreibung* passt, packen sie sie mit der Anmerkung „Wer ist hierfür → *zuständig*?" in eine Umlaufmappe. Und sind sie damit erst mal los. Mit etwas Glück sogar für immer. Das Umlaufverfahren hat nämlich auch ein paar Nachteile.

Nachteile des Umlaufverfahrens. Ganz egal, um welches Umlaufverfahren es sich handelt – sie haben allesamt den Nachteil, ziemlich langsam zu sein. Es ist nicht die → *Ausnahme*, sondern eher die → *Regel*, dass der → *Mitarbeiter*, der auf der Verteilerliste als letzter genannt ist, das Schriftstück erst viele Wochen nach demjenigen erhält, der als erster genannt ist, weil es zwischendurch bei zu vielen → *Kollegen* Zwangsstopps im „kann warten"-Stapel einlegen musste.

Und es ist auch nicht auszuschließen, dass die Energiesparer unter den Adressaten auf der Verteilerliste den Umlauf zum endgültigen Stillstand bringen, indem sie das Schriftstück „erst mal" in irgendeine Schublade stopfen und dann vergessen. Besonders bei Umlaufverfahren aus aktuellem Anlass ist das immer ausgesprochen ärgerlich – aber auch eine Fachzeitschrift, die erst am → *Arbeitsplatz* ankommt, wenn sie schon wieder hoffnungslos veraltet ist, bietet wenig Grund für gute → *Laune*. Mitarbeiter, deren Schreibtische einmal als Umlaufgräber enttarnt sind, dürfen sich daher über mangelnde Beliebtheit nicht wundern und auch nicht darüber, dass andauernd jemand ihre Ablagehaufen durchwühlt auf der verzweifelten Suche nach einem Schriftstück, das im Umlauf verschollen ging.

Das heißt für Sie: Wenn Sie an Umlaufverfahren teilnehmen, sind Sie grundsätzlich gut beraten, die Schriftstücke möglichst schnell wenigstens zu überfliegen. Das ermöglicht Ihnen nämlich eine → *Entscheidung* darüber, ob sie so langweilig sind, dass Sie sie gleich weitergeben können. Oder so wichtig, dass Sie sich eine eigene Kopie machen, bevor Sie sie weitergeben. Oder aber so spannend, dass Sie sie unbedingt bei sich behalten wollen, bis demnächst bestimmt der größte → *Zeitdruck* vorbei ist und Sie dazu kommen, sie zu lesen. Also wahrscheinlich nie. Also machen Sie sich am besten doch lieber gleich eine Kopie.

▶ **Unterbrechen** → *Ausreden lassen*

▶ **Unterschriften**

Mit etwas Fachkenntnis lassen sich aus ihnen – genau wie aus der → *Handschrift* – einige Rückschlüsse auf die Persönlichkeit des (Unter-)Schreibenden ziehen. So richtig → *wichtig* sind sie aber eigentlich nur noch auf Verträgen und im Zahlungsverkehr per Kreditkarte. In der Korrespondenz hingegen, die heute überwiegend per → *E-Mail* erledigt wird, ist ihr Fehlen schon fast der Normalfall.

In den wenigen → *Briefen* und → *Telefaxen*, die noch geschrieben werden, sieht die Sache jedoch ganz anders aus – hier ist die Unterschrift ein Muss, nicht unbedingt aus rechtlichen Gründen, sondern aus → *Höflichkeit*. Immer mehr Menschen scheint dieses Muss allerdings zu mühsam zu sein. Sie unterzeichnen mit diversen Sparausgaben ihrer Unterschrift: anstatt Gertrud Vogt lieber mit G. Vogt, noch sparsamer mit Vogt oder am besten nur mit G. V.

Rätsel Unterschrift. Diese Sparmodelle bringen jeden Empfänger zur Verzweiflung, der nicht weiß und dem Schriftstück auch nicht entnehmen kann, wer G. V. überhaupt ist und ob sich hinter G. Vogt wohl ein Gerhard oder eine Gertrud oder vielleicht doch ein Günter verbirgt. Da fangen die Formulierungsprobleme mit dem Antwortschreiben nämlich schon bei der → *Adresse* an. Wer mit Vogt schon mal telefoniert hat, kann sich vielleicht noch daran erinnern, ob die Stimme eher männlich oder eher weiblich klang, und sich mit einem „z. Hd. Frau Vogt" über die ungelöste → *Frage* des Vornamens hinwegmogeln. (Wobei die Stimmlage manchmal einen irreführenden → *Eindruck* vom Geschlecht des Sprechenden erweckt, was unter Umständen peinlich enden kann.) Ansonsten ist spätestens bei der → *Anrede* Schluss – wer wissen will, ob er an eine sehr geehrte Frau oder an einen sehr geehrten Herrn schreiben muss, dem bleibt nur noch der Griff zum → *Telefon*.

Und genau den können Sie den Empfängern Ihrer Briefe und Faxe ersparen, indem Sie ihnen grundsätzlich Ihren vollen Vornamen und Nachnamen gönnen. Es müssen ja nicht alle Vornamen sein. Aber wenigstens einer sollte schon da stehen – selbst bei kleinen Botschaften unter Freunden. Denn auch im engsten Bekanntenkreis gibt es bestimmt ein paar gefühlvolle Gemüter, die die bloßen Initialen unter → *persönlichen* Zeilen als merkwürdig unpersönlich empfinden.

> **Urlaub**

Ohne Zweifel die schönste → *Zeit* im Jahr. Besonders für Angestellte, denn im Gegensatz zu Selbständigen und Freiberuflern müssen sie auch während des Urlaubs nicht auf berufliche Einnahmen verzichten – das → *Gehalt* läuft schließlich weiter, selbst bei Teilzeit- und geringfügig beschäftigen → *Mitarbeitern*.

Dass Arbeitnehmer einen Anspruch auf **bezahlten Erholungsurlaub** haben, ist gesetzlich festgelegt. Was hingegen die genaue Anzahl der Urlaubstage betrifft, so schreibt das Bundesurlaubsgesetz (auch das gibt's) lediglich einen Mindesturlaub von 24 Werktagen vor.[4] Was darüber hinaus geht, liegt im Ermessen des Arbeitgebers; deshalb kann der Urlaub von Unternehmen zu Unternehmen unterschiedlich großzügig ausfallen. Je nachdem, wo man beschäftigt ist, sind durchschnittlich 25 bis 30 Tage der Normalfall. Die genaue Zahl ist oft tarifvertraglich und auf jeden Fall immer im → *Arbeitsvertrag* festgelegt.

Urlaub als Verhandlungssache. In einigen Großunternehmen und im öffentlichen Dienst ist der Urlaubsanspruch übrigens (genau wie das Gehalt) nicht für jeden Mitarbeiter gleich, sondern vom Alter abhängig: Je älter der Mitarbeiter, desto mehr Urlaubsanspruch hat er. Kleine Unternehmen bieten diesen Luxus fast nie; andererseits hat man dort eine (wenn auch kleine) Chance, sich durch geschicktes Verhandeln den einen oder anderen Tag zusätzlichen „Sonderurlaub" zu erkämpfen, zum Beispiel vor dem Abschluss des Arbeitsvertrags oder in der → *Diskussion* um eine → *Gehaltserhöhung*. Wenn die nämlich nicht drin ist, kann – zumindest in Betrieben ohne vertraglich geregelten Freizeitausgleich – ein zusätzlicher Tag Urlaub als kleiner Ausgleich für ein Übermaß geleisteter Überstunden ein schönes Trostpflaster sein.

Urlaubs-Gesetze. Weil der Urlaubsanspruch für Arbeitgeber (sie müssen ihn bezahlen) und Arbeitnehmer (sie müssen sich erholen) gleichermaßen → *wichtig* ist, gibt es dazu eine ganze Reihe gesetzlicher Regelungen. Wer sich gründlich kundig machen will, sollte mal beim → *Betriebsrat* nachfragen oder sich ein Fachbuch zum Thema Arbeitsrecht gönnen.[5] Für alle anderen hier das Interessanteste im Überblick:

- **Krankheit.** Bei nachweisbarer → *Krankheit* während des Urlaubs muss dem Arbeitnehmer die entsprechende Zahl Urlaubstage gutgeschrieben werden.[6]
- **Auszahlung des (Rest-)Urlaubs.** Für den Arbeitgeber nur im Falle der → *Kündigung* rechtlich gesehen ein Muss (wobei es keine Rolle spielt, wer gekündigt hat). Ansonsten ist es oft so, dass der Urlaubsanspruch nach einer vertraglich vereinbarten Frist einfach erlischt, oft Ende März oder Ende April des Folgejahres. In kleinen Unternehmen kann man auch versuchen, über eine Auszahlung verhandeln. Auf dem einen oder anderen buchhalterischen Umweg ist das zumindest theoretisch durchaus möglich.
- **Anteiliger Urlaubsanspruch.** Wichtige → *Frage*, wenn Sie mitten im Jahr den Arbeitgeber wechseln. Der Urlaubsanspruch errechnet sich dann aus der Gesamtzahl pro Jahr im Verhältnis zum Beschäftigungszeitraum bis zum Jahresende.[7] Der Urlaubsanspruch beginnt übrigens schon mit der → *Probezeit*, nur dürfen Sie in diesem Zeitraum meistens nicht in Urlaub fahren.
- **Urlaubsplanung.** Auch die ist gesetzlich geregelt: „Die zeitliche Urlaubsregelung steht im Ermessen des Arbeitgebers. Dieser ist jedoch grundsätzlich verpflichtet, beim Aufstellen des Urlaubsplans die Wünsche der Arbeitnehmer zu berücksichtigen."[8] Ausnahmen: Bei „dringenden betrieblichen Gründen" muss der Urlaub im Zweifelsfalle warten. Und bei Mitarbeitern mit schulpflichtigen → *Kindern* müssen zumindest kinderlose Kollegen eventuell warten. Denn Eltern können schließlich nur während der Schulferien verreisen.
- **Bildungsurlaub.** Sie wollen sich weiterbilden, aber dafür keinen Urlaub opfern? Kein Problem, jedenfalls, wenn es um die Teilnahme an „staatlich anerkannten Bildungsveranstaltungen" geht und wenn Sie nicht ausgerechnet in Thüringen, Sachsen, Bayern oder Baden-Württemberg wohnen. In den anderen Bundesländern sind bis zu fünf Tage Bildungsurlaub pro Jahr möglich.[9]
- **Unbezahlter Urlaub.** Immer dann ein Thema, wenn Sie mit Ihrem vertraglich vereinbarten Urlaub nicht auskommen, zum Beispiel, weil Sie von einer längeren Reise oder von einer Auszeit

träumen. Für den Arbeitgeber ist so etwas im Zweifel eher ein Alptraum, weil er kaum jemanden finden wird, der Sie für einen befristeten Zeitraum gut genug vertritt. Es ist also nicht ausgeschlossen, dass er die → *Bitte* um längeren unbezahlten Urlaub schlicht und ergreifend ablehnt nach dem Motto „einen Job gibt's hier nur ganz – oder gar nicht".

• **Urlaubsgeld.**[10] Wer in seinem Arbeitsvertrag noch einen Anspruch darauf hat, kann froh sein. Denn in Unternehmen ohne tarifvertragliche Bindung ist Urlaubsgeld genauso vom Aussterben bedroht wie vertraglich garantiertes Weihnachtsgeld.

Erreichbarkeit im Urlaub. Sie können sich natürlich auf den Standpunkt stellen, dass Urlaub nun mal Urlaub ist und dass Sie wenigstens da nicht ständig per → *E-Mail* und → *Mobiltelefon* von genau den Leuten genervt werden wollen, von denen Sie froh sind, dass Sie sie jetzt erst mal ein paar Wochen nicht sehen. Je nach Job ist dieser Standpunkt zwar vielleicht verständlich, aber bestimmt nicht immer Karriere fördernd. Deshalb ist es unter Umständen clever, mit den Kollegen und dem Chef eine kleine Vereinbarung zum Thema zu treffen (→ *Erreichbarkeit*).

Die **Urlaubspläne der Kollegen** könnten den Ihren möglicherweise ziemlich in die Quere kommen. Schließlich können nicht alle auf einmal fahren, sondern nur diejenigen, deren Vertretung gesichert ist. Dummerweise kann aber längst nicht jeder jeden vertreten. Deshalb gibt es in kleineren → *Teams* und Arbeitseinheiten häufig traditionelle Zweierverknüpfungen von Arbeitsbereichen, die halbwegs zueinander passen: „Die Meier vertritt den Müller und umgekehrt." Wenn Meier und Müller aber beide gerne im September verreisen, sind die Streitigkeiten oft programmiert. Und können an Heftigkeit nur noch von den Auseinandersetzungen zwischen Schulze und Schmidt übertroffen werden, die beide während der Schulferien fahren müssen und sich obendrein auch noch beide denselben Zeitraum ausgeguckt haben.

Das heißt für Sie: Wenn Sie keine Kinder haben, versuchen Sie am besten gar nicht erst, Ihren Jahresurlaub in die Schulferien zu verlegen. Schon gesetzlich gesehen ziehen Sie dabei immer den Kürzeren (siehe oben). Ansonsten ist es immer eine gute → *Idee*, Urlaubspläne möglichst frühzeitig anzumelden, so dass Ihr Vertreter zumindest moralisch dazu verpflichtet ist, um Ihren Urlaub herum zu planen. Sollte er eher wenig von moralischen Pflichten halten, dann bleibt Ihnen nur die mühsame Suche nach einem → *Kompromiss*. Oder die → *Freundlichkeit*, sich zumindest jedes zweite Jahr von vornherein nach seinen Plänen zu richten.

Anmerkungen

[1] 35/S. 59 f
[2] 12/S. 102
[3] 32/S. 767 ff
[4] 33/S. 891
[5] Zum Beispiel Literaturliste Nr. 32, 33, 34, 35
[6] 32/S. 564
[7] 32/S. 562
[8] 34/S. 200
[9] 35/S. 71
[10] 33/S. 896

V

> ▶ **Verabschieden**

Man könnte meinen, dass das bei Telefonaten und → *persönlichen* Begegnungen nun wirklich keine große Rolle spielt: Der erste → *Eindruck* hat sich sowieso schon nach sieben Sekunden gebildet. Und in der → *Zeit*, die bis zur Endphase des → *Gesprächs* vergangen ist, ist entweder alles mehr oder weniger zufrieden stellend gelaufen oder aber endgültig in die Hose gegangen. Letzte Worte und letzte → *Gesten* können daran nichts mehr ändern? Irrtum: „Auch der letzte Eindruck zählt."[1]

Einfache Verabschiedung im persönlichen Gespräch. Im → *Privatleben* sind Ausdrücke wie „Tschüss" oder „bis bald" das Übliche; Fremdsprachenexperten bringen auch gerne lässig „Ciao" oder „Bye" an. Ob diese → *Wortwahl* auch bei beruflichen Gesprächen passt, hängt von den Umständen ab: Wer den Firmenchef am Telefon hat und nicht gerade ein Duzfreund von ihm ist, sollte sich sicherheitshalber für „auf Wiederhören" entscheiden. Und auch ranghohe → *Gäste* und Teilnehmer an → *Sitzungen* werden vermutlich eher ein → *höfliches* „auf Wiedersehen" als ein lockeres „Servus" erwarten. Die Klassiker klingen zwar leicht altmodisch, haben aber den unschlagbaren Vorteil, immer und überall als gutes → *Benehmen* angesehen zu werden.

Was übrigens eindeutig nicht der Fall ist, wenn man sich in bester → *Energiesparermanier* am Telefon jede Abschiedsfloskel schenkt und nach dem Austausch der letzten Sätze einfach auflegt. Das spart dann zwar vielleicht eine Viertelsekunde sprachlicher Anstrengungen, gilt aber als so unhöflich, dass man sich lieber abgewöhnen sollte, seine Redezeit mit der Stoppuhr einzuteilen.

 „Luxusverabschiedung". Genau wie gute → *Wünsche* lassen sich auch Abschiede mit relativ geringem Aufwand zu → *freundlichen* Botschaften und → *Komplimenten* verlängern, die dem anderen garantiert immer Freude machen und entsprechend gut fürs → *Image* sind: „Herzlichen → *Dank* für dieses interessante Telefonat", „Ich habe mich sehr gefreut, so lange mit Ihnen sprechen zu können", „Schön, Sie kennen gelernt zu haben" oder „Ich würde mich freuen, Sie wiederzusehen". So etwas zeugt von besonderer → *Aufmerksamkeit* und ist, gerade in ersten Gesprächen, oft genug der Grundstein für eine gute → *Beziehung*.

→ *Körpersprache* **und** → *Tonfall*. Ganz egal, ob Sie sich für eine einfache oder eine Luxusverabschiedung entscheiden – körpersprachlich sollten Sie diesen kurzen Moment lang möglichst ganz bei der Sache sein. → *Blickkontakt*, → *Handschlag* oder, je nach Anlass und Person, herzliche Umarmung sind ein Muss. Wer sich nicht daran hält, wirkt automatisch so, als sei er geistig schon längst ganz woanders. Was erstens oft stimmt – sei es aus → *Stress* oder aus mangelndem Interesse – und zweitens so radikal unfreundlich ist, dass dadurch selbst ein hervorragender erster Eindruck noch auf den letzten Drücker zunichte gemacht werden kann.

Am → *Telefon* kann die Person am anderen Ende der Leitung Ihnen zwar nicht ansehen, ob Sie überhaupt noch bei der Sache sind. Aber sie kann es Ihnen anhören, gerade an den Floskeln am Ende eines Telefonats. Da hat der Tonfall nämlich die Eigenart, die → *Gefühle* zu verraten, die Sie während des Gesprächs so hatten. Das kennt jeder aus Privatgesprächen: Ein fröhlicher Tonfall ist ein Zeichen dafür, dass Sie mit dem Gespräch oder zumindest mit seinen Ergebnissen zufrieden sind. Wütende oder wehleidige Stimmlagen hingegen verraten selbst unbeteiligten → *Zuhörern*, dass es wohl gerade mächtig → *Ärger* gegeben hat.

Im Berufsleben ist es eher unklug, anwesenden Dritten so viel Einblick in die Stimmungslage zu geben, die gerade zwischen Ihnen und Ihrem Gesprächspartner herrscht. Vom → *Zuhören* bis zum Besuch in der Abteilung → *Klatsch & Tratsch* ist es nämlich nur ein kurzer Weg. Und auf dem spielen → *Fragen* zum Wahrheitsgehalt von Eindrücken und Gebote der → *Diskretion* nur eine verschwindend kleine Rolle.

Sich verabschieden auf Veranstaltungen. Von der privaten Party über Geschäftsessen bis zum hochoffiziellen → *Empfang* – ein persönlicher Abschied vom Gastgeber ist grundsätzlich das Gebot der Stunde. Sogar dann, wenn man im Gewühl erst eine halbe Stunde nach ihm fahnden oder sich in eine lange Schlange anderer Verabschiedungswilliger einreihen muss. Wobei hier eine einfache Verabschiedung völlig ausgeschlossen ist. Angebracht sind vielmehr aufrichtige (oder zumindest aufrichtig klingende) → *Komplimente* zur Qualität der Veranstaltung sowie ein ausdrückliches → *Dankeschön*.

„Französischer Abschied". Die einzige Ausnahme von dieser → *Regel* besteht in dem, was man als „sich auf französisch verabschieden" bezeichnet. Damit ist ein möglichst unauffälliges Verschwinden gemeint, bei dem ganz bewusst auf die persönliche Verabschiedung von den Gastgebern verzichtet wird, um sie und ihre Veranstaltung nicht zu stören. Das wäre zum Beispiel der Fall, wenn jemand mitten in der Begrüßungsrede oder im zweiten Satz des Hauskonzerts plötzlich → *dringend* weg muss. Oder wenn wichtige Leute für alle anderen erkennbar frühzeitig gehen. Sie können nämlich damit manchmal eine Massenflucht auslösen, wenn auch alle anderen auf einmal nicht länger bleiben wollen.

Ob ein Abschied auf französisch wirklich nötig ist, hängt von den Umständen ab und will auf jeden Fall gut überlegt sein. Denn es ist nie auszuschließen, dass sich der Gastgeber vor den Kopf gestoßen fühlt, obwohl Sie es doch nur gut mit ihm meinen. Und wenn Sie sich schon dazu entscheiden, sind Sie gut beraten, gleich am nächsten Morgen anzurufen, Ihren „französischen" Abschied auf möglichst einleuchtende Weise zu erklären und sich auf das Allerfreundlichste zu bedanken.

▶ Veränderungen

Die meisten Menschen haben zu Veränderungen ein sehr zwiespältiges Verhältnis. Für Veränderungen im Sinne von „Abwechslung" sind mehr oder weniger viele Leute gerne zu haben: mal ein anderes Urlaubsziel, mal ein neues Rezept, öfters mal eine neue

Beziehung, noch öfters mal ein neues Auto. Aber mit Veränderungen im Sinne von „Neuerungen" tun sich ausnahmslos alle schwer. Die Palette der Reaktionen reicht von mühsamen Versuchen, sich auf das Neue einzustellen, bis zur völligen Weigerung, es überhaupt zur Kenntnis zu nehmen. Beispiele dafür kennt jeder genug, von der Umstellung der Postleitzahlen über die Rechtschreibreform bis hin zu Euro und Dosenpfand.

Neues – nein danke? Der Grund für den Widerwillen gegenüber Neuerungen liegt nicht in erster Linie darin, dass sie vielleicht mehr Nachteile als Vorteile mit sich bringen (um das herauszufinden, müsste man sie ja erst mal ein Weilchen ausprobieren). Die wahre Ursache ist vielmehr, dass Neuerungen → *Angst* machen: Sie bedeuten automatisch, dass man sein bisheriges Wissen, seine lieb gewordene → *Routine* und seine kleinen Gewohnheiten auf den Müll werfen, etwas Neues → *lernen* und aller Wahrscheinlichkeit nach erst jede Menge → *Fehler* machen muss, bevor man die Neuerung auch wirklich begriffen hat. Das ist den meisten einfach zu anstrengend, und was nach zu viel Anstrengung aussieht, lehnen nicht nur → *Energiesparer* schon aus Prinzip erst mal ab. Obwohl die → *Erfahrung* zeigt, dass auch aus Neuerungen irgendwann liebe Gewohnheiten werden, die man am Ende mit Zähnen und Klauen verteidigt, wenn sie ihrerseits von Neuerungen abgelöst werden sollen.

Neuerungen am → *Arbeitsplatz*. Wer diesen ganz einfachen Mechanismus nicht aus den Augen verliert, wird mit Neuerungen wesentlich besser umgehen können, ganz egal, ob er sie einführen will oder sich damit abfinden muss:

Neuerungen anregen ist in der → *Regel* ziemlich schwierig, weil so viel Überzeugungsarbeit erforderlich ist. Selbst erkennbar gute → *Ideen* lösen regelmäßig Bedenken aller Art aus, die zwar zum Teil äußerst plausibel klingen, aber häufig nur in der geheimen Hoffnung geäußert werden, die Idee durch endlose → *Diskussionen* vor ihrer Umsetzung doch noch zu kippen. Aber immerhin: Kein Teil einer geplanten Veränderung ist so demokratisch wie ihre Anregung. Wer nur → *geduldig* und hartnäckig genug ist, um mit guten → *Argumenten* alle echten und vorgeschobenen Bedenken auszuräumen und so ausreichend Mitstreiter auf seine Seite zu bringen, der wird es am Ende möglicherweise schaffen, dass aus der guten Idee ein Beschluss wird.

 Neuerungen durchsetzen. Ganz egal, ob es um Abrechnungsverfahren, Computerprogramme oder betriebliche Umstrukturierungen geht – wer die durchsetzen muss, hat's nicht leicht. Ausführliche **Erklärungen**, warum die Neuerungen erstens notwendig sind und zweitens so aussehen und nicht anders, sind immer ein kluger Schachzug: Je genauer die Mitarbeiter die Hintergründe für eine Neuerung verstehen, desto größer ist die Aussicht darauf, dass sie sich irgendwann mit ihr anfreunden. Und ausreichend → *Verständnis* **für Fehler** ist auch angesagt. Die sind bei Neuerungen nämlich gar nicht zu vermeiden, siehe oben. Das kann mit Hilfe einfacher Experimente jeder im Selbsttest feststellen. Dazu reicht es, in der Küche die Kaffeedose vom linken ins rechte Regal zu stellen. Und einfach mal mitzuzählen, wie oft Sie sich vertun, ehe Sie den neuen Platz auf Ihrer geistigen Landkarte haben.

Neuerungen akzeptieren. Wer sich einmal im Klaren darüber ist, dass die Ablehnung von Neuerungen nichts anderes ist als ein erster Reflex – der wird seine eigenen spontanen Einwände gegen Neuerungen wahrscheinlich nicht mehr ganz so bierernst nehmen. Und wenn man weiß, dass keine Neuerung auf Anhieb reibungslos zu bewerkstelligen ist, hat man automatisch weniger Furcht vor möglichen Fehlern – und macht am Ende auch weniger.

▶ Verantwortung

Verantwortung bedeutet laut Wörterbuch „Pflicht; Bereitschaft, für seine Handlungen einzustehen, ihre Folgen zu tragen".[2] Jede berufliche Tätigkeit bringt Verantwortung mit sich, selbst die kleinsten Jobs. Denn auch die erledigt man in der Regel nicht nur für sich selbst, sondern für andere: → *Chefs*, Geschäftspartner, → *Kunden*, → *Kollegen*, Auftraggeber. Und die verlassen sich mehr oder weniger stark darauf, dass die → *Arbeitsaufträge* so gut wie möglich und so schnell wie möglich erledigt werden. Die Verantwortung liegt – auf einen einfachen Nenner gebracht – vor allem darin, dieses → *Vertrauen* nicht zu enttäuschen.

Verantwortung und Karriere. Sich über diese Verantwortung im Klaren zu sein und sie auch zu tragen, ist eine der wichtigsten Voraussetzungen für all das, was Vorgesetzte sich von ihren → *Mitarbeitern* wünschen: → *Disziplin*, → *Zuverlässigkeit*, → *Initiative*, → *Job Identification*, → *Kollegialität*. Wer genug Verantwortungsbewusstsein an den Tag legt, erfüllt diese Wunschliste von ganz alleine. Und kann sich wahrscheinlich irgendwann über eine → *Beförderung* freuen. Das ist nämlich eine der besten Gewinnchancen im Aufstiegsspiel: Mitarbeiter, die schon im Kleinen bereit sind, Verantwortung zu tragen und selbst langweilige → *Routinearbeiten* ordentlich erledigen, werden am Ende mit mehr Verantwortung belohnt. Und natürlich mit mehr Arbeit. Nicht unbedingt mit sehr viel mehr → *Geld* – aber was letztlich für die → *Karriere* zählt, ist ohnehin nicht unbedingt die Höhe des → *Gehalts*, sondern das Ausmaß an Verantwortung, das Sie haben und auch tragen können.

Mit Verantwortung umgehen. Mit → *Ausnahme* von Ein-Mann-Betrieben beruht heute fast jedes Unternehmen vom Elektriker über die Kneipe gegenüber bis hin zu Großkonzernen und Finanzämtern auf dem Prinzip der Arbeitsteilung. Und das kann nur funktionieren, wenn jeder einzelne Mitarbeiter einen klar festgelegten Anteil an der Gesamtverantwortung hat. Das allein reicht aber immer noch nicht aus: Die Mitarbeiter müssen ihren persönlichen Verantwortungsbereich (→ *Zuständigkeit*) kennen. Dafür gibt es → *Arbeitsplatzbeschreibungen*. Und sie müssen mit ihrer Verantwortung umgehen können.

Nun ist das mit der Verantwortung so eine Sache. Einerseits ist es schön und ehrenvoll, viel davon zu haben – andererseits liegen „Verantwortung" und „Schuld" im Sprachzentrum bedenklich nahe nebeneinander: „Dafür werde ich Sie zur Verantwortung ziehen!", „Sie werden für diesen → *Fehler* die volle Verantwortung übernehmen müssen!" Das sind Sätze, die so manchen Mitarbeiter aus → *Angst* vor den möglichen Folgen von Verantwortung zum → *Perfektionisten* werden lassen.

☠ **Sich vor der Verantwortung drücken.** Nicht wenige Menschen übernehmen Verantwortung nur so lange mit Vergnügen, wie alles gut geht. Sobald es zu Pannen und → *Problemen* kommt, setzt die Suche nach guten Gründen ein, auf die sie die Verantwortung abschieben können: Die Post, die unfähigen Chefs, die unfähigen Mitarbeiter, die Vorschriften, das Wetter, die allgemeine Wirtschaftslage. Und vor allem: jede Menge → *„Sachzwänge"* – ein typisches → *amtsdeutsches* Wort, das sehr viel bedeutungsschwerer klingt als alles, was erfahrungsgemäß dahinter steckt.

Für die Unternehmen kann so eine Haltung durchaus zum → *Problem* werden, denn wer sich grundsätzlich aus der Verantwortung stiehlt, ist kaum in der Lage, seine eigenen Fehler zu erkennen, und überhaupt nicht in der Lage, aus ihnen zu → *lernen*. Für die Behebung von Problemen und die Verbesserung der Arbeitsqualität sind das ausgesprochen schlechte Aussichten. Für das berufliche Fortkommen allerdings irgendwann auch: Auf Dauer macht es einfach einen schlechten → *Eindruck*, immer nur schöne → *Argumente* und hässliche Sündenböcke als Beweis dafür anzuführen, dass die Verantwortung mal wieder garantiert nicht bei Ihnen liegt. Die → *Beziehungen* zu den Leuten, die für Sie als Sündenbock herhalten müssen, können Sie sowieso vergessen: Selbst wer nur ein einziges Mal für Fehler → *bloßgestellt* oder kritisiert wird, die er nicht begangen hat, bildet sich für immer eine → *Meinung* über Sie. Und zwar aller Wahrscheinlichkeit nach keine gute.

Davon abgesehen ist die mangelnde Bereitschaft, auch im Krisenfall Verantwortung zu tragen, ganz klar eine → *Schwäche*: „Da kann einer nicht mit → *Niederlagen* umgehen." Was für den Verantwortungs-Drückeberger eine Abfolge von Einzelfällen ist, die er jeweils auf ganz besondere Umstände zurückführt, ist für das Arbeitsumfeld spätestens nach ein paar Monaten nichts anderes als die Unfähigkeit, zu den eigenen Fehlern zu stehen.

 Chef ja – Verantwortung nein? Diese menschliche → *Inkompetenz* kann besonders bei → *Chefs* zum Problem werden. Von ihnen wird geradezu erwartet, dass sie nicht nur für die eigenen Fehler, sondern im Zweifelsfalle auch für die Fehler ihrer Mitarbeiter die Verantwortung übernehmen, „den Kopf hinhalten". Denn auch das gehört zu den Pflichten des Chef-Daseins. Verantwortung zu übernehmen ist jedoch eine Pflicht, vor der sich die meisten nur zu gerne drücken, siehe oben. Richtig nachvollziehbar ist das eigentlich nicht. Die → *Erfahrung* zeigt nämlich immer wieder, dass das Ansehen nicht etwa darunter leidet, wenn man Verantwortung übernimmt, anstatt andere zur Verantwortung zu ziehen. Im Gegenteil: Das ist eine Haltung, die die meisten Leute schwer beeindruckt. Den Mut an den Tag legen, zu seinen Fehlern zu stehen, die Größe haben, sich vor andere zu stellen – das ist gut fürs → *Image.* Verantwortungspingpong nicht.

▸ **Verantwortungsbereich** → *Zuständigkeit*

▸ **Verbündete** → *Kontakte, persönliche*

▸ **Vereinbarungen**

Sie gehören sowohl im → *Privatleben* als auch im Beruf zur Alltagsroutine. Ständig wird irgendetwas verabredet, abgemacht oder versprochen, meistens eher nebenbei im persönlichen → *Gespräch* oder am → *Telefon*: ein → *Termin* für ein gemeinsames Abendessen, ein kleiner → *Gefallen*, Pläne für einen gemeinsamen → *Urlaub*. Dass solche mündlichen Vereinbarungen gelegentlich platzen, gehört genauso dazu: Einer hat den Termin nicht im Kalender notiert und deshalb vergessen, ein anderer kommt nicht dazu, den versprochenen Gefallen auch zu tun, ein dritter hat die Vereinbarung nicht wirklich ernst genommen.

Vereinbarung vergessen? Passiert so etwas unter Freunden und Verwandten, dann ist das schon ärgerlich genug. Aber das ist nichts im Vergleich zu dem → *Stress*, der sich am Arbeitsplatz aus einer vergessenen Vereinbarung ergeben kann. Das ist nämlich nicht nur menschlich enttäuschend und hinterlässt einen entsprechend miserablen → *Eindruck*. Sondern es kann auch oft genug zu handfesten organisatorischen Problemen führen, für Sie oder für alle anderen an der Vereinbarung beteilig-

673

ten Personen. Typische Beispiele: Sie sagen mündlich die schnelle Lieferung eines Ersatzteils zu, das ein → *Kunde* dringend benötigt, und vergessen vor lauter → *Hektik,* die Lieferung auch in die Wege zu leiten. Oder Sie verlassen sich darauf, dass der Lieferant, der Ihnen mündlich einen guten Preis zugesagt hat, sein → *Versprechen* auch hält – und fallen aus allen Wolken, wenn Sie die Rechnung sehen. Oder Sie müssen sich → *Kritik* von Ihren Mitarbeitern gefallen lassen, weil Sie sie zum x-ten Mal nicht über eine von Ihnen getroffene Vereinbarung informiert haben, die ihren Arbeitsbereich betrifft.

Daraus folgt: Wer → *Fehler* und → *Fettnäpfe* vermeiden will, sollte zumindest im Berufsleben Vereinbarungen wie klare Verpflichtungen behandeln. Und zwar selbst dann, wenn sie nur nebenbei in einer kleinen Runde → *Smalltalk* getroffen wurden. Also ist die Beachtung von ein paar **Faustregeln** zum Thema angesagt:

• **Erst nachdenken, dann vereinbaren.** Es ist immer lohnend, sich zu überlegen, ob man eine im Raum stehende Vereinbarung eigentlich überhaupt erfüllen kann oder will. Wer sich nicht sicher ist, sollte im Zweifelsfalle das Thema lieber → *abwimmeln* oder auf einen späteren Zeitpunkt vertagen: „Lassen Sie mich darüber noch mal nachdenken", „Ich kann dazu im Augenblick noch nichts Konkretes sagen." Oder, ein bewährter Klassiker: „Ich muss erst meinen Chef fragen." Das ist dann für die anderen vielleicht im ersten Augenblick enttäuschend, aber immer noch besser als eine Vereinbarung, die Sie am Ende nicht einhalten.

• **Vereinbarungen immer schriftlich festhalten.** Eine kleine → *Aktennotiz* ist hier immer die Mühe wert. Noch besser ist ein → *Brief,* ein → *Telefax* oder eine → *E-Mail* an den Vereinbarungspartner, in dem Sie „der guten Ordnung halber" noch mal kurz schriftlich zusammenfassen, was genau vereinbart wurde. Liegt der Hauptteil der Vereinbarung beim anderen, dann können Sie ihn elegant indirekt schriftlich festnageln, indem Sie das, was mündlich geäußert wurde – → *Termine*, Preise, Serviceleistungen, → *Informationen* – einfach schriftlich → *wiederholen* und sich dafür bedanken. Liegt der Hauptteil der Vereinbarung bei Ihnen, dann ist eine schriftliche Rückbestätigung genauso clever, um zu verhindern, dass der andere Sie irgendwann seinerseits auf etwas festnageln will, was Sie ihm in der Form nie → *zugesagt* haben.

Über Vereinbarungen informieren. Und zwar alle, die davon betroffen sein könnten. Dafür gibt es drei wichtige Gründe: Erstens könnten die anderen sonst unter Umständen ziemlich sauer darauf reagieren, dass Sie in ihren Verantwortungs- oder → *Zuständigkeitsbereich* eingegriffen haben. Zweitens könnten Ihre Vereinbarungen sonst alleine daran scheitern, dass diejenigen, die sie erledigen müssen, gar nichts davon wissen (was ein typisches Problem von Chefs mit wenig Kommunikationstalent ist). Und drittens könnten die von Ihnen getroffenen Vereinbarungen auch durchaus daran scheitern, dass die davon betroffenen Mitarbeiter sie ganz bewusst boykottieren, weil sie die Nase voll haben von Ihrer schlechten Informationspolitik. → *Bloßstellungen* nach dem Motto „Nein, ich konnte die Sache noch nicht erledigen, weil Dr. Müller mich erst gestern darüber informiert hat", sind nämlich in dieser Situation für manchen genervten Mitarbeiter der reinste Hochgenuss.

▶ **Verhandeln** → *Kompromisse*

▶ **Versandaktionen**

Versandaktionen sind und bleiben genau wie Berichtekopieren und Adressenaktualisieren eine lästige → *Routinearbeit*. Da hilft es wenig, dass sie heute ganz modern „mailings" heißen – das macht die eigentliche Arbeit auch nicht besser.

In fast jedem Unternehmen sind mehr oder weniger regelmäßig Versandaktionen fällig, von den → *Informationen* über neue Sonderangebote über die Kontaktaufnahme mit möglichen Neukunden bis hin zum → *Protokoll* der Jahreshauptversammlung an alle Mitglieder und Gesellschafter.

Und fast immer müssen sich → *Anfänger* und → *Praktikanten* mit diesem → *Arbeitsauftrag* herumschlagen. Für die gibt es hier ein paar **Tipps**, wie sie die Sache möglichst schnell und gut hinter sich bringen:

675

- → *Verteilerliste* **aktualisieren** oder erfahrenere → *Kollegen* bitten, einen Blick darauf zu werfen. Die haben zwar in der → *Regel* weder Lust noch → *Zeit*, das zu tun, aber Hartnäckigkeit macht sich in diesem Fall bezahlt. Wenn nämlich stapelweise „unbekannt verzogen"-Post zurückkommt, werden dafür nicht die erfahreneren Kollegen → *verantwortlich* gemacht, sondern erst mal diejenigen, die die Versandaktion durchgeführt haben.
- **Zeitplan aufstellen.** Richtig schlimm werden Versandaktionen erst dann, wenn man sie unter → *Zeitdruck* auf die Beine stellen muss. Da ist es das Beste, nichts dem Zufall zu überlassen und genau festzulegen, bis wann spätestens was passiert sein muss: der Verteiler überprüft, das Versandmaterial geliefert, die Sendung zur Post gebracht. Und damit hinterher niemand sagen kann, er habe von nichts gewusst, bekommen alle an der Arbeit irgendwie Beteiligten den Zeitplan in Kopie.
- **Versandmaterial kontrollieren.** Ist genug Verpackungsmaterial (Kartons, Umschläge, Klebeband) da? Wer kümmert sich darum, dass die Adresslisten rechtzeitig ausgedruckt werden?
- **Portofragen klären.** Abwägen ist angesagt: lieber billig und langsam per Infopost oder lieber schnell und teurer über eine normale Frankierung? Wer hier allein entscheidet, kann schnell im → *Fettnapf* landen, auch wenn er nur Gutes tun wollte. Doch in diesem Bereich entscheidet sowieso gerne der Chef selbst, was nun besser ist – Tempo oder Kostenersparnis.
- **Personalfragen klären.** Kaum jemand muss ganz allein größere Versandaktionen stemmen. In den meisten Fällen gibt es spätestens für die Eintüt- oder Einpackphase ein paar Helfer, die mehr oder weniger freiwillig mit → *anpacken*. Wer clever ist, legt dem Chef frühzeitig eine kleine Berechnung darüber vor, wie viele Leute für einen reibungslosen Versand mindestens erforderlich sind. Erfahrungsgemäß wird der sich guten → *Argumenten* kaum widersetzen und Helfer entweder hausintern organisieren oder aber ein paar Euro zur Verfügung stellen, damit der Studentenschnelldienst, Mitarbeiterkinder oder Freunde in Geldnöten angeheuert werden können.
- **Arbeit in Einzelschritte zerlegen.** Einer alleine hat nicht die Wahl. Er muss Material zusammenstellen, eintüten, zukleben,

beschriften, nach Zielort sortieren, frankieren, wegbringen. Das kostet Zeit. Vor allem diejenigen, die jeden einzelnen Umschlag sorgfältig von A bis Z fertig machen, als ob er ein → *persönliches* Geburtstagsgeschenk sei. Dabei geht auch alleine alles sehr viel schneller, wenn man die Arbeit in sinnvolle Schritte zerlegt: erst alles zusammenstellen, dann alles eintüten, dann alle Adressen draufkleben. Und sobald Sie zu mehreren sind, lässt sich dieses System weiter perfektionieren: Ein gutes → *Team* arbeitet so schneller als jedes Fließband.

Bei allen Beteiligten für gute → *Laune* **sorgen.** Versandaktionen sind nicht gerade geistig anspruchsvoll, vor allem nicht in der Eintütphase. Deshalb ist es das Gebot der Stunde, wenigstens für gute Stimmung zu sorgen. Selbst kleine → *Gesten* wirken Wunder: Ein Glas Prosecco zwischendurch, ein Eis, ein paar Kekse. Das → *Geld* dafür werden Sie wahrscheinlich aus der eigenen Tasche hinlegen müssen – aber die Aufhellung der allgemeinen Laune, die Sie damit erreichen, ist eigentlich unbezahlbar.

▶ **Verspätungen** → *Pünktlichkeit*

▶ **Versprechen**

„Was man versprochen hat, muss man auch halten" – ein Satz aus dem Kindergarten, der allerdings auch für den Umgang unter Erwachsenen volle Gültigkeit besitzt. Denn wer etwas verspricht, sei es auf eine → *Bitte* hin oder spontan, der geht eine klare Verpflichtung ein. Zwar „nur" auf der moralischen Ebene, aber immerhin. Für Versprechen gilt damit, was auch für jede andere Form der → *Vereinbarung* zutrifft: Man sollte grundsätzlich nur Dinge versprechen, die man auch halten kann. Oder will.

Versprechungen im Job. Im Berufsleben ist genau diese Überlegung allerdings eher die → *Ausnahme*. Bei gemeinsamen → *Terminen* und Begegnungen auf → *Sitzungen*, Veranstaltungen und → *Messen* wird versprochen, was das Zeug hält: „Klar mach' ich Ihnen einen → *Kontakt* zum Vorstand", „Sie haben das T-Shirt nächste Woche in der Post", „Natürlich besorge ich Dir eine →

Einladung zum → *Empfang"*, „Schicken Sie mir Ihr Konzept ruhig zu, ich werde es dann gleich lesen" oder „Ich rufe Sie an, sobald ich wieder im → *Büro* bin".

Am Ende werden jedoch nur wenige dieser Versprechen gehalten, aus Zeitmangel, Vergesslichkeit oder Desinteresse. Wobei → *wichtige* Leute in Sachen Versprechen immerhin deutlich besser wegkommen: Die erfüllt man noch am ehesten, weil man so einen guten → *Eindruck* erwecken und möglicherweise Punkte für die → *Karriere* sammeln kann.

Die Enttäuschung danach. Solche Überlegungen haben allerdings mit dem, was man unter gutem → *Benehmen* versteht, nur reichlich wenig zu tun. Und sie ändern auch nichts an der Tatsache, dass man mit jedem Versprechen, das man nicht hält, einen gründlich frustrierten Mitmenschen zurücklässt. Nur für den Fall, dass Sie es nicht wissen: Die meisten Leute lieben Versprechen und sind zutiefst enttäuscht, wenn sie nicht gehalten werden. Selbst wenn es um Dinge geht, die Sie für völlig nebensächlich oder unwichtig halten und deswegen gleich wieder vergessen, was Sie eben noch im Brustton der Überzeugung versprochen haben. Für den anderen sind diese Versprechungen erfahrungsgemäß eben nicht nebensächlich oder unwichtig. Deshalb können sie sich auch ziemlich lange an sie erinnern. Und deshalb könnten sie sich auf Dauer eine ziemlich schlechte → *Meinung* über Sie und Ihre → *Zuverlässigkeit* bilden.

Das kann Ihnen natürlich völlig egal sein, besonders wenn es um die Meinungen von Leuten geht, die für Sie sowieso keine große Rolle spielen. Aber bekanntlich können solche Einschätzungen täuschen. Sie werden daher vielleicht irgendwann feststellen müssen, dass Sie Ihre Versprechungen den falschen Leuten gegenüber eingehalten und in diesem Bereich auf Ihrem Karrierekonto unterm Strich mehr Minuspunkte als Pluspunkte angehäuft haben. Da ist es schon klüger, entweder Versprechen grundsätzlich zu erfüllen. Oder möglichst erst gar keine Verpflichtungen einzugehen: „Ich versuche es, aber ich kann Ihnen nichts versprechen". So viel → *Diplomatie* und mit so einfachen Mitteln.

▶ Verständnis

Verständnis bedeutet: die → *Gefühle*, die → *Meinung* und die Lage eines anderen nachvollziehen können, auch wenn man selbst vielleicht anders lebt, denkt und handelt. Damit gehört Verständnis zu den wichtigsten menschlichen Qualitäten (sozialen → *Kompetenzen*). Und das gilt nicht nur für die privaten → *Beziehungen*, sondern auch im Beruf. Dort ist allerdings letztlich ein sorgfältiges Balancieren angesagt zwischen Verständnis einerseits und Durchsetzungsvermögen andererseits: Wer zu viel Verständnis hat, kann sich im Zweifelsfalle nur schwer richtig durchsetzen – aber wer zu wenig davon hat, wird bei allem Durchsetzungsvermögen unterm Strich wahrscheinlich genauso wenig erreichen. Ganz einfach, weil die Holzhammer-Methode nicht gerade motivierend ist.

Verständnis aufbringen setzt nicht nur voraus, dass man den anderen ein gewisses Mindestmaß an Interesse und → *Aufmerksamkeit* entgegenbringt. Es erfordert auch die Bereitschaft zu der Erkenntnis, dass sich persönliche → *Erfahrungen*, Vorlieben, → *Abneigungen*, → *Maßstäbe* und Werturteile nun mal nicht verallgemeinern lassen: Sie sehen vielleicht eine bestimmte Sache so und nicht anders – aber das bedeutet noch lange nicht, dass alle anderen diese Sache genauso sehen wie Sie. Im Gegenteil.

Die anderen haben ihre eigenen Maßstäbe, Erfahrungen und Eigenarten und kommen deshalb zu Ergebnissen und Ansichten, die sich von den Ihren möglicherweise völlig unterscheiden. Und trotzdem sind sie deshalb nicht weniger berechtigt. Wenn Sie das nicht verstehen wollen (also kein Verständnis aufbringen), fordert Ihr Gesprächspartner genau das oft genug ein: „Versetzen Sie sich doch mal einen Augenblick in meine Lage!"

„Bei allem Verständnis…" Wer nur auf Durchsetzungskraft setzt und auf Einfühlungsvermögen dankend verzichtet, antwortet in diesem Fall gerne reflexartig mit nur leicht getarnten → *Killersätzen* wie „Ich kann Sie ja verstehen – aber…" oder „Bei allem Verständnis für Ihre Lage – hier gehen Sie doch etwas zu weit".

Das klingt nett und einfühlsam, aber mehr als → *diplomatisches* Wortgeklingel ist es nicht. → *Lösungen* und → *Ziele*, die für alle Seiten befriedigend sind, vielleicht sogar großzügiges Nachgeben und späte Einsichten, kommen auf diese Weise kaum zustande. Für die muss man schon etwas mehr ehrliches Verständnis aufbringen. Aber wenn das erst mal da ist, fällt es erstaunlicherweise mit einem Mal gar nicht mehr so schwer, von der ganz harten Linie abzuweichen und sich gemeinsam auf die Suche nach → *Kompromissen* zu machen.

▶ Verteiler

Der Verteiler ist in **Schriftstücken** (→ *Briefen*, → *Berichten*, → *Telefaxen*) und auf → *E-Mails* eine detaillierte → *Information* darüber, wer außer dem Empfänger dieses Dokument noch erhält, sei es in → *Kopie* oder als weiteres Original. Diese gelegentlich sehr langen Listen sehen besonders für → *Anfänger* möglicherweise nur nach Papierverschwendung aus. Sie erfüllen jedoch eine → *wichtige* Aufgabe. Aus ihnen geht nämlich klar hervor, wer über den Inhalt des Dokuments Bescheid weiß und wer nicht – und wer womöglich auch nicht Bescheid wissen sollte.

Bei → *persönlichen* und → *vertraulichen* Dokumenten spielt diese Frage eine sehr große Rolle. Ihre Empfänger werden deshalb von vornherein darauf → *aufmerksam* gemacht, dass sie die Angelegenheit bitteschön als → *Herrschaftswissen* behandeln und nicht einfach in der nächsten Teambesprechung für alle ausbreiten sollten.

Darüber hinaus ist ein vollständiger Verteiler auf offizieller Korrespondenz schlicht ein Zeichen von gutem → *Benehmen*. Je nachdem, um was es geht, kann es für den Haupt-Empfänger nämlich ziemlich unangenehm sein, nur durch Zufall zu erfahren, wer einen heiklen Brief oder eine heikle Mail in Kopie bekommen hat. Zum Beispiel einen wütenden Beschwerdebrief. Der ist auch so schon schwer genug zu ertragen. Aber wenn dann aus heiterem Himmel obendrein der → *Chef* und der Chef vom Chef „Sagen Sie mal, Meier, was haben Sie denn da schon wieder angestellt?" fragen, dann geht der → *Ärger* richtig los, und zwar, ohne dass man sich innerlich darauf vorbereiten konnte. Dann schon lieber gleich wissen, wie der Verteiler aussieht.

Verteilerlisten für → *Versandaktionen* aller Art, vom Weihnachtskalender für gute Kunden über die Hauszeitschrift bis hin zu den Empfängern monatlicher Angebots-Aktionen, sind in vielen Unternehmen einer der Grundpfeiler der Kunden- und Partnerpflege. Umso erstaunlicher ist es, dass die Pflege dieser → *Listen* von fast allen → *Mitarbeitern* als nervtötende → *Routinearbeit* angesehen wird. Folglich türmen sich die Karteileichen zu immer höheren Bergen. Und die sind nichts als Geldverschwendung: Ein Prospekt umsonst gedruckt, ein Umschlag umsonst beschriftet, ein Porto umsonst bezahlt, ein Mitarbeiter umsonst beschäftigt. Beträge, die sich bei einer Karteileiche noch verkraften lassen, summieren sich bei dreißig Prozent Karteileichen schon zu Beträgen, bei denen Buchhalter und Controller blass werden. Wer ihnen das ersparen und gleichzeitig beim Chef punkten will, kann freiwillig die Mühe auf sich nehmen, große Verteiler wenigstens einmal im Jahr systematisch zu aktualisieren.

▶ **Vertrauen**

Vertrauen ist laut Wörterbuch der „feste Glaube an die → *Zuverlässigkeit* eines anderen, der feste Glaube daran, dass jemand sich in bestimmter Weise verhält". „Glaube" wiederum bezeichnet eine „innere Gewissheit, die von Beweisen unabhängig ist, eine gefühlsmäßige Überzeugung".[3]

Im → *Privatleben*, vor allem in → *Beziehungen*, ist Vertrauen „der Anfang von allem", wie es so schön in einem Werbeslogan heißt. Im Beruf ist das hingegen nur bedingt richtig. Im Zweifelsfalle kommt man da nämlich mit inneren Gewissheiten und gefühlsmäßigen Überzeugungen nicht unbedingt weit. Stattdessen winken möglicherweise Pleiten, Pech und Pannen. Zum Beispiel, wenn man sich blind darauf verlässt, dass der Kunde die Rechnung fristgemäß bezahlt, nur weil er am → *Telefon* eine so nette Stimme hatte. Oder dass der neue → *Mitarbeiter* den → *Arbeitsauftrag* auch ohne weiteres → *Nachhaken* und Erinnern gut und termingerecht erledigt, bloß weil seine → *Zeugnisse* eine so große fachliche → *Kompetenz* beweisen. Oder dass in der Kalkulation kein Posten fehlt, wo sie doch so vollständig aussieht.

Vertrauen in geschäftlichen Angelegenheiten. Im Laufe des Berufslebens machen in der → *Regel* auch die größten Bauchmenschen die → *Erfahrung*, dass am → *Arbeitsplatz* Vertrauen zwar gut ist, aber → *Kontrolle* möglicherweise besser. Die eine oder andere Aktivität in dieser Richtung hilft nämlich ganz ungemein, → *Fehlern* und → *Fettnäpfen* noch rechtzeitig auszuweichen, die sonst irgendwann unweigerlich gedroht hätten.

Andererseits geht es ganz ohne Vertrauen nun auch wieder nicht: Das verbessert die Beziehungen, → *motiviert* die Mitarbeiter und macht ganz allgemein das Jobleben leichter. Schließlich ist es ganz schön anstrengend, wenn man vor lauter Misstrauen zum detailversessenen → *Perfektionisten* wird. Und beliebt macht man sich sowieso nicht, wenn man sich ständig aufführt wie ein Zollbeamter mit Anfangsverdacht.

Am besten ist also eine sorgfältige Mischung aus beidem. Und das ist zugegebenermaßen leichter gesagt als getan. Wer wie viel Vertrauen „verdient" oder aber Kontrolle erfordert, das stellt sich manchmal erst nach Jahren heraus. So lange kann man in den seltensten Fällen warten. Da liegt es nahe, sich mit einer Strategie der kleinen Schritte zu behelfen.

Am Anfang steht schlauerweise ein Vertrauensvorschuss, mit dem Sie nicht viel riskieren: Ein kleiner Auftrag, eine kleine Aufgabe, eine kleine Vertraulichkeit. Wird Ihr Vertrauen nicht enttäuscht, dann können Sie größere Testballons aufsteigen lassen. So lange, bis Sie sich über den Grad an Vertrauenswürdigkeit Ihres Gegenüber eine → *Meinung* gebildet haben. Es ist allerdings nicht unclever, diese Meinung von → *Zeit* zu Zeit zu aktualisieren. Schließlich haben Menschen im Gegensatz zu Stühlen die Fähigkeit, sich zu ändern. Zum Guten, aber auch zum Schlechten.

Vertrauen in privaten Angelegenheiten hat am Arbeitsplatz eigentlich nichts zu suchen und kann sogar gefährlich werden. Trotzdem behandeln die wenigsten ihr Privatleben mit völliger → *Diskretion*. Was kann schon dabei sein, wenn man sich bei den guten Freunden unter den → *Kollegen* ausheult, wenn zu Hause der → *Stress* zu groß wird. Und auf → *Betriebsfeiern* werden die Gesprächsthemen sowieso immer privater, je höher der allgemeine Alkoholpegel steigt. Oft dauert es nicht lange, und → *Probleme* aller Art werden in leichtem → *Smalltalk* vergleichend erörtert, von Kindererziehung über Vollwerternährung bis Erektionsstörung. Sehr zur Freude der Abteilung → *Klatsch & Tratsch*, die alle neugewonnenen Erkenntnisse gleich auf ihren Weitererzählwert prüft.

Unglücklicherweise interessieren frohe Botschaften in diesem Zusammenhang keinen Menschen. Wer will schon wissen, dass Sie glücklich verheiratet sind, demnächst ein Häuschen auf dem Lande kaufen oder gerade im Lotto ein Auto gewonnen haben. Schön für Sie. Schöner für die anderen, wenn Sie ein bisschen was über Ihre → *Schwächen* und Probleme verraten.

Wer bohrenden → *Fragen* in dieser Richtung erliegt oder einfach zu vertrauensselig und mitteilsam ist, der kann mit beschwörenden Formeln wie „Das muss jetzt aber wirklich unter uns bleiben" auch nichts mehr retten. Die harmloseste Folge ist noch, dass Sie mit ihrer unbedachten → *Indiskretion* in eigener Sache unliebsame → *Gerüchte* lostreten („Der Meier wird von seiner Frau betrogen"). Richtig schlimm wird es aber dann, wenn liebe Kollegen solche Informationen aus erster Hand („Er hat's mir selbst erzählt!") auf der beruflichen Ebene ganz gezielt gegen Sie verwenden („Kein Wunder, dass er in letzter Zeit ständig unkonzentriert ist und jede Menge Fehler macht.").

Das muss nicht passieren. Aber es kann – schließlich hat schon so manch ein „guter Freund" mit dieser einfachen → *Intrige* einen Konkurrenten abgeschossen und sich selbst dessen Traumjob geangelt. Grund genug, dieses Risiko gar nicht erst einzugehen. Wer unbedingt über seine privaten Probleme reden will, kann das gefahrloser in einer abgelegenen Kneipe tun. Oder beim Therapeuten.

▶ „Vertraulich"

Mit diesem Wort weist ein Absender den Empfänger eines Schriftstückes darauf hin, dass er das Gelesene vertraulich behandeln muss. Das heißt, er darf es, wenn überhaupt, ausschließlich mit den Leuten besprechen, die ebenfalls eingeweiht sind. Wer außer dem Empfänger noch auf dem Laufenden ist, das ist in der → *Regel* am → *Verteiler* erkennbar. In ihm ist in offiziellen → *Briefen* und → *Telefaxen* aufgelistet, welche Personen dieses Schriftstück ebenfalls bekommen haben. Fehlt der Verteiler, dann kann es durchaus sein, dass nur der Empfänger diese vertrauliche Mitteilung bekommt. Und sie deshalb umso vertraulicher behandeln muss. Der Hinweis „vertraulich" wird fast immer ergänzt durch den Vermerk → *„persönlich"*. Der wiederum soll sicherstellen, dass wirklich nur der Empfänger selbst dieses Schriftstück überhaupt zu lesen bekommt.

Wie vertraulich sind „vertrauliche" Angelegenheiten? Die Antwort auf diese Frage ist ziemlich ernüchternd, ganz egal, ob Sie Schriftstücke mit „vertraulich" kennzeichnen oder im persönlichen → *Gespräch* darum → *bitten*, das besprochene Thema vertraulich zu behandeln: „Man kann davon ausgehen, dass im Durchschnitt jeder, der von einer vertraulichen Sache erfährt, diese mindestens einer Person weitererzählt. Und so ist es in den meisten Fällen nur eine Frage von → *Zeit*, bis ein Geheimnis in einer Firma die Runde gemacht hat."[4]

Eine in ihrer Logik ebenso einfache wie erschreckende kleine Schätzung – die sich ohne Abstriche auch auf „Vertrauliches" im → *Privatleben* übertragen lässt. Da lohnt es sich glatt, in Zukunft zweimal nachzudenken, ehe man dem Drang zur → *Indiskretion* nachgibt und seinem besten Freund oder bevorzugten → *Kollegen* „unter dem Siegel der Verschwiegenheit" das eine oder andere Geheimnis erzählt. Denn der wird es ziemlich sicher seinem besten Freund oder bevorzugten Kollegen weitererzählen, selbstverständlich auch unter dem Siegel der Verschwiegenheit. Undsoweiterundsoweiter. Und übermorgen steht alles in der Zeitung oder wird in einer Talkshow diskutiert.

Umgang mit vertraulichen Angelegenheiten. Moralisch ist die Sache ganz klar: Wenn Sie mündlich oder schriftlich dazu aufgefordert werden, eine Angelegenheit vertraulich zu behandeln, dann tun Sie das auch. Basta. Das sollte sogar dann gelten, wenn Sie nur ein weiteres Glied in einer Kette von Indiskretion sind. Dann endet sie wenigstens bei Ihnen, und das ist immer noch besser, als mit Schwung weitere Glieder anzubauen.

Warum das so ist? Die Weitergabe von vertraulichen Informationen ist ein Vertrauensbruch. Für die meisten Leute ist das ein Zeichen von extrem schlechtem → *Benehmen* und ein offenkundiger Mangel an → *Diskretion* – sogar dann, wenn sie gar nicht selbst betroffen sind. Für die → *Beziehungen* sind Vertrauensbrüche also gar nicht gut. Und noch viel weniger gut sind sie möglicherweise für die → *Karriere*: Die Weitergabe vertraulicher Firmeninformation kann durchaus auch kurz und schmerzhaft direkt zur → *Kündigung* führen. Oder wenigstens zu einer saftigen → *Abmahnung*.

Zur → *Zuverlässigkeit* **von „vertraulich" in Schriftstücken.** Erfahrungsgemäß macht nichts so neugierig wie dieser Hinweis. Selbst die schwunglosesten → *Energiesparer* kriegen da noch glänzende Augen und holen glatt die Lesebrille raus. Den größten Unterhaltungswert haben in diesem Zusammenhang natürlich **Telefaxe**, weil sie so leicht zugänglich sind. Wer ein Fax mit dem Hinweis „vertraulich" verschickt, kann sicher sein, dass es garantiert alle Kollegen des Empfängers im Umkreis von 200 Metern des Faxgerätes mit größter → *Aufmerksamkeit* zur Kenntnis nehmen (Abhilfe → *Telefax*).

Bei **Briefen** ist die Situation etwas anders: Es gehört schon mehr dazu, einen zugeklebten Umschlag aufzumachen, wenn ausdrücklich „persönlich/vertraulich" draufsteht. Passieren tut es trotzdem. Manchmal aus Versehen, aber manchmal auch aus Neugier. Und wenn der Umschlag einmal geöffnet ist, kann man sich auch gleich einen Blick auf den Inhalt gönnen, wenn schon, denn schon. Vielleicht steht ja etwas Interessantes drin. Pluspunkte für Diskretion und Mitdenken gibt es dafür allerdings nicht. Stattdessen ist eigentlich immer eine möglichst glaubhafte → *Entschuldigung* fällig: Viele Menschen werden ganz schnell ganz wütend, wenn ein anderer ihre vertrauliche Post öffnet. Das verzeihen sie höchstens einmal, → *Anfängern* vielleicht auch zweimal. Danach wird's ernst.

Tipp für die Absender: Es hat sich sehr bewährt, vertrauliche Sendungen, wenn sie nun mal unbedingt per Post verschickt werden müssen, über den normalen Klebestreifen hinaus auch mit ordentlich viel Tesafilm oder Paketband zuzukleben. Je länger sich nämlich jemand abmühen muss, um einen Umschlag zu öffnen, desto größer ist die Chance, dass er irgendwann doch noch das „persönlich/vertraulich" entdeckt.

Indirektes „vertraulich" in Postsendungen. Beide Hinweise – „vertraulich" und „persönlich" – gelten eigentlich automatisch, wenn auf einer Postsendung zuerst der Name des Empfängers steht und dann erst der Firmenname. Dasselbe wird noch deutlicher signalisiert, wenn bei dieser Reihenfolge vor dem Firmennamen ergänzend die aus dem Englischen übernommene → *Abkürzung „c/o"* (für **„care of"**) steht. Sie bedeutet, sehr frei übersetzt: „Bitte ungeöffnet an Empfänger weiterleiten".

Das → *Problem* dabei: Es gibt diese Regel zwar, aber sie ist akut vom Aussterben bedroht. Unter den jüngeren → *Sekretärinnen*, Assistenten und → *Praktikanten* ist sie kaum noch bekannt, und selbst die → *Mitarbeiter* der → *Hauspost* wissen darüber nicht immer Bescheid. Wer beim Versand vertraulicher und persönlicher Informationen auf Nummer sicher gehen will, sollte deshalb in jedem Fall zusätzlich genau das unübersehbar auf den Umschlag schreiben.

▶ Vertrösten

Vertrösten ist genau wie → *Abwimmeln* eigentlich eine Notlösung. Sie kommt erfahrungsgemäß immer dann zum Einsatz, wenn → *Stress* und → *Hektik* so groß sind, dass Dinge nicht in der vereinbarten oder angemessenen → *Zeit* erledigt werden können: → *Arbeitsaufträge*, → *Rückrufe*, → *Gefallen*, Beschaffung von → *Informationen*, Einlösen von → *Versprechen*.

Was Menschen mit viel → *Disziplin* und → *Job Identification* nur im Ausnahmefall tun, hat bei → *Energiesparern* allerdings System. Für sie ist Vertrösten ein bewährter Klassiker, der ihnen zuverlässig den Spielraum verschafft, selbst → *dringende* Angelegenheiten noch ein bisschen länger in der → *Ablage* schmoren zu lassen. Wer also dazu neigt, Wartenden mit typischen Vertröster-Entschuldigungen wie „Ich hatte leider immer noch keine Gelegenheit dazu" oder „Mir fehlen leider noch ein paar wichtige Unterlagen, bevor ich alles an Sie weitergeben kann" noch etwas mehr → *Geduld* abzuverlangen, sollte sich darüber im Klaren sein, dass er auf Dauer damit keinen sonderlich guten → *Eindruck* hinterlässt. Auch wenn er vielleicht tatsächlich immer gute Gründe hat, warum die Angelegenheiten einfach noch nicht erledigt werden konnten.

Vertrösten in Rangordnungen. Vertrösten wirkt immer ein wenig wie eine → *Notlüge*. Das liegt an den Erfahrungen, die man im Laufe seines Berufslebens mit dieser Technik macht. → *Anfänger*, Kleinkunden, Ein-Mann-Subunternehmer und andere „unwichtige" Menschen müssen sich nämlich wesentlich häufiger damit abfinden, erst mal vertröstet zu werden, als → *Chefs*, Großkunden und → *VIPs*. Für die wird selbst Unmögliches immer gleich erledigt, um Punkte für eine → *Beförderung* zu sammeln und → *Netzwerke* auszubauen. Und um sich nicht den → *Wutanfällen* auszusetzen, die drohen, sobald etwas nicht wunschgemäß läuft. Pech für die kleinen Fische: Oft werden sie nur deshalb immer wieder vertröstet, weil man die großen unmöglich vertrösten kann.

Glaubhaft vertrösten ist folglich besonders im Umgang mit Leuten angesagt, die für Sie keine sehr große Rolle spielen – und die dies auch wissen. Falls Ihnen diese → *Geste* der → *Freundlichkeit* zu mühsam ist, können Sie natürlich auch darauf verzichten. Unter dem Gesichtspunkt der reinen Nützlichkeit ist es sicherlich nachvollziehbar, wenn Sie → *Hilfsbereitschaft* überwiegend hochgestellten Persönlichkeiten entgegenbringen.

In Sachen Beziehungspflege könnten Sie sich so allerdings früher oder später ins Abseits schießen: Im Laufe der → *Zeit* können auch aus den kleinsten Fischen irgendwann ziemlich beachtliche Exemplare werden.

Wenn die dann in Positionen gespült werden, auf die Sie angewiesen sind, könnten Sie ein → *Problem* bekommen. Vor allem mit dem Gedächtnis dieser Aufsteiger. An besonders unfreundliche und → *arrogante* Vertröstungen können sie sich nämlich noch Jahre später recht genau erinnern.

 → *Regeln* **fürs Vertrösten.** Wer glaubhaft vertrösten will, sollte so schlau sein, ein paar Regeln zu beachten, damit sein → *Image* auf die Dauer keinen Kratzer abbekommt:

• **Möglichst unaufgefordert vertrösten.** Es liegt zwar aus Gründen der Bequemlichkeit recht nahe, sich mit dem Vertrösten so lange Zeit zu lassen, bis der Wartende sich meldet und → *nachhakt*. Taktisch klüger ist es jedoch, ihm mit einem kleinen, aber freundlichen → *Zwischenbescheid* zuvorzukommen. Das gibt immer Punkte für Mitdenken und besondere → *Aufmerksamkeit*.

• **Möglichst einfühlsam vertrösten.** Schließlich können Sie sich bestimmt daran erinnern, was für ein unangenehmes → *Gefühl* das war, in für Sie wichtigen Situationen (Klausurergebnisse, → *Bewerbungen*, neue Liebschaften) immer wieder vertröstet zu werden. Wenn das kein guter Grund ist, den anderen, wenn sie schon weiter geduldig sein müssen, das Warten wenigstens so leicht wie möglich zu machen.

• **Möglichst detaillierte und glaubhaft klingende Begründungen** („Ich komme zu nichts, weil wir uns im Augenblick erst an dieses neue Computerprogramm gewöhnen müssen" oder „Mein Chef ist auf Dienstreise und überschüttet mich jeden Tag mit irgendwelchen Dingen, die ich dringend für ihn erledigen soll") sind für die Vertrösteten wesentlich leichter zu schlucken als Standardphrasen wie „Ich arbeite dran" oder „Ich habe noch niemanden erreicht" oder, ganz platt, „Ich bin leider noch nicht dazu gekommen".

• **In ein und derselben Angelegenheit möglichst nicht öfter als zweimal vertrösten.** Alles andere wird peinlich: Für Sie, weil Sie zu oft Erklärungen dafür anbringen müssen, warum eine bestimmte Sache immer noch nicht erledigt ist. Und für den anderen, weil er seine mangelnde Bedeutung für Sie zu spüren bekommt. Und weil er sich obendrein dazu gezwungen fühlt, immer wieder → *nachzuhaken*. Dabei wäre es für ihn (und auch für Sie) so viel angenehmer, wenn er einfach darauf vertrauen könnte, dass Sie die Angelegenheit ganz ohne Drängeln weiter bearbeiten – und möglichst sogar zum erhofften Ende bringen.

▶ VIP

Abkürzung für „very important person". Auf Deutsch: hochgestellte Persönlichkeit, Prominenter. Man kann drei Arten unterscheiden – **nationale und internationale Prominenz**, die fast jeder aus den Medien kennt; **lokale und regionale Prominenz**, die nur innerhalb der eigenen Region bekannt und berühmt ist; und **Fachprominenz**, die nur innerhalb einer bestimmten Branche Star-Status genießt, aber ansonsten völlig unbekannt ist.

Angehörige der ersten Gruppe leiden darunter, dass sie so bekannt sind und ständig die Medien am Hals haben. Deshalb sind sie im Umgang oft schwierig und bestehen zum Schutz ihres → *Privatlebens* und ihrer Nerven auf der Erfüllung zahlreicher Sonderwünsche. Angehörige der zweiten und dritten Gruppe leiden nicht selten genauso – darunter, dass sie nicht so bekannt sind und deshalb nicht so oft in der Zeitung stehen. Also besteht auch mancher unter ihnen auf der Erfüllung von Sonderwünschen. Zum Trost, und damit jeder, der sie bis dahin noch nicht erkannt hat, endlich weiß, mit wem er es zu tun hat.

Kurz gesagt: VIPs sind komplizierte Persönlichkeiten. Was allein schon dadurch zu erklären ist, dass sie sich ihre → *Karriere* oft hart erkämpft haben. Und dass sich viele von ihnen nicht nur durch beachtliches Talent, sondern auch durch eine explosive Mischung aus einerseits → *Eitelkeit* und andererseits → *Angst* und Unsicherheit auszeichnen. Der Umgang mit VIPs – ganz egal, ob es sich um Künstler, Politiker, Wirtschaftsbosse oder Sportler handelt – ist also nicht ganz einfach.

VIPs erkennen. Besonders → *wichtig* für → *Anfänger*. Denn die würden zwar auf der Straße den Bundeskanzler und Verona Feldbusch erkennen, aber nicht unbedingt die Fach- und Lokalprominenz, die in ihrer Arbeitsumgebung eine Rolle spielt. Dabei gibt es in jeder Branche jede Menge davon. Das fängt an mit der Topetage der eigenen Firma: Im Aufsichtsrat großer Unternehmen sitzen oft ziemlich mächtige Leute. Es geht weiter mit Gemeinderäten, Bürgermeistern und Abgeordneten, die für die Firmenpolitik von Bedeutung sind. Und es hört auf mit den Autoren von Fachbüchern, die man gelesen haben muss, um in der Branche mitreden zu können, und mit Journalisten, die die → *Meinung* über das Unternehmen prägen.

Die → *Namen* und Gesichter dieser Leute findet man in der Regel eher selten in den nationalen Medien, dafür umso öfter in Regionalzeitungen und Fachpublikationen. Und genau da sollten Sie sie sich möglichst regelmäßig anschauen und einprägen. Und zwar aus zwei Gründen: **Erstens** können Sie, so vorbereitet, einen guten → *Eindruck* erwecken, allein dadurch, dass Sie den VIPs die Freude machen, sie zu erkennen und → *höflich* zu → *grüßen*. Gerade im Umgang mit Promis können die Pluspunkte für gutes Benehmen, die Sie dadurch gewinnen, irgendwann Gold wert sein. Und **zweitens** vermeiden Sie dadurch, in Sekundenschnelle für alle Ewigkeit in Ungnade oder zumindest in einen tiefen → *Fettnapf* zu fallen – beides droht nämlich, wenn Sie einen VIP nicht erkennen und ihm deshalb die Sonderbehandlung verweigern, die er für sich in Anspruch nimmt. In dieser Situation hat schon so mancher sein belehrendes „Bei uns geht alles immer schön der Reihe nach" jahrelang bitter bereut.

VIPs umsorgen. Jeder Mensch mag es, wenn er das → *Gefühl* hat, dass man sich um ihn besonders kümmert. Vor allem VIPs. Also tun Sie ihnen am besten gleich den → *Gefallen* – denn wenn Sie es nicht tun, werden sie es ohnehin einfordern. Und Ihnen möglicherweise ordentlich → *Ärger* machen. **Merke:** Sobald sich ein Promi über Sie beschwert, haben Sie immer schlechte Karten, auch wenn Sie in der Sache vielleicht hundertmal Recht haben. Denn Sie sind völlig unbedeutend im Vergleich zu einem Prominenten – und kaum ein → *Chef* wird Sie gegen einen VIP in Schutz nehmen, schon allein aus Angst, selbst in Ungnade zu fallen.

Dinge, die VIPs besonders genießen. Dazu gehören:
- die besten Plätze in Restaurants und bei Veranstaltungen und selbstverständlich die besten Zimmer im Hotel;
- ständige → *Erreichbarkeit* eines Betreuers, nur für den Fall, dass

um drei Uhr morgens ein Adapter für den Föhn oder ein frisch gepresster Orangensaft benötigt wird;

• bei längeren Besuchen ein genauer Zeit- und Ablaufplan mit sämtlichen → *Adressen,* Ansprechpartnern, Gesprächsthemen, Notfallnummern und am besten natürlich mit einem eigenen Fahrservice;

• unbeschränkte persönliche → *Aufmerksamkeit,* → *Freundlichkeit* und → *Zuverlässigkeit* des Betreuers, die Fähigkeit, dem VIP „jeden Wunsch von den Lippen abzulesen";

• die Bereitschaft des Betreuers, die kleinen Eitelkeiten des VIP zu bedienen, zum Beispiel mit kleinen → *Komplimenten* und der gebührenden Bewunderung (aber ohne dass das nach Heuchelei klingt).

→ *Etikette* **und** → *Protokoll* **nicht aus den Augen verlieren**. Manche VIPs scheinen auf den ersten Blick ganz locker, uneitel und unkompliziert. Das ist dann immer sehr erfrischend und angenehm. Aber die → *Erfahrung* zeigt, dass eine gewisse Vorsicht nie fehl am Platze ist. VIPs sind nämlich noch mehr als Durchschnittsmenschen von → *Launen* geprägt. Wenn die sich plötzlich ändern, sollten Sie vorbereitet sein.

Typische Situationen: Ihr Promi verkündet morgens, dass er zu Fuß zu seinem Nachmittagstermin gehen möchte, weil die Sonne so schön scheint. Dummerweise fängt es mittags zu regnen an, und auf einmal muss dann im letzten Moment doch ein (natürlich gebührend großes) Auto her, das ihn hinbringt. Oder aber Ihr Promi fängt am Ende eines langen Tages nach dem dritten Drink an, Sie zu → *duzen.* Und reagiert allergisch, wenn Sie sich das am nächsten Morgen mit ihm erlauben. Wer clever ist, hält sich daher durch eine Mischung aus genauer Beobachtung und vorsorglicher → *Flexibilität* viel Ärger vom Hals.

Gefahren beachten. Die meisten VIPs reagieren ausgesprochen genervt, wenn sich bei Veranstaltungen ein Nicht-VIP (wie Sie) auf ihn stürzt und das → *Gespräch* mit anderen VIPs, in das er meistens vertieft ist, ohne Rücksicht auf Verluste unterbricht, um ihm irgendwelche bedeutungsvollen oder weniger bedeutungsvollen Dinge mitzuteilen. Wenn Sie schon unbedingt mit dem VIP sprechen oder ihn kennen lernen wollen, ist es wesentlich klüger, sich von jemandem vorstellen zu lassen oder wenigstens in der Nähe zu warten, bis Sie → *Blickkontakt* herstellen können. Wird der Ihnen verweigert, dann sollten Sie besser akzeptieren, dass Sie für heute wohl Pech gehabt haben.

Genauso genervt reagieren VIPs, wenn ein Nicht-VIP versucht, mit → *Eigenlob*-Aktionen wie „Wussten Sie eigentlich, dass ich in demselben Bereich geforscht habe wie Sie?" Eindruck zu schinden. Der Schuss geht meistens nach hinten los. VIPs wollen nämlich nicht bewundern, sondern bewundert werden.

Ebenfalls abzuraten ist von Bemühungen, sich als Nicht-VIP auf ein Gruppenfoto mit dem VIP zu quetschen. Das wird dem VIP selbst zwar möglicherweise gar nicht auffallen (weil er gar nicht weiß, wer Sie sind). Aber dafür Ihren Vorgesetzten umso mehr. Die werden Ihnen das möglicherweise als unzulässigen Geltungsdrang auslegen und beim nächsten Mal dafür sorgen, dass Sie gar nicht mehr erst in die Nähe der Prominenz kommen. Vor allem, wenn es ihnen selbst nicht gelungen ist, auch auf das Foto zu kommen.

▸ **Visitenkarten**

Sie sind aus der Geschäftswelt nicht mehr wegzudenken und auch im → *Privatleben* immer weiter verbreitet. Denn sie sind praktisch: Das mühsame Diktieren und Mitschreiben von → *Namen*, → *Adressen*, Telefonnummern und E-Mail-Adressen kann ersatzlos gestrichen werden, und lästige Zahlendreher und sonstige → *Fehler* gibt es auch nicht mehr. Darüber hinaus sind Visitenkarten ein → *Accessoire*, mit dem ihre Besitzer sehr gerne ihren persönlichen Stil zum Ausdruck bringen. Format, Papierqualität, Schrift, Farben und Logo erwecken immer einen mehr oder weniger interessanten → *Eindruck* (wenn auch vielleicht nicht unbedingt den, der beabsichtigt war).

In der Arbeitswelt ist es die bei weitem wichtigste Aufgabe von Visitenkarten, Auskunft über die berufliche Situation des Besitzers zu geben: Titel, Berufsbezeichnung, bei nicht Selbständigen auch Firmenname, Firmenlogo, Position innerhalb der Firma.

Deshalb tauschen Profis, wenn sie einander das erste Mal begegnen, immer gleich Visitenkarten aus – damit sie auf den ersten Blick sehen, ob sich lohnt, dem neuen → *Kontakt* über das Begrüßungsritual hinaus noch wesentlich länger eine gewisse → *Aufmerksamkeit* zu schenken.

Was Visitenkarten verraten. Es ist schon erstaunlich, wie viel diese kleinen Kärtchen über die Person aussagen, die sie verteilt. Wobei gar nicht unbedingt entscheidend ist, was auf ihnen steht, sondern wie sie insgesamt wirken. Wahrscheinlich könnte man zum Thema „Psychologie der Visitenkarte" ein ganzes Handbuch schreiben. Hier das Wichtigste in Kürze:

• Firmen-Visitenkarte ohne eingedruckten → *Namen* oder ohne genaue Stellenbezeichnung: Besitzer hat in der Firma einen der kleinsten Jobs.

• Angeschmuddelte oder verknickte Visitenkarte: Besitzer ist wahrscheinlich nicht unbedingt ordnungsliebend. Oder er hat sie schon seit Jahren unbenutzt in der Tasche, weil es niemanden gibt, der eine von ihm haben will.

• Selbst gebastelte Visitenkarten und solche aus 5-Euro-Automaten: Besitzer ist entweder bettelarm oder ziemlich → *geizig*.

• Visitenkarten mit Schnörkelschrift, Blümchen, Sternchen und vielen bunten Farben: Besitzer hat ein eher verspieltes Gemüt oder ein → *Problem* in Geschmacksfragen.

• Erkennbar aufwändig gestaltete Visitenkarten auf teurem Papier mit Adressen im In- und Ausland: Besitzer ist wahrscheinlich ein → *wichtiger* Mensch. Oder ein Hochstapler.

Umgang mit Visitenkarten. Wenn Sie eine Visitenkarte überreicht bekommen, sollten Sie sich selbst im größten → *Stress* grundsätzlich die → *Zeit* nehmen, sie sich erst einmal aufmerksam anzuschauen, ehe Sie sie wegstecken. Das ist nicht nur ein Gebot der → *Höflichkeit*, sondern ausgesprochen klug: Sie müssen schon sehr lange → *Smalltalk* machen, um über Ihren neuen Kontakt all das herauszubekommen, was die Visitenkarte Ihnen auf einen Blick verrät, siehe oben. Außerdem kann die Lektüre Menschen mit einem schlechten Namensgedächtnis später auf die Sprünge helfen. Mit etwas Übung (und Glück) bildet sich nämlich gerade im Moment der ersten Begegnung zwischen dem neuen Gesicht und dem neuen Namen eine Verknüpfung, die sich im Gedächtnis länger hält als bis zum Ende des ersten → *Gesprächs.*

Ganz Eifrige schreiben sich auf der Rückseite der Karten gleich ihre persönlichen Eindrücke oder andere wichtige Kommentare auf. Das ist in der Tat eine gute → *Idee*; allerdings sollte man damit warten, bis man wieder allein ist. Die meisten Menschen schätzen es nämlich nicht sehr, wenn man sich in ihrer Anwesenheit → *Notizen* über sie macht – die → *Geste* erinnert einfach zu sehr an Beurteilungen aus Schultagen.

Auswertung von Visitenkarten. Auch wenn → *Energiesparer* das vielleicht anders sehen: Visitenkarten wurden in den seltensten Fällen gedruckt und überreicht, um hinterher in irgendwelchen Karteikästen zu verstauben oder stapelweise in Schubladen gelagert zu werden, bis der Schreibtisch für den Nachfolger ausgemistet werden muss.

Neue → *Adressen* sind schließlich ein kostbares Gut. Manche Firmen zahlen sogar viel → *Geld*, um welche zu bekommen. Also ist → *Initiative* angesagt. Mit Abstand das Beste ist es, die Daten neuer Visitenkarten immer sofort auszuwerten – Verwendungsmöglichkeiten gibt es reichlich. Zum Beispiel die Aufnahme in die eigene **Adressdatei**. Falls die Person schon drin ist, schadet es nie, sicherheitshalber nachzuschauen, ob auf der Karte nicht vielleicht eine neuere Adresse oder Telefonnummer steht. Sinnvoll ist eventuell auch die Aufnahme in **Versandlisten** (für Angebote, Firmenpublikationen etc.) und in **Einladungslisten** für größere Veranstaltungen. Und dann gibt es auch noch die → *Kollegen*, die sich bestimmt darüber freuen, wenn sie von Ihnen die Daten für einen neuen interessanten Kontakt erhalten.

Elektronische Visitenkarten sind eine praktische Erfindung: Mit Hilfe von E-Mail-Programmen und Taschencomputern (→ *denglisch*: hand-helds) fällt das förmliche Überreichungsritual völlig weg. Stattdessen kann man sich gegenseitig alle Daten in einem speziellen Visitenkartenformat senden, entweder als Mail-Anlage oder als direkten Datenaustausch über eine Infrarotschnittstelle. Der Computer des Empfängers speichert diese elektronischen Visitenkarten mehr oder weniger automatisch in der Adressdatei. **Der Haken dabei:** Diese Visitenkarten schaut sich im Moment des Überreichens kaum jemand an, zumal es sowieso nichts zu studieren gibt. Sie sehen nämlich zumindest im Augenblick noch alle gleich aus. Man kann aus ihnen also nichts über die Persönlichkeit des Senders erfahren. Außer, dass er sich halbwegs mit Computern auskennt.

▶ **Vorgesetzte** → *Chefs*

▶ **Vorstellen**

Vorstellen ist wie → *Grüßen* und → *Begrüßen* auf den ersten Blick ganz leicht. Auf den zweiten gibt es allerdings ein paar → *Etikette-Regeln* zu beachten. Wer die für spießig hält und sich deshalb nicht weiter um ihre Einhaltung schert, riskiert zumindest bei offiziellen Begegnungen im Berufsleben Minuspunkte für schlechtes → *Benehmen*.

Vorgestellt werden ist noch der einfachste Teil der Übung. Alles, was Sie dazu beitragen müssen, ist ein freundliches → *Lächeln* und ein angenehm kräftiger → *Handschlag*. Wenn Sie einer ranghöheren Person vorgestellt werden, wollen es die Benimmregeln jedoch, dass Sie mit dem Handschlag warten, bis der andere Ihnen die Hand reicht.

Nur Frauen können sich das lästige Rangausrechnen meistens schenken. Bei gesellschaftlichen Anlässen haben sie sowieso immer das Recht, zuerst die Hand auszustrecken. Und im Beruf können sie es heutzutage – außer bei offiziellen Gelegenheiten mit wichtigen Leuten – der Einfachheit halber genauso machen.

Lücken im Namensgedächtnis? Gelegentlich ist beim Vorgestelltwerden für Männer und Frauen Mitdenken angesagt, nämlich immer dann, wenn derjenige, der Sie vorstellt, ganz offensichtlich Ihren → *Namen* oder Ihre Firma und Funktion nicht ganz präsent hat. Das passiert öfter, als man denkt: Die meisten

Menschen haben ein besseres Gedächtnis für Gesichter als für Namen. Sie erkennen Sie problemlos wieder und können sich prima mit Ihnen unterhalten – aber wenn ein Dritter dazukommt und sie Sie vorstellen müssen, stehen sie auf dem Schlauch.

Auf die Dauer hinterlässt ein schlechtes Namensgedächtnis zuverlässig einen schlechten → *Eindruck*. Aber erst mal ist es verzeihlich, weil so viele Menschen dieses → *Problem* haben. Wenn Sie also merken, dass Ihr Gegenüber ins Stottern gerät, wenn er Sie vorstellen soll, wird er ihnen garantiert sehr → *dankbar* sein, wenn Sie ihm diese Aufgabe einfach abnehmen. Und ihn auch nicht wortreich verbessern, wenn er bei der Vorstellung einen letztlich unbedeutenden → *Fehler* macht („Nicht Sabine Meier. Sabrina Meier!") Schließlich können Sie ganz einfach eine → *Visitenkarte* überreichen, auf der alles Wichtige richtig steht.

Tipp: Derjenige, der Sie vorstellt, wird auch den anderen vorstellen, so verläuft nun mal das Ritual. Wenn Sie schon wissen, dass Sie ein schlechtes Namensgedächtnis haben, können Sie in dieser Situation der ersten Begegnung zwei goldene Chancen nutzen. Erstens: Lassen Sie sich den Namen grundsätzlich noch mal wiederholen. „Entschuldigung, ich habe Ihren Namen nicht richtig verstanden" kann zwar nach Schwerhörigkeit aussehen, aber was man zweimal hört, prägt sich nun mal besser ein. Zweitens: Bitten Sie Ihr Gegenüber um eine Visitenkarte.

Sich vorstellen ist ausgesprochen → *höflich*, wenn Sie in ein → *Gespräch* mit jemandem geraten, der ansonsten vielleicht stundenlang angeregt mit Ihnen über die schönsten Wintersportorte oder die besten Buchhaltungsprogramme diskutieren würde, aber am Ende immer noch nicht wüsste, mit wem er da eigentlich diskutiert hat. Solche Situationen ergeben sich pausenlos: auf Partys und → *Messen*, in Kantinen und Warteschlangen.

Sich selbst vorstellen ist darüber hinaus ausgesprochen nützlich, wenn Sie bei einer dieser Gelegenheiten unbedingt mit einem für Sie → *wichtigen* oder interessanten Menschen ins Gespräch kommen möchten – aber dummerweise gerade keiner da ist, der Sie förmlich miteinander bekannt machen könnte.

Dann ist Eigeninitiative das Gebot der Stunde. Ob die auch erfolgreich verläuft, hängt allerdings nicht nur von Ihrer natürlichen Ausstrahlung ab, sondern auch von ein paar anderen Kleinigkeiten:

• Streng nach Knigge müssten Sie immer **warten, bis ein Dritter Sie einer älteren/ranghöheren Person vorstellt** oder bis diese Person sich selbst mit Ihnen bekannt macht. Mit etwas Charme können Sie diese Benimmregel jedoch brechen, zum Beispiel indem Sie sich gleich im ersten Satz für Ihre Forschheit entschuldigen („Entschuldigen Sie bitte, dass ich Sie so spontan anspreche …"), gleich darauf mit einer kleinen Bemerkung Regelkenntnis demonstrieren („Ich weiß, dass ich eigentlich warten müsste, bis jemand mich Ihnen vorstellt …") und dann mit einem netten → *Kompliment* begründen, warum Sie diese Regel brechen („… aber ich habe schon so viel von Ihnen gehört und möchte Sie unbedingt kennen lernen"). Und wenn Sie dann noch warten, bis der andere Ihnen die Hand gibt, kann eigentlich nichts mehr passieren (→ *Handschlag*).

• Die Person, die Sie ansprechen, wird sich aller Wahrscheinlichkeit für Ihren **vollständigen** → *Namen* interessieren. Selbstvorstellungen wie „Ich bin der Tom" oder „Ich bin die Freundin vom Mathias" sind daher eher unbefriedigend.

• Ihr Name alleine wird Ihrem neuen Gesprächspartner möglicherweise auch nicht viel sagen. Deshalb ist es sinnvoll, gleich eine **kleine Erläuterung** anzuhängen, die etwas über den Grund der Kontaktaufnahme verrät: „Ich bin seit ein paar Wochen in der Exportabteilung" oder „Ich arbeite in einem ganz ähnlichen Bereich wie Sie". Besonders gut sind auch hier kleine Komplimente wie „Ich fand Ihren letzten Bericht wirklich sehr spannend".

• Auch wenn Sie ProfessorDoktorDoktor sind – sparen Sie sich entsprechende Hinweise. Wer seine **Titel** aufzählt, wenn er sich vorstellt, wird auf der Stelle als → *eitel* entlarvt.

• Wenn Ihnen der Mensch, mit dem Sie ins Gespräch kommen möchten, im Vorfeld schon hartnäckig jeden → *Blickkontakt* **verweigert** – lassen Sie's. Heben Sie sich Ihre Konversationsversuche lieber für eine günstigere Gelegenheit auf. Denn jetzt passt es dem anderen offenbar gerade gar nicht.

Andere vorstellen ist der schwierigste Teil des ganzen Vorstellungsrituals. Das liegt einerseits an ein paar komplizierten Regeln, die zumindest bei offiziellen beruflichen Gelegenheiten zu beachten sind, und andererseits daran, dass die meisten Leute ein schlechtes Namensgedächtnis haben, siehe oben. Die wichtigsten **Regeln:**

• **„Der Rangniedrigere wird der ranghöheren Person vorgestellt."**[5] Weil nämlich der Wichtigere das Recht hat, als Erster zu erfahren, wer der andere ist. Diese ganzen Rangüberlegungen können wirklich lästig werden, wenn zwei Leute in etwa auf derselben Stufe stehen. Aber bei → *Anfängern* ist die Sache glasklar: Sie müssen zuerst vorgestellt werden, und sie müssen dann warten, bis sie die Hand gereicht bekommen. Das einzige, was sie zuerst dürfen – oder besser gesagt: müssen – ist → *Grüßen*.

• **Jüngere Personen** gelten als rangniedriger und müssen daher zuerst vorgestellt werden. Allerdings steht man hier des Öfteren vor dem Problem, das Alter nicht zu kennen und sich zu verschätzen. Fettnäpfe tun sich in beiden Richtungen auf: Wenn man sein Gegenüber als jünger einstuft (und ihm damit seine Vorrechte nimmt) – und auch, wenn man jemanden als älter einstuft (was → *eitle* Menschen grundsätzlich nicht leiden können). Diese Gefahren können Sie jedoch elegant vermeiden, indem Sie einfach beide gleichzeitig ansprechen: „Darf ich Sie miteinander bekannt machen?" Damit ist der Ehre Genüge getan; danach können Sie ohne schlechtes Gewissen zuerst denjenigen vorstellen, der Ihnen persönlich der Jüngere zu sein scheint.

• Wer einen **Titel** hat, darf ihn zwar selbst nicht zur Sprache bringen. Dafür ist aber derjenige, der einen Titelträger vorstellt, umso mehr dazu verpflichtet, ihn auch gebührend zu erwähnen. „Darf ich Ihnen Dieter Müller vorstellen" ist zwar ein nettes Sprüchlein, wird aber beim so Vorgestellten gar nicht gut ankommen, wenn er Doktor oder Professor ist.

• Bei Partys, → *Empfängen* und anderen größeren Anlässen kommt zu einem → *Gespräch* zwischen zwei Personen häufig eine dritte hinzu, um einen oder beide zu begrüßen, um einem der beiden kurz eine Nachricht zu überbringen oder um einem von beiden vorgestellt zu werden. Diese Situation wird oft als mehr oder weniger lästig empfunden, weil sie das Gespräch stört. Gerade deshalb können Sie hier punkten, wenn Sie sich von Ihrer → *freundlichen* Seite zeigen und **den neu Hinzugekommenen einfach kurz vorstellen**. Letztlich hat das für alle Seiten nur Vorteile: Der andere kann sich leichter in das Gespräch einfügen – und Sie können sich bei Bedarf leichter daraus verabschieden. Denn Sie müssen Ihren ursprünglichen Gesprächspartner ja nicht mehr alleine zurücklassen (was ziemlich unhöflich wäre), sondern haben automatisch eine prima Wachablösung zur Verfügung.

 Die besten Vorstell-Tricks. Wenn Sie die beherrschen, kann Ihnen beim Vorstellen anderer Leute nicht mehr viel passieren.

• **Falls Sie den Namen der Person vergessen haben**, die Sie vorstellen müssen, bleibt Ihnen immer noch die Möglichkeit, die ganze Vorstellarie mit charmantem → *Lächeln* an die beiden Menschen abzuschieben, die Sie einander hätten vorstellen müssen: „Sie können das selbst doch am besten" oder „Am besten, Sie machen sich gleich selbst bekannt". Das ist nicht nur praktisch, sondern für die anderen oft sogar ausgesprochen angenehm: Wer freut sich nicht, wenn er die Gelegenheit bekommt, etwas über sich zu erzählen?

• Name und Titel zu nennen ist zwar korrekt, aber eigentlich zu wenig, um ein Gespräch zu beginnen. Ausgesprochen sinnvoll sind daher **als Dreingabe ein paar gut ausgewählte** → *Informationen*, die gleich einen Anknüpfungspunkt für → *Smalltalk* hergeben. Am besten geeignet sind natürlich die berufliche Situation und gemeinsame Hobbys und → *Erfahrungen*: „Herr Meier arbeitet übrigens auch in der Computerbranche" oder „Frau Schultze hat neulich eine große Asienreise gemacht. Wollten Sie da nicht auch immer hin?" Auch bei privaten Anlässen kommen solche kleinen Einstiegshilfen immer sehr gut an. Die Erwähnung eher heikler Gemeinsamkeiten sollten Sie sich aber lieber verkneifen. „Frau Schulze wurde auch gerade von ihrem Mann verlassen" ist zwar vielleicht eine Gemeinsamkeit, die für Sie geradezu auf der Hand liegt, als Gesprächsthema aber eher ungeeignet ist.

▶ **Vorträge**

Darüber, wie man erfolgreich Vorträge hält, stehen in jeder größeren Buchhandlung Ratgeber am laufenden Meter. Und wer es ganz genau wissen will, kann jederzeit eines der zahllosen Rhetorik-Seminare über „die Kunst, gut zu reden" besuchen, die heute überall auf verschiedensten Niveaus angeboten werden, vom Volkshochschulkurs bis hin zum videogestützten Managertraining.

Es lohnt sich immer, sich mit diesem Thema einmal ausführlich zu beschäftigen. In manchen Berufen (Lehrer, Pfarrer, Versicherungsvertreter) gehören Vorträge geradezu zum Handwerkszeug. In anderen sind sie zwar eher selten erforderlich, aber wenn sich dann mal die Notwendigkeit ergibt, stehen Ungeübte und Leute mit → *Sprechangst* sofort auf dem Schlauch. Und auch im Privatleben ist man nie wirklich sicher davor, nicht doch irgendwann einen kleinen Vortrag halten zu müssen. Zum Beispiel auf Vaters sechzigstem → *Geburtstag*. Oder in Grundsatzdiskussionen über Liebe und → *Vertrauen* in → *Beziehungen*. Immerhin wirkt alles, was länger ist als sechs bis acht Sätze am Stück, auf den → *Zuhörer* unweigerlich wie ein Kurzvortrag.[6]

Es gibt Menschen, die haben überhaupt kein → *Problem* damit, anderen Leuten Vorträge zu halten. Die → *Angst* davor, rot zu werden oder den roten → *Faden* zu verlieren und vor Publikum für immer im → *Fettnapf* zu verschwinden, ist ihnen völlig unbekannt, → *Nervosität* am Rednerpult noch nie in die Quere gekommen.

Es handelt sich hier allerdings um seltene Naturtalente. Wenn Sie dazu gehören: Herzlichen Glückwunsch, Sie können sich das Weiterlesen sparen. Für alle anderen, denen Bücher zum Thema aber zu anstrengend und Kurse zu teuer sind, hier das Wichtigste auf einen Blick.

⚒ **Vor dem Vortrag.** Mit Vorträgen ist es wie mit → *Berichten* und der Teilnahme an wichtigen → *Sitzungen*: Je besser man Bescheid weiß und sich vorbereitet, desto einfacher ist es, selbst mit wenigen Worten einen guten → *Eindruck* zu hinterlassen. Es kommt nämlich nicht darauf an, wie viel man sagt oder schreibt. Viel entscheidender ist es, die **Erwartungen der Leser oder Zuhörer** zu erfüllen:

• **Was wissen sie schon, was wollen sie wissen?** Welches Thema interessiert sie besonders? Wer vor Fachleuten redet und trotzdem bei Adam und Eva anfängt, darf sich nicht wundern, wenn nach zehn Minuten kaum noch einer zuhört. Deshalb ist es ausgesprochen sinnvoll, sich rechtzeitig darüber zu → *informieren*, welche Erwartungen die Zuhörer eigentlich haben und welches Vorwissen sie mitbringen. Häufig hat auch derjenige, der Sie um einen Vortrag bittet oder dazu einlädt, ganz genaue Vorstellungen von dem Schwerpunkt, über den Sie sprechen sollen. Besonders dann, wenn es noch weitere Vorträge gibt: Kaum etwas ist so langweilig wie drei Vorträge am Stück, die sich alle um ein und dasselbe Thema drehen. Sie sollten sich also schlauerweise bei Ihren Rückfragen nicht mit Kommentaren wie „Die Festlegung der Themenschwerpunkte überlassen wir völlig Ihnen" → *abwimmeln* lassen.

• **Wie viel** → *Zeit* **und** → *Aufmerksamkeit* **haben die Zuhörer für Sie übrig?** Es ist für Ungeübte nicht ganz leicht, abzuschätzen, wie viel Zeit der von ihnen geplante Vortrag in etwa in Anspruch nimmt. Umso leichter ist es, herauszubekommen, wie lang er in etwa sein darf – → *nachfragen* bei → *Chefs*, → *Kollegen* oder Organisatoren genügt. Und da die Faustregel für Vorträge ganz eindeutig lautet „Besser zu kurz als zu lang", sollten Sie im Zweifelsfalle nicht die Mühe scheuen, eine Generalprobe mit sich selbst zu veranstalten, den Vortrag einmal am Stück aufzusagen und die Zeit zu stoppen. Auf Minuten und Sekunden kommt es dabei nur selten an. Aber es ist grundsätzlich viel Nerven schonender, einen Vortrag rechtzeitig zu kürzen, als mittendrin feststellen zu müssen, dass für Hauptteil und Schluss leider keine Zeit mehr bleibt.

• **In welcher Form wollen die Zuhörer Ihren Vortrag präsentiert bekommen?** Die Antwort darauf ist einfach: Bitte möglichst nicht als heruntergelesenes Redemanuskript. Sich darauf zu konzentrieren, ist einfach zu schwer. Für die Zuhörer, weil Vortrag-Vorleser meistens schlecht oder missverständlich betonen und ganz allgemeinen einen eher unsicheren → *Tonfall* haben. Und für Sie als

Vortragenden auch. Ablesen ist nämlich nur auf den ersten Blick „die sicherste Lösung" für Leute mit Lampenfieber. In Wirklichkeit kommt es allein durch das Ablesen zu reichlich → *Fehlern* und Versprechern. Und am Ende nur zu noch mehr Lampenfieber: Zuhörer schalten bei vorgelesenen Vorträgen erfahrungsgemäß schneller ab und verbreiten eine Unruhe, die unsichere Vortragende innerhalb kürzester Zeit zur Verzweiflung bringen kann.

Rhetorikprofis empfehlen als ideale → *Lösung* oft ein Karteikartensystem, wie man es auch im Fernsehen bei Talkshow-Größen sieht. Der Nachteil daran ist allerdings, dass man die Karten durcheinander bringen kann, wenn man keine Übung damit hat, und dann völlig ins Schwimmen gerät.

Das Manuskript. Für Vortrag-Anfänger ist es eine gute Lösung, sich den geplanten Vortrag erst so ausführlich wie nötig aufzuschreiben und ihn dann in ein bis zwei Durchgängen immer mehr auf die wesentlichsten Stichworte zu verkürzen. So prägen sich die Inhalte ein, aber auf dem Papier steht am Ende nur das Wichtigste. Und damit das möglichst gut und einfach lesbar ist, drucken Sie es am besten auf A4-Papier in einer großen Schrift (mindestens 15 Punkte aus) und gönnen sich große Zeilenabstände und einen großen Rand.

Die Hauptteile des Vortrags klar und deutlich durchzunummerieren, hilft ungemein dabei, nie den Überblick zu verlieren. Und wer Pluspunkte für eine lebendige Vortragsweise kassieren will, kann sich die Worte und Sätze, auf deren Betonung es besonders ankommt, sicherheitshalber in schönen Leuchtfarben markieren. **Letzter Tipp:** Seitenzahlen nicht vergessen oder Seiten wenigstens solide zusammenheften. Unglaublich aber wahr – falsch sortierte Seiten bringen manchmal selbst Vortragsprofis ins Stottern.

Während des Vortrags geht es Ihnen garantiert sowieso eine ganze Ecke besser, als Sie vielleicht gedacht hätten, wenn Sie sich gut vorbereitet haben, siehe oben. Eine gute Vorbereitung ist nämlich eine der wichtigsten Voraussetzungen für das Maß an Selbstbewusstsein, das man braucht, um auch in lampenfieberverdächtigen Situationen seine → *Nervosität* in den Griff zu bekommen. Darüber hinaus haben sich aber auch ein paar **Tricks** aus Psychologie und Praxis sehr bewährt:

• Halten Sie den Vortrag in einer → *Kleidung*, die zum Anlass und zum zu vermutenden Geschmack der Zuhörer passt. Wer sowieso wenig Selbstbewusstsein hat, kann es sich so wenigstens ersparen, darüber nachdenken zu müssen, ob die Störer in der dritten Reihe vielleicht gerade über den etwas zu engen Rock lästern. Oder über die Krawatte mit den Quietscheentchen.

• In Sachen → *Körpersprache* ist es sehr hilfreich, ein paar Signale für Offenheit und Gelassenheit auszustrahlen – auch wenn man in Wirklichkeit vor lauter Lampenfieber Magenkrämpfe hat. Das werden die Zuhörer Ihnen aber kaum anmerken, wenn Sie: → *Blickkontakt* zu einzelnen unter ihnen aufbauen, anstatt nur auf Ihr Manuskript oder ins Leere zu starren; zwischendurch → *lächeln*, weil es sofort nach Widerwillen und Anstrengung aussieht, wenn Sie das nicht tun; sich immer wieder gerade hinstellen oder aufrecht hinsetzen, wenn Sie merken, dass Sie dabei sind, s-förmig zusammenzusacken (passiert großen Menschen besonders häufig). Diese körpersprachlichen Tricks beherrscht zugegebenermaßen kaum einer auf Anhieb. Sie lassen sich jedoch bei privaten oder weniger wichtigen Anlässen (→ *Diskussion* unter Freunden, wöchentliche Abteilungsbesprechung) prima trainieren.

• Den Tücken der **Technik** ist kein Mensch hilflos ausgeliefert. Wer schlau ist, testet schon vor dem Vortrag Mikrofon und Verstärker auf Funktionsfähigkeit, und zwar möglichst so frühzeitig, dass eventuelle Probleme noch beseitigt werden können. Und wer noch schlauer ist, verzichtet darauf, während des Vortrags Technik zu verwenden, die er nicht richtig beherrscht, von Laseranzeigern bis zu PowerPoint-Präsentationen über den eigenen Laptop. Das macht zwar viel her, wenn man's kann. Aber wenn man's nicht kann, kann das Ganze schnell ins Auge gehen.

💣 **Die Einhaltung der Redezeit** ist eine Geste der → *Höflichkeit* gegenüber Ihren Zuhörern. Uferlose Vorträge werden in der Regel als Ärgernis empfunden, selbst wenn das Vorgetragene Hand und Fuß hat. Ihre Zuhörer werden Ihnen daher → *dankbar* sein, wenn Sie von vornherein klipp und klar ankündigen, wie lange Sie sprechen werden, und wenn Sie sich auch an diese Ankündigung halten.

 Die Ankündigung der Redestruktur wird Ihnen bei den Zuhörern weitere Sympathien einbringen (und damit die Gefahr aufkommender Unruhe deutlich verkleinern): Wer gleich am Anfang in drei Sätzen die wichtigsten Themen des Vortrags umreißt, macht seine Zuhörer entweder neugierig. Oder er gibt ihnen zumindest das wohlige Gefühl, dass sie beruhigt zwischendurch dösen dürfen, weil sie das meiste sowieso schon wissen. Wer zusätzlich ankündigt, wie viel Zeit am Ende noch für eine → *Diskussion* bleibt, erspart sich während des Vortrags eine Menge lästiger Zwischenfragen. Und wer obendrein bei längeren Vorträgen gleich festlegt, wann es Raucherpausen geben wird, macht sich auf Anhieb viele Freunde. Auch unter den Nichtrauchern.

Zuhören ist anstrengend, das wissen alle aus Schul- und Studienzeiten. Es liegt deshalb auf der Hand, den Zuhörern ihren Job so leicht wie möglich zu machen: Indem Sie immer wieder zwischendurch zusammenfassen, noch mal kurz auf bereits Abgehandeltes zurückkommen, immer wieder Ausblicke auf Ihre Schlussfolgerungen geben. So verliert der Zuhörer nie das Gerüst des Vortrags aus den Augen und weiß immer, wo er gerade ist, auch wenn er mal kurz → *geistesabwesend* war – was übrigens jedem Zuhörer früher oder später zwangsläufig passiert.

Besonders zuvorkommend ist es, wenn Sie den Zuhörern nicht nur am **Anfang** die Redestruktur verraten, siehe oben, sondern am **Schluss** auch noch mal für all die, die zwischendurch geschlafen haben, in drei Sätzen die Kerngedanken des Vortrags zusammenfassend wiederholen. Damit sie wenigstens eine blasse Vorstellung davon bekommen, was sie verschlafen haben.

Die Atmosphäre unter den Zuhörern ist ein Barometer dafür, wie Ihr Vortrag ankommt. Gespannte Stille ist natürlich das beste Zeichen. Andererseits muss aufkommende Unruhe nicht unbedingt bedeuten, dass Ihr Vortrag gähnend langweilig ist; vielleicht brauchen die Zuhörer einfach eine Pause, weil sie sich nicht mehr konzentrieren können. Deshalb ist es immer das Beste, nicht etwa krampfhaft über Tuscheln in den hinteren Reihen und allgemeine Unruhe hinwegzureden, sondern die Zuhörer direkt darauf anzusprechen: „Ich sehe, es wird ein wenig unruhig hier. Haben Sie → *Fragen* zu meinen Ausführungen? Sollen wir eine kleine Pause einlegen?" Falls nur einzelne Leute permanent → *Privatgespräche* führen, können Sie die auch gezielt in die Mangel nehmen: „Ihre Anmerkungen sind bestimmt für alle Anwesenden interessant. Lassen Sie doch mal hören!"

Wer sich solche Manöver ersparen will, kann durch regelmäßige → *Feedback*-**Fragen** nach jedem größeren Abschnitt („Konnten Sie meinen Ausführungen bis hierher folgen? Sind einzelne Punkte vielleicht unklar geblieben?") und häufige **Pausen** versuchen, Unruhe möglichst ganz zu vermeiden. Falls das auch nichts hilft, weil Ihre Zuhörer nun mal lustlos oder übermüdet oder beides sind, gibt's nur noch eins: Den Vortrag durch beherztes → *Improvisieren* so weit wie möglich **verkürzen**. Die Zuhörer werden sowieso nie erfahren, was ihnen durch ihre Unruhe entgangen ist – selber schuld. Dafür können Sie eine unerfreuliche Situation früher hinter sich bringen.

▶ **Vorurteile** → *Feindschaften*

▶ **Vorwürfe** → *Kritik*

Anmerkungen

[1] 4/S. 161
[2] Wahrig Deutsches Wörterbuch
[3] Wahrig Deutsches Wörterbuch
[4] 7/S. 124
[5] 3/S. 89
[6] 28/S. 15

W

▸ **Weihnachtsgeld** → *Gehalt,* → *Gratifikationen*

▸ **„Wichtig"**

„Wichtig" oder → *„dringend"* oder beides ist fast alles im Berufsleben. Wer aber immer sofort erledigen müsste, was ihm an wichtigen dringenden Angelegenheiten zur Bearbeitung gegeben wird, der müsste Nachtschichten einlegen und auf → *Urlaub* sowieso verzichten.

Deshalb ist es immer eine gute → *Idee,* sich → *Akten* und → *Arbeitsaufträge,* die als „wichtig" bezeichnet werden, etwas genauer anzuschauen. Sind sie wichtig und dringend? Dann ist es ratsam, sie möglichst schnell zu erledigen. Wenn sie jedoch „nur" wichtig sind, können sie notfalls erst mal warten. Was allerdings nicht heißt, dass sie Monate später immer noch unbearbeitet in den Tiefen der → *Ablage* liegen sollten. Denn dafür sind sie dann doch zu wichtig – besonders wenn der → *Chef* sie dafür hält.

Anfänger, die sich noch nicht zutrauen, immer richtig zwischen „nur wichtig" und „wichtig und dringend" zu unterscheiden, können jederzeit → *Kollegen* und Vorgesetzte → *fragen:* Auch wenn die noch so sehr im → *Stress* sind, werden sie wahrscheinlich lieber gleich → *hilfsbereit* sein, als sich später über → *Fehler* zu ärgern, die durch Fehleinschätzungen entstanden sind.

Was ist wirklich wichtig? Diese Frage ist nicht nur bei der Bewältigung der täglichen Aufgaben am → *Arbeitsplatz* von Bedeutung. Sondern sie hilft einem glatt durchs ganze Leben. Sie kann nämlich Dinge, die Ihnen passieren, und die → *Gefühle,* mit denen Sie auf sie reagieren, wieder in ein vernünftiges Verhältnis zueinander bringen.

Das klingt jetzt ziemlich theoretisch, wird aber an ein paar Beispielen schnell klar: Der Praktikant hat in seinen Telefonnotizen zum dritten Mal eine Nummer falsch notiert. Das regt Sie maßlos auf. Sie haben sich mit dem Jahresbericht irrwitzig viel Mühe gegeben; trotzdem entdecken Sie einen fetten Fehler erst nach der → *Versandaktion* an alle wichtigen Geschäftspartner. Das ist Ihnen bodenlos peinlich. Dr. Müller aus der PR-Abteilung hat Ihnen heute nicht guten Morgen gesagt. Das verunsichert Sie sehr. Der Nachbar von oben gießt schon wieder ausgiebig die Blumen, während Sie auf dem Balkon Ihren Entspannungsdrink nehmen. Sie kriegen wie immer ein paar Tropfen ab und regen sich darüber wie immer höllisch auf.

→ *Ärger*, Frust, Verunsicherung: Alles ziemlich heftige Gefühle, gemessen an den Ereignissen, die sie ausgelöst haben. Und alle sehr Zeit raubend und Energie verschlingend. Da drängt sich fast von ganz allein die → *Frage* auf, ob das, was passiert ist, tatsächlich so wichtig war. Im ersten Moment ist es vielleicht nicht immer einfach, darauf eine sachliche Antwort zu geben. Und trotzdem:

Wer sich die **WWW-Frage** stellt und dann irgendwann zu dem Ergebnis kommt, dass die Sache an sich vielleicht doch nicht so wichtig war – oder dass es zumindest eine Menge anderer Sachen gibt, die eindeutig wichtiger sind – der kann → *Wut* und Ärger, Frustration und Scham letztlich viel besser wegstecken. Garantiert.

▸ **Wiederholen**

Wiederholen ist die mit Abstand einfachste Methode, in → *Gesprächen*, in denen es um die Übermittlung von → *Informationen* geht, → *Missverständnisse* und → *Fehler* zu vermeiden. Man wiederholt schlicht und ergreifend, was der andere gerade gesagt hat: → *Namen*, → *Adressen*, → *Arbeitsaufträge*, Telefonnummern, → *Termine*, Preise.

Geht es um etwas anderes als um reine Daten wie Namen und Zahlen, dann muss es noch nicht einmal eine wortgetreue Wiederholung sein – eine ungefähre Umschreibung reicht völlig. Denn auch sie ermöglicht es, Unklarheiten und Fehler aufzudecken, bevor sie sich irgendwann zu → *Problemen* auswachsen – von der Post, die zurückkommt, weil sie falsch adressiert war, bis zu der → *Sitzung*, die man verpasst, weil man sich den falschen Tag notiert hat.

Stressfehler vermeiden. Wer schon einmal mühsame und Zeit raubende Nachforschungen betreiben musste, nur weil er im Gespräch eine Telefonnummer falsch mitgeschrieben hat, der weiß genau, wie viel Wiederholungen wert sind. Zumal sie keine große Anstrengung erfordern; nur Mitdenken und → *Initiative* im richtigen Moment.

Beides kommt in hektischen Situationen manchmal plötzlich abhanden. Aber wer genau hier das Wiederholen vergisst oder darauf verzichtet, um eine Minute → *Zeit* zu sparen, der macht einen typischen Stressfehler. Die Gesetze der Wahrscheinlichkeit sagen nämlich, dass → *Nervosität* und Anspannung sowieso besonders viele Fehler verursachen; ohne die rettenden Wiederholungen kommen also möglicherweise noch ein paar dazu. Und zwar besonders ärgerliche, denn sie hätten ja schließlich durch einfaches Wiederholen vermieden werden können.

Es ist also ausgesprochen clever, solche Stressfehler von vornherein möglichst auszuschließen und sich deshalb regelrecht anzutrainieren, wichtige → *Informationen* grundsätzlich zur Sicherheit zu wiederholen. Das macht → *Gespräche* zwar einen Hauch länger. Aber gleich ein paar Minuten länger sprechen, um Pannen zu vermeiden, ist garantiert besser, als hinterher ein paar Stunden länger arbeiten müssen, um sie zu beheben.

▶ Wiedervorlage

Manche → *Arbeitsaufträge* können nicht sofort komplett bearbeitet und erledigt werden. Daher ist eine systematische → *Planung* erforderlich, in der geregelt ist, wann man solche Aufgaben sich selbst oder dem Vorgesetzten wieder vorlegt. So lässt sich das Risiko vermeiden, sie im täglichen → *Stress* am → *Arbeitsplatz* aus den Augen zu verlieren.

Eine Wiedervorlage organisieren ist ziemlich einfach. Alles, was man braucht, ist ein Moment Mitdenken und zwei Momente

Kopfrechnen: Man schaut sich die Aufgabe an und überlegt, wann wohl der nächste Schritt der Bearbeitung möglich oder nötig ist. Daraus ergibt sich ein mehr oder weniger genaues Datum für die Wiedervorlage: WV am 18. Juni, Ende nächster Woche, in zwei Monaten. Das notiert man sich auf dem Schriftstück, in einer → *Notiz* oder in der → *Akte* und im → *Terminkalender*.

Ein erstaunlich großer Anteil aller eingehenden Angelegenheiten kann nicht gleich bearbeitet werden, auch wenn sie vielleicht noch so → *dringend* oder → *wichtig* oder beides sind. Es fehlt noch eine Unterlage oder → *Unterschrift*, jemand ist telefonisch nicht → *erreichbar* oder in → *Urlaub*, die Anmeldefrist beginnt erst in zwei Wochen, es liegen noch nicht alle → *Zusagen* und → *Absagen* vor. Wiedervorlagen sind also in der → *Regel* sehr umfangreich. Vor allem dann, wenn man auch noch die für den → *Chef* verwalten muss. Wer da nicht den Überblick verlieren will, tut gut daran, sich ein kleines Ordnungs-System zu überlegen: Zum Beispiel eine Mappe, in der alle Wiedervorlagen nach Datum geordnet sind. Und die Übertragung aller WV-Termine in den Terminkalender, mit dem man täglich arbeitet.

Endstation Wiedervorlage? Jede Wiedervorlage ist letztlich nur so → *zuverlässig* wie die Gründlichkeit desjenigen, der sie organisiert. Es ist keine Seltenheit, dass wichtige Unterlagen für immer in den undurchdringlichen WV-Stapeln von → *Energiesparern* verschwinden. Die legen nämlich am liebsten zunächst alles auf Wiedervorlage – da ist es gut verstaut und erst mal ohne weitere Mühe vom Tisch.

Wer klug ist, verlässt sich deshalb **erstens** nicht auf die Wiedervorlagesysteme von → *Mitarbeitern*, → *Kunden* und Geschäftspartnern, sondern entscheidet sich im Zweifelsfalle für diplomatisches → *Nachhaken*, sobald er das Gefühl hat, dass eine Angelegenheit irgendwo schon merkwürdig lange herumliegt. Anruf genügt – selten lassen sich mit einer so kleinen → *Initiative* so einfach größere → *Probleme* vermeiden. Und **zweitens** sollte er gelegentlich auch einen Kontrollblick in seine eigene Wiedervorlage werfen: → *Fehler* macht jeder, und gerade im Stress ist eine wichtige Sache schnell mal falsch eingeordnet. Das ist nur menschlich und auch häufig nicht dramatisch. Vorausgesetzt, es wird rechtzeitig bemerkt.

▶ **„Wir"** → *„Ich"*

▶ **Witze**

Witze sind lustige kleine Geschichten, die man erzählt, um ein → *Gespräch* aufzulockern und um seinen Sinn für Humor unter Beweis zu stellen. Damit diese Rechnung auch aufgeht, müssen allerdings ein paar wesentliche **Voraussetzungen** erfüllt sein:
• Der Witz sollte möglichst kurz und möglichst leicht verständlich sein.
• Der Erzähler sollte ihn selbstsicher vortragen und die Pointe nicht vermasseln.
• Der Erzähler sollte sich sicher sein, dass die → *Zuhörer* seinen Sinn für Humor teilen.
• Er sollte sich sicher sein, dass die Zuhörer in Stimmung für Witze sind.

Risiken. Ist eine dieser Voraussetzungen nicht gegeben, dann ist schnell Schluss mit lustig. Statt der erhofften Lacher gibt es nur gequältes → *Lächeln* oder eisiges → *Schweigen* und auf jeden Fall ein Bad im → *Fettnapf*. Trotzdem versucht in fast jedem geselligen Gespräch früher oder später ein Witzeerzähler sein Glück, auch wenn vielleicht weder sein Talent noch die herrschende Stimmung dies ratsam scheinen lassen. Unter Alkoholeinfluss laufen solche „Stimmungskanonen" gerne zu Hochform auf, zum Beispiel auf Partys und → *Betriebsfeiern*. Dass ihnen ihre Neigung zu „lustigen Geschichten" eher ein Hofnarr-Image als → *Sympathie* einträgt, merken sie oft zu spät oder gar nicht.

Das gilt im Berufsleben besonders für ranghöhere Witzbolde. Wenn die mit viel Begeisterung und wenig Talent einen Witz erzählen, lachen höflichkeitshalber alle mit, bis ihnen das Lächeln im Gesicht gefriert. Auch wenn sie den Witz nicht verstanden haben oder nicht lustig finden oder beides. Erfahrungsgemäß fragen in dieser Situation nur wenige Zuhörer nach, wenn sie die Pointe nicht verstanden haben. Noch weniger trauen sich, offen zu zeigen, dass sie einen Witz aus bestimmten Gründen überhaupt nicht komisch finden. Stattdessen denken sie sich ihr Teil – und kommen zu nicht immer schmeichelhaften Ergebnissen.

Faustregel. Andere Leute ungefragt an Ihrem Sinn für Humor teilhaben zu lassen, kann unter Umständen ziemlich ins Auge gehen. Es kann zwar sein, dass Sie mit Ihrem neuen Kanzler-witz in einer verfahrenen Situation auf Anhieb das Eis brechen; es kann aber auch sein, dass die Eiszeit ausbricht. Es ist daher schlauer, wenn Sie sich erst mal eher unauffällig über das amü-sieren, was Sie selbst für komisch halten, und sich ausreichend → *Zeit* nehmen herauszufinden, ob und in welchem Maße die an-deren das auch lustig finden. Immerhin können die → *Meinungen* darüber extrem weit auseinander gehen. Worüber der eine sich schier ausschütten könnte vor Lachen, das löst bei dem anderen gelegentlich Reaktionen aus, die an Totenstarre erinnern. Aus diesem Grunde sind politische Witze übrigens am besten grund-sätzlich zu vermeiden.

Wenn andere Witze erzählen, ist Lachen oft genug das Gebot der Stunde. Entweder aus vollem Herzen oder aus reiner → *Höflich-keit*, siehe oben. Gegen Höflichkeitslachen ist auch überhaupt nichts einzuwenden; manchmal ist das die einzige Möglichkeit, sich davor zu schützen, für begriffsstutzig oder humorlos gehal-ten zu werden.

Es gibt allerdings Witze, bei denen Lachen → *tabu* ist: bei abfälligen Scherzen über Abwesende und über gesellschaft-liche und religiöse Minderheiten. Hier ist eigentlich die → *Zivilcourage* angesagt, solche Witzeerzähler für ihr → *Auftreten* sofort zurechtzuweisen. Aber diesen Mut hat kaum einer. Der → *Chef*, → *Kunde*, → *Kollege*, Partner oder Freund würde das als → *Bloßstellung* und → *Kritik* empfinden. Dass die gerechtfertigt ist, wird ihn kaum interessieren.

Am besten dran sind in dieser Situation Menschen, die mit der Gabe der Schlagfertigkeit gesegnet sind. Sie können dem Scherz-keks reflexartig eins auf die Nase geben: „Wussten Sie eigentlich, dass im Unternehmen Witze über Sie inzwischen beliebter sind als Blondinenwitze?" Wer sich das nicht traut, dem bleiben immer noch zahlreiche Möglichkeiten, nur über diskrete → *körpersprachliche* Signale sein Missfallen zum Ausdruck zu bringen: das erkennbare Verweigern eines Höflichkeitslächelns, ein erstaunter Gesichtsausdruck, ein distanzierter → *Blick*, leichtes Stirnrunzeln, fast unmerkliches Kopfschütteln. Das ist alles immer noch besser als gedankenloses Mitlachen.

▶ Workaholism

Englischer Fachbegriff, der auf Deutsch Arbeitssucht bedeutet. Als Arbeitssüchtige oder „Workaholics" bezeichnet man Menschen, die in ihrem Leben der Arbeit eine krankhaft große Bedeutung beimessen und darüber alle anderen Lebensbereiche – Familie, → *Beziehungen*, → *Freundschaften* – vernachlässigen. Manchmal sind es → *Perfektionisten*, die aus → *Angst* vor → *Fehlern* ebenso detailversessene wie Zeit raubende Kontrollsysteme errichten. Manchmal sind es einfach energiegeladene → *Mitarbeiter* oder Unternehmer, die fürchten, dass ohne ihre permanente Anstrengung der ganze Betrieb früher oder später untergehen wird. Und öfter als manchmal ist beides der Fall.

Ganz egal, warum jemand arbeitssüchtig wird – entscheidend ist, dass diese Sucht weder für seine zwischenmenschlichen Beziehungen gut ist, noch für seine Gesundheit. Workaholism führt oft auf direktem Wege zum → *Burn-out* und zu handfesten körperlichen und seelischen → *Problemen*. Deshalb wird Arbeitssucht genau wie Alkoholsucht als ernste Krankheit betrachtet.

Arbeitssüchtig oder hoch motiviert? Nicht jeder ist gleich arbeitssüchtig, bloß weil er auch privat → *erreichbar* ist, → *Überstunden* für völlig normal hält, am Wochenende ins → *Büro* kommt und im → *Urlaub* Akten bearbeitet. Für → *Energiesparer* ist solches Verhalten zwar eindeutig ein Fall von Workaholism. Doch innerhalb gewisser → *Grenzen* fällt es durchaus noch unter → *Job Identification* und wird damit in manchen Branchen geradezu als selbstverständlich vorausgesetzt. Wobei die Betonung auf „Grenzen" liegt: Wer völlig die schützende innere → *Distanz* verliert, sein → *Privatleben* auf null herunterfährt und nur noch in der und für die Arbeit lebt – der sollte letzte noch verbleibende Freunde mal um eine → *Fremdeinschätzung* bitten. Kommen die zu der Diagnose „Arbeitssucht", dann sind ein paar grundsätzliche Überlegungen über den Sinn des Lebens angesagt. Schließlich gibt es keinerlei Garantie dafür, dass die Rechnung „Arbeite jetzt und lebe später" irgendwann aufgeht.

Auch wenn Sie's nicht glauben: Niemand ist unentbehrlich. Das werden Sie im Zweifelsfalle spätestens dann merken, wenn Sie wegen schwerer Herzprobleme drei Monate ausfallen und Ihre Firma ganz auf die Schnelle einen kompetenten Ersatz für Sie organisiert.

▸ Wortwahl

Die deutsche Sprache besteht aus etwa 70.000 Wörtern. Sie gilt auch im Ausland als Sprache, in der man sich aufgrund dieses Wortreichtums sehr präzise ausdrücken kann. Jedenfalls, sofern man all diese Wörter auch parat hat. Das ist aber eher die → *Ausnahme*: Bis auf Deutschlehrer, Germanistik-Professoren und andere Sprachexperten kennen die meisten Deutschen zwar die Wörter ihrer Muttersprache ganz gut (passiver Wortschatz); sie wissen also, was gemeint ist, wenn sie ihnen begegnen. Benutzen tun sie aber wesentlich weniger Wörter (aktiver Wortschatz). Das zeigt ein kleines **Beispiel:** Für eine Sache, die jemanden in große Begeisterung versetzt, stehen passiv so schöne Ausdrücke wie „wunderbar", „fantastisch", „hervorragend", „ausgezeichnet", „großartig", „traumhaft", „zauberhaft", „wundervoll", „märchenhaft", „überwältigend" und „fabelhaft" zur Verfügung. Aber aktiv beschränkt sich das begeisterte Schwärmen je nach Altersschicht und Umfeld eher auf „cool", „super", „genial", „klasse", „voll gut" oder „endgeil".

Umfeld und Wortwahl. Man kann in Sachen Wortwahl sachliche → *Fehler* machen, zum Beispiel, wenn man ein → *Fremdwort* falsch verwendet. So etwas führt meistens direkt in den → *Fettnapf*, weil man damit immer den → *Eindruck* hinterlässt, sprachlich nicht allzu → *kompetent* zu sein.

Nicht richtiggehend falsch, aber trotzdem heikel ist es, immer die gleichen Ausdrücke zu verwenden, ganz egal, in welcher Umgebung man sich befindet. Das geht garantiert schief, wenn ein Bayer auch in Schleswig-Holstein Wörter verwendet, die nur in seinem → *Dialekt* vorkommen. Und wenn der Computerspezialist nur in den Denglisch-Brocken redet, die in seiner Branche typisch sind, wird ihn auch kein Mensch richtig verstehen. Wer mitdenkt, bemerkt in diesen Situationen allerdings recht schnell die ratlosen Blicke seiner → *Zuhörer* und wird sich in der Folge darum bemühen, möglichst nur noch allgemein verständliche Wörter zu verwenden.

Die Sache mit den Lieblingswörtern. Die Verwendung immer derselben Ausdrücke auf immer demselben Sprachniveau bereitet zwar längst nicht solche Verständigungsschwierigkeiten wie Dialekte und Fachausdrücke. Aber sie kann durchaus noch problematischer sein. In vielen Berufen wird heute nämlich eine sehr gute Beherrschung der deutschen Sprache als selbstverständlich vorausgesetzt. Wer sich da im → *Gespräch* mit → *Chefs* und → *Kollegen*, mit → *Kunden* und Partnern genauso locker ausdrückt wie zu Hause und im Freundeskreis, der handelt sich unter Umständen Minuspunkte für → *Dummdeutsch* und unangemessenes → *Auftreten* ein.

Und das kann im Guten (siehe oben) wie im Schlechten ganz schnell passieren: „Der Vorschlag ist doch voll daneben!", „Der Meier benimmt sich mal wieder zum Kotzen" oder „Dieses Angebot ist echt Scheiße" sind in Sekundenschnelle rausgerutscht, besonders wenn die → *Gefühle* sowieso in Wallung sind. Dabei hätte die ablehnende → *Meinung* viel wirksamer in ein paar sachlichere Ausdrücke verpackt werden können: „unerträglich", „unfassbar schlecht", „inakzeptabel", „jämmerlich", „eine Zumutung", „miserabel", „erbärmlich" oder „unter aller Kritik".

Faustregel. Hören Sie sich selbst doch spaßeshalber einfach mal zu. Falls Sie feststellen, dass Sie grundsätzlich mit ziemlich wenigen Lieblings-Modewörtern eine ziemlich breite Palette an Meinungen und Gefühlen ausdrücken, ist es wahrscheinlich nicht verkehrt, zumindest fürs Berufsleben ein bisschen an Ihrem aktiven Wortschatz zu arbeiten. Zum Beispiel indem Sie sich angewöhnen, in privaten Gesprächen automatisch in Gedanken nach einem stilistisch etwas anspruchsvolleren Ersatz zu fahnden, sobald „krass", „geil" & Co. in Ihrem Kopf auftauchen. Das Dumme an diesem Verfahren: Das Training dauert ziemlich lange. Das Gute daran: Es lohnt sich garantiert, selbst für Modeberufe wie DJs und Surflehrer. Denn auch die haben gelegentlich mit Bankberatern, Verwaltungsbeamten und anderen Leuten zu tun, für die eine angemessene Ausdrucksweise eine große Rolle spielt.

Alter und Wortwahl. Viele Alltagsausdrücke und Redewendungen werden altersabhängig verwendet. Das Lieblingsvokabular ist nicht mehr von Generation von Generation, sondern fast schon von Jahrgang zu Jahrgang verschieden: Sage mir, welche Worte du verwendest, und ich sage dir, wie alt du bist. Deshalb wirkt es meistens ziemlich anbiedernd – um nicht zu sagen: peinlich – wenn ältere Leute versuchen, „den Ton der Jugend" zu treffen. Politiker und Werbeagenturen tun das in der Hoffnung, jugendliche Zielgruppen besser zu erreichen als mit gesetzter Erwachsenensprache. Aber diese Methode funktioniert nur, wenn man → *Kinder* im richtigen Alter hat und Jugendsprache täglich zu Hause mitbekommt. Alle anderen sollten sie lieber gar nicht erst ausprobieren.

Situation und Wortwahl. In schwierigen Situationen ist die richtige Wortwahl nicht nur ein Zeichen guten → *Benehmens*, sondern vor allem eine der wichtigsten Voraussetzungen dafür, sie überhaupt wieder in den Griff zu bekommen. Das kennt jeder von einschlägigen → *Erfahrungen* im → *Privatleben*. Wer da im → *Streit* mit → *Killersätzen* wie „Ich find Deine Haltung zum Kotzen" oder „Was Du darüber denkst, ist mir scheißegal" um sich schießt, kommt der Beilegung des Streits höchstwahrscheinlich keinen Millimeter näher. Auch jede Art von Verallgemeinerung („Immer tust Du …", „Nie machst Du …"), Überspitzung („Mein Gott, bist Du eine Mimose!") und Flucherei („Du und Deine verdammte Besserwisserei!") sind zur Beilegung von Konflikten nicht wirklich geeignet, weil sie den so Angesprochenen garantiert innerhalb kürzester Zeit endgültig auf die Palme bringen.

Im Berufsleben kann man mit einer solchen Ausdrucksweise sogar noch mehr Porzellan zerschlagen. Denn Geschäftspartner und Kollegen haben in der → *Regel* nur wenig Anlass, sprachliche → *Entgleisungen* dieser Art aus reiner → *Freundschaft* oder Liebe zu verzeihen. Wer dazu neigt, auch oder gerade in schwierigen Situationen kein Blatt vor den Mund zu nehmen, der sollte darüber nachdenken, sich diese Neigung abzugewöhnen. Im Beruf ist sie nämlich eine todsichere Methode dafür, sich unbeliebt zu machen. → *Karriere* macht man so bestimmt nicht. Aber immerhin wird man zwangsläufig irgendwann Profi in Sachen stilvolle → *Entschuldigung*.

▸ Wünsche, gute

Sie gehören wie → *„danke"* und → *„bitte"* zu den kleinen → *Gesten*, mit denen man anderen ohne viel Aufwand eine große Freude machen kann. Umso erstaunlicher ist es, dass so mancher damit ausgesprochen → *geizig* umgeht oder sie in einem so mürrischen → *Tonfall* ausspuckt, dass er sich die Mühe eigentlich gleich ganz sparen kann.

Das beweist sich in der Schlange an der Kasse jedes x-beliebigen Supermarkts: Viele Kunden legen den Kassiererinnen gegenüber dieselbe → *Höflichkeit* an den Tag, die sie auch Zapfsäulen an der Tankstelle entgegenbringen – nämlich gar keine. Kommentarlos oder mit einem genuschelten Laut, der sich nur mit viel Wohlwollen als Gruß deuten lässt, legen sie ihre Waren aufs Band. Wer inmitten dieser Einöde an schlechtem → *Benehmen* „schönes Wochenende" wünscht, kann jeder Kassiererin garantiert einen erstaunten → *Blick* und ein spontanes → *Lächeln* entlocken. Versuchen Sie's.

Formen guter Wünsche. Anlässe gibt es reichlich. Hinreichend bekannt sind „Guten Morgen", „Guten Abend" und „Guten Appetit" (→ *Benehmen*). Aber es gibt noch viele andere → *Freundlichkeiten*, mit denen Sie in → *Privatleben* und Beruf einen guten → *Eindruck* erwecken und → *Beziehungen* pflegen können: „Schönen Tag noch", „Schönes Wochenende" und „Schöne Ferien" zum Beispiel. Wer größere Anstrengungen nicht scheut, kann sogar ganze Sätze daraus machen: „Ich wünsche Ihnen einen schönen Tag!" oder „Schönes Wochenende – lassen Sie es sich gut gehen!" Im Berufsleben viel seltener im Einsatz, als man denkt, und deshalb immer ein Treffer: „Frohe Weihnachten", „Guten Rutsch!" und „Frohes neues Jahr!"

Ganz zu schweigen von dem Sympathiebonus, den bekommt, wer an die → *Geburtstage* von → *Kollegen*, → *Mitarbeitern* und Geschäftspartnern denkt. So etwas nennt man gelungene Beziehungspflege.

All diese Wünsche kommen übrigens nicht nur im persönlichen → *Gespräch* und am → *Telefon* immer sehr gut an. Sondern sie können auch ganz wunderbar als netter Abschlussgruß in → *Briefe*, → *Telefaxe* und → *E-Mails* eingefügt werden.

▸ Wut

Wut ist ein → *Gefühl*, das jeder kennt: → *Ärger*, Frust, Enttäuschungen und → *Kränkungen* überschreiten die Erträglichkeitsmarke und münden in heiligen Zorn. Der kann zu explosionsartigen Wutanfällen führen, in denen man ohne Rücksicht auf Verluste erst mal Dampf ablässt.

Menschen, die → *Angst* vor Konflikten haben, trauen sich das nicht. Sie schlucken ihre Wut lieber runter und verwandeln sie dadurch in Magengeschwüre. So schonen sie die anderen – aber nicht sich selbst.

Wut ausleben. Wer meint, dass das unbedingt nötig ist, um Stresskrankheiten zu vermeiden und anderen klipp und klar die → *Meinung* zu sagen, der muss sich im → *Privatleben* austoben. Im Beruf sind Wutanfälle nämlich genau wie jedes andere unbeherrschbare Gefühl → *tabu*. Das heißt nicht, dass man gar nicht erst wütend werden darf – solche Regungen lassen sich schließlich nicht immer verhindern. Aber man sollte anderen seine Wut möglichst nicht in Form von Wutanfällen um die Ohren hauen. Jedenfalls wenn man Wert auf ein halbwegs erträgliches → *Image* legt.

Das heißt für Sie: Auch wenn Sie platzen könnten vor Wut, und das vielleicht sogar zu → *Recht* – verkneifen Sie sich spontane

Wut-Telefonate, Wut-E-Mails, Wut-Besprechungen und andere → *Entgleisungen* in der Richtung. Das tut zwar in dem Moment ungeheuer gut. Aber dummerweise nur Ihnen. Den Abgewatschten tun Ihre Wutanfalle naturgemäß nicht gut, und Ihren → *Beziehungen* zu ihnen noch viel weniger. Bis zu 85 Prozent der Menschheit sind nämlich konfliktscheu.[1] Sie verzeihen Ihnen Wutanfälle einfach nicht. Nach dem ersten können Sie Ihren Kopf vielleicht noch mit einer sehr guten → *Entschuldigung* aus der Schlinge ziehen. Doch spätestens nach dem zweiten sind Sie unten durch, auch wenn sich vielleicht niemand traut, Ihnen das offen zu sagen. „Rechnen Sie damit, dass man Ihnen Ihr Verhalten in irgendeiner Form heimzahlt, zu einem späteren Zeitpunkt, an einem anderen Ort, zu einer anderen Gelegenheit. Ihre Opfer vergessen nichts. Die, die sich nicht wehren, werden gefährlich für Sie, weil Sie nie wissen, wann sie zurückschlagen. Gerade die Geduldigen und Schüchternen haben ein besonders gutes Gedächtnis."[2]

Wut unter Kontrolle bringen. Ausgesprochen jähzornige Menschen, die ihre Umgebung regelmäßig mit spontanen Wutanfällen beglücken, sollten allen Ernstes über ein paar Therapiestunden oder über ein Seminar zur Konfliktbewältigung nachdenken. Es sei denn, sie wollen riskieren, dass eines Tages gar kein Mensch mehr da ist, an dem sie ihre Wut auslassen können. Für alle anderen gibt es ein paar gute Hausmittel, mit denen sich aufsteigende Wut wieder auf ein erträgliches Maß zurückschrauben lässt:

• In einem → *Brief*, einer → *E-Mail*, einer → *Aktennotiz* oder einem → *Bericht* **schreiben Sie dem Verursacher Ihrer Wut haarklein auf**, was Sie warum in Rage versetzt. Damit sind Sie gut zwei Stunden beschäftigt, und danach ist die erste Wut verraucht. Aber so richtig entspannt sind Sie wahrscheinlich immer noch nicht – deshalb sollten Sie das Geschriebene in jedem Fall über Nacht liegen lassen, ehe Sie an einen Versand überhaupt denken. Wenn Sie am nächsten Tag unverändert explosionsgefährdet sind, können Sie sich immer noch überlegen, ob Sie den Text wirklich verschicken wollen. Erfahrungsgemäß werden Sie ihn dann jedoch kräftig abschwächen oder gleich in den → *Papierkorb* werfen.

- Die **WWW-Frage**: „Was ist wirklich → *wichtig*?" Wer sich diese Frage stellt und ernsthaft nach Antworten sucht, muss meistens irgendwann innerlich einsehen, dass die Sache an sich vielleicht doch nicht so wichtig war. Oder dass es zumindest eine Menge anderer Sachen gibt, die eindeutig wichtiger sind. Die Erkenntnis reicht normalerweise aus, um den Verstand von heißen Wut-Wallungen allmählich wieder auf Normaltemperatur zurückzuschalten.

Wut als Taktik. Wutanfälle sind tabu – und trotzdem kommen sie vor. Meistens bei Ranghöheren im Umgang mit Rangniedrigeren. → *Chefs* machen ihre → *Mitarbeiter* nieder, große Auftraggeber kleine Auftragnehmer. Solches Verhalten ist nur zum Teil auf schlechtes → *Benehmen* und mangelnde Selbstbeherrschung zurückzuführen. Unglaublich aber wahr: Oft werden Wutanfälle ganz gezielt eingesetzt. Wer einen abbekommt, wird eingeschüchtert und in → *Angst* versetzt. Er wird sich also beeilen, alles zu tun, was man von ihm erwartet, und sich mit Sicherheit nicht trauen, etwas anderes als nur das Beste abzuliefern.

So weit die Berechnungen der Wut-Taktiker. Und sie haben kurzfristig sogar Recht damit: Sie bekommen erst mal alles, was sie wollen, einfach weil die anderen Angst vor dem nächsten Wutanfall haben. Aber langfristig machen sie sich damit Feinde. Und die warten nur darauf, sich irgendwann rächen zu können, siehe oben. Gelegenheiten dafür, Wut-Taktiker ins offene Messer laufen zu lassen, haben auch „unwichtige" Leute reichlich.

Auf Wutanfälle anderer reagieren. Am wichtigsten: bloß nicht zurückschreien, auch wenn's schwer fällt. Ein Fachbuch vertritt sogar die Meinung, dass man dem Wutschnauber so auf Dauer seine Anfälle abgewöhnen kann: „Geht man ruhig und sachlich auf jemanden ein (...), ohne sich von Wutausbrüchen beeindrucken zu lassen, hat dieses Verhalten bald keinen Sinn mehr und wird aufgegeben."[3]

Das kann so funktionieren, vielleicht aber auch nicht. Immerhin erspart man sich mit dem Verzicht auf Gegenangriffe, dass es erst so richtig rund geht mit allem, was dazu gehört: → *Krän-*

kungen, allgemeine Schreierei und irgendwann → *Tränen* und Türenknallen.

Zugegebenermaßen ist es manchmal ziemlich schwer, sich zu beherrschen, wenn man kräftig niedergemacht wird, und das womöglich auch noch zu Unrecht oder in der Öffentlichkeit. In dieser Situation ist es hilfreich, die Ohren durch ein paar einfache geistige Ablenkungsmanöver auf Durchzug zu stellen. So hat es sich sehr bewährt, den anderen zwar ungehindert toben zu lassen, ihm aber den → *Blickkontakt* zu entziehen und stattdessen alle → *Aufmerksamkeit* dem Fettfleck auf seinem Schuh oder den Schuppen auf seinem Jackett zu widmen. Wer das gut kann, verschafft sich so eine innere Ruhe fast wie nach ein paar Yoga-Übungen.

→ **Grenzen ziehen.** Yoga-Übungen hin oder her: Auf Dauer müssen Sie keinesfalls jeden Wutanfall gelassen ertragen. Aber da in der Situation selbst jeder Einspruch zwecklos ist, sollten Sie sich ihn für einen ruhigen Moment aufbewahren. Und der kann dann durchaus zur Stunde der Wahrheit werden: In der Regel sind Wutschnauber überraschend einsichtig, wenn nicht sogar peinlich berührt, wenn man ihnen in einem strategisch günstigen Moment in ruhigem → *Tonfall* erklärt, wie sie wirken, wenn sie Schaum vor dem Mund haben. Und welche miserablen Folgen das für die → *Motivation* und die Stimmung im → *Team* hat. Es kann sein, dass ein solches → *Feedback-Gespräch* auf Anhieb Besserung herbeiführt.

Und falls nicht: Machen Sie einfach so weiter. Jeden Wutanfall quittieren Sie unweigerlich mit einem ruhigen „Bitte-so-nicht"-Gespräch. Das schützt Sie vielleicht nicht vor weiteren Wutanfällen. Aber auf jeden Fall vor der hochgiftigen → *Abneigung*, die die Folge Ihrer unterdrückten Wut ist und die die Arbeit auf Dauer völlig unerträglich macht.

Anmerkungen

[1] 28/S. 31 ff
[2] 28/S. 47
[3] 6/S. 32

X/Y/Z

▶ **Zeit**

Zeit gilt im Berufsleben neben → *Geld* als das wichtigste Gut. Passenderweise stellt ein Sprichwort eine Verbindung zwischen beidem her: „Zeit ist Geld." Das heißt im → *Klartext*: Wer trödelt oder anderen Leuten Zeit stiehlt, der schmeißt Geld zum Fenster raus. Geld, das er oder die anderen verdienen könnten, wenn er seine Zeit besser nutzte.

„Meine Zeit" – „Deine Zeit". Eigentlich sind immer alle unter → *Zeitdruck*. Also könnte man meinen, dass alle immer gleich schnell arbeiten, gleich schnell reagieren, gleich schnell zum Punkt kommen. Und vor allem: die Zeit aller anderen nicht verschwenden, weil sie ja auch selbst keine Zeit zu verschwenden haben. In Wirklichkeit sieht die Sache jedoch anders aus. Es ist die → *Ausnahme*, dass alle es gleich eilig haben. Das liegt nicht nur daran, dass die Temperamente nun mal verschieden sind und dass gemütliche Zeitgenossen und → *Energiesparer* eben für alles etwas länger brauchen als andere. Es liegt vor allem daran, dass je nach Interessenlage und vor allem Position verschiedene Personen den Zeitbedarf für ein und dieselbe Angelegenheit unterschiedlich einschätzen.

Typische Beispiele: Die → *Mitarbeiter* planen für die → *Besprechung* mit dem → *Chef* zwei Stunden ein, weil es ihrer → *Meinung* nach so viel zu besprechen gibt. Der Chef sieht das anders und rast in nur einer Stunde durch die Tagesordnung, weil er danach ein Stündchen mit seinem Chef über die → *Planung* für das nächste Jahr sprechen will. Aber der hat nur zwanzig Minuten Zeit, weil er danach einen vielversprechenden → *Sponsor* zu treffen gedenkt.

Daraus folgt: Nur weil Sie sich viel Zeit für eine bestimmte Angelegenheit nehmen möchten, heißt das noch lange nicht, dass ein anderer sich auch so viel Zeit nimmt. Es ist also klug, zumin-

dest in → *Gesprächen* mit ranghöheren Personen erst mal herauszufinden, wie viel Zeit der andere überhaupt hat, und den Ge-
sprächsverlauf diesem Zeitrahmen anzupassen. Zur Not fallen
der → *Smalltalk* in der Aufwärmphase und die abschließende Zusammenfassung der Gesprächsergebnisse eben kürzer aus, damit
für das Hauptthema mehr Zeit bleibt. Für einen so rücksichtsvollen Umgang mit ihrer Zeit gibt es von Ihren Gesprächspartnern
garantiert Pluspunkte für gutes → *Benehmen*. Auch wenn sie es
vielleicht in dem Moment gar nicht so eilig haben.

„Keine Zeit" – das ist ein gerne genanntes → *Argument* für
→ *Absagen*, Terminverschiebungen und Abwimmel-Maß-
nahmen aller Art. Genau genommen ist „Da hab' ich leider keine Zeit" jedoch eine der dreistesten → *Notlügen* überhaupt. Zeit
ist nämlich keine Sache, die man hat oder nicht hat wie ein Auto
oder eine Kreditkarte. Zeit hat jeder Mensch, und zwar 24 Stunden pro Tag. „Zeit haben" ist also keine Frage der Verfügbarkeit,
sondern eine → *Frage* persönlicher Entscheidungen: „‚Keine Zeit'
heißt: Anderes ist mir wichtiger."[1]

Klar bringt der Beruf manchmal → *wichtige* Verpflichtungen
mit sich, an denen kaum ein Weg vorbeiführt. Doch auch da ist
„wichtig" letztlich eine Frage der Verhältnismäßigkeit: Der → *Termin* mit dem neuen Großkunden ist ein einleuchtender Grund,
die → *Einladung* eines → *Kollegen* zum Mittagessen abzulehnen.
Aber die Bedeutung des Termins mit dem neuen Großkunden
kann innerhalb von Sekunden auf Null zusammenschrumpfen,
wenn Ihr → *Chef* Sie plötzlich für einen viel wichtigeren und
obendrein → *dringenden* Arbeitsauftrag braucht. Oder wenn Ihre
Frau einen schweren Autounfall hat. Kaum vorstellbar, dass da
die Frau und nicht der Kunde mit „keine Zeit" abgespeist wird.

Zeit für Erklärungen. Wer sich über die tiefere Bedeutung
von „Ich habe leider keine Zeit" ein paar Gedanken macht,
der wird irgendwann darauf kommen, dass dieser Satz bei
anderen unter Umständen als Notlüge ankommt, auch wenn er
wirklich nicht in dieser Absicht verwendet wird. Deshalb ist es
immer eine gute → *Idee*, dem anderen auch ungefragt kurz zu erklären, warum man keine Zeit hat.

▶ **Zeitdruck**

Er entsteht immer dann, wenn absehbar ist, dass für die Dinge, die man sich vorgenommen hat oder erledigen muss, nicht ausreichend Zeit zur Verfügung steht. Im Berufsleben ist Zeitdruck damit der Normalfall, außer vielleicht in so besinnlichen Berufen wie Schäfer oder Poet. Alle anderen haben es grundsätzlich immer mehr oder weniger eilig.

Ständiger Zeitdruck am → *Arbeitsplatz* führt zu Ungeduld, → *Hektik* und → *Stress* – und damit letztlich zu → *Fehlern*, Pannen und → *Fettnäpfen*. Nicht gerade angenehme Folgeerscheinungen. Und eigentlich obendrein ziemlich ärgerlich, wenn man bedenkt, dass Zeitdruck zu einem nicht unbedeutenden Teil ein selbst gemachtes → *Problem* ist. Denn er entsteht häufig erst dadurch, dass man eine lästige Angelegenheit immer wieder unbearbeitet auf → *Wiedervorlage* legt und dann im letzten Moment richtig ins Rotieren kommt. Oder dass man sich mit einer → *Entscheidung*, ohne die viele weitere Arbeitsschritte gar nicht erst in → *Angriff* genommen werden können, viel zu lange Zeit lässt. Auch → *Workaholics* und → *Perfektionisten* mit ihrem Hang dazu, sich noch um das letzte → *Detail* höchstpersönlich zu kümmern, sind für Zeitdruck in erster Linie selbst → *verantwortlich*.[2]

Wenn andere im Zeitdruck sind, ist das meistens unübersehbar: Sie halten → *Blickkontakt* mit ihrer Uhr anstatt mit ihrem Gesprächspartner, sie sind unkonzentriert und nicht in der Lage, anderen → *zuzuhören*. Das ist zwar alles nicht gerade → *höflich*, aber immerhin ein klares Signal. Es bedeutet für Sie: Geben Sie's auf. Verschieben Sie auf später, was Sie besprechen wollten. Denn hier und heute kommen Sie garantiert nicht weiter.

Eigener Zeitdruck ist zwar nicht auszuschließen. Ihn aber offen zu zeigen, wie das vielleicht andere tun (siehe oben), gilt als Zeichen von mangelndem → *Benehmen* und ist auf Dauer ausgesprochen schlecht fürs → *Image*. Wer unter Zeitdruck trotzdem wie unter Zwang ständig wissen will, wie spät es ist, sollte wenigstens auf die Uhr seines Gegenüber starren anstatt auf die eigene. Das fällt weniger auf. Wesentlich klüger ist es jedoch, in

Gesprächen gleich zu Beginn mit → *freundlichen* Worten einen Zeitrahmen abzustecken. Innerhalb dieser selbst gesteckten → *Grenzen* sollten Sie sich dann allerdings erkennbare Mühe geben, an der Unterhaltung auch mit konzentrierter → *Aufmerksamkeit* teilzunehmen.

▶ Zeitmanagement

 So heißt das Zauberwort gegen zu viel Zeitdruck, und inzwischen sind im Buchhandel Dutzende von Titeln erhältlich, die sich einzig und allein mit diesem Thema befassen. Hier die wichtigsten **Tipps**[3] auf einen Blick:

• Viele → *Termine* laufen zwangsläufig auf viel → *Stress* hinaus. Es sei denn, man ist so clever, ausreichend **Zeitpolster** einzuplanen – für Verkehrsstaus, Verspätungen anderer, unvorhergesehene Gesprächslängen, Make-up-Erneuerungen und die erholsame Kaffeepause zwischendurch.

• Ein gut geführter → *Terminkalender* bewahrt zuverlässig davor, → *Arbeitsaufträge* zu lange aus den Augen oder in den Tiefen der → *Ablage* zu verlieren und plötzlich auf den letzten Drücker erledigen zu müssen.

• Bei jedem Termin ist eine gute **Vorbereitung** schon die halbe Miete. Wer erst kurz vorher hektisch alle Unterlagen zusammenklaubt und durchblättert, gerät automatisch ins Schwitzen. Da ist es schon besser, für die Terminvorbereitung einen eigenen Termin einzuplanen.

• Die **WWW-Frage:** „Was ist wirklich → *wichtig*?" Unschlagbar, wenn man vor lauter → *Arbeitsaufträgen*, Terminen und sonstigen Verpflichtungen nicht mehr weiß, wo einem der Kopf steht. **Merke:** Alles, was nicht wichtig und → *dringend* ist, kann im Zweifelsfalle erst mal warten. → *Anfänger*, die sich solche → *Entscheidungen* noch nicht zutrauen, können den → *Chef* oder die → *Kollegen* fragen und um eindeutige → *Terminvorgaben* bitten.

• Eine klare **Reihenfolge** fälliger Arbeiten. Die ist nötig, weil man beim besten Willen nicht alle wirklich wichtigen Angelegenheiten gleichzeitig bearbeiten kann. Aber meistens wird durch kurzes Überlegen ganz klar, was unbedingt Platz eins bekommen muss, und was auch mit Platz vier oder acht zufrieden sein sollte (→ *Prioritäten*).

• → *Checklisten* machen den Zeitaufwand für komplizierte Aufgaben durchschaubarer. Sie untergliedern sie in viele kleine Teilaufgaben und verhindern so, dass Sie den Zeitaufwand unterschätzen und allein dadurch irgendwann in → *Stress* geraten.

• **Pausen.** Unter Zeitdruck auf Pausen, vor allem auf die → *Mittagspause*, zu verzichten, gehört so ziemlich zu den größten → *Dummheiten*, die man machen kann. Dadurch arbeitet man zwar mehr, erreicht am Ende aber weniger. Denn wer keine Pause macht, kann spätestens am Nachmittag sein Hirn in alle Richtungen auswringen – etwas Gescheites kommt dabei trotzdem nicht mehr heraus.

• **„Nur eine Sache auf einmal"** kommt zwar aus dem Reich der Ermahnungen für Kleinkinder, ist aber im Beruf genauso aktuell. Tatsache ist: Wenn Sie mehrere Sachen gleichzeitig machen, machen Sie wahrscheinlich keine gut, weil keine genügend Konzentration abbekommt. Verkneifen Sie es sich also am besten, gleichzeitig zu → *telefonieren* und die Post durchzusehen. Oder mit einem → *Mitarbeiter* zu diskutieren, während Sie einen → *Bericht* Korrektur lesen. Auch wenn Sie sich durch eine Sache allein vielleicht völlig unterfordert fühlen – die anderen werden es auf jeden Fall zu schätzen wissen, wenn Sie ihnen Ihre ungeteilte → *Aufmerksamkeit* widmen.

• **„STOP"**, wenn alles zu viel wird. Das ist nicht verboten und häufig sogar das einzig Sinnvolle, wenn jemand vor lauter Zeitdruck auf dem Zahnfleisch kriecht. Trotzdem traut sich kaum einer, dieses einfache Mittel auch zum Einsatz zu bringen. Dabei ist es in vielen unterschiedlichen Dosierungen einsetzbar: zwei Stunden Telefonvertretung durch einen → *Kollegen*; ein Tag Rückzug in ein leer stehendes Büro, drei Monate Hilfe durch einen zusätzlichen → *Praktikanten*. Erfahrungsgemäß reagieren Vorgesetzte und Kollegen, die mit Ihrem Zeitdruck vertraut sind, auf Ihre Bemühungen um Ruhe mit Verständnis. Außer Sie gelten als → *Energiesparer*. Die haben schließlich Ruhe genug.

▶ Zeugnisse

Zeugnisse sind schriftliche Aussagen über → *Leistungen*. Im Berufsleben spielen die Schulzeugnisse – mit Ausnahme des Abschlusszeugnisses – keine große Rolle. Umso wichtiger sind dafür die Arbeitszeugnisse bisheriger Arbeitgeber. Die sind gesetzlich dazu verpflichtet, Arbeitnehmern nach Ende des Arbeitsverhältnisses ein Zeugnis auszustellen, und zwar im Zweifelsfalle „spätestens bei Ablauf der Kündigungsfrist".[4]

Formen von Zeugnissen. Man unterscheidet drei Arten:
- In einem **einfachen Zeugnis** ist nur aufgelistet, welche Tätigkeiten Sie in welchem Zeitraum ausgeübt haben. Über die Qualität Ihrer Leistung ist nichts vermerkt. Der Haken dabei: Für Ihren zukünftigen Arbeitgeber ist es zwar interessant, detailliert nachlesen zu können, was Sie alles getan haben – bei weitem interessanter ist es für ihn jedoch zu erfahren, wie der Aussteller des Zeugnisses Ihre Arbeit eingeschätzt hat. Deshalb sind einfache Zeugnisse eigentlich nur akzeptabel, wenn es um → *Praktika* geht.
- Bei festen Arbeitsverhältnissen muss es schon ein **qualifiziertes Zeugnis** sein. Das enthält nicht nur eine – möglichst genaue – Beschreibung von Art und Umfang Ihrer Tätigkeiten, sondern auch eine Beurteilung Ihrer Leistung durch den Arbeitgeber. Dieser ist verpflichtet, „das Zeugnis wahrheitsgemäß, aber auch wohlwollend auszustellen. (...) Das Zeugnis darf keine Informationen oder Werturteile enthalten, die Ihnen den weiteren Lebensweg unnötig erschweren. Deshalb dürfen auf keinen Fall Hinweise enthalten sein, durch die ein Arbeitnehmer negativ abgestempelt wird."[5]
- Schließlich gibt es auch **Zwischenzeugnisse**. Die muss Ihnen der Arbeitgeber auf Wunsch ausstellen, selbst wenn gar keine Beendigung des Arbeitsverhältnisses im Raum steht. Der Hintergrund: Ein Zwischenzeugnis ermöglicht es besonders Arbeitnehmern, die viele Jahre bei ein und demselben Unternehmen tätig sind, sich mit einer aktuellen → *Information* über ihre Kenntnisse und → *Kompetenzen* anderweitig zu bewerben. Außerdem kann es bei Wechsel des Vorgesetzten, bei einer Versetzung, bei Auflösung der Abteilung – also bei allen → *wichtigen* Änderungen im

Arbeitsleben innerhalb eines Unternehmens – sehr sinnvoll sein, sich seinen bisherigen Werdegang dokumentieren zu lassen. Und ganz nebenbei könnte die Bitte um ein Zwischenzeugnis auch als ein → *diplomatischer* Hinweis an den Arbeitgeber gelten, dass er möglicherweise einen wertvollen Mitarbeiter verliert, wenn er sich nicht endlich zu einer überfälligen → *Gehaltserhöhung* oder → *Beförderung* durchringt.

Zeugnissprache. Die Arbeitgeber sind zwar gesetzlich zu ausschließlich positiven Formulierungen verpflichtet – aber wenn sie an einem Ex-Mitarbeiter → *Kritik* äußern und ihren Nachfolgern Warnungen signalisieren möchten, dann haben sie dazu sprachlich immer noch Möglichkeiten genug. Schließlich lassen sich selbst vernichtende Urteile mit Hilfe einiger → *freundlicher* Worte überaus → *diskret* verpacken.

Beispiele: „Sie war stets um größtmögliche Zuverlässigkeit bemüht" bedeutet im Klartext, dass sie leider nicht im Geringsten zuverlässig war. „Er zeichnete sich durch ein außerordentlich hohes Maß an Selbständigkeit aus" deutet darauf hin, dass er → *Dienstwege* und Teamregeln missachtet hat. „Ihr Kommunikationstalent wurde überall sehr geschätzt" heißt, dass sie eine berüchtigte Quasselstrippe war. Und „Er legte auch in hektischen Situationen ein Höchstmaß an Besonnenheit und Gründlichkeit an den Tag" deutet darauf hin, dass er ein → *Perfektionist* mit Entscheidungsproblemen war. Wer → *Angst* hat, in einem Zeugnis Minen dieser Art zu übersehen, der sollte → *Betriebsrat* oder → *Gewerkschaft* zu Rate ziehen oder ein paar Euro in ein Fachbuch[6] investieren.

Sich gegen Zeugnisse wehren ist grundsätzlich möglich. Dafür müssten Sie vors Arbeitsgericht ziehen und eine so genannte Berichtigungsklage erheben.[7] Es stellt sich allerdings die → *Frage*, ob der → *Stress* wirklich nötig ist.

Bevor man zur Keule „Arbeitsgericht" greift, sollte man erst mal klären, ob der Arbeitgeber tatsächlich bösartige Absichten hatte – oder einfach nur bequem war. Zeugnisseschreiben gehört nämlich bei Vorgesetzten zu den unbeliebtesten Tätigkeiten überhaupt. Es ist also nicht auszuschließen, dass sie einfach ir-

gendwo abgeschrieben haben, ohne groß über eventuelle sprachliche Spitzfindigkeiten nachzudenken: „Nicht selten sind Faulheit oder mangelnde Feinfühligkeit, mangelndes Sprachempfin-
den im Spiel."[8]

Um längere → *Diskussionen* über jede einzelne Formulierung von vornherein zu vermeiden, machen Sie Ihrem Vorgesetzten am besten den Vorschlag, selbst einen Entwurf
für ein Zeugnis zu machen. Den Teil „Art und Umfang der Tätigkeit" kennen Sie sowieso am besten. Diese Lösung hat für beide Seiten nur Vorteile: Ihr → *Chef* hat weniger Arbeit – und Sie
kommen leichter an das Zeugnis, das Sie wollen.[9]

Zeugnisse in Bewerbungsmappen sind besonders wichtig, keine Frage. Sind größere Abschnitte der Berufstätigkeit zwar im
Lebenslauf erwähnt, aber nicht in Form von Zeugnissen belegt,
ist das immer gleich verdächtig. Andererseits macht ein Zuviel
an Zeugnissen auch keinen unglaublich guten → *Eindruck*: Wer
sich durch dicke Mappen quälen muss, in der selbst Zeugnisse
für zweiwöchige Praktika, aushilfsweise Tätigkeiten im örtlichen
Supermarkt während der Studienzeit und für vor zehn Jahren
bestandene Computerkurse abgeheftet sind, dem vergeht möglicherweise irgendwann die Lust, noch zwischen wichtigen und
unwichtigen Zeugnissen zu unterscheiden, wenn der Bewerber
das selbst schon nicht kann. Bei zweihundert Bewerbungen kann
das durchaus ein Grund dafür sein, diese Mappe auf den „nein
danke"-Stapel zu legen.

Zum Wert von Zeugnissen in Bewerbungen. Klar ist es immer
gut, wenn Sie Zeugnisse vorweisen können, die die reinsten Lobeshymnen sind. Aber sie sind nicht allein ausschlaggebend dafür,
dass Sie zu einem Bewerbungsgespräch eingeladen werden: Auch
Form und Inhalt Ihres Bewerbungsschreibens, Ihr Lebenslauf
und Ihr Foto spielen eine erstaunlich große Rolle. Grund genug,
gerade diesen Dingen besondere → *Aufmerksamkeit* zu schenken. Auf die Formulierung Ihrer Zeugnisse können Sie nämlich,
sind sie einmal geschrieben, kaum noch Einfluss nehmen – auf
die Qualität Ihres Fotos und Ihres Bewerbungsschreibens hingegen umso mehr.

▶ **Ziele**

„Ein Ziel beschreibt einen angestrebten bzw. zu erreichenden Zustand."[10] Und „wer nicht weiß, wohin er will, braucht sich nicht zu wundern, wenn er woanders ankommt".[11] Im → *Privatleben* kann man sich zwar durchaus auf den Standpunkt stellen, dass es ganz schön oder vielleicht das einzig Wahre ist, sich vom Leben dahintreiben zu lassen nach dem Motto „Es ist alles zu irgendwas gut".

Ohne Ziele keine Ankunft. In der Geschäftswelt ist die Sache ganz eindeutig: Unternehmen müssen sich rechtzeitig und gründlich überlegen, wo sie nächstes Jahr und in fünf Jahren stehen wollen. Sonst sind sie in fünf Jahren vielleicht gar nicht mehr da, ganz einfach, weil sie über den Mühen des Tagesgeschäfts → *wichtige* Entwicklungen übersehen haben. Zum Beispiel, dass sich der Geschmack der Verbraucher ändert. Und dass man deshalb von Zeit zu Zeit die Angebotspalette aktualisieren und die Gestaltung der Produkte modernisieren muss, wenn man sie auch übermorgen noch erfolgreich verkaufen will.

Diese Notwendigkeit, Ziele zu entwickeln und zu verfolgen, gilt übrigens nicht nur für die Unternehmensführung. Auch für → *Mitarbeiter* mit Karriereplänen ist es nie verkehrt, Zielstrebigkeit an den Tag zu legen. Zwar können die wenigsten → *Chefs* Ehrgeiz und → *Initiative* prompt mit → *Gehaltserhöhungen* und → *Beförderungen* belohnen. Aber wer beharrlich den Eindruck vermittelt, dass er nicht gedenkt, auch in zwanzig Jahren noch auf derselben Stelle zu hocken, kommt trotzdem letztlich leichter vorwärts – und hat auf jeden Fall ein besseres → *Image* als die Damen und Herren → *Energiesparer*.

Zielklarheit. Dass man sich in der Topetage einer Firma über zu erreichende Ziele einigt, nützt den Mitarbeitern erst mal wenig. Theoretisch sollten sie frühzeitig um ihre → *Meinung* dazu gebeten werden, ob diese Ziele auch sinnvoll und zu verwirklichen sind – schließlich haben sie den viel direkteren Draht zur Basis, zu den Lebensadern (→ *Kunden*, Lieferanten, Partner) des Unternehmens. In der Praxis müssen sie jedoch oft schon zufrieden damit sein, wenn die Geschäftsleitung **Ziel-klarheit** herstellt.

Das heißt, dass diese ihre Ziele inhaltlich genau formuliert, vernünftig bemessene Zeiträume für die Erfüllung einzelner Teilschritte festlegt, Ziele so genau absteckt, dass ihr Erreichen auch messbar ist, und sich nicht in Widersprüchen zwischen Einzelzielen verheddert.[12] Gute Vorgesetzte bemühen sich darüber hinaus auch um **Zielvereinbarungen**. Das heißt, dass sie den Leuten, die die Zielvorgaben erfüllen sollen – also den Mitarbeitern – diese Ziele auch ausreichend erklären und sich dafür einsetzen, dass sie sich mit diesen Zielen identifizieren oder wenigstens anfreunden können.

Das klingt jetzt ziemlich kompliziert. Dabei geht es eigentlich nur um die → *Frage*: „Was soll erreicht werden, und wie soll es erreicht werden?" Und darum, dass alle Mitarbeiter eines Unternehmens vom Azubi bis zum obersten Chef die Antwort auf diese Frage kennen und sich obendrein darüber einig sind. Denn wenn keiner die Antworten so richtig kennt, wurstelt jeder vor sich hin. Und wenn über die Antworten keine Einigkeit besteht, arbeitet man am Ende sogar gegeneinander. Ziele erreicht man so niemals, im Zweifel noch nicht einmal den Gewinn, der fürs Überleben nötig ist.

Das bedeutet für Sie als Chef: Es ist keinesfalls eine überflüssige Anstrengung, Mitarbeitern Aufgabenbereiche und → *Arbeitsaufträge* grundsätzlich vor dem Hintergrund der Unternehmensziele zu erklären – selbst wenn sie Ihren Anweisungen eigentlich auch ohne Erklärungen folgen müssen. Aber wer ausreichend → *Informationen* darüber erhält, warum er eine bestimmte Aufgabe in einer bestimmten Weise erledigen soll, der erledigt sie in der → *Regel* viel schneller, motivierter und besser als jemand, der aus → *Angst* vor Rückfragen zu allem ja und Amen sagt, ohne jemals wirklich zu verstehen, worum es eigentlich geht.

Die Gesprächsbereitschaft Vorgesetzter birgt natürlich die Gefahr in sich, dass Mitarbeiter bestimmte Unternehmensziele nicht einsehen. Da sind dann unter Umständen auch mal längere → *Diskussionen* angesagt. Aber die werden Sie als Chef bestimmt prima überstehen, wenn Sie nicht aus den Augen verlieren, dass auch Mitarbeiter gelegentlich sehr gute → *Argumente* auf ihrer Seite haben können. Und dass es sich deshalb auf alle Fälle lohnt → *zuzuhören.*

Das bedeutet für Sie als Mitarbeiter: Wenn Sie hartnäckig das → *Gefühl* haben, den größeren Zusammenhang hinter den täglichen Aufgaben nicht richtig zu verstehen – lassen Sie ihn sich erklären. Gelegenheiten, → *Kollegen* und vor allem Chefs zu fragen, gibt es reichlich, zum Beispiel bei Team- oder Abteilungsbesprechungen. Sollte dabei nicht viel herauskommen, so liegt das möglicherweise nicht daran, dass Sie begriffsstutzig sind, sondern daran, dass es nur sehr schwammige oder womöglich gar keine richtigen Ziele gibt. Gerade in kleinen und mittleren Betrieben ist das offenbar der Normalfall.[13]

Selbst Ziele entwickeln. Wer in so einem Laden arbeitet, hat immer noch die Möglichkeit, für seinen eigenen Arbeitsbereich selbst Ziele zu entwickeln, vorausgesetzt jedenfalls, er hält die Abwesenheit von Zielen nicht für einen Traum an Bequemlichkeit. Der Nachteil an dieser Methode: Der Vorgesetzte muss sich mit den Zielen auch einverstanden erklären. Was nicht ganz leicht ist, wenn er Angst davor hat, dass hier ein ehrgeiziger Streber dabei ist, ihm die Butter vom Brot zu nehmen. Der Vorteil daran: Wenn es Ihnen durch Ihre → *Initiative* gelingt, mit Ihrem Chef gemeinsam Ziele für Ihren Arbeitsbereich abzustecken, verschaffen Sie sich damit nicht nur Klarheit. Sie können sich so auch davor schützen, für Dinge → *verantwortlich* gemacht zu werden, die außerhalb Ihres Aufgabenbereichs liegen. Und Sie können reichlich Pluspunkte dafür kassieren, immer wieder ganz von alleine → *Ideen* und Zielvorstellungen zu entwickeln, die nicht nur Ihnen, sondern der gesamten Firma zugute kommen.

▶ **Zivilcourage**

Das Wort bedeutet „Mut, sich für die eigenen Überzeugungen einzusetzen".[14] Im Laufe der Geschichte haben viele Menschen diesen Mut mit dem Leben bezahlt. Im Deutschland von heute kann von einer solchen Gefahr nicht mehr wirklich die Rede sein; Anlässe für Zivilcourage gibt es aber immer noch mehr als genug.

Zivilcourage ist immer dann angesagt, wenn ein Starker einem Schwachen gegenüber seine Macht missbraucht, ohne dass der sich wehren kann. Dieser Machtmissbrauch hat ganz verschiedene Gesichter: Benachteiligungen und → *Bloßstellungen,* → *Intrigen* und → *Indiskretionen,* → *Mobbing* und Zudringlichkeiten. Typische Beispiele: Skins pöbeln in der U-Bahn einen Ausländer an; der Abteilungsleiter begrapscht hemmungslos jede neue → *Praktikantin*; einer aus dem Tennisclub erzählt bei jeder Gelegenheit judenfeindliche Witze; der Nachbar verprügelt regelmäßig seine Kinder; der → *Chef* brüllt in → *Besprechungen* seine → *Sekretärin* an, wenn er einen → *Fehler* gemacht hat.

Aus der Zeitung sind auch die typischen Reaktionen bekannt: Die Umstehenden schauen zu, greifen aber nicht ein. Oder sie schauen weg, hören weg, gehen weg. Meistens aus Gleichgültigkeit („Das geht mich nichts an") oder aber aus → *Angst* davor, was ihnen wohl passieren würde, wenn sie sich einmischen.

Zivilcourage beweisen. Das tut jeder, der Zeuge offensichlichen Machtmissbrauchs wird und eben nicht tatenlos zusieht, sondern etwas unternimmt, und zwar zur Not nicht nur mit Worten, sondern auch mit Taten. Er spricht den Angreifer direkt auf sein Verhalten an, er verteidigt und unterstützt das Opfer, er schaltet Behörden und Ämter ein, die dem Opfer helfen könnten.

Machtmissbrauch entgegenzutreten, erfordert nicht selten mehr als „nur" den Mut, seine → *Meinung* klar zu vertreten. Handgreiflichkeiten sind nicht immer auszuschließen: Wer einer Truppe Skinheads gegenübertritt, riskiert unter Umständen sogar mehr als ein blaues Auge. Im Berufsleben sieht das Risiko etwas anders aus. Zivilcourage ist hier in erster Linie eine klare → *Kritik,* und mit der macht man sich nicht unbedingt beliebt. Am wenigsten bei Ranghöheren – die empfinden Zivilcourage erfahrungsgemäß als unzulässige Zurechtweisung, die sie in irgendeiner Form abstrafen wollen.

Zivilcourage bedeutet also auf der Karriereleiter nicht unbedingt einen Schritt nach oben, auch wenn sie einer der größten Beweise für soziale → *Kompetenzen* ist. Und trotzdem gibt es einen sehr guten Grund, sie im Zweifelsfalle wieder und wieder an den Tag zu legen: Wer das nicht tut, kann irgendwann nicht mehr in den Spiegel schauen.

Grenzen der Zivilcourage. Es gibt kein „Zuviel" an Zivilcourage. Aber es gibt auch keinen wirklich einsichtigen Grund, warum innerhalb einer Abteilung oder Arbeitseinheit immer ein und derselbe → *Mitarbeiter* Zivilcourage zeigen muss, während seine Kollegen offenbar viel weniger von dieser Gabe abbekommen haben. Obwohl sie ihrem mutigen Kollegen doch „im → *Vertrauen*" immer wieder sagen, wie → *Recht* er mit seinem Mut hat und dass sie im Grunde doch alles ganz genauso sehen wie er.

Wenn Sie mit schöner Regelmäßigkeit von den „diplomatischeren" Kollegen vorgeschickt werden, um sämtliche Kastanien aus dem Feuer zu holen, dann sollten Sie irgendwann → *Grenzen* ziehen. Am Ende verbrennt sich dabei nämlich nur einer die Finger, und das sind Sie. Da ist es nur verständlich, wenn Sie das Risiko auf mehrere Schultern verteilen und der „vertraulichen" Zivilcourage Ihrer Kollegen einen gebührenden Platz im Bewusstsein Ihrer Vorgesetzten schaffen: „Die Kollegen Müller, Meier und Schmidt sind in dieser Angelegenheit übrigens völlig meiner Meinung."

▶ **Zudringlichkeiten** → *Belästigung, sexuelle*

▶ **Zuhören**

Zuhören ist genau wie → *Ausredenlassen* eine ganz entscheidende Voraussetzung dafür, dass aus Gesprächen gute → *Gespräche* werden. Darüber hinaus ist die Bereitschaft, → *aufmerksam* zuzuhören, immer ein Zeichen von gutem → *Benehmen*. Es signalisiert dem Sprecher nämlich, dass er und die Dinge, die er sagt, ernst genommen werden. Wer zuhören kann, hat sowohl in privaten → *Beziehungen* gute Karten als auch im Beruf: „Richtig zuzuhören, ist eine wesentliche Bedingung für → *Erfolg* im Arbeitsleben."[15] Das liegt nicht nur an dem guten → *Eindruck*, den der aufmerksame Zuhörer vermittelt, sondern auch daran, dass er aus jedem Gespräch eine Menge wichtiger → *Informationen* herausfiltern kann – über das Gesagte, über das Unausgesprochene und über die Persönlichkeit des Sprechers. Lauter Dinge, die für die weitere Kontaktpflege, zukünftige Verhandlungen und geplante Geschäftsabschlüsse durchaus von Bedeutung sein könnten.

Zuhör-Strategien. Zuhör-Profis erzählen vor allem in Kennenlern-Gesprächen nur wenig über sich selbst, sondern bieten dem anderen durch geschicktes → *Fragen* viel Gelegenheit zur Selbstdarstellung. Die meisten Menschen können dieser Versuchung kaum widerstehen; schließlich kennen und mögen sie das Thema. Also holen sie gerne weit aus: „Ich bin jemand, der ..." Und am Ende ihrer vertrauensseligen Schilderungen weiß ihr Gegenüber vermutlich über ihre Stärken und → *Schwächen* relativ genau Bescheid.

Für gute Vorgesetzte, schlagfertige Mitmenschen und Überflieger aller Art gibt es noch einen anderen, weniger auf Nutzen und Strategie ausgerichteten Grund, in → *Diskussionen* und → *Besprechungen* am besten erst mal nur zuzuhören: Wenn sie als Erste den Mund aufmachen und ihre → *Meinung* äußern, traut sich danach nämlich keiner mehr, einen anderen Standpunkt zu vertreten. Es ist zwar immer gut fürs Ego, wenn es nach den Ausführungen der Häuptlinge weder Anmerkungen noch Widerspruch gibt – aber gut für die Sache ist es längst nicht immer.

Zahlen übers Zuhören. Ohne geht's nur für Einsiedler: Wer mit anderen Menschen in Kontakt ist, verbringt bis zu vierzig Prozent der → *Zeit*, in der er wach ist, mit Zuhören – was allerdings rein gar nichts darüber aussagt, wie viel Prozent des Gehörten auch im Bewusstsein ankommen. Zuhören „am Stück" ist nämlich kaum möglich. Die meisten Menschen hören in Schüben von nicht länger als sechzig Sekunden. Danach ist erst mal eine kleine Konzentrationspause fällig – die Gedanken schweifen ab, ob man will oder nicht.[16]

 Aufmerksames Zuhören ist zwar eine Kunst, aber keineswegs ein seltenes Naturtalent. Das nötige Interesse vorausgesetzt, kann man Zuhören durchaus → *lernen*. Ein erster

Schritt in die richtige Richtung ist das Trainieren von **Signalen**, die dem anderen zeigen, dass man überhaupt zuhört:

- → *Blickkontakt* zum Sprecher.
- **Ausreden lassen.** Das ist nicht nur ein Gebot der → *Höflichkeit*, sondern bei jeder Form von → *Beschwerden* geradezu Medizin: Wer sich erst mal so richtig austoben darf, ist am Ende viel leichter zu besänftigen.
- Eine → *Körpersprache* und ein paar mitfühlende Laute, die Aufmerksamkeit demonstrieren (gelegentliches Nicken, Kurzkommentare wie „mhm", „tatsächlich?", „Gibt's ja nicht!").
- **Verständnisfragen** und zusammenfassende → *Wiederholungen*. Die zeigen, dass Sie sicher sein wollen, das Gesagte auch richtig zu verstehen. Das ist besonders → *wichtig* in schwierigen Gesprächssituationen: → *Feedback-Gespräche*, → *Kritik*, komplizierte → *Arbeitsaufträge*, → *Abneigung* zwischen Gesprächspartnern.
- **Keine** → *Hektik*. Zuhören unter → *Stress* ist ein Ding der Unmöglichkeit: So sehr man sich auch bemüht – man versteht unterm Strich kaum etwas, weil die Gedanken ganz woanders sind. In solchen Situationen ist es immer besser, das Gespräch entweder ganz zu verschieben oder aber einen klaren Zeitrahmen abzustecken: Es ist leichter, zehn Minuten lang konzentriert zuzuhören, wenn man von vornherein weiß, dass man sich danach wieder seinen dringenden → *Problemen* widmen kann.
- In geschäftlichen Angelegenheiten immer eine gute Idee: **Notizen**. Der andere freut sich zu sehen, dass Sie seine Ausführungen sogar mitschreiben. Besonders Ihr → *Chef*, wenn er Ihnen einen seiner berüchtigten Kurzvorträge hält.
- **Hören, was nicht gesagt wird**, denn das ist manchmal bedeutsamer als jeder → *Smalltalk* (→ *Schweigen*).

Die Beherrschung dieser Signale allein ist allerdings erst die halbe Miete. Ein bisschen echtes Interesse darf es schon auch sein. Anders ausgedrückt: Beim Zuhören geht es nicht allein um das Verstehen von Worten, sondern vielmehr um das **Verstehen der** → *Gefühle*, die aus ihnen sprechen: „Gute Zuhörer können zeitweise die Sicht der/des anderen übernehmen. Sie wollen zuerst verstehen, bevor sie einordnen und bewerten."[17] Alles andere ist nicht viel mehr als Pseudo-Zuhören.

Pseudo-Zuhören. Pseudo-Zuhörer stellen zwar alle Signale zur Schau, die auf aufmerksames Zuhören schließen lassen – aber eigentlich tun sie nur so als ob. Zugegebenermaßen hat man manchmal gar keine andere Wahl, zum Beispiel bei → *Vorträgen* im kleinen Kreis oder bei Predigten von Respektspersonen.

Aber in den meisten Fällen ist Pseudo-Zuhören keine gute → *Lösung.* Es ist nämlich einfach zu leicht erkennbar: Pseudo-Blickkontakt wirkt bei → *Anfängern* und Amateuren wie leeres Nach-innen-Starren. Weil Pseudo-Zuhörer eben nicht zuhören, können sie keine konkreten Fragen stellen – also wechseln sie ständig und ohne erkennbaren Grund das Thema. Stellt man ihnen eine Frage, so antworten sie oft mit einer verräterischen Verzögerung; ihre Antworten sind einsilbig („jaja, verstehe") und ziemlich nichtssagend. Und wenn sie sich Notizen machen, dann wahrscheinlich über etwas anderes.

Sogar am → *Telefon* können Pseudo-Zuhörer entlarvt werden: Nicht nur durch ihre unkonzentrierte Gesprächsführung, die man durch die Leitung noch deutlicher spürt als im persönlichen Gespräch. Sondern auch durch die ganzen Nebengeräusche, die sie produzieren (Tastaturklimpern, Blättern, Umschlägeaufreißen). Die werden nämlich durch die modernen Mikrofone in erstaunlich guter Qualität übertragen.

Nicht zuhören zeugt von so unglaublich schlechtem Benehmen, dass es eigentlich → *tabu* sein sollte. Trotzdem kommt es häufig vor, wenn auch überwiegend in Gesprächen von oben nach unten (Eltern gegenüber Kindern, Vorgesetzte gegenüber Mitarbeitern). Die typischen Zeichen: unterbrechen; Antworten geben, bevor die Fragen ganz ausgesprochen sind; abrupt das Thema wechseln; auf die Uhr schauen, Männchen malen, nebenbei telefonieren oder die Post durchsehen.

Wenn Ihnen jemand nicht zuhört, dann haben Sie verschiedene Möglichkeiten, darauf zu reagieren:
• **Sie reden trotzdem weiter.** Was allerdings keine gute → *Idee* ist, denn Nicht-Zuhörer rufen beim Sprechenden erfahrungsgemäß wachsende Unsicherheit hervor – nicht unbedingt die beste Vo-

raussetzung für Sie, Ihre → *Argumente* auch überzeugend vorzutragen.

• **Sie kritisieren den Nicht-Zuhörer.** Nur geeignet in Gesprächen
mit Menschen, die sich Ihre Kritik an ihrem Verhalten gefallen
lassen. Also im Umgang mit Chefs nicht unbedingt die beste Lösung.

• **Sie ersparen sich weiteren** → *Ärger* **und vertagen das Gespräch.**
Einzig sinnvolle Methode im Umgang mit Vorgesetzten und sonstigen Respektspersonen. „Ich sehe, Sie sind im Augenblick beschäftigt. Ist es in Ihrem Sinne, wenn wir die Angelegenheit später klären?" **Merke:** „Besser vertagen, als überhaupt nicht gehört
zu werden."[18]

▶ **Zuhörer**

Man unterscheidet zwei Arten voneinander: Diejenigen, die zuhören sollen, es aber nicht immer tun. Und diejenigen, die nun
wirklich nicht zuhören sollen – aber trotzdem mit größter → *Aufmerksamkeit* lauschen.

Gewollte Zuhörer. Bei → *Vorträgen*, in → *Sitzungen* und → *Besprechungen* aller Art und auch privat im Freundes- und Fami-
lienkreis geht der, der spricht, erst mal automatisch davon aus,
dass die Anwesenden ihm auch → *zuhören*. Sonst bräuchte er sich
nicht die Mühe zu machen, überhaupt irgendetwas zu sagen. Und
in der → *Regel* hört man ihm ja auch zu. Jedenfalls wenn das, was
er erzählt, halbwegs interessant ist, nicht allzu einschläfernd, was
→ *Tonfall* und Tempo angeht, und vor allem nicht zu lang.

Andernfalls machen die Zuhörer dem Sprecher ihren Unmut
mehr oder weniger schnell klar: Sie entziehen den → *Blickkontakt*, malen Männchen auf ihre Besprechungsunterlagen, schau-
en ziemlich deutlich auf die Uhr oder fangen ungeniert ein → *Gespräch* mit ihrem Nachbarn an. Sobald das mehrere tun, lässt sich
die aufsteigende allgemeine Unruhe eigentlich nur noch dadurch
in den Griff bekommen, dass der Redner die Störenfriede direkt
anspricht („Ich sehe, Sie haben eine dringende Frage zum Thema?"), einen radikalen → *Themenwechsel* vornimmt oder eine
Raucherpause anberaumt.

Ungewollte Zuhörer bringen dem Redner und dem, was er sagt, ausgesprochen viel Interesse entgegen, und das, obwohl kein Mensch sie darum gebeten hat. Im Restaurant, am Flughafen, auf einem → *Empfang* oder schlicht irgendwo auf der Straße sitzen oder stehen sie zufällig in der Nähe, wenn Sie mit jemandem etwas besprechen, sei es → *persönlich* oder per → *Mobiltelefon*. Was Sie sagen, ist unüberhörbar, also hören sie zu. Vielleicht aus reiner Langeweile. Vielleicht, weil sie den Namen einer Person aufgeschnappt haben, die sie kennen. Vielleicht auch, weil das, was Sie so erzählen, ihre Fantasie zu einer hübschen kleinen Geschichte anregt („Das ist bestimmt ein Drogendealer").

Ganz egal, warum sie zuhören – für Sie könnte das Ganze ein wenig erfreuliches Nachspiel haben. Ungewollte Zuhörer machen aus einer im → *Vertrauen* erzählten Angelegenheit nämlich eine → *Indiskretion*, auch wenn Sie in der Situation selbst möglicherweise gar nicht merken, dass Sie ungewollte Zuhörer haben und nur deshalb ungewollt indiskret sind. Mit etwas Pech erfährt Ihr → *Chef* auf diese Weise endlich, was Sie von ihm halten (sein Bruder saß in der Eisdiele am Nachbartisch, als Sie Ihrem → *Ärger* Luft gemacht haben); der Aufsichtsrat erfährt, dass seine Frau ihn betrügt (sein Friseur hat gehört, wie Sie über die Affäre gelästert haben); und der Lokalredakteur der örtlichen Tageszeitung erfährt, dass Ihre Firma vor kurzem ein paar kleine → *Probleme* mit der Beachtung von Umweltschutzverordnungen hatte (er war Ohrenzeuge, als Sie per Handy → *hektisch* darüber diskutiert haben).

Vorsichtsmaßnahmen. In dieser Richtung kann man sich viele weitere Begegnungen der dritten Art vorstellen und genauso viele schaurige Konsequenzen. Letztlich könnte jeder, der zufällig in der Nähe ist, wenn Sie etwas erzählen, ein ungewollter Zuhörer sein. **Merke:** Nur weil Sie die Leute nicht kennen, heißt das noch lange nicht, dass die Sie nicht kennen oder nicht zumindest wissen, von wem oder von was Sie da reden. Es ist also nie falsch, über diese Dinge kurz nachzudenken, ehe man an öffentlichen Orten lauthals seine → *Meinung* über dieses oder jenen kundtut.

Zumindest die Namen von Firmen und Personen sollten Sie systematisch weglassen, wenn es nicht gerade um → *Komplimente* und andere → *Freundlichkeiten* geht. Aber am sinnvollsten ist immer noch, heikle Gespräche im Zweifelsfalle zu vertagen und sie an einen Ort weiterzuführen, an dem es garantiert keine ungewollten Zuhörer gibt.

▶ **Zusagen**

Sie bestätigen förmlich die Annahme eines Angebots, eines Auftrags oder einer Einladung.

Bei Angeboten und Aufträgen ist im Normalfall für alle Beteiligten selbstverständlich, dass einmal gemachte Zusagen bindend und verpflichtend sind, zumindest wenn sie in schriftlicher Form vorliegen. Wer auf Nummer sicher gehen will, sollte sich daher „für die → *Akten*" mündliche Zusagen und → *Vereinbarungen* per → *Handschlag* immer schriftlich bestätigen lassen oder seinerseits bestätigen. Es muss nicht immer gleich ein Vertrag sein. Eine kurze Auflistung aller wesentlichen → *Details* ist oft genug, zum Beispiel Auftragsumfang, Preise, → *Termine*. Das sorgt dafür, dass beide Seiten genau wissen, was der andere meint und erwartet, und schützt im Zweifelsfall vor Meinungsverschiedenheiten und → *Missverständnissen*, die ganz schnell ganz teuer werden können.

Bei offiziellen → *Einladungen* werden Zusagen meist als unverbindliche Interessebekundungen angesehen. Dabei ist die Zusage – oder auch → *Absage* – der geladenen → *Gäste* für den Gastgeber eine ganz wesentliche → *Information*, die er oft ausdrücklich erbittet. Nur wenn er weiß, wie viele Personen seiner Einladung folgen, kann er den Bedarf an Speisen und Getränken kalkulieren und sich über die schwierige → *Frage* der → *Tischordnung* Gedanken machen.

Diese Planungsprobleme sind vielen Eingeladenen nicht recht klar. Deshalb sagen sie grundsätzlich erst mal alles zu, um dann spontan entscheiden zu können, ob sie wirklich hingehen – meistens am Tag des Ereignisses, wenn es für eine

Absage ohnehin zu spät ist. Der Aussagewert schriftlicher Einladungszusagen ist folglich nicht immer so hoch, wie er sein sollte. Wenn Sie eine Veranstaltung planen und Ihre Zusagen durchzählen, können Sie je nach Anlass einen bestimmten Prozentsatz gleich wieder abziehen, bei gesetzten → *Essen* zwei bis fünf Prozent, bei großen → *Empfängen* 20 bis 30 Prozent, und wenn die Einladung vermuten lässt, dass es nichts Gescheites zu essen und zu trinken gibt, ist der Anteil tatsächlich anwesender Gäste aller Erfahrung nach noch geringer.

Nicht eingehaltene Zusagen. Wer seine Zusage nicht einhält, bekommt zwar nicht immer und sofort → *Ärger*, aber er enttäuscht die Erwartungen anderer und wird ganz schnell als unzuverlässig abgestempelt. Das hat meistens Folgen: Sie werden von den Gästelisten gestrichen, der → *Chef* vergibt den nächsten interessanten Job lieber an Ihren → *zuverlässigen* Kollegen. Und den nächsten Auftrag bekommen nicht Sie, sondern Ihre Konkurrenten.

▶ **Zuständigkeit**

Das Wort bezeichnet die „Befugnis zur Ausübung einer bestimmten Tätigkeit und zur Wahrnehmung eines bestimmten Aufgabenkreises".[19] Aus den → *amtsdeutschen* Schnörkeln in → *Klartext* übersetzt, bedeutet das: Wer für einen bestimmten Aufgabenbereich zuständig ist, der darf oder muss ihn bearbeiten. Er ist jedoch nicht unbedingt → *verantwortlich* für ihn.

Das ist ein kleiner feiner Unterschied. Die Verantwortung bringt nämlich mehr Pflichten, aber auch mehr Rechte mit sich. Es sind also in der → *Regel* die → *Chefs*, die für einen Aufgabenbereich verantwortlich sind. Und die bestimmen dann, in welcher Form ihre → *Mitarbeiter* für die Bearbeitung der anfallenden → *Arbeitsaufträge* innerhalb des Aufgabenbereichs zuständig sind.

Die Zuständigkeitsbereiche der einzelnen Mitarbeiter sind, sofern vernünftige Vorgesetzte am Werk sind, so klar gefasst, dass die einzelnen → *Kollegen* einander nicht ins Gehege kommen. Und sie sind so weit gefasst, dass die Mitarbeiter nicht wegen jeder Kleinigkeit gleich den Chef fragen müssen, sondern auch selbständig → *Entscheidungen* fällen können. Jedenfalls innerhalb gewisser → *Grenzen*; es gibt immer Bereiche, in denen ganz klar der Vorgesetzte das letzte Wort hat. Im schlimmsten Fall lässt er sich das sogar dann nicht nehmen, wenn es einzig und allein darum geht, ob fürs → *Büro* Kaffee von Jacobs oder doch lieber von Tchibo gekauft werden soll.

Zuständigkeitsbereiche festlegen. Wo genau bei Ihnen, Ihren Kollegen und Ihrem Vorgesetzten die Grenzen zwischen Zuständigkeit und Verantwortung verlaufen, ist eine äußerst interessante → *Frage*, wenn es um → *Arbeitsverträge* und → *Arbeitsplatzbeschreibungen* geht. Wer clever ist, versucht schon während der Vertragsverhandlungen für eine neue Stelle, auf → *diplomatische* Weise die eine oder andere Antwort herauszufinden. → *Anfänger*, die sich das nicht getraut haben, sind gut beraten, dann eben während der → *Probezeit* alles über ihre Zuständigkeits- und Verantwortungsbereiche herauszufinden.

Auch bei → *Beförderungen* ist es nicht unklug, sich vor dem großen Jubel sicherheitshalber kurz damit zu beschäftigen, ob das Mehr an Arbeit tatsächlich auch ein Mehr an Verantwortung mit sich bringt. Wer Fragen in dieser Richtung stellt und auf schriftliche Vereinbarungen drängt, dem kann es passieren, dass er → *abgewimmelt* wird („Das wird sich von Fall zu Fall ganz automatisch klären") oder als undankbarer → *Perfektionist* beschimpft wird („Sagen Sie mal, reicht Ihnen mein Wort eigentlich nicht?"). Wer aber bei Unklarheiten diese Fragen aus → *Angst* oder falsch verstandener → *Diskretion* nicht stellt, der ist selbst schuld.

Zuständigkeit ist gut – Verantwortung ist besser. Denn **erstens** ist Verantwortung zwar anstrengender, aber, zumindest für alle Nicht-Energiesparer, trotzdem mit mehr persönlicher Befriedigung verbunden als die reine Zuständigkeit. Sie muss sich im Zweifelsfalle immer Anweisungen von oben fügen, auch wenn die vielleicht noch so unsinnig sind. **Zweitens** bringt es früher oder später garantiert kräftigen → *Ärger*, wenn zwischen mehreren Mitarbeitern die Zuständigkeiten und Verantwortungsbereiche nicht eindeutig geregelt sind: Kaum etwas ist für die Beziehungen unter Kollegen so schlecht wie Kompetenzgerangel und Doppelarbeit. Und dabei so leicht zu verhindern.

Und **drittens** zählt unterm Strich ganz eindeutig nicht die Zuständigkeit, sondern die Verantwortung: Sie ist das, was den Unterschied ausmacht zwischen dem Chefgehalt und dem Mitarbeitergehalt. Und sie ist das, was → *Eindruck* macht und gut fürs → *Image* ist. Vor allem dann, wenn es um einen Jobwechsel geht. Sollten Sie also bei der Einstellung noch nicht so richtig auf Zuständigkeit und Verantwortung geachtet haben, dann können Sie das immer noch nachholen, wenn es um die Formulierungen in → *Zeugnissen* und Zwischenzeugnissen geht: Besser spät als nie.

▶ **Zuverlässigkeit**

Sich auf jemanden wirklich verlassen zu können – das steht ganz oben auf der Liste der zehn wichtigsten Eigenschaften, die man sich im täglichen Umgang mit anderen so wünscht. Mit zuverlässigen Menschen pflegt man gerne → *Beziehungen* und baut → *Freundschaften* auf. Sie sind gewissenhaft, → *pünktlich*, verantwortungsbewusst, treu, kurzum: man kann ihnen vertrauen.

Im Privatleben ist es eine reine Frage der → *Sympathie*, ob man damit leben kann, dass ein guter Freund zwar immer großzügig und → *freundlich*, aber grundsätzlich weder pünktlich noch in der Lage ist, sich an → *Zusagen* und → *Versprechen* aller Art zu erinnern. Aber am → *Arbeitsplatz* käme der gute Freund mit einem so unzuverlässigen → *Auftreten* nicht sonderlich weit, Sympathie hin oder her. Da ist nämlich Zuverlässigkeit von morgens bis abends angesagt. Ihre → *Kollegen* und vor allem Ihre → *Chefs* wollen und müssen sich auf Sie verlassen: darauf, dass Sie Aufgaben pünktlich erledigen, Ihre → *Termine* und die vom Chef nicht aus den Augen verlieren, sich → *loyal* verhalten, Zusagen einhalten, Versprechen einlösen – und das alles ganz von allein und ohne dass man Sie x-mal daran erinnern muss.

Zuverlässigkeit als Karrierefaktor. Gerade bei → *Anfängern* ist das Maß an offenkundiger Zuverlässigkeit für den Vorgesetzten ein wichtiges Zeichen, wichtiger noch als → *Initiative* und Engagement: „Engagement ist die Kür. Vorher kommt die Pflicht. Und die heißt: Zuverlässigkeit. Führen Sie bitte am Anfang alle Ihnen übertragenen → *Arbeitsaufträge* besonders sorgfältig, gewissenhaft und pünktlich aus. (...) Bevor Sie geniale Solos starten, sollten Sie zeigen, dass Sie die Alltagsarbeit beherrschen."[20]

Das heißt nun wiederum nicht, dass man in Sachen Zuverlässigkeit nach der → *Probezeit* in seinen Bemühungen allmählich einen Gang runterschalten kann. Es wäre schade um die ganze Anstrengung: Sich erfolgreich das → *Image* eines zuverlässigen → *Mitarbeiters* aufzubauen, ist mühsam. Die → *Energiesparer* auf ihrer Sparflamme machen sich das Leben eindeutig leichter. Aber dafür haben sie auch weniger → *Erfolg*. Den Zuverlässigen ist der hingegen sicher, und zwar nicht unbedingt wegen der Qualität ihrer Arbeit, sondern im Wesentlichen wegen der Qualität ihres Auftretens: „Sehr gewissenhafte Leute umgibt so etwas wie eine Aura, die bewirkt, dass sie besser scheinen, als sie wirklich sind. Die ihnen nachgesagte Zuverlässigkeit beeinflusst die Bewertung ihrer Arbeit und sorgt für eine höhere Einstufung, als eine objektive Messung ihrer → *Leistung* erwarten ließe."[21] Zuverlässigkeit kann also ein Karrierefaktor sein – eine besonders → *wichtige* Erkenntnis für Leute, die sich nicht gerade durch übersprudelnde → *Initiative*, brillante → *Ideen* und andere Überflieger-Qualitäten auszeichnen.

▶ Zwischenbescheid

Ein Zwischenbescheid ist eine kurze schriftliche oder mündliche → *Information*, die nur einen Zweck erfüllt: einem Wartenden zu bestätigen, dass seine Angelegenheit bearbeitet wird, und ihn darum zu bitten, sich noch ein Weilchen zu gedulden. Ein Zwischenbescheid ist also nicht mehr als eine nette → *Geste*: ein → *Brief*, eine → *E-Mail* oder ein Telefonat aus reiner → *Höflichkeit*. Zwingend erforderlich ist er nicht. So sehen das jedenfalls die → *Energiesparer*, die sich solche → *Aufmerksamkeiten* grundsätzlich sparen.

Wer allerdings noch nicht vergessen hat, wie unangenehm das → *Gefühl* ist, wochenlang auf die Antwort auf eine → *Bewerbung* warten zu müssen, der wird sich in Sachen Zwischenbescheid möglicherweise etwas weniger → *geizig* zeigen. Denn dem kleinen Aufwand steht eine große Wirkung gegenüber: Wartende reagieren auf Zwischenbescheide ausnahmslos ziemlich dankbar, denn die sind ganz klar besser als gar keine Nachricht. Zwischenbescheide verbessern also die → *Beziehungen* und verhindern möglicherweise sogar → *Beschwerden*. Und zu denen ringen sich selbst die schüchternsten Zeitgenossen irgendwann durch, wenn man sie nur so lange auf die Folter spannt, bis sie ihren → *Ärger* und Frust nicht mehr im Griff haben.

Gelegenheiten für Zwischenbescheide gibt es wie Sand am Meer. Sie sind automatisch da angebracht, wo eine Angelegenheit länger als ein bis zwei Wochen auf dem Schreibtisch schmort. Also eigentlich immer. Ein Blick auf vorhandene → „*dringend*"- und „zu erledigen"-Stapel bietet wahrscheinlich Anregungen satt: Der → *Bericht*, den ein Geschäftspartner dringend benötigt. Sie können ihn aber noch nicht rausschicken, weil der → *Chef* erst noch sein Okay geben muss. Eine Anfrage an einen → *Kollegen*, die so speziell ist, dass Sie als Urlaubsvertretung sie leider nicht bearbeiten können. Das Angebot einer kleinen Werbeagentur. Der Geschäftsführer hat es selbst angefordert, aber jetzt hat keiner Zeit dafür. Ein Terminvorschlag für eine → *Sitzung*. Weil noch nicht feststeht, ob Sie hin müssen oder ein Kollege, reagieren Sie erst mal gar nicht.

Natürlich kann man all diese Leute kommentarlos warten lassen nach dem Motto „alles zu seiner Zeit". Das spart einiges an Aufwand, und man hat ja auch sonst noch genug zu tun. Das, was man sonst noch zu tun hat, erledigt sich allerdings durch den Einsatz von Zwischenbescheiden erfahrungsgemäß eine Ecke stressfreier. Denn die nehmen den → *Zeitdruck* weg, der sich automatisch aufbaut, wenn zu viele dringende Angelegenheiten zu lange unbearbeitet herumliegen. Sie stellen die Wartenden erst mal wieder ruhig und holen so zusätzliche → *Zeit* für die Bearbeitung raus.

Fazit. Wer nicht einsieht, warum er aus reiner → *Freundlichkeit* anderen gegenüber ab und zu mal einen Zwischenbescheid geben sollte, sieht möglicherweise immerhin den Vorteil, den er selbst davon hat: Die Gefahr plötzlicher → *Hektik* ist garantiert erst mal gebannt, und die Gefahr aufkommender Peinlichkeit angesichts unanständig langer Bearbeitungszeiten auch. Selbst für Energiesparer könnte das ein guter Grund sein, in Zukunft auf Zwischenbescheide nicht mehr zu verzichten.

Anmerkungen

[1] 11/S.57
[2] 9/S.195
[3] Siehe dazu auch Literaturliste Nr. 4/S.55 ff und Nr. 12/S.172 ff
[4] 33/S.967
[5] 34/S.223
[6] Zum Beispiel Literaturliste Nr. 38
[7] 35/S.141
[8] 13/S.118
[9] 13/S.118
[10] 5/S.85
[11] 5/S.80
[12] 5/S.86 ff
[13] 5/S.83
[14] Reclams Kleines Fremdwörterbuch
[15] 20/S.172
[16] 9/S.125
[17] 23/S.146
[18] 4/S.89
[19] Wahrig Deutsches Wörterbuch
[20] 14/S.70
[21] 20/S.118

Weiterführende Fachbücher

Die Nummern beziehen sich auf die Fußnoten und Quellenangaben im Text.

(1) *Samy Molcho:* **Alles über Körpersprache.** Sich selbst und andere besser verstehen. Mosaik/Goldmann-Verlag München, 2002. Der Autor, einer der berühmtesten Pantomimen der Welt, hat gleich mehrere Bücher zum Thema Körpersprache geschrieben. Es lohnt sich, mindestens einen seiner Klassiker zu lesen, denn man erfährt nicht nur viel über andere, sondern vor allem viel über sich selbst.

(2) *Franziska von Au:* **Der neue Knigge.** Sichere Umgangsformen für alle Situationen. Ludwig Buchverlag München, 2. Auflage 2002. „Der Knigge fürs Leben": Benimm-Buch für Privatleben und Beruf, mit eigenen Kapiteln auch zu schwierigen Themen wie Krankheit und Tod. Übersichtlich gestaltet, leicht verständlich – eine angenehme Art, Regeln interessant und lesenswert zu verpacken.

(3) *Brigitte Nagiller:* **Knigge, Kleider und Karriere.** Sicher auftreten mit Stil und Etikette. Verlag Redline Wirtschaft bei Ueberreuter Frankfurt/Main und Wien, 2001. Benimm-Buch ausschließlich für den Beruf. Ausführliche Informationen zu allen wichtigen Bereichen, u. a. Essen, Kleidung, Titel, Protokoll. Empfehlenswert für alle, die einen Job haben, in dem es in besonderem Maße auf gutes Benehmen ankommt.

(4) *Gabriele Cerwinka, Gabriele Schranz:* **Souverän im Sekretariat.** Erfolgsstrategien für das Office von morgen. Verlag Ueberreuter Wirtschaft Frankfurt/Main und Wien, 2001. Tipps und Regeln rund um die Arbeit im Büro, Kapitel über Stressbewältigung und Chef-Typen inklusive. Interessant für Sekretärinnen, Assistenten und Praktikanten, die viel mit Büro-Organisation zu tun haben.

(5) *Friedrich Ulrich:* **Cheffing – Führen von unten.** Cornelsen-Verlag Berlin, 2001. Einfluss auf die Meinung vom Chef – das ist ein Traum, der sich durchaus verwirklichen lässt. Dieses Buch erläutert die theoretischen Grundlagen der „Cheffing"-Theorie und zeigt Wege zur bewussten Entwicklung des eigenen Potenzials.

(6) *Ulrich Dehner:* **Die alltäglichen Spielchen im Büro.** Wie Sie Zeit- und Nervenfresser erkennen und wirksam dagegen vorgehen. Campus-Verlag Frankfurt/Main, 2. Auflage 2001. Das „Ja-aber-Spiel", das „Holzbein-Spiel", das „Blöd-Spiel" und viele weitere Spielchen – was der Autor über typische Verhaltensformen am Arbeitsplatz schreibt, ist psychologisch gut verständlich begründet, wissenswert und sehr unterhaltsam zu lesen.

(7) *Jürgen Lürssen:* **Die heimlichen Spielregeln der Karriere.** Wie Sie die ungeschriebenen Gesetze am Arbeitsplatz für Ihren Erfolg nutzen. Campus-Verlag Frankfurt/Main, 2. Auflage 2002. Wer eine schnelle Karriere anstrebt, bekommt hier einen interessanten Überblick über alle wichtigen Verhaltensstrategien, vom „kleinen Einmaleins der Büropolitik" über den Gewinn von Macht bis hin zu den Top-Karrierekillern.

(8) *Peter Noll, Hans Rudolf Bachmann:* **Der kleine Machiavelli.** Handbuch der Macht für den alltäglichen Gebrauch. Serie Piper München, 8. Auflage 1997. Klassiker über die fiesen Formen von Machtgewinn und Machterhalt der „grauen Mäuse" im Management. Wer Spott und Ironie zu schätzen weiß, kommt voll auf seine Kosten – auch wenn einem das Lachen manchmal im Hals stecken bleibt.

(9) *Roberta Cava:* **Kein Problem mit schwierigen Menschen.** Allen Mitarbeitern, Kollegen, Chefs und Kunden richtig begegnen. Verlag moderne industrie Landsberg/Lech, 2000. Das Buch bietet nicht nur einen Überblick über alle denkbaren Arten schwieriger Menschen. Sondern es erklärt auch, wie Kommunikation überhaupt funktioniert, wie Verständigungsprobleme entstehen – und man sie von vornherein vermeiden kann.

(10) *Reinhard K. Sprenger:* **Das Prinzip Selbstverantwortung.** Wege zur Motivation. Campus-Verlag Frankfurt/Main, 10. Auflage 1999. Klassiker zum Thema Motivation am Arbeitsplatz. Sehr interessante Denkanstöße auch zu Themen wie Stress und Kritik, ebenso anspruchsvoll wie amüsant formuliert. Lesenswert nicht nur für Chefs, sondern auch für alle, die irgendwann Chef werden wollen.

(11) *Reinhard K. Sprenger:* **Die Entscheidung liegt bei dir.** Wege aus der täglichen Unzufriedenheit. Campus-Verlag Frankfurt/Main, 9. Auflage 2000. DAS Buch für alle, die Job, Beziehung oder Leben verändern wollen, sich aber bisher nicht dazu aufraffen konnten. Auf einleuchtende und unterhaltsame Weise enttarnt der Autor alle faulen Ausreden und zeigt, was alles möglich und machbar ist, wenn man nur will.

(12) *Doris Brenner:* **Karrierestart nach dem Studium.** Vom Einsteiger zum Insider. Campus-Verlag Frankfurt/Main, 2000. Im Beruf ist mehr gefragt als nur fachliche Kompetenz – dieser Ratgeber erklärt, was das bedeutet und wie man den „Praxisschock" am ersten Arbeitsplatz überwindet. Psychologische Grundlagen und praktische Tipps, die nicht nur für Akademiker interessant sind.

(13) *Markus Vorbeck:* **Die Job-Strategie.** Ideen für Berufseinsteiger, High Potentials und Jung-Manager. Econ Verlag München, 2001. Hier geht's um die Phase vor dem ersten Job – also um Karriereplanung und Bewerbungsstrategien. Mit interessanten Tipps für das Verhalten in Bewerbungsgesprächen, Assessment Centers und in den Verhandlungen für den Arbeitsvertrag.

(14) *Heinz Commer, Bernd Marenbach:* **Starker Start in den Beruf.** Wie Sie den Einstieg und den Aufstieg locker packen. Econ Verlag München, 1995. Klein und kompakt: Dieses Buch konzentriert sich auf das Wesentliche. In der Sprache junger Leute geschrieben, bietet es eine Übersicht über die wichtigsten Dinge, die man für den Berufseinstieg wissen sollte. Kapitel über Chefs und Kollegen inklusive.

(15) *Eike Christian Hirsch:* Deutsch für Besserwisser. Hoffmann und Campe Verlag Hamburg, 1976/dtv München, 1988. Klassiker zum Thema Dummdeutsch. Leicht zu lesen, extrem witzig – eine Sammlung sprachlicher Peinlichkeiten, die dafür sorgt, dass einem Dummdeutsch im Leben nicht mehr über die Lippen kommt. Leider nur noch antiquarisch erhältlich.

(16) *Heinz-Josef Nötges:* **Anleitung zum Misserfolg.** Ein durchaus ernstgemeinter Beitrag zum Thema Mitarbeiterführung oder Wie man gute Mitarbeiter schnellstens wieder los wird. Deutscher Fachverlag Frankfurt/Main, 2. Auflage 2002. Ein erfrischend anderes Buch zum Thema „Führungsqualitäten". Mit einer Mischung aus böser Ironie und ausführlicher Information nimmt der Autor typische Führungsschwächen aufs Korn und erklärt, wo die Fehler liegen und wie man's besser machen kann.

(17) *Vera F. Birkenbihl:* **Psycho-Logisch richtig verhandeln.** Professionelle Verhandlungstechniken mit Experimenten und Übungen. mvg im Verlag moderne industrie Landsberg/Lech, 7. Auflage 1993;

(18) *Vera F. Birkenbihl:* **Kommunikationstraining.** Zwischenmenschliche Beziehungen erfolgreich gestalten. mvg im Verlag moderne industrie Landsberg/Lech, 13. Auflage 1992. Die Autorin ist ausgewiesene Kommunikationsexpertin und hat darüber eine ganze Reihe anspruchsvoller Bücher geschrieben. Wer wirklich lernen will, wie Kommunikation funktioniert, worauf es in Gesprächen ankommt und wie man sie erfolgreich gestaltet, der sollte eines ihrer Bücher durcharbeiten. Die beiden hier aufgeführten bieten sowohl theoretisches Grundlagenwissen als auch praktische Übungen.

(19) *Sabine Asgodom:* **Eigenlob stimmt.** Erfolg durch Selbst-PR. Econ-Verlag München, 4. Auflage 2001. Fachliche Leistung ist gut und schön – aber letztlich kommt es viel mehr auf das Auftreten an. Unterhaltsam und leicht verständlich erklärt die Autorin, wie erfolgreiche Selbstdarstellung funktioniert. Ein Muss für alle, die immer noch glauben, dass Eigenlob stinkt.

(20) *Daniel Goleman:* EQ^2 – Der Erfolgsquotient. dtv München, 2. Auflage 2001. Hinter dem trockenen Titel versteckt sich ein spannendes Buch über die Bedeutung menschlicher Qualitäten am Arbeitsplatz: Der Autor beweist, dass man es ohne „emotionale Intelligenz" im Beruf oft nicht weit bringt, auch wenn man fachlich noch so fit ist.

(21) *Cornelia Topf, Rolf Gawrich:* **Das Führungsbuch für freche Frauen.** Redline Wirtschaft im Verlag moderne industrie München, 2002. Hochinteressant, was so dabei herauskommt, wenn eine Frau und ein Mann gemeinsam typische „Chefinnen" charakterisieren. Voller treffender Beobachtungen und anregender Tipps rund um Information, Motivation und Delegation. Lesenswert auch für Männer.

(22) *Karin Reichel, Kirsten Lange:* **111 Tipps für Frauen im Beruf.** Bund-Verlag Frankfurt/Main, 2001. Geballte Informationen zu allen Themen, die für berufstätige Frauen interessant sein könnten, vom Berufseinstieg bis hin zu Mutterschaft und Geldanlage. Im Mittelpunkt stehen rechtliche und psychologische Grundlagen, die leicht verständlich erklärt werden.

(23) *Barbara Schlüter:* **Rhetorik für Frauen.** Wir sprechen für uns. Wirtschaftsverlag Langen Müller/Herbig München, 5. Auflage 1987. Körpersprache, Sprachverhalten, Gesprächsführung – die Autorin erklärt sowohl die allgemeinen Grundlagen als auch „typisch weibliches" Gesprächsverhalten. Besonders interessant: die Tipps zum Umgang mit schwierigen Gesprächssituationen von Kritik bis Vortrag.

(24) *Dorothea Assig:* **Frauen in Führungspositionen.** Die besten Erfolgskonzepte aus der Praxis. Beck-Wirtschaftsberater im dtv München, 2001. Interessante Sammlung anspruchsvoller Berichte zu ausgewählten Schwerpunktthemen, u. a. Forschungsergebnisse zu den Erfolgen von Frauen in Führungspositionen, frauenzentrierte Qualifizierung, Mentoring für Frauen und Work-Life-Balance.

(25) *Allan & Barbara Pease:* **Warum Männer nicht zuhören und Frauen schlecht einparken.** Ganz natürliche Erklärungen für eigentlich unerklärliche Schwächen. Ullstein-Verlag München, 2000. Männer sind anders, Frauen auch: Dieses Buch liefert wissenschaftliche Erklärungen für alle Dinge, über die man sich beim anderen Geschlecht täglich ärgert. Was die Autoren schreiben, ist nicht nur einleuchtend, sondern obendrein richtig witzig. Ein Lesespaß, der den nächsten Beziehungskrach bestimmt verhindert.

(26) *Isabel Nitzsche:* **Abenteuer Karriere.** Ein Survival-Guide für Frauen. Rowohlt Taschenbuch-Verlag Reinbek bei Hamburg, 2. Auflage 2001;

(27) *Isabel Nitzsche:* **Erfolgreich durch Konflikte.** Wie Frauen im Job Krisen managen. Wunderlich/Rowohlt Verlag Reinbek bei Hamburg, 2001. In beiden Büchern geht es um Karriereknick und Krisenmanagement. Mit Hilfe typischer Fallbeispiele erklärt die Autorin, wie man Konflikte erkennt, in den Griff bekommt oder wenigstens eine Chance für die Zukunft darin sieht.

(28) *Jean Hollands:* **Same Game, Different Rules.** How to get ahead without being a Bully Broad, Ice Queen, or „Ms. Understood". McGraw-

Hill New York, 2002. Wenn Frauen versuchen, mit denselben Methoden wie Männer Karriere zu machen, geht das selten gut. Dieses Buch schildert typische Verhaltensfehler von Frauen in Führungspositionen – und wie frau sie vermeidet. Leider bisher nur im amerikanischen Original erhältlich.

(29) *Barbara Bierach:* **Das dämliche Geschlecht.** Warum es kaum Frauen im Management gibt. Wiley Verlag Weinheim, 2002. Sind die Frauen selbst schuld daran, dass sie in Sachen Karriere kein Bein auf die Erde bekommen? Mit spöttischem Unterton trägt die Autorin viele Argumente für ihre Theorie zusammen – was sie schreibt, ist oft nicht schmeichelhaft, aber sehr gut beobachtet und interessant zu lesen.

(30) *Dagmar Gaßdorf:* **Zickenlatein.** Den Erfolg herbeireden. Das Weiberbuch, das Männer heimlich kaufen. F.A.Z.-Institut Frankfurt/Main, 2001. Hinter dem plakativen Titel stecken ziemlich treffende Erkenntnisse über männliches und weibliches (Sprach-)Verhalten im Beruf. Das Ganze ist in übersichtliche Kapitel gegliedert und mit so viel Ironie geschrieben, dass man nicht nur daraus lernt, sondern auch etwas zu lachen hat.

(31) *Stefan Klein:* **Die Glücksformel oder Wie die guten Gefühle entstehen.** Rowohlt Verlag Reinbek bei Hamburg, 2002. Kein Psycho-Ratgeber, sondern eine faszinierende Erklärung, wie Glück im Gehirn entsteht. Der Autor verpackt die neuesten wissenschaftlichen Erkenntnisse der Hirnforscher in ein spannendes Buch. Und das beweist nicht nur, dass man Glück trainieren kann; es zeigt auch, wie das geht.

(32) *Günter Schaub, Hans Gottlob Rühle:* **Guter Rat im Arbeitsrecht.** Für Arbeitgeber und Arbeitnehmer. Beck-Rechtsberater im dtv München, 3. Auflage 2003. Ein sehr nützliches Buch für alle, die sich einen gründlichen Überblick über die rechtlichen Grundlagen ihres Arbeitnehmer-Daseins verschaffen wollen. Alle wichtigen Bestimmungen werden auf verständliche Weise erklärt; es gibt viele Beispiele und Musterverträge sowie ausführliche Erläuterungen zu Spezialthemen wie Kurzarbeit und Insolvenzrecht.

(33) *Günter Schaub:* **Arbeitsrecht von A – Z.** Rund 500 Stichwörter zur aktuellen Rechtslage. Beck-Rechtsberater im dtv München, 16. Auflage 2001. Umfassendes Lexikon, das von Abmahnung bis Zwangsvollstreckung über 500 arbeitsrechtliche Fachbegriffe mit juristischer Genauigkeit und dabei trotzdem auf verständliche Weise erläutert. Kein Wunder – der Autor ist Vorsitzender Richter am Bundesarbeitsgericht a. D. und damit bestens informiert.

(34) *Verena S. Rottmann:* **Praxis-Lexikon Job und Karriere.** Für alle Probleme und Fragestellungen im Beruf. Droemer Verlag München, 2001. Dieses Lexikon zum Arbeitsrecht gibt Antwort auf die typischen Fragen zu 34 ausgewählten Themen (u. a. Gratifikationen, Probezeit, Scheinselbständigkeit). Es ist gut verständlich geschrieben und die Einzeltexte werden durch einige interessante Gerichtsurteile abgerundet.

(35) *Axel Breuckmann, Nicole Würth:* **WISO Meine Rechte im Job.** Verlag Redline Wirtschaft bei Ueberreuter Frankfurt/Main und Wien, 2003. Praktischer Ratgeber, der von Bewerbung bis Jobverlust auf leicht lesbare Weise viel wissenswerte Informationen bietet. Weitere Schwerpunkte: Sonderregelungen zugunsten bestimmter Personengruppen und Ratschläge für den Gang zum Anwalt und ans Arbeitsgericht.

(36) *Peter Hanau, Thomas Hoeren, Dirk Andres:* **Private Internet-Nutzung durch Arbeitnehmer.** Die arbeits- und betriebsverfassungsrechtlichen Probleme. C. H. Beck Verlag München, 2003. Juristische Abhandlung zum Thema – also für Ungeübte nicht ganz leicht zu lesen, dafür aber umso interessanter für alle, die sich gründlich mit dem Thema auseinander setzen wollen.

(37) *Jürgen Hesse, Hans Christian Schrader:* **Neue Bewerbungsstrategien für Hochschulabsolventen.** Eichborn-Verlag Frankfurt/Main, 2001. Die Bewerbungsexperten Hesse und Schrader erklären in diesem speziell für Jungakademiker geschriebenen Ratgeber ausführlich alles Wissenswerte über die Schlüsselphasen jeder Bewerbung, von der Vorbereitung über testgesteuerte Auswahlverfahren bis zum Vorstellungsgespräch.

(38) *Georg-R. Schulz:* **Alles über Arbeitszeugnisse.** Zeugnissprache, Haftung, Rechtsschutz. Mit Beispielen und Zeugnismustern. Beck-Rechtsberater im dtv München, 7. Auflage 2003. Kaum zu glauben, wie viel man rund um Arbeitszeugnisse wissen sollte – aber in diesem Buch steht garantiert alles drin, von Vorschriften zu Form und Inhalt über Fragen der Verjährung bis hin zu Tipps im Falle eines Rechtsstreits vor dem Arbeitsgericht.

(39) *Nicole Fabisch:* **Fundraising.** Spenden, Sponsoring und mehr ... Beck-Wirtschaftsberater im dtv München, 2002. Umfassender Überblick zum Thema. Den Mittelpunkt bildet ein 7-Schritte-Programm für die erfolgreiche Sponsorenakquisition, doch das sehr angenehm zu lesende Buch bietet auch zahlreiche Informationen zu allen anderen Bereichen, die mit Fundraising zu tun haben, von Steueraspekten bis zu Stiftungsanträgen.

(40) *Roy Lecky-Thompson:* **Professionelle Mitarbeiterbeurteilung.** mvg Verlag im Verlag moderne industrie Landsberg/Lech, 2001. Eigentlich für Arbeitgeber konzipiert, ist dieses Buch auch für Arbeitnehmer sehr interessant, denn es erläutert auf leicht verständliche Weise die Ziele, die sich durch Leistungsbeurteilungen erreichen lassen, die Voraussetzungen, die dafür erfüllt sein müssen – und auch die Pannen, zu denen es kommen kann.